x : **95** centimes

LES MEILLEURS AUTEURS CLASSIQUES
Français et Étrangers

DESCARTES

DISCOURS
DE LA MÉTHODE

suivi des

Méditations Métaphysiques

PARIS
ERNEST FLAMMARION, ÉDITEUR
26, RUE RACINE, 26

DISCOURS DE LA MÉTHODE

SUIVI DES

Méditations Métaphysiques

(Autographe de Descartes, communiqué par M. Charavay).

AUXERRE-PARIS. — IMPRIMERIE A. LANIER

DESCARTES

DISCOURS
DE
LA MÉTHODE

SUIVI DES

Méditations Métaphysiques

PARIS
ERNEST FLAMMARION, ÉDITEUR
26, RUE RACINE, 26

Tous droits réservés

NOTICE SUR RENÉ DESCARTES

René Descartes, en latin Cartesius, est né en 1596 à La Haye, près de Loches (Indre-et-Loire); fils d'un conseiller au parlement de Rennes, il fit ses études au collège des jésuites de La Flèche, et s'y distingua par de précoces dispositions pour la philosophie et les sciences exactes. En 1617, après une jeunesse assez orageuse, cédant aux sollicitations de son père, il prit le parti des armes et servit pendant quatre ans dans l'armée du duc de Nassau et dans celle du duc de Bavière.

Descartes parcourut ensuite l'Allemagne, la Suède, la Hollande, la Suisse et l'Italie; puis il alla à Rome et revint à Paris en 1626. Après avoir assisté au siège de La Rochelle il renonça à la carrière des armes, et, résolu à se livrer tout entier à la méditation, il se retira en Hollande, où il vécut dans la retraite, habitant tour à tour Amsterdam, La Haye, Leyde et la délicieuse solitude d'Egmont.

En 1637, il publia à Leyde son immortel Discours de la Méthode, où il posait sur la base du doute méthodique les fondements d'une philosophie nouvelle. En 1641 parut son livre des Méditations, qui fut suivi, en 1644, des Principes de la philosophie. Il avait travaillé à un traité de la lumière, d'après le système de Copernic, qu'il abandonna à la nouvelle de la condamnation de Galilée, non par conviction d'une erreur, mais par des considérations de prudence. Son orthodoxie pourtant n'était pas à l'abri de tout blâme, car, en 1666, à l'époque de la translation de ses restes à l'Eglise Sainte-Geneviève, un ordre supérieur interdit au P. Lallemand de prononcer son oraison funèbre. Le Discours de la Méthode publié avec la Géométrie, la Dioptrique et les Météores, attira à son auteur les contradictions des théologiens catholiques et protestants; ces derniers ne se montrèrent pas les moins acharnés; on l'accusa d'athéisme et ses livres faillirent être brûlés par la main du bourreau.

Descartes, fatigué de toutes ces luttes qui lui prenaient une grande partie de son temps, ayant résisté aux avances de Louis XIII et du Cardinal de Richelieu, se rendit aux instances de la reine Christine de Suède et alla se fixer en 1649 à Stockholm; il y fut accueilli avec les marques du plus vif enthousiasme; la reine voulut prendre de lui des leçons de philosophie; tous les jours, à cinq heures du matin, Descartes se rendait à la cour et dissertait sur la philosophie devant un auditoire d'élite. Un jour il prit un refroidissement, et il mourut le 11 février 1650, dans sa cinquante-quatrième année.

La philosophie de Descartes ou cartésianisme se répandit rapidement dans toute l'Europe et on peut dire que Descartes a été le père de la philosophie française à partir du XVII° siècle. Son honneur est d'avoir substitué aux doctrines de la philosophie scolastique en décadence un nouvel idéalisme fondé sur la certitude que doit nous donner de notre existence et de celle de Dieu la pensée même que nous en avons. Un grand nombre des idées de Descartes, surtout en physique, ont dû être abandonnées. Sa philosophie, depuis le siècle dernier, a décliné parmi nous; mais les systèmes les plus éloignés du sien doivent encore beaucoup à sa méthode, et c'est, on peut le dire, de Descartes comme de Bacon, que relèvent, à des titres divers, tous les maîtres de la pensée moderne.

DISCOURS
DE LA MÉTHODE[1]

*Pour bien conduire sa raison
et chercher la vérité dans les sciences*[2]

PREMIÈRE PARTIE

Le bon sens est la chose du monde la mieux partagée : car chacun pense en être si bien pourvu que ceux même qui sont les plus difficiles à contenter en toutes autres choses n'ont point coutume d'en désirer plus qu'ils en ont. En quoi il n'est pas vraisemblable que tous se trompent ; mais plutôt cela témoigne

---

1. Le *Discours de la Méthode*, écrit en français par Descartes, a paru pour la première fois avec la *Dioptrique*, les *Météores* et la *Géométrie*, en un volume in-4° publié à Leyde en 1637. C'est le texte de cette édition que nous avons suivi, nous guidant plutôt, pour l'orthographe, sur l'édition française de 1668, qui est plus correcte et plus régulière.

2. Si ce discours semble trop long pour être tout lu en une fois, on le pourra distinguer en six parties. Et en la première on trouvera diverses considérations touchant les sciences. En la seconde, les principales règles de la Méthode que l'auteur a cherchée. En la troisième, quelques-unes de celles de la morale qu'il a tirée de cette Méthode. En la quatrième, les raisons par lesquelles il prouve l'existence de Dieu, et de l'âme humaine, qui sont les fondements de sa métaphysique. En la cinquième, l'ordre des questions de physique qu'il a cherchées, et particulièrement l'explication du mouvement du cœur, et de quelques autres difficultés qui appartiennent à la médecine, puis aussi la différence qui est entre notre âme et celle des bêtes. Et en la dernière, quelles choses il croit être requises pour aller plus avant en la recherche de la nature qu'il n'a été, et quelles raisons l'ont fait écrire. — (*Note placée par Descartes en tête du* DISCOURS DE LA MÉTHODE).

que la puissance de bien juger et distinguer le vrai d'avec le faux, qui est proprement ce qu'on nomme le bon sens ou la raison, est naturellement égale en tous les hommes; et ainsi que la diversité de nos opinions ne vient pas de ce que les uns sont plus raisonnables que les autres, mais seulement de ce que nous conduisons nos pensées par diverses voies et ne considérons pas les mêmes choses. Car ce n'est pas assez d'avoir l'esprit bon, mais le principal est de l'appliquer bien. Les plus grandes âmes sont capables des plus grands vices aussi bien que des plus grandes vertus; et ceux qui ne marchent que fort lentement peuvent avancer beaucoup davantage, s'ils suivent toujours le droit chemin, que ne font ceux qui courent et qui s'en éloignent.

Pour moi, je n'ai jamais présumé que mon esprit fût en rien plus parfait que ceux du commun ; même j'ai souvent souhaité d'avoir la pensée aussi prompte, ou l'imagination aussi nette et distincte, ou la mémoire aussi ample ou aussi présente que quelques autres. Et je ne sache point de qualités que celles-ci qui servent à la perfection de l'esprit : car, pour la raison ou le sens, d'autant qu'elle est la seule chose qui nous rend hommes et nous distingue des bêtes, je veux croire qu'elle est toute entière en un chacun, et suivre en ceci l'opinion commune des philosophes qui disent qu'il n'y a du plus ou du moins qu'entre les *accidents*, et non point entre les *formes* ou natures des *individus* d'une même espèce.

Mais je ne craindrai pas de dire que je pense avoir eu beaucoup d'heur de m'être rencontré dès ma jeunesse en certains chemins qui m'ont conduit à des considérations et des maximes dont j'ai formé une méthode par laquelle il me semble que j'ai moyen d'augmenter par degrés ma connaissance, et de l'élever peu à peu au plus haut point auquel la médiocrité de mon esprit et la courte durée de ma vie lui pourront permettre d'atteindre. Car j'en ai déjà recueilli de tels fruits qu'encore qu'aux jugements que je fais de moi-même je tâche toujours de pencher vers le côté de la défiance plutôt que vers celui de la présomption, et que, regardant d'un œil de philosophe les diverses actions et entreprises de tous les hommes, il n'y en ait quasi aucune qui ne me semble vaine et inutile, je ne laisse pas de recevoir une extrême satisfaction du progrès que je pense avoir déjà fait en la recherche de la vérité, et de concevoir de telles espérances pour l'avenir que si, entre les occupations des hommes, purement hommes, il y en a quelqu'une qui soit solidement bonne et importante, j'ose croire que c'est celle que j'ai choisie.

Toutefois il se peut faire que je me trompe, et ce n'est

peut-être qu'un peu de cuivre et de verre que je prends pour de l'or et des diamants. Je sais combien nous sommes sujets à nous méprendre en ce qui nous touche, et combien aussi les jugements de nos amis nous doivent être suspects lorsqu'ils sont en notre faveur. Mais je serai bien aise de faire voir en ce discours quels sont les chemins que j'ai suivis et d'y représenter ma vie comme en un tableau, afin que chacun en puisse juger, et qu'apprenant du bruit commun les opinions qu'on en aura, ce soit un nouveau moyen de m'instruire que j'ajouterai à ceux dont j'ai coutume de me servir.

Ainsi mon dessein n'est pas d'enseigner ici la méthode que chacun doit suivre pour bien conduire sa raison, mais seulement de faire voir en quelle sorte j'ai tâché de conduire la mienne. Ceux qui se mêlent de donner des préceptes se doivent estimer plus habiles que ceux auxquels ils les donnent, et, s'ils manquent en la moindre chose, ils en sont blâmables. Mais, ne proposant cet écrit que comme une histoire, ou, si vous l'aimez mieux, que comme une fable en laquelle, parmi quelques exemples qu'on peut imiter, on en trouvera peut-être aussi plusieurs autres qu'on aura raison de ne pas suivre, j'espère qu'il sera utile à quelques-uns, sans être nuisible à personne, et que tous me sauront gré de ma franchise.

J'ai été nourri aux lettres dès mon enfance, et, pour ce qu'on me persuadait que par leur moyen on pouvait acquérir une connaissance claire et assurée de tout ce qui est utile à la vie, j'avais un extrême désir de les apprendre. Mais, sitôt que j'eus achevé tout ce cours d'études au bout duquel on a coutume d'être reçu au rang des doctes, je changeai entièrement d'opinion, car je me trouvais embarrassé de tant de doutes et d'erreurs qu'il me semblait n'avoir fait autre profit, en tâchant de m'instruire, sinon que j'avais découvert de plus en plus mon ignorance. Et néanmoins j'étais en l'une des plus célèbres écoles de l'Europe, où je pensais qu'il devait y avoir de savants hommes, s'il y en avait en aucun endroit de la terre. J'y avais appris tout ce que les autres y apprenaient, et même, ne m'étant pas contenté des sciences qu'on nous enseignait, j'avais parcouru tous les livres traitant de celles qu'on estime les plus curieuses et les plus rares qui avaient pu tomber entre mes mains. Avec cela je savais les jugements que les autres faisaient de moi, et je ne voyais point qu'on m'estimât inférieur à mes condisciples, bien qu'il y en eût déjà entre eux quelques-uns qu'on destinait à remplir les places de nos maîtres; et enfin notre siècle me semblait aussi florissant et aussi fertile en bons esprits qu'ait été aucun des précédents. Ce qui me faisait prendre la liberté de juger par moi de tous les autres, et de penser qu'il n'y avait aucune doctrine dans le monde qui fût telle qu'on m'avait auparavant fait espérer.

Je ne laissais pas toutefois d'estimer les exercices auxquels on s'occupe dans les écoles. Je savais que les langues que l'on y apprend sont nécessaires pour l'intelligence des livres anciens; que la gentillesse des fables réveille l'esprit; que les actions mémorables des histoires le relèvent, et qu'étant lues avec discrétion elles aident à former le jugement; que la lecture de tous les bons livres est comme une conversation avec les plus honnêtes gens des siècles passés qui en ont été les auteurs, et même une conversation étudiée en laquelle ils ne nous découvrent que les meilleures de leurs pensées; que l'éloquence a des forces et des beautés incomparables; que la poésie a des délicatesses et des douceurs très ravissantes; que les mathématiques ont des inventions très subtiles et qui peuvent beaucoup servir tant à contenter les curieux qu'à faciliter tous les arts et diminuer le travail des hommes; que les écrits qui traitent des mœurs contiennent plusieurs enseignements et plusieurs exhortations à la vertu qui sont fort utiles; que la théologie enseigne à gagner le ciel; que la philosophie donne moyen de parler vraisemblablement de toutes choses et se faire admirer des moins savants; que la jurisprudence, la médecine et les autres sciences apportent des honneurs et des richesses à ceux qui les cultivent, et enfin qu'il est bon de les avoir toutes examinées, même les plus superstitieuses et les plus fausses, afin de connaître leur juste valeur et se garder d'en être trompé.

Mais je croyais avoir déjà donné assez de temps aux langues, et même aussi à la lecture des livres anciens et à leurs histoires et à leurs fables, car c'est quasi le même de converser avec ceux des autres siècles que de voyager. Il est bon de savoir quelque chose des mœurs de divers peuples, afin de juger des nôtres plus sainement, et que nous ne pensions pas que tout ce qui est contre nos modes soit ridicule et contre raison, ainsi qu'ont coutume de faire ceux qui n'ont rien vu. Mais, lorsqu'on emploie trop de temps à voyager, on devient enfin étranger en son pays; et, lorsqu'on est trop curieux des choses qui se pratiquaient aux siècles passés, on demeure ordinairement fort ignorant de celles qui se pratiquent en celui-ci. Outre que les fables font imaginer plusieurs événements comme possibles qui ne le sont point, et que même les histoires les plus fidèles, si elles ne changent ni n'augmentent la valeur des choses pour les rendre plus dignes d'êtres lues, au moins en omettent-elles presque toujours les plus basses et moins illustres circonstances, d'où vient que le reste ne paraît pas tel qu'il est, et que ceux qui règlent leurs mœurs par les exemples qu'ils en tirent sont sujets à tomber dans les extravagances des paladins de nos romans et à concevoir des desseins qui passent leurs forces.

J'estimais fort l'éloquence et j'étais amoureux de la poésie; mais je pensais que l'une et l'autre étaient des dons de l'esprit plutôt que des fruits de l'étude. Ceux qui ont le raisonnement le plus fort, et qui digèrent le mieux leurs pensées afin de les rendre claires et intelligibles, peuvent toujours le mieux persuader ce qu'ils proposent, encore qu'ils ne parlassent que bas-breton et qu'ils n'eussent jamais appris de rhétorique; et ceux qui ont les inventions les plus agréables et qui les savent exprimer avec le plus d'ornement et de douceur ne laisseraient pas d'être les meilleurs poètes, encore que l'art poétique leur fût inconnu.

Je me plaisais surtout aux mathématiques à cause de la certitude et de l'évidence de leurs raisons, mais je ne remarquais point encore leur vrai usage, et, pensant qu'elles ne servaient qu'aux arts mécaniques, je m'étonnais de ce que, leurs fondements étant si fermes et si solides, on n'avait rien bâti dessus de plus relevé. Comme au contraire je comparais les écrits des anciens païens qui traitent des mœurs à des palais fort superbes et fort magnifiques qui n'étaient bâtis que sur du sable et sur de la boue: ils élèvent fort haut les vertus et les font paraître estimables par-dessus toutes les choses qui sont au monde, mais ils n'enseignent pas assez à les connaître, et souvent ce qu'ils appellent d'un si beau nom n'est qu'une insensibilité, ou un orgueil, ou un désespoir, ou un parricide.

Je révérais notre théologie et prétendais autant qu'aucun autre à gagner le ciel; mais, ayant appris comme chose très assurée que le chemin n'en est pas moins ouvert aux plus ignorants qu'aux plus doctes, et que les vérités révélées qui y conduisent sont au-dessus de notre intelligence, je n'eusse osé les soumettre à la faiblesse de mes raisonnements, et je pensais que, pour entreprendre de les examiner, et y réussir, il était besoin d'avoir quelque extraordinaire assistance du Ciel et d'être plus qu'homme.

Je ne dirai rien de la philosophie, sinon que, voyant qu'elle a été cultivée par les plus excellents esprits qui aient vécu depuis plusieurs siècles, et que néanmoins il ne s'y trouve encore aucune chose dont on ne dispute, et, par conséquent, qui ne soit douteuse, je n'avais point assez de présomption pour espérer d'y rencontrer mieux que les autres; et que, considérant combien il peut y avoir de diverses opinions touchant une même matière qui soient soutenues par des gens doctes, sans qu'il y en puisse avoir jamais plus d'une seule qui soit vraie, je réputais presque pour faux tout ce qui n'était que vraisemblable.

Puis, pour les autres sciences, d'autant qu'elles empruntent leurs principes de la philosophie, je jugeais qu'on ne pouvait avoir rien bâti qui fût solide sur des fondements si peu fermes ; et ni l'honneur ni le gain qu'elles promettent n'étaient suffisants pour me convier à les apprendre, car je ne me sentais point, grâces à Dieu, de condition qui m'obligeât à faire un métier de la science pour le soulagement de ma fortune ; et, quoique je ne fisse pas profession de mépriser la gloire en cynique, je faisais néanmoins fort peu d'état de celle que je n'espérais point pouvoir acquérir qu'à faux titres ; et enfin, pour les mauvaises doctrines, je pensais déjà connaître assez ce qu'elles valaient pour n'être plus sujet à être trompé ni par les promesses d'un alchimiste, ni par les prédictions d'un astrologue, ni par les impostures d'un magicien, ni par les artifices ou la vanterie d'aucun de ceux qui font profession de savoir plus qu'ils ne savent.

C'est pourquoi, sitôt que l'âge me permit de sortir de la sujétion de mes précepteurs, je quittai entièrement l'étude des lettres ; et, me réservant de ne chercher plus d'autre science que celle qui se pourrait trouver en moi-même ou bien dans le grand livre du monde, j'employai le reste de ma jeunesse à voyager, à voir des cours et des armées, à fréquenter des gens de diverses humeurs et conditions, à recueillir diverses expériences, à m'éprouver moi-même dans les rencontres que la fortune me proposait, et partout à faire telle réflexion sur les choses qui se présentaient que j'en pusse tirer quelque profit. Car il me semblait que je pourrais rencontrer beaucoup plus de vérité dans les raisonnements que chacun fait touchant les affaires qui lui importent, et dont l'événement le doit punir bientôt après s'il a mal jugé, que dans ceux que fait un homme de lettres dans son cabinet touchant des spéculations qui ne produisent aucun effet et qui ne lui sont d'autre conséquence sinon que peut-être il en tirera d'autant plus de vanité qu'elles seront plus éloignées du sens commun, à cause qu'il aura dû employer d'autant plus d'esprit et d'artifice à tâcher de les rendre vraisemblables ; et j'avais toujours un extrême désir d'apprendre à distinguer le vrai d'avec le faux pour voir clair en mes actions et marcher avec assurance en cette vie.

Il est vrai que, pendant que je ne faisais que considérer les mœurs des autres hommes, je n'y trouvais guère de quoi m'assurer, et que j'y remarquais quasi autant de diversité que j'avais fait auparavant entre les opinions des philosophes; en sorte que le plus grand profit que j'en retirais était que, voyant plusieurs choses qui, bien qu'elles nous semblent fort extravagantes et ridicules, ne laissent pas d'être communément reçues et approuvées par d'autres grands peuples, j'apprenais à ne rien croire trop fermement de ce qui ne m'avait été persuadé que par l'exemple et par la coutume; et ainsi je me délivrais peu à peu de beaucoup d'erreurs qui peuvent offusquer notre lumière naturelle et nous rendre moins capables d'entendre raison. Mais, après que j'eus employé quelques années à étudier ainsi dans le livre du monde et à tâcher d'acquérir quelque expérience, je pris un jour résolution d'étudier aussi en moi-même et d'employer toutes les forces de mon esprit à choisir les chemins que je devais suivre, ce qui me réussit beaucoup mieux, ce me semble, que si je ne me fusse jamais éloigné ni de mon pays ni de mes livres.

SECONDE PARTIE

J'étais alors en Allemagne où l'occasion des guerres qui ne sont pas encore finies m'avait appelé, et, comme je retournais du couronnement de l'Empereur vers l'armée, le commencement de l'hiver m'arrêta en un quartier où, ne trouvant aucune conversation qui me divertît, et n'ayant d'ailleurs, par bonheur, aucuns soins ni passions qui me troublassent, je demeurais tout le jour enfermé seul dans un poêle où j'avais tout loisir de m'entretenir de mes pensées, entre lesquelles l'une des premières fut que je m'avisai de considérer que souvent il n'y a pas tant de perfection dans les ouvrages composés de plusieurs pièces et faits de la main de divers maîtres qu'en ceux auxquels un seul a travaillé. Ainsi voit-on que les bâtiments qu'un seul architecte a entrepris et achevé ont coutume d'être plus beaux et mieux ordonnés que ceux que plusieurs ont tâché de raccommoder en faisant servir de vieilles murailles qui avaient été bâties à d'autres fins. Ainsi ces anciennes cités qui, n'ayant été au commencement que des bourgades, sont devenues, par succession de temps, de grandes villes, sont ordinairement si mal compassées, aux prix de ces places régulières qu'un ingénieur trace à sa fantaisie dans une plaine, qu'encore que, considérant leurs édifices chacun à part, on y trouve souvent autant ou plus d'art qu'en ceux des autres; toutefois, à voir comme ils sont arrangés, ici un grand, là un petit, et comme ils rendent les rues courbées et inégales, on dirait que c'est plutôt la fortune que la volonté de quelques hommes usant de raison qui les a ainsi disposés. Et si on considère qu'il y a eu néanmoins de tout temps quelques officiers qui ont eu charge de prendre garde aux bâtiments des particuliers pour les faire servir à l'ornement du public, on connaîtra bien qu'il est malaisé, en ne travaillant que sur les ouvrages d'autrui, de faire des choses fort accomplies. Ainsi je m'imaginai que les peuples qui, ayant été autrefois demi-sauvages, et ne s'étant civilisés que peu à peu, n'ont fait leurs lois qu'à mesure que l'incommodité des crimes et des querelles les y a contraints, ne sauraient être si bien policés que ceux qui, dès le commencement qu'ils se sont assemblés, ont observé les constitutions de quelque prudent législateur; comme il est bien certain que l'état de la vraie religion, dont Dieu seul a fait les ordonnances, doit être comparablement mieux réglé que tous les autres. Et, pour parler des choses humaines, je crois que, si Sparte a été autrefois très florissante, ce n'a pas été à cause de la bonté de chacune de ses lois en particulier, vu que plusieurs étaient fort étranges et même contraires aux bonnes mœurs, mais à cause que, n'ayant été inventées que par un seul, elles tendaient toutes à même fin. Et ainsi je pensai que les sciences des livres, au moins celles dont les raisons ne sont que probables et qui n'ont aucunes démonstrations, s'étant composées et grossies peu à peu des opinions de plusieurs diverses personnes, ne sont point si approchantes de la vérité que les simples raisonnements que peut faire naturellement un homme de bon sens touchant les choses qui se présentent. Et ainsi encore je pensai que, pour ce que nous avons tous été enfants avant que d'être hommes, et qu'il nous a fallu longtemps être gouvernés par nos appétits et nos précepteurs, qui étaient souvent contraires les uns aux autres, et que ni les uns ni les autres ne nous conseillaient peut-être pas toujours le meilleur, il est presqu'impossible que nos jugements soient si purs ni si solides qu'ils auraient été si nous avions eu l'usage entier de notre raison dès le point de notre naissance, et que nous n'eussions jamais été conduits que par elle.

Il est vrai que nous ne voyons point qu'on jette par terre toutes les maisons d'une ville pour le seul dessein de les refaire d'autre façon et d'en rendre les rues plus belles;

mais on voit bien que plusieurs font abattre les leurs pour les rebâtir, et que même quelquefois ils y sont contraints quand elles sont en danger de tomber d'elles-mêmes et que les fondements n'en sont pas bien fermes ; à l'exemple de quoi je me persuadai qu'il n'y aurait véritablement point d'apparence qu'un particulier fit dessein de réformer un État en y changeant tout dès les fondements et en le renversant pour le redresser, ni même aussi de réformer le corps des sciences ou l'ordre établi dans les écoles pour les enseigner ; mais que, pour toutes les opinions que j'avais reçues jusques alors de ma créance, je ne pouvais mieux faire que d'entreprendre une bonne fois de les en ôter, afin d'y en remettre par après ou d'autres meilleures, ou bien les mêmes, lorsque je les aurais ajustées au niveau de la raison ; et je crus fermement que par ce moyen je réussirais à conduire ma vie beaucoup mieux que si je ne bâtissais que sur de vieux fondements, et que je ne m'appuyasse que sur les principes que je m'étais laissé persuader en ma jeunesse sans avoir jamais examiné s'ils étaient vrais. Car, bien que je remarquasse en ceci diverses difficultés, elles n'étaient point toutefois sans remède, ni comparables à celles qui se trouvent en la réformation des moindres choses qui touchent le public. Ces grands corps sont trop malaisés à relever étant abattus, ou même à retenir étant ébranlés, et leurs chutes ne peuvent être que très rudes. Puis pour leurs imperfections, s'ils en ont, comme la seule diversité qui est entre eux suffit pour assurer que plusieurs en ont, l'usage les a sans doute fort adoucies, et même il en a évité ou corrigé insensiblement quantité auxquelles on ne pourrait si bien pourvoir par prudence ; et enfin elles sont quasi toujours plus supportables que ne serait leur changement ; en même façon que les grands chemins qui tournaient entre des montagnes deviennent peu à peu si unis et si commodes, à force d'être fréquentés, qu'il est beaucoup meilleur de les suivre que d'entreprendre d'aller plus droit en grimpant au-dessus des rochers et descendant jusques au bas des précipices.

C'est pourquoi je ne saurais aucunement approuver ces humeurs brouillonnes et inquiètes qui, n'étant appelées ni par leur naissance ni par leur fortune au maniement des affaires publiques, ne laissent pas d'y faire toujours en idée quelque nouvelle réformation ; et si je pensais qu'il y eût la moindre chose en cet écrit par laquelle on me pût soupçonner de cette folie, je serais très marri de souffrir qu'il fût publié. Jamais mon dessein ne s'est étendu plus avant que de tâcher à réformer mes propres pensées et de bâtir dans un fonds qui est tout à moi. Que si, mon ouvrage n'ayant assez plu, je vous en fais voir ici le modèle, ce n'est pas pour cela que je veuille conseiller à personne de l'imiter. Ceux que Dieu a mieux partagés de ses grâces auront peut-être des desseins plus relevés, mais je crains bien que celui-ci ne soit déjà que trop hardi pour plusieurs. La seule résolution de se défaire de toutes les opinions qu'on a reçues auparavant en sa créance n'est pas un exemple que chacun doive suivre. Et le monde n'est quasi composé que de deux sortes d'esprits auxquels il ne convient aucunement, à savoir : de ceux qui, se croyant plus habiles qu'ils ne sont, ne se peuvent empêcher de précipiter leurs jugements ni avoir assez de patience pour conduire par ordre toutes leurs pensées, d'où vient que, s'ils avaient une fois pris la liberté de douter des principes qu'ils ont reçus et de s'écarter du chemin commun, jamais ils ne pourraient tenir le sentier qu'il faut prendre pour aller plus droit et demeureraient égarés toute leur vie ; puis de ceux qui, ayant assez de raison ou de modestie pour juger qu'ils sont moins capables de distinguer le vrai d'avec le faux que quelques autres par lesquels ils peuvent être instruits, doivent bien plutôt se contenter de suivre les opinions de ces autres qu'en chercher eux-mêmes de meilleures.

Et pour moi, j'aurais été sans doute du nombre de ces derniers, si je n'avais jamais eu qu'un seul maître, ou que je n'eusse point su les différences qui ont été de tout temps entre les opinions des plus doctes. Mais, ayant appris dès le collège qu'on ne saurait rien imaginer de si étrange et si peu croyable qu'il n'ait été dit par quelqu'un des philosophes, et depuis, en voyageant, ayant reconnu que tous ceux qui ont des sentiments fort contraires aux nôtres ne sont pas pour cela barbares ni sauvages, mais que plusieurs usent autant ou plus que nous de raison ; et ayant considéré combien un même homme, avec son même esprit, étant nourri dès son enfance entre des Français ou des Allemands, devient différent de ce qu'il serait s'il avait toujours vécu entre des Chinois ou des Cannibales ; et comment, jusques aux modes de nos habits, la même chose qui nous a plu il y a dix ans, et qui nous plaira peut-être encore avant dix ans, nous semble maintenant extravagante et ridicule ; en sorte que c'est bien plus la coutume et l'exemple qui nous persuade qu'aucune connaissance certaine ; et que néanmoins la pluralité des voix n'est pas une preuve qui vaille rien pour les vérités un peu malaisées à découvrir, à cause qu'il est bien plus vraisemblable qu'un homme seul les ait rencontrées que tout un peuple, je ne pouvais choisir personne dont les opinions me semblassent devoir être préférées à celles des autres, et je me trouvais comme contraint d'entreprendre moi-même de me conduire.

Mais, comme un homme qui marche seul et dans les ténèbres, je me résolus d'aller si lentement et d'user de tant de circonspection en toutes choses que, si je n'avançais que fort peu, je me garderais bien au moins de tomber. Même je ne voulus point commencer à rejeter tout à fait aucune des opinions qui s'étaient pu glisser autrefois en ma créance sans y avoir été introduites par la raison, que je n'eusse auparavant employé assez de temps à faire le projet de l'ouvrage que j'entreprenais et à chercher la vraie méthode pour parvenir à la connaissance de toutes les choses dont mon esprit serait capable.

J'avais un peu étudié, étant plus jeune, entre les parties de la philosophie à la logique, et entre les mathématiques à l'analyse des géomètres et à l'algèbre, trois arts ou sciences qui semblaient devoir contribuer quelque chose à mon dessein; mais, en les examinant, je pris garde que, pour la logique, ses syllogismes et la plupart de ses autres instructions servent plutôt à expliquer à autrui les choses qu'on sait, ou même, comme l'art de Lulle, à parler sans jugement de celles qu'on ignore, qu'à les apprendre, et, bien qu'elle contienne en effet beaucoup de préceptes très vrais et très bons, il y en a toutefois tant d'autres mêlés parmi qui sont ou nuisibles ou superflus qu'il est presque aussi malaisé de les en séparer que de tirer une Diane ou une Minerve hors d'un bloc de marbre qui n'est point encore ébauché. Puis, pour l'analyse des anciens et l'algèbre des modernes, outre qu'elles ne s'étendent qu'à des matières fort abstraites et qui ne semblent d'aucun usage, la première est toujours si astreinte à la considération des figures qu'elle ne peut exercer l'entendement sans fatiguer beaucoup l'imagination; et on s'est tellement assujetti en la dernière à certaines règles et à certains chiffres qu'on en a fait un art confus et obscur qui embarrasse l'esprit, au lieu d'une science qui le cultive. Ce qui fut cause que je pensais qu'il fallait chercher quelque autre méthode qui, comprenant les avantages de ces trois, fût exempte de leurs défauts; et, comme la multitude des lois fournit souvent des excuses aux vices, en sorte qu'un État est bien mieux réglé lorsque, n'en ayant que fort peu, elles y sont fort étroitement observées; ainsi, au lieu de ce grand nombre de préceptes dont la logique est composée, je crus que j'aurais assez des quatre suivants, pourvu que je prisse une ferme et constante résolution de ne manquer pas une seule fois à les observer.

Le premier était de ne recevoir jamais aucune chose pour vraie que je ne la connusse évidemment être telle, c'est à-dire d'éviter soigneusement la précipitation et la prévention, et de ne comprendre rien de plus en mes jugements que ce qui se présenterait si clairement et si distinctement à mon esprit que je n'eusse aucune occasion de le mettre en doute;

Le second, de diviser chacune des difficultés que j'examinerais en autant de parcelles qu'il se pourrait et qu'il serait requis pour les mieux résoudre;

Le troisième, de conduire par ordre mes pensées, en commençant par les objets les plus simples et les plus aisés à connaître, pour monter peu à peu comme par degrés jusques à la connaissance des plus composés, et supposant même de l'ordre entre ceux qui ne se précèdent point naturellement les uns les autres;

Et le dernier, de faire partout des dénombrements si entiers et des revues si générales que je fusse assuré de ne rien omettre.

Ces longues chaînes de raisons toutes simples et faciles, dont les géomètres ont coutume de se servir pour parvenir à leurs plus difficiles démonstrations, m'avaient donné occasion de m'imaginer que toutes les choses qui peuvent tomber sous la connaissance des hommes s'entre-suivent en même façon, et que, pourvu seulement qu'on s'abstienne d'en recevoir aucune pour vraie qui ne le soit, et qu'on garde toujours l'ordre qu'il faut pour les déduire les unes des autres, il n'y en peut avoir de si éloignées auxquelles enfin on ne parvienne, ni de si cachées qu'on ne découvre. Et je ne fus pas beaucoup en peine de chercher par lesquelles il était besoin de commencer, car je savais déjà que c'était par les plus simples et les plus aisées à connaître; et, considérant qu'entre tous ceux qui ont ci-devant recherché la vérité dans les sciences il n'y a eu que les seuls mathématiciens qui ont pu trouver quelques démonstrations, c'est-à-dire quelques raisons certaines et évidentes, je ne doutais point que ce ne fût par les mêmes qu'ils ont examinées, bien que je n'en espérasse aucune autre utilité sinon qu'elles accoutumeraient mon esprit à se repaître de vérités et ne se contenter point de fausses raisons. Mais je n'eus pas dessein pour cela de tâcher d'apprendre toutes ces sciences particulières qu'on nomme communément mathématiques, et, voyant qu'encore que leurs objets soient différents, elles ne laissent pas de s'accorder toutes, en ce qu'elles n'y considèrent autre chose que les divers rapports ou proportions qui s'y trouvent, je pensai qu'il valait mieux que j'examinasse seulement ces proportions en général et sans les supposer que dans les sujets qui serviraient à m'en rendre la connaissance plus aisée, même aussi sans les y astreindre aucunement, afin de les pouvoir d'autant mieux appliquer après à tous les autres auxquels elles conviendraient. Puis, ayant pris garde que, pour les connaître, j'aurais quelquefois besoin de les considérer chacune en particulier et quelquefois seulement de les retenir ou de les comprendre plusieurs ensemble, je pensai que, pour les considérer mieux en particulier, je les devais supposer en des lignes, à cause que je ne trouvais rien de plus simple ni que je pusse plus distinctement représenter à mon imagination et à mes sens; mais que, pour les retenir ou les comprendre plusieurs ensemble, il fallait que je les expliquasse par quelques chiffres les plus courts qu'il serait possible; et que, par ce moyen, j'emprunterais tout le meilleur de l'analyse géométrique et de l'algèbre et corrigerais tous les défauts de l'une par l'autre.

Comme, en effet, j'ose dire que l'exacte observation de ce peu de préceptes que j'avais choisis me donna telle facilité à démêler toutes les questions auxquelles ces deux sciences s'étendent, qu'en deux ou trois mois que j'employai à les examiner, ayant commencé par les plus simples et plus générales, et chaque vérité que je trouvais étant une règle qui me servait après à en trouver d'autres, non seulement je vins à bout de plusieurs que j'avais jugées autrefois très difficiles, mais il me sembla aussi vers la fin que je pouvais déterminer, en celles mêmes que j'ignorais, par quels moyens et jusques où il était possible de les résoudre. En quoi je ne vous paraîtrai peut-être pas être fort vain, si vous considérez que, n'y ayant qu'une vérité de chaque chose, quiconque la trouve en sait autant qu'on en peut savoir, et que, par exemple, un enfant instruit en arithmétique, ayant fait une addition suivant ces règles, se peut assurer d'avoir trouvé, touchant la somme qu'il examinait, tout ce que l'esprit humain saurait trouver: car enfin la méthode qui enseigne à suivre le vrai ordre et à dénombrer exactement toutes les circonstances de ce qu'on cherche, contient tout ce qui donne de la certitude aux règles d'arithmétique.

Mais ce qui me contentait le plus de cette méthode était que par elle j'étais assuré d'user en tout de ma raison, sinon parfaitement, au moins le mieux qui fût en mon pouvoir; outre que je sentais, en la pratiquant, que mon esprit s'accoutumait peu à peu à concevoir plus nettement et plus distinctement ses objets, et que, ne l'ayant point assujettie à aucune matière particulière, je me promettais de l'appliquer aussi utilement aux difficultés des autres sciences que j'avais fait à celles de l'algèbre. Non que pour cela j'osasse entreprendre d'abord d'examiner toutes celles qui se présenteraient, car cela même eût été contraire à l'ordre qu'elle prescrit; mais, ayant pris garde que leurs principes devaient tous être empruntés de la philosophie, en laquelle je n'en trouvais point encore de certains, je pensai qu'il fallait avant tout que je tâchasse d'y en établir, et que, cela étant la chose du monde la plus importante et où la précipitation et la prévention étaient le plus à craindre, je ne devais point entreprendre d'en venir à bout que je n'eusse atteint un âge bien plus mûr que celui de vingt-trois ans que j'avais alors, et que je n'eusse auparavant employé beaucoup de temps à m'y préparer, tant en déracinant de mon esprit toutes les mauvaises opinions que j'y avais reçues avant ce temps-là qu'en faisant amas de plusieurs expériences, pour être après la matière de mes raisonnements, et en m'exerçant toujours en la méthode que je m'étais prescrite, afin de m'y affermir de plus en plus.

TROISIÈME PARTIE

Et enfin, comme ce n'est pas assez, avant de commencer à rebâtir le logis où on demeure, que de l'abattre et de faire provision de matériaux et d'architectes ou s'exercer soi-même à l'architecture, et outre cela d'en avoir soigneusement tracé le dessin ; mais qu'il faut aussi s'être pourvu de quelque autre où on puisse être logé commodément pendant le temps qu'on y travaillera ; ainsi, afin que je ne demeurasse point irrésolu en mes actions pendant que la raison m'obligerait de l'être en mes jugements, et que je ne laissasse pas de vivre dès lors le plus heureusement que je pourrais, je me formai une morale par provision, qui ne consistait qu'en trois ou quatre maximes dont je veux bien vous faire part.

La première était d'obéir aux lois et aux coutumes de mon pays, retenant constamment la religion en laquelle Dieu m'a fait la grâce d'être instruit dès mon enfance, et me gouvernant en tout autre chose suivant les opinions les plus modérées et les plus éloignées de l'excès qui fussent communément reçues en pratique par les mieux sensés de ceux avec lesquels j'aurais à vivre : car, commençant dès lors à ne compter pour rien les miennes propres, à cause que je les voulais remettre toutes à l'examen, j'étais assuré de ne pouvoir mieux que de suivre celle des mieux sensés. Et, encore

qu'il y en ait peut-être d'aussi bien sensés parmi les Perses
ou les Chinois que parmi nous, il me semblait que le plus
utile était de me régler selon ceux avec lesquels j'aurais à
vivre, et que, pour savoir quelles étaient véritablement leurs
opinions, je devais plutôt prendre garde à ce qu'ils pratiquaient qu'à ce qu'ils disaient; non seulement à cause qu'en
la corruption de nos mœurs il y a peu de gens qui veuillent
dire tout ce qu'ils croient, mais aussi à cause que plusieurs
l'ignorent eux-mêmes : car l'action de la pensée, par laquelle
on croit une chose, étant différente de celle par laquelle on
connaît qu'on la croit, elles sont souvent l'une sans l'autre.
Et, entre plusieurs opinions également reçues, je ne choisis-
sais que les plus modérées, tant à cause que ce sont toujours
les plus commodes pour la pratique, et vraisemblablement
les meilleures, tout excès ayant coutume d'être mauvais,
comme aussi afin de me détourner moins du vrai chemin,
en cas que je faillisse, que si, ayant choisi l'un des extrêmes, c'eût été l'autre qu'il eût fallu suivre; et particulièrement je mettais entre les excès toutes les promesses par lesquelles on retranche quelque chose de sa liberté : non que
je désapprouvasse les lois qui, pour remédier à l'inconstance des esprits faibles, permettent, lorsqu'on a quelque
bon dessein, ou même, pour la sûreté du commerce, quelque dessein qui n'est qu'indifférent, qu'on fasse des vœux
ou des contrats qui obligent à y persévérer. Mais, à cause
que je ne voyais au monde aucune chose qui demeurât toujours en même état, et que, pour mon particulier, je me
promettais de perfectionner de plus en plus mes jugements,
et non point de les rendre pires, j'eusse pensé commettre
une grande faute contre le bon sens si, pour ce que j'ap-
prouvais alors quelque chose, je me fusse obligé de la prendre pour bonne encore après, lorsqu'elle aurait peut-être
cessé de l'être ou que j'aurais cessé de l'estimer telle.

Ma seconde maxime était d'être le plus ferme et le plus
résolu en mes actions que je pourrais, et de ne suivre pas
moins constamment les opinions les plus douteuses lorsque
je m'y serais une fois déterminé que si elles eussent été
très assurées, imitant en ceci les voyageurs qui, se trouvant
égarés en quelque forêt, ne doivent pas errer en tournoyant
tantôt d'un côté, tantôt d'un autre, ni encore moins s'arrêter
en une place, mais marcher toujours le plus droit qu'ils
peuvent vers un même côté et ne le point changer pour de
faibles raisons, encore que ce n'ait peut-être été au commencement que le hasard seul qui les ait déterminés à le
choisir : car, par ce moyen, s'ils ne vont justement où ils
désirent, ils arriveront au moins à la fin quelque part où
vraisemblablement ils seront mieux que dans le milieu

d'une forêt. Et ainsi, les actions de la vie ne souffrant souvent aucun délai, c'est une vérité très certaine que, lorsqu'il n'est pas en notre pouvoir de discerner les plus vraies opinions, nous devons suivre les plus probables, et même qu'encore que nous ne remarquions point davantage de probabilité aux unes qu'aux autres, nous devons néanmoins nous déterminer à quelques-unes, et les considérer après non plus comme douteuses, en tant qu'elles se rapportent à la pratique, mais comme très vraies et très certaines, à cause que la raison qui nous y a fait déterminer se trouve telle. Et ceci fut capable dès lors de me délivrer de tous les repentirs et les remords qui ont coutume d'agiter les consciences de ces esprits faibles et chancelants qui se laissent aller inconstamment à pratiquer comme bonnes les choses qu'ils jugent après être mauvaises.

Ma troisième maxime était de tâcher toujours plutôt à me vaincre que la fortune et à changer mes désirs que l'ordre du monde, et généralement de m'accoutumer à croire qu'il n'y a rien qui soit entièrement en notre pouvoir que nos pensées, en sorte qu'après que nous avons fait notre mieux touchant les choses qui nous sont extérieures, tout ce qui manque de nous réussir est au regard de nous absolument impossible. Et ceci seul me semblait être suffisant pour m'empêcher de rien désirer à l'avenir que je n'acquisse, et ainsi pour me rendre content : car, notre volonté ne se portant naturellement à désirer que les choses que notre entendement lui représente en quelque façon comme possibles, il est certain que, si nous considérons tous les biens qui sont hors de nous comme également éloignés de notre pouvoir, nous n'aurons pas plus de regret de manquer de ceux qui semblent être dus à notre naissance, lorsque nous en serons privés sans notre faute, que nous avons de ne pas posséder les royaumes de la Chine ou du Mexique, et que faisant, comme on dit, de nécessité vertu, nous ne désirerons pas davantage d'être sains étant malades, ou d'être libres étant en prison, que nous faisons maintenant d'avoir des corps d'une matière aussi peu corruptible que les diamants ou des ailes pour voler comme les oiseaux. Mais j'avoue qu'il est besoin d'un long exercice et d'une méditation souvent réitérée pour s'accoutumer à regarder de ce biais toutes les choses, et je crois que c'est principalement en ceci que consistait le secret de ces philosophes qui ont pu autrefois se soustraire de l'empire de la Fortune, et, malgré les douleurs et la pauvreté, disputer de la félicité avec leurs dieux : car, s'occupant sans cesse à considérer les bornes qui leur étaient prescrites par la nature, ils se persuadaient si parfaitement que rien n'était en leur pouvoir que leurs pensées que cela seul était suffisant pour les empêcher d'avoir aucune affection pour d'autres choses ; et ils disposaient d'elles si absolument qu'ils avaient en cela quelque raison de s'estimer plus riches et plus puissants, et plus libres et plus heureux qu'aucun des autres hommes, qui, n'ayant point cette philosophie, tant favorisés de la nature et de la fortune qu'ils puissent être, ne disposent jamais ainsi de tout ce qu'ils veulent.

Enfin, pour conclusion de cette morale, je m'avisais de faire une revue sur les diverses occupations qu'ont les hommes en cette vie pour tâcher à faire choix de la meilleure, et, sans que je veuille rien dire de celles des autres, je pensais que je ne pouvais mieux que de continuer en celle-là même où je me trouvais, c'est-à-dire que d'employer toute ma vie à cultiver ma raison et m'avancer autant que je pourrais en la connaissance de la vérité, suivant la méthode que je m'étais prescrite. J'avais éprouvé de si extrêmes contentements depuis que j'avais commencé à me servir de cette méthode que je ne croyais pas qu'on en pût recevoir de plus doux, ni de plus innocents en cette vie ; et découvrant tous les jours par son moyen quelques vérités qui me semblaient assez importantes et communément ignorées des autres hommes, la satisfaction que j'en avais remplissait tellement mon esprit que tout le reste ne me touchait point. Outre que les trois maximes précédentes n'étaient fondées que sur le dessein que j'avais de continuer à m'instruire, car, Dieu nous ayant donné à chacun quelque lumière pour discerner le vrai d'avec le faux, je n'eusse pas cru me devoir contenter des opinions d'autrui un seul moment si je ne me fusse proposé d'employer mon propre jugement à les examiner lorsqu'il serait temps ; et je n'eusse su m'exempter de scrupules en les suivant si je n'eusse espéré de ne perdre pour cela aucune occasion d'en trouver de meilleures, en cas qu'il y en eût ; et enfin je n'eusse su borner mes désirs ni être content si je n'eusse suivi un chemin par lequel, pensant être assuré de l'acquisition de toutes les connaissances dont je serais capable, je le pensais être par même moyen de celle de tous les vrais biens qui seraient jamais en mon pouvoir, d'autant que, notre volonté ne se portant à suivre ni à fuir aucune chose que selon notre entendement la lui représente bonne ou mauvaise, il suffit de bien juger pour bien faire, et de juger le mieux qu'on puisse pour faire aussi tout son mieux, c'est-à-dire pour acquérir toutes les vertus et ensemble tous les autres biens qu'on puisse acquérir ; et, lorsqu'on est certain que cela est, on ne saurait manquer d'être content.

Après m'être ainsi assuré de ces maximes et les avoir mises à part avec les vérités de la foi, qui ont toujours été les premières en ma créance, je jugeai que, pour tout le reste de mes opinions, je pouvais librement entreprendre de m'en défaire; et, d'autant que j'espérais en pouvoir mieux venir à bout en conversant avec les hommes qu'en demeurant plus longtemps renfermé dans le poêle où j'avais eu toutes ces pensées, l'hiver n'était pas encore achevé que je me remis à voyager. Et en toutes les neuf années suivantes je ne fis autre chose que rouler çà et là dans le monde, tâchant d'y être spectateur plutôt qu'acteur en toutes les comédies qui s'y jouent; et, faisant particulièrement réflexion en chaque matière sur ce qui la pouvait rendre suspecte et nous donner occasion de nous méprendre, je déracinais cependant de mon esprit toutes les erreurs qui s'y étaient pu glisser auparavant. Non que j'imitasse pour cela les sceptiques, qui ne doutent que pour douter et affectent d'être toujours irrésolus : car, au contraire, tout mon dessein ne tendait qu'à m'assurer et à rejeter la terre mouvante et le sable pour trouver le roc ou l'argile. Ce qui me réussissait, ce me semble, assez bien, d'autant que, tâchant à découvrir la fausseté ou l'incertitude des propositions que j'examinais, non par de faibles conjectures, mais par des raisonnements clairs et assurés, je n'en rencontrais point de si douteuse que je n'en tirasse toujours quelque conclusion assez certaine, quand ce n'eût été que cela même qu'elle ne contenait rien de certain. Et comme, en abattant un vieux logis, on en réserve ordinairement les démolitions pour servir à en bâtir un nouveau, ainsi, en détruisant toutes celles de mes opinions que je jugeais être mal fondées, je faisais diverses observations et acquérais plusieurs expériences qui m'ont servi depuis à en établir de plus certaines; et, de plus, je continuais à m'exercer en la méthode que je m'étais prescrite : car, outre que j'avais soin de conduire généralement toutes mes pensées selon ses règles, je me réservais de temps en temps quelques heures que j'employais particulièrement à la pratiquer en des difficultés de mathématique, ou même aussi en quelques autres que je pouvais rendre semblables à celles des mathématiques, en les détachant de tous les principes des autres sciences que je ne trouvais pas assez fermes, comme vous verrez que j'ai fait en plusieurs qui sont expliquées en ce volume. Et ainsi, sans vivre d'autre façon en apparence que ceux qui, n'ayant aucun emploi qu'à passer une vie douce et innocente, s'étudient à séparer les plaisirs des vices, et qui, pour jouir de leur loisir sans s'ennuyer, usent de tous les divertissements qui sont honnêtes, je ne laissais pas de poursuivre en mon dessein et de profiter en la connaissance de la vérité, peut-être plus que si je n'eusse fait que lire des livres ou fréquenter des gens de lettres.

Toutefois ces neuf ans s'écoulèrent avant que j'eusse encore pris aucun parti touchant les difficultés qui ont coutume d'être disputées entre les doctes, ni commencé à chercher les fondements d'aucune philosophie plus certaine que la vulgaire; et l'exemple de plusieurs excellents esprits, qui, en ayant eu ci-devant le dessein, me semblaient n'y avoir pas réussi, m'y faisait imaginer tant de difficultés que je n'eusse peut-être pas encore sitôt osé l'entreprendre si je n'eusse vu que quelques-uns faisaient déjà courir le bruit que j'en étais venu à bout. Je ne saurais pas dire sur quoi ils fondaient cette opinion, et, si j'y ai contribué quelque chose par mes discours, ce doit avoir été en confessant plus ingénument ce que j'ignorais que n'ont coutume de faire ceux qui ont un peu étudié, et peut-être aussi en faisant voir les raisons que j'avais de douter de beaucoup de choses que les autres estiment certaines plutôt qu'en me vantant d'aucune doctrine. Mais, ayant le cœur assez bon pour ne vouloir point qu'on me prît pour autre que je n'étais, je pensai qu'il fallait que je tâchasse par tous moyens à me rendre digne de la réputation qu'on me donnait; et il y a justement huit ans que ce désir me fit résoudre à m'éloigner de tous les lieux où je pouvais avoir des connaissances et à me retirer ici en un pays où la longue durée de la guerre a fait établir de tels ordres que les armées qu'on y entretient ne semblent servir qu'à faire qu'on y jouisse des fruits de la paix avec d'autant plus de sûreté, et où, parmi la foule d'un grand peuple fort actif et plus soigneux de ses propres affaires que curieux de celles d'autrui, sans manquer d'aucune des commodités qui sont dans les villes les plus fréquentées, j'ai pu vivre aussi solitaire et retiré que dans les déserts les plus écartés.

QUATRIÈME PARTIE

Je ne sais si je dois vous entretenir des premières méditations que j'y ai faites: car elles sont si métaphysiques et si peu communes qu'elles ne seront peut-être pas au goût de tout le monde; et toutefois, afin qu'on puisse juger si les fondements que j'ai pris sont assez fermes, je me trouve en quelque façon contraint d'en parler. J'avais dès longtemps remarqué que pour les mœurs il est besoin quelquefois de suivre des opinions qu'on sait être fort incertaines tout de même que si elles étaient indubitables, ainsi qu'il a été dit ci-dessus; mais, pour ce qu'alors je désirais vaquer seulement à la recherche de la vérité, je pensai qu'il fallait que je fisse tout le contraire, et que je rejetasse comme absolument faux tout ce en quoi je pourrais imaginer le moindre doute, afin de voir s'il ne resterait point après cela quelque chose en ma créance qui fût entièrement indubitable. Ainsi, à cause que nos sens nous trompent quelquefois, je voulus supposer qu'il n'y avait aucune chose qui fût telle qu'ils nous la font imaginer; et, pour ce qu'il y a des hommes qui se méprennent en raisonnant, même touchant les plus simples matières de géométrie, et y font des paralogismes, jugeant que j'étais sujet à faillir autant qu'aucun autre, je rejetai comme fausses toutes les raisons que j'avais prises auparavant pour démonstrations; et enfin, considérant que toutes les mêmes pensées que nous avons étant éveillés nous peuvent aussi venir quand nous dormons, sans qu'il y en ait aucune pour lors qui soit vraie, je me résolus de feindre que toutes les choses qui m'étaient jamais entrées en l'esprit n'étaient non plus vraies que les illusions de mes songes. Mais aussitôt après je pris garde que, pendant que je voulais ainsi penser que tout était faux, il fallait nécessairement que moi qui le pensais fusse quelque chose; et, remarquant que cette vérité : *je pense, donc je suis*, était si ferme et si assurée que toutes les plus extravagantes suppositions des sceptiques n'étaient pas capables de l'ébranler, je jugeai que je pouvais la recevoir sans scrupule pour le premier principe de la philosophie que je cherchais.

Puis, examinant avec attention ce que j'étais, et voyant que je pouvais feindre que je n'avais aucun corps et qu'il n'y avait aucun monde ni aucun lieu où je fusse, mais que je ne pouvais pas feindre pour cela que je n'étais point, et qu'au contraire de cela même que je pensais à douter de la vérité des autres choses il suivait très évidemment et très certainement que j'étais, au lieu que, si j'eusse seulement cessé de penser, encore que tout le reste de ce que j'avais jamais imaginé eût été vrai, je n'avais aucune raison de croire que j'eusse été, je connus de là que j'étais une substance dont toute l'essence ou la nature n'est que de penser, et qui pour être n'a besoin d'aucun lieu ni ne dépend d'aucune chose matérielle ; en sorte que ce moi, c'est-à-dire l'âme, par laquelle je suis ce que je suis, est entièrement distincte du corps, et même qu'elle est plus aisée à connaître que lui, et qu'encore qu'il ne fût point, elle ne laisserait pas d'être tout ce qu'elle est.

Après cela je considérai en général ce qui est requis à une proposition pour être vraie et certaine : car, puisque je venais d'en trouver une que je savais être telle, je pensai que je devais aussi savoir en quoi consiste cette certitude. Et ayant remarqué qu'il n'y a rien du tout en ceci, *je pense, donc je suis*, qui m'assure que je dis la vérité, sinon que je vois très clairement que pour penser il faut être, je jugeai que je pouvais prendre pour règle générale que les choses que nous concevons fort clairement et fort distinctement sont toutes vraies, mais qu'il y a seulement quelque difficulté à bien remarquer quelles sont celles que nous concevons distinctement.

Ensuite de quoi, faisant réflexion sur ce que je doutais, et que par conséquent mon être n'était pas tout parfait, car je voyais clairement que c'était une plus grande perfection de connaître que de douter, je m'avisai de chercher d'où j'avais appris à penser à quelque chose de plus parfait que je n'étais, et je connus évidemment que ce devait être de quelque nature qui fût en effet plus parfaite. Pour ce qui est des pensées que j'avais de plusieurs autres choses hors de moi, comme du ciel, de la terre, de la lumière, de la chaleur et de mille autres, je n'étais point tant en peine de savoir d'où elles venaient, à cause que, ne remarquant rien en elles qui me semblât les rendre supérieures à moi, je pouvais croire que, si elles étaient vraies, c'étaient des dépendances de ma nature, en tant qu'elle avait quelque perfection, et, si elles ne l'étaient pas, que je les tenais du néant, c'est-à-dire qu'elles étaient en moi pour ce que j'avais du défaut. Mais ce ne pouvait être le même de l'idée d'un être plus parfait que le mien : car, de la tenir du néant, c'était chose manifestement impossible; et, pour ce qu'il n'y a pas moins de répugnance que le plus parfait soit une suite et une dépendance du moins parfait qu'il y en a que de rien procède quelque chose, je ne la pouvais tenir non plus de moi-même; de façon qu'il restait qu'elle eût été mise en moi par une nature qui fût véritablement plus parfaite que je n'étais, et même qui eût en soi toutes les perfections dont je pouvais avoir quelque idée, c'est-à-dire, pour m'expliquer en un mot, qui fût Dieu. A quoi j'ajoutai que, puisque je connaissais quelques perfections que je n'avais point, je n'étais pas le seul être qui existât (j'userai, s'il vous plaît, ici librement des mots de l'école), mais qu'il fallait de nécessité qu'il y en eût quelque autre plus parfait, duquel je dépendisse, et duquel j'eusse acquis tout ce que j'avais : car, si j'eusse été seul et indépendant de tout autre, en sorte que j'eusse eu de moi-même tout ce peu que je participais de l'Etre parfait, j'eusse pu avoir de moi, par même raison, tout le surplus que je connaissais me manquer, et ainsi être moi-même infini, éternel, immuable, tout connaissant, tout-puissant, et enfin avoir toutes les perfections que je pouvais remarquer être en Dieu. Car, suivant les raisonnements que je viens de faire, pour connaître la nature de Dieu autant que la mienne en était capable, je n'avais qu'à considérer, de toutes les choses dont je trouvais en moi quelque idée, si c'était perfection ou non de les posséder ; et j'étais assuré qu'aucune de celles qui marquaient quelque imperfection n'était en lui, mais que toutes les autres y étaient : comme je voyais que le doute, l'inconstance, la tristesse et choses semblables n'y pouvaient être, vu que j'eusse été moi-même bien aise d'en être exempt. Puis, outre cela, j'avais des idées de plusieurs choses sensibles et corporelles : car, quoique je supposasse que je rêvais, et que tout ce que je voyais ou imaginais était faux, je ne pouvais nier toutefois que les idées n'en fussent véritablement en ma pensée. Mais, pour ce que j'avais déjà connu en moi très clairement que la nature intelligente est distincte de la corporelle, considérant que toute composition témoigne de la dépendance, et que la dépendance est manifestement un défaut, je jugeais de là que ce ne pouvait être une perfection en Dieu d'être composé de ces deux natures, et que par conséquent il ne l'était pas ; mais que, s'il y avait quelques corps dans le monde, ou bien quelques intelligences ou autres natures qui ne fussent point toutes parfaites, leur être devait dépendre de sa puissance, en telle sorte qu'elles ne pouvaient subsister sans lui un seul moment.

Je voulus chercher après cela d'autres vérités ; et, m'étant proposé l'objet des géomètres, que je concevais comme un corps continu, ou un espace indéfiniment étendu en longueur, largeur, et hauteur ou profondeur, divisible en diverses parties qui pouvaient avoir diverses figures et grandeurs et être mues ou transposées en toutes sortes, car les géomètres supposent tout cela en leur objet, je parcourus quelques-unes de leurs simples démonstrations ; et, ayant pris garde que cette grande certitude que tout le monde leur attribue n'est fondée que sur ce qu'on les conçoit évidemment, suivant la règle que j'ai tantôt dite, je pris garde aussi qu'il n'y avait rien du tout en elles qui m'assurât de l'existence de leur objet : car, par exemple, je voyais bien que, supposant un triangle, il fallait que ses trois angles fussent égaux à deux droits, mais je ne voyais rien pour cela qui m'assurât qu'il y eût au monde aucun triangle ; au lieu que, revenant à examiner l'idée que j'avais d'un être parfait, je trouvais que l'existence y était comprise en même façon qu'il est compris en celle d'un triangle que ses trois angles sont égaux à deux droits, ou en celle d'une sphère que toutes ses parties sont également distantes de son centre, ou même encore plus évidemment; et que, par conséquent, il est pour le moins aussi certain que Dieu, qui est cet être parfait, est ou existe, qu'aucune démonstration de géométrie le saurait être.

Mais ce qui fait qu'il y en a plusieurs qui se persuadent qu'il y a de la difficulté à le connaître, et même aussi à connaître ce que c'est que leur âme, c'est qu'ils n'élèvent jamais leur esprit au delà des choses sensibles, et qu'ils sont tellement accoutumés à ne rien considérer qu'en l'imaginant, qui est une façon de penser particulière pour les choses matérielles, que tout ce qui n'est pas imaginable leur semble n'être pas intelligible. Ce qui est assez manifeste de ce que même les philosophes tiennent pour maxime, dans les écoles, qu'il n'y a rien dans l'entendement qui n'ait premièrement été dans le sens, où toutefois il est certain que les idées de Dieu et de l'âme n'ont jamais été; et il me semble que ceux qui veulent user de leur imagination pour les comprendre font tout de même que si, pour ouïr les sons ou sentir les odeurs, ils se voulaient servir de leurs yeux; sinon qu'il y a encore cette différence que le sens de la vue ne nous assure pas moins de la vérité de ces objets que font ceux de l'odorat ou de l'ouïe, au lieu que ni notre imagination ni nos sens ne nous sauraient jamais assurer d'aucune chose si notre entendement n'y intervient.

Enfin, s'il y a encore des hommes qui ne soient pas assez persuadés de l'existence de Dieu et de leur âme par les raisons que j'ai apportées, je veux bien qu'ils sachent que toutes les autres choses dont ils se pensent peut-être plus assurés, comme d'avoir un corps, et qu'il y a des astres et une terre, et choses semblables, sont moins certaines : car, encore qu'on ait une assurance morale de ces choses, qui est telle qu'il semble qu'à moins que d'être extravagant on en peu douter, toutefois aussi, à moins que d'être déraisonnable, lorsqu'il est question d'une certitude métaphysique, on ne peut nier que ce ne soit assez de sujet pour n'en être pas entièrement assuré que d'avoir pris garde qu'on peut en même façon s'imaginer, étant endormi, qu'on a un autre corps et qu'on voit d'autres astres et une autre terre sans qu'il en soit rien. Car d'où sait-on que les pensées qui viennent en songe sont plutôt fausses que les autres, vu que souvent elles ne sont pas moins vives et expresses? Et que les meilleurs esprits y étudient tant qu'il leur plaira, je ne crois pas qu'ils puissent donner aucune raison qui soit suffisante pour ôter ce doute, s'ils ne présupposent l'existence de Dieu. Car, premièrement, cela même que j'ai tantôt pris pour une règle, à savoir que les choses que nous concevons très clairement et très distinctement sont toutes vraies, n'est assuré qu'à cause que Dieu est ou existe, et qu'il est un être parfait, et que tout ce qui est en nous vient de lui; d'où il suit que nos idées ou notions, étant des choses réelles et qui viennent de Dieu, en tout ce en quoi elles sont claires et distinctes, ne peuvent en cela être que vraies. En sorte que, si nous en avons assez souvent qui contiennent de la fausseté, ce ne peut être que de celles qui ont quelque chose de confus et obscur, à cause qu'en cela elles participent du néant, c'est-à-dire qu'elles ne sont en nous ainsi confuses qu'à cause que nous ne sommes pas tout parfaits. Et il est évident qu'il n'y a pas moins de répugnance que la fausseté ou l'imperfection procède de Dieu, en tant que telle, qu'il y en a que la vérité ou la perfection procède du néant. Mais, si nous ne savions point que tout ce qui est en nous de réel et de vrai vient d'un être parfait et infini, pour claires et distinctes que fussent nos idées, nous n'aurions aucune raison qui nous assurât qu'elles eussent la perfection d'être vraies.

Or, après que la connaissance de Dieu et de l'âme nous a ainsi rendus certains de cette règle, il est bien aisé à connaître que les rêveries que nous imaginons étant endormis ne doivent aucunement nous faire douter de la vérité des pensées que nous avons étant éveillés. Car, s'il arrivait même en dormant qu'on eût quelque idée fort distincte, comme par exemple qu'un géomètre inventât quelque nouvelle démonstration, son sommeil ne l'empêcherait pas d'être vraie; et pour l'erreur la plus ordinaire de nos songes, qui consiste en ce qu'ils nous représentent divers objets en même façon que font nos sens extérieurs, n'importe pas qu'elle nous donne occasion de nous défier de la vérité de telles idées, à cause qu'elles peuvent aussi nous tromper assez souvent sans que nous dormions, comme lorsque ceux qui ont la jaunisse voient tout de couleur jaune, ou que les astres ou autres corps fort éloignés nous paraissent beaucoup plus petits qu'ils ne sont. Car enfin, soit que nous veillons, soit que nous dormions, nous ne nous devons jamais laisser persuader qu'à l'évidence de notre raison. Et il est à remarquer que je dis de notre raison, et non point de notre imagination ni de nos sens : comme, encore que nous voyons le soleil très clairement, nous ne devons pas juger pour cela qu'il ne soit que de la grandeur que nous le voyons; et nous pouvons bien imaginer distinctement une tête de lion entée sur le corps d'une chèvre, sans qu'il faille conclure pour cela qu'il y ait au monde une chimère : car la raison ne nous dicte point que ce que nous voyons ou imaginons ainsi soit véritable, mais elle nous dicte bien que toutes nos idées ou notions doivent avoir quelque fondement de vérité : car il ne serait pas possible que Dieu, qui est tout parfait et tout véritable, les eût mises en nous sans cela ; et, pour ce que nos raisonnements ne sont jamais si évidents ni si entiers pendant le sommeil que pendant la veille, bien que quelquefois nos imaginations soient alors autant ou plus vives et expresses, elle nous dicte aussi que, nos pensées ne pouvant être toutes vraies, à cause que nous ne sommes pas tout parfaits, ce qu'elles ont de vérité doit infailliblement se rencontrer en celles que nous avons étant éveillés plutôt qu'en nos songes.

CINQUIÈME PARTIE

Je serais bien aise de poursuivre et de faire voir ici toute la chaîne des autres vérités que j'ai déduites de ces premières ; mais, à cause que pour cet effet il serait maintenant besoin que je parlasse de plusieurs questions qui sont en controverse entre les doctes, avec lesquels je ne désire point me brouiller, je crois qu'il sera mieux que je m'en abstienne, et que je dise seulement en général quelles elles sont, afin de laisser juger aux plus sages s'il serait utile que le public en fût plus particulièrement informé. Je suis toujours demeuré ferme en la résolution que j'avais prise de ne supposer aucun autre principe que celui dont je viens de me servir pour démontrer l'existence de Dieu et de l'âme, et de ne recevoir aucune chose pour vraie qui ne me semblât plus claire et plus certaine que n'avaient fait auparavant les démonstrations des géomètres ; et néanmoins j'ose dire que non seulement j'ai trouvé moyen de me satisfaire en peu de temps touchant toutes les principales difficultés dont on a coutume de traiter en la philosophie, mais aussi que j'ai remarqué certaines lois que Dieu a tellement établies en la nature et dont il a imprimé de telles notions

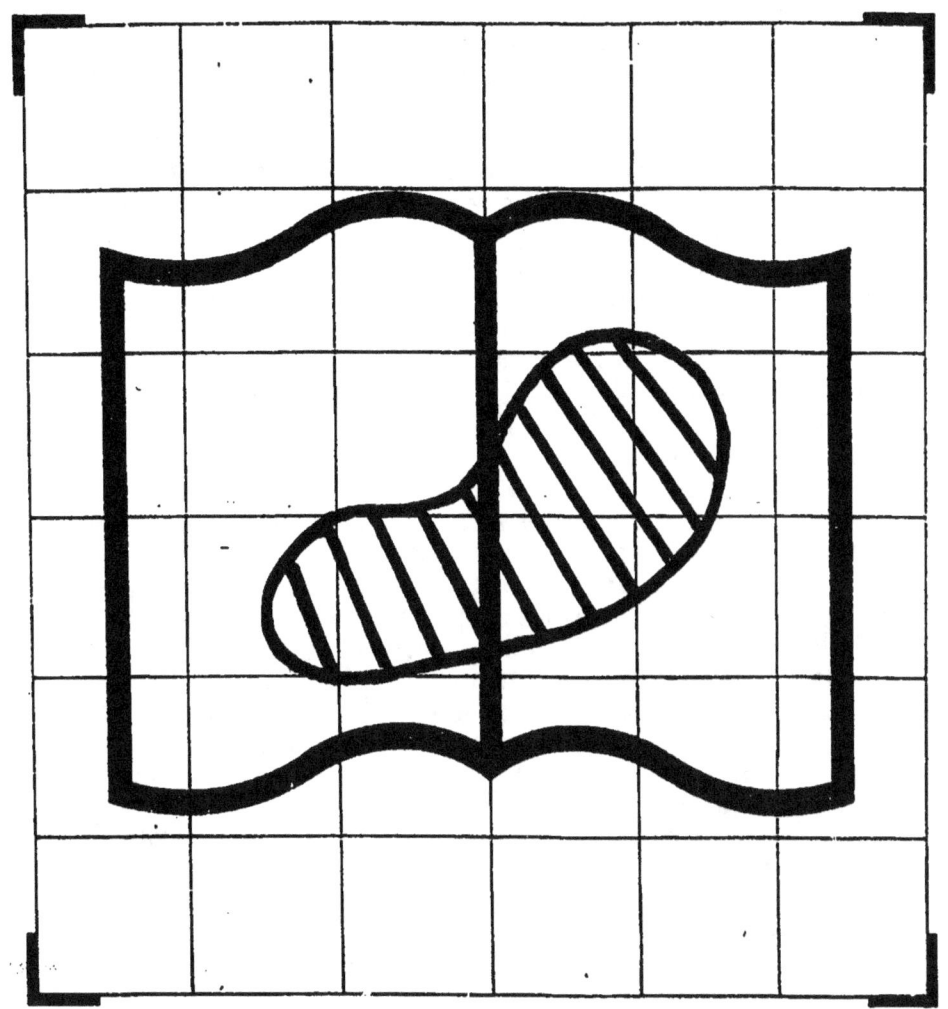

en nos âmes qu'après y avoir fait assez de réflexion nous ne saurions douter qu'elles ne soient exactement observées en tout ce qui est ou qui se fait dans le monde. Puis, en considérant la suite de ces lois, il me semble avoir découvert plusieurs vérités plus utiles et plus importantes que tout ce que j'avais appris auparavant ou même espéré d'apprendre.

Mais, pour ce que j'ai tâché d'en expliquer les principales dans un traité que quelques considérations m'empêchent de publier, je ne les saurais mieux faire connaître qu'en disant ici sommairement ce qu'il contient. J'ai eu dessein d'y comprendre tout ce que je pensais savoir, avant que de l'écrire, touchant la nature des choses matérielles. Mais, tout de même que les peintres, ne pouvant également bien représenter dans un tableau plat toutes les diverses faces d'un corps solide, en choisissent une des principales qu'ils mettent seule vers le jour, et, ombrageant les autres, ne les font paraître qu'en tant qu'on les peut voir en la regardant : ainsi, craignant de ne pouvoir mettre en mon discours tout ce que j'avais en la pensée, j'entrepris seulement d'y exposer bien amplement ce que je concevais de la lumière; puis, à son occasion, d'y ajouter quelque chose du soleil et des étoiles fixes, à cause qu'elle en procède presque toute; des cieux, à cause qu'ils la transmettent; des planètes, des comètes et de la terre, à cause qu'elles la font réfléchir; et en particulier de tous les corps qui sont sur la terre, à cause qu'ils sont ou colorés, ou transparents, ou lumineux; et enfin de l'homme, à cause qu'il en est le spectateur. Même pour ombrager un peu toutes ces choses, et pouvoir dire plus librement ce que j'en jugeais sans être obligé de suivre ni de réfuter les opinions qui sont reçues entre les doctes, je me résolus de laisser tout ce monde ici à leurs disputes, et de parler seulement de ce qui arriverait dans un nouveau, si Dieu créait maintenant quelque part dans les espaces imaginaires assez de matière pour le composer, et qu'il agitât diversement et sans ordre les diverses parties de cette matière, en sorte qu'il en composât un chaos aussi confus que les poètes en puissent feindre, et que par après il ne fît autre chose que prêter son concours ordinaire à la nature, et la laisser agir suivant les lois qu'il a établies. Ainsi, premièrement, je décrivis cette matière et tâchai de la représenter telle qu'il n'y a rien au monde, ce me semble, de plus clair ni plus intelligible, excepté ce qui a tantôt été dit de Dieu et de l'âme : car même je supposai expressément qu'il n'y avait en elle aucune de ces formes ou qualités dont on dispute dans les écoles, ni généralement aucune chose dont la connaissance ne fût si naturelle à nos âmes qu'on ne pût pas même feindre de l'ignorer. De plus, je fis voir quelles étaient les lois de la nature; et, sans appuyer mes raisons sur aucun autre principe que sur les perfections infinies de Dieu, je tâchai à démontrer toutes celles dont on eût pu avoir quelque doute, et à faire voir qu'elles sont telles qu'encore que Dieu aurait créé plusieurs mondes, il n'y en saurait avoir aucun où elles manquassent d'être observées. Après cela, je montrai comment la plus grande part de la matière de ce chaos devait, en suite de ces lois, se disposer et s'arranger d'une certaine façon qui la rendait semblable à nos cieux; comment cependant quelques-unes de ses parties devaient composer une terre, et quelques-unes des planètes et des comètes, et quelques autres un soleil et des étoiles fixes. Et ici, m'étendant sur le sujet de la lumière, j'expliquai bien au long quelle était celle qui se devait trouver dans le soleil et les étoiles, et comment de là elle traversait en un instant les immenses espaces des cieux, et comment elle se réfléchissait des planètes et des comètes vers la terre. J'y ajoutai aussi plusieurs choses touchant la substance, la situation, les mouvements et toutes les diverses qualités de ces cieux et de ces astres; en sorte que je pensais en dire assez pour faire connaître qu'il ne se remarque rien en ceux de ce monde qui ne dût ou du moins qui ne pût paraître tout semblable en ceux du monde que je décrivais. De là je vins à parler particulièrement de la terre : comment, encore que j'eusse expressément supposé que Dieu n'avait mis aucune pesanteur en la matière dont elle était composée, toutes ses parties ne laissaient pas de tendre exactement vers son centre; comment, y ayant de l'eau et de l'air sur sa superficie, la disposition des cieux et des astres, principalement de la lune, y devait causer un flux et reflux qui fût semblable en toutes ses circonstances à celui qui se remarque dans nos mers, et outre cela un certain cours tant de l'eau que de l'air, du levant vers le couchant, tel qu'on le remarque aussi entre les tropiques; comment les montagnes, les mers, les fontaines et les rivières pouvaient naturellement s'y former, et les métaux y venir dans les mines, et les plantes y croître dans les campagnes, et généralement tous les corps qu'on nomme mêlés ou composés s'y engendrer. Et entre autres choses, à cause qu'après les astres je ne connais rien au monde que le feu qui produise de la lumière, je m'étudiai à faire entendre bien clairement tout ce qui appartient à sa nature, comment il se fait, comment il se nourrit, comment il n'a quelquefois que de la chaleur sans lumière, et quelquefois de la lumière sans chaleur; comment il peut introduire diverses couleurs en divers corps, et diverses autres qualités; comment il en fond quelques-uns et en durcit d'autres; comment il les peut consumer presque tous ou convertir en cendres et en fumée; et enfin comment de ces cendres, par la seule violence de son action, il forme du verre : car, cette transmutation de cendres en verre me semblant être aussi admirable qu'aucune autre qui se fasse en la nature, je pris particulièrement plaisir à la décrire.

Toutefois je ne voulais pas inférer de toutes ces choses que ce monde ait été créé en la façon que je proposais : car il est bien plus vraisemblable que dès le commencement Dieu l'a rendu tel qu'il devait être. Mais il est certain, et c'est une opinion communément reçue entre les théologiens, que l'action par laquelle maintenant il le conserve est toute la même que celle par laquelle il l'a créé; de façon qu'encore qu'il ne lui aurait point donné au commencement d'autre forme que celle du chaos, pourvu qu'ayant établi les lois de la nature il lui prêtât son concours pour agir ainsi qu'elle a de coutume, on peut croire, sans faire tort au miracle de la création, que par cela seul toutes les choses qui sont purement matérielles auraient pu avec le temps s'y rendre telles que nous les voyons à présent; et leur nature est bien plus aisée à concevoir lorsqu'on les voit naître peu à peu en cette sorte que lorsqu'on ne les considère que toutes faites.

De là description des corps inanimés et des plantes, je passai à celle des animaux, et particulièrement à celle des hommes. Mais, pour ce que je n'en avais pas encore assez de connaissance pour en parler du même style que du reste, c'est-à-dire en démontrant les effets par les causes, et faisant voir de quelles semences et en quelle façon la nature les doit produire, je me contentai de supposer que Dieu formât le corps d'un homme entièrement semblable à l'un des nôtres, tant en la figure extérieure de ses membres qu'en la conformation intérieure de ses organes, sans le composer d'autre matière que de celle que j'avais décrite, et sans mettre en lui au commencement aucune âme raisonnable ni aucune autre chose pour y servir d'âme végétante ou sensitive, sinon qu'il existât en son cœur un de ces feux sans lumière que j'avais déjà expliqué, et que je ne concevais point d'autre nature que celui qui échauffe le foin lorsqu'on l'a renfermé avant qu'il fût sec, ou qui fait bouillir les vins nouveaux lorsqu'on les laisse cuver sur la râpe : car, examinant les fonctions qui pouvaient ensuite de cela être en ce corps, j'y trouvais exactement toutes celles qui peuvent être en nous sans que nous y pensions, ni par conséquent que notre âme, c'est-à-dire cette partie distincte du corps dont il a été dit ci-dessus que la nature n'est que de penser, y contribue, et qui sont toutes les mêmes : en quoi on peut dire que les animaux sans raison nous ressemblent; sans que j'y en pusse pour cela trouver aucune de celles qui, étant dépendantes de la pensée, sont les seules qui nous appartiennent en tant qu'hommes; au lieu que je les y trouvais toutes par après, ayant supposé que Dieu créât une âme raisonnable, et qu'il la joignît à ce corps en certaine façon que je décrivais.

Mais, afin qu'on puisse voir en quelle sorte j'y traitais cette matière, je veux mettre ici l'explication du mouvement du cœur et des artères, qui étant le premier et le plus général qu'on observe dans les animaux, on jugera facilement de lui ce qu'on doit penser de tous les autres; et, afin qu'on ait moins de difficulté à entendre ce que j'en dirai, je voudrais que ceux qui ne sont point versés en l'anatomie prissent la peine, avant que de lire ceci, de faire couper devant eux le cœur de quelque grand animal qui ait des poumons, car il est en tout assez semblable à celui de l'homme, et qu'ils se fissent montrer les deux chambres ou concavités qui y sont : premièrement celle qui est dans son côté droit, à laquelle répondent deux tuyaux fort larges, à savoir : la veine cave, qui est le principal réceptacle du sang, et comme le tronc de l'arbre dont toutes les autres veines du corps sont les branches, et la veine artérieuse, qui a été ainsi mal nommée, pour ce que c'est en effet une artère, laquelle, prenant son origine du cœur, se divise, après en être sortie, en plusieurs branches qui se vont répandre partout dans les poumons; puis celle qui est dans son côté gauche, à laquelle répondent en même façon deux tuyaux qui sont autant ou plus larges que les précédents, à savoir : l'artère veineuse, qui a été aussi mal nommée à cause qu'elle n'est autre chose qu'une veine, laquelle vient des poumons, où elle est divisée en plusieurs branches entrelacées avec celles de la veine artérieuse et celles de ce conduit qu'on nomme le sifflet, par où entre l'air de la respiration, et la grande artère qui, sortant du cœur, envoie ses branches par tout le corps. Je voudrais aussi qu'on leur montrât soigneusement les onze petites peaux qui, comme autant de petites portes, ouvrent et ferment les quatre ouvertures qui sont en ces deux concavités, à savoir : trois à l'entrée de la veine cave, où elles sont tellement disposées qu'elles ne peuvent aucunement empêcher que le sang qu'elle contient ne coule dans la concavité droite du cœur, et toutefois empêchent exactement qu'il n'en puisse sortir; trois à l'entrée de la veine artérieuse, qui, étant disposées tout au contraire, permettent bien au sang qui est dans cette concavité de passer dans les poumons, mais non pas à celui qui est dans les poumons d'y retourner; et ainsi deux autres à l'entrée de l'artère veineuse, qui laissent couler le sang des poumons vers la concavité gauche du cœur, mais s'opposent à son retour ; et trois à l'entrée de la grande artère, qui lui permettent de sortir du cœur, mais l'empêchent d'y retourner. Et il n'est point besoin de chercher d'autre raison du nombre de ces peaux, sinon que l'ouverture de l'artère veineuse, étant en ovale à cause du lieu où elles se rencontrent, peut être commodément fermée avec deux, au lieu que les autres, étant rondes, le peuvent mieux être avec trois. De plus, je voudrais qu'on leur fît considérer que la grande artère et la veine artérieuse sont d'une composition beaucoup plus dure et plus ferme que ne sont l'artère veineuse et la veine cave ; et que ces deux dernières s'élargissent avant que d'entrer dans le cœur, et y font comme deux bourses, nommées les oreilles du cœur, qui sont composées d'une chair semblable à la sienne ; et qu'il y a toujours plus de chaleur dans le cœur qu'en aucun autre endroit du corps ; et enfin que cette chaleur est capable de faire que, s'il entre quelques gouttes de sang en ses concavités, elle s'enfle promptement et se dilate, ainsi que font généralement toutes les liqueurs, lorsqu'on les laisse tomber goutte à goutte en quelque vaisseau qui est fort chaud.

Car, après cela, je n'ai besoin de dire autre chose pour expliquer le mouvement du cœur, sinon que, lorsque ses concavités ne sont pas pleines de sang, il en coule nécessairement de la veine cave dans la droite et de l'artère veineuse dans la gauche, d'autant que ces deux vaisseaux en sont toujours pleins, et que leurs ouvertures qui regardent vers le cœur ne peuvent alors être bouchées ; mais que, sitôt qu'il est entré ainsi deux gouttes de sang, une en chacune de ses concavités, ces gouttes, qui ne peuvent être que fort grosses, à cause que les ouvertures par où elles entrent sont fort larges et les vaisseaux d'où elles viennent fort pleins de sang, se raréfient et se dilatent, à cause de la chaleur qu'elles y trouvent ; au moyen de quoi, faisant enfler tout le cœur, elles poussent et ferment les cinq petites portes qui sont aux entrées des deux vaisseaux d'où elles viennent, empêchant ainsi qu'il ne descende davantage de sang dans le cœur ; et, continuant à se raréfier de plus en plus, elles poussent et ouvrent les six autres petites portes qui sont aux entrées des deux autres vaisseaux par où elles sortent, faisant enfler par ce moyen toutes les branches de la veine artérieuse et de la grande artère, quasi au même instant que le cœur, lequel incontinent après se désenfle, comme font aussi ces artères, à cause que le sang qui y est entré s'y refroidit ; et leur six petites portes se referment et les cinq de la veine cave et de l'artère veineuse se rouvrent et donnent passage à deux autres gouttes de sang, qui font derechef enfler le cœur et les artères, tout de même que les précédentes. Et, pour ce que le sang qui entre ainsi dans le cœur passe par ces deux bourses qu'on nomme ses oreilles, de là vient que leur mouvement est contraire au sien, et qu'elles se désenflent lorsqu'il s'enfle. Au reste, afin que ceux qui ne connaissent pas la force des démonstrations mathématiques, et ne sont pas accoutumés à distinguer les vraies raisons des vraisemblables, ne se hasardent pas de nier ceci sans l'examiner, je les veux avertir que ce mouvement que je viens d'expliquer suit aussi nécessairement de la seule disposition des organes qu'on peut voir à l'œil dans le cœur, et de la chaleur qu'on y peut sentir avec les doigts, et de la nature du sang qu'on peut connaître par expérience, que fait celui d'une horloge, de la force, de la situation et de la figure de ses contrepoids et de ses roues.

Mais, si on demande comment le sang des veines ne s'épuise point en coulant ainsi continuellement dans le cœur, et comment les artères n'en sont point trop remplies, puisque tout celui qui passe par le cœur s'y va rendre, je n'ai pas besoin d'y répondre autre chose que ce qui a déjà été écrit par un médecin d'Angleterre[1], auquel il faut donner la louange d'avoir rompu la glace en cet endroit, et d'être le premier qui a enseigné qu'il y a plusieurs petits passages aux extrémités des artères par où le sang qu'elles reçoivent du cœur entre dans les petites branches des veines, d'où il se va rendre derechef vers le cœur; en sorte que son cours n'est autre chose qu'une circulation perpétuelle. Ce qu'il prouve fort bien par l'expérience ordinaire des chirurgiens, qui, ayant lié le bras médiocrement fort, au-dessus de l'endroit où ils ouvrent la veine, font que le sang en sort plus abondamment que s'ils ne l'avaient point lié; et il arriverait tout le contraire s'ils le liaient au-dessous entre la main et l'ouverture, ou bien qu'ils le liassent très fort au-dessus. Car il est manifeste que le lien médiocrement serré, pouvant empêcher que le sang qui est déjà dans le bras ne retourne vers le cœur par les veines, n'empêche pas pour cela qu'il n'y en vienne toujours de nouveau par les artères, à cause qu'elles sont situées au-dessous des veines, et que leurs peaux, étant plus dures, sont moins aisées à presser; et aussi que le sang qui vient du cœur tend avec plus de force à passer par elles vers la main qu'il ne fait à retourner de là vers le cœur par les veines; et, puisque ce sang sort du

---

1. Harvey, *De motu cordis.*

bras par l'ouverture qui est en l'une des veines, il doit nécessairement y avoir quelques passages au-dessous du lien, c'est-à-dire vers les extrémités du bras, par où il y puisse venir des artères. Il prouve aussi fort bien ce qu'il dit du cours du sang par certaines petites peaux qui sont tellement disposées en divers lieux le long des veines qu'elles ne lui permettent point d'y passer du milieu du corps vers les extrémités, mais seulement de retourner des extrémités vers le cœur; et, de plus, par l'expérience qui montre que tout celui qui est dans le corps en peut sortir en fort peu de temps par une seule artère lorsqu'elle est coupée, encore même qu'elle fût étroitement liée fort proche du cœur et coupée entre lui et le lien, en sorte qu'on eût aucun sujet d'imaginer que le sang qui en sortirait vînt d'ailleurs.

Mais il y a plusieurs autres choses qui témoignent que la vraie cause de ce mouvement du sang est celle que j'ai dite : comme, premièrement, la différence qu'on remarque entre celui qui sort des veines et celui qui sort des artères ne peut procéder que de ce qu'étant raréfié et comme distillé en passant par le cœur, il est plus subtil, plus vif et plus chaud incontinent après en être sorti, c'est-à-dire étant dans les artères, qu'il n'est un peu devant que d'y entrer, c'est-à-dire étant dans les veines. Et, si on y prend garde, on trouvera que cette différence ne paraît bien que vers le cœur, et non point tant aux lieux qui en sont les plus éloignés; puis la dureté des peaux dont la veine artérieuse et la grande artère sont composées montre assez que le sang bat contre elles avec plus de force que contre les veines. Et pourquoi la concavité gauche du cœur et la grande artère seraient-elles plus amples et plus larges que la concavité droite et la veine artérieuse, si ce n'était que le sang de l'artère veineuse, n'ayant été que dans les poumons depuis qu'il a passé par le cœur, est plus subtil et se raréfie plus fort et plus aisément que celui qui vient immédiatement de la veine cave? Et qu'est-ce que les médecins peuvent deviner en tâtant le pouls, s'ils ne savent que, selon que le sang change de nature, il peut être raréfié par la chaleur du cœur plus ou moins fort et plus ou moins vite qu'auparavant? Et si on examine comment cette chaleur se communique aux autres membres, ne faut-il pas avouer que c'est par le moyen du sang, qui, passant par le cœur, s'y réchauffe et se répand de là par tout le corps; d'où vient que, si on ôte le sang de quelque partie, on en ôte par même moyen la chaleur; et, encore que le cœur fût aussi ardent qu'un fer embrasé, il ne suffirait pas pour réchauffer les pieds et les mains tant qu'il fait, s'il n'y envoyait continuellement du nouveau sang. Puis aussi on connaît de là que le vrai usage de la respiration est d'apporter assez d'air frais dans le poumon pour faire que le sang qui y vient de la concavité droite du cœur, où il a été raréfié et comme changé en vapeurs, s'y épaississe et convertisse en sang derechef, avant que de retomber dans la gauche, sans quoi il ne pourrait être propre à servir de nourriture au feu qui y est; ce qui se confirme parce qu'on voit que les animaux qui n'ont point de poumons n'ont aussi qu'une seule concavité dans le cœur, et que les enfants, qui n'en peuvent user pendant qu'ils sont renfermés au ventre de leurs mères, ont une ouverture par où il coule du sang de la veine cave en la concavité gauche du cœur, et un conduit par où il vient de la veine artérieuse en la grande artère sans passer par le poumon. Puis la coction, comment se ferait-elle en l'estomac si le cœur n'y envoyait de la chaleur par les artères, et avec cela quelques-unes des plus coulantes parties du sang, qui aident à dissoudre les viandes qu'on y a mises ? Et l'action qui convertit le suc de ces viandes en sang n'est-elle pas aisée à connaître si on considère qu'il se distille en passant et repassant par le cœur, peut-être plus de cent ou deux cents fois chaque jour ? Et qu'a-t-on besoin d'autre chose pour expliquer la nutrition et la production des diverses humeurs qui sont dans le corps, sinon de dire que la force dont le sang, en se raréfiant, passe du cœur vers les extrémités des artères, fait que quelques-unes de ces parties s'arrêtent entre celles des membres où elles se trouvent et y prennent la place de quelques autres qu'elles en chassent, et que, selon la situation, ou la figure, ou la petitesse des pores qu'elles rencontrent, les unes se vont rendre en certains lieux plutôt que les autres, en même façon que chacun peut avoir vu divers cribles qui, étant diversement percés, servent à séparer divers grains les uns des autres ? Et enfin ce qu'il y a de plus remarquable en tout ceci, c'est la génération des esprits animaux, qui sont comme un vent très subtil, ou plutôt comme une flamme très pure et très vive, qui, montant continuellement en grande abondance du cœur dans le cerveau, se va rendre de là par les nerfs dans les muscles et donne le mouvement à tous les membres, sans qu'il faille imaginer d'autre cause qui fasse que les parties du sang qui, étant les plus agitées et les plus pénétrantes, sont les plus propres à composer ces esprits, se vont rendre plutôt vers le cerveau que vers ailleurs, sinon que les artères qui les y portent sont celles qui viennent du cœur le plus en ligne droite de toutes, et que, selon les règles des mécaniques, qui sont les mêmes que celles de la nature, lorsque plusieurs choses tendent ensemble à se mouvoir vers un même côté où il n'y a pas assez de place pour toutes, ainsi que les parties du sang qui sortent de la concavité gauche du cœur tendent vers le cerveau, les plus faibles et moins agitées en doivent être détournées par les plus fortes qui, par ce moyen, s'y vont rendre seules.

J'avais expliqué assez particulièrement toutes ces choses dans le traité que j'avais eu ci-devant dessein de publier. Et ensuite j'y avais montré quelle doit être la fabrique des nerfs et des muscles du corps humain pour faire que les esprits animaux étant dedans aient la force de mouvoir ses membres, ainsi qu'on voit que les têtes, un peu après être coupées, se remuent encore et mordent la terre, nonobstant qu'elles ne soient plus animées; quels changements se doivent faire dans le cerveau pour causer la veille, et le sommeil, et les songes; comment la lumière, les sons, les odeurs, les goûts, la chaleur et toutes les autres qualités des objets extérieurs y peuvent imprimer diverses idées par l'entremise des sens; comment la faim, la soif et les autres passions intérieures y peuvent aussi envoyer les leurs; ce qui doit y être pris pour le sens commun où ces idées sont reçues, pour la mémoire, qui les conserve, et pour la fantaisie, qui les peut diversement changer et en composer de nouvelles, et, par même moyen, distribuant les esprits animaux dans les muscles, faire mouvoir les membres de ce corps en autant de diverses façons, et autant à propos des objets qui se présentent à ses sens et des passions intérieures qui sont en lui, que les nôtres se puissent mouvoir sans que la volonté les conduise: ce qui ne semblera nullement étrange à ceux qui, sachant combien de divers *automates* ou machines mouvantes l'industrie des hommes peut faire sans y employer que fort peu de pièces, à comparaison de la grande multitude des os, des muscles, des nerfs, des artères, des veines et toutes les autres parties qui sont dans le corps de chaque animal, considérons ce corps comme une machine qui, ayant été faite des mains de Dieu, est incomparablement mieux ordonnée et a en soi des mouvements plus admirables qu'aucune de celles qui peuvent être inventées par les hommes. Et je m'étais ici particulièrement arrêté à faire voir que, s'il y avait de telles machines qui eussent les organes et la figure extérieure d'un singe ou de quelqu'autre animal sans raison, nous n'aurions aucun moyen pour reconnaître qu'elles ne seraient pas en tout de même nature que ces animaux; au lieu que, s'il y en avait qui eussent la ressemblance de nos corps et imitassent autant nos actions que moralement il serait possible, nous aurions toujours deux moyens très certains pour reconnaître qu'elles ne seraient point pour cela de vrais hommes: dont le premier est que jamais elles ne pourraient user de paroles ni d'autres signes en les composant, comme nous faisons pour déclarer aux autres nos pensées (car on peut bien concevoir qu'une machine soit tellement faite qu'elle profère des paroles, et même qu'elle en profère quelques-unes à propos des actions corporelles qui causeront quelque changement en ses organes, comme, si on la touche en quelque endroit, qu'elle demande ce qu'on lui veut dire ; si en un autre, qu'elle crie qu'on lui fait mal, et choses semblables; mais non pas qu'elle les arrange diversement pour répondre au sens de tout ce qui se dira en sa présence, ainsi que les hommes les plus hébétés peuvent faire); et le second est que, bien qu'elles fissent plusieurs choses aussi bien ou peut-être mieux qu'aucun de nous, elles manqueraient infailliblement en quelques autres, par lesquelles on découvrirait qu'elles n'agiraient pas par connaissance, mais seulement par la disposition de leurs organes : car, au lieu que la raison est un instrument universel qui peut servir en toutes sortes de rencontres, ces organes ont besoin de quelque particulière disposition pour chaque action particulière ; d'où vient qu'il est moralement impossible qu'il y en ait assez de divers en une machine pour la faire agir en toutes les occurrences de la vie de même façon que notre raison nous fait agir. Or, par ces deux mêmes moyens, on peut aussi connaître la différence qui est entre les hommes et les bêtes : car c'est une chose bien remarquable qu'il n'y a point d'hommes si hébétés et si stupides, sans en excepter même les insensés, qu'ils ne soient capables d'arranger ensemble diverses paroles et d'en composer un discours par lequel ils fassent entendre leurs pensées, et qu'au contraire il n'y a point d'autre animal, tant parfait et tant heureusement né qu'il puisse être, qui fasse le semblable. Ce qui n'arrive pas de ce qu'ils ont faute d'organes, car on voit que les pies et les perroquets peuvent proférer des paroles ainsi que nous, et toutefois ne peuvent parler ainsi que nous, c'est-à-dire en témoignant qu'ils pensent ce qu'ils disent, au lieu que les hommes qui, étant nés sourds et muets, sont privés des organes qui servent aux autres pour parler, autant ou plus que les bêtes, ont coutume d'inventer d'eux-mêmes quelques signes par lesquels ils se font entendre à ceux qui, étant ordinairement avec eux, ont loisir d'apprendre leur langue. Et ceci ne témoigne pas seulement que les bêtes ont moins de raison que les hommes, mais qu'elles n'en ont point du tout : car on voit qu'il n'en faut que fort peu pour savoir parler; et, d'autant qu'on remarque de l'inégalité entre les animaux d'une même espèce aussi bien qu'entre les hommes, et que les uns sont plus aisés à dresser que les autres, il n'est pas croyable qu'un singe ou un perroquet qui serait des plus parfaits de son espèce n'égalât en cela un enfant des plus stupides, ou du moins un enfant qui aurait le cerveau troublé, si leur âme n'était d'une nature du tout différente de la nôtre. Et on ne doit pas confondre les paroles avec les mouvements naturels qui témoignent les passions, et peuvent être imités par des machines aussi bien que par les animaux, ni penser, comme quelques anciens, que les bêtes parlent, bien que nous n'entendions pas leur langage : car, s'il était vrai, puisqu'elles ont plusieurs organes qui se rapportent aux nôtres, elles pourraient aussi bien se faire entendre à nous qu'à leurs semblables. C'est aussi une chose fort remarquable que, bien qu'il y ait plusieurs animaux qui témoignent plus d'industrie que nous en quelques-unes de leurs actions, on voit toutefois que les mêmes n'en témoignent point du tout en beaucoup d'autres; de façon que ce qu'ils font mieux que nous ne prouve pas qu'ils ont de l'esprit, car à ce compte ils en auraient plus qu'aucun de nous et feraient mieux en toute autre chose, mais plutôt qu'ils n'en ont point, et que c'est la nature qui agit en eux selon la disposition de leurs organes, ainsi qu'on voit qu'une horloge, qui n'est composée que de roues et de ressorts, peut compter les heures et mesurer le temps plus justement que nous avec toute notre prudence.

J'avais décrit après cela l'âme raisonnable et fait voir qu'elle ne peut aucunement être tirée de la puissance de la matière, ainsi que les autres choses dont j'avais parlé, mais qu'elle doit expressément être créée, et comment il ne suffit pas qu'elle soit logée dans le corps humain, ainsi qu'un pilote en son navire, sinon peut-être pour mouvoir ses membres, mais qu'il est besoin qu'elle soit jointe et unie plus étroitement avec lui, pour avoir outre cela des sentiments et des appétits semblables aux nôtres, et ainsi composer un vrai homme. Au reste, je me suis ici un peu étendu sur le sujet de l'âme à cause qu'il est des plus importants : car, après l'erreur de ceux qui nient Dieu, laquelle je pense avoir ci-dessus assez réfutée, il n'y en a point qui éloigne plutôt les esprits faibles du droit chemin de la vertu que d'imaginer que l'âme des bêtes soit de même nature que la nôtre, et que par conséquent nous n'avons rien à craindre ni à espérer après cette vie, non plus que les mouches et les fourmis : au lieu que, lorsqu'on sait combien elles diffèrent, on comprend beaucoup mieux les raisons qui prouvent que la nôtre est d'une nature entièrement indépendante du corps, et par conséquent qu'elle n'est point sujette à mourir avec lui; puis, d'autant qu'on ne voit point d'autres causes qui la détruisent, on est naturellement porté à juger de là qu'elle est immortelle.

SIXIÈME PARTIE

Or il y a maintenant trois ans que j'étais parvenu à la fin du traité qui contient toutes ces choses, et que je commençais à le revoir afin de le mettre entre les mains d'un imprimeur, lorsque j'appris que des personnes à qui je défère, et dont l'autorité ne peut guère moins sur mes actions que ma propre raison sur mes pensées, avaient désapprouvé une opinion de physique publiée un peu auparavant par quelque autre, de laquelle je ne veux pas dire que je fusse, mais bien que je n'y avais rien remarqué avant leur censure que je puisse imaginer être préjudiciable ni à la religion ni à l'Etat, ni par conséquent qui m'eût empêché de l'écrire si la raison me l'eût persuadé; et que cela me fit craindre qu'il ne s'en trouvât tout de même quelqu'une entre les miennes en laquelle je me fusse mépris, nonobstant le grand soin que j'ai toujours eu de n'en point recevoir de nouvelles en ma créance dont je n'eusse des démonstrations très certaines, et de n'en point écrire qui pussent tourner au désavantage de personne. Ce qui a été suffisant pour m'obliger à changer la résolution que j'avais eue de les publier : car, encore que les raisons pour lesquelles je l'avais prise auparavant fussent très fortes, mon inclination, qui m'a toujours fait haïr le métier de faire des livres, m'en fit incontinent trouver assez d'autres pour m'en excuser. Et ces raisons de part et d'autre sont telles que non seulement j'ai ici quelque intérêt de les dire, mais peut-être aussi que le public en a de les savoir.

Je n'ai jamais fait beaucoup d'état des choses qui venaient de mon esprit; et, pendant que je n'ai recueilli d'autres fruits de la méthode dont je me sers, sinon que je me suis satisfait touchant quelques difficultés qui appartiennent aux sciences spéculatives, ou bien que j'ai tâché de régler mes mœurs par les raisons qu'elle m'enseignait, je n'ai point cru être obligé d'en rien écrire. Car, pour ce qui touche les mœurs, chacun abonde si fort en son sens qu'il se pourrait trouver autant de réformateurs que de têtes, s'il était permis à d'autres qu'à ceux que Dieu a établis pour souverains sur ses peuples, ou bien auxquels il a donné assez de grâce et de zèle pour être prophètes, d'entreprendre d'y rien changer; et, bien que mes spéculations me plussent fort, j'ai cru que les autres en avaient aussi qui leur plaisaient peut-être davantage. Mais, sitôt que j'ai eu acquis quelques notions générales touchant la physique, et que, commençant à les éprouver en diverses difficultés particulières, j'ai remarqué jusques où elles peuvent conduire, et combien elles diffèrent des principes dont on s'est servi jusques à présent, j'ai cru que je ne pouvais les tenir cachées sans pécher grandement contre la loi qui nous oblige à procurer autant qu'il est en nous le bien général de tous les hommes : car elles m'ont fait voir qu'il est possible de parvenir à des connaissances qui soient fort utiles à la vie, et qu'au lieu de cette philosophie spéculative qu'on enseigne dans les écoles, on en peut trouver une pratique par laquelle, connaissant la force et les actions du feu, de l'eau, de l'air, des astres, des cieux et de tous les autres corps qui nous environnent, aussi distinctement que nous connaissons les divers métiers de nos artisans, nous les pourrions employer en même façon à tous les usages auxquels ils sont propres, et ainsi nous rendre comme maîtres et possesseurs de la nature. Ce qui n'est pas seulement à désirer pour l'invention d'une infinité d'artifices qui feraient qu'on jouirait sans aucune peine des fruits de la terre et de toutes les commodités qui s'y trouvent, mais principalement aussi pour la conservation de la santé, laquelle est sans doute le premier bien et le fondement de tous les autres biens de cette vie : car même l'esprit dépend si fort du tempérament et de la disposition des organes du corps que, s'il est possible de trouver quelque moyen qui rende communément les hommes plus sages et plus habiles qu'ils n'ont été jusqu'ici, je crois que c'est dans la médecine qu'on doit le chercher. Il est vrai que celle qui est maintenant en usage contient peu de choses dont l'utilité soit si remarquable; mais, sans que j'aie aucun dessein de la mépriser, je m'assure qu'il n'y a personne, même de ceux qui en font profession, qui n'avoue que tout ce qu'on y sait n'est presque rien à comparaison de ce qui reste à savoir, et qu'on se pourrait exempter d'une infinité de maladies, tant du corps que de l'esprit, et même aussi peut-être de l'affaiblissement de la vieillesse, si on avait assez de connaissance de leurs causes et de tous les remèdes dont la nature nous a pourvus. Or, ayant dessein d'employer toute ma vie à la recherche d'une science si nécessaire, et ayant rencontré un chemin qui me semble tel qu'on doit infailliblement la trouver en le suivant, si ce n'est qu'on en soit empêché ou par la brièveté de la vie ou par le défaut des expériences, je jugeais qu'il n'y avait point de meilleur remède contre ces deux empêchements que de communiquer fidèlement au public tout le peu que j'aurais trouvé et de convier les bons esprits à tâcher de passer plus outre, en contribuant, chacun selon son inclination et son pouvoir, aux expériences qu'il faudrait faire, et communiquant aussi au public toutes les choses qu'ils apprendraient, afin que, les derniers commençant où les précédents auraient achevé, et ainsi joignant les vies et les travaux de plusieurs, nous allassions tous ensemble beaucoup plus loin que chacun en particulier ne saurait faire.

Même je remarquais, touchant les expériences, qu'elles sont d'autant plus nécessaires qu'on est plus avancé en connaissance : car, pour le commencement, il vaut mieux ne se servir que de celles qui se présentent d'elles-mêmes à nos sens, et que nous ne saurions ignorer pourvu que nous y fassions tant soit peu de réflexion, que d'en chercher de plus rares et étudiées : dont la raison est que ces plus rares trompent souvent, lorsqu'on ne sait pas encore les causes des plus communes, et que les circonstances dont elles dépendent sont quasi toujours si particulières et si petites qu'il est très malaisé de les remarquer. Mais l'ordre que j'ai tenu en ceci a été tel. Premièrement, j'ai tâché de trouver en général les principes ou premières causes de tout ce qui est ou qui peut être dans le monde, sans rien considérer pour cet effet que Dieu seul, qui l'a créé, ni les tirer d'ailleurs que de certaines semences de vérités qui sont naturellement en nos âmes. Après cela, j'ai examiné quels étaient les premiers et plus ordinaires effets qu'on pouvait déduire de ces causes; et il me semble que par là j'ai trouvé des cieux, des astres, une terre, et même sur la terre de l'eau, de l'air, du feu, des minéraux, et quelques autres telles choses, qui sont les plus communes de toutes et les plus simples, et par conséquent les plus aisées à connaître. Puis, lorsque j'ai voulu descendre à celles qui étaient plus particulières, il s'en est tant présenté à moi de diverses que je n'ai pas cru qu'il fût possible à l'esprit humain de distinguer les formes ou espèces de corps qui sont sur la terre d'une infinité d'autres qui pourraient y être si c'eût été le vouloir de Dieu de les y mettre, ni par conséquent de les rapporter à notre usage, si ce n'est qu'on vienne au-devant des causes par les effets, et qu'on se serve de plusieurs expériences particulières. En suite de quoi, repassant mon esprit sur tous les objets qui s'étaient jamais présentés à mes sens, j'ose bien dire que je n'y ai remarqué aucune chose que je ne pusse assez commodément expliquer par les principes que j'avais trouvés. Mais il faut aussi que j'avoue que la puissance de la nature est si ample et si vaste, et que ses principes sont si simples et si généraux, que je ne remarque quasi plus aucun effet particulier que d'abord je ne connaisse qu'il peut en être déduit en plusieurs diverses façons, et que ma plus grande difficulté est d'ordinaire de trouver en laquelle de ces façons il en dépend : car à cela je ne sais point d'autre expédient que de chercher derechef quelques expériences qui soient telles que leur événement ne soit pas le même si c'est en l'une de ces façons qu'on doit l'expliquer que si c'est en l'autre. Au reste, j'en suis maintenant là que je vois, ce me semble, assez bien de quel biais on se doit prendre à faire la plupart de celles qui peuvent servir à cet effet; mais je vois aussi qu'elles sont telles et en si grand nombre que ni mes mains ni mon revenu, bien que j'en eusse mille fois plus que je n'en ai, ne sauraient suffire pour toutes ; en sorte que, selon que j'aurai désormais la commodité d'en faire plus ou moins, j'avancerai aussi plus ou moins en la connaissance de la nature; ce que je me promettais de faire connaître par le traité que j'avais écrit, et d'y montrer si clairement l'utilité que le public en peut recevoir que j'obligerais tous ceux qui désirent en général le bien des hommes, c'est-à-dire tous ceux qui sont en effet vertueux, et non point par faux semblant ni seulement par opinion, tant à me communiquer celles qu'ils ont déjà faites qu'à m'aider en la recherche de celles qui restent à faire.

Mais j'ai eu depuis ce temps-là d'autres raisons qui m'ont fait changer d'opinion et penser que je devais véritablement continuer d'écrire toutes les choses que je jugerais de quelque importance, à mesure que j'en découvrirais la vérité, et y apporter le même soin que si je les voulais faire imprimer, tant afin d'avoir d'autant plus d'occasion de les bien examiner, comme sans doute on regarde toujours de plus près à ce qu'on croit devoir être vu par plusieurs qu'à ce qu'on ne fait que pour soi-même (et souvent les choses qui m'ont semblé vraies lorsque j'ai commencé à les concevoir m'ont paru fausses lorsque je les ai voulu mettre sur le papier), qu'afin de ne perdre aucune occasion de profiter au public, si j'en suis capable, et que, si mes écrits valent quelque chose, ceux qui les auront après ma mort en puissent user ainsi qu'il sera le plus à propos; mais que je ne devais aucunement consentir qu'ils fussent publiés pendant ma vie, afin que ni les oppositions et controverses auxquelles ils seraient peut-être sujets, ni même la réputation telle quelle qu'ils me pourraient acquérir, ne ne me donnassent aucune occasion de perdre le temps que j'ai dessein d'employer à m'instruire. Car, bien qu'il soit vrai que chaque homme est obligé de procurer autant qu'il est en lui le bien des autres, et que c'est proprement ne valoir rien que de n'être utile à personne, toutefois il est vrai aussi que nos soins se doivent étendre plus loin que le temps présent, et qu'il est bon d'omettre les choses qui apporteraient peut-être quelque profit à ceux qui vivent, lorsque c'est à dessein d'en faire d'autres qui en apportent davantage à nos neveux. Comme en effet je veux bien qu'on sache que le peu que j'ai appris jusques ici n'est presque rien à comparaison de ce que j'ignore, et que je ne désespère pas de pouvoir apprendre: car c'est quasi le même de ceux qui découvrent peu à peu la vérité dans les sciences que de ceux qui, commençant à devenir riches, ont moins de peine à faire de grandes acquisitions qu'ils n'ont eu auparavant, étant plus pauvres, à en faire de beaucoup moindres ; ou bien on peut les comparer aux chefs d'armées, dont les forces ont coutume de croître à proportion de leurs victoires, et qui ont besoin de plus de conduite pour se maintenir après la perte d'une bataille qu'ils n'ont, après l'avoir gagnée, à prendre des villes et des provinces : car c'est véritablement donner des batailles que de tâcher à vaincre toutes les difficultés et les erreurs qui nous empêchent de parvenir à la connaissance de la vérité, et c'est en perdre une que de recevoir quelque fausse opinion touchant une matière un peu générale et importante; il faut après beaucoup plus d'adresse pour se remettre au même état qu'on était auparavant qu'il ne faut à faire de grands progrès lorsqu'on a déjà des principes qui sont assurés. Pour moi, si j'ai ci-devant trouvé quelques vérités dans les sciences (et j'espère que les choses qui sont contenues en ce volume feront juger que j'en ai trouvé quelques-unes), je puis dire que ce ne sont que des suites et des dépendances de cinq ou six principales difficultés que j'ai surmontées, et que je compte pour autant de batailles où j'ai eu l'heur de mon côté ; même je ne craindrai pas de dire que je pense n'avoir plus besoin d'en gagner que deux ou trois semblables pour venir entièrement à bout de mes desseins, et que mon âge n'est point si avancé que, selon le cours ordinaire de la nature, je ne puisse encore avoir assez de loisir pour cet effet. Mais je crois être d'autant plus obligé à ménager le temps qui me reste que j'ai plus d'espérance de le pouvoir bien employer; et j'aurais sans doute plusieurs occasions de le perdre si je publiais les fondements de ma Physique ; car, encore qu'ils soient presque tous si évidents qu'il ne faut que les entendre pour les croire, et qu'il n'y en ait aucun dont je ne pense pouvoir donner des démonstrations, toutefois, à cause qu'il est impossible qu'ils soient accordants avec toutes les diverses opinions des autres hommes, je prévois que je serais souvent diverti par les oppositions qu'ils feraient naître.

On peut dire que ces oppositions seraient utiles, tant afin

de me faire connaître mes fautes qu'afin que, si j'avais quelque chose de bon, les autres en eussent par ce moyen plus d'intelligence, et, comme plusieurs peuvent plus voir qu'un homme seul, que, commençant dès maintenant à s'en servir, ils m'aidassent aussi de leurs inventions. Mais, encore que je me reconnaisse extrêmement sujet à faillir, et que je ne me fie quasi jamais aux premières pensées qui me viennent, toutefois l'expérience que j'ai des objections qu'on me peut faire m'empêche d'en espérer aucun profit : car j'ai déjà souvent éprouvé les jugements tant de ceux que j'ai tenus pour mes amis que de quelques autres à qui je pensais être indifférent, et même aussi de quelques-uns dont je savais que la malignité et l'envie tâcheraient assez à découvrir ce que l'affection cacherait à mes amis ; mais il est rarement arrivé qu'on m'ait objecté quelque chose que je n'eusse point du tout prévue, si ce n'est qu'elle fût fort éloignée de mon sujet, en sorte que je n'ai quasi jamais rencontré aucun censeur de mes opinions qui ne me semblât ou moins rigoureux ou moins équitable que moi-même. Et je n'ai jamais remarqué non plus que, par le moyen des disputes qui se pratiquent dans les écoles, on ait découvert aucune vérité qu'on ignorât auparavant : car, pendant que chacun tâche de vaincre, on s'exerce bien plus à faire valoir la vraisemblance qu'à peser les raisons de part et d'autre ; et ceux qui ont été longtemps bons avocats ne sont pas pour cela par après meilleurs juges.

Pour l'utilité que les autres recevraient de la communication de mes pensées, elle ne pourrait aussi être fort grande, d'autant que je ne les ai point encore conduites si loin qu'il ne soit besoin d'y ajouter beaucoup de choses avant que de les appliquer à l'usage. Et je pense pouvoir dire sans vanité que, s'il y a quelqu'un qui en soit capable, ce doit être plutôt moi qu'aucun autre : non pas qu'il ne puisse y avoir au monde plusieurs esprits incomparablement meilleurs que le mien, mais pour ce qu'on ne saurait si bien concevoir une chose et la rendre sienne lorsqu'on l'apprend de quelqu'autre que lorsqu'on l'invente de soi-même. Ce qui est si véritable en cette matière que, bien que j'aie souvent expliqué quelques-unes de mes opinions à des personnes de très bon esprit, et qui, pendant que je leur parlais, semblaient les entendre fort distinctement, toutefois, lorsqu'ils les ont redites, j'ai remarqué qu'ils les ont changées presque toujours en telle sorte que je ne les pouvais plus avouer pour miennes. A l'occasion de quoi je suis bien aise de prier ici nos neveux de ne croire jamais que les choses qu'on leur dira viennent de moi, lorsque je ne les aurai point moi-même divulguées ; et je ne m'étonne aucunement des extravagances qu'on attribue à tous ces anciens philosophes dont nous n'avons point les écrits, ni ne juge pas pour cela que leurs pensées aient été fort déraisonnables, vu qu'ils étaient des meilleurs esprits de leurs temps, mais seulement qu'on nous les a mal rapportées. Comme on voit aussi que presque jamais il n'est arrivé qu'aucun de leurs sectateurs les ait surpassés; et je m'assure que les plus passionnés de ceux qui suivent maintenant Aristote se croiraient heureux s'ils avaient autant de connaissance de la nature qu'il en a eu, encore même que ce fût à condition qu'ils n'en auraient jamais davantage. Ils sont comme le lierre, qui ne tend point à monter plus haut que les arbres qui le soutiennent, et même souvent qui redescend après qu'il est parvenu jusqu'à leur faîte : car il me semble aussi que ceux-là redescendent, c'est-à-dire se rendent en quelque façon moins savants que s'ils s'abstenaient d'étudier, lesquels, non contents de savoir tout ce qui est intelligiblement expliqué dans leur auteur, veulent outre cela y trouver la solution de plusieurs difficultés dont il ne dit rien et auxquelles il n'a peut-être jamais pensé. Toutefois leur façon de philosopher est fort commode pour ceux qui n'ont que des esprits fort médiocres: car l'obscurité des distinctions et des principes dont ils se servent est cause qu'ils peuvent parler de toutes choses aussi hardiment que s'ils les savaient, et soutenir tout ce qu'ils en disent contre les plus subtils et les plus habiles, sans qu'on ait moyen de les convaincre : en quoi ils me semblent pareils à un aveugle qui, pour se battre sans désavantage contre un qui voit, l'aurait fait venir dans le fond de quelque cave fort obscure; et je puis dire que ceux-ci ont intérêt que je m'abstienne de publier les principes de la philosophie dont je me sers : car, étant très simples et très évidents comme ils sont, je ferais quasi le même en les publiant que si j'ouvrais quelques fenêtres et faisais entrer du jour dans cette cave où ils sont descendus pour se battre. Mais même les meilleurs esprits n'ont pas occasion de souhaiter de les connaître : car, s'ils veulent savoir parler de toutes choses et acquérir la réputation d'être doctes, ils y parviendront plus aisément en se contentant de la vraisemblance, qui peut être trouvée sans grande peine en toutes sortes de matières, qu'en cherchant la vérité, qui ne se découvre que peu à peu en quelques-unes, et qui, lorsqu'il est question de parler des autres, oblige à confesser franchement qu'on les ignore. Que s'ils préfèrent la connaissance de quelque peu de vérité à la vanité de paraître n'ignorer rien, comme sans doute elle est bien préférable, et qu'ils veuillent suivre un dessein semblable au mien, ils n'ont pas besoin pour cela que je leur die rien davantage que ce que j'ai déjà dit en ce discours : car, s'ils sont capables de passer plus outre que je n'ai fait, ils le seront aussi, à plus forte raison, de trouver d'eux-mêmes tout ce que je pense avoir trouvé; d'autant que, n'ayant jamais rien examiné que par ordre, il est certain que ce qui me reste encore à découvrir est de soi plus difficile et plus caché que ce que j'ai pu ci-devant rencontrer, et ils auraient bien moins de plaisir à l'apprendre de moi que d'eux-mêmes; outre que l'habitude qu'ils acquerront, en cherchant premièrement des choses faciles, et passant peu à peu par degrés à d'autres plus difficiles, leur servira plus que toutes mes instructions ne sauraient faire. Comme pour moi je me persuade que, si on m'eût enseigné dès ma jeunesse toutes les vérités dont j'ai cherché depuis les démonstrations, et que je n'eusse eu aucune peine à les apprendre, je n'en aurais peut-être jamais su aucunes autres, et du moins que jamais je n'aurais acquis l'habitude et la facilité que je pense avoir d'en trouver toujours de nouvelles à mesure que je m'applique à les chercher. Et, en un mot, s'il y a au monde quelque ouvrage qui ne puisse être si bien achevé par aucun autre que par le même qui l'a commencé, c'est celui auquel je travaille.

Il est vrai que, pour ce qui est des expériences qui peuvent y servir, un homme seul ne saurait suffire à les faire toutes; mais il n'y saurait aussi employer utilement d'autres mains que les siennes, sinon celles des artisans ou telles gens qu'il pourrait payer, et à qui l'espérance du gain, qui est un moyen très efficace, ferait faire exactement toutes les choses qu'il leur prescrirait. Car, pour les volontaires qui, par curiosité ou désir d'apprendre, s'offriraient peut-être de lui aider, outre qu'ils ont pour l'ordinaire plus de promesses que d'effet, et qu'ils ne font que de belles propositions dont aucune jamais ne réussit, ils voudraient infailliblement être payés par l'explication de quelques difficultés, ou du moins par des compliments et des entretiens inutiles qui ne lui sauraient coûter si peu de son temps qu'il n'y perdît. Et pour les expériences que les autres ont déjà faites, quand bien même ils les lui voudraient communiquer, ce que ceux qui les nomment des secrets ne feraient jamais, elles sont pour la plupart composées de tant de circonstances ou d'ingrédients superflus qu'il lui serait très malaisé d'en déchiffrer la vérité; outre qu'il les trouverait presque toutes si mal expliquées ou même si fausses, à cause que ceux qui les ont faites se sont efforcés de les faire paraître conformes à leurs principes, que, s'il y en avait quelques-unes qui lui servissent, elles ne pourraient derechef valoir le temps qu'il lui faudrait employer à les choisir. De façon que, s'il y avait au monde quelqu'un qu'on sût assurément être capable de trouver les plus grandes choses et les plus utiles au public qui puissent être, et que pour cette cause les autres hommes s'efforçassent par tous moyens de l'aider à venir à bout de ses desseins, je ne vois pas qu'ils pussent autre chose pour lui sinon fournir aux frais des expériences dont il aurait besoin, et du reste empêcher que son loisir ne lui fût ôté par l'importunité de personne. Mais, outre que je ne présume pas tant de moi-même que de vouloir rien promettre d'extraordinaire, ni ne me repais point de pensées si vaines que de m'imaginer que le public se doive beaucoup intéresser en mes desseins, je n'ai pas aussi l'âme si basse que je voulusse accepter de qui que ce fût aucune faveur qu'on pût croire que je n'aurais pas méritée.

Toutes ces considérations jointes ensemble furent cause, il y a trois ans, que je ne voulus point divulguer le traité que j'avais entre les mains, et même que je fus en résolution de n'en faire voir aucun autre pendant ma vie qui fût si général, ni duquel on pût entendre les fondements de ma physique. Mais il y a eu depuis derechef deux autres raisons qui m'ont obligé à mettre ici quelques essais particuliers et à rendre au public quelque compte de mes actions et de mes desseins : la première est que, si j'y manquais, plusieurs, qui ont su l'intention que j'avais eue ci-devant de faire imprimer quelques écrits, pourraient s'imaginer que les causes pour lesquelles je m'en abstiens seraient plus à mon désavantage qu'elles ne sont : car, bien que je n'aime pas la gloire par excès, ou même, si je l'ose dire, que je la haïsse en tant que je la juge contraire au repos, lequel j'estime sur toutes choses, toutefois aussi je n'ai jamais tâché de cacher mes actions comme des crimes, ni n'ai usé de beaucoup de précautions pour être inconnu, tant à cause que j'eusse cru me faire tort qu'à cause que cela m'aurait donné quelque espèce d'inquiétude qui eût derechef été contraire au parfait repos d'esprit que je cherche ; et pour ce que, m'étant toujours ainsi tenu indifférent entre le soin d'être connu ou ne l'être pas, je n'ai pu empêcher que je n'acquisse quelque sorte de réputation, j'ai pensé que je devais faire mon mieux pour m'exempter au moins de l'avoir mauvaise. L'autre raison qui m'a obligé à écrire ceci est que, voyant tous les jours de plus en plus le retardement que souffre le dessein que j'ai de m'instruire, à cause d'une infinité d'expériences dont j'ai besoin et qu'il est impossible que je fasse sans l'aide d'autrui, bien que je ne me flatte pas tant que d'espérer que le public prenne grande part en mes intérêts, toutefois je ne veux pas aussi me défaillir tant à moi-même que de donner sujet à ceux qui me survivront de me reprocher quelque jour que j'eusse pu leur laisser plusieurs choses beaucoup meilleures que je n'aurai fait, si je n'eusse point trop négligé de leur faire entendre en quoi ils pouvaient contribuer à mes desseins.

Et j'ai pensé qu'il m'était aisé de choisir quelques matières qui, sans être sujettes à beaucoup de controverses, ni m'obliger à déclarer davantage de mes principes que je ne désire, ne laissaient pas de faire voir assez clairement ce que je puis ou ne puis pas dans les sciences. En quoi je ne saurais dire si j'ai réussi, et je ne veux point prévenir les jugements de personne en parlant moi-même de mes écrits ; mais je serai bien aise qu'on les examine ; et, afin qu'on ait d'autant plus d'occasions, je supplie tous ceux qui auront quelques objections à y faire de prendre la peine de les envoyer à mon libraire, par lequel en étant averti, je tâcherai d'y joindre ma réponse en même temps ; et par ce moyen les lecteurs, voyant ensemble l'un et l'autre, jugeront d'autant plus aisément de la vérité : car je ne promets pas d'y faire jamais de longues réponses, mais seulement d'avouer mes fautes fort franchement, si je les connais, ou bien, si je ne les puis apercevoir, de dire simplement ce que je croirai être requis pour la défense des choses que j'ai écrites, sans y ajouter l'explication d'aucune nouvelle matière, afin de ne me pas engager sans fin de l'une en l'autre.

Que si quelques-unes de celles dont j'ai parlé au commencement de la *Dioptrique* et des *Météores* choquent d'abord, à cause que je les nomme des suppositions et que je ne semble pas avoir envie de les prouver, qu'on ait la patience de lire le tout avec attention, et j'espère qu'on s'en trouvera satisfait : car il me semble que les raisons s'y entresuivent en telle sorte que, comme les dernières sont démontrées par les premières, qui sont leurs causes, ces premières le sont réciproquement par les dernières, qui sont leurs effets. Et on ne doit pas imaginer que je commette en ceci la faute que les logiciens nomment un cercle : car, l'expérience rendant la plupart de ces effets très certains, les causes dont je les déduis ne servent pas tant à les prouver qu'à les expliquer ; mais tout au contraire ce sont elles qui sont prouvées par eux. Et je ne les ai nommées des suppositions qu'afin qu'on sache que je pense les pouvoir déduire de ces premières vérités que j'ai ci-dessus expliquées ; mais que j'ai voulu expressément ne le pas faire pour empêcher que certains esprits, qui s'imaginent qu'ils savent en un jour tout ce qu'un autre a pensé en vingt années, sitôt qu'il leur en a seulement dit deux ou trois mots, et qui sont d'autant plus sujets à faillir et moins capables de la vérité qu'ils sont plus pénétrants et plus vifs, ne puissent de là prendre occasion de bâtir quelque philosophie extravagante sur ce qu'ils croiront être mes principes, et qu'on m'en attribue la faute : car, pour les opinions qui sont toutes miennes, je ne les excuse point comme nouvelles, d'autant que, si on en considère bien les raisons, je m'assure qu'on les trouvera si simples et si conformes au sens commun qu'elles sembleront moins extraordinaires et moins étranges qu'aucunes autres qu'on puisse avoir sur mêmes sujets ; et je ne me vante point aussi d'être le premier inventeur d'aucunes, mais bien que je ne les ai jamais reçues ni pour ce qu'elles avaient été dites par d'autres, ni pour ce qu'elles ne l'avaient point été, mais seulement pour ce que la raison me les a persuadées.

Que si les artisans ne peuvent sitôt exécuter l'invention qui est expliquée en la *Dioptrique*, je ne crois pas qu'on puisse dire pour cela qu'elle soit mauvaise : car, d'autant qu'il faut de l'adresse et de l'habitude pour faire et pour ajuster les machines que j'ai décrites, sans qu'il y manque aucune circonstance, je ne m'étonnerais pas moins s'ils rencontraient du premier coup que si quelqu'un pouvait apprendre en un jour à jouer du luth excellemment, par cela seul qu'on lui aurait donné de la tablature qui serait bonne. Et si j'écris en français, qui est la langue de mon pays, plutôt qu'en latin, qui est celle de mes précepteurs, c'est à cause que j'espère que ceux qui ne se servent que de leur raison naturelle toute pure jugeront mieux de mes opinions que ceux qui ne croient qu'aux livres anciens ; et, pour ceux qui joignent le bon sens avec l'étude, lesquels seuls je souhaite pour mes juges, ils ne seront point, je m'assure, si partiaux pour le latin qu'ils refusent d'entendre mes raisons pour ce que je les explique en langue vulgaire.

Au reste, je ne veux point parler ici en particulier des progrès que j'ai espérance de faire à l'avenir dans les sciences, ni m'engager envers le public d'aucune promesse que je ne sois pas assuré d'accomplir ; mais je dirai seulement que j'ai résolu de n'employer le temps qui me reste à vivre à autre chose qu'à tâcher d'acquérir quelque connaissance de la nature, qui soit telle qu'on en puisse tirer des règles pour la médecine plus assurées que celles qu'on a eues jusques à présent, et que mon inclination m'éloigne si fort de toutes sortes d'autres desseins, principalement de ceux qui ne sauraient être utiles aux uns qu'en nuisant aux autres, que, si quelques occasions me contraignaient de m'y employer, je ne crois point que je fusse capable d'y réussir. De quoi je fais ici une déclaration que je sais bien ne pouvoir servir à me rendre considérable dans le monde, mais aussi n'ai-je aucunement envie de l'être; et je me tiendrai toujours plus obligé à ceux par la faveur desquels je jouirai sans empêchement de mon loisir que je ne serais à ceux qui m'offriroient les plus honorables emplois de la terre.

FIN DU DISCOURS DE LA MÉTHODE.

MÉDITATIONS MÉTAPHYSIQUES

A
MESSIEURS LES DOYENS
ET DOCTEURS DE LA SACRÉE FACULTÉ DE THEOLOGIE
DE PARIS

—

Messieurs,

La raison qui me porte à vous presenter cet ouvrage est si juste, et quand vous en connoîtrez le dessein, je m'assure que vous en aurez aussi une si juste de le prendre en vostre protection, que je pense ne pouvoir mieux faire pour vous le rendre en quelque sorte recommandable, que de vous dire en peu de mots ce que je m'y suis proposé. J'ai toûjours estimé que les deux questions de Dieu et de l'Ame estoient les principales de celles qui doivent plûtôt estre démontrées par les raisons de la Philosophie que de la Theologie : Car bien qu'il nous suffise, à nous autres qui sommes fideles, de croire par la Foi qu'il y a un Dieu, et que l'ame humaine ne meurt point avec le corps; certainement il ne semble pas possible de pouvoir jamais persuader aux Infideles, aucune Religion, ni quasi même aucune vertu Morale, si premierement on ne leur prouve ces deux choses par raison naturelle; et d'autant qu'on propose souvent en cette vie de plus grandes recompenses pour les vices que pour les vertus, peu de personnes prefereroient le juste à l'utile, si elles n'étoient retenuës, ni par la crainte de Dieu, ni par l'attente d'une autre vie; et quoiqu'il soit absolument vrai qu'il faut croire qu'il y a un Dieu, parce qu'il est ainsi enseigné dans les Saintes Ecritures, et d'autre part qu'il faut croire les Saintes Ecritures, par ce qu'elles viennent de Dieu; la raison de cela est que la Foy estant un don de Dieu, celui-là même qui donne la grace pour faire croire les autres choses, la peut aussi donner pour nous faire croire qu'il existe : on ne sçauroit neanmoins proposer cela aux Infideles, qui pourroient s'imaginer que l'on commettroit en ceci la faute que les Logiciens nomment un Cercle.

Et de vray, j'ay pris garde que vous autres Messieurs avec tous les Theologiens, n'assûriez pas seulement que l'existence de Dieu se peut prouver par raison naturelle; mais aussi que l'on infere de la Sainte Ecriture, que sa connoissance est beaucoup plus claire que celle que l'on a de plusieurs cho-

ses créées, et qu'en effet elle est si facile, que ceux qui ne l'ont point sont coupables ; Comme il paroît par ces Paroles de la Sagesse, Chap. 13, où il est dit ; Que leur ignorance n'est point pardonnable : car si leur esprit a penetré si avant dans la connoissance des choses du monde, comment est-il possible qu'ils n'en aïent point reconnu plus facilement le souverain Seigneur ? Et aux Romains, Chap. 1, il est dit qu'ils sont inexcusables ; et encore au même endroit par ces Paroles, Ce qui est connu de Dieu est manifeste dans eux ; il semble que nous soyons avertis, que tout ce qui se peut sçavoir de Dieu, peut être montré par des raisons qu'il n'est pas besoin de tirer d'ailleurs que de nous-mêmes et de la simple consideration de la nature de nôtre Esprit. C'est pourquoy j'ay crû qu'il ne seroit pas contre le devoir d'un Philosophe, si je faisois voir icy comment, et par quelle voye nous pourrons, sans sortir de nous-même, connoistre Dieu plus facilement et plus certainement, que nous ne connoissons les choses du monde.

Et pour ce qui regarde l'Ame, quoique plusieurs ayent crû qu'il n'est pas aisé d'en connoistre la nature, et que quelques-uns aïent même osé dire que les raisons humaines nous persuadoient qu'elle mouroit avec le corps, et qu'il n'y avoit que la seule Foy qui nous enseignât le contraire ; neanmoins d'autant que le Concile de Latran tenu sous Leon X, en la Session 8, les condamne, et qu'il ordonne expressément aux Philosophes Chrestiens de répondre à leurs argumens, et d'employer toutes les forces de leur esprit pour faire connoistre la verité, j'ai bien osé l'entreprendre dans cet écrit. Davantage, sçachant que la principale raison, qui fait que plusieurs impies ne veulent point croire qu'il y a un Dieu, et que l'Ame humaine est distincte du corps, est qu'ils disent que personne jusques ici n'a pû démontrer ces deux choses : quoique je ne sois point de leur opinion, mais qu'au contraire je tienne que la pluspart des raisons qui ont esté apportées par tant de grands personnages touchant ces deux questions, sont autant de demonstrations quand elles sont bien entenduës, et qu'il soit presque impossible d'en inventer de nouvelles : si est-ce que je crois qu'on ne sçauroit rien faire de plus utile en la Philosophie, que d'en rechercher une fois avec soin les meilleures, et les disposer en un ordre si clair et si exact, qu'il soit constant desormais à tout le monde, que ce sont de veritables demonstrations. Et enfin, dautant que plusieurs personnes ont desiré cela de moi, qui ont connoissance que j'ai cultivé une certaine methode pour resoudre toutes sortes de difficultez dans les sciences ; methode qui de vrai n'est pas nouvelle, n'y ayant rien de plus ancien que la verité, mais de laquelle ils sçavent que je me suis servi assez heureusement en d'autres rencontres, j'ai pensé qu'il estoit de mon devoir d'en faire aussi l'épreuve sur une matiere si importante.

Or, j'ai travaillé de tout mon possible pour comprendre dans ce Traité tout ce que j'ai pû découvrir par son moyen. Ce n'est pas que j'aie ici ramassé toutes les diverses raisons qu'on pourroit alleguer pour servir de preuve à un si grand sujet ; car je n'ai jamais crû que cela fut necessaire, sinon, lorsqu'il n'y en a aucune qui soit certaine; mais seulement j'ai traité les premieres et principales d'une telle maniere, que j'ose bien les proposer pour de très-évidentes et très-certaines demonstrations : Et je dirai de plus qu'elles sont telles, que je ne pense pas qu'il y ait aucune voye par où l'esprit humain en puisse jamais découvrir de meilleures : car l'importance du sujet, et la gloire de Dieu à laquelle tout ceci se rapporte, me contraignent de parler ici un peu plus librement de moi que je n'ai de coûtume. Neanmoins quelque certitude et évidence que je trouve en mes raisons, je ne puis pas me persuader que tout le monde soit capable de les entendre. Mais tout ainsi que dans la Geometrie il y en a plusieurs qui nous ont esté laissées par Archimede, par Apollonius, par Papus, et par plusieurs autres, qui sont reçuës de tout le monde pour très-certaines et très-évidentes, parce qu'elles ne contiennent rien qui consideré separement ne soit très-facile à connoistre, et que partout les choses qui suivent ont une exacte liaison et dépendance avec celles qui les precedent; neanmoins parce qu'elles sont un peu longues, et qu'elles demandent un esprit tout entier, elles ne sont comprises et entenduës que de fort peu de personnes. De même encore que j'estime que celles dont je me sers ici, égalent, ou même surpassent en certitude et évidence les demonstrations de Geometrie, j'apprehende neanmoins qu'elles ne puissent pas estre assez suffisamment entenduës de plusieurs, tant parce qu'elles sont aussi un peu longues, et dependantes les unes des autres, que principalement, parce qu'elles demandent un esprit entierement libre de tous préjugez, et qui se puisse aisément détacher du commerce des sens. Et à dire le vrai, il ne s'en trouve pas tant dans le monde qui soient propres pour les Speculations de la Metaphysique, que pour celles de la Geometrie. Et de plus il y a encore cette difference, que dans la Geometrie chacun estant prevenu de cette opinion, qu'il ne s'y avance rien dont on n'ait une demonstration certaine; ceux qui n'y sont pas entierement versez, pèchent bien plus souvent en approuvant de fausses demonstrations, pour faire croire qu'ils les entendent, qu'en refutant les veritables. Il n'en est pas de même dans la Philosophie où chacun croïant que tout y est problematique, peu de personnes s'adonnent à la recherche de la verité, et même beaucoup se voulant acquerir la reputation d'Esprits forts, ne s'étudient à autre chose qu'à combattre avec arrogance les veritez les plus apparentes.

C'est pourquoi, MESSIEURS, quelque force que puissent avoir mes raisons, parce qu'elles appartiennent à la Philosophie, je n'espere pas qu'elles fassent un grand effort sur les Esprits, si vous ne les prenez en vostre protection. Mais l'estime que tout le monde fait de vostre Compagnie estant si grande, et le nom de Sorbonne d'une telle autorité, que non seulement en ce qui regarde la Foy, après les sacrez Conciles, on n'a jamais tant deferé au jugement d'aucune autre Compagnie, mais aussi en ce qui regarde l'humaine Philosophie, chacun croïant qu'il n'est pas possible de trouver ailleurs plus de solidité et de connoissance, ni plus de prudence et d'integrité pour donner son jugement : je ne doute point si vous daignez prendre tant de soin de cet écrit, que de vouloir premierement le corriger; car ayant connoissance non-seulement de mon infirmité, mais aussi de mon ignorance, je n'oserois pas assûrer qu'il n'y ait aucunes erreurs : puis après y ajoûter les choses qui y manquent; achever celles qui ne sont pas parfaites; et prendre vous-mêmes la peine de donner une explication plus ample à celles qui en ont besoin, ou du moins de m'en avertir afin que j'y travaille : et enfin, après que les raisons par lesquelles je prouve qu'il y a un Dieu, et que l'ame humaine differe d'avec le corps, auront esté portées jusques à ce point de clarté et d'évidence, où je m'assûre qu'on les peut conduire, qu'elles devront estre tenuës pour de trés-exactes demonstrations, si vous daignez les autoriser de vostre approbation, et rendre un témoignage public de leur verité et certitude : je ne doute point, dis-je, qu'après cela, toutes les erreurs et fausses opinions qui ont jamais esté touchant ces deux questions, ne soient bientôt effacées de l'esprit des hommes. Car la verité fera que tous les doctes et gens d'esprit souscriront à vostre jugement; et vostre autorité, que les Athées, qui sont pour l'ordinaire plus arrogans que doctes et judicieux, se dépoüilleront de leur esprit de contradiction, ou que peut-estre ils défendront eux-mêmes les raisons qu'ils verront estre reçuës par toutes les personnes d'esprit pour des demonstrations, de peur de paroistre n'en avoir pas l'intelligence : et enfin tous les autres se rendront aisément à tant de témoignages, et il n'y aura plus personne qui ose douter de l'existence de Dieu, et de la distinction réelle et veritable de l'âme humaine d'avec le corps.

C'est à vous maintenant à juger du fruit qui reviendroit de cette créance, si elle étoit une fois bien establie, vous qui voyez les desordres que son doute produit : mais je n'aurois pas ici bonne grace de recommander davantage la cause de Dieu et de la Religion, à ceux qui en ont toûjours esté les plus fermes Colomnes.

PRÉFACE

J'ay déja touché ces deux questions de Dieu et de l'Ame humaine, dans le discours François que je mis en lumiere en l'année 1637, touchant la methode pour bien conduire sa raison, et chercher la verité dans les sciences. Non pas à dessein d'en traiter alors à plein fond, mais seulement comme en passant, afin d'apprendre par le jugement qu'on en feroit, de quelle sorte j'en devrois traiter par après. Car elles m'ont toûjours semblé estre d'une telle importance, que je jugeois qu'il estoit à propos d'en parler plus d'une fois, et le chemin que je tiens pour les expliquer est si peu battu, et si éloigné de la route ordinaire, que je n'ai pas crû qu'il fût utile de le montrer en François, et dans un discours qui pût estre lû de tout le monde, de peur que les foibles Esprits ne crussent qu'il leur fut permis de tenter cette voye.

Or, ayant prié dans ce discours de la Methode tous ceux qui auroient trouvé dans mes écrits quelque chose digne de censure de me faire la faveur de m'en avertir, on ne m'a rien objecté de remarquable que deux choses sur ce que j'avois dit touchant ces deux questions, ausquelles je veux répondre ici en peu de mots, avant que d'entreprendre leur explication plus exacte.

La premiere est, qu'il ne s'ensuit pas, de ce que l'esprit humain faisant reflexion sur soi-même ne se connoît estre autre chose qu'une chose qui pense, que sa nature, ou *son essence*, ne soit seulement que de penser; en telle sorte que ce mot *seulement* excluë toutes les autres choses qu'on pourroit peut-estre aussi dire appartenir à la Nature de l'Ame.

A laquelle Objection je réponds que ce n'a point aussi esté en ce lieu-là mon intention de les exclure selon l'ordre de la verité de la chose (de laquelle je ne traitois pas alors) mais seulement selon l'ordre de ma pensée; Si bien que mon sens estoit, que je ne connoissois rien que je sçûsse appartenir à mon Essence, sinon que j'étois une chose qui pense, ou une chose qui a en soi la faculté de penser. Or, je ferai voir ci-après comment, de ce que je ne connois rien autre chose qui appartienne à mon essence, il s'ensuit qu'il n'y a aussi rien autre chose qui en effet lui appartienne.

La seconde est qu'il ne s'ensuit pas, de ce que j'ai en moi l'idée d'une chose plus parfaite que je ne suis, que cette Idée soit plus parfaite que moi, et beaucoup moins que ce qui est representé par cette Idée, existe.

Mais je répons que dans ce mot d'*Idée*, il y a ici de l'équivoque; Car, ou il peut estre pris materiellement pour une operation de mon Entendement, et en ce sens on ne peut pas dire qu'elle soit plus parfaite que moi; ou il peut estre pris objectivement pour la chose qui est representée par cette operation, laquelle, quoiqu'on ne suppose point qu'elle existe hors de mon Entendement, peut neanmoins estre plus parfaite que moi, à raison de son Essence. Or, dans la suite de ce Traité, je ferai voir plus amplement comment, de cela seulement que j'ai en moi l'idée d'une chose plus parfaite que moi, il s'ensuit que cette chose existe veritablement.

Davantage, j'ai vû aussi deux autres écrits assez amples sur cette matiere, mais qui ne combattoient pas tant mes raisons, que mes conclusions, et ce par des argumens tirez des lieux communs des Athées. Mais parce que ces sortes d'argumens ne peuvent faire aucune impression dans l'esprit de ceux qui entendront bien mes raisons, et que les jugemens de plusieurs personnes sont si foibles et si peu raisonnables, qu'ils se laissent bien plus souvent persuader par les premieres opinions qu'ils auront eu d'une chose, pour fausses et éloignées de la raison qu'elles puissent estre, que par une solide et veritable, mais posterieurement entenduë refutation de leurs opinions, je ne veux point icy y répondre, de peur d'estre premierement obligé de les rapporter.

Je dirai seulement en general, que tout ce que disent les Athées, pour impugner l'existence de Dieu, dépend toûjours ou de ce que l'on feint dans Dieu des Affections humaines, ou de ce qu'on a attribué à nos esprits tant de force et de sagesse, que nous avons bien la présomption de vouloir determiner et comprendre ce que Dieu peut et doit faire : de sorte que tout ce qu'ils disent ne nous donnera aucune difficulté, pourvû seulement que nous nous ressouvenions que nous devons considerer nos esprits comme des choses finies et limitées, et Dieu comme un Estre infini et incomprehensible.

Maintenant, après avoir aucunement reconnu les sentimens des hommes, j'entreprens derechef le Traité de Dieu, et de l'Ame humaine, et ensemble de jetter les fondemens de la premiere Philosophie ; mais sans en attendre aucune loüange du vulgaire, ni esperer que mon Livre soit vû de plusieurs. Au contraire je ne conseillerai jamais à personne de le lire, sinon à ceux qui voudront avec moi mediter serieusement, et qui pourront détacher leur esprit du commerce des sens, et le delivrer entierement de toutes sortes de préjugez, lesquels je ne sçai que trop estre en fort petit nombre. Mais pour ceux qui, sans se soucier beaucoup de l'ordre et de la liaison de mes raisons, s'amuseront à épiloguer sur chacune des parties, comme font plusieurs, ceux-là, dis-je, ne feront pas grand profit de la lecture de ce Traité : Et bien que peut-estre ils trouvent occasion de pointiller en plusieurs lieux, à grand peine pourront-ils objecter rien de pressant, ou qui soit digne de réponse.

Et dautant que je ne promets pas aux autres de les satisfaire de prime abord ; et que je ne presume pas tant de moi que de croire pouvoir prévoir tout ce qui pourra faire de la difficulté à un chacun, j'exposerai premierement dans ces Meditations les mêmes pensées par lesquelles je me persuade estre parvenu à une certaine et évidente connoissance de la verité, afin de voir si par les mêmes raisons qui m'ont persuadé, je pourrai aussi en persuader d'autres; Et après cela je répondrai aux Objections qui m'ont esté faites par des personnes d'esprit et de doctrine, à qui j'avois envoyé mes Meditations pour estre examinées avant que de les mettre sous la Presse; car ils m'en ont fait un si grand nombre, et de si differentes, que j'ose bien me promettre qu'il sera difficile à un autre d'en proposer aucunes qui soient de consequence, qui n'aïent point esté touchées.

C'est pourquoi je supplie ceux qui desireront lire ces Meditations, de n'en former aucun jugement, que premierement ils ne se soient donnez la peine de lire toutes ces Objections, et les réponses que j'y ai faites.

ABRÉGÉ

DES SIX MÉDITATIONS

SUIVANTES.

ABRÉGÉ DE LA PREMIÈRE MÉDITATION

Dans la première, je mets en avant les raisons pour lesquelles nous pouvons douter généralement de toutes choses, et particulièrement des choses matérielles; au moins tant que nous n'aurons point d'autres fondements dans les sciences que ceux que nous avons eus jusqu'à présent. Or, bien que l'utilité d'un doute si général ne paraisse pas d'abord, elle est toutefois en cela très grande, qu'il nous délivre de toutes sortes de préjugés, et nous prépare un chemin très facile pour accoutumer notre esprit à se détacher des sens : et enfin en ce qu'il fait qu'il n'est pas possible que nous puissions jamais plus douter des choses que nous découvrirons par après être véritables.

ABRÉGÉ DE LA DEUXIÈME MÉDITATION

Dans la seconde, l'esprit qui, usant de sa propre liberté, suppose que toutes les choses ne sont point, de l'existence desquelles il a le moindre doute, reconnaît qu'il est absolument impossible que cependant il n'existe pas lui-même. Ce qui est d'une très grande utilité, d'autant que par ce moyen il fait aisément distinction des choses qui lui appartiennent, c'est-à-dire à la nature intellectuelle, et de celles qui appartiennent au corps.

Mais parce qu'il peut arriver que quelques-uns attendront de moi en ce lieu-là des raisons pour prouver l'immortalité de l'âme, j'estime les devoir ici avertir, qu'ayant tâché de ne rien écrire dans tout ce Traité, dont je n'eusse des démonstrations très exactes, je me suis vu obligé de suivre un ordre semblable à celui dont se servent les géomètres, qui est d'avancer premièrement toutes les choses desquelles dépend la proposition que l'on cherche, avant que d'en rien conclure.

Or, la première et principale chose qui est requise pour bien connaître l'immortalité de l'âme est d'en former une conception claire et nette, et entièrement distincte de toutes les conceptions que l'on peut avoir du corps : ce qui a été fait en ce lieu-là. Il est requis outre cela de savoir que toutes les choses que nous concevons clairement et distinctement sont vraies, de la façon que nous les concevons : ce qui n'a pu être prouvé avant la quatrième Méditation. De plus, il faut avoir une conception distincte de la nature corporelle, laquelle se forme partie dans cette seconde, et partie dans la cinquième et sixième Méditation. Et enfin l'on doit conclure de tout cela que les choses que l'on conçoit clairement et distinctement être des substances diverses, ainsi que l'on conçoit l'Esprit et le Corps, sont en effet des substances réellement distinctes les unes des autres, et c'est ce que l'on conclut dans la sixième Méditation. Ce qui se confirme encore dans cette même Méditation, de ce que nous ne concevons aucun corps que comme divisible : au lieu que l'esprit ou l'âme de l'homme ne se peut concevoir que comme indivisible ; car en effet nous ne saurions concevoir la moitié d'aucune âme, comme nous pouvons faire du plus petit de tous les corps ; en sorte que l'on reconnaît que leurs natures ne sont pas seulement diverses, mais même en quelque façon contraires. Or, je n'ai pas traité plus avant de cette matière dans cet écrit, tant parce que cela suffit pour montrer assez clairement que de la corruption du corps la mort de l'âme ne s'en suit pas, et ainsi pour donner aux hommes l'espérance d'une seconde vie après la mort ; comme aussi parce que les prémices desquelles on peut conclure l'immortalité de l'âme, dépendent de l'explication de toute la physique. Premièrement, pour savoir que généralement toutes les substances, c'est-à-dire toutes les choses qui ne peuvent exister sans être créées de Dieu, sont de leur nature incorruptibles ; et qu'elles ne peuvent jamais cesser d'être, si Dieu même en leur déniant son concours ne les réduit au néant. Et ensuite pour remarquer que le corps pris en général est une substance, c'est pourquoi aussi il ne périt point : mais que le corps humain, en tant qu'il diffère des autres corps, n'est composé que d'une certaine configuration de membres, et d'autres semblables accidents : là où l'âme humaine n'est point ainsi composée d'aucuns accidents, mais est une pure substance. Car encore que tous ses accidents se changent, par exemple, encore qu'elle conçoive de certaines choses, qu'elle en veuille d'autres, et qu'elle en sente d'autres, etc., l'âme pourtant ne devient point autre : au lieu que le corps humain devient une autre chose, de cela seul que la figure de quelques-unes de ses parties se trouve changée ; d'où il s'ensuit que le corps humain peut bien facilement périr, mais que l'esprit, ou l'âme de l'homme (ce que je ne distingue point) est immortelle de sa nature.

ABRÉGÉ DE LA TROISIÈME MÉDITATION

Dans la troisième Méditation, j'ai ce me semble expliqué assez au long le principal argument dont je me sers pour prouver l'existence de Dieu. Mais néanmoins, parce que je n'ai point voulu me servir en ce lieu-là d'aucunes comparaisons tirées des choses corporelles, afin d'éloigner autant que je pourrais les esprits des lecteurs de l'usage et du commerce des sens, peut-être y est-il resté beaucoup d'obscurités (lesquelles, comme j'espère, seront entièrement éclaircies dans les réponses que j'ai faites aux objections qui m'ont depuis été proposées). Comme entre autres celle-ci : comment l'idée d'un être souverainement parfait, laquelle se trouve en nous, contient tant de réalité objective, c'est-à-dire participe par représentation à tant de degrés d'être et de perfection qu'elle doit venir d'une cause souverainement parfaite : ce que j'ai éclairci dans ces réponses par la comparaison d'une machine fort ingénieuse et artificielle, dont l'idée se rencontre dans l'esprit de quelque ouvrier; car comme l'artifice objectif de cette idée doit avoir quelque cause, savoir est ou la science de cet ouvrier, ou celle de quelque autre de qui il ait reçu cette idée, de même il est impossible que l'idée de Dieu qui est en nous, n'ait pas Dieu même pour sa cause.

ABRÉGÉ DE LA QUATRIÈME MÉDITATION

Dans la quatrième, il est prouvé que toutes les choses que nous concevons fort clairement et fort distinctement sont toutes vraies : et ensemble est expliqué en quoi consiste la nature de l'erreur ou fausseté; ce qui doit nécessairement être su, tant pour confirmer les vérités précédentes que pour mieux entendre celles qui suivent. Mais cependant il est à remarquer que je ne traite nullement en ce lieu-là du péché, c'est-à-dire de l'erreur qui se commet dans la poursuite du bien et du mal, mais seulement de celle qui arrive dans le jugement et le discernement du vrai et du faux. Et que je n'entends point y parler des choses qui appartiennent à la foi, ou à la conduite de la vie, mais seulement de celles qui regardent les vérités spéculatives, et qui peuvent être connues par l'aide de la seule lumière naturelle.

ABRÉGÉ DE LA CINQUIÈME MÉDITATION

Dans la cinquième Méditation, outre que la nature corporelle prise en général y est expliquée, l'existence de Dieu y est encore démontrée par une nouvelle raison, dans laquelle néanmoins peut-être s'y rencontrera-t-il aussi quelques difficultés, mais on en verra la solution dans les réponses aux objections qui m'ont été faites. Et de plus je fais voir de quelle façon il est véritable que la certitude même des démonstrations géométriques dépend de la connaissance de Dieu.

ABRÉGÉ DE LA SIXIÈME ET DERNIÈRE MÉDITATION

Enfin, dans la sixième, je distingue l'action de l'entendement d'avec celle de l'imagination, les marques de cette distinction y sont décrites; j'y montre que l'âme de l'homme est réellement distincte du corps, et toutefois qu'elle lui est si étroitement conjointe et unie, qu'elle ne compose que comme une même chose avec lui. Toutes les erreurs qui procèdent des sens y sont exposées, avec les moyens de les éviter; et enfin j'y apporte toutes les raisons desquelles on peut conclure l'existence des choses matérielles: non que je les juge fort utiles pour prouver ce qu'elles prouvent; à savoir qu'il y a un Monde, que les hommes ont des corps et autres choses semblables, qui n'ont jamais été mises en doute par aucun homme de bon sens; mais parce qu'en les considérant de près l'on vient à connaître qu'elles ne sont pas si fermes, ni si évidentes que celles qui nous conduisent à la connaissance de Dieu et de notre âme; en sorte que celles-ci sont les plus certaines et les plus évidentes qui puissent tomber en la connaissance de l'esprit humain. Et c'est tout ce que j'ai eu dessein de prouver dans ces six Méditations. Ce qui fait que j'omets ici beaucoup d'autres questions dont j'ai aussi parlé par occasion dans ce Traité.

MÉDITATIONS
TOUCHANT LA PREMIÈRE
PHILOSOPHIE

Dans lesquelles on prouve clairement l'existence de Dieu, et la distinction réelle entre l'Ame et le Corps de l'homme.

PREMIÈRE MÉDITATION

Des choses que l'on peut révoquer en doute.

Que pour établir quelque chose de constant dans les Sciences, il faut une fois en sa vie rejeter toutes ses anciennes opinions. — Qu'il n'est pas besoin de les examiner toutes en particulier, qu'il suffit d'attaquer les principes sur lesquels elles sont fondées. — Que ces principes sont les sens sur lesquels on ne peut s'assurer, étant trompeurs. — Qu'il nous semble impossible que nos sens nous trompent en certaines choses. — Mais que nous en sommes si peu assurés que nous ne pouvons pas même distinguer la veille d'avec le sommeil. — Que les choses qui nous sont représentées dans le sommeil ne sont pas absolument imaginaires. — Qu'au moins les images que nous en avons semblent ne pouvoir être composées que du mélange des idées d'autres choses plus simples, qui sont vraies. — Quelles sont ces choses; et que les Sciences dont elles sont l'objet contiennent des vérités dont il ne semble pas possible de douter. — Quelles raisons nous peuvent néanmoins faire douter de la vérité de ces choses. — Qu'il n'y a donc rien dont on ne puisse en quelque façon douter. — Qu'il ne suffit pas d'avoir fait ces remarques : mais qu'il est important de les graver profondément en notre esprit. — Que pour en profiter, il ne faut pas seulement regarder nos anciennes opinions comme douteuses : mais supposer aussi qu'elles sont fausses. — Qu'il n'y a point de péril ni d'erreur à en user de la sorte. — Quelles sont les suppositions qu'il faut faire; et comment il s'en faut servir. — Pourquoi l'exécution de ce dessein est très difficile.

Ce n'est pas d'aujourd'hui que je me suis aperçu que, dès mes premières années, j'ai reçu quantité de fausses opinions pour véritables, et que ce que j'ai depuis fondé sur des principes si mal assurés ne saurait être que fort douteux et incertain. Et dès lors j'ai bien jugé qu'il me fallait entreprendre sérieusement une fois en ma vie de me défaire de toutes les opinions que j'avais reçues auparavant en ma créance, et commencer tout de nouveau dès le fondement, si je voulais établir quelque chose de ferme et de constant dans les sciences. Mais cette entreprise me semblant être fort grande, j'ai attendu que j'eusse atteint un âge qui fût si mûr que je n'en pusse espérer d'autre après lui auquel je fusse plus propre à l'exécuter : ce qui m'a fait différer si longtemps que désormais je croirais commettre une faute si j'employais encore à délibérer le temps qui me reste pour agir.

Aujourd'hui donc que, fort à propos pour ce dessein, j'ai délivré mon esprit de toutes sortes de soins, que par bonheur je ne me sens agité d'aucunes passions, et que je me suis procuré un repos assuré dans une paisible solitude, je m'appliquerai sérieusement et avec liberté à détruire généralement toutes mes anciennes opinions. Or, pour cet effet, il ne sera pas nécessaire que je montre qu'elles sont toutes fausses, de quoi peut-être je ne viendrais jamais à bout; mais d'autant que la raison me persuade déjà que je ne dois pas moins soigneusement m'empêcher de donner créance aux choses qui ne sont pas entièrement certaines et indubitables, qu'à celles qui me paraissent manifestement être fausses, ce me sera assez pour les rejeter toutes, si je puis trouver en chacune quelque raison de douter; et pour cela il ne sera pas aussi besoin que je les examine chacune en particulier, ce qui serait d'un travail infini ; mais, parce que la ruine des fondements entraîne nécessairement avec soi tout le reste de l'édifice, je m'attaquerai d'abord aux principes sur lesquels toutes mes anciennes opinions étaient appuyées.

Tout ce que j'ai reçu jusqu'à présent pour le plus vrai

et assuré, je l'ai appris des sens ou par les sens ; or j'ai quelquefois éprouvé que ces sens étaient trompeurs ; et il est de la prudence de ne se fier jamais entièrement à ceux qui nous ont une fois trompés.

Mais peut-être qu'encore que les sens nous trompent quelquefois, touchant des choses fort peu sensibles et fort éloignées, il s'en rencontre néanmoins beaucoup d'autres desquelles on ne peut pas raisonnablement douter, quoique nous les connaissions par leur moyen. Par exemple, que je suis ici, assis auprès du feu, vêtu d'une robe de chambre, ayant ce papier entre les mains, et autres choses de cette nature. Et comment est-ce que je pourrais nier que ces mains et ce corps soient à moi, si ce n'est peut-être que je me compare à certains insensés, de qui le cerveau est tellement troublé et offusqué par les noires vapeurs de la bile, qu'ils assurent constamment qu'ils sont des rois, lorsqu'ils sont très pauvres ; qu'ils sont vêtus d'or et de pourpre, lorsqu'ils sont tout nus ; ou qui s'imaginent être des cruches, ou avoir un corps de verre. Mais quoi : ce sont des fous, et je ne serais pas moins extravagant si je me réglais sur leurs exemples.

Toutefois j'ai ici à considérer que je suis homme, et par conséquent que j'ai coutume de dormir, et de me représenter en mes songes les mêmes choses, ou quelquefois de moins vraisemblables, que ces insensés lorsqu'ils veillent. Combien de fois m'est-il arrivé de songer la nuit que j'étais en ce lieu, que j'étais habillé, que j'étais auprès du feu, quoique je fusse tout nu dedans mon lit ? Il me semble bien à présent que ce n'est point avec des yeux endormis que je regarde ce papier ; que cette tête que je branle n'est point assoupie ; que c'est avec dessein et de propos délibéré que j'étends cette main, et que je la sens ; ce qui arrive dans le sommeil ne semble point si clair ni si distinct que tout ceci. Mais en y pensant soigneusement, je me ressouviens d'avoir souvent été trompé en dormant par de semblables illusions. Et en m'arrêtant sur cette pensée, je vois si manifestement qu'il n'y a point d'indices certains par où l'on puisse distinguer nettement la veille d'avec le sommeil, que j'en suis tout étonné, et mon étonnement est tel qu'il est presque capable de me persuader que je dors.

Supposons donc maintenant que nous sommes endormis, et que toutes ces particularités, à savoir : que nous ouvrons les yeux, que nous branlons la tête, que nous étendons les mains, et choses semblables, ne sont que de fausses illusions ; et pensons que peut-être nos mains, ni tout notre corps ne sont pas tels que nous les voyons. Toutefois il faut au moins avouer que les choses qui nous sont représentées dans le sommeil sont comme des tableaux et des peintures qui ne peuvent être formées qu'à la ressemblance de quelque chose de réel et de véritable ; et qu'ainsi pour le moins ces choses générales, à savoir, des yeux, une tête, des mains, et tout un corps, ne sont pas choses imaginaires, mais vraies et existantes. Car de vrai les peintres, lors même qu'ils s'étudient avec le plus d'artifice à représenter des sirènes et des satyres par des figures bizarres et extraordinaires, ne peuvent toutefois leur donner des formes et des natures entièrement nouvelles, mais font seulement un certain mélange et composition des membres de divers animaux ; ou bien si peut-être leur imagination est assez extravagante pour inventer quelque chose de si nouveau que jamais on n'ait rien vu de semblable, et qu'ainsi leur ouvrage représente une chose purement feinte et absolument fausse, certes à tout le moins les couleurs dont ils les composent doivent-elles être véritables.

Et par la même raison, encore que ces choses générales, à savoir, un corps, des yeux, une tête, des mains, et autres semblables, pussent être imaginaires, toutefois il faut nécessairement avouer qu'il y en a au moins quelques autres encore plus simples et plus universelles qui sont vraies et existantes, du mélange desquelles, ni plus ni moins que de celui de quelques véritables couleurs, toutes ces images des choses qui résident en notre pensée, soit vraies et réelles, soit feintes et fantastiques, sont formées.

De ce genre de choses est la nature corporelle en général et son étendue ; ensemble la figure des choses étendues, leur quantité ou grandeur, et leur nombre, comme aussi le lieu où elles sont, le temps qui mesure leur durée, et autres semblables. C'est pourquoi peut-être que de là nous ne conclurons pas mal, si nous disons que la physique, l'astronomie, la médecine, et toutes les autres sciences qui dépendent de la considération des choses composées, sont fort douteuses et incertaines ; mais que l'arithmétique, la géométrie et les autres sciences de cette nature, qui ne traitent que de choses fort simples et fort générales, sans se mettre beaucoup en peine si elles sont dans la nature, ou si elles n'y sont pas, contiennent quelque chose de certain et d'indubitable ; car, soit que je veille ou que je dorme, deux et trois joints ensemble formeront toujours le nombre cinq, et le carré n'aura jamais plus de quatre côtés ; et il ne semble pas possible que des vérités si claires et si apparentes puissent être soupçonnées d'aucune fausseté ou d'incertitude.

Toutefois il y a longtemps que j'ai dans mon esprit une certaine opinion qu'il y a un Dieu qui peut tout, et par qui j'ai été fait et créé tel que je suis. Or que sais-je s'il n'a point fait qu'il n'y ait aucune Terre, aucun Ciel, aucun corps étendu, aucune figure, aucune grandeur, aucun lieu? Et que néanmoins j'aie le sentiment de toutes ces choses, et que tout cela ne me semble point exister autrement que je le vois? Et même comme je juge quelquefois que les autres se trompent dans les choses qu'ils pensent le mieux savoir, que sais-je s'il n'a point fait que je me trompe aussi toutes les fois que je fais l'addition de deux et de trois, ou que je nombre les côtés d'un carré, ou que je juge de quelque chose encore plus facile, si l'on se peut imaginer rien de plus facile que cela? Mais peut-être que Dieu n'a pas voulu que je fusse déçu de la sorte, car il est dit souverainement bon. Toutefois si cela répugnait à sa bonté de m'avoir fait tel que je me trompasse toujours, cela semblerait aussi lui être aucunement contraire de permettre que je me trompe quelquefois; et néanmoins je ne puis douter qu'il ne le permette.

Il y aura peut-être ici des personnes qui aimeraient mieux nier l'existence d'un Dieu si puissant que de croire que toutes les autres choses sont incertaines : mais ne leur résistons pas pour le présent, et supposons en leur faveur que tout ce qu'il est dit ici d'un Dieu soit une fable; toutefois, de quelque façon qu'ils supposent que je sois parvenu à l'état et à l'être que je possède, soit qu'ils l'attribuent à quelque destin ou fatalité, soit qu'ils le réfèrent au hasard, soit qu'ils veuillent que ce soit par une continuelle suite et liaison des choses, ou enfin par quelque autre manière, puisque faillir et se tromper est une imperfection, d'autant moins puissant sera l'auteur qu'ils assigneront à mon origine, d'autant plus sera-t-il probable que je suis tellement imparfait que je me trompe toujours. Auxquelles raisons je n'ai certes rien à répondre; mais enfin je suis contraint d'avouer qu'il n'y a rien de tout ce que je croyais autrefois être véritable dont je ne puisse en quelque façon douter. Et cela non point par inconsidération ou légèreté, mais pour des raisons très fortes et mûrement considérées. De sorte que désormais je ne dois pas moins soigneusement m'empêcher d'y donner créance qu'à ce qui serait manifestement faux, si je veux trouver quelque chose de certain et d'assuré dans les sciences.

Mais il ne suffit pas d'avoir fait ces remarques, il faut encore que je prenne soin de m'en souvenir; car ces anciennes et ordinaires opinions me reviennent encore souvent en la pensée; le long et familier usage qu'elles ont eu avec moi leur donnant droit d'occuper mon esprit contre mon gré, et de se rendre presque maîtresses de ma créance;

et je ne me désaccoutumerai jamais de leur déférer et de prendre confiance en elles, tant que je les considérerai telles qu'elles sont en effet, c'est à savoir, en quelque façon douteuses comme je viens de montrer, et toutefois fort probables, en sorte que l'on a beaucoup plus de raison de les croire que de les nier.

C'est pourquoi je pense que je ne ferai pas mal si, prenant de propos délibéré un sentiment contraire, je me trompe moi-même, et si je feins pour quelque temps que toutes ces opinions sont entièrement fausses et imaginaires; jusqu'à ce qu'enfin, ayant tellement balancé mes anciens et mes nouveaux préjugés qu'ils ne puissent faire pencher mon avis plus d'un côté que d'un autre, mon jugement ne soit plus désormais maîtrisé par de mauvais usages et détourné du droit chemin qui le peut conduire à la connaissance de la vérité.

Car je suis assuré que cependant il ne peut y avoir de péril ni d'erreur en cette voie, et que je ne saurais aujourd'hui trop accorder à ma défiance, puisqu'il n'est pas maintenant question d'agir, mais seulement de méditer et de connaître.

Je supposerai donc, non pas que Dieu, qui est très bon et qui est la souveraine source de vérité, mais qu'un certain mauvais génie, non moins rusé et trompeur que puissant, a employé toute son industrie à me tromper. Je penserai que le ciel, l'air, la terre, les couleurs, les figures, les sons et toutes les autres choses extérieures, ne sont rien que des illusions et rêveries dont il s'est servi pour tendre des pièges à ma crédulité. Je me considérerai moi-même comme n'ayant point de mains, point d'yeux, point de chair, point de sang, comme n'ayant aucun sens, mais croyant faussement avoir toutes ces choses; je demeurerai obstinément attaché à cette pensée; et si par ce moyen il n'est pas en mon pouvoir de parvenir à la connaissance d'aucune vérité, à tout le moins il est en ma puissance de suspendre mon jugement : c'est pourquoi je prendrai garde soigneusement de ne recevoir en ma croyance aucune fausseté, et préparerai si bien mon esprit à toutes les ruses de ce grand trompeur, que, pour puissant et rusé qu'il soit, il ne me pourra jamais rien imposer.

Mais ce dessein est pénible et laborieux, et une certaine paresse m'entraîne insensiblement dans le train de ma vie ordinaire. Et tout de même qu'un esclave qui jouissait dans le sommeil d'une liberté imaginaire, lorsqu'il commence à soupçonner que sa liberté n'est qu'un songe, craint de se réveiller et conspire avec ses illusions agréables pour en être plus longtemps abusé, ainsi je retombe insensiblement de moi-même dans mes anciennes opinions, et j'appréhende de me réveiller de cet assoupissement, de peur que les veilles laborieuses qui auraient à succéder à la tranquillité de ce repos, au lieu de m'apporter quelque jour et quelque lumière dans la connaissance de la vérité, ne fussent pas suffisantes pour éclaircir toutes les ténèbres des difficultés qui viennent d'être agitées.

SECONDE MÉDITATION

*De la nature de l'Esprit humain,
Et qu'il est plus aisé à connaître que le Corps.*

Qu'il faut rejeter les choses où il y aura le moindre doute, jusques à ce qu'on ait rencontré quelque chose de certain. — Que ce sera beaucoup fait, si on peut rencontrer une seule chose certaine. — Qu'il faut donc rejeter comme faux tout ce que nous avons jamais connu par les sens. — Que pendant qu'on doute ainsi de tout, on ne peut douter qu'on est, et que cette proposition *Je suis*, est nécessairement vraie. — Qu'étant ainsi certain qu'on existe, il faut examiner quel on est. — Que pour cela il est à propos d'examiner quel on a cru être autrefois. — Que nous ne sommes rien de ce que nous avons cru être autrefois, sinon précisément une chose qui pense. — Que rien de ce qui se peut comprendre par l'imagination n'appartient à cette connaissance de nous-même. — Ce que c'est qu'une chose qui pense. — D'où vient qu'on pense connaître plus distinctement les choses corporelles que cette chose qui pense. — Considération sur la connaissance des choses sensibles dans l'examen d'un morceau de cire. — Que tout ce qu'on croit connaître distinctement en ce morceau de cire, ne tombe point sous les sens. — Que c'est donc par l'entendement seul que nous connaissons ce que c'est que ce morceau de cire. — D'où vient qu'on a peine à demeurer d'accord de cette vérité. — Qu'elle sert à prouver que nous avons un esprit. — Et que cet esprit nous est plus distinctement connu qu'aucune chose. — Qu'il n'y a donc rien plus aisé à connaître que notre esprit.

La méditation que je fis hier m'a rempli l'esprit de tant de doutes qu'il n'est plus désormais en ma puissance de les oublier : et cependant je ne vois pas de quelle façon je les pourrais résoudre : et, comme si tout à coup j'étais tombé dans une eau très profonde, je suis tellement surpris que je ne puis ni assurer mes pieds dans le fond, ni nager pour me soutenir au-dessus. Je m'efforcerai néanmoins, et suivrai derechef la même voie où j'étais entré hier, en m'éloignant de tout ce en quoi je pourrai imaginer le moindre doute, tout de même que si je connaissais que cela fût absolument faux, et je continuerai toujours dans ce chemin, jusqu'à ce que j'aie rencontré quelque chose de certain, ou du moins, si je ne puis autre chose, jusqu'à ce que j'aie appris certainement qu'il n'y a rien au monde de certain.

Archimède, pour tirer le globe terrestre de sa place et le transporter en un autre lieu, ne demandait rien qu'un point qui fût ferme et immobile; ainsi j'aurai droit de concevoir de hautes espérances si je suis assez heureux pour trouver seulement une chose qui soit certaine et indubitable.

Je suppose donc que toutes les choses que je vois sont fausses, je me persuade que rien n'a jamais été de tout ce que ma mémoire remplie de mensonges me représente : je pense n'avoir aucun sens; je crois que le corps, la figure, l'étendue, le mouvement et le lieu ne sont que des fictions de mon esprit. Qu'est-ce donc qui pourra être estimé véritable? Peut-être rien autre chose, sinon qu'il n'y a rien au monde de certain.

Mais que sais-je s'il n'y a point quelque autre chose différente de celles que je viens de juger incertaines, de laquelle on ne puisse avoir le moindre doute? N'y a-t-il point quelque Dieu ou quelque autre puissance qui me met en esprit ces pensées? Cela n'est pas nécessaire; car peut-être que je suis capable de les produire de moi-même. Moi donc à tout le moins ne suis-je point quelque chose? Mais j'ai déjà nié que j'eusse aucuns sens ni aucun corps; j'hésite néanmoins : car que s'ensuit-il de là? Suis-je tellement dépendant du corps et des sens que je ne puisse être sans eux? Mais je me suis persuadé qu'il n'y avait rien du tout dans le monde, qu'il n'y avait aucun ciel, aucune terre, aucuns esprits, ni aucun corps : ne me suis-je donc pas aussi persuadé que je n'étais point? Tant s'en faut, j'étais sans doute si je me suis persuadé, ou seulement si j'ai pensé quelque chose : mais il y a un je ne sais quel trompeur très puissant et très rusé qui emploie toute son industrie à me tromper toujours : il n'y a donc point de doute que je suis, s'il me trompe; et qu'il me trompe tant qu'il voudra, il ne saurait jamais faire que je ne sois rien tant que je penserai être quelque chose. De sorte qu'après y avoir bien pensé et avoir soigneusement examiné toutes choses, enfin il faut conclure et tenir pour constant que cette proposition, *je suis, j'existe*, est nécessairement vraie toutes les fois que je la prononce, ou que je la conçois en mon esprit.

Mais je ne connais pas encore assez clairement quel je suis, moi qui suis certain que je suis : de sorte que désormais il faut que je prenne soigneusement garde de ne prendre pas imprudemment quelque autre chose pour moi, et ainsi de ne me point méprendre dans cette connaissance que je soutiens être plus certaine et plus évidente que toutes celles que j'ai eus auparavant.

C'est pourquoi je considérerai maintenant tout de nouveau ce que je croyais être avant que j'entrasse dans ces dernières pensées; et de mes anciennes opinions je retrancherai tout ce qui peut être tant soit peu combattu par les raisons que j'ai tantôt alléguées, en sorte qu'il ne demeure précisément que cela seul qui est entièrement certain et indubitable. Qu'est-ce donc que j'ai cru être ci-devant? Sans difficulté j'ai pensé que j'étais un homme : Mais qu'est-ce qu'un homme? Dirai-je que c'est un animal raisonnable? Non certes; car il me faudrait par après rechercher ce que c'est qu'animal, et ce que c'est que raisonnable, et ainsi d'une seule question je tomberais insensiblement en une infinité d'autres plus difficiles et plus embarrassées, et je ne voudrais pas abuser du peu de temps et de loisir qui me reste, en l'employant à démêler de semblables difficultés. Mais je m'arrêterai plutôt à considérer ici les pensées qui naissaient ci-devant d'elles-mêmes en mon esprit, et qui ne m'étaient inspirées que de ma seule nature lorsque je m'appliquais à la considération de mon être. Je me considérais premièrement comme ayant un visage, des mains, des bras, et toute cette machine composée d'os et de chair, telle qu'elle paraît en un cadavre, laquelle je désignais par le nom de corps : je considérais outre cela que je me nourrissais, que je marchais, que je sentais et que je pensais, et je rapportais toutes ces actions à l'âme; mais je ne m'arrêtais point à penser ce que c'était que cette âme; ou bien si je m'y arrêtais, je m'imaginais qu'elle était quelque chose d'extrêmement rare et subtil, comme un vent, une flamme, ou un air très délié qui était insinué et répandu dans mes plus grossières parties. Pour ce qui était du corps, je ne doutais nullement de sa nature; mais je pensais la connaître fort distinctement; et si je l'eusse voulu expliquer suivant les notions que j'en avais alors, je l'eusse décrite en cette sorte : par le corps j'entends tout ce qui peut être terminé par quelque figure; qui peut être compris en quelque lieu et remplir un espace en telle sorte que tout autre corps en soit exclu; qui peut être senti, ou par l'attouchement, ou par la vue, ou par l'ouïe, ou par le goût, ou par l'odorat; qui peut être mû en plusieurs façons, non pas à la vérité par lui-même, mais par quelque chose d'étranger, duquel il soit touché, et dont il reçoive l'impression; car d'avoir la puissance de se mouvoir de soi-même, comme aussi de sentir, ou de penser, je ne croyais nullement que cela appartînt à la nature du corps, au contraire je m'étonnais plutôt de voir que de semblables facultés se rencontraient en quelques-uns.

Mais moi qui suis-je, maintenant que je suppose qu'il y a un certain génie qui est extrêmement puissant, et si je l'ose dire malicieux et rusé, qui emploie toutes ses forces et toute son industrie à me tromper ? Puis-je assurer que j'ai la moindre chose de toutes celles que j'ai dit naguère appartenir à la nature du corps ? Je m'arrête à y penser avec attention, je passe et repasse toutes ces choses en mon esprit, et je n'en rencontre aucune que je puisse dire être en moi. Il n'est pas besoin que je m'arrête à les dénombrer. Passons donc aux attributs de l'âme, et voyons s'il y en a quelqu'un qui soit en moi. Les premiers sont de me nourrir et de marcher : mais s'il est vrai que je n'ai point de corps, il est vrai aussi que je ne puis marcher ni me nourrir. Un autre est de sentir : mais on ne peut aussi sentir sans le corps, outre que j'ai pensé sentir autrefois plusieurs choses pendant le sommeil, que j'ai reconnu à mon réveil n'avoir point en effet senties. Un autre est de penser, et je trouve ici que la pensée est un attribut qui m'appartient : elle seule ne peut être détachée de moi : *Je suis, j'existe*, cela est certain : mais combien de temps ? A savoir autant de temps que je pense ; car peut-être même qu'il se pourrait faire, si je cessais totalement de penser, que je cesserais en même temps tout à fait d'être. Je n'admets maintenant rien qui ne soit nécessairement vrai : je ne suis donc précisément parlant *qu'une chose qui pense*, c'est-à-dire un esprit, un entendement ou une raison qui sont des termes dont la signification m'était auparavant inconnue. Or, je suis une chose vraie et vraiment existante : mais quelle chose ? Je l'ai dit, une chose qui pense. Et quoi davantage ? J'exciterai mon imagination pour voir si je ne suis point encore quelque chose de plus. Je ne suis point cet assemblage de membres, que l'on appelle le corps humain, je ne suis point un air délié et pénétrant répandu dans tous ces membres, je ne suis point un vent, un souffle, une vapeur, ni rien de tout ce que je puis feindre et m'imaginer, puisque j'ai supposé que tout cela n'était rien, et que, sans changer cette supposition, je trouve que je ne laisse pas d'être certain que je suis quelque chose.

Mais peut-être est-il vrai que ces mêmes choses-là que je suppose n'être point, parce qu'elles me sont inconnues, ne sont point en effet différentes de moi que je connais ? Je n'en sais rien ; je ne dispute pas maintenant de cela : je ne puis donner mon jugement que des choses qui me sont connues ; je connais que j'existe, et je cherche quel je suis, moi que je connais être. Or, il est très certain que la connaissance de mon être ainsi précisément pris ne dépend point des choses dont l'existence ne m'est pas encore connue ; par conséquent elle ne dépend d'aucunes de celles que je puis feindre par mon imagination. Et même ces termes de feindre et d'imaginer m'avertissent de mon erreur. Car je feindrais en effet si je m'imaginais être quelque chose, puisque imaginer n'est rien autre chose que contempler la figure ou l'image d'une chose corporelle : or, je sais déjà certainement que je suis, et que tout ensemble il se peut faire que toutes ces images, et généralement toutes les choses qui se rapportent à la nature du corps, ne soient que des songes ou des chimères. En suite de quoi je vois clairement que j'ai aussi peu de raison en disant : j'exciterai mon imagination pour connaître plus distinctement quel je suis, que si je disais : je suis maintenant éveillé, et j'aperçois quelque chose de réel et de véritable ; mais parce que je ne l'aperçois pas encore assez nettement, je m'endormirai tout exprès, afin que mes songes me représentent cela même avec plus de vérité et d'évidence. Et, partant, je connais manifestement que rien de tout ce que je puis comprendre par le moyen de l'imagination n'appartient à cette connaissance que j'ai de moi-même, et qu'il est besoin de rappeler et détourner son esprit de cette façon de concevoir, afin qu'il puisse lui-même connaître bien distinctement sa nature.

Mais qu'est-ce donc que je suis ? *Une chose qui pense* : qu'est-ce qu'une chose qui pense, c'est-à-dire une chose qui doute, qui entend, qui conçoit, qui affirme, qui nie, qui veut, qui ne veut pas, qui imagine aussi, et qui sent ? Certes, ce n'est pas peu, si toutes ces choses appartiennent à ma nature. Mais pourquoi n'y appartiendraient-elles pas ? Ne suis-je pas celui-là même qui maintenant doute presque de tout : qui néanmoins entend et conçoit certaines choses, qui assure et affirme celles-là seules être véritables, qui nie toutes les autres, qui veut et désire d'en connaître davantage, qui ne veut pas être trompé, qui imagine beaucoup de choses, même quelquefois en dépit que j'en aie, et qui en sent aussi beaucoup, comme par l'entremise des organes du corps. Y a-t-il rien de tout cela qui ne soit aussi véritable qu'il est certain que je suis et que j'existe, quand même je dormirais toujours et que celui qui m'a donné l'être se servirait de toute son industrie pour m'abuser ? Y a-t-il aussi aucun de ces attributs qui puisse être distingué de ma pensée ou qu'on puisse dire être séparé de moi-même ? Car il est de soi si évident que c'est moi qui doute, qui entends, et qui désire, qu'il n'est pas ici besoin de rien ajouter pour l'expliquer. Et j'ai aussi certainement la puissance d'imaginer, car encore qu'il puisse arriver (comme j'ai supposé auparavant) que les choses que j'imagine ne soient pas vraies, néanmoins cette puissance d'imaginer ne laisse pas d'être réellement en moi et fait partie de ma pensée; enfin je suis le même qui sent, c'est-à-dire qui aperçoit certaines choses comme par les organes des sens : puisqu'en effet je vois de la lumière, j'entends du bruit, je sens de la chaleur. Mais l'on me dira que ces apparences-là sont fausses et que je dors. Qu'il soit ainsi; toutefois à tout le moins il est très certain qu'il me semble que je vois de la lumière, que j'entends du bruit et que je sens de la chaleur; cela ne peut être faux, et c'est proprement ce qui en moi s'appelle sentir; et cela précisément n'est rien autre chose que penser. ; où je commence à connaître quel je suis avec un peu plus de clarté et de distinction que ci-devant.

Mais néanmoins il me semble encore, et je ne puis m'empêcher de croire que les choses corporelles dont les images se forment par la pensée, qui tombent sous les sens, et que les sens mêmes examinent, ne soient beaucoup plus distinctement connues que cette je ne sais quelle partie de moi-même qui ne tombe point sous l'imagination : quoiqu'en effet cela soit bien étrange de dire que je connaisse et comprenne plus distinctement des choses dont l'existence me paraît douteuse, qui me sont inconnues, et qui ne m'appartiennent point, que celles de la vérité desquelles je suis persuadé, qui me sont connues, et qui appartiennent à ma propre nature, et en un mot que moi-même. Mais je vois bien ce que c'est, mon esprit est un vagabond qui se plaît à s'égarer, et qui ne saurait encore souffrir qu'on le retienne dans les justes bornes de la vérité. Lâchons-lui donc encore une fois la bride, et lui donnant toute sorte de liberté, permettons-lui de considérer les objets qui lui paraissent au dehors, afin que venant ci-après à la retirer doucement et à propos, et à l'arrêter sur la considération de son être et des choses qu'il trouve en lui, il se laisse après cela plus facilement régler et conduire.

Considérons donc maintenant les choses que l'on estime vulgairement être les plus faciles de toutes à connaître, et que l'on croit aussi être le plus distinctement connues, c'est à savoir, les corps que nous touchons et que nous voyons; non pas à la vérité les corps en général, car ces notions générales sont d'ordinaire un peu plus confuses, mais considérons-en un en particulier. Prenons par exemple ce morceau de cire, il vient tout fraîchement d'être tiré de la ruche, il n'a pas encore perdu la douceur du miel qu'il contenait, il retient encore quelque chose de l'odeur des fleurs dont il a été recueilli : sa couleur, sa figure, sa grandeur sont apparentes, il est dur, il est froid, il est maniable, et si vous frappez dessus, il rendra quelque son. Enfin, toutes les choses qui peuvent distinctement faire connaître un corps se rencontrent en celui-ci.

Mais voici que pendant que je parle on l'approche du feu, ce qui restait de saveur s'exhale, l'odeur s'évapore, sa couleur se change, sa figure se perd, sa grandeur augmente, il devient liquide, il s'échauffe, à peine le peut-on manier, et quoique l'on frappe dessus il ne rendra plus aucun son. La même cire demeure-t-elle encore après ce changement? Il faut avouer qu'elle demeure, personne n'en doute, personne ne juge autrement. Qu'est-ce donc que l'on connaissait en ce morceau de cire avec tant de distinction? Certes ce ne peut être rien de tout ce que j'y ai remarqué par l'entremise des sens, puisque toutes les choses qui tombaient sous le goût, sous l'odorat, sous la vue, sous l'attouchement, et sous l'ouïe se trouvent changées, et que cependant la même cire demeure. Peut-être était-ce ce que je pense maintenant, à savoir, que cette cire n'était pas ni cette douceur de miel, ni cette agréable odeur de fleurs, ni cette blancheur, ni cette figure, ni ce son : mais seulement un corps qui un peu auparavant me paraissait sensible sous ces formes, et qui maintenant se fait sentir sous d'autres. Mais qu'est-ce, précisément parlant, que j'imagine lorsque je la conçois en cette sorte? Considérons-le attentivement et, retranchant toutes les choses qui n'appartiennent point à la cire, voyons ce qui reste. Certes, il ne demeure rien que quelque chose d'étendu, de flexible et de muable : or, qu'est-ce que cela flexible et muable ? N'est-ce pas que j'imagine que cette cire étant ronde est capable de devenir carrée, et de passer du carré en une figure triangulaire? Non certes, ce n'est pas cela, puisque je la conçois capable de recevoir une infinité de semblables changements, et je ne saurais néanmoins parcourir cette infinité par mon imagination, et par conséquent cette conception que j'ai de la cire ne s'accomplit pas par la faculté d'imaginer. Qu'est-ce maintenant que cette extension ? N'est-elle pas aussi inconnue, car elle devient plus grande quand la cire se fond, plus grande quand elle bout, et plus grande encore quand la chaleur augmente; et je ne concevrais pas clairement et selon la vérité ce que c'est que de la cire, si je ne pensais que même ce morceau que nous considérons est capable de recevoir plus de variétés selon l'extension que je n'en ai jamais imaginé.

Il faut donc demeurer d'accord que je ne saurais pas même comprendre par l'imagination ce que c'est que ce morceau de cire, et qu'il n'y a que mon entendement seul qui le comprenne. Je dis ce morceau de cire en particulier, car pour la cire en général il est encore plus évident. Mais quel est ce morceau de cire qui ne peut être compris que par l'entendement ou par l'esprit? Certes, c'est le même que je vois, que je touche, que j'imagine, et enfin c'est le même que j'ai toujours cru que c'était au commencement; or, ce qui est ici grandement à remarquer, c'est que sa perception n'est point une vision, ni un attouchement, ni une imagination et ne l'a jamais été, quoiqu'il le semblât ainsi auparavant, mais seulement une inspection de l'esprit, laquelle peut être imparfaite et confuse comme elle était auparavant, ou bien claire et distincte comme elle est à présent, selon que mon attention se porte plus ou moins aux choses qui sont en elle, et dont elle est composée.

Cependant je ne me saurais trop étonner quand je considère combien mon esprit a de faiblesse et de pente qui le porte insensiblement dans l'erreur; car encore que sans parler je considère tout cela en moi-même, les paroles toutefois m'arrêtent, et je suis presque déçu par les termes du langage ordinaire : car nous disons que nous voyons la même cire, si elle est présente, et non pas que nous jugeons que c'est la même de ce qu'elle a même couleur et même figure : d'où je voudrais presque conclure que l'on connaît la cire par la vision des yeux, et non par la seule inspection de l'esprit. Si par hasard je ne regardais d'une fenêtre des hommes qui passent dans la rue, à la vue desquels je ne manque pas de dire que je vois des hommes, tout de même que je dis que je vois de la cire, et cependant que vois-je de cette fenêtre, sinon des chapeaux et des manteaux qui pourraient couvrir des machines artificielles qui ne se remueraient que par ressorts; mais je juge que ce sont des hommes, et ainsi je comprends par la seule puissance de juger qui réside en mon esprit ce que je croyais voir de mes yeux.

Un homme qui tâche d'élever sa connaissance au delà du commun doit avoir honte de tirer des occasions de douter des formes de parler que le vulgaire a inventées: j'aime mieux passer outre et considérer si je concevais avec plus d'évidence et de perfection ce que c'était que de la cire, lorsque je l'ai d'abord aperçue, et que j'ai cru la connaître par le moyen des sens extérieurs, ou à tout le moins par le sens commun, ainsi qu'ils appellent, c'est-à-dire par la faculté imaginative que je ne la conçois à présent, après avoir plus soigneusement examiné ce qu'elle est et de quelle façon elle peut être connue. Certes il serait ridicule de mettre cela en doute ; car qu'y avait-il dans cette première perception qui fût distinct? Qu'y avait-il qui ne semblât pouvoir tomber en même sorte dans le sens du moindre des animaux? Mais quand je distingue la cire d'avec ses formes extérieures, et que, tout de même que si je lui avais ôté ses vêtements, je la considère toute nue, il est certain que bien qu'il se puisse encore rencontrer quelque erreur dans mon jugement, je ne la puis néanmoins concevoir de cette sorte sans un esprit humain.

Mais enfin que dirai-je de cet esprit, c'est-à-dire de moi-même; car jusqu'ici je n'admets en moi rien autre chose que l'esprit : quoi donc ? Moi qui semble concevoir avec tant de netteté et de distinction ce morceau de cire, ne me connais-je pas moi-même, non seulement avec bien plus de vérité et de certitude, mais encore avec beaucoup plus de distinction et de netteté : car si je juge que la cire est ou existe de ce que je la vois, certes il suit bien plus évidemment que je suis, ou que j'existe moi-même de ce que je la vois : car il se peut faire que ce que je vois ne soit pas en effet de la cire, il se peut faire aussi que je n'aie pas même des yeux pour voir aucune chose ; mais il ne se peut faire que lorsque je vois, ou (ce que je ne distingue point) lorsque je pense voir, que moi qui pense ne sois quelque chose. De même si je juge que la cire existe de ce que je la touche, il s'ensuivra encore la même chose, à savoir, que je suis : et si je le juge de ce que mon imagination ou quelque autre cause que ce soit me le persuade, je conclurai toujours la même chose. Et ce que j'ai remarqué ici de la cire se peut appliquer à toutes les autres choses qui me sont extérieures, et qui se rencontrent hors de moi. Et de plus si la notion ou perception de la cire m'a semblé plus nette et plus distincte, après que non seulement la vue ou le toucher, mais encore beaucoup d'autres causes me l'ont rendue plus manifeste, avec combien plus d'évidence, de distinction et de netteté faut-il avouer que je me connais à présent moi-même : puisque toutes les raisons qui servent à connaître et concevoir la nature de la cire, ou de quelque autre corps que ce soit, prouvent beaucoup mieux la nature de mon esprit : et il se rencontre encore tant d'autres choses en l'esprit même qui peuvent contribuer à l'éclaircissement de sa nature que celles qui dépendent du corps, comme celles-ci, ne méritent quasi pas d'être mises en compte.

Mais enfin me voici insensiblement revenu où je voulais, car puisque c'est une chose qui m'est à présent manifeste, que les corps mêmes ne sont pas proprement connus par les sens ou par la faculté d'imaginer, mais par le seul entendement, et qu'ils ne sont pas connus de ce qu'ils sont vus ou touchés, mais seulement de ce qu'ils sont entendus, ou bien compris par la pensée, je vois clairement qu'il n'y a rien qui me soit plus facile à connaître que mon esprit.

Mais parce qu'il est malaisé de se défaire si promptement d'une opinion à laquelle on s'est accoutumé de longue main, il sera bon que je m'arrête un peu en cet endroit, afin que par la longueur de ma méditation j'imprime plus profondément en ma mémoire cette nouvelle connaissance.

TROISIÈME MÉDITATION

Qu'il y a un Dieu.

Qu'en nous détachant des sens, nous nous connaissons très clairement comme une chose qui pense. — Que toutes les choses que nous concevons fort clairement et fort distinctement sont vraies. — Que nous n'avions point d'idées claires et distinctes de plusieurs choses que nous avons reconnu très incertaines, après les avoir cru autrefois très certaines. — Que ce qui nous peut faire douter des choses que nous concevons fort distinctement, est que peut-être Dieu se plaît à nous tromper. — Qu'il faut donc examiner s'il y a un Dieu qui soit trompeur si l'on veut être certain de quelque chose. — Que pour examiner la vérité ou l'erreur de nos pensées, il est à propos de les diviser en certains genres. — Que nos pensées sont ou des idées, ou des affections, ou des jugements. — Que les idées prises en elles-mêmes ne sont point fausses. — Ni les affections non plus. — Comment il arrive qu'il y a de l'erreur dans nos jugements. — Trois sortes d'idées qui sont en nous. — Deux raisons qui nous ont persuadé que les idées qui semblent nous venir des objets leur sont semblables. — Que la première de ces raisons n'est pas convaincante. — Ni la seconde non plus. — Que nous avons cru sans aucun jugement certain qu'il y avait des choses hors de nous qui causaient en nous des idées qui leur fussent semblables. — Comment nos idées, considérées en tant que telles, sont plus parfaites les unes que les autres. — Que toute cause efficiente a du moins autant de perfection que son effet. — Comment il suit de là que la perfection objective d'une idée doit être formellement ou éminemment en sa cause. — Que si nous avons quelque idée dont la perfection objective ne soit en nous ni formellement ni éminemment, il y a donc hors de nous quelque chose qui en est la cause. — Dénombrement de nos idées. — Comment peuvent venir de nous-même les idées que nous avons des hommes, des Anges et des animaux. — Celles que nous avons des choses corporelles. — Celles que nous avons des choses sensibles. — Celles que nous avons de la substance, de la durée, du nombre, etc. — Même celles que nous avons de l'étendue, de la figure, de la situation, etc. — Mais que l'idée que nous avons de Dieu ne peut venir de nous et que par conséquent il y a un Dieu. — Que nous concevons l'infini, c'est-à-dire Dieu par une véritable idée; et qu'elle est en quelque façon premièrement en nous que celle de nous-même. — Que cette idée de Dieu n'est nullement fausse. —

TROISIÈME MÉDITATION

Qu'au contraire elle est très vraie. — Et très claire et très distincte. — Qu'encore que nous ne comprenions pas l'infini, cela ne laisse pas d'être vrai. — Que quelque supposition qu'on fasse, il est impossible que l'idée d'un Dieu vienne de nous. — Que l'usage des sens fait qu'on oublie aisément les raisons de cette vérité. — Que nous ne sommes pas la cause de nous-mêmes. — Première raison. — Seconde raison. — Qu'encore que nous supposions avoir toujours été, la nature de la durée de notre vie prouve qu'il y a une cause qui nous fait être — Que cette cause est différente de nous-mêmes. — Qu'il est impossible qu'elle soit autre que Dieu. — Pourquoi on ne peut pas feindre que plusieurs causes ont concouru à notre production. — Ni que nos parents nous aient produits, ou nous conservent, d'où il faut conclure qu'il y a un Dieu. — Que cette idée de Dieu nous est naturelle. — Qu'elle vient de Dieu qui possède actuellement et infiniment toutes les perfections qu'elle enferme. — D'où il est évident qu'il ne peut être trompeur. — Qu'on ne saurait trop s'arrêter à contempler et adorer ce Dieu tout parfait. — Et qu'en cela consiste le Souverain bien de cette vie.

Je fermerai maintenant les yeux, je boucherai mes oreilles, je détournerai tous mes sens, j'effacerai même de ma pensée toutes les images des choses corporelles, ou du moins, parce qu'à peine cela se peut-il faire, je les réputerai comme vaines et comme fausses, et ainsi m'entretenant seulement moi-même, et considérant mon intérieur, je tâcherai de me rendre peu à peu plus connu et plus familier à moi-même. Je suis une chose qui pense, c'est-à-dire qui doute, qui affirme, qui nie, qui connaît peu de choses, qui en ignore beaucoup, qui aime, qui hait, qui veut, qui ne veut pas, qui imagine aussi, et qui sent. Car, ainsi que j'ai remarqué ci-devant, quoique les choses que je sens et que j'imagine ne soient peut-être rien du tout hors de moi et en elles-mêmes, je suis néanmoins assuré que ces façons de penser que j'appelle sentiments et imaginations, en tant seulement qu'elles sont des façons de penser, résident et se rencontrent certainement en moi. Et dans ce peu que je viens de dire, je crois avoir rapporté tout ce que je sais véritablement, ou du moins tout ce que jusques ici j'ai remarqué que je savais.

Maintenant, pour tâcher d'étendre ma connaissance plus avant, j'userai de circonspection et considérerai avec soin si je ne pourrai point encore découvrir en moi quelques autres choses que je n'aie point encore jusques ici aperçues. Je suis assuré que je suis une chose qui pense ; mais ne sais-je donc pas aussi ce qui est requis pour me rendre certain de quelque chose ? Certes, dans cette première connaissance, il n'y a rien qui m'assure de la vérité, que la claire et distincte perception de ce que je dis, laquelle de vrai ne serait pas suffisante pour m'assurer que ce que je dis est vrai, s'il pouvait jamais arriver qu'une chose que je concevrais ainsi clairement et distinctement se trouvât fausse : et partant il me semble que déjà je puis établir pour règle générale que toutes les choses que nous concevons fort clairement et fort distinctement sont toutes vraies.

Toutefois j'ai reçu et admis ci-devant plusieurs choses comme très certaines et très manifestes, lesquelles néanmoins j'ai reconnu par après être douteuses et incertaines. Quelles étaient donc ces choses-là? C'était la Terre, le Ciel, les Astres, et toutes les autres choses que j'apercevais par l'entremise de mes sens. Or qu'est-ce que je concevais clairement et distinctement en elles? Certes rien autre chose sinon que les idées ou les pensées de ces choses-là se présentaient à mon esprit. Et encore à présent je ne nie pas que ces idées ne se rencontrent en moi. Mais il y avait encore une autre chose que j'assurais, et qu'à cause de l'habitude que j'avais à la croire je pensais apercevoir très clairement, quoique véritablement je ne l'aperçusse point, à savoir, qu'il y avait des choses hors de moi d'où procédaient ces idées, et auxquelles elles étaient tout à fait semblables ; et c'était en cela que je me trompais, ou si peut-être je jugeais selon la vérité, ce n'était aucune connaissance que j'eusse qui fût cause de la vérité de mon jugement.

Mais lorsque je considérais quelque chose de fort simple et de fort facile touchant l'arithmétique et la géométrie, par exemple, que deux et trois joints ensemble produisent le nombre de cinq, et autres choses semblables, ne les concevais-je pas au moins assez clairement pour assurer qu'elles étaient vraies? Certes si j'ai jugé depuis qu'on pouvait douter de ces choses, ce n'a point été pour autre raison que parce qu'il me venait en l'esprit que peut-être quelque Dieu avait pu me donner une telle nature que je me trompasse même touchant les choses qui me semblent les plus manifestes ; or, toutes les fois que cette opinion ci-devant conçue de la souveraine puissance d'un Dieu se présente à ma pensée, je suis contraint d'avouer qu'il lui est facile, s'il le veut, de faire en sorte que je m'abuse même dans les choses que je crois connaître avec une évidence très grande : et au contraire, toutes les fois que je me tourne vers les choses que je pense concevoir fort clairement, je suis tellement persuadé par elles, que de moi-même je me laisse emporter à ces paroles : me trompe qui pourra, si est-ce qu'il ne saurait jamais faire que je ne sois rien, tandis que je penserai être quelque chose, ou que quelque jour il soit vrai que je n'aie jamais été, étant vrai maintenant que je suis, ou bien que deux et trois joints ensemble fassent plus ni moins que cinq, ou choses semblables que je vois clairement ne pouvoir être d'autre façon que je les conçois.

Et certes puisque je n'ai aucune raison de croire qu'il y ait quelque Dieu qui soit trompeur, et même que je n'ai pas encore considéré celles qui prouvent qu'il y a un Dieu, la raison de douter qui dépend seulement de cette opinion est bien légère, et pour ainsi dire métaphysique. Mais afin de la pouvoir tout à fait ôter, je dois examiner s'il y a un Dieu sitôt que l'occasion s'en présentera ; et si je trouve qu'il y en ait un, je dois aussi examiner s'il peut être trompeur : car sans la connaissance de ces deux vérités, je ne vois pas que je puisse jamais être certain d'aucune chose.

Et afin que je puisse avoir occasion d'examiner cela sans interrompre l'ordre de méditer que je me suis proposé, qui est de passer par degrés des notions que je trouverai les premières à mon esprit à celles que j'y pourrai trouver par après, il faut ici que je divise toutes mes pensées en certains genres, et que je considère dans lesquels de ces genres il y a proprement de la vérité ou de l'erreur.

Entre mes pensées, quelques-unes sont comme les images des choses, et c'est à celles-là seules que convient proprement le nom d'idée : comme lorsque je me représente un homme, ou une chimère, ou le ciel, ou un ange, ou Dieu même ; d'autres outre cela ont quelques autres formes, comme lorsque je veux, que je crains, que j'affirme, ou que je nie, je conçois bien alors quelque chose comme le sujet de l'action de mon esprit ; mais j'ajoute aussi quelque autre chose par cette action à l'idée que j'ai de cette chose-là, et de ce genre de pensées les unes sont appelées volontés ou affections, et les autres jugements.

Maintenant pour ce qui concerne les idées, si on les considère seulement en elles-mêmes et qu'on ne les rapporte point à quelque autre chose, elles ne peuvent à proprement parler être fausses : car soit que j'imagine une chèvre, ou une chimère, il n'est pas moins vrai que j'imagine l'une que l'autre.

Il ne faut pas craindre aussi qu'il se puisse rencontrer de la fausseté dans les affections ou volontés : car encore que je puisse désirer des choses mauvaises, ou même qui ne furent jamais, toutefois il n'est pas pour cela moins vrai que je les désire.

Ainsi il ne reste plus que les seuls jugements, dans lesquels je dois prendre garde soigneusement de ne me point tromper. Or la principale erreur, et la plus ordinaire qui s'y puisse rencontrer, consiste en ce que je juge que les idées qui sont en moi sont semblables ou conformes à des choses qui sont hors de moi : car certainement si je considérais seulement les idées comme de certains modes ou façons de ma pensée, sans les vouloir rapporter à quelque autre chose d'extérieur, à peine me pourraient-elles donner occasion de faillir.

Or entre ces idées les unes me semblent être nées avec moi, les autres être étrangères et venir de dehors, et les autres être faites et inventées par moi-même. Car que j'aie la faculté de concevoir ce que c'est qu'on nomme en général une chose, ou une vérité, ou une pensée, il me semble que je ne tiens point cela d'ailleurs que de ma nature propre. Mais si j'entends maintenant quelque bruit, si je vois le soleil, si je sens de la chaleur, jusqu'à cette heure j'ai jugé que ces sentiments procédaient de quelques choses qui existent hors de moi ; et enfin il me semble que les sirènes, les hippogriffes et toutes les autres semblables chimères sont des fictions et inventions de mon esprit. Mais aussi peut-être me puis-je persuader que toutes ces idées sont du genre de celles que j'appelle étrangères, et qui viennent de dehors, ou bien qu'elles sont toutes nées avec moi, ou bien qu'elles ont toutes été faites par moi : car je n'ai point encore clairement découvert leur véritable origine. Et ce que j'ai principalement à faire en cet endroit est de considérer, touchant celles qui me semblent venir de quelques objets qui sont hors de moi, quelles sont les raisons qui m'obligent à les croire semblables à ces objets.

La première de ces raisons est qu'il me semble que cela m'est enseigné par la nature ; et la seconde que j'expérimente en moi-même que ces idées ne dépendent point de ma volonté, car souvent elles se présentent à moi malgré moi, comme maintenant, soit que je le veuille, soit que je ne le veuille pas, je sens de la chaleur, et pour cela je me persuade que ce sentiment, ou bien cette idée de la chaleur est produite en moi par une chose différente de moi, à savoir, par la chaleur du feu auprès duquel je suis assis. Et je ne vois rien qui me semble plus raisonnable que de juger que cette chose étrangère envoie et imprime en moi sa ressemblance plutôt qu'aucune autre chose.

Maintenant il faut que je voie si ces raisons sont assez fortes et convaincantes. Quand je dis qu'il me semble que cela m'est enseigné par la nature, j'entends seulement par ce mot de nature une certaine inclination qui me porte à le croire, et non pas une lumière naturelle qui me fasse connaître que cela est véritable ; or ces deux façons de parler diffèrent beaucoup entre elles. Car je ne saurais rien révoquer en doute de ce que la lumière naturelle me fait voir être vrai, ainsi qu'elle m'a tantôt fait voir que de ce que je doutais je pouvais conclure que j'étois : d'autant que je n'ai en moi aucune autre faculté, ou puissance, pour distinguer le vrai d'avec le faux, qui me puisse enseigner que ce que cette lumière me montre comme vrai ne l'est pas, et à qui je me puisse tant fier qu'à elle. Mais pour ce qui est des inclinations qui me semblent aussi m'être naturelles, j'ai souvent remarqué, lorsqu'il a été question de faire choix entre les vertus et les vices, qu'elles ne m'ont pas moins porté au mal qu'au bien, c'est pourquoi je n'ai pas sujet de les suivre non plus en ce qui regarde le vrai et le faux.

Et pour l'autre raison, qui est que ces idées doivent venir d'ailleurs, puisqu'elles ne dépendent pas de ma volonté, je ne la trouve pas plus convaincante : car tout de même que ces inclinations dont je parlais tout maintenant se trouvent en moi, nonobstant qu'elles ne s'accordent pas toujours avec ma volonté, ainsi peut-être qu'il y a en moi quelque faculté ou puissance propre à produire ces idées sans l'aide d'aucunes choses extérieures, bien qu'elle ne me soit pas encore connue : comme en effet il m'a toujours semblé jusques ici que lorsque je dors elles se forment ainsi en moi sans l'aide des objets qu'elles représentent. Et enfin, encore que je demeurasse d'accord qu'elles sont causées par ces objets, ce n'est pas une conséquence nécessaire qu'elles doivent leur être semblables. Au contraire j'ai souvent remarqué en beaucoup d'exemples qu'il y avait une grande différence entre l'objet et son idée. Comme, par exemple, je trouve en moi deux idées du soleil toutes diverses : l'une tire son origine des sens, et doit être placée dans le genre de celles que j'ai dit ci-dessus venir de dehors, par laquelle il me paraît extrêmement petit ; l'autre est prise des raisons de l'astronomie, c'est-à-dire de certaines notions nées avec moi, ou enfin est formée par moi-même de quelque sorte que ce puisse être, par laquelle il me paraît plusieurs fois plus grand que toute la terre. Certes ces deux idées que je conçois du soleil ne peuvent pas être toutes deux semblables au même soleil ; et la raison me fait croire que celle qui vient immédiatement de son apparence est celle qui lui est le plus dissemblable.

Tout cela me fait assez connaître que jusques à cette heure ce n'a point été par un jugement certain et prémédité, mais seulement par une aveugle et téméraire impulsion que j'ai cru qu'il y avait des choses hors de moi et différentes de mon être, qui, par les organes de mes sens, ou par quelque autre moyen que ce puisse être, envoyaient en moi leurs idées ou images, et y imprimaient leurs ressemblances.

Mais il se présente encore une autre voie pour rechercher si, entre les choses dont j'ai en moi les idées, il y en a quelques-unes qui existent hors de moi, à savoir si ces idées sont prises en tant seulement que ce sont de certaines façons de penser, je ne reconnais entre elles aucune différence ou inégalité, et toutes me semblent procéder de moi d'une même façon ; mais les considérant comme des images, dont les unes représentent une chose et les autres une autre, il est évident qu'elles sont fort différentes les unes des autres ; car en effet celles qui me représentent des substances sont sans doute quelque chose de plus, et contiennent en soi (pour ainsi parler) plus de réalité objective, c'est-à-dire participent par représentation à plus de degrés d'être ou de perfection que celles qui me représentent seulement des modes ou accidents. De plus, celle par laquelle je conçois un Dieu souverain, éternel, infini, immuable, tout connaissant, tout-puissant, et créateur universel de toutes les choses qui sont hors de lui, celle-là, dis-je, a certainement en soi plus de réalité objective que celles par qui les substances finies me sont représentées.

Maintenant c'est une chose manifeste par la lumière naturelle qu'il doit y avoir pour le moins autant de réalité dans la cause efficiente et totale que dans son effet : car d'où est-ce que l'effet peut tirer sa réalité, sinon de sa cause ; et comment cette cause le lui pourrait-elle communiquer, si elle ne l'avait en elle-même ?

Et de là il suit, non seulement que le néant ne saurait produire aucune chose, mais aussi que ce qui est plus parfait, c'est-à-dire qui contient en soi plus de réalité, ne peut être une suite et une dépendance du moins parfait : et cette vérité n'est pas seulement claire et évidente dans les effets qui ont cette réalité que les philosophes appellent actuelle ou formelle, mais aussi dans les idées où l'on considère seulement la réalité qu'ils nomment objective : par exemple, la pierre qui n'a point encore été, non seulement ne peut pas maintenant commencer d'être, si elle n'est produite par une chose qui possède en soi formellement, ou éminemment, tout ce qui entre en la composition de la pierre, c'est-à-dire qui contienne en soi les mêmes choses, ou d'autres plus excellentes que celles qui sont dans la pierre ; et la chaleur ne peut être produite dans un sujet qui en était auparavant privé, si ce n'est par une chose qui soit d'un ordre, d'un degré ou d'un genre au moins aussi parfait que la chaleur, et ainsi des autres ; mais encore, outre cela, l'idée de la chaleur ou de la pierre ne peut pas être en moi si elle n'y a été mise par quelque cause qui contienne en soi pour le moins autant de réalité que j'en conçois dans la chaleur ou dans la pierre : car encore que cette cause-là ne transmette en mon idée aucune chose de sa réalité actuelle ou formelle, on ne doit pas pour cela s'imaginer que cette cause doive être moins réelle ; mais on doit savoir que toute idée étant un ouvrage de l'esprit, sa nature est telle qu'elle ne demande de soi aucune autre réalité formelle que celle qu'elle reçoit et emprunte de la pensée, ou de l'esprit, dont elle est seulement un mode, c'est-à-dire une manière ou façon de penser. Or, afin qu'une idée contienne une telle réalité objective plutôt qu'une autre, elle doit sans doute avoir cela de quelque cause dans laquelle il se rencontre pour le moins autant de réalité formelle que cette idée contient de réalité objective ; car si nous supposons qu'il se trouve quelque chose dans une idée qui ne se rencontre pas dans sa cause, il faut donc qu'elle tienne cela du néant. Mais, pour imparfaite que soit cette façon d'être, par laquelle une chose est objectivement ou par représentation dans l'entendement par son idée, certes on ne peut pas néanmoins dire que cette façon et manière-là d'être ne soit rien, ni par conséquent que cette idée tire son origine du néant. Et je ne dois pas aussi m'imaginer que, la réalité que je considère dans mes idées n'étant qu'objective, il n'est pas nécessaire que la même réalité soit formellement ou actuellement dans les causes de ces idées, mais qu'il suffit qu'elle soit aussi objectivement en elles : car, tout ainsi que cette manière d'être objectivement appartient aux idées de leur propre nature ; de même aussi la manière ou la façon d'être formellement appartient aux causes de ces idées (à tout le moins aux premières et principales) de leur propre nature. Et encore qu'il puisse arriver qu'une idée donne la naissance à une autre idée, cela ne peut pas toutefois être à l'infini, mais il faut à la fin parvenir à une première idée, dont la cause soit comme un patron ou un original dans lequel toute la réalité ou perfection soit contenue formellement et en effet, qui se rencontre seulement objectivement ou par représentation dans ces idées. En sorte que la lumière naturelle me fait connaître évidemment que les idées sont en moi comme des tableaux ou des images qui peuvent à la vérité facilement déchoir de la perfection des choses dont elles ont été tirées, mais qui ne peuvent jamais rien contenir de plus grand ou de plus parfait.

Et d'autant plus longuement et soigneusement j'examine toutes ces choses, d'autant plus clairement et distinctement je connais qu'elles sont vraies. Mais enfin que conclurai-je de tout cela? C'est à savoir, que si la réalité ou perfection objective de quelqu'une de mes idées est telle que je connaisse clairement que cette même réalité ou perfection n'est point en moi ni formellement, ni éminemment, et que par conséquent je ne puis moi-même en être la cause : il suit de là nécessairement que je ne suis pas seul dans le monde, mais qu'il y a encore quelque autre chose qui existe, et qui est la cause de cette idée; au lieu que, s'il ne se rencontre point en moi de telle idée, je n'aurai aucun argument qui me puisse convaincre et rendre certain de l'existence d'aucune autre chose que de moi-même, car je les ai tous soigneusement recherchés, et je n'en ai pu trouver aucun autre jusqu'à présent.

Or, entre toutes ces idées qui sont en moi, outre celles qui me représentent moi-même à moi-même, de laquelle il ne peut y avoir ici aucune difficulté, il y en a une autre qui me représente un Dieu, d'autres des choses corporelles et inanimées, d'autres des anges, d'autres des animaux, et d'autres enfin qui me représentent des hommes semblables à moi.

Mais pour ce qui regarde les idées qui me représentent d'autres hommes, ou des animaux, ou des anges, je conçois facilement qu'elles peuvent être formées par le mélange et la composition des autres idées que j'ai des choses corporelles et de Dieu, encore que hors de moi il n'y eût point d'autres hommes dans le monde, ni aucuns animaux, ni aucuns anges.

Et pour ce qui regarde les idées des choses corporelles, je n'y reconnais rien de si grand ni de si excellent qui ne me semble pouvoir venir de moi-même; car si je les considère de plus près, et si je les examine de la même façon que j'examinai hier l'idée de la cire, je trouve qu'il ne s'y rencontre que fort peu de chose que je conçoive clairement et distinctement, à savoir, la grandeur ou bien l'extension en longueur, largeur et profondeur; la figure qui résulte de la terminaison de cette extension, la situation que les corps diversement figurés gardent entre eux, et le mouvement ou le changement de cette situation, auxquelles on peut ajouter la substance, la durée et le nombre.

Quant aux autres choses, comme la lumière, les couleurs, les sons, les odeurs, les saveurs, la chaleur, le froid, et les autres qualités qui tombent sous l'attouchement, elles se rencontrent dans ma pensée avec tant d'obscurité et de confusion que j'ignore même si elles sont vraies ou fausses, c'est-à-dire si les idées que je conçois de ces qualités sont en effet les idées de quelques choses réelles, ou bien si elles ne me représentent que des êtres chimériques qui ne peuvent exister. Car encore que j'aie remarqué ci-devant qu'il n'y a que dans les jugements que se puisse rencontrer la vraie et formelle fausseté, il se peut néanmoins trouver dans les idées une certaine fausseté matérielle, à savoir, lorsqu'elles représentent ce qui n'est rien comme si c'était quelque chose. Par exemple, les idées que j'ai du froid et de la chaleur sont si peu claires et si peu distinctes qu'elles ne me sauraient apprendre si le froid est seulement une privation de la chaleur, ou la chaleur une privation du froid, ou bien si l'une et l'autre sont des qualités réelles, ou si elles ne le sont pas ; et d'autant que les idées étant comme des images, il n'y en peut avoir aucune qui ne nous semble représenter quelque chose, s'il est vrai de dire que le froid ne soit autre chose qu'une privation de la chaleur, l'idée qui me le représente comme quelque chose de réel et de positif ne sera pas mal à propos appelée fausse, et ainsi des autres. Mais à dire le vrai, il n'est pas nécessaire que je leur attribue d'autre auteur que moi-même ; car si elles sont fausses, c'est-à-dire si elles représentent des choses qui ne sont point, la lumière naturelle me fait connaître qu'elles procèdent du néant, c'est-à-dire qu'elles ne sont en moi que parce qu'il manque quelque chose à ma nature, et qu'elle n'est pas toute parfaite. Et si ces idées sont vraies, néanmoins, parce qu'elles me font paraître si peu de réalité que même je ne saurais distinguer la chose représentée d'avec le non être, je ne vois pas pourquoi je ne pourrais point en être l'auteur.

Quant aux idées claires et distinctes que j'ai des choses corporelles, il y en a quelques-unes qu'il me semble avoir pu tirer de l'idée que j'ai de moi-même, comme celles que j'ai de la substance, de la durée, du nombre et d'autres choses semblables ; car lorsque je pense que la pierre est une substance ou bien une chose qui de soi est capable d'exister, et que je suis aussi moi-même une substance ; quoique je conçoive bien que je suis une chose qui pense et non étendue, et que la pierre au contraire est une chose étendue et qui ne pense point ; et qu'ainsi entre ces deux conceptions il se rencontre une notable différence ; toutefois elles semblent convenir en ce point qu'elles représentent toutes deux des substances ; de même quand je pense que je suis maintenant, et que je me ressouviens outre cela d'avoir été autrefois, et que je conçois plusieurs diverses pensées dont je connais le nombre, alors j'acquiers en moi les idées de la durée et du nombre, lesquelles par après je puis transférer à toutes les autres choses que je voudrai.

Pour ce qui est des autres qualités dont les idées des choses corporelles sont composées, à savoir, l'étendue, la figure, la situation et le mouvement, il est vrai qu'elles ne sont point formellement en moi, puisque je ne suis qu'une chose qui pense; mais parce que ce sont seulement de certains modes de la substance, et que je suis moi-même une substance, il semble qu'elles puissent être contenues en moi éminemment.

Partant il ne reste que la seule idée de Dieu, dans laquelle il faut considérer s'il y a quelque chose qui n'ait pu venir de moi-même. Par le nom de Dieu j'entends une substance infinie, éternelle, immuable, indépendante, toute connaissante, toute-puissante, et par laquelle moi-même, et toutes les autres choses qui sont (s'il est vrai qu'il y en ait qui existent) ont été créées et produites. Or, ces avantages sont si grands et si éminents, que plus attentivement je les considère, et moins je me persuade que l'idée que j'en ai puisse tirer son origine de moi seul. Et par conséquent il faut nécessairement conclure de tout ce que j'ai dit auparavant que *Dieu existe:* car encore que l'idée de la substance soit en moi, de cela même que je suis une substance, je n'aurais pas néanmoins l'idée d'une substance infinie, moi qui suis un être fini, si elle n'avait été mise en moi par quelque substance qui fût véritablement infinie.

Et je ne me dois pas imaginer que je ne conçois pas l'infini par une véritable idée, mais seulement par la négation de ce qui est fini, de même que je comprends le repos et les ténèbres par la négation du mouvement de la lumière: puisqu'au contraire je vois manifestement qu'il se rencontre plus de réalité dans la substance infinie que dans la substance finie, et partant que j'ai en quelque façon premièrement en moi la notion de l'infini que du fini, c'est-à-dire de Dieu que de moi-même: car comment serait-il possible que je pusse connaître que je doute et que je désire, c'est-à-dire qu'il me manque quelque chose et que je ne suis pas tout parfait, si je n'avais en moi aucune idée d'un être plus parfait que le mien, par la comparaison duquel je connaîtrais les défauts de ma nature.

Et l'on ne peut pas dire que peut-être cette idée de Dieu est matériellement fausse, et par conséquent que je la puis tenir du néant, c'est-à-dire qu'elle peut être en moi, pour ce que j'ai du défaut, comme j'ai tantôt dit des idées de la chaleur et du froid, et d'autres choses semblables: car, au contraire, cette idée étant fort claire et fort distincte, et contenant en soi plus de réalité objective qu'aucune autre, il n'y en a point qui de soi soit plus vraie, ni qui puisse être moins soupçonnée d'erreur et de fausseté.

Cette idée, dis-je, d'un être souverainement parfait et infini est très vraie; car encore que peut-être l'on puisse feindre qu'un tel être n'existe point, on ne peut pas feindre néanmoins que son idée ne me représente rien de réel, comme j'ai tantôt dit de l'idée du froid.

Elle est aussi fort claire et fort distincte, puisque tout ce que mon esprit conçoit clairement et distinctement de réel et de vrai, et qui contient en soi quelques perfections, est contenu et renfermé tout entier dans cette idée.

Et cela ne laisse pas d'être vrai, encore que je ne comprenne pas l'infini, et qu'il se rencontre en Dieu une infinité de choses que je ne puis comprendre, ni peut-être aussi atteindre aucunement de la pensée : car il est de la nature de l'infini que moi qui suis fini et borné ne le puisse comprendre ; et il suffit que j'entende bien cela, et que je juge que toutes les choses que je conçois clairement, et dans lesquelles je sais qu'il y a quelque perfection et peut-être aussi une infinité d'autres que j'ignore, sont en Dieu formellement ou éminemment, afin que l'idée que j'en ai soit la plus vraie, la plus claire et la plus distincte de toutes celles qui sont en mon esprit.

Mais peut-être aussi que je suis quelque chose de plus que je ne m'imagine, et que toutes les perfections que j'attribue à la nature d'un Dieu sont en quelque façon en moi en puissance, quoiqu'elles ne se produisent pas encore et ne se fassent point paraître par leurs actions. En effet, j'expérimente déjà que ma connaissance s'augmente et se perfectionne peu à peu ; et je ne vois rien qui puisse empêcher qu'elle ne s'augmente ainsi de plus en plus jusques à l'infini, ni aussi pourquoi, étant ainsi accrue et perfectionnée, je ne pourrais pas acquérir par son moyen toutes les autres perfections de la nature divine, ni enfin pourquoi la puissance que j'ai pour l'acquisition de ces perfections, s'il est vrai qu'elle soit maintenant en moi, ne serait pas suffisante pour en produire les idées. Toutefois en y regardant un peu de près, je reconnais que cela ne peut être ; car, premièrement, encore qu'il fût vrai que ma connaissance acquît tous les jours de nouveaux degrés de perfection et qu'il y eût en ma nature beaucoup de choses en puissance qui n'y sont pas encore actuellement, toutefois tous ces avantages n'appartiennent et n'approchent en aucune sorte de l'idée que j'ai de la Divinité, dans laquelle rien ne se rencontre seulement en puissance, mais tout y est actuellement et en effet. Et même n'est-ce pas un argument infaillible et très certain d'imperfection en ma connaissance, de ce qu'elle s'accroît peu à peu et qu'elle s'augmente par degrés ? Davantage, encore que ma connaissance s'augmentât de plus en plus, néanmoins je ne laisse pas de concevoir qu'elle ne saurait être actuellement infinie, puisqu'elle n'arrivera jamais à un si haut point de perfection qu'elle ne soit encore capable d'acquérir quelque plus grand accroissement. Mais je conçois Dieu actuellement infini en un si haut degré qu'il ne se peut rien ajouter à la souveraine perfection qu'il possède. Et enfin je comprends fort bien que l'être objectif d'une idée ne peut être produit par un être qui existe seulement en puissance, lequel à proprement parler n'est rien, mais seulement par un Être formel ou actuel.

Et certes je ne vois rien en tout ce que je viens de dire qui ne soit très aisé à connaître par la lumière naturelle à tous ceux qui voudront y penser soigneusement; mais lorsque je relâche quelque chose de mon attention, mon esprit, se trouvant obscurci et comme aveuglé par les images des choses sensibles, ne se ressouvient pas facilement de la raison pourquoi l'idée que j'ai d'un être plus parfait que le mien doit nécessairement avoir été mise en moi par un être qui soit en effet plus parfait.

C'est pourquoi je veux ici passer outre, et considérer si moi-même, qui ai cette idée de Dieu, je pourrais être, en cas qu'il n'y eût point de Dieu. Et je demande, de qui aurais-je mon existence? Peut-être de moi-même, ou de mes parents, ou bien de quelques autres causes moins parfaites que Dieu; car on ne se peut rien imaginer de plus parfait, ni même d'égal à lui.

Or, si j'étais indépendant de tout autre, et que je fusse moi-même l'auteur de mon être, je ne douterais d'aucune chose, je ne concevrais point de désir; et enfin il ne me manquerait aucune perfection : car je me serais donné moi-même toutes celles dont j'ai en moi quelque idée; et ainsi je serais Dieu.

Et je ne me dois pas imaginer que les choses qui me manquent sont peut-être plus difficiles à acquérir que celles dont je suis déjà en possession; car, au contraire, il est très certain qu'il a été beaucoup plus difficile que moi, c'est-à-dire une chose ou une substance qui pense, soit sorti du néant, qu'il ne me serait d'acquérir les lumières et les connaissances de plusieurs choses que j'ignore, et qui ne sont que des accidents de cette substance; et certainement si je m'étais donné ce plus que je viens de dire, c'est-à-dire si j'étais moi-même l'auteur de mon être, je ne me serais pas au moins dénié les choses qui se peuvent avoir avec plus de facilité, comme sont une infinité de connaissances dont ma nature se trouve dénuée : je ne me serais pas même dénié aucune des choses que je vois être contenues dans l'idée de Dieu, parce qu'il n'y en a aucune qui me semble plus difficile à faire ou à acquérir; et s'il y en avait quelqu'une qui fût plus difficile, certainement elle me paraîtrait telle (supposé que j'eusse de moi toutes les autres choses que je possède), parce que je verrais en cela ma puissance terminée.

Et encore que je puisse supposer que peut-être j'ai toujours été comme je suis maintenant, je ne saurais pas pour cela éviter la force de ce raisonnement, et ne laisse pas de connaître qu'il est nécessaire que Dieu soit l'auteur de mon existence ; car tout le temps de ma vie peut être divisé en une infinité de parties, chacune desquelles ne dépend en aucune façon des autres, et ainsi de ce qu'un peu auparavant j'ai été, il ne s'ensuit pas que je doive maintenant être, si ce n'est qu'en ce moment quelque cause me produise et me crée, pour ainsi dire derechef, c'est-à-dire me conserve. En effet, c'est une chose bien claire et bien évidente (à tous ceux qui considéreront avec attention la nature du temps) qu'une substance, pour être conservée dans tous les moments qu'elle dure, a besoin du même pouvoir et de la même action qui serait nécessaire pour la produire et la créer tout de nouveau si elle n'était point encore. En sorte que c'est une chose que la lumière naturelle nous fait voir clairement que la conservation et la création ne diffèrent qu'au regard de notre façon de penser, et non point en effet.

Il faut donc seulement ici que je m'interroge et me consulte moi-même pour voir si j'ai en moi quelque pouvoir et quelque vertu au moyen de laquelle je puisse faire que moi, qui suis maintenant, je sois encore un moment après : car puisque je ne suis rien qu'une chose qui pense (ou du moins puisqu'il ne s'agit encore jusques ici précisément que de cette partie-là de moi-même), si une telle puissance résidait en moi, certes je devrais à tout le moins le penser et en avoir connaissance ; mais je n'en ressens aucune dans moi : et par là je connais évidemment que je dépends de quelque être différent de moi.

Mais peut-être que cet être-là duquel je dépends n'est pas Dieu, et que je suis produit ou par mes parents, ou par quelques autres causes moins parfaites que lui ? Tant s'en faut, cela ne peut être : car comme j'ai déjà dit auparavant, c'est une chose très évidente qu'il doit y avoir pour le moins autant de réalité dans la cause que dans son effet : et partant, puisque je suis une chose qui pense, et qui ai en moi quelque idée de Dieu, quelle que soit enfin la cause de mon être, il faut nécessairement avouer qu'elle est aussi une chose qui pense, et qu'elle a en soi l'idée de toutes les perfections que j'attribue à Dieu. Puis l'on peut derechef rechercher si cette cause tient son origine et son existence de soi-même, ou de quelque autre chose : car si elle la tient de soi-même, il s'ensuit par les raisons que j'ai ci-devant alléguées que cette cause est Dieu ; puisqu'ayant la vertu d'être et d'exister par soi, elle doit aussi sans doute avoir la puissance de posséder actuellement toutes les perfections dont elle a en soi les idées, c'est-à-dire toutes celles que je conçois être en Dieu. Que si elle tient son existence de quelque autre cause que de soi, on demandera derechef, par la même raison de cette seconde cause, si elle est par soi ou par autrui, jusques à ce que de degré en degré on parvienne enfin à une dernière cause qui se trouvera être Dieu. Et il est très manifeste qu'en cela il ne peut y avoir de progrès à l'infini, vu qu'il ne s'agit pas tant ici de la cause qui m'a produit autrefois comme de celle qui me conserve présentement.

On ne peut pas feindre aussi que peut-être plusieurs causes ont ensemble concouru en partie à ma production, et que de l'une j'ai reçu l'idée d'une des perfections que j'attribue à Dieu, et d'une autre l'idée de quelque autre, en sorte que toutes ces perfections se trouvent bien à la vérité quelque part dans l'univers, mais ne se rencontrent pas toutes jointes et assemblées dans une seule qui soit Dieu : car au contraire l'unité, la simplicité, ou l'inséparabilité de toutes les choses qui sont en Dieu, est une des principales perfections que je conçoive être en lui ; et certes l'idée de cette unité de toutes les perfections de Dieu n'a pu être mise en moi par aucune cause de qui je n'aie point aussi reçu les idées de toutes les autres perfections ; car elle n'a pu faire que je les comprisse toutes jointes ensemble et inséparables, sans avoir fait en sorte en même temps que je susse ce qu'elles étaient, et que je les connusse toutes en quelque façon.

Enfin pour ce qui regarde mes parents, desquels il semble que je tire ma naissance, encore que tout ce que j'en ai jamais pu croire soit véritable, cela ne fait pas toutefois que ce soit eux qui me conservent, ni même qui m'aient fait et produit en tant que je suis une chose qui pense, n'y ayant aucun rapport entre l'action corporelle, par laquelle j'ai coutume de croire qu'ils m'ont engendré et la production d'une telle substance ; mais ce qu'ils ont tout au plus contribué à ma naissance est qu'ils ont mis quelques dispositions dans cette matière dans laquelle j'ai jugé jusques ici que moi, c'est-à-dire mon esprit, lequel seul je prends maintenant pour moi-même, est renfermé ; et partant il ne peut y avoir ici à leur égard aucune difficulté, mais il faut nécessairement conclure que de cela seul que j'existe, et que l'idée d'un être souverainement parfait (c'est-à-dire de Dieu) est en moi, l'existence de Dieu est très évidemment démontrée.

Il me reste seulement à examiner de quelle façon j'ai

acquis cette idée : car je ne l'ai pas reçue par les sens, et jamais elle ne s'est offerte à moi contre mon attente, ainsi que sont d'ordinaire les idées des choses sensibles lorsque ces choses se présentent ou semblent se présenter aux organes extérieurs des sens; elle n'est pas aussi une pure production ou fiction de mon esprit, car il n'est pas en mon pouvoir d'y diminuer ni d'y ajouter aucune chose; et par conséquent il ne reste plus autre chose à dire sinon que cette idée est née et produite avec moi dès lors que j'ai été créé, ainsi que l'est l'idée de moi-même.

Et de vrai on ne doit pas trouver étrange que Dieu en me créant ait mis en moi cette idée pour être comme la marque de l'ouvrier empreinte sur son ouvrage; et il n'est pas aussi nécessaire que cette marque soit quelque chose de différent de cet ouvrage même : mais de cela seul que Dieu m'a créé, il est fort croyable qu'il m'a en quelque façon produit à son image et semblance, et que je conçois cette ressemblance (dans laquelle l'idée de Dieu se trouve contenue) par la même faculté par laquelle je me conçois moi-même, c'est-à-dire que lorsque je fais réflexion sur moi, non seulement je connais que je suis une chose imparfaite, incomplète, et dépendante d'autrui, qui tend et qui aspire sans cesse à quelque chose de meilleur et de plus grand que je ne suis, mais je connais aussi en même temps que celui duquel je dépends possède en soi toutes ces grandes choses auxquelles j'aspire, et dont je trouve en moi les idées non pas indéfiniment, et seulement en puissance, mais qu'il en jouit en effet, actuellement et infiniment, et ainsi qu'il est Dieu. Et toute la force de l'argument dont j'ai ici usé pour prouver l'existence de Dieu consiste en ce que je reconnais qu'il ne serait pas possible que ma nature fût telle qu'elle est, c'est-à-dire que j'eusse en moi l'idée d'un Dieu, si Dieu n'existait véritablement; ce même Dieu, dis-je, duquel l'idée est en moi, c'est-à-dire qui possède toutes ces hautes perfections dont notre esprit peut bien avoir quelque légère idée sans pourtant les pouvoir comprendre, qui n'est sujet à aucuns défauts, et qui n'a rien de toutes les choses qui dénotent quelque imperfection.

D'où il est assez évident qu'il ne peut être trompeur, puisque la lumière naturelle nous enseigne que la tromperie dépend nécessairement de quelque défaut.

Mais, auparavant que j'examine cela plus soigneusement, et que je passe à la considération des autres vérités que l'on en peut recueillir, il me semble très à propos de m'arrêter quelque temps à la contemplation de ce Dieu tout parfait, de peser tout à loisir ses merveilleux attributs, de considérer, d'admirer et d'adorer l'incomparable beauté de cette immense lumière, au moins autant que la force de mon esprit, qui en demeure en quelque sorte ébloui, me le pourra permettre.

Car comme la foi nous apprend que la souveraine félicité de l'autre vie ne consiste que dans cette contemplation de la Majesté divine, ainsi expérimentons-nous dès maintenant qu'une semblable méditation, quoique incomparablement moins parfaite, nous fait jouir du plus grand contentement que nous soyons capable de ressentir en cette vie.

QUATRIÈME MÉDITATION

Du Vrai et du Faux.

Qu'après avoir détaché l'esprit des sens, il est aisé de le porter vers les choses intelligibles. — Que la connaissance de Dieu est un moyen pour parvenir à celle des autres choses. — Et qu'il est impossible que Dieu nous trompe. — Qu'ainsi, usant bien de la raison qu'il nous a donnée, nous ne pouvons jamais faillir. — Qu'il ne s'ensuit pas de là que nous ne devions jamais faillir. — Que l'erreur n'étant qu'un défaut, il suffit d'être fini pour pouvoir faillir. — Qu'il semble néanmoins que l'erreur n'est pas purement un défaut, mais la privation de quelque perfection. — Et qu'il semble impossible que Dieu nous ait privé d'aucune perfection qui nous fût due. — Que cela ne doit pas faire douter de son existence, ses fins étant impénétrables, et y ayant même de la témérité à les rechercher. — Qu'au reste il ne faut pas examiner les ouvrages de Dieu séparément pour en connaître la perfection. — Que nos erreurs dépendent du concours de deux causes, l'entendement et la volonté. — Qu'il n'y a jamais précisément aucune erreur en notre entendement. — Que notre volonté ou franc arbitre est la plus ample et la plus parfaite de toutes nos facultés. — En quoi consiste le franc arbitre; et pourquoi la grâce divine le fortifie. — Qu'ainsi l'entendement ni la volonté ne sont point d'eux-mêmes la cause de nos erreurs. — Mais que c'est le mauvais usage de notre liberté. — Que d'une grande clarté dans l'entendement suit une grande détermination dans la volonté. — Qu'au contraire du défaut de connaissance en l'entendement suit une entière indifférence en la volonté. — Qu'encore qu'il y ait de la connaissance dans l'entendement, la volonté demeure indifférente, si cette connaissance n'est pas parfaite. — Que nous jugeons bien ou mal selon que nous étendons notre volonté aussi loin ou plus loin que notre connaissance. — En quoi consiste la forme de l'erreur. — Que nous ne pouvons nous plaindre de Dieu, de ce que notre entendement n'est pas plus parfait qu'il est. — Ni de ce que notre volonté est plus étendue que notre entendement. — Ni enfin de ce que Dieu concourt avec nous quand nous nous trompons. — Que ce n'est point une imperfection en Dieu de nous avoir donné la liberté : mais que c'en est une en nous d'en user mal. — Que néanmoins Dieu pouvait faire que nous en usassions toujours bien. — Qu'encore qu'il ne l'ait pas fait, nous n'avons pas sujet de nous en plaindre, pouvant acquérir l'habitude de ne point faillir. — Que toutes les causes possibles de nos erreurs ont été rapportées ci-dessus. — Et qu'on y a donné les moyens de parvenir à la connaissance de la vérité.

Je me suis tellement accoutumé ces jours passés à détacher mon esprit des sens, et j'ai si exactement remarqué qu'il y a fort peu de choses que l'on connaisse avec certitude touchant les choses corporelles, qu'il y en a beaucoup plus qui nous sont connues touchant l'esprit humain, et beaucoup plus encore de Dieu même, qu'il me sera maintenant aisé de détourner ma pensée de la considération des choses sensibles ou imaginables, pour la porter à celles qui, étant dégagées de toute matière, sont purement intelligibles.
Et certes l'idée que j'ai de l'esprit humain, en tant qu'il est une chose qui pense, et non étendue en longueur, largeur et profondeur, et qui ne participe à rien de ce qui appartient au corps, est incomparablement plus distincte que l'idée d'aucune chose corporelle : et lorsque je considère que je doute, c'est-à-dire que je suis une chose incomplète et dépendante, l'idée d'un être complet et indépendant, c'est-à-dire de Dieu, se présente à mon esprit avec tant de distinction et de clarté : et de cela seul que cette idée se trouve en moi, ou bien que je suis, ou existe, moi qui possède cette idée, je conclus si évidemment l'existence de Dieu, et que la mienne dépend entièrement de lui en tous les moments de ma vie, que je ne pense pas que l'esprit humain puisse rien connaître avec plus d'évidence et de certitude. Et déjà il me semble que je découvre un chemin qui nous conduira de cette contemplation du vrai Dieu (dans lequel tous les trésors de la science et de la sagesse sont renfermés) à la connaissance des autres choses de l'univers.
Car, premièrement, je reconnais qu'il est impossible que jamais il me trompe, puisqu'en toute fraude et tromperie il se rencontre quelque sorte d'imperfection : et quoiqu'il semble que pouvoir tromper soit une marque de subtilité ou de puissance, toutefois vouloir tromper témoigne sans doute de la faiblesse ou de la malice. Et, partant, cela ne peut se rencontrer en Dieu.
Ensuite je connais par ma propre expérience qu'il y a en moi une certaine faculté de juger, ou de discerner le vrai d'avec le faux, laquelle sans doute j'ai reçue de Dieu, aussi bien que tout le reste des choses qui sont en moi et que je possède ; et puisqu'il est impossible qu'il veuille tromper, il est certain aussi qu'il ne me l'a pas donnée telle que je puisse jamais faillir lorsque j'en userai comme il faut.
Et il ne resterait aucun doute touchant cela si l'on n'en pouvait, ce semble, tirer cette conséquence, qu'ainsi donc je

ne me puis jamais tromper; car, si tout ce qui est en moi vient de Dieu, et s'il n'a mis en moi aucune faculté de faillir, il semble que je ne me doive jamais abuser. Aussi est-il vrai que lorsque je me regarde seulement comme venant de Dieu, et que je me tourne tout entier vers lui, je ne découvre en moi aucune cause d'erreur ou de fausseté : mais aussitôt après revenant à moi, l'expérience me fait connaître que je suis néanmoins sujet à une infinité d'erreurs, desquelles venant à rechercher la cause, je remarque qu'il ne se présente pas seulement à ma pensée une réelle et positive idée de Dieu, ou bien d'un être souverainement parfait, mais aussi, pour ainsi parler, une certaine idée négative du néant, c'est-à-dire de ce qui est infiniment éloigné de toute sorte de perfection ; et que je suis comme un milieu entre Dieu et le néant, c'est-à-dire placé de telle sorte entre le souverain être et le non être, qu'il ne se rencontre de vrai rien en moi qui me puisse conduire dans l'erreur, en tant qu'un souverain être m'a produit : mais que si je me considère comme participant en quelque façon du néant ou du non être, c'est-à-dire en tant que je ne suis pas moi-même le souverain être, et qu'il me manque plusieurs choses, je me trouve exposé à une infinité de manquements, de façon que je ne me dois pas étonner si je me trompe.

Et ainsi je connais que l'erreur, en tant que telle, n'est pas quelque chose de réel qui dépende de Dieu, mais que c'est seulement un défaut ; et partant que pour faillir je n'ai pas besoin d'une faculté qui m'ait été donnée de Dieu particulièrement pour cet effet ; mais qu'il arrive que je me trompe de ce que la puissance que Dieu m'a donnée pour discerner le vrai d'avec le faux n'est pas en moi infinie.

Toutefois cela ne me satisfait pas encore tout à fait, car l'erreur n'est pas une pure négation, c'est-à-dire n'est pas le simple défaut ou manquement de quelque perfection qui ne m'est point due, mais c'est une privation ou le manquement de quelque connaissance qu'il semble que je devrais avoir.

Or, en considérant la nature de Dieu, il ne semble pas possible qu'il ait mis en moi quelque faculté qui ne soit pas parfaite en son genre, c'est-à-dire qui manque de quelque perfection qui lui soit due : car s'il est vrai que plus l'artisan est expert, plus les ouvrages qui sortent de ses mains sont parfaits et accomplis, quelle chose peut avoir été produite par ce souverain créateur de l'univers qui ne soit parfaite et entièrement achevée en toutes ses parties ? Et certes il n'y a point de doute que Dieu n'ait pu me créer tel que je ne me trompasse jamais ; il est certain aussi qu'il veut toujours ce qui est le meilleur : est-ce donc une chose meilleure que je puisse me tromper que de ne le pouvoir pas ?

Considérant cela avec attention, il me vient d'abord en la pensée que je ne me dois pas étonner si je ne suis pas capable de comprendre pourquoi Dieu fait ce qu'il fait; et qu'il ne faut pas pour cela douter de son existence, de ce que peut-être je vois par expérience beaucoup d'autres choses qui existent, bien que je ne puisse comprendre pour quelle raison, ni comment Dieu les a faites: car sachant déjà que ma nature est extrêmement faible et limitée, et que celle de Dieu au contraire est immense, incompréhensible, et infinie, je n'ai plus de peine à reconnaître qu'il y a une infinité de choses en sa puissance, desquelles les causes surpassent la portée de mon esprit; et cette seule raison est suffisante pour me persuader que tout ce genre de causes qu'on a coutume de tirer de la fin n'est d'aucun usage dans les choses physiques ou naturelles; car il ne me semble pas que je puisse sans témérité rechercher et entreprendre de découvrir les fins impénétrables de Dieu.

De plus, il me vient encore en l'esprit qu'on ne doit pas considérer une seule créature séparément, lorsqu'on recherche si les ouvrages de Dieu sont parfaits, mais généralement toutes les créatures ensemble : car la même chose qui pourrait peut-être avec quelque sorte de raison sembler fort imparfaite si elle était seule dans le monde, ne laisse pas d'être très parfaite étant considérée comme faisant partie de tout cet univers; et quoique depuis que j'ai fait dessein de douter de toutes choses je n'aie encore connu certainement que mon existence et celle de Dieu, toutefois aussi depuis que j'ai reconnu l'infinie puissance de Dieu, je ne saurais nier qu'il n'ait produit beaucoup d'autres choses, ou du moins qu'il n'en puisse produire, en sorte que j'existe, et sois placé dans le monde comme faisant partie de l'universalité de tous les êtres.

Ensuite de quoi venant à me regarder de plus près et considérer quelles sont mes erreurs (lesquelles seules témoignent qu'il y a en moi de l'imperfection) je trouve qu'elles dépendent du concours de deux causes, à savoir, de la faculté de connaître qui est en moi, et de la faculté d'élire ou bien de mon libre arbitre; c'est-à-dire de mon entendement, et ensemble de ma volonté.

Car par l'entendement seul je n'assure ni ne nie aucune chose, mais je conçois seulement les idées des choses que je puis assurer ou nier. Or, en le considérant ainsi précisément, on peut dire qu'il ne se trouve jamais en lui aucune erreur, pourvu qu'on prenne le mot d'erreur en sa propre signification. Et encore qu'il y ait peut-être une infinité de choses dans le monde dont je n'ai aucune idée en mon entendement, on ne peut pas dire pour cela qu'il soit privé de ces idées, comme de quelque chose qui soit dû à sa nature, mais seulement qu'il ne les a pas; parce qu'en effet il n'y a aucune raison qui puisse prouver que Dieu ait dû me donner une plus grande et plus ample faculté de connaître que celle qu'il m'a donnée : et quelque adroit et savant ouvrier que je me le représente, je ne dois pas pour cela penser qu'il ait dû mettre dans chacun de ses ouvrages toutes les perfections qu'il peut mettre dans quelques-uns.

Je ne puis pas aussi me plaindre que Dieu ne m'ait pas donné un libre arbitre ou une volonté assez ample et assez parfaite, puisqu'en effet je l'expérimente si ample et si étendue qu'elle n'est renfermée dans aucunes bornes. Et ce qui me semble ici bien remarquable est que, de toutes les autres choses qui sont en moi, il n'y en a aucune si parfaite et si grande que je ne reconnaisse bien qu'elle pourrait être encore plus grande et plus parfaite. Car, par exemple, si je considère la faculté de concevoir qui est en moi, je trouve qu'elle est d'une fort petite étendue et grandement limitée, et tout ensemble je me représente l'idée d'une autre faculté beaucoup plus ample et même infinie; et de cela seul que je puis me représenter son idée, je connais sans difficulté qu'elle appartient à la nature de Dieu. En même façon si j'examine la mémoire, ou l'imagination, ou quelque autre faculté qui soit en moi, je n'en trouve aucune qui ne soit très petite et bornée, et qui en Dieu ne soit immense et infinie. Il n'y a que la volonté seule ou la seule liberté du franc arbitre que j'expérimente en moi être si grande que je ne conçois point l'idée d'aucune autre plus ample et plus étendue : en sorte que c'est elle principalement qui me fait connaître que je porte l'image et la ressemblance de Dieu. Car encore qu'elle soit incomparablement plus grande dans Dieu que dans moi, soit à raison de la connaissance et de la puissance qui se trouvent jointes avec elles et qui la rendent plus ferme et plus efficace, soit à raison de l'objet, d'autant qu'elle se porte et s'étend infiniment à plus de choses, elle ne me semble pas toutefois plus grande si je la considère formellement et précisément en elle-même.

Car elle consiste seulement en ce que nous pouvons faire une même chose, ou ne la pas faire (c'est-à-dire affirmer ou nier, poursuivre ou fuir une même chose) ou plutôt elle consiste seulement en ce que pour affirmer ou nier, poursuivre ou fuir les choses que l'entendement nous propose, nous agissons de telle sorte que nous ne sentons point qu'aucune force extérieure nous y contraigne. Car, afin que je sois libre, il n'est pas nécessaire que je sois indifférent à choisir l'un ou l'autre des deux contraires; mais plutôt, d'autant plus que je penche vers l'un, soit que je connaisse évidemment que le bien et le vrai s'y rencontrent, soit que Dieu dispose ainsi l'intérieur de ma pensée, d'autant plus librement j'en fais choix et je l'embrasse; et, certes, la grâce divine et la connaissance naturelle, bien loin de diminuer ma liberté, l'augmentent plutôt et la fortifient. De façon que cette indifférence que je sens lorsque je ne suis point emporté vers un côté plutôt que vers un autre par le poids d'aucune raison, est le plus bas degré de la liberté et fait plutôt paraître un défaut dans la connaissance qu'une perfection dans la volonté; car si je connaissais toujours clairement ce qui est vrai et ce qui est bon, je ne serais jamais en peine de délibérer quel jugement et quel choix je devrais faire; et ainsi je serais entièrement libre sans jamais être indifférent.

De tout ceci je reconnais que ni la puissance de vouloir, laquelle j'ai reçue de Dieu, n'est point d'elle-même la cause de mes erreurs, car elle est très ample et très parfaite en son genre; ni aussi la puissance d'entendre ou de concevoir : car, ne concevant rien que par le moyen de cette puissance que Dieu m'a donnée pour concevoir, sans doute que tout ce que je conçois, je le conçois comme il faut, et il n'est pas possible qu'en cela je me trompe.

D'où est-ce donc que naissent mes erreurs ? C'est, à savoir, de cela seul que la volonté étant beaucoup plus ample et plus étendue que l'entendement, je ne la contiens pas dans les mêmes limites, mais que je l'étends aussi aux choses que je n'entends pas ; auxquelles étant de soi indifférente, elle s'égare fort aisément et choisit le faux pour le vrai et le mal pour le bien : ce qui fait que je me trompe et que je pèche.

Par exemple, examinant ces jours passés si quelque chose existait véritablement dans le monde, et connaissant que de cela seul que j'examinais cette question il suivait très évidemment que j'existais moi-même, je ne pouvais pas m'empêcher de juger qu'une chose que je concevais si clairement était vraie, non que je m'y trouvasse forcé par aucune cause extérieure, mais seulement parce que d'une grande clarté qui était en mon entendement a suivi une grande inclination en ma volonté; et je me suis porté à croire avec d'autant plus de liberté que je me suis trouvé avec moins d'indifférence.

Au contraire, à présent je ne connais pas seulement que j'existe en tant que je suis quelque chose qui pense, mais il se présente aussi à mon esprit une certaine idée de la nature corporelle : ce qui fait que je doute si cette nature qui pense, qui est en moi, ou plutôt que je suis moi-même, est différente de cette nature corporelle, ou bien si toutes deux ne sont qu'une même chose : et je suppose ici que je ne connais encore aucune raison qui me persuade plutôt l'un que l'autre : d'où il suit que je suis entièrement indifférent à le nier, ou à l'assurer, ou bien même à m'abstenir d'en donner aucun jugement.

Et cette indifférence ne s'étend pas seulement aux choses dont l'entendement n'a aucune connaissance, mais généralement aussi à toutes celles qu'il ne découvre pas avec une parfaite clarté au moment que la volonté en délibère ; car, pour probables que soient les conjectures qui me rendent enclin à juger quelque chose, la seule connaissance que j'ai que ce ne sont que des conjectures et non des raisons certaines et indubitables, suffit pour me donner occasion de juger le contraire : ce que j'ai suffisamment expérimenté ces jours passés, lorsque j'ai posé pour faux tout ce que j'avais tenu auparavant pour très véritable, pour cela seul que j'ai remarqué que l'on en pouvait en quelque façon douter.

Or, si je m'abstiens de donner mon jugement sur une chose lorsque je ne la conçois pas avec assez de clarté et de distinction, il est évident que je fais bien, et que je ne suis point trompé ; mais si je me détermine à la nier, ou assurer, alors je ne me sers pas comme je dois de mon libre arbitre ; et si j'assure ce qui n'est pas vrai, il est évident que je me trompe : même aussi encore que je juge selon la vérité, cela n'arrive que par hasard, et je ne laisse pas de faillir et d'user mal de mon libre arbitre, car la lumière naturelle nous enseigne que la connaissance de l'entendement doit toujours précéder la détermination de la volonté.

Et c'est dans ce mauvais usage du libre arbitre que se rencontre la privation qui constitue la forme de l'erreur. La privation, dis-je, se rencontre dans l'opération en tant qu'elle procède de moi, mais elle ne se trouve pas dans la faculté que j'ai reçue de Dieu, ni même dans l'opération en tant qu'elle dépend de lui.

Car je n'ai certes aucun sujet de me plaindre de ce que Dieu ne m'a pas donné une intelligence plus ample, ou une lumière naturelle plus parfaite que celle qu'il m'a donnée, puisqu'il est de la nature d'un entendement fini de ne pas entendre plusieurs choses, et de la nature d'un entendement créé d'être fini ; mais j'ai tout sujet de lui rendre grâces de ce que ne m'ayant jamais rien dû, il m'a néanmoins donné tout le peu de perfection qui est en moi ; bien loin de concevoir des sentiments si injustes que de m'imaginer qu'il m'ait ôté ou retenu injustement les autres perfections qu'il ne m'a point données.

Je n'ai pas aussi sujet de me plaindre de ce qu'il m'a donné une volonté plus ample que l'entendement, puisque la volonté ne consistant que dans une seule chose, et comme dans un indivisible, il semble que sa nature est telle qu'on ne lui saurait rien ôter sans la détruire; et certes, plus elle a d'étendue, et plus ai-je à remercier la bonté de celui qui me l'a donnée.

Et enfin je ne dois pas aussi me plaindre de ce que Dieu concourt avec moi pour former les actes de cette volonté, c'est-à-dire les jugements dans lesquels je me trompe : parce que ces actes-là sont entièrement vrais et absolument bons, en tant qu'ils dépendent de Dieu, et il y a en quelque sorte plus de perfection en ma nature de ce que je les puis former que si je ne le pouvais pas. Pour la privation dans laquelle seule consiste la raison formelle de l'erreur et du péché, elle n'a besoin d'aucuns concours de Dieu, parce que ce n'est pas une chose, ou un être, et que si on la rapporte à Dieu comme à sa cause, elle ne doit pas être nommée privation, mais seulement négation, selon la signification qu'on donne à ces mots dans l'école.

Car en effet ce n'est point une imperfection en Dieu de ce qu'il m'a donné la liberté de donner mon jugement, ou de ne le pas donner sur certaines choses dont il n'a pas mis une claire et distincte connaissance en mon entendement; mais sans doute c'est en moi une imperfection de ce que je n'use pas bien de cette liberté, et que je donne témérairement mon jugement sur des choses que je ne conçois qu'avec obscurité et confusion.

Je vois néanmoins qu'il était aisé à Dieu de faire en sorte que je ne me trompasse jamais, quoique je demeurasse libre et d'une connaissance bornée ; à savoir, s'il eût donné à mon entendement une claire et distincte intelligence de toutes les choses dont je devais jamais délibérer, ou bien seulement s'il eût si profondément gravé dans ma mémoire la résolution de ne juger jamais d'aucune chose sans la concevoir clairement et distinctement que je ne la pusse jamais oublier. Et je remarque bien qu'en tant que je me considère tout seul, comme s'il n'y avait que moi au monde, j'aurais été beaucoup plus parfait que je ne suis si Dieu m'avait créé tel que je ne faillisse jamais. Mais je ne puis pas pour cela nier que ce ne soit en quelque façon une plus grande perfection dans l'univers, de ce que quelques-unes de ses parties ne sont pas exemptes de défaut, que d'autres le sont, que si elles étaient toutes semblables.

Et je n'ai aucun droit de me plaindre que Dieu, m'ayant mis au monde, n'ait pas voulu me mettre au rang des choses les plus nobles et les plus parfaites : même j'ai sujet de me contenter de ce que, s'il ne m'a pas donné la perfection de ne point faillir par le premier moyen que j'ai ci-dessus déclaré, qui dépend d'une claire et évidente connaissance de toutes les choses dont je puis délibérer, il a au moins laissé en ma puissance l'autre moyen, qui est de retenir fermement la résolution de ne jamais donner mon jugement sur les choses dont la vérité ne m'est pas clairement connue : car quoique j'expérimente en moi cette faiblesse de ne pouvoir attacher continuellement mon esprit à une même pensée, je puis toutefois, par une méditation attentive et souvent réitérée, me l'imprimer si fortement en la mémoire que je ne manque jamais de m'en ressouvenir toutes les fois que j'en aurai besoin, et acquérir de cette façon l'habitude de ne point faillir; et d'autant que c'est en cela que consiste la plus grande et la principale perfection de l'homme, j'estime n'avoir pas aujourd'hui peu gagné par cette méditation, d'avoir découvert la cause de l'erreur et de la fausseté.

Et certes il n'y en peut avoir d'autres que celle que je viens d'expliquer : car toutes les fois que je retiens tellement ma volonté dans les bornes de ma connaissance, qu'elle ne fait aucun jugement que des choses qui lui sont clairement et distinctement représentées par l'entendement, il ne se peut faire que je me trompe; parce que toute conception claire et distincte est sans doute quelque chose, et partant elle ne peut tirer son origine du néant, mais doit nécessairement avoir Dieu pour son auteur; Dieu, dis-je, qui étant souverainement parfait ne peut être cause d'aucune erreur; et par conséquent il faut conclure qu'une telle conception ou un tel jugement est véritable.

Au reste je n'ai pas seulement appris aujourd'hui ce que je dois éviter pour ne plus faillir, mais aussi ce que je dois faire pour parvenir à la connaissance de la vérité. Car certainement j'y parviendrai si j'arrête suffisamment mon attention sur toutes les choses que je conçois parfaitement, et si je les sépare des autres que je ne conçois qu'avec confusion et obscurité. A quoi dorénavant je prendrai soigneusement garde.

CINQUIÈME MÉDITATION

*De l'essence des choses matérielles,
Et, pour la seconde fois, de l'existence de Dieu.*

Qu'avant d'examiner l'existence des choses matérielles, il faut considérer quelles sont les idées que nous en avons. — Que nous avons une idée claire et distincte de l'étendue en longueur, largeur et profondeur, et de plusieurs de ses propriétés. — Que nous connaissons même très clairement plusieurs particularités touchant les nombres, les figures, le mouvement, etc. — Que nous avons en nous les idées de plusieurs choses dont la nature est vraie et immuable. — Que les idées de ces choses ne nous sont point venues par l'entremise des sens et qu'elles sont nécessairement vraies. — Comme il s'ensuit, de là, qu'il y a un Dieu. — Raison qui semble prouver le contraire. — Que cette raison est un pur sophisme. — Qu'étant impossible de penser à Dieu sans lui attribuer toutes sortes de perfections, son existence qu'on en conclut n'est pas une suite d'une pure supposition. — Et que l'idée que nous avons de Dieu n'est pas quelque chose de feint. — Qu'il n'y a que les choses que nous concevons clairement et distinctement qui nous puissent persuader entièrement. — Qu'il n'y a rien qui nous soit absolument plus aisé à connaître que Dieu. — Que de la certitude de son existence dépend nécessairement la certitude des autres choses. — Et qu'autrement on ne peut avoir que des connaissances vagues et incertaines. — Même dans les choses que l'on croit les plus certaines. — Mais qu'il n'en est pas de même quand on a la connaissance d'un Dieu. — Et qu'elle nous fournit un moyen assuré de parvenir à la connaissance d'une infinité de choses.

Il me reste beaucoup d'autres choses à examiner touchant les attributs de Dieu et touchant ma propre nature, c'est-à-dire celle de mon esprit : mais j'en reprendrai peut-être une autre fois la recherche. Maintenant (après avoir remarqué ce qu'il faut faire ou éviter pour parvenir à la connaissance de la vérité) ce que j'ai principalement à faire est d'essayer de sortir et me débarrasser de tous les doutes où je suis tombé ces jours passés, et de voir si l'on ne peut rien connaître de certain touchant les choses matérielles. Mais avant que j'examine s'il y a de telles choses qui existent hors de moi, je dois considérer leurs idées, en tant qu'elles sont en ma pensée, et voir quelles sont celles qui sont distinctes, et quelles sont celles qui sont confuses.

En premier lieu, j'imagine distinctement cette quantité que les philosophes appellent vulgairement la quantité continue, ou bien l'extension en longueur, largeur et profondeur, qui est en cette quantité, ou plutôt en la chose à qui on l'attribue. De plus, je puis nombrer en elle plusieurs diverses parties, et attribuer à chacune de ces parties toutes sortes de grandeurs, de figures, de situations et de mouvements : et enfin je puis assigner à chacun de ces mouvements toutes sortes de durées.

Et je ne connais pas seulement ces choses avec distinction lorsque je les considère ainsi en général ; mais aussi pour peu que j'y applique mon attention, je viens à connaître une infinité de particularités touchant les nombres, les figures, les mouvements et autres choses semblables, dont la vérité se fait paraître avec tant d'évidence et s'accorde si bien avec ma nature que, lorsque je commence à les découvrir, il ne me semble pas que j'apprenne rien de nouveau, mais plutôt que je me ressouviens de ce que je savais déjà auparavant, c'est-à-dire que j'aperçois des choses qui étaient déjà dans mon esprit, quoique je n'eusse pas encore tourné ma pensée vers elles.

Et ce que je trouve ici de plus considérable, c'est que je trouve en moi une infinité d'idées de certaines choses qui ne peuvent pas être estimées un pur néant, quoique peut-être elles n'aient aucune existence hors de ma pensée, et qui ne sont pas feintes par moi, bien qu'il soit en ma liberté de les penser, ou de ne les penser pas, mais qui ont leurs vraies et immuables natures. Comme, par exemple, lorsque j'imagine un triangle, encore qu'il n'y ait peut-être en aucun lieu du monde hors de ma pensée une telle figure, et qu'il n'y en ait jamais eu, il ne laisse pas néanmoins d'y avoir une certaine nature ou forme, ou essence déterminée de cette figure, laquelle est immuable et éternelle, que je n'ai point inventée, et qui ne dépend en aucune façon de mon esprit ; comme il paraît de ce que l'on peut démontrer diverses propriétés de ce triangle, à savoir que ses trois angles sont égaux à deux droits, que le plus grand angle est soutenu par le plus grand côté, et autres semblables, lesquelles maintenant, soit que je veuille ou non, je connais très clairement et très évidemment être en lui encore que je n'y aie pensé auparavant en aucune façon lorsque je me suis imaginé la première fois un triangle, et partant on ne peut pas dire que je les aie feintes et inventées.

Et je n'ai que faire ici de m'objecter que peut-être cette idée du triangle est venue de mon esprit par l'entremise de mes sens, pour avoir vu quelquefois des corps de figure triangulaire; car je puis former en mon esprit une infinité d'autres figures dont on ne peut avoir le moindre soupçon que jamais elles me soient tombées sous les sens, je ne laisse pas toutefois de pouvoir démontrer diverses propriétés touchant leur nature, aussi bien que touchant celle du triangle : lesquelles certes doivent être toutes vraies, puisque je les conçois clairement; et partant elles sont quelque chose, et non pas un pur néant : car il est très évident que tout ce qui est vrai est quelque chose, la vérité étant une même chose avec l'être : et j'ai déjà amplement démontré ci-dessus que toutes les choses que je connais clairement et distinctement sont vraies. Et quoique je ne l'eusse pas démontré, toutefois la nature de mon esprit est telle que je ne me saurais empêcher de les estimer vraies, pendant que je les conçois clairement et distinctement : et je me ressouviens que lors même que j'étais encore fortement attaché aux objets des sens, j'avais tenu au nombre des plus constantes vérités celles que je concevais clairement et distinctement touchant les figures, les nombres, et les autres choses qui appartiennent à l'arithmétique et à la géométrie.

Or, maintenant, si, de cela seul que je puis tirer de ma pensée l'idée de quelque chose, il s'ensuit que tout ce que je reconnais clairement et distinctement appartenir à cette chose lui appartient en effet, mais ne puis-je pas tirer de ceci un argument et une preuve démonstrative de l'existence de Dieu? Il est certain que je ne trouve pas moins en moi son idée, c'est-à-dire l'idée d'un être souverainement parfait, que celle de quelque figure ou de quelque nombre que ce soit : et je ne connais pas moins clairement et distinctement qu'une actuelle et éternelle existence appartient à sa nature, que je connais que tout ce que je puis démontrer de quelque figure ou de quelque nombre appartient véritablement à la nature de cette figure ou de ce nombre; et partant encore que tout ce que j'ai conclu dans les Méditations précédentes ne se trouvât point véritable, l'existence de Dieu devrait passer en mon esprit au moins pour aussi certaine que j'ai estimé jusques ici toutes les vérités mathématiques qui ne regardent que les nombres et les figures : bien qu'à la vérité cela ne paraisse pas d'abord entièrement manifeste, mais semble avoir quelque apparence de sophisme. Car ayant accoutumé dans toutes les autres choses de faire distinction entre l'existence et l'essence, je me persuade aisément que l'existence peut être séparée de l'essence de Dieu, et qu'ainsi on peut concevoir Dieu comme n'étant pas actuellement. Mais néanmoins, lorsque j'y pense avec plus d'attention, je trouve manifestement que l'existence ne peut non plus être séparée de l'essence de Dieu que de l'essence d'un triangle rectiligne la grandeur de ses trois angles égaux à deux droits, ou bien de l'idée d'une montagne l'idée d'une vallée. En sorte qu'il n'y a pas moins de répugnance de concevoir un Dieu (c'est-à-dire un être souverainement parfait) auquel manque l'existence (c'est-à-dire auquel manque quelque perfection) que de concevoir une montagne qui n'ait point de vallée.

Mais encore qu'en effet je ne puisse pas concevoir un Dieu sans existence, non plus qu'une montagne sans vallée, toutefois, comme de cela seul que je conçois une montagne avec une vallée il ne s'ensuit pas qu'il y ait aucune montagne dans le monde : de même aussi quoique je conçoive Dieu comme existant, il ne s'ensuit pas ce semble pour cela que Dieu existe : car ma pensée n'impose aucune nécessité aux choses; et comme il ne tient qu'à moi d'imaginer un cheval ailé, encore qu'il n'y en ait aucun qui ait des ailes, ainsi je pourrais peut-être attribuer l'existence à Dieu, encore qu'il n'y eût aucun Dieu qui existât.

Tant s'en faut, c'est ici qu'il y a un sophisme caché sous l'apparence de cette objection; car de ce que je ne puis concevoir une montagne sans une vallée, il ne s'ensuit pas qu'il y ait au monde aucune montagne ni aucune vallée, mais seulement que la montagne et la vallée, soit qu'il y en ait, soit qu'il n'y en ait point, sont inséparables l'une de l'autre : au lieu que de cela seul que je ne puis concevoir Dieu que comme existant, il s'ensuit que l'existence est inséparable de lui, et partant qu'il existe véritablement. Non que ma pensée puisse faire que cela soit, ou qu'elle impose aux choses aucune nécessité, mais au contraire la nécessité qui est en la chose même, c'est-à-dire la nécessité de l'existence de Dieu, me détermine à avoir cette pensée. Car il n'est pas en ma liberté de concevoir un Dieu sans existence (c'est-à-dire un être souverainement parfait sans une souveraine perfection) comme il m'est libre d'imaginer un cheval sans ailes ou avec des ailes.

Et l'on ne doit pas aussi dire ici qu'il est à la vérité nécessaire que j'avoue que Dieu existe, après que j'ai supposé qu'il possède toutes sortes de perfections, puisque l'existence en est une, mais que ma première supposition n'était pas nécessaire; non plus qu'il n'est point nécessaire de penser que toutes les figures de quatre côtés se peuvent inscrire dans le cercle, mais que supposant que j'aie cette pensée, je suis contraint d'avouer que le rhombe y peut être inscrit, puisque c'est une figure de quatre côtés, et ainsi je serai contraint d'avouer une chose fausse. On ne doit point, dis-je, alléguer cela : car encore qu'il ne soit pas nécessaire que je tombe jamais dans aucune pensée de Dieu, néanmoins, toutes les fois qu'il m'arrive de penser à un être premier et souverain, et de tirer, pour ainsi dire, son idée du trésor de mon esprit, il est nécessaire que je lui attribue toutes sortes de perfections, quoique je ne vienne pas à les nombrer toutes et à appliquer mon attention sur chacune d'elles en particulier. Et cette nécessité est suffisante pour faire que par après (sitôt que je viens à reconnaître que l'existence est une perfection) je conclus fort bien que cet être premier et souverain existe, de même qu'il n'est pas nécessaire que j'imagine jamais aucun triangle ; mais toutes les fois que je veux considérer une figure rectiligne composée seulement de trois angles, il est absolument nécessaire que je lui attribue toutes les choses qui servent à conclure que ses trois angles ne sont pas plus grands que deux droits, encore que peut-être je ne considère pas alors cela en particulier. Mais quand j'examine quelles figures sont capables d'être inscrites dans le cercle, il n'est en aucune façon nécessaire que je pense que toutes les figures de quatre côtés sont de ce nombre ; au contraire je ne puis pas même feindre que cela soit tant que je ne voudrai rien recevoir en ma pensée que ce que je pourrai concevoir clairement et distinctement. Et par conséquent il y a une grande différence entre les fausses suppositions, comme est celle-ci, et les véritables idées qui sont nées avec moi, dont la première et principale est celle de Dieu.

Car en effet je reconnais en plusieurs façons que cette idée n'est point quelque chose de feint ou d'inventé, dépendant seulement de ma pensée, mais que c'est l'image d'une vraie et immuable nature. Premièrement, à cause que je ne saurais concevoir autre chose que Dieu seul à l'essence de laquelle l'existence appartienne avec nécessité. Puis aussi, pour ce qu'il ne m'est pas possible de concevoir deux ou plusieurs dieux tels que lui. Et posé qu'il y en ait un maintenant qui existe, je vois clairement qu'il est nécessaire qu'il ait été auparavant de toute éternité, et qu'il soit éternellement à l'avenir. Et enfin, parce que je conçois plusieurs autres choses en Dieu où je ne puis rien diminuer ni changer.

Au reste, de quelque preuve et argument que je me serve, il en faut toujours revenir là qu'il n'y a que les choses que je conçois clairement et distinctement qui aient la force de me persuader entièrement. Et quoique entre les choses que je conçois de cette sorte il y en ait à la vérité quelques-unes manifestement connues d'un chacun, et qu'il y en ait d'autres aussi qui ne se découvrent qu'à ceux qui les considèrent de plus près et qui les examinent plus exactement, toutefois, après qu'elles sont une fois découvertes, elles ne sont pas estimées moins certaines les unes que les autres. Comme par exemple, en tout triangle rectangle, encore qu'il ne paraisse pas d'abord si facilement que le carré de la base est égal aux carrés des deux autres côtés, comme il est évident que cette base est opposée au plus grand angle, néanmoins depuis que cela a été une fois reconnu, on est autant persuadé de la vérité de l'un que de l'autre.

Et pour ce qui est de Dieu, certes si mon esprit n'était prévenu d'aucuns préjugés, et que ma pensée ne se trouvât point divertie par la présence continuelle des images des choses sensibles, il n'y aurait aucune chose que je connusse plutôt ni plus facilement que lui. Car y a-t-il rien de soi plus clair et plus manifeste que de penser qu'il y a un Dieu, c'est-à-dire un être souverain et parfait, en l'idée duquel seul l'existence nécessaire ou éternelle est comprise, et par conséquent qui existe ?

Et quoique, pour bien concevoir cette vérité, j'ai eu besoin d'une grande application d'esprit, toutefois à présent je ne m'en tiens pas seulement aussi assuré que de tout ce qui me semble le plus certain : mais outre cela je remarque que la certitude de toutes les autres choses en dépend si absolument, que sans cette connaissance il est impossible de pouvoir jamais rien savoir parfaitement.

Car, encore que je sois d'une telle nature que, dès aussitôt que je comprends quelque chose fort clairement et fort distinctement, je ne puis m'empêcher de la croire vraie ; néanmoins parce que je suis aussi d'une telle nature que je ne puis pas avoir l'esprit continuellement attaché à une même chose, et que souvent je me ressouviens d'avoir jugé une chose être vraie lorsque je cesse de considérer les raisons qui m'ont obligé à la juger telle, il peut arriver pendant ce temps-là que d'autres raisons se présentent à moi, lesquelles me feraient aisément changer d'opinion si j'ignorais qu'il y eût un Dieu ; et ainsi je n'aurais jamais une vraie et certaine science d'aucune chose que ce soit, mais seulement de vagues et inconstantes opinions.

Comme par exemple, lorsque je considère la nature du triangle rectiligne, je connais évidemment, moi qui suis un peu versé dans la géométrie, que ses trois angles sont égaux à deux droits, et il ne m'est pas possible de ne le point croire pendant que j'applique ma pensée à sa démonstration ; mais aussitôt que je l'en détourne, encore que je me ressouvienne de l'avoir clairement comprise, toutefois il se peut faire aisément que je doute de sa vérité si j'ignore qu'il y ait un Dieu : car je puis me persuader d'avoir été fait tel par la nature que je me puisse aisément tromper, même dans les choses que je crois comprendre avec le plus d'évidence et de certitude ; vu principalement que je me ressouviens d'avoir souvent estimé beaucoup de choses pour vraies et certaines, lesquelles par après d'autres raisons m'ont porté à juger absolument fausses.

Mais après avoir reconnu qu'il y a un Dieu, pour ce qu'en même temps j'ai reconnu aussi que toutes choses dépendent de lui, et qu'il n'est point trompeur, et qu'ensuite de cela j'ai jugé que tout ce que je conçois clairement et distinctement ne peut manquer d'être vrai, encore que je ne pense plus aux raisons pour lesquelles j'ai jugé cela être véritable, pourvu seulement que je me ressouvienne de l'avoir clairement et distinctement compris ; on ne me peut apporter aucune raison contraire qui me le fasse jamais révoquer en doute, et ainsi j'en ai une vraie et certaine science. Et cette même science s'étend aussi à toutes les autres choses que je me ressouviens d'avoir autrefois démontrées, comme aux vérités de la géométrie et autres semblables : car qu'est-ce que l'on me peut objecter pour m'obliger à les révoquer en doute ? Sera-ce que ma nature est telle que je suis fort sujet à me méprendre ? Mais je sais déjà que je ne puis me tromper dans les jugements dont je connais clairement les raisons ; sera-ce que j'ai estimé autrefois beaucoup de choses pour vraies et pour certaines, que j'ai reconnues par après être fausses ? Mais je n'avais connu clairement ni distinctement aucune de ces choses-là, et, ne sachant point encore cette règle par laquelle je m'assure de la vérité, j'avais été porté à les croire par des raisons que j'ai reconnues depuis être moins fortes que je ne me les étais pour lors imaginées. Que me pourra-t-on donc objecter davantage ? Sera-ce que peut-être je dors (comme je me l'étais moi-même objecté ci-devant) ou bien que toutes les pensées que j'ai maintenant ne sont pas plus vraies que les rêveries que nous imaginons étant endormis ? Mais quand bien même je dormirais, tout ce qui se présente à mon esprit avec évidence est absolument véritable.

Et ainsi je reconnais très clairement que la certitude et la vérité de toute science dépend de la seule connaissance du vrai Dieu ; en sorte qu'avant que je le connusse je ne pouvais savoir parfaitement aucune autre chose. Et à présent que je le connais, j'ai le moyen d'acquérir une science parfaite touchant une infinité de choses, non seulement de celles qui sont en lui, mais aussi de celles qui appartiennent à la nature corporelle en tant qu'elle peut servir d'objet aux démonstrations des géomètres, lesquels n'ont point d'égard à son existence.

SIXIÈME MÉDITATION

De l'existence des choses matérielles
Et de la distinction réelle entre l'âme et le corps de l'homme.

Qu'il peut y avoir des choses matérielles. — Que notre faculté d'imaginer est capable de nous persuader de leur existence. — Quelle différence il y a entre l'imagination et la pure intellection. — Comment on connait évidemment cette différence. — Qu'encore que l'imagination semble dépendre de quelque chose de corporel, cela ne prouve pas absolument l'existence des choses matérielles. — Que pour découvrir leur existence, il est à propos d'examiner ce que c'est que sentir. — Ce qu'il faut faire dans cet examen. — Dénombrement de tout ce que nous avons senti. — D'où vient qu'en sentant nous avons cru sentir des choses hors de nous et différentes de notre pensée. — D'où vient que nous avons jugé que ces choses étaient semblables aux idées qu'elles causaient en nous. — Et que nous n'avions rien dans l'esprit qui n'y fût entré par les sens. — Comment nous avons connu que le corps que nous appelons nôtre nous appartient plus proprement qu'aucun autre. — Pourquoi nous avons cru avoir appris de la nature tout ce que nous jugions touchant les objets de nos sens. — Expériences qui ont peu à peu ruiné toute la créance que nous ajoutions à nos sens. — Deux raisons générales qui nous ont fait douter de la fidélité de nos sens. — Par lesquelles était aisé de répondre aux raisons qui nous avaient persuadés de la vérité des choses sensibles. — Que maintenant nous ne devons pas révoquer en doute généralement tout ce que nos sens nous représentent. — Que l'essence de l'esprit est de penser et qu'il est réellement distingué du corps. — Comment les facultés d'imaginer et de sentir appartiennent à l'esprit. — Que celles de changer de lieu, de prendre diverses situations, etc., ne lui appartiennent point, mais au corps. — Qu'il y a hors de nous quelque substance capable de produire en nous les idées des choses sensibles. — Que cette substance est corporelle, et qu'ainsi il y a des corps. — Que tout ce que nous concevons clairement et distinctement être dans les corps s'y rencontre véritablement. — Que nous pouvons acquérir la connaissance claire et distincte des choses que nous n'y concevons encore que fort confusément. — Que tout ce que la nature nous enseigne contient quelque vérité. — Qu'il y a donc quelque vérité dans ce qu'elle nous enseigne, touchant la douleur, la faim, la soif, etc. — Qu'elle nous enseigne par ces sentiments l'étroite union de l'esprit avec le corps. — Qu'il y a encore de la vérité en ce que la nature nous enseigne touchant l'existence de plusieurs corps autour du nôtre qui lui sont nuisibles ou profitables. — Dénombrement de plusieurs opinions qui semblent être enseignées par la nature, quoiqu'elles ne soient que des préjugés. — Ce qu'il faut entendre ici par le mot de nature. — Qu'elle ne nous apprend point à juger par les sens de la nature des choses, mais seulement si elles nous sont utiles ou nuisibles. — Que nous avons cru sans aucune raison que les étoiles ne sont pas plus grandes que la flamme d'une chandelle. — Et que le feu a en lui quelque chose de semblable à la chaleur qu'il excite en nous. — Et qu'un espace est vide où rien ne fait impression sur nos sens. — Que ceux auxquels il arrive de prendre du poison parmi des viandes ne sont pas trompés directement par la nature. — Que nous nous trompons néanmoins assez souvent dans les choses auxquelles la nature nous porte directement. — Qu'ainsi c'est une erreur de nature à un hydropique d'avoir soif. — Pour connaître que cela ne répugne point à la bonté de Dieu, il faut remarquer : 1° Que l'esprit est indivisible et le corps divisible ; 2° Que l'esprit ne reçoit aucunes impressions que par l'entremise du cerveau ; 3° Comment il suit de la fabrique de nos organes que nous pouvons sentir de la douleur en quelque partie de notre corps sans qu'il y ait aucune blessure. — Qu'on ne peut rien souhaiter de mieux, sinon que les impressions qui se portent au cerveau causent les sentiments le plus ordinairement utiles à l'homme quand il est sain. — Que c'est une marque de la bonté de Dieu de ce que cela se fait toujours ainsi. — Exemple de la manière utile en laquelle se font nos sentiments. — Que toute autre manière aurait été moins convenable à la conservation du corps. — Autre exemple de l'utilité de la manière en laquelle se font nos sentiments. — D'où il suit que la nature de l'homme peut être quelquefois fautive nonobstant la bonté de Dieu. — Que cette considération nous est très utile pour reconnaître et éviter nos erreurs. — Même pour distinguer la veille d'avec le sommeil. — Mais qu'enfin il faut avouer et reconnaître la faiblesse et l'infirmité de notre nature.

Il ne me reste plus maintenant qu'à examiner s'il y a des choses matérielles : et certes au moins sais-je déjà qu'il y en peut avoir en tant qu'on les considère comme l'objet des démonstrations de géométrie, vu que de cette façon je les conçois fort clairement et fort distinctement. Car il n'y a point de doute que Dieu n'ait la puissance de produire toutes les choses que je suis capable de concevoir avec distinction ; et je n'ai jamais jugé qu'il lui fût impossible de faire quelque chose, que par cela seul que je trouvais de la contradiction à la pouvoir bien concevoir.

De plus, la faculté d'imaginer qui est en moi, et de laquelle je vois par expérience que je me sers lorsque je m'applique à la considération des choses matérielles, est capable de me persuader leur existence : car quand je considère attentivement ce que c'est que l'imagination, je trouve qu'elle n'est autre chose qu'une certaine application de la faculté qui connaît au corps qui lui est intimement présent, et partant qui existe.

Et pour rendre cela très manifeste, je remarque premièrement la différence qui est entre l'imagination et la pure intellection, ou conception. Par exemple, lorsque j'imagine un triangle, non seulement je conçois que c'est une figure composée de trois lignes, mais avec cela j'envisage ces trois lignes comme présentes par la force et l'application intérieure de mon esprit ; et c'est proprement ce que j'appelle imaginer. Que si je veux penser à un chiliogone, je conçois bien à la vérité que c'est une figure composée de mille côtés, aussi facilement que je conçois qu'un triangle est une figure composée de trois côtés seulement, mais je ne puis pas imaginer les mille côtés d'un chiliogone, comme je fais les trois d'un triangle, ni pour ainsi dire les regarder comme présents avec les yeux de mon esprit. Et quoique, suivant la coutume que j'ai de me servir toujours de mon imagination lorsque je pense aux choses corporelles, il arrive qu'en concevant un chiliogone je me représente confusément quelque figure, toutefois il est très évident que cette figure n'est point un chiliogone, puisqu'elle ne diffère nullement de celle que je me représenterais si je pensais à un myriogone ou à quelque autre figure de beaucoup de côtés ; et qu'elle ne sert en aucune façon à découvrir les propriétés qui font la différence du chiliogone d'avec les autres polygones.

Que s'il est question de considérer un pentagone, il est bien vrai que je puis concevoir sa figure aussi bien que celle d'un chiliogone, sans le secours de l'imagination ; mais je la puis imaginer en appliquant l'attention de mon esprit à chacun de ces cinq côtés, et tout ensemble à l'aire ou à l'espace qu'ils renferment. Ainsi je connais clairement que j'ai besoin d'une particulière contention d'esprit pour imaginer, de laquelle je ne me sers point pour concevoir ou pour entendre ; et cette particulière contention d'esprit montre évidemment la différence qui est entre l'imagination et l'intellection ou conception pure.

Je remarque outre cela que cette vertu d'imaginer qui est en moi, en tant qu'elle diffère de la puissance de concevoir, n'est en aucune façon nécessaire à ma nature ou à mon essence, c'est-à-dire à l'essence de mon esprit : car encore que je ne l'eusse point, il est sans doute que je demeurerais toujours le même que je suis maintenant : d'où il semble que l'on puisse conclure qu'elle dépend de quelque chose qui diffère de mon esprit. Et je conçois facilement que si quelque corps existe auquel mon esprit soit tellement conjoint et uni qu'il se puisse appliquer à le considérer quand il lui plaît, il se peut faire que par ce moyen il imagine les choses corporelles ; en sorte que cette façon de penser diffère seulement de la pure intellection en ce que l'esprit en concevant se tourne en quelque façon vers soi-même, et considère quelqu'une des idées qu'il a en soi : mais en imaginant il se tourne vers le corps et considère en lui quelque chose de conforme à l'idée qu'il a lui-même formée ou qu'il a reçue par les sens. Je conçois, dis-je, aisément que l'imagination se peut faire de cette sorte, s'il est vrai qu'il y ait des corps; et parce que je ne puis rencontrer aucune autre voie pour expliquer comment elle se fait, je conjecture de là probablement qu'il y en a; mais ce n'est que probablement, et quoique j'examine soigneusement toutes choses, je ne trouve pas néanmoins que, de cette idée distincte de la nature corporelle que j'ai en mon imagination, je puisse tirer aucun argument qui conclue avec nécessité l'existence de quelque corps.

Or, j'ai accoutumé d'imaginer beaucoup d'autres choses, outre cette nature corporelle qui est l'objet de la géométrie, à savoir, les couleurs, les sons, les saveurs, la douleur et autres choses semblables, quoique moins distinctement : et d'autant que j'aperçois beaucoup mieux ces choses-là par les sens, par l'entremise desquels et de la mémoire elles semblent être parvenues jusqu'à mon imagination, je crois que pour les examiner plus commodément il est à propos que j'examine en même temps ce que c'est que sentir, et que je voie si de ces idées que je reçois en mon esprit par cette façon de penser que j'appelle sentir, je ne pourrai point tirer quelque preuve certaine de l'existence des choses corporelles.

Et premièrement, je rappellerai en ma mémoire quelles sont les choses que j'ai ci-devant tenues pour vraies, comme les ayant reçues par les sens, et sur quels fondements ma créance était appuyée; après, j'examinerai les raisons qui m'ont obligé depuis à les révoquer en doute ; et enfin, je considérerai ce que j'en dois maintenant croire.

Premièrement donc, j'ai senti que j'avais une tête, des mains, des pieds, et tous les autres membres dont est composé ce corps que je considérais comme une partie de moi-même ou peut-être aussi comme le tout ; de plus, j'ai senti que ce corps était placé entre beaucoup d'autres, desquels il était capable de recevoir diverses commodités et incommodités, et je remarquais ces commodités par un certain sentiment de plaisir ou de volupté, et ces incommodités par un sentiment de douleur. Et outre ce plaisir et cette douleur, je ressentais aussi en moi la faim, la soif et d'autres semblables appétits, comme aussi de certaines inclinations corporelles vers la joie, la tristesse, la colère et autres semblables passions. Et au dehors, outre l'extension, les figures, les mouvements des corps, je remarquais en eux de la dureté, de la chaleur, et toutes les autres qualités qui tombent sous l'attouchement ; de plus, j'y remarquais de la lumière, des couleurs, des odeurs, des saveurs et des sons, dont la variété me donnait moyen de distinguer le ciel, la terre, la mer, et généralement tous les autres corps les uns d'avec les autres.

Et certes, considérant les idées de toutes ces qualités qui se présentaient à ma pensée, et lesquelles seules je sentais proprement et immédiatement, ce n'était pas sans raison que je croyais sentir des choses entièrement différentes de ma pensée, à savoir, des corps d'où procédaient ces idées : car j'expérimentais qu'elles se présentaient à elles sans que mon consentement y fût requis, en sorte que je ne pouvais sentir aucun objet, quelque volonté que j'en eusse, s'il ne se trouvait présent à l'organe d'un de mes sens ; et il n'était nullement en mon pouvoir de ne le pas sentir lorsqu'il s'y trouvait présent.

Et parce que les idées que je recevais par les sens étaient beaucoup plus vives, plus expresses, et même à leur façon plus distinctes qu'aucunes de celles que je pouvais feindre de moi-même en méditant, ou bien que je trouvais imprimées en ma mémoire, il semblait qu'elles ne pouvaient procéder de mon esprit. De façon qu'il était nécessaire qu'elles fussent causées en moi par quelques autres choses. Desquelles choses n'ayant aucune connaissance, sinon celle que me donnaient ces mêmes idées, il ne me pouvait venir autre chose en l'esprit, sinon que ces choses-là étaient semblables aux idées qu'elles causaient.

Et pour ce que je me ressouvenais aussi que je m'étais plutôt servi des sens que de ma raison, et que je reconnaissais que les idées que je formais de moi-même n'étaient pas si expresses que celles que je recevais par les sens, et même qu'elles étaient le plus souvent composées des parties de celles-ci, je me persuadais aisément que je n'avais aucune idée dans mon esprit qui n'eût passé auparavant par mes sens.

Ce n'était pas aussi sans quelque raison que je croyais que ce corps (lequel, par un certain droit particulier j'appelais mien) m'appartenait plus proprement et plus étroitement que pas un autre ; car, en effet, je n'en pouvais jamais être séparé comme des autres corps : je ressentais en lui et pour lui tous mes appétits et toutes mes affections, et enfin j'étais touché des sentiments de plaisir et de douleur en ses parties, et non pas en celles des autres corps qui en sont séparés.

Mais quand j'examinais pourquoi de ce je ne sais quel sentiment de douleur suit la tristesse en l'esprit et du sentiment de plaisir naît la joie, ou bien pourquoi cette je ne sais quelle émotion de l'estomac, que j'appelle faim, nous fait avoir envie de manger, et la sécheresse du gosier nous fait avoir envie de boire, et ainsi du reste, je n'en pouvais rendre aucune raison, sinon que la nature me l'enseignait de la sorte; car il n'y a, certes, aucune affinité ni aucun rapport (au moins que je puisse comprendre) entre cette émotion de l'estomac et le désir de manger, non plus qu'entre le sentiment de la chose qui cause de la douleur et la pensée de tristesse qui fait naître ce sentiment. Et en même façon il me semblait que j'avais appris de la nature toutes les autres choses que je jugeais touchant les objets de mes sens; pour ce que je remarquais que les jugements que j'avais coutume de faire de ces objets se formaient en moi avant que j'eusse le loisir de peser et considérer aucunes raisons qui me pussent obliger à les faire.

Mais, par après, plusieurs expériences ont peu à peu ruiné toute la créance que j'avais ajoutée à mes sens; car j'ai observé plusieurs fois que des tours qui de loin m'avaient semblé rondes me paraissaient de près être carrées, et que des colosses élevés sur les plus hauts sommets de ces tours me paraissent de petites statues à les regarder d'en bas; et ainsi, dans une infinité d'autres rencontres, j'ai trouvé de l'erreur dans les jugements fondés sur les sens extérieurs; et non pas seulement sur les sens extérieurs, mais même sur les intérieurs : car y a-t-il chose plus intime ou plus intérieure que la douleur? Et cependant j'ai autrefois appris de quelques personnes qui avaient les bras et les jambes coupés qu'il leur semblait encore quelquefois sentir de la douleur dans la partie qu'ils n'avaient plus. Ce qui me donnait sujet de penser que je ne pouvais aussi être entièrement assuré d'avoir mal à quelqu'un de mes membres, quoique je sentisse en lui de la douleur.

Et à ces raisons de douter, j'en ai encore ajouté depuis peu deux autres fort générales : la première est que je n'ai jamais rien cru sentir étant éveillé que je ne puisse quelquefois croire aussi sentir quand je dors; et comme je ne crois pas que les choses qu'il me semble que je sens en dormant procèdent de quelques objets hors de moi, je ne voyais pas pourquoi je devais plutôt avoir cette créance touchant celles qu'il me semble que je sens étant éveillé. Et la seconde, que ne connaissant pas encore, ou plutôt feignant de ne pas connaître l'auteur de mon être, je ne voyais rien qui pût empêcher que je n'eusse été fait tel par la nature, que je me trompasse même dans les choses qui me paraissaient les plus véritables.

Et pour les raisons qui m'avaient ci-devant persuadé la vérité des choses sensibles, je n'avais pas beaucoup de peine à y répondre. Car la nature semblant me porter à beaucoup de choses dont la raison me détournait, je ne croyais pas me devoir confier beaucoup aux enseignements de cette nature. Et quoique les idées que je reçois par les sens ne dépendent point de ma volonté, je ne pensais pas devoir pour cela conclure qu'elles procédaient des choses différentes de moi, puisque peut-être il se peut rencontrer en moi quelque faculté (bien qu'elle m'ait été jusques ici inconnue) qui en soit la cause et qui les produise.

Mais maintenant que je commence à me mieux connaître moi-même et à découvrir plus clairement l'auteur de mon origine, je ne pense pas à la vérité que je doive témérairement admettre toutes les choses que les sens semblent nous enseigner, mais je ne pense pas aussi que je les doive toutes généralement révoquer en doute.

Et premièrement, pour ce que je sais que toutes les choses que je conçois clairement et distinctement peuvent être produites par Dieu telles que je les conçois, il suffit que je puisse concevoir clairement et distinctement une chose sans une autre pour être certain que l'une est distincte ou différente de l'autre, parce qu'elles peuvent être mises séparément, au moins par la toute-puissance de Dieu ; et il n'importe pas par quelle puissance cette séparation se fasse pour être obligé à les juger différentes : et partant de cela même que je connais avec certitude que j'existe et que cependant je ne remarque point qu'il appartienne nécessairement aucune autre chose à ma nature ou à mon essence, sinon que je suis une chose qui pense, je conclus fort bien que mon essence consiste en cela seul que je suis une chose qui pense ou une substance dont toute l'essence ou la nature n'est que de penser. Et quoique peut-être, ou plutôt certainement (comme je le dirai tantôt), j'aie un corps auquel je suis très étroitement conjoint, néanmoins, pour ce que d'un côté j'ai une claire et distincte idée de moi-même en tant que je suis seulement une chose qui pense et non étendue, et que d'un autre j'ai une idée distincte du corps en tant qu'il est seulement une chose étendue et qui ne pense point, il est certain que moi, c'est-à-dire mon âme par laquelle je suis ce que je suis, est entièrement et véritablement distincte de mon corps et qu'elle peut être ou exister sans lui.

De plus, je trouve en moi diverses facultés de penser qui ont chacune leur manière particulière; par exemple, je trouve en moi les facultés d'imaginer et de sentir sans lesquelles je puis bien me concevoir clairement et distinctement tout entier, mais non pas réciproquement elles sans moi, c'est-à-dire sans une substance intelligente à qui elles soient attachées ou à qui elles appartiennent. Car, dans la notion que nous avons de ces facultés, ou (pour me servir des termes de l'Ecole) dans leur concept formel, elles enferment quelque sorte d'intellection : d'où je conçois qu'elles sont distinctes de moi, comme les modes le sont des choses.

Je connais aussi quelques autres facultés, comme celles de changer de lieu, de prendre diverses situations, et autres semblables, qui ne peuvent être conçues, non plus que les précédentes, sans quelque substance à qui elles soient attachées, ni par conséquent exister sans elle; mais il est très évident que ces facultés, s'il est vrai qu'elles existent, doivent appartenir à quelque substance corporelle ou étendue, et non pas à une substance intelligente, puisque dans leur concept clair et distinct il y a bien quelque sorte d'extension qui se trouve contenue, mais point du tout d'intelligence.

De plus, je ne puis douter qu'il n'y ait en moi une certaine faculté passive de sentir, c'est-à-dire de recevoir et de connaître les idées des choses sensibles, mais elle me serait inutile et je ne m'en pourrais aucunement servir s'il n'y avait aussi en moi, ou en quelque autre chose, une autre faculté active capable de former et produire ces idées. Or cette faculté active ne peut être en moi en tant que je ne suis qu'une chose qui pense, vu qu'elle ne présuppose point ma pensée, et aussi que ces idées-là me sont souvent représentées sans que j'y contribue en aucune façon, et même souvent contre mon gré; il faut donc nécessairement qu'elle soit en quelque substance différente de moi, dans laquelle toute la réalité qui est objectivement dans les idées qui sont produites par cette faculté soit contenue formellement ou éminemment, comme je l'ai remarqué ci-devant : et cette substance est ou un corps, c'est-à-dire une nature corporelle dans laquelle est contenu formellement et en effet tout ce qui est objectivement et par représentation dans ces idées; ou bien c'est Dieu même, ou quelque autre créature plus noble que le corps dans laquelle cela même est contenu éminemment.

Or Dieu n'étant point trompeur, il est très manifeste qu'il ne m'envoie point ces idées immédiatement par lui-même, ni aussi par l'entremise de quelque créature dans laquelle leur réalité ne soit pas contenue formellement, mais seulement éminemment. Car ne m'ayant donné aucune faculté pour connaître que cela soit, mais au contraire une très grande inclination à croire qu'elles partent des choses corporelles, je ne vois pas comment on pourrait l'excuser de tromperie si en effet ces idées partaient d'ailleurs, ou étaient produites par d'autres causes que par des choses corporelles : et partant il faut conclure qu'il y a des choses corporelles qui existent.

Toutefois elles ne sont peut-être pas entièrement telles que nous les apercevons par les sens, car il y a bien des choses qui rendent cette perception des sens fort obscure et confuse : mais au moins faut-il avouer que toutes les choses que j'y conçois clairement et distinctement, c'est-à-dire toutes les choses généralement parlant qui sont comprises dans l'objet de la géométrie spéculative, s'y rencontrent véritablement.

Mais pour ce qui est des autres choses, lesquelles ou sont seulement particulières, par exemple, que le soleil soit de telle grandeur et de telle figure, etc.; ou bien sont conçues moins clairement et moins distinctement, comme la lumière, le son, la douleur et autres semblables, il est certain qu'encore qu'elles soient fort douteuses et incertaines, toutefois de cela seul que Dieu n'est point trompeur, et que par conséquent il n'a point permis qu'il pût y avoir aucune fausseté dans mes opinions et qu'il ne m'ait aussi donné quelque faculté capable de la corriger, je crois pouvoir conclure assurément que j'ai en moi les moyens de les connaître avec certitude.

Et premièrement, il n'y a point de doute que tout ce que la nature m'enseigne contient quelque vérité. Car par la nature considérée en général, je n'entends maintenant autre chose que Dieu même, ou bien l'ordre et la disposition que Dieu a établi dans les choses créées; et par ma nature en particulier, je n'entends autre chose que la complexion ou l'assemblage de toutes les choses que Dieu m'a données.

Or il n'y a rien que cette nature m'enseigne plus expressément, ni plus sensiblement, sinon que j'ai un corps qui est mal disposé quand je sens de la douleur, qui a besoin de manger ou de boire quand j'ai les sentiments de la faim ou de la soif, etc. Et partant je ne dois aucunement douter qu'il n'y ait en cela quelque vérité.

La nature m'enseigne aussi par ces sentiments de douleur, de faim, de soif, etc., que je ne suis pas seulement logé dans mon corps, ainsi qu'un pilote en son navire, mais outre cela que je lui suis conjoint très étroitement et tellement confondu et mêlé que je compose comme un seul tout avec lui. Car si cela n'était, lorsque mon corps est blessé, je ne sentirais pas pour cela de la douleur, moi qui ne suis qu'une chose qui pense, mais j'apercevrais cette blessure par le seul entendement, comme un pilote aperçoit par la vue si quelque chose se rompt dans son vaisseau. Et lorsque mon corps a besoin de boire ou de manger, je connaîtrais simplement cela, même sans en être averti par des sentiments confus de faim et de soif. Car en effet tous ces sentiments de faim, de soif, de douleur, etc., ne sont autre chose que de certaines façons confuses de penser, qui proviennent et dépendent de l'union et comme du mélange de l'esprit avec le corps.

Outre cela la nature m'enseigne que plusieurs autres corps existent autour du mien, desquels j'ai à poursuivre les uns et à fuir les autres. Et certes, de ce que je sens différentes sortes de couleurs, d'odeurs, de saveurs, de sons, de chaleur, de dureté, etc., je conclus fort bien qu'il y a dans les corps d'où procèdent toutes ces diverses perceptions des sens, quelques variétés qui leur répondent, quoique peut-être ces variétés ne leur soient point en effet semblables; et de ce qu'entre ces diverses perceptions des sens, les unes me sont agréables et les autres désagréables, il n'y a point de doute que mon corps (ou plutôt moi-même tout entier, en tant que je suis composé de corps et d'âme) ne puisse recevoir diverses commodités ou incommodités des autres corps qui l'environnent.

Mais il y a plusieurs autres choses qu'il semble que la nature m'ait enseignées, lesquelles toutefois je n'ai pas véritablement apprises d'elle, mais qui se sont introduites en mon esprit par une certaine coutume que j'ai de juger inconsidérément des choses; et ainsi il peut aisément arriver qu'elles contiennent quelque fausseté; comme par exemple l'opinion que j'ai que tout espace dans lequel il n'y a rien qui meuve et fasse impression sur mes sens soit vide; que dans un corps qui est chaud il y ait quelque chose de semblable à l'idée de la chaleur qui est en moi; que dans un corps blanc ou noir il y ait la même blancheur ou noirceur que je sens; que dans un corps amer ou doux il y ait le même goût ou la même saveur, et ainsi des autres; que les astres, les tours et tous les autres corps éloignés soient de la même figure et grandeur qu'ils paraissent de loin à nos yeux, etc.

Mais afin qu'il n'y ait rien en ceci que je ne conçoive distinctement, je dois précisément définir ce que j'entends proprement lorsque je dis que la nature m'enseigne quelque chose. Car je prends ici la nature en une signification plus resserrée que lorsque je l'appelle un assemblage ou une complexion de toutes les choses que Dieu m'a données; vu que cet assemblage ou complexion comprend beaucoup de choses qui n'appartiennent qu'à l'esprit seul, desquelles je n'entends point ici parler en parlant de la nature : comme, par exemple, la notion que j'ai de cette vérité, que ce qui a une fois été fait ne peut plus n'avoir point été fait, et une infinité d'autres semblables que je connais par la lumière naturelle sans l'aide du corps ; et qu'il en comprend aussi plusieurs autres qui n'appartiennent qu'au corps seul, et ne sont point ici non plus contenues sous le nom de nature, comme la qualité qu'il a d'être pesant et plusieurs autres semblables, desquelles je ne parle pas aussi, mais seulement des choses que Dieu m'a données comme étant composé d'esprit et de corps.

Or cette nature m'apprend bien à fuir les choses qui causent en moi le sentiment de la douleur et à me porter vers celles qui me font avoir quelque sentiment de plaisir; mais je ne vois point qu'outre cela elle m'apprenne que de ces diverses perceptions des sens nous devions jamais rien conclure touchant les choses qui sont hors de nous sans que l'esprit les ait soigneusement et mûrement examinées; car c'est, ce me semble, à l'esprit seul, et non point au composé de l'esprit et du corps, qu'il appartient de connaître la vérité de ces choses-là.

Ainsi quoiqu'une étoile ne fasse pas plus d'impression en mon œil que le feu d'une chandelle, il n'y a toutefois en moi aucune faculté réelle ou naturelle qui me porte à croire qu'elle n'est pas plus grande que ce feu, mais je l'ai jugé ainsi dès mes premières années sans aucun raisonnable fondement.

Et quoiqu'en approchant du feu je sente de la chaleur, et même que m'en approchant un peu trop près je ressente de la douleur, il n'y a toutefois aucune raison qui me puisse persuader qu'il y a dans le feu quelque chose de semblable à cette chaleur, non plus qu'à cette douleur : mais seulement j'ai raison de croire qu'il y a quelque chose en lui, quelle qu'elle puisse être, qui excite en moi ces sentiments de chaleur ou de douleur.

De même aussi, quoiqu'il y ait des espaces dans lesquels je ne trouve rien qui excite et meuve mes sens, je ne dois pas conclure pour cela que ces espaces ne contiennent en eux aucun corps; mais je vois que tant en ceci qu'en plusieurs autres choses semblables j'ai accoutumé de pervertir et confondre l'ordre de la nature, parce que ces sentiments, ou perceptions des sens, n'ayant été mises en moi que pour signifier à mon esprit quelles choses sont convenables ou nuisibles au composé dont il est partie, et jusque-là étant assez claires et assez distinctes, je m'en sers néanmoins comme si elles étaient des règles très certaines par lesquelles je pusse connaître immédiatement l'essence et la nature des corps qui sont hors de moi, de laquelle toutefois elles ne me peuvent rien enseigner que de fort obscur et confus.

Mais j'ai déjà ci-devant assez examiné comment, nonobstant la souveraine bonté de Dieu, il arrive qu'il y ait de la fausseté dans les jugements que je fais en cette sorte. Il se présente seulement encore ici une difficulté touchant les choses que la nature m'enseigne devoir être suivies ou évitées, et aussi touchant les sentiments intérieurs qu'elle a mis en moi ; car il me semble y avoir quelquefois remarqué de l'erreur, et ainsi que je suis directement trompé par ma nature. Comme, par exemple, le goût agréable de quelque viande en laquelle on aura mêlé du poison peut m'inviter à prendre ce poison et ainsi me tromper. Il est vrai toutefois qu'en ceci la nature peut être excusée, car elle me porte seulement à désirer la viande dans laquelle se rencontre une saveur agréable, et non point désirer le poison, lequel lui est inconnu ; de façon que je ne puis conclure de ceci autre chose sinon que ma nature ne connaît pas entièrement et universellement toutes choses : de quoi certes il n'y a pas lieu de s'étonner puisque l'homme étant d'une nature finie ne peut aussi avoir qu'une connaissance d'une perfection limitée.

Mais nous nous trompons aussi assez souvent, même dans les choses auxquelles nous sommes directement portés par la nature, comme il arrive aux malades lorsqu'ils désirent de boire ou de manger des choses qui leur peuvent nuire. On dira peut-être ici que ce qui est cause qu'ils se trompent est que leur nature est corrompue, mais cela n'ôte pas la difficulté ; car un homme malade n'est pas moins véritablement la créature de Dieu qu'un homme qui est en pleine santé ; et partant il répugne autant à la bonté de Dieu qu'il ait une nature trompeuse et fautive que l'autre. Et comme une horloge composée de roues et de contrepoids n'observe pas moins exactement toutes les lois de la nature lorsqu'elle est mal faite, et qu'elle ne montre pas bien les heures que lorsqu'elle satisfait entièrement au désir de l'ouvrier ; de même aussi si je considère le corps de l'homme comme étant une machine tellement bâtie et composée d'os, de nerfs, de muscles, de veines, de sang et de peau, qu'encore bien qu'il n'y eût en lui aucun esprit il ne laisserait pas de se mouvoir en toutes les mêmes façons qu'il fait à présent, lorsqu'il ne se meut point par la direction de sa volonté, ni par conséquent par l'aide de l'esprit, mais seulement par la disposition de ses organes, je reconnais facilement qu'il serait aussi naturel à ce corps, étant par exemple hydropique, de souffrir la sécheresse du gosier, qui a coutume de porter à l'esprit le sentiment de la soif, et d'être disposé par cette sécheresse à mouvoir ses nerfs et ses autres parties en la façon qui est requise pour boire, et ainsi d'augmenter son mal et se nuire à soi-même, qu'il lui est naturel lorsqu'il n'a aucune indisposition d'être porté à boire pour son utilité par une semblable sécheresse de gosier; et quoique, regardant à l'usage auquel une horloge a été destinée par son ouvrier, je puisse dire qu'elle se détourne de sa nature lorsqu'elle ne marque pas bien les heures, et qu'en même façon, considérant la machine du corps humain comme ayant été formée de Dieu pour avoir en soi tous les mouvements qui ont coutume d'y être, j'aie sujet de penser qu'elle ne suit pas l'ordre de sa nature quand son gosier est sec, et que boire nuit à sa conservation, je reconnais toutefois que cette dernière façon d'expliquer la nature est beaucoup différente de l'autre : car celle-ci n'est autre chose qu'une certaine dénomination extérieure, laquelle dépend entièrement de ma pensée, qui compare un homme malade et une horloge mal faite avec l'idée que j'ai d'un homme sain et d'une horloge bien faite, et laquelle ne signifie rien qui se trouve en effet dans la chose dont elle se dit ; au lieu que, par l'autre façon d'expliquer la nature, j'entends quelque chose qui se rencontre véritablement dans les choses, et partant qui n'est point sans quelque vérité.

Mais certes, quoique au regard d'un corps hydropique ce ne soit qu'une dénomination extérieure quand on dit que sa nature est corrompue, lorsque sans avoir besoin de boire il ne laisse pas d'avoir le gosier sec et aride; toutefois au regard de tout le composé, c'est-à-dire de l'esprit, ou de l'âme unie au corps, ce n'est pas une pure dénomination, mais bien une véritable erreur de nature de ce qu'il a soif lorsqu'il lui est très nuisible de boire; et partant il reste encore à examiner comment la bonté de Dieu n'empêche pas que la nature de l'homme prise de cette sorte soit fautive et trompeuse.

Pour commencer donc cet examen, je remarque ici premièrement qu'il y a une grande différence entre l'esprit et le corps en ce que le corps, de sa nature, est toujours divisible, et que l'esprit est entièrement indivisible. Car en effet quand je le considère, c'est-à-dire quand je me considère moi-même en tant que je suis seulement une chose qui pense, je ne puis distinguer en moi aucunes parties, mais je connais et conçois fort clairement que je suis une chose absolument une et entière. Et quoique tout l'esprit semble être uni à tout le corps, toutefois lorsqu'un pied, ou un bras, ou quelque autre partie vient à en être séparée, je connais fort bien que rien pour cela n'a été retranché de mon esprit. Et les facultés de vouloir, de sentir, de concevoir, etc., ne peuvent pas non plus être dites proprement ses parties ; car c'est le même esprit qui s'emploie tout entier à vouloir, et tout entier à sentir et à concevoir, etc. Mais c'est tout le contraire dans les choses corporelles ou étendues : car je n'en puis imaginer aucune, pour petite qu'elle soit, que je ne mette aisément en pièces par ma pensée, ou que mon esprit ne divise fort facilement en plusieurs parties et par conséquent que je ne connaisse être divisible. Ce qui suffirait pour m'enseigner que l'esprit ou l'âme de l'homme est entièrement différente du corps, si je ne l'avais déjà d'ailleurs assez appris.

Je remarque aussi que l'esprit ne reçoit pas immédiatement l'impression de toutes les parties du corps, mais seulement du cerveau, ou peut-être même d'une de ses plus petites parties, à savoir de celle où s'exerce cette faculté qu'ils appellent le sens commun, laquelle toutes les fois qu'elle est disposée de même façon fait sentir la même chose à l'esprit, quoique cependant les autres parties du corps puissent être diversement disposées, comme le témoignent une infinité d'expériences, lesquelles il n'est pas ici besoin de rapporter.

Je remarque outre cela que la nature du corps est telle qu'aucune de ses parties ne peut être mue par une autre partie un peu éloignée, qu'elle ne le puisse être aussi de la même sorte par chacune des parties qui sont entre deux, quoique cette partie plus éloignée n'agisse point. Comme par exemple, dans la corde A B C D, qui est toute tendue, si l'on vient à tirer et remuer la dernière partie D, la première A ne sera pas mue d'une autre façon qu'elle le pourrait aussi être si on tirait une des parties moyennes B ou C., et que la dernière D demeurât cependant immobile. Et en même façon, quand je ressens de la douleur au pied, la physique m'apprend que ce sentiment se communique par le moyen des nerfs dispersés dans le pied qui, se trouvant tendus comme des cordes depuis là jusqu'au cerveau, lorsqu'ils sont tirés dans le pied, tirent aussi en même temps l'endroit du cerveau d'où ils viennent et auxquels ils aboutissent, et y excitent un certain mouvement que la nature a institué pour faire sentir de la douleur à l'esprit, comme si cette douleur était dans le pied ; mais parce que ces nerfs doivent passer par la jambe, par la cuisse, par les reins, par le dos, et par le col, pour s'étendre depuis le pied jusqu'au cerveau, il peut arriver qu'encore bien que leurs extrémités qui sont dans le pied ne soient point remuées, mais seulement quelques-unes de leurs parties qui passent par les reins ou par le col, cela néanmoins excite les mêmes mouvements dans le cerveau qui pourraient y être excités par une blessure reçue dans le pied, ensuite de quoi il sera nécessaire que l'esprit ressente dans le pied la même douleur que s'il y avait reçu une blessure : et il faut juger le semblable de toutes les autres perceptions de nos sens.

Enfin je remarque que, puisque chacun des mouvements qui se font dans la partie du cerveau dont l'esprit reçoit immédiatement l'impression ne lui fait ressentir qu'un seul sentiment, on ne peut en cela souhaiter ni imaginer rien de mieux, sinon que ce mouvement fasse ressentir à l'esprit, entre tous les sentiments qu'il est capable de causer, celui qui est le plus propre et le plus ordinairement utile à la conservation du corps humain lorsqu'il est en pleine santé.

Or l'expérience nous fait connaître que tous les sentiments que la nature nous a donnés sont tels que je viens de dire : et partant il ne se trouve rien en eux qui ne fasse paraître la puissance et la bonté de Dieu.

Ainsi, par exemple, lorsque les nerfs qui sont dans le pied sont remués fortement, et plus qu'à l'ordinaire, leur mouvement passant par la moelle de l'épine du dos jusqu'au cerveau y fait là une impression à l'esprit qui lui fait sentir quelque chose, à savoir de la douleur, comme étant dans le pied, par laquelle l'esprit est averti et excité à faire son possible pour en chasser la cause, comme très dangereuse et nuisible au pied.

Il est vrai que Dieu pouvait établir la nature de l'homme de telle sorte que ce même mouvement dans le cerveau fît sentir tout autre chose à l'esprit; par exemple, qu'il se fît sentir soi-même, ou en tant qu'il est dans le cerveau, ou en tant qu'il est dans le pied, ou bien en tant qu'il est en quelque autre endroit entre le pied et le cerveau, ou enfin quelque autre chose telle qu'elle peut être ; mais rien de tout cela n'eût si bien contribué à la conservation du corps que ce qu'il lui fait sentir.

De même lorsque nous avons besoin de boire, il naît de là une certaine sécheresse dans le gosier qui remue ses nerfs, et par leur moyen les parties intérieures du cerveau, et ce mouvement fait ressentir à l'esprit le sentiment de la soif, parce qu'en cette occasion-là il n'y a rien qui nous soit plus utile que de savoir que nous avons besoin de boire pour la conservation de notre santé, et ainsi des autres.

D'où il est entièrement manifeste que, nonobstant la souveraine bonté de Dieu, la nature de l'homme en tant qu'il est composé de l'esprit et du corps ne peut qu'elle ne soit quelquefois fautive et trompeuse. Car s'il y a quelque cause qui excite, non dans le pied, mais en quelqu'une des parties du nerf qui est tendu depuis le pied jusqu'au cerveau, ou même dans le cerveau, le même mouvement qui se fait ordinairement quand le pied est mal disposé, on sentira de la douleur comme si elle était dans le pied, et le sens sera naturellement trompé ; parce qu'un même mouvement dans le cerveau ne pouvant causer en l'esprit qu'un même sentiment, et ce sentiment étant beaucoup plus souvent excité par une cause qui blesse le pied que par une autre qui soit ailleurs, il est bien plus raisonnable qu'il porte toujours à l'esprit la douleur du pied que celle d'aucune autre partie. Et s'il arrive que parfois la sécheresse du gosier ne vienne pas comme à l'ordinaire de ce que le boire est nécessaire pour la santé du corps, mais de quelque cause toute contraire, comme il arrive à ceux qui sont hydropiques, toutefois il est beaucoup mieux qu'elle trompe en cette rencontre-là que si au contraire elle trompait toujours lorsque le corps est bien disposé, et ainsi des autres.

Et certes cette considération me sert beaucoup, non seulement pour reconnaître toutes les erreurs auxquelles ma nature est sujette, mais aussi pour les éviter ou pour les corriger plus facilement : car sachant que tous mes sens me signifient plus ordinairement le vrai que le faux touchant les choses qui regardent les commodités ou incommodités du corps, et pouvant presque toujours me servir de plusieurs d'entre eux pour examiner une même chose, et outre cela pouvant user de ma mémoire pour lier et joindre les connaissances présentes aux passées, et de mon entendement qui a déjà découvert toutes les causes de mes erreurs, je ne dois plus craindre désormais qu'il se rencontre de la fausseté dans les choses qui me sont le plus ordinairement représentées par mes sens.

Et je dois rejeter tous les doutes de ces jours passés comme hyperboliques et ridicules : particulièrement cette incertitude si générale touchant le sommeil que je ne pouvais distinguer de la veille. Car à présent j'y rencontre une très notable différence, en ce que notre mémoire ne peut jamais lier et joindre nos songes les uns avec les autres, et avec toute la suite de notre vie, ainsi qu'elle a de coutume de joindre les choses qui nous arrivent étant éveillés : et en effet, si quelqu'un, lorsque je veille, m'apparaissait tout soudain et disparaissait de même comme font les images que je vois en dormant, en sorte que je ne pusse remarquer ni d'où il viendrait, ni où il irait, ce ne serait pas sans raison que je l'estimerais un spectre ou un fantôme formé dans mon cerveau et semblable à ceux qui s'y forment quand je dors, plutôt qu'un vrai homme. Mais lorsque j'aperçois des choses dont je connais distinctement et le lieu d'où elles viennent, et celui où elles sont, et le temps auquel elles m'apparaissent, et que sans aucune interruption je puis lier le sentiment que j'en ai avec la suite du reste de ma vie, je suis entièrement assuré que je les aperçois en veillant, et non point dans le sommeil. Et je ne dois en aucune façon douter de la vérité de ces choses-là, si, après avoir appelé tous mes sens, ma mémoire, et mon entendement pour les examiner, il ne m'est rien rapporté par aucun d'eux qui ait de la répugnance avec ce qui m'est rapporté par les autres. Car de ce que Dieu n'est point trompeur il suit nécessairement que je ne suis point en cela trompé.

Mais, parce que la nécessité des affaires nous oblige souvent à nous déterminer avant que nous ayons eu le loisir de les examiner si soigneusement, il faut avouer que la vie de l'homme est sujette à faillir fort souvent dans les choses particulières : et enfin il faut reconnaître l'infirmité et la faiblesse de notre nature.

OBJECTIONS

FAITES PAR DES PERSONNES TRÈS DOCTES, CONTRE LES PRÉCÉDENTES MÉDITATIONS, AVEC LES RÉPONSES DE L'AUTEUR.

PREMIÈRES OBJECTIONS

FAITES PAR MONSIEUR CATERUS, SAVANT THÉOLOGIEN DES PAYS-BAS

Contre les 3e, 5e et 6e Méditations.

Messieurs,

Aussitôt que j'ai reconnu le désir que vous aviez que j'examinasse avec soin les écrits de Monsieur Descartes, j'ai pensé qu'il était de mon devoir de satisfaire en cette occasion à des personnes qui me sont si chères, tant pour vous témoigner par là l'estime que je fais de votre amitié que pour vous faire connaître ce qui manque à ma suffisance et à la perfection de mon esprit; afin que dorénavant vous ayez un peu plus de charité pour moi, si j'en ai besoin, et que vous m'épargniez une autre fois si je ne puis porter la charge que vous m'avez imposée.

On peut dire avec vérité, selon que j'en puis juger, que Monsieur Descartes est un homme d'un très grand esprit et d'une très profonde modestie, et sur lequel je ne pense pas que Momus, le plus médisant de son siècle, pût trouver à reprendre : *Je pense,* dit-il, *donc je suis,* voire même je suis la pensée même, ou l'esprit, cela est vrai : or est-il qu'en pensant j'ai en moi les idées des choses, et premièrement celle d'un être très parfait et infini, je l'accorde ; mais je n'en suis pas la cause, moi qui n'égale pas la réalité objective d'une telle idée ; donc quelque chose de plus parfait que moi en est la cause, et partant il y a un être différent de moi qui existe et qui a plus de perfections que je n'ai pas. Ou, comme dit saint Denis au chapitre cinquième des noms divins, il y a quelque nature qui ne possède pas l'être à la façon des autres choses, mais qui embrasse et contient en soi très simplement, et sans aucune circonscription, tout ce qu'il y a d'essence dans l'être, et en qui toutes choses sont renfermées comme dans la cause première et universelle.

Mais je suis contraint de m'arrêter un peu, de peur de me fatiguer trop ; car j'ai déjà l'esprit aussi agité que le flottant Euripe : j'accorde, je nie, j'approuve, je réfute, je ne veux pas m'éloigner de l'opinion de ce grand homme, et toutefois je n'y puis consentir. Car, je vous prie, quelle cause requiert une idée ? Ou dites-moi ce que c'est qu'idée. Si je l'ai bien compris, *c'est la chose même pensée, en tant qu'elle est objectivement dans l'entendement.* Mais qu'est-ce qu'être objectivement dans l'entendement ? Si je l'ai bien appris, c'est terminer à la façon d'un objet l'acte de l'entendement, ce qui en effet n'est qu'une dénomination extérieure et qui n'ajoute rien de réel à la chose. Car tout ainsi qu'être vu n'est en moi autre chose sinon que l'acte de la vision tend vers moi, de même être pensé ou être objectivement dans l'entendement, c'est terminer et arrêter en soi la pensée de l'esprit ; ce qui se peut faire sans aucun mouvement et changement en la chose, voire même sans que la chose soit. Pourquoi donc recherchai-je la cause d'une chose qui actuellement n'est point, qui n'est qu'une simple dénomination et un pur néant ?

Et néanmoins, dit ce grand esprit, *de ce qu'une idée contient une telle réalité objective, ou celle-là plutôt qu'une autre, elle doit sans doute avoir cela de quelque cause.* Au contraire d'aucune : car la réalité objective est une pure dénomination, actuellement elle n'est point. Or l'influence que donne une cause est réelle et actuelle : ce qui actuellement n'est point ne la peut pas recevoir, et partant ne peut pas dépendre ni procéder d'aucune véritable cause, tant s'en faut qu'il en requière. Donc j'ai des idées, mais il n'y a point de causes de ces idées ; tant s'en faut qu'il y en ait une plus grande que moi et infinie.

Mais quelqu'un me dira peut-être : si vous n'assignez point de cause aux idées, dites-nous au moins la raison pourquoi cette idée contient plutôt cette réalité objective que celle-là ? C'est très bien dit : car je n'ai pas coutume d'être réservé avec mes amis, mais je traite avec eux libéralement. Je dis universellement de toutes les idées ce que M. Descartes a dit autrefois du triangle : *Encore que peut-être*, dit-il, *il n'y ait en aucun lieu du monde hors de ma* pensée une telle figure et qu'il n'y en ait jamais eu, il ne laisse pas néanmoins d'y avoir une certaine nature, ou forme, ou essence déterminée de cette figure, laquelle est immuable et éternelle. Ainsi cette vérité est éternelle et elle ne requiert point de cause. Un bateau est un bateau, et rien autre chose; Davus est Davus, et non Œdipus. Si néanmoins vous me pressez de vous dire une raison, je vous dirai que cela vient de l'imperfection de notre esprit qui n'est pas infini : car ne pouvant par une seule appréhension embrasser l'univers (c'est-à-dire tout l'Etre et tout le Bien en général) qui est tout ensemble et tout à la fois, il le divise et le partage; et ainsi ce qu'il ne saurait enfanter ou produire tout entier, il le conçoit petit à petit, ou bien comme on dit, en l'Ecole (*Inadequate*) imparfaitement et par partie.

Mais ce grand homme poursuit : *or pour imparfaite que soit cette façon d'être par laquelle une chose est objectivement dans l'entendement par son idée, certes on ne peut pas néanmoins dire que cette façon et manière-là ne soit rien, ni par conséquent que cette idée vient du néant.*

Il y a ici de l'équivoque, car si ce mot *Rien* est la même chose que n'être pas actuellement, en effet ce n'est rien, parce qu'elle n'est pas actuellement, et ainsi elle vient du néant, c'est-à-dire qu'elle n'a point de cause : mais si ce mot *Rien* dit quelque chose de feint par l'esprit, qu'ils appellent vulgairement *Etre de raison*, ce n'est pas un *Rien*, mais une chose réelle, qui est conçue distinctement. Et néanmoins parce qu'elle est seulement conçue et qu'actuellement elle n'est pas, elle peut à la vérité être conçue, mais elle ne peut aucunement être causée ou mise hors de l'entendement.

Mais je veux, dit-il, *outre cela examiner si moi, qui ai cette idée de Dieu, je pourrais être, en cas qu'il n'y eût point de Dieu* ou comme il dit immédiatement auparavant, *en cas qu'il n'y eût point d'être plus parfait que le mien, et qui ait mis en moi son idée. Car*, dit-il, *de qui aurais-je mon existence? peut-être de moi-même, ou de mes parents, ou de quelques autres, etc. Or est-il que si je l'avais de moi-même, je ne douterais point ni ne désirerais point, et il ne me manquerait aucune chose; car je me serais donné toutes les perfections dont j'ai en moi quelque idée, et ainsi moi-même je serais Dieu. Que si j'ai mon existence d'autrui, je viendrai enfin à ce qui l'a de soi, et ainsi le même raisonnement que je viens de faire pour moi est pour lui, et prouve qu'il est Dieu.* Voilà certes à mon avis la même voie que suit saint Thomas, qu'il appelle la voie de la causalité de la cause efficiente, laquelle il a tirée du philosophe, hormis que saint Thomas ni Aristote ne se sont pas souciés des causes des idées. Et peut-être n'en était-il pas besoin ; car pourquoi ne suivrai-je pas la voie la plus droite et la moins écartée ? Je pense, donc je suis, voire même je suis l'esprit même et la pensée ; or cette pensée et cet esprit, ou il est par soi-même ou par autrui ; si par autrui, celui-là enfin par qui est-il? s'il est par soi, donc il est Dieu, car ce qui est par soi se sera aisément donné toutes choses.

Je prie ici ce grand personnage et le conjure de ne se point cacher à un lecteur qui est désireux d'apprendre et qui peut-être n'est pas beaucoup intelligent. Car ce mot *par soi* est pris en deux façons ; en la première, il est pris positivement, à savoir par soi-même comme par une cause, et ainsi ce qui serait par soi et se donnerait l'être à soi-même, si par un choix prévenu et prémédité il se donnait ce qu'il voudrait, sans doute qu'il se donnerait toutes choses et partant il serait Dieu. En la seconde, ce mot *par soi* est pris négativement et est la même chose que *de soi-même* ou *non par autrui* : et c'est de cette façon (si je m'en souviens) qu'il est pris de tout le monde.

Or maintenant si quelque chose est *par soi*, c'est-à-dire *non par autrui*, comment prouverez-vous pour cela qu'elle comprend tout et qu'elle est infinie? Car à présent je ne vous écoute point si vous dites : puisqu'elle est par soi, elle se sera aisément donné toutes choses; d'autant qu'elle n'est pas par soi comme par une cause et qu'il ne lui pas été possible, avant qu'elle fût, de prévoir ce qu'elle pourrait être pour choisir ce qu'elle serait après. Il me souvient d'avoir autrefois entendu Suarez raisonner de la sorte : toute limitation vient d'une cause, car une chose est finie et limitée ou parce que la cause ne lui a pu donner rien de plus grand ni de plus parfait, ou parce qu'elle ne l'a pas voulu : si donc quelque chose est par soi et non par une cause il est vrai de dire qu'elle est infinie et non limitée.

Pour moi je n'acquiesce pas tout à fait à ce raisonnement ; car qu'une chose soit par soi tant qu'il vous plaira, c'est-à-dire qu'elle ne soit point par autrui, que pourrez-vous dire si cette limitation vient de ses principes internes et constituants, c'est-à-dire de sa forme même et de son essence, laquelle néanmoins vous n'avez pas encore prouvé être infinie? Certainement si vous supposez que le chaud est chaud, il sera chaud par ses principes internes et constituants, et non pas froid, encore que vous imaginiez qu'il ne soit pas par autrui ce qu'il est. Je ne doute point que M. Descartes ne manque pas de raisons pour substituer à ce que les autres n'ont peut-être pas assez suffisamment expliqué ni déduit assez clairement.

Enfin je conviens avec ce grand homme, en ce qu'il établit

pour règle générale *que les choses que nous concevons fort clairement et fort distinctement sont toutes vraies*. Même je crois que tout ce que je pense est vrai, et il y a déjà longtemps que j'ai renoncé à toutes les chimères et à tous les Etres de raison, car aucune puissance ne se peut détourner de son propre objet; si la volonté se meut, elle tend au bien ; les sens mêmes ne se trompent point : car la vue voit ce qu'elle voit, l'oreille entend ce qu'elle entend et si on voit de l'oripeau, on voit bien : mais on se trompe lorsqu'on détermine par son jugement que ce que l'on voit est de l'or. Et alors c'est qu'on ne conçoit pas bien, ou plutôt qu'on ne conçoit point; car comme chaque faculté ne se trompe point vers son propre objet, si une fois l'entendement conçoit clairement et distinctement une chose, elle est vraie; de sorte que M. Descartes attribue avec beaucoup de raison toutes les erreurs au jugement et à la volonté.

Mais maintenant voyons si ce qu'il veut inférer de cette règle est véritable. Je connais, dit-il, clairement et distinctement l'Etre infini; donc c'est un être vrai et qui est quelque chose. Quelqu'un lui demandera : connaissez-vous clairement et distinctement l'Etre infini? Que veut donc dire cette commune maxime, laquelle est reçue d'un chacun : *L'infini en tant qu'infini est inconnu?* Car si lorsque je pense à un Chiliogone, me représentant confusément quelque figure, je n'imagine ou ne connais pas distinctement ce chiliogone, parce que je ne me représente pas distinctement ses mille côtés. Comment est-ce que je concevrai distinctement, et non pas confusément l'Etre infini en tant qu'infini, vu que je ne puis voir clairement, et comme au doigt et à l'œil, les infinies perfections dont il est composé?

Et c'est peut-être ce qu'a voulu dire saint Thomas : car ayant nié que cette proposition *Dieu est*, fût claire et connue sans preuve, il se fait à soi-même cette objection des paroles de saint Damascène; la connaissance que Dieu est, est naturellement empreinte en l'esprit de tous les hommes ; donc c'est une chose claire et qui n'a point besoin de preuve pour être connue. A quoi il répond : connaître que Dieu est en général, et comme il dit, sous quelque confusion, à savoir en tant qu'il est la béatitude de l'homme, cela est naturellement imprimé en nous; mais ce n'est pas, dit-il, connaître simplement que *Dieu est*; tout ainsi que connaître que quelqu'un vient, ce n'est pas connaître Pierre, encore que ce soit Pierre qui vienne, etc. Comme s'il voulait dire que Dieu est connu sous une raison commune, ou de fin dernière, ou même de premier être, et très parfait, ou enfin sous la raison d'un Etre qui comprend et embrasse confusément et en général toutes choses: mais non pas

12.

sous la raison précise de son être, car ainsi il est infini et nous est inconnu. Je sais que Monsieur Descartes répondra facilement à celui qui l'interrogera de la sorte ; je crois néanmoins que les choses que j'allègue ici seulement par forme d'entretien et d'exercice feront qu'il se ressouviendra de ce que dit Boèce, qu'il y a certaines notions communes qui ne peuvent être connues sans preuve que par les savants. De sorte qu'il ne se faut pas fort étonner si ceux-là interrogent beaucoup qui désirent savoir plus que les autres, et s'ils s'arrêtent longtemps à considérer ce qu'ils savent avoir été dit et avancé, comme le premier et principal fondement de toute l'affaire, et que néanmoins ils ne peuvent entendre sans une longue recherche et une très grande attention d'esprit.

Mais demeurons d'accord de ce principe, et supposons que quelqu'un ait l'idée claire et distincte d'un être souverain et souverainement parfait ; que prétendez-vous inférer de là ? C'est à savoir, que cet être infini existe, et cela si certainement *que je dois être au moins aussi assuré de l'existence de Dieu que je l'ai été jusques ici de la vérité des démonstrations mathématiques : en sorte qu'il n'y a pas moins de répugnance de concevoir un Dieu (c'est-à-dire un être souverainement parfait) auquel manque l'existence, c'est-à-dire (auquel manque quelque perfection) que de concevoir une montagne qui n'ait point de vallée.* C'est ici le nœud de toute la question ; qui cède à présent, il faut qu'il se confesse vaincu ; pour moi qui ai à faire avec un puissant adversaire, il faut que j'esquive un peu, afin qu'ayant à être vaincu je diffère au moins pour quelque temps ce que je ne puis éviter.

Et premièrement encore que nous n'agissions pas ici par autorité, mais seulement par raison, néanmoins de peur qu'il ne semble que je me veuille opposer sans sujet à ce grand esprit, écoutez plutôt saint Thomas qui se fait à soi-même cette objection : aussitôt qu'on a compris et entendu ce que signifie ce nom *Dieu*, on sait que Dieu est ; car par ce nom on entend une chose telle que rien de plus grand ne peut être conçu. Or ce qui est dans l'entendement et en effet est plus grand que ce qui est seulement dans l'entendement ; c'est pourquoi, puisque ce nom *Dieu* étant entendu, Dieu est dans l'entendement, il s'ensuit aussi qu'il est en effet : lequel argument je rends ainsi en forme. Dieu est ce qui est tel que rien de plus grand ne peut être conçu, mais ce qui est tel que rien de plus grand ne peut être conçu enferme l'existence ; donc Dieu, par son nom ou par son concept, enferme l'existence ; et partant il ne peut être ni être conçu sans existence. Maintenant dites-moi, je vous prie, n'est-ce pas là le même argument de Monsieur Descartes? Saint Thomas définit Dieu ainsi : ce qui est tel que rien de plus grand ne peut être conçu ; Monsieur Descartes l'appelle un Être souverainement parfait ; certes rien de plus grand que lui ne peut être conçu. Saint Thomas poursuit : ce qui est tel que rien de plus grand ne peut être conçu enferme l'existence, autrement quelque chose de plus grand que lui pourrait être conçu, à savoir ce qui est conçu enfermer aussi l'existence. Mais Monsieur Descartes ne semble-t-il pas se servir de la même mineure dans son argument : Dieu est un Être souverainement parfait. Or est-il que l'Être souverainement parfait enferme l'existence, autrement il ne serait pas souverainement parfait. Saint Thomas infère, donc, puisque ce nom *Dieu* étant compris et entendu, il est dans l'entendement, il s'ensuit aussi qu'il est en effet : c'est-à-dire de ce que dans le concept, ou la notion essentielle d'un être tel que rien de plus grand ne peut être conçu, l'existence est comprise et enfermée, il s'ensuit que cet être existe. Monsieur Descartes infère la même chose. *Mais*, dit-il, *de cela seul que je ne puis concevoir Dieu sans existence, il s'ensuit que l'existence est inséparable de lui, et partant qu'il existe véritablement*. Que maintenant saint Thomas réponde à soi-même et à Monsieur Descartes. Posé, dit-il, que chacun entende que par ce nom *Dieu*, il est signifié ce qui a été dit, à savoir, ce qui est tel que rien de plus grand ne peut être conçu, il ne s'ensuit pas pour cela qu'on entende que la chose qui est signifiée par ce nom soit dans la nature, mais seulement dans l'appréhension de l'entendement. Et on ne peut pas dire qu'elle soit en effet, si on ne demeure d'accord qu'il y a en effet quelque chose telle que rien de plus grand ne peut être conçu : ce que ceux-là nient ouvertement qui disent qu'il n'y a point de Dieu. D'où je réponds aussi en peu de paroles : encore que l'on demeure d'accord que l'être souverainement parfait par son propre nom emporte l'existence, néanmoins il ne s'ensuit pas que cette même existence soit dans la nature actuellement quelque chose, mais seulement qu'avec le concept ou la notion de l'être souverainement parfait, celle de l'existence est inséparablement conjointe. D'où vous ne pouvez pas inférer que l'existence de Dieu soit actuellement quelque chose, si vous ne supposez que cet être souverainement parfait existe actuellement ; car pour lors il contiendra actuellement toutes les perfections, et celle aussi d'une existence réelle.

Trouvez bon maintenant, Messieurs, qu'après tant de fatigue je délasse un peu mon esprit. Ce composé, *un lion existant*, enferme essentiellement ces deux parties, à savoir, un lion et l'existence ; car si vous ôtez l'une ou l'autre, ce ne sera plus le même composé. Maintenant Dieu n'a-t-il pas de toute éternité connu clairement et distinctement ce composé? Et l'idée de ce composé, en tant que tel, n'enferme-t-elle pas essentiellement l'une et l'autre de ces parties? C'est-à-dire l'existence n'est-elle pas de l'essence de ce composé *un lion existant?* Et néanmoins la distincte connaissance que Dieu en a eue de toute éternité ne fait pas nécessairement que l'une ou l'autre partie de ce composé soit, si on ne suppose que tout ce composé est actuellement : car alors il enfermera et contiendra en soi toutes ses perfections essentielles, et partant aussi l'existence actuelle. De même, encore que je connaisse clairement et distinctement l'être souverain, et encore que l'être souverainement parfait dans son concept essentiel enferme l'existence, néanmoins il ne s'ensuit pas que cette existence soit actuellement quelque chose si vous ne supposez que cet être souverain existe; car alors avec toutes ses autres perfections il enfermera aussi actuellement celle de l'existence : et ainsi il faut prouver d'ailleurs que cet être souverainement parfait existe.

J'en dirai peu touchant l'essence de l'âme et sa distinction réelle d'avec le corps; car je confesse que ce grand esprit m'a déjà tellement fatigué qu'au delà je ne puis quasi plus rien. S'il y a une distinction entre l'âme et le corps, il semble la prouver de ce que ces deux choses peuvent être conçues distinctement et séparément l'une de l'autre. Et sur cela je mets ce savant homme aux prises avec Scot, qui dit qu'afin qu'une chose soit conçue distinctement et séparément d'une autre, il suffit qu'il y ait entre elles une distinction qu'il appelle *formelle* et *objective*, laquelle il met entre *la distinction réelle et celle de raison*, et c'est ainsi qu'il distingue la Justice de Dieu d'avec sa miséricorde; car elles ont, dit-il, avant aucune opération de l'entendement, des raisons formelles différentes, en sorte que l'une n'est pas l'autre; et néanmoins ce serait une mauvaise conséquence de dire : la justice peut être conçue séparément d'avec la miséricorde, donc elle peut aussi exister séparément. Mais je ne vois pas que j'ai déjà passé les bornes d'une lettre.

Voilà, messieurs, les choses que j'avais à dire touchant ce que vous m'avez proposé, c'est à vous maintenant d'en être les juges. Si vous prononcez en ma faveur, il ne sera pas malaisé d'obliger Monsieur Descartes à ne me vouloir point de mal si je lui ai un peu contredit; que si vous êtes pour lui, je donne dès à présent les mains et me confesse vaincu, et ce d'autant plus volontiers que je craindrais de l'être encore une autre fois. Adieu.

RÉPONSES DE L'AUTEUR

AUX PREMIÈRES OBJECTIONS FAITES PAR M. CATERUS SAVANT THÉOLOGIEN DES PAYS-BAS

Contre les 3e, 5e et 6e Méditations.

Messieurs,

Je vous confesse que vous avez suscité contre moi un puissant adversaire, duquel l'esprit et la doctrine eussent pu me donner beaucoup de peine, si cet officieux et dévôt théologien n'eût mieux aimé favoriser la cause de Dieu et celle de son faible défenseur que de la combattre à force ouverte. Mais quoiqu'il lui ait été très honnête d'en user de la sorte, je ne pourrais pas m'exempter de blâme si je tâchais de m'en prévaloir : c'est pourquoi mon dessein est plutôt de découvrir ici l'artifice dont il s'est servi pour m'assister que de lui répondre comme à un adversaire.

Il a commencé par une brièvre déduction de la principale raison dont je me sers pour prouver l'existence de Dieu, afin que les lecteurs s'en ressouviennent d'autant mieux. Puis ayant succinctement accordé les choses qu'il a jugé être suffisamment démontrées, et ainsi les ayant appuyées de son autorité, il est venu au nœud de la difficulté, qui est de savoir ce qu'il faut ici entendre par le nom d'*idée* et quelle cause cette idée requiert.

Or, j'ai écrit en quelque part, *que l'idée est la chose même conçue ou pensée, en tant qu'elle est objectivement dans l'entendement*, lesquelles paroles il feint d'entendre tout autrement que je ne les ai dites, afin de me donner occasion de les expliquer plus clairement. *Etre*, dit-il, *objectivement dans l'entendement, c'est terminer à la façon d'un objet l'acte de l'entendement, ce qui n'est qu'une dénomination extérieure, et qui n'ajoute rien de réel à la chose, etc.*; où il faut remarquer qu'il a égard à la chose même, en tant qu'elle est hors de l'entendement, au respect de laquelle c'est de vrai une dénomination extérieure qu'elle soit objectivement dans l'entendement, mais que je parle de l'idée qui n'est jamais hors de l'entendement, et au respect de laquelle *être objectivement* ne signifie autre chose qu'être dans l'entendement en la manière que les objets ont coutume d'y être. Ainsi, par exemple, si quelqu'un demande qu'est-ce qui arrive au soleil de ce qu'il est objectivement dans mon entendement, on répond fort bien qu'il ne lui arrive rien qu'une dénomination extérieure, savoir est qu'il termine à la façon d'un objet l'opération de mon entendement : mais si l'on demande de l'idée du soleil ce que c'est, et qu'on réponde que c'est la chose même pensée, en tant qu'elle est objectivement dans l'entendement, personne n'entendra que c'est le soleil même, en tant que cette extérieure dénomination est en lui. Et là *être objectivement dans l'entendement* ne signifiera pas terminer son opération à la façon d'un objet, mais bien être dans l'entendement en la manière que ces objets ont coutume d'y être : en telle sorte que l'idée du soleil est le soleil même existant dans l'entendement, non pas à la vérité formellement, comme il est au ciel, mais objectivement, c'est-à-dire en la manière que les objets ont coutume d'exister dans l'entendement : laquelle façon d'être est de vrai bien plus imparfaite que celle par laquelle les choses existent hors de l'entendement ; mais pourtant ce n'est pas un pur rien, comme je l'ai déjà dit ci-devant.

Et lorsque ce savant théologien dit qu'il y a de l'équivoque en ces paroles, *un pur rien*, il semble avoir voulu m'avertir de celle que je viens tout maintenant de remarquer, de peur que je n'y prisse pas garde. Car il dit premièrement qu'une chose ainsi existante dans l'entendement par son idée n'est pas un être réel ou actuel, c'est-à-dire que ce n'est pas quelque chose qui soit hors de l'entendement, ce qui est vrai ; et après il dit aussi que ce n'est pas quelque chose de feint par l'esprit ou un être de raison, mais quelque chose de réel, qui est conçu distinctement ; par lesquelles paroles il admet entièrement tout ce que j'ai avancé : mais néanmoins il ajoute, parce que cette chose est seulement conçue, et qu'actuellement elle n'est pas (c'est-à-dire parce qu'elle est seulement une idée, et non pas quelque chose hors de l'entendement) elle peut à la vérité être conçue, mais elle ne peut aucunement être causée, ou mise hors de l'entendement, c'est-à-dire qu'elle n'a pas besoin de cause pour exister hors de l'entendement ; ce que je confesse, car hors de lui elle n'est rien ; mais certes elle a besoin de cause pour être conçue, et c'est de celle-là seule qu'il est ici question. Ainsi si quelqu'un a dans l'esprit l'idée de quelque machine fort artificielle, on peut avec raison demander quelle est la cause de cette idée ; et celui-là ne satisferait pas qui dirait que cette idée hors de l'entendement n'est rien, et partant qu'elle ne peut être causée, mais seulement conçue ; car on ne demande ici rien autre chose sinon quelle est la cause pourquoi elle est conçue ; celui-là ne satisfera pas non plus qui dira que l'entendement même en est la cause, comme étant une de ses opéralions ; car on ne doute point de cela, mais seulement on demande quelle est la cause de l'artifice objectif qui est en elle. Car que cette idée contienne un tel artifice objectif plutôt qu'un autre, elle doit sans doute avoir cela de quelque cause ; et l'artifice objectif est la même chose au respect de cette idée qu'au respect de l'idée de Dieu la réalité ou perfection objective. Et de vrai, l'on peut assigner diverses causes de cet artifice ; car ou c'est quelque réelle et semblable machine qu'on aura vue auparavant, à la ressemblance de laquelle cette idée a été formée, ou une grande connaissance de la mécanique qui est dans l'entendement de celui qui a cette idée, ou peut-être une grande subtilité d'esprit, par le moyen de laquelle il a pu l'inventer sans aucune autre connaissance précédente. Et il faut remarquer que tout l'artifice qui n'est qu'objectivement dans cette idée doit par nécessité être formellement ou éminemment dans sa cause, quelle que cette cause puisse être. De même aussi faut-il penser de la réalité objective qui est dans l'idée de Dieu. Mais en qui est-ce que toute cette réalité ou perfection se pourra ainsi rencontrer, sinon en Dieu réellement existant ? Et cet esprit excellent a fort bien vu toutes ces choses ; c'est pourquoi il confesse qu'on peut demander pourquoi cette idée contient cette réalité objective plutôt qu'une autre ; à laquelle demande il a répondu premièrement : *Que de toutes les idées il en est de même que de ce que j'ai écrit de l'idée du triangle ; savoir est que bien que peut-être il n'y ait point de triangle en aucun lieu du monde, il ne laisse pas néanmoins d'y avoir une certaine nature, ou forme, ou essence déterminée du triangle, laquelle est immuable et éternelle*, et laquelle il dit n'avoir pas besoin de cause. Ce que néanmoins il a bien jugé ne pouvoir pas satisfaire ; car encore que la nature du triangle soit immuable et éternelle, il n'est pas pour cela moins permis de demander pourquoi son idée est en nous. C'est pourquoi il a ajouté : *Si néanmoins vous me pressez de vous dire une raison, je vous dirai que cela vient de l'imperfection de notre esprit, etc.* Par laquelle réponse il semble n'avoir voulu signifier autre chose sinon que ceux qui se voudront ici éloigner de mon sentiment ne pourront rien répondre de vraisemblable. Car en effet, il n'est pas plus probable de dire que la cause pourquoi l'idée de Dieu est en nous soit l'imperfection de notre esprit, que si on disait que l'ignorance des mécaniques fût la cause pourquoi nous imaginons plutôt une machine fort pleine d'artifice qu'une autre moins parfaite ; car tout au contraire, si quelqu'un a l'idée d'une machine dans laquelle soit contenu tout l'artifice que l'on saurait imaginer, l'on infère fort bien de là que cette idée procède d'une cause dans laquelle il y avait réellement et en effet tout l'artifice imaginable, encore qu'il ne soit qu'objectivement et non point en effet dans cette idée; et par la même raison puisque nous avons en nous l'idée de Dieu, dans laquelle toute la perfection est contenue que l'on puisse jamais concevoir, on peut de là conclure très évidemment que cette idée dépend et procède de quelque cause qui contient en soi véritablement toute cette perfection, à savoir de Dieu réellement existant. Et certes la difficulté ne paraîtrait pas plus grande en l'un qu'en l'autre, si, comme tous les hommes ne sont pas savants en la mécanique, et pour cela ne peuvent pas avoir des idées de machines fort artificielles, ainsi tous n'avaient pas la même faculté de concevoir l'idée de Dieu; mais parce qu'elle est empreinte d'une même façon dans l'esprit de tout le monde et que nous ne voyons pas qu'elle nous vienne jamais d'ailleurs que de nous-mêmes, nous supposons qu'elle appartient à la nature de notre esprit. Et certes non mal à propos, mais nous oublions une autre chose que l'on doit principalement considérer, et d'où dépend toute la force et toute la lumière ou l'intelligence de cet argument, qui est que cette faculté d'avoir en soi l'idée de Dieu ne pourrait être en nous si notre esprit était seulement une chose finie, comme il est en effet, et qu'il n'eût point pour cause de son être une cause qui fût Dieu. C'est pourquoi outre cela j'ai demandé, savoir si je pourrais être, en cas que Dieu ne fût point; non tant pour apporter une raison différente de la précédente que pour l'expliquer plus parfaitement.

Mais ici la courtoisie de cet adversaire me jette dans un passage assez difficile et capable d'attirer sur moi l'envie et la jalousie de plusieurs; car il compare mon argument avec un autre tiré de saint Thomas et d'Aristote, comme s'il voulait par ce moyen m'obliger à dire la raison pourquoi, étant entré avec eux dans un même chemin, je ne l'ai pas néanmoins suivi en toutes choses; mais je le prie de me permettre de ne point parler des autres et de rendre seulement raison des choses que j'ai écrites. Premièrement donc, je n'ai point tiré mon argument de ce que je voyais que dans les choses sensibles il y avait un ordre, ou une certaine suite de causes efficientes; partie à cause que j'ai pensé que l'existence de Dieu était beaucoup plus évidente que celle d'aucune chose sensible; et partie aussi pour ce que je ne voyais pas que cette suite de causes me pût conduire ailleurs qu'à me faire connaître l'imperfection de mon esprit, en ce que je ne puis comprendre comment une infinité de telles causes ont tellement succédé les unes aux autres de toute éternité qu'il n'y en ait point eu de première : car certainement, de ce que je ne puis comprendre cela, il ne s'ensuit pas qu'il y en doive avoir une première : non plus que de ce que je ne puis comprendre une infinité de divisions en une quantité finie, il ne s'ensuit pas que l'on puisse venir à une dernière, après laquelle cette quantité ne puisse plus être divisée : mais bien il suit seulement que mon entendement qui est fini ne peut comprendre l'infini. C'est pourquoi j'ai mieux aimé appuyer mon raisonnement sur l'existence de moi-même, laquelle ne dépend d'aucune suite de causes, et qui m'est si connue que rien ne le peut être davantage : et, m'interrogeant sur cela moi-même, je n'ai pas tant cherché par quelle cause j'ai autrefois été produit que j'ai cherché quelle est la cause qui à présent me conserve, afin de me délivrer par ce moyen de toute suite et succession de causes. Outre cela je n'ai pas cherché quelle est la cause de mon être, en tant que je suis composé de corps et d'âme, mais seulement et précisément en tant que je suis une chose qui pense, ce que je crois ne servir pas peu à ce sujet : car ainsi j'ai pu beaucoup mieux me délivrer des préjugés, considérer ce que dicte la lumière naturelle, m'interroger moi-même, et tenir pour certain que rien ne peut être en moi dont je n'aie quelque connaissance ; ce qui en effet est tout autre chose que si de ce que je vois que je suis né de mon père je considérais que mon père vient aussi de mon aïeul : et si voyant qu'en recherchant ainsi les pères de mes pères je ne pourrais pas continuer ce progrès à l'infini ; pour mettre fin à cette recherche je concluais qu'il y a une première cause. De plus, je n'ai pas seulement recherché quelle est la cause de mon être en tant que je suis une chose qui pense, mais je l'ai principalement et précisément recherchée en tant que je suis une chose qui pense, qui, entre plusieurs autres pensées, reconnais avoir en moi l'idée d'un être souverainement parfait ; car c'est de cela seul que dépend toute la force de ma démonstration. Premièrement, parce que cette idée me fait connaître ce que c'est que Dieu, au moins autant que je suis capable de le connaître : et selon les lois de la vraie logique, on ne doit jamais demander d'aucune chose *si elle est*, qu'on ne sache premièrement *ce qu'elle est*. En second lieu, parce que c'est cette même idée qui me donne occasion d'examiner si je suis par moi ou par autrui, et de reconnaître mes défauts. Et en dernier lieu, c'est elle qui m'apprend que non seulement il y a une cause de mon être, mais de plus aussi que cette cause contient toutes sortes de perfections, et partant qu'elle est Dieu. Enfin je n'ai point dit qu'il est impossible qu'une chose soit la cause efficiente de soi-même ; car encore que cela soit manifestement véritable lorsqu'on restreint la signification d'efficient à ces causes qui sont différentes de leurs effets, ou qui les précèdent en temps, il semble toutefois que dans cette question elle ne doit pas être ainsi restreinte, tant parce que ce serait une question frivole (car qui ne sait qu'une même chose ne peut pas être différente de soi-même, ni se précéder en temps?), comme aussi parce que la lumière naturelle ne nous dicte point que ce soit le propre de la cause efficiente de précéder en temps son effet; car au contraire, à proprement parler, elle n'a point le nom ni la nature de cause efficiente, sinon lorsqu'elle produit son effet, et partant elle n'est point devant lui. Mais certes la lumière naturelle nous dicte qu'il n'y a aucune chose de laquelle il ne soit loisible de demander pourquoi elle existe, ou bien dont on ne puisse rechercher la cause efficiente; ou si elle n'en a point, demander pourquoi elle n'en a pas besoin; de sorte que si je pensais qu'aucune chose ne peut en quelque façon être à l'égard de soi-même ce que la cause efficiente est à l'égard de son effet, tant s'en faut que de là je voulusse conclure qu'il y a une première cause, qu'au contraire de celle-là même qu'on appellerait première je rechercherais derechef la cause, et ainsi je ne viendrais jamais à une première. Mais certes j'avoue franchement qu'il peut y avoir quelque chose dans laquelle il y ait une puissance si grande et si inépuisable qu'elle n'ait jamais eu besoin d'aucun secours pour exister, et qui n'en ait pas encore besoin maintenant pour être conservée, et ainsi qui soit en quelque façon la cause de soi-même; et je conçois que Dieu est tel : car tout de même que bien que j'eusse été de toute éternité, et que par conséquent il n'y eût rien eu avant moi, néanmoins parce que je vois que les parties du temps peuvent être séparées les unes d'avec les autres, et qu'ainsi de ce que je suis maintenant il ne s'ensuit pas que je doive être encore après, si, pour ainsi parler, je ne suis créé de nouveau à chaque moment par quelque cause, je ne ferais point difficulté d'appeler *efficiente* la cause qui me crée continuellement en cette façon, c'est-à-dire qui me conserve. Ainsi encore que Dieu ait toujours été, néanmoins parce que c'est lui-même qui en effet se conserve, il semble qu'assez proprement il peut être dit et appelé *la cause de soi-même*. (Toutefois il faut remarquer que je n'entends pas ici parler d'une conservation qui se fasse par aucune influence réelle et positive de la cause efficiente, mais que j'entends seulement que l'essence de Dieu est telle qu'il est impossible qu'il ne soit, ou n'existe pas toujours).

Cela étant posé, il me sera facile de répondre à la distinction du mot *par soi* que ce très docte théologien m'avertit devoir être expliquée; car encore bien que ceux qui, ne s'attachant qu'à la propre et étroite signification d'efficient, pensent qu'il est impossible qu'une chose soit la cause efficiente de soi-même, et ne remarquent ici aucun autre genre de cause qui ait rapport et analogie avec la cause efficiente, encore, dis-je, que ceux-là n'aient pas de coutume d'entendre autre chose lorsqu'ils disent que quelque chose est *par soi*, sinon qu'elle n'a point de cause; si toutefois ils veulent plutôt s'arrêter à la chose qu'aux paroles, ils reconnaîtront facilement que la négative du mot *par soi* ne procède que de la seule imperfection de l'esprit humain, et qu'elle n'a aucun fondement dans les choses, mais qu'il y en a une autre positive tirée de la vérité des choses et sur laquelle seule mon argument est appuyé. Car si, par exemple, quelqu'un pense qu'un corps soit par soi, il peut n'entendre par là autre chose, sinon que ce corps n'a point de cause : et ainsi il n'assure point ce qu'il pense par aucune raison positive, mais seulement d'une façon négative, parce qu'il ne connaît aucune cause de ce corps : mais cela témoigne quelque imperfection en son jugement; comme il reconnaîtra facilement après s'il considère que les parties du temps ne dépendent point les unes des autres, et que, partant de ce qu'il a supposé que ce corps jusqu'à cette heure a été par soi, c'est-à-dire sans cause, il ne s'ensuit pas pour cela qu'il doive être encore à l'avenir, si ce n'est qu'il y ait en lui quelque puissance réelle et positive, laquelle, pour ainsi dire, le produise continuellement; car alors voyant que dans l'idée du corps il ne rencontre point une telle puissance, il lui sera aisé d'inférer de là que ce corps n'est pas par soi : et ainsi il prendra ce mot *par soi* positivement. De même lorsque nous disons que Dieu est par soi, nous pouvons aussi à la vérité entendre cela négativement, comme voulant dire qu'il n'a point de cause. Mais si nous avons auparavant recherché la cause pourquoi il est, ou pourquoi il ne cesse point d'être, et que considérant l'immense et incompréhensible puissance qui est contenue dans son idée nous l'ayons reconnue si pleine et si abondante qu'en effet elle soit la vraie cause pourquoi il est, et pourquoi il continue ainsi toujours d'être, et qu'il n'y en puisse avoir d'autre que celle-là, nous disons que Dieu est *par soi*, non plus négativement, mais au contraire très positivement. Car encore qu'il ne soit pas besoin de dire qu'il est la cause efficiente de soi-même, de peur que peut-être on n'entre en dispute du mot néanmoins parce que nous voyons que ce qui fait qu'il est par soi, ou qu'il n'a point de cause différente de soi-même, ne procède pas du néant, mais de la réelle et véritable immensité de sa puissance, il nous est tout à fait loisible de penser qu'il fait en quelque façon la même chose à l'égard de soi-même que la cause efficiente à l'égard de son effet, et partant qu'il est par soi positivement. Il est aussi loisible à un chacun de s'interroger soi-même, savoir si en ce même sens il est par soi ; et lorsqu'il ne trouve en soi aucune puissance capable de le conserver seulement un moment il conclut avec raison qu'il est par un autre, et même par un autre qui est par soi ; pour ce qu'étant ici question du temps présent, et non point du passé, ou du futur, le progrès ne peut pas être continué à l'infini. Voire même j'ajouterai ici de plus (ce que néanmoins je n'ai point écrit ailleurs) qu'on ne peut pas seulement aller jusqu'à une seconde cause, pour ce que celle qui a tant de puissance que de conserver une chose qui est hors de soi, se conserve à plus forte raison soi-même par sa propre puissance, et ainsi elle est *par soi*.

Et pour prévenir ici une objection que l'on pourrait faire, à savoir que peut-être celui qui s'interroge ainsi soi-même a la puissance de se conserver sans qu'il s'en aperçoive, je dis que cela ne peut être, et que si cette puissance était en lui il en aurait nécessairement connaissance ; car comme il ne se considère en ce moment que comme une chose qui pense, rien ne peut être en lui dont il n'ait ou ne puisse avoir connaissance, à cause que toutes les actions d'un esprit (comme serait celle de se conserver soi-même si elle procédait de lui) étant des pensées, et partant étant présentes et connues à l'esprit, celle-là, comme les autres, lui serait aussi présente et connue et par elle il viendrait nécessairement à connaître la faculté qui la produirait, toute action nous menant nécessairement à la connaissance de la faculté qui la produit.

Maintenant lorsqu'on dit que toute limitation est par une cause, je pense à la vérité qu'on entend une chose vraie, mais qu'on ne l'exprime pas en termes assez propres, et qu'on n'ôte pas la difficulté ; car à proprement parler, la limitation est seulement une négation d'une plus grande perfection, laquelle négation n'est point par une cause, mais bien la chose limitée. Et encore qu'il soit vrai que toute chose est limitée par une cause, cela néanmoins n'est pas de soi manifeste, mais il le faut prouver d'ailleurs. Car comme répond fort bien ce subtil théologien, une chose peut être limitée en deux façons, ou parce que celui qui l'a produite ne lui a pas donné plus de perfections, ou parce que sa nature est telle qu'elle n'en peut recevoir qu'un certain nombre, comme il est de la nature du triangle de n'avoir pas plus de trois côtés : mais il me semble que c'est une chose de soi évidente et qui n'a pas besoin de preuve, que tout ce qui existe est ou par une cause, ou par soi comme par une cause : car puisque nous concevons et entendons fort bien, non seulement l'existence, mais aussi la négation de l'existence, il n'y a rien que nous puissions feindre être tellement par soi qu'il ne faille donner aucune raison pourquoi plutôt il existe qu'il n'existe point : et ainsi nous devons toujours interpréter ce mot *être par soi* positivement, et comme si c'était être par une cause, à savoir par une surabondance de sa propre puissance, laquelle ne peut être qu'en Dieu seul, ainsi qu'on peut aisément démontrer.

Ce qui m'est ensuite accordé par ce savant docteur, bien qu'en effet il ne reçoive aucun doute, est néanmoins ordinairement si peu considéré, et est d'une telle importance pour tirer toute la philosophie hors des ténèbres où elle semble être ensevelie, que lorsqu'il le confirme par son autorité, il m'aide beaucoup en mon dessein.

Et il demande ici avec beaucoup de raison si je connais clairement et distinctement l'infini; car bien que j'aie tâché de prévenir cette objection, néanmoins elle se présente si facilement à un chacun, qu'il est nécessaire que j'y réponde un peu amplement. C'est pourquoi je dirai ici premièrement que l'infini, en tant qu'infini, n'est point à la vérité compris, mais que néanmoins il est entendu; car entendre clairement et distinctement qu'une chose est telle qu'on ne peut du tout point y rencontrer de limites, c'est clairement entendre qu'elle est infinie. Et je mets ici de la distinction entre *l'indéfini* et *l'infini*. Et il n'y a rien que je nomme proprement infini, sinon ce en quoi de toutes parts je ne rencontre point de limites, auquel sens Dieu seul est infini; mais pour les choses où sous quelque considération seulement je ne vois point de fin, comme l'étendue des espaces imaginaires, la multitude des nombres, la divisibilité des parties de la quantité, et autres choses semblables, je les appelle *indéfinies* et non pas *infinies*, parce que de toutes parts elles ne sont pas sans fin ni sans limites.

De plus je mets distinction entre la raison formelle de l'infini, ou l'infinité, et la chose qui est infinie. Car quant à l'infinité, encore que nous la concevions être très positive, nous ne l'entendons néanmoins que d'une façon négative, savoir est, de ce que nous ne remarquons en la chose aucune limitation : et quant à la chose qui est infinie, nous la concevons à la vérité positivement, mais non pas selon toute son étendue, c'est-à-dire que nous ne comprenons pas tout ce qui est intelligible en elle. Mais tout ainsi que lorsque nous jetons les yeux sur la mer, on ne laisse pas de dire que nous la voyons, quoique notre vue n'en atteigne pas toutes les parties et n'en mesure pas la vaste étendue. Et de vrai, lorsque nous ne la regardons que de loin, comme si nous la voulions embrasser toute avec les yeux, nous ne la voyons que confusément : comme aussi n'imaginons-nous que confusément un chiliogone lorsque nous tâchons d'imaginer tous ses côtés ensemble ; mais lorsque notre vue s'arrête sur une partie de la mer seulement, cette vision alors peut être fort claire et fort distincte, comme aussi l'imagination d'un chiliogone lorsqu'elle s'étend seulement sur un ou deux de ses côtés. De même j'avoue avec tous les théologiens que Dieu ne peut être compris par l'esprit humain, et même qu'il ne peut être distinctement connu par ceux qui tâchent de l'embrasser tout entier, et tout à la fois par la pensée, et qui le regardent comme de loin ; auquel sens saint Thomas a dit au lieu ci-devant cité, que la connaissance de Dieu est en nous sous une espèce de confusion seulement et comme sous une image obscure : mais ceux qui considèrent attentivement chacune de ses perfections, et qui appliquent toutes les forces de leur esprit à les contempler, non point à dessein de les comprendre, mais plutôt de les admirer et reconnaître combien elles sont au delà de toute compréhension, ceux-là, dis-je, trouvent en lui incomparablement plus de choses, qui peuvent être clairement et distinctement connues, et avec plus de facilité qu'il ne s'en trouve en aucune des choses créées. Ce que saint Thomas a fort bien reconnu lui-même en ce lieu-là, comme il est aisé de voir de ce qu'en l'article suivant il assure que l'existence de Dieu peut être démontrée. Pour moi, toutes les fois que j'ai dit que Dieu pouvait être connu clairement et distinctement, je n'ai jamais entendu parler que de cette connaissance finie et accommodée à la petite capacité de nos esprits ; aussi n'a-t-il pas été nécessaire de l'entendre autrement pour la vérité des choses que j'ai avancées, comme on verra facilement si on prend garde que je n'ai dit cela qu'en deux endroits, en l'un desquels il était question de savoir si quelque chose de réel était contenu dans l'idée que nous formons de Dieu, ou bien s'il n'y avait qu'une négation de chose (ainsi qu'on peut douter, si dans l'idée du froid, il n'y a rien qu'une négation de chaleur) ce qui peut aisément être connu, encore qu'on ne comprenne pas l'infini. Et en l'autre j'ai maintenu que l'existence n'appartenait pas moins à la nature de l'Être souverainement parfait que trois côtés appartiennent à la nature du triangle : ce qui se peut aussi assez entendre sans qu'on ait une connaissance de Dieu si étendue qu'elle comprenne tout ce qui est en lui.

Il compare ici derechef un de mes arguments avec un autre de saint Thomas, afin de m'obliger en quelque façon de montrer lequel des deux a le plus de force. Et il me semble que je le puis faire sans beaucoup d'envie, parce que saint Thomas ne s'est pas servi de cet argument comme sien, et il ne conclut pas la même chose que celui dont je me sers; et enfin je ne m'éloigne ici en aucune façon de l'opinion de cet angélique docteur. Car on lui demande, savoir, si la connaissance de l'existence de Dieu est si naturelle à l'esprit humain qu'il ne soit pas besoin de la prouver, c'est-à-dire si elle est claire et manifeste à un chacun, ce qu'il nie, et moi avec lui. Or l'argument qui s'objecte à soi-même se peut ainsi proposer : lorsqu'on comprend et entend ce que signifie ce nom *Dieu*, on entend une chose telle que rien de plus grand ne peut être conçu; mais c'est une chose plus grande d'être en effet et dans l'entendement, que d'être seulement l'entendement ; donc, lorsqu'on comprend et entend ce que signifie ce nom *Dieu*, on entend que Dieu est en effet et dans l'entendement. Où il y a une faute manifeste en la forme; car on devait seulement conclure : donc, lorsqu'on comprend et entend ce que signifie ce nom *Dieu*, on entend qu'il signifie une chose qui est en effet, et dans l'entendement : or ce qui est signifié par un mot ne paraît pas pour cela être vrai. Mais mon argument a été tel. Ce que nous concevons clairement et distinctement appartenir à la nature ou à l'essence, ou à la forme immuable et vraie de quelque chose, cela peut être dit ou affirmé avec vérité de cette chose; mais après que nous avons assez soigneusement recherché ce que c'est que Dieu, nous concevons clairement et distinctement qu'il appartient à sa vraie et immuable nature qu'il existe ; donc alors nous pouvons affirmer avec vérité qu'il existe, ou du moins la conclusion est légitime. Mais la majeure ne se peut aussi nier, parce qu'on est déjà demeuré d'accord ci-devant que tout ce que nous entendons ou concevons clairement et distinctement est vrai. Il ne reste plus que la mineure, où je confesse que la difficulté n'est pas petite. Premièrement, parce que nous sommes tellement accoutumés dans toutes les autres choses de distinguer l'existence de l'essence, que nous ne prenons pas assez garde comment elle appartient à l'essence de Dieu plutôt qu'à celle des autres choses : et aussi pour ce que ne distinguant pas assez soigneusement les choses qui appartiennent à la vraie et immuable essence de quelque chose, de celles qui ne lui sont attribuées que par la fiction de notre entendement, encore que nous apercevions assez clairement que l'existence appartient à l'essence de Dieu, nous ne concluons pas toutefois de là que Dieu existe, pour ce que nous ne savons pas si son essence est immuable et vraie, ou si elle a seulement été faite et inventée par notre esprit. Mais pour ôter la première partie de cette difficulté, il faut faire distinction entre l'existence possible et la nécessaire, et remarquer que l'existence possible est contenue dans la notion ou dans l'idée de toutes les choses que nous concevons clairement et distinctement, mais que l'existence nécessaire n'est contenue que dans l'idée seule de Dieu : car je ne doute point que ceux qui considéreront avec attention cette différence qui est entre l'idée de Dieu et toutes les autres idées, n'aperçoivent fort bien, qu'encore que nous ne concevions jamais les autres choses, sinon comme existantes, il ne s'ensuit pas néanmoins de là qu'elles existent, mais seulement qu'elles peuvent exister, parce que nous ne concevons pas qu'il soit nécessaire que l'existence actuelle soit conjointe avec leurs autres propriétés, mais que de ce que nous concevons clairement que l'existence actuelle est nécessairement et toujours conjointe avec les attributs de Dieu, il suit de là nécessairement que Dieu existe. Puis, pour ôter l'autre partie de la difficulté, il faut prendre garde que les idées qui ne contiennent pas de vraies et immuables natures, mais seulement de feintes et composées par l'entendement, peuvent être divisées par l'entendement même, non seulement par une abstraction ou restriction de sa pensée, mais par une claire et distincte opération ; en sorte que les choses que l'entendement ne peut pas ainsi diviser n'ont point sans doute été faites ou composées par lui. Par exemple, lorsque je me représente un cheval ailé, ou un lion actuellement existant, ou un triangle inscrit dans un carré, je conçois facilement que je puis aussi tout au contraire me représenter un cheval qui n'ait point d'ailes, un lion qui ne soit point existant, un triangle sans carré, et partant que ces choses n'ont point de vraies et immuables natures. Mais si je me représente un triangle ou un carré (je ne parle point ici du lion ni du cheval, pour ce que leurs natures ne nous sont pas entièrement connues) alors certes toutes les choses que je reconnaîtrai être contenues dans l'idée du triangle, comme ses trois angles sont égaux à deux droits, etc., je l'assurerai avec vérité d'un triangle, et d'un carré tout ce que je trouverai être contenu dans l'idée du carré ; car encore que je puisse concevoir un triangle, en restreignant tellement ma pensée que je ne conçoive en aucune façon que ses trois angles sont égaux à deux droits, je ne puis pas néanmoins nier cela de lui par une claire et distincte opéraration, c'est-à-dire entendant nettement ce que je dis. De plus, si je considère un triangle inscrit dans un carré, non afin d'attribuer au carré ce qui appartient seulement au triangle, ou d'attribuer au triangle ce qui appartient au carré, mais pour examiner seulement les choses qui naissent de la conjonction de l'un et de l'autre, la nature de cette figure composée du triangle et du carré ne sera pas moins vraie et immuable que celle du seul carré ou du seul triangle. De façon que je pourrai assurer avec vérité que le carré n'est pas moindre que le double du triangle qui lui est inscrit, et autres choses semblables qui appartiennent à la nature de cette figure composée. Mais si je considère que dans l'idée d'un corps très parfait l'existence est contenue, et cela pour ce que c'est une plus grande perfection d'être en effet et dans l'entendement que d'être seulement dans l'entendement, je ne puis pas de là conclure que ce corps très parfait existe, mais seulement qu'il peut exister. Car je reconnais assez que cette idée a été faite par mon entendement même, lequel a joint ensemble toutes les perfections corporelles ; et aussi que l'existence ne résulte point des autres perfections qui sont comprises en la nature du corps, pour ce que l'on peut également affirmer ou nier qu'elles existent, c'est-à-dire les concevoir comme existantes ou non existantes. Et de plus à cause qu'en examinant l'idée du corps, je ne vois en lui aucune force par laquelle il se produise, ou se conserve lui-même, je conclus fort bien que l'existence nécessaire, de laquelle seule il est ici question, convient aussi peu à la nature du corps, tant parfait qu'il puisse être, qu'il appartient à la nature d'une montagne de n'avoir point de vallée, ou à la nature du triangle d'avoir les trois angles plus grands que deux droits. Mais maintenant si nous demandons non d'un corps, mais d'une chose, telle qu'elle puisse être, qui ait en soi toutes les perfections qui peuvent être ensemble, savoir si l'existence doit être comptée parmi elles, il est vrai que d'abord nous en pourrons douter, parce que notre esprit qui est fini, n'ayant coutume de les considérer que séparées, n'apercevra peut-être pas du premier coup combien nécessairement elles sont jointes entre elles. Mais si nous examinons soigneusement, savoir, si l'existence convient à l'être souverainement puissant, et quelle sorte d'existence nous pourrons clairement et distinctement connaître, premièrement qu'au moins l'existence possible lui convient, comme à toutes les autres choses dont nous avons en nous quelque idée distincte, même à celles qui sont composées par les fictions de notre esprit ; en après, parce que nous ne pouvons penser que son existence est possible qu'en même temps prenant garde à sa puissance infinie, nous ne connaissions qu'il peut exister par sa propre force, nous conclurons de là que réellement il existe, et qu'il a été de toute éternité ; car il est très manifeste par la lumière naturelle, que ce qui peut exister par sa propre force existe toujours; et ainsi nous connaîtrons que l'existence nécessaire est contenue dans l'idée d'un être souverainement puissant, non par une fiction de l'entendement, mais parce qu'il appartient à la vraie et immuable nature d'un tel être d'exister : et il nous sera aussi aisé de connaître qu'il est impossible que cet être souverainement puissant n'ait point en soi toutes les autres perfections qui sont contenues dans l'idée de Dieu, en sorte que de leur propre nature, et sans aucune fiction de l'entendement, elles soient toutes jointes ensemble et existent dans Dieu. Toutes lesquelles choses sont manifestes à celui qui y pense sérieusement, et ne diffèrent point de celles que j'avais déjà ci-devant écrites, si ce n'est seulement en la façon dont elles sont ici expliquées, laquelle j'ai expressément changée pour m'accommoder à la diversité des esprits. Et je confesserai ici librement que cet argument est tel, que ceux qui ne se ressouviendront pas de toutes les choses qui servent à sa démonstration le prendront aisément pour un sophisme; et que cela m'a fait douter au commencement si je m'en devais servir, de peur de donner occasion à ceux qui ne le comprendraient pas de se défier aussi des autres. Mais pour ce qu'il n'y a que deux voies par lesquelles on puisse prouver qu'il y a un Dieu, savoir, l'une par ses effets, et l'autre par son essence, ou sa nature même, et que j'ai expliqué autant qu'il m'a été possible la première dans la troisième Méditation, j'ai cru qu'après cela je ne devais pas omettre l'autre.

Pour ce qui regarde la distinction formelle que ce très docte théologien dit avoir prise de Scot, je réponds brièvement qu'elle ne diffère point de la modale, et qu'elle ne s'étend que sur les êtres incomplets, lesquels j'ai soigneusement distingués de ceux qui sont complets; et qu'à la vérité elle suffit pour faire qu'une chose soit conçue séparément et distinctement d'une autre, par une abstraction de l'esprit qui conçoive la chose imparfaitement, mais non pas pour faire que deux choses soient conçues tellement distinctes et séparées l'une de l'autre que nous entendions que chacune est un être complet, et différent de toute autre; car pour cela il est besoin d'une distinction réelle. Ainsi, par exemple, entre le mouvement et la figure d'un même corps il y a une distinction formelle, et je puis fort bien concevoir le mouvement sans la figure, et la figure sans le mouvement, et l'un et l'autre sans penser particulièrement au corps qui se meut, ou qui est figuré. Mais je ne puis pas néanmoins concevoir pleinement et parfaitement le mouvement sans quelque corps auquel ce mouvement soit attaché; ni la figure sans quelque corps où réside cette figure; ni enfin je ne puis pas feindre que le mouvement soit en une chose dans laquelle la figure ne puisse être, ou la figure en une chose incapable de mouvement. De même je ne puis pas concevoir la justice sans un juste, ou la miséricorde sans un miséricordieux ; et on ne peut pas feindre que celui-là même qui est juste ne puisse pas être miséricordieux : mais je conçois pleinement ce que c'est que le corps (c'est-à-dire je conçois le corps comme une chose complète) en pensant seulement que c'est une chose étendue, figurée, mobile, etc. Encore que je nie de lui toutes les choses qui appartiennent à la nature de l'esprit ; et je conçois aussi que l'esprit est une chose complète, qui doute, qui entend, qui veut, etc. Encore que je nie qu'il y ait en lui aucune des choses qui sont contenues en l'idée du corps, ce qui ne se pourrait aucunement faire s'il n'y avait une distinction réelle entre le corps et l'esprit.

Voilà, messieurs, ce que j'ai eu à répondre aux objections subtiles et officieuses de votre ami commun. Mais si je n'ai pas été assez heureux d'y satisfaire entièrement, je vous prie que je puisse être averti des lieux qui méritent une plus ample explication, ou peut-être même sa censure : que si je puis obtenir cela de lui par votre moyen, je me tiendrai à tous infiniment votre obligé.

SECONDES OBJECTIONS

RECUEILLIES PAR LE R. P. MERSENNE
DE LA BOUCHE DE DIVERS THÉOLOGIENS ET PHILOSOPHES

Contre les 2°, 3°, 4°, 5° et 6° Méditations.

Monsieur,

Puisque, pour confondre les nouveaux géants du siècle qui osent attaquer l'auteur de toutes choses, vous avez entrepris d'en affermir le trône en démontrant son existence, et que votre dessein semble si bien conduit que les gens de bien peuvent espérer qu'il ne se trouvera désormais personne qui, après avoir lu attentivement vos Méditations, ne confesse qu'il y a un Dieu éternel de qui toutes choses dépendent, nous avons jugé à propos de vous avertir, et vous prier tout ensemble, de répandre encore sur de certains lieux que nous vous marquerons ci-après, une telle lumière, qu'il ne reste rien dans tout votre ouvrage qui ne soit, s'il est possible, très clairement et très manifestement démontré. Car d'autant que depuis plusieurs années vous avez par de continuelles méditations tellement exercé votre esprit, que les choses qui semblent aux autres obscures et incertaines vous peuvent paraître plus claires, et que vous les concevez peut-être par une simple inspection de l'esprit, sans vous apercevoir de l'obscurité que les autres y trouvent, il sera bon que vous soyez averti de celles qui ont besoin d'être plus clairement et plus amplement expliquées et démontrées ; et lorsque vous aurez satisfait en ceci, nous ne jugeons pas qu'il y ait guère personne qui puisse nier que les raisons dont vous avez commencé la déduction pour la gloire de Dieu et l'utilité du public ne doivent être prises pour des démonstrations.

Premièrement, vous vous ressouviendrez que ce n'est pas tout de bon et en vérité, mais seulement par une fiction d'esprit, que vous avez rejeté, autant qu'il vous a été possible, tous les fantômes des corps, pour conclure que vous êtes seulement une chose qui pense, de peur qu'après cela vous ne croyiez peut-être que l'on puisse conclure qu'en effet et sans fiction vous n'êtes rien autre chose qu'un esprit, ou une chose qui pense ; et c'est tout ce que nous avons trouvé digne d'observation touchant vos deux premières Méditations dans lesquelles vous faites voir clairement qu'au moins il est certain que vous qui pensez êtes quelque chose. Mais arrêtons-nous un peu ici. Jusque-là vous connaissez que vous êtes une chose qui pense, mais vous ne savez pas encore ce que c'est que cette chose qui pense : et que savez-vous si ce n'est point un corps qui, par ses divers mouvements et rencontres, fait cette action que nous appelons du nom de pensée; car encore que vous croyiez avoir rejeté toutes sortes de corps, vous vous êtes pu tromper en cela que vous ne vous êtes pas rejeté vous-même, qui peut-être êtes un corps. Car comment prouvez-vous qu'un corps ne peut penser, ou que des mouvements corporels ne sont point la pensée même? Et pourquoi tout le système de votre corps, que vous croyez avoir rejeté, ou quelques parties d'icelui, par exemple celles du cerveau, ne pourraient-elles pas concourir à former ces sortes de mouvements que nous appelons des pensées? Je suis, dites-vous, une chose qui pense? Mais que savez-vous si vous n'êtes point aussi un mouvement corporel, ou un corps remué.

Secondement, de l'idée d'un Être souverain, laquelle vous soutenez ne pouvoir être produite par vous, vous osez conclure l'existence d'un Souverain Être, duquel seul peut procéder l'idée qui est en votre esprit. Comme si nous ne nous trouvions pas en nous un fondement suffisant sur lequel seul étant appuyés nous pouvons former cette idée, quoiqu'il n'y eût point de souverain Être, ou que nous ne sussions pas s'il y en a un, et que son existence ne nous vînt pas même en la pensée : car ne vois-je pas que moi qui pense, j'ai quelque degré de perfection? Et ne vois-je pas aussi que d'autres que moi ont un semblable degré? Ce qui me sert de fondement pour penser à quelque nombre que ce soit, et ainsi pour ajouter un degré de perfection à un autre jusqu'à l'infini; tout de même que bien qu'il n'y eût au monde qu'un degré de chaleur ou de lumière, je pourrais néanmoins en ajouter et en feindre toujours de nouveaux jusqu'à l'infini. Pourquoi pareillement ne pourrai-je pas ajouter à quelque degré d'être que j'aperçois être en moi tel autre degré que ce soit et, de tous les degrés capables d'être ajoutés, former l'idée d'un être parfait. Mais, dites-vous, l'effet ne peut avoir aucun degré de perfection ou de réalité qui n'ait été auparavant dans sa cause; mais (outre que nous voyons tous les jours que les mouches et plusieurs autres animaux, comme aussi les plantes, sont produits par le soleil, la pluie et la terre, dans lesquels il n'y a point de vie comme en ces animaux, laquelle vie est plus noble qu'aucun autre degré purement corporel, d'où il arrive que l'effet tire quelque réalité de sa cause qui néanmoins n'était pas dans sa cause); mais, dis-je, cette idée n'est rien autre chose qu'un être de raison, qui n'est pas plus noble que votre esprit qui la conçoit. De plus, que savez-vous si cette idée se fût jamais offerte à votre esprit si vous eussiez passé toute votre vie dans un désert et non point en la compagnie de personnes savantes ; et ne peut-on pas dire que vous l'avez puisée des pensées que vous avez eues auparavant, des enseignements des livres, des discours et entretiens de vos amis, etc., et non pas de votre esprit seul ou d'un souverain Etre existant ? Et partant, il faut prouver plus clairement que cette idée ne pourrait être en vous s'il n'y avait point de souverain Etre ; et alors nous serons les premiers à nous rendre à votre raisonnement, et nous y donnerons tous les mains. Or, que cette idée procède de ces notions anticipées, cela paraît, ce semble, assez clairement de ce que les Canadiens, les Hurons et les autres hommes sauvages n'ont point en eux une telle idée, laquelle vous pouvez même former de la connaissance que vous avez des choses corporelles ; en sorte que votre idée ne représente rien que ce monde corporel, qui embrasse toutes les perfections que vous sauriez imaginer : de sorte que vous ne pouvez conclure autre chose, sinon qu'il y a un être corporel très parfait, si ce n'est que vous ajoutiez quelque chose de plus qui élève notre esprit jusqu'à la connaissance des choses spirituelles ou incorporelles. Nous pouvons ici encore dire que l'idée d'un ange peut être en vous, aussi bien que celle d'un être très parfait, sans qu'il soit besoin pour cela qu'elle soit formée en vous par un ange réellement existant, bien que l'ange soit plus parfait que vous. Mais je dis de plus que vous n'avez pas l'idée de Dieu, non plus que celle d'un nombre ou d'une ligne infinie ; laquelle quand vous pourriez avoir, ce nombre néanmoins est entièrement impossible : ajoutez à cela que l'idée de l'unité et simplicité d'une seule perfection qui embrasse et contienne toutes les autres se fait seulement par l'opération de l'entendement qui raisonne, tout ainsi que se font les unités universelles qui ne sont point dans les choses, mais seulement dans l'entendement, comme on peut voir par l'unité générique, transcendantale, etc.

En troisième lieu, puisque vous n'êtes pas encore assuré de l'existence de Dieu, et que vous dites néanmoins que vous ne sauriez être assuré d'aucune chose, ou que vous ne pouvez rien connaître clairement et distinctement si premièrement vous ne connaissez certainement et clairement que Dieu existe : il s'ensuit que vous ne savez pas encore que vous êtes une chose qui pense, puisque, selon vous, cette connaissance dépend de la connaissance claire d'un Dieu existant, laquelle vous n'avez pas encore démontrée aux lieux où vous concluez que vous connaissez clairement ce que vous êtes.

Ajoutez à cela qu'un athée connaît clairement et distinctement que les trois angles d'un triangle sont égaux à deux droits, quoique néanmoins il soit fort éloigné de croire à l'existence de Dieu, puisqu'il la nie tout à fait, parce, dit-il, que si Dieu existait, il y aurait un souverain Être et un souverain bien, c'est-à-dire un infini; or, ce qui est infini en tout genre de perfection exclut tout autre chose que ce soit, non seulement toute sorte d'être et de bien, mais aussi toute sorte de non être et de mal; et néanmoins il y a plusieurs êtres et plusieurs biens, comme aussi plusieurs non êtres et plusieurs maux; à laquelle objection nous jugeons à propos que vous répondiez, afin qu'il ne reste plus rien aux impies à objecter, et qui puisse servir de prétexte à leur impiété.

En quatrième lieu, vous niez que Dieu puisse mentir ou décevoir quoique néanmoins il se trouve des scolastiques qui tiennent le contraire, comme Gabriel Ariminensis, et quelques autres qui pensent que Dieu ment, absolument parlant, c'est-à-dire qu'il signifie quelque chose aux hommes contre son intention et contre ce qu'il a décrété et résolu; comme lorsque, sans ajouter de condition, il dit aux Ninivites par son prophète : *Encore quarante jours, et Ninive sera subvertie;* et lorsqu'il a dit plusieurs autres choses qui ne sont point arrivées, parce qu'il n'a pas voulu que telles paroles répondissent à son intention ou à son décret. Que s'il a endurci et aveuglé Pharaon, et s'il a mis dans les prophètes un esprit de mensonge, comment pouvez-vous dire que nous ne pouvons être trompés par lui? Dieu ne peut-il pas se comporter envers les hommes comme un médecin envers ses malades, et un père envers ses enfants, lesquels l'un et l'autre trompent si souvent, mais toujours avec prudence et utilité; car si Dieu nous montrait la vérité toute nue, quel œil ou plutôt quel esprit aurait assez de force pour la supporter?

Combien qu'à vrai dire il ne soit pas nécessaire de feindre un Dieu trompeur, afin que vous soyez déçu dans les choses que vous pensez connaître clairement et distinctement, vu que la cause de cette déception peut être en vous, quoique vous n'y songiez seulement pas. Car que savez-vous si votre nature n'est point telle qu'elle se trompe toujours, ou du moins fort souvent? Et d'où avez-vous appris que touchant les choses que vous pensez connaître clairement et distinctement il est certain que vous n'êtes jamais trompé, et que vous ne le pouvez être? Car combien de fois avons-nous vu que des personnes se sont trompées en des choses qu'elles pensaient voir plus clairement que le soleil ? Et partant, ce principe d'une claire et distincte connaissance doit être expliqué si clairement et si distinctement que personne désormais, qui ait l'esprit raisonnable, ne puisse être déçu dans les choses qu'il croira savoir clairement et distinctement ; autrement nous ne voyons point encore que nous puissions répondre avec certitude de la vérité d'aucune chose.

En cinquième lieu, si la volonté ne peut jamais faillir, ou ne pèche point lorsqu'elle suit et se laisse conduire par les lumières claires et distinctes de l'esprit qui la gouverne, et si, au contraire, elle se met en danger de faillir lorsqu'elle poursuit et embrasse les connaissances obscures et confuses de l'entendement, prenez garde que de là il semble que l'on puisse inférer que les Turcs et les autres infidèles, non seulement ne pèchent point lorsqu'ils n'embrassent pas la religion chrétienne et catholique, mais même qu'ils pèchent lorsqu'ils l'embrassent, puisqu'ils n'en connaissent point la vérité ni clairement ni distinctement. Bien plus, si cette règle que vous établissez est vraie, il ne sera permis à la volonté d'embrasser que fort peu de choses, vu que nous ne connaissons quasi rien avec cette clarté et distinction que vous requérez pour former une certitude qui ne puisse être sujette à aucun doute. Prenez donc garde, s'il vous plaît, que, voulant affermir le parti de la vérité, vous ne prouviez plus qu'il ne faut, et qu'au lieu de l'appuyer vous ne la renversiez.

En sixième lieu, dans vos réponses aux précédentes objections, il semble que vous ayez manqué de bien tirer la conclusion dont voici l'argument : *Ce que clairement et distinctement nous entendons appartenir à la nature, ou à l'essence, ou à la forme immuable et vraie de quelque chose, cela peut être dit ou affirmé avec vérité de cette chose ; mais (après que nous avons soigneusement observé ce que c'est que Dieu) nous entendons clairement et distinctement qu'il appartient à sa vraie et immuable nature qu'il existe ;* il faudrait conclure : donc (après que nous avons assez soigneusement observé ce que c'est que Dieu) nous pouvons dire ou affirmer cette vérité, qu'il appartient à la nature de Dieu qu'il existe. D'où il ne s'ensuit pas que Dieu existe en effet, mais seulement qu'il doit exister si sa nature est possible, ou ne répugne point ; c'est-à-dire que la nature ou l'essence de Dieu ne peut être conçue sans existence, en telle sorte que si cette existence est, il existe réellement ; ce qui se rapporte à cet argument que d'autres proposent de la sorte : s'il n'implique point que Dieu soit, il est certain qu'il existe ; or, il n'implique point qu'il existe : donc, etc.

Mais on est en question de la mineure, à savoir *qu'il n'implique point qu'il existe*, la vérité de laquelle quelques-uns de nos adversaires révoquent en doute, et d'autres la nient. De plus, cette clause de votre raisonnement (*après que nous avons assez clairement reconnu ou observé ce que c'est que Dieu*) est supposée comme vraie, dont tout le monde ne tombe pas encore d'accord, vu que vous avouez vous-même que vous ne comprenez l'infini qu'imparfaitement; le même faut-il dire de tous ses autres attributs; car tout ce qui est en Dieu étant entièrement infini, quel est l'esprit qui puisse comprendre la moindre chose qui soit en Dieu que très imparfaitement? Comment donc pouvez-vous avoir assez clairement et distinctement observé ce que c'est que Dieu?

En septième lieu, nous ne trouvons pas un seul mot dans vos Méditations touchant l'immortalité de l'âme de l'homme, laquelle néanmoins vous deviez principalement prouver, et en faire une très exacte démonstration pour confondre ces personnes indignes de l'immortalité, puisqu'ils la nient et que peut-être ils la détestent. Mais outre cela nous craignons que vous n'ayez pas encore assez prouvé la distinction qui est entre l'âme et le corps de l'homme, comme nous avons déjà remarqué en la première de nos observations, à laquelle nous ajoutons qu'il ne semble pas que de cette distinction de l'âme d'avec le corps il s'ensuive qu'elle soit incorruptible ou immortelle : car qui sait si sa nature n'est point limitée selon la durée de la vie corporelle, et si Dieu n'a point tellement mesuré ses forces et son existence qu'elle finisse avec le corps.

Voilà, monsieur, les choses auxquelles nous désirons que vous apportiez une plus grande lumière, afin que la lecture de vos très subtiles et, comme nous estimons, très véritables Méditations soit profitable à tout le monde. C'est pourquoi ce serait une chose fort utile, si à la fin de vos solutions, après avoir premièrement avancé quelques définitions, demandes et axiomes, vous concluiez le tout selon la méthode des géomètres, en laquelle vous êtes si bien versé, afin que tout d'un coup, et comme d'une seule œillade, vos lecteurs y puissent voir de quoi se satisfaire, et que vous remplissiez leur esprit de la connaissance de la divinité.

RÉPONSES DE L'AUTEUR

AUX SECONDES OBJECTIONS RECUEILLIES DE PLUSIEURS THÉOLOGIENS ET PHILOSOPHES, PAR LE R. P. MERSENNE

Contre les 2e, 3e, 4e, 5e et 6e Méditations.

Messieurs,

C'est avec beaucoup de satisfaction que j'ai lu les observations que vous avez faites sur mon petit traité de la première philosophie; car elles m'ont fait connaître la bienveillance que vous avez pour moi, votre piété envers Dieu, et le soin que vous prenez pour l'avancement de sa gloire; et je ne puis que je ne me réjouisse non seulement de ce que vous avez jugé mes raisons dignes de votre censure, mais aussi de ce que vous n'avancez rien contre elles, à quoi il ne me semble que je pourrai répondre assez facilement.

En premier lieu, vous m'avertissez de me ressouvenir *que ce n'est pas tout de bon et en vérité, mais seulement par une fiction d'esprit, que j'ai rejeté les idées ou les fantômes des corps pour conclure que je suis une chose qui pense, de peur que peut-être je n'estime qu'il suit de là que je ne suis qu'une chose qui pense.* Mais j'ai déjà fait voir dans ma seconde Méditation que je m'en étais assez souvenu, vu que j'y ai mis ces paroles: *Mais aussi peut-il arriver que ces mêmes choses que je suppose n'être point, parce qu'elles me sont inconnues, ne sont point en effet différentes de moi que je connais: je n'en sais rien, je ne dispute pas maintenant de cela, etc.;* par lesquelles j'ai voulu expressément avertir le lecteur que je ne cherchais pas encore en ce lieu-là si l'esprit était différent du corps, mais que j'examinais seulement celles de ses propriétés dont je puis avoir une claire et assurée connaissance. Et, d'autant que j'en ai là remarqué plusieurs, je ne puis admettre sans distinction ce que vous ajoutez ensuite: *Que je ne sais pas néanmoins ce que c'est qu'une chose qui pense.* Car bien que j'avoue que je ne savais pas encore si cette chose qui pense n'était point différente du corps, ou si elle l'était, je n'avoue pas pour cela que je ne la connaissais point; car qui a jamais tellement connu aucune chose qu'il sût n'y avoir rien en elle que cela même qu'il connaissait? Mais nous pensons d'autant mieux connaître une chose qu'il y a plus de particularités en elle que nous connaissons; ainsi nous avons plus de connaissance de ceux avec qui nous conversons tous les jours que de ceux dont nous ne connaissons que le nom ou le visage, et toutefois nous ne jugeons pas que ceux-ci nous soient tout à fait inconnus; auquel sens je pense avoir assez démontré que l'esprit, considéré sans les choses que l'on a de coutume d'attribuer au corps, est plus connu que le corps considéré sans l'esprit : et c'est tout ce que j'avais dessein de prouver en cette seconde Méditation.

Mais je vois bien ce que vous voulez dire, c'est à savoir que, n'ayant écrit que six méditations touchant la première philosophie, les lecteurs s'étonneront que dans les deux premières je ne conclue rien autre chose que ce que je viens de dire tout maintenant, et que pour cela ils les trouveront trop stériles et indignes d'avoir été mises en lumière. A quoi je réponds seulement que je ne crains pas que ceux qui auront lu avec jugement le reste de ce que j'ai écrit aient occasion de soupçonner que la matière m'ait manqué; mais qu'il m'a semblé très raisonnable que les choses qui demandent une particulière attention, et qui doivent être considérées séparément d'avec les autres, fussent mises dans des méditations séparées.

C'est pourquoi, ne sachant rien de plus utile pour parvenir à une ferme et assurée connaissance des choses, que si, auparavant que de rien établir, on s'accoutume à douter de tout, et principalement des choses corporelles, encore que j'eusse vu il y a longtemps plusieurs livres écrits par les sceptiques et académiciens touchant cette matière, et que ce ne fût pas sans quelque dégoût que je remâchais une viande si commune, je n'ai pu toutefois me dispenser de lui donner une méditation toute entière ; et je voudrais que les lecteurs n'employassent pas seulement le peu de temps qu'il faut pour la lire, mais quelques mois, ou du moins quelques semaines, à considérer des choses dont elle traite auparavant que de passer outre ; car ainsi je ne doute point qu'ils ne fissent bien mieux leur profit de la lecture du reste.

De plus, à cause que nous n'avons eu jusques ici aucunes idées des choses qui appartiennent à l'esprit qui n'aient été très confuses et mêlées avec les idées des choses sensibles, et que ç'a été la première et principale cause pourquoi on n'a pu entendre assez clairement aucune des choses qui se sont dites de Dieu et de l'âme, j'ai pensé que je ne ferais pas peu si je montrais comment il faut distinguer les propriétés ou qualités de l'esprit des propriétés ou qualités du corps, et comment il faut les reconnaître; car, encore qu'il ait déjà été dit par plusieurs que, pour bien concevoir les choses immatérielles ou métaphysiques, il faut éloigner son esprit des sens, néanmoins personne, que je sache, n'avait encore montré par quel moyen cela se peut faire. Or le vrai, et à mon jugement l'unique moyen pour cela, est contenu dans ma seconde Méditation ; mais il est tel que ce n'est pas assez de l'avoir envisagé une fois, il le faut examiner souvent et le considérer longtemps, afin que l'habitude de confondre les choses intellectuelles avec les corporelles, qui s'est enracinée en nous pendant tout le cours de notre vie, puisse être effacée par une habitude contraire de les distinguer, acquise par l'exercice de quelques journées. Ce qui m'a semblé une cause assez juste pour ne point traiter d'autre matière en la seconde méditation.

Vous demandez ici comment je démontre que le corps ne peut penser : mais pardonnez-moi si je réponds que je n'ai pas encore donné lieu à cette question, n'ayant commencé à en traiter que dans la sixième méditation par ces paroles : *c'est assez que je puisse clairement et distinctement concevoir une chose sans une autre, pour être certain que l'une est distincte ou différente de l'autre, etc.* Et un peu après : *Encore que j'aie un corps qui me soit fort étroitement conjoint ; néanmoins parce que d'un côté j'ai une claire et distincte idée de moi-même, en tant que je suis seulement une chose qui pense et non étendue, et que, d'un autre, j'ai une claire et distincte idée du corps, en tant qu'il est seulement une chose étendue et qu'il ne pense point, il est certain que moi, c'est-à-dire mon esprit ou mon âme, par laquelle je suis ce que je suis, est entièrement et véritablement distincte de mon corps et qu'elle peut être ou exister sans lui.* A quoi il est aisé d'ajouter : *tout ce qui peut penser est esprit ou s'appelle esprit.* Mais puisque le corps et l'esprit sont réellement distincts, nul corps n'est esprit. Donc nul corps ne peut penser.

Et certes je ne vois rien en cela que vous puissiez nier ; car nierez-vous qu'il suffit que nous concevions clairement une chose sans une autre pour savoir qu'elles sont réellement distinctes ? Donnez-nous donc quelque signe plus certain de la distinction réelle si toutefois on en peut donner aucun. Car que direz-vous ? Sera-ce que ces choses-là sont réellement distinctes, chacune desquelles peut exister sans l'autre ? Mais derechef je vous demanderai d'où vous connaissez qu'une chose peut exister sans une autre ? Car, afin que ce soit un signe de distinction, il est nécessaire qu'il soit connu.

Peut-être direz-vous que les sens vous le font connaître parce que vous voyez une chose en l'absence de l'autre, ou que vous la touchez, etc. Mais la foi des sens est plus incertaine que celle de l'entendement; et il se peut faire en plusieurs façons qu'une seule et même chose paraisse à nos sens sous diverses formes, ou en plusieurs lieux ou manières, et qu'ainsi elle soit prise pour deux. Et enfin si vous vous ressouvenez de ce qui a été dit de la cire à la fin de la seconde Méditation, vous saurez que les corps mêmes ne sont pas proprement connus par les sens, mais par le seul entendement, en telle sorte que sentir une chose sans une autre n'est rien autre chose sinon avoir l'idée d'une chose, et savoir que cette idée n'est pas la même que l'idée d'une autre : or cela ne peut être connu d'ailleurs que de ce qu'une chose est conçue sans l'autre; et cela ne peut être certainement connu si l'on n'a l'idée claire et distincte de ces deux choses : et ainsi ce signe de réelle distinction doit être réduit au mien pour être certain.

Que s'il y en a qui nient qu'ils aient des idées distinctes de l'esprit et du corps, je ne puis autre chose que les prier de considérer assez attentivement les choses qui sont contenues dans cette seconde Méditation, et de remarquer que l'opinion qu'ils ont que les parties du cerveau concourent avec l'esprit pour former nos pensées n'est fondée sur aucune raison positive, mais seulement sur ce qu'ils n'ont jamais expérimenté d'avoir été sans corps, et qu'assez souvent ils ont été empêchés par lui dans leurs opérations, et c'est le même que si quelqu'un, de ce que dès son enfance il aurait eu des fers aux pieds, estimait que ces fers fissent une partie de son corps, et qu'ils lui fussent nécessaires pour marcher.

En second lieu, lorsque vous dites *que nous trouvons de nous-mêmes un fondement suffisant pour former l'idée de Dieu*, vous ne dites rien de contraire à mon opinion; car j'ai dit moi-même en termes exprès à la fin de la troisième Méditation : *que cette idée est née avec moi et qu'elle ne me vient point d'ailleurs que de moi-même.* J'avoue aussi *que nous la pourrions former encore que nous ne sussions pas qu'il y a un souverain Être*, mais non pas si en effet il n'y en avait point; car au contraire j'ai averti *que toute la force de mon argument consiste en ce qu'il ne se pourrait faire que la faculté de former cette idée fût en moi si je n'avais été créé de Dieu.*

Et ce que vous dites des mouches, des plantes, etc., ne prouve en aucune façon que quelque degré de perfection peut être dans un effet qui n'ait point été auparavant dans sa cause. Car, ou il est certain qu'il n'y a point de perfection dans les animaux qui n'ont point de raison, qui ne se rencontrent aussi dans les corps inanimés, ou s'il y en a quelqu'une, qu'elle leur vient d'ailleurs ; et que le soleil, la pluie et la terre ne sont point les causes totales de ces animaux. Et ce serait une chose fort éloignée de la raison si quelqu'un, de cela seul qu'il ne connaît point de cause qui concoure à la génération d'une mouche, et qui ait autant de degrés de perfection qu'en a une mouche, n'étant pas cependant assuré qu'il n'y en ait point d'autres que celles qu'il connaît, prenait de là occasion de douter d'une chose, laquelle, comme je dirai tantôt plus au long, est manifeste par la lumière naturelle.

A quoi j'ajoute que ce que vous objectez ici des mouches étant tiré de la considération des choses matérielles ne peut venir en l'esprit de ceux qui, suivant l'ordre de mes Méditations, détourneront leurs pensées des choses sensibles pour commencer à philosopher.

Il ne me semble pas aussi que vous prouviez rien contre moi, en disant *que l'idée de Dieu qui est en nous, n'est qu'un être de raison;* car cela n'est pas vrai si *par un être de raison* l'on entend une chose qui n'est point, mais seulement si toutes les opérations de l'entendement sont prises pour des *êtres de raison*, c'est-à-dire pour des êtres qui partent de la raison ; auquel sens tout ce monde peut aussi être appelé un être de raison divine, c'est-à-dire un être créé par un simple acte de l'entendement divin. Et j'ai déjà suffisamment averti en plusieurs lieux que je parlais seulement de la perfection, ou réalité objective de cette idée de Dieu, laquelle ne requiert pas moins une cause qui contienne en effet tout ce qui n'est contenu en elle qu'objectivement ou par représentation que fait l'artifice objectif ou représenté qui est en l'idée que quelque artisan a d'une machine fort artificielle.

Et certes je ne vois pas que l'on puisse rien ajouter pour faire connaître plus clairement que cette idée ne peut être en nous si un souverain Être n'existe ; si ce n'est que le lecteur, prenant garde de plus près aux choses que j'ai déjà écrites, se délivre lui-même des préjugés qui offusquent peut-être sa lumière naturelle, et qu'il s'accoutume à donner créance aux premières notions dont les connaissances sont si vraies et si évidentes que rien ne le peut être davantage, plutôt qu'à des opinions obscures et fausses mais qu'un long usage a profondément gravées en nos esprits.

Car, qu'il n'y ait rien dans un effet qui n'ait été d'une semblable ou plus excellente façon dans la cause, c'est une première notion, et si évidente qu'il n'y en a point de plus claire ; et cette autre commune notion, *que de rien, rien ne se fait*, la comprend en soi, parce que si on accorde qu'il y ait quelque chose dans l'effet qui n'ait point été dans sa cause, il faut aussi demeurer d'accord que cela procède du néant; et s'il est évident que le néant ne peut être la cause de quelque chose, c'est seulement parce que dans cette cause il n'y aurait pas la même chose que dans l'effet.

C'est aussi une première notion que toute la réalité ou toute la perfection qui n'est qu'objectivement dans les idées doit être formellement ou éminemment dans leurs causes; et toute l'opinion que nous avons jamais eue de l'existence des choses qui sont hors de notre esprit n'est appuyée que sur elle seule. Car d'où nous a pu venir le soupçon qu'elles existaient, sinon de cela seul que leurs idées venaient par les sens frapper notre esprit?

Or qu'il y ait en nous quelque idée d'un Etre souverainement puissant et parfait, et aussi que la réalité objective de cette idée ne se trouve point en nous ni formellement, ni éminemment, cela deviendra manifeste à ceux qui y penseront sérieusement et qui voudront avec moi prendre la peine d'y méditer : mais je ne le saurais pas mettre par force en l'esprit de ceux qui ne liront mes Méditations que comme un roman, pour se désennuyer, et sans y avoir grande attention. Or de tout cela on conclut très manifestement que Dieu existe. Et toutefois en faveur de ceux dont la lumière naturelle est si faible qu'ils ne voient pas que c'est une première notion, *que toute la perfection qui est objectivement dans une idée doit être réellement dans quelqu'une de ses causes*, je l'ai encore démontré d'une façon plus aisée à concevoir, en montrant que l'esprit qui a cette idée ne peut pas exister par soi-même, et partant je ne vois pas ce que vous pourriez désirer de plus pour donner les mains, ainsi que vous avez promis.

Je ne vois pas aussi que vous prouviez rien contre moi en disant que j'ai peut-être reçu l'idée qui me représente Dieu, *des pensées que j'ai eu auparavant, des enseignements des livres, des discours et entretiens de mes amis, etc., et non pas de mon esprit seul*. Car mon argument aura toujours la même force si, m'adressant à ceux de qui l'on dit que je l'ai reçue, je leur demande s'ils l'ont par eux-mêmes ou bien par autrui, au lieu de le demander de moi-même; et je conclurai toujours que celui-là est Dieu de qui elle est premièrement dérivée.

Quant à ce que vous ajoutez en ce lieu-là, qu'elle peut être formée de la considération des choses corporelles, cela ne me semble pas plus vraisemblable que si vous disiez que nous n'avons aucune faculté pour ouïr, mais que par la seule vue des couleurs nous parvenons à la connaissance des sons. Car on peut dire qu'il y a plus d'analogie ou de rapport entre les couleurs et les sons qu'entre les choses corporelles et Dieu ; et lorsque vous demandez que j'ajoute quelque chose qui nous élève jusqu'à la connaissance de l'être immatériel ou spirituel, je ne puis mieux faire que de vous renvoyer à ma seconde Méditation, afin qu'au moins vous connaissiez qu'elle n'est pas tout à fait inutile, car que pourrais-je faire ici par une ou deux périodes, si je n'ai pu rien avancer par un long discours préparé seulement pour ce sujet et auquel il me semble n'avoir pas moins apporté d'industrie qu'en aucun autre écrit que j'ai publié.

Et encore qu'en cette Méditation j'aie seulement traité de l'esprit humain, elle n'est pas pour cela moins utile à faire connaître la différence qui est entre la nature divine et celle des choses matérielles. Car je veux bien ici avouer franchement que l'idée que nous avons, par exemple, de l'entendement Divin, ne me semble point différer de celle que nous avons de notre propre entendement, sinon seulement comme l'idée d'un nombre infini diffère de l'idée du nombre binaire ou du ternaire ; et il en est de même de tous les attributs de Dieu dont nous reconnaissons en nous quelque vestige.

Mais outre cela nous concevons en Dieu une immensité, simplicité ou unité absolue, qui embrasse et contient tous ses autres attributs, et de laquelle nous ne trouvons ni en nous ni ailleurs aucun exemple, mais elle est (ainsi que j'ai dit auparavant) *comme la marque de l'ouvrier imprimée sur son ouvrage*. Et par son moyen nous connaissons qu'aucune des choses que nous concevons être en Dieu et en nous, et que nous considérons en lui par parties et comme si elles étaient distinctes, à cause de la faiblesse de notre entendement, et que nous les expérimentons telles en nous, ne conviennent point à Dieu et à nous, en la façon qu'on nomme univoque dans les écoles ; comme aussi nous connaissons que de plusieurs choses particulières qui n'ont point de fin, dont nous avons les idées, comme d'une connaissance sans fin, d'une puissance, d'un nombre, d'une longueur, etc., qui sont aussi sans fin, il y en a quelques-unes qui sont contenues formellement dans l'idée que nous avons de Dieu, comme la connaissance et la puissance, et d'autres qui n'y sont qu'éminemment comme le nombre et la longueur ; ce qui certes ne serait pas ainsi si cette idée n'était rien autre chose en nous qu'une fiction.

Et elle ne serait pas aussi conçue si exactement de même façon de tout le monde : car c'est une chose très remarquable que tous les métaphysiciens s'accordent unanimement dans la description qu'ils font des attributs de Dieu (au moins de ceux qui peuvent être connus par la seule raison humaine), en telle sorte qu'il n'y a aucune chose physique, ni sensible, aucune chose dont nous ayons une idée si expresse et si palpable, touchant la nature de laquelle il ne se rencontre chez les philosophes une plus grande diversité d'opinions qu'il ne s'en rencontre touchant celle de Dieu.

Et certes jamais les hommes ne pourraient s'éloigner de la vraie connaissance de cette nature divine s'ils voulaient seulement porter leur attention sur l'idée qu'ils ont de l'être souverainement parfait. Mais ceux qui mêlent quelques autres idées avec celle-là composent par ce moyen un Dieu chimérique, en la nature duquel il y a des choses qui se contrarient, et après l'avoir ainsi composé ce n'est pas merveille s'ils nient qu'un tel Dieu, qui leur est représenté par une fausse idée, existe. Ainsi, lorsque vous parlez ici d'un être corporel très parfait, si vous prenez le nom de très parfait absolument, en sorte que vous entendiez que le corps est un être dans lequel toutes les perfections se rencontrent, vous dites des choses qui se contrarient ; d'autant que la nature du corps enferme plusieurs imperfections, par exemple, que le corps soit divisible en parties, que chacune de ses parties ne soit pas l'autre, et autres semblables ; car c'est une chose de soi manifeste que c'est une plus grande perfection de ne pouvoir être divisé, que de le pouvoir être, etc. Que si vous entendez seulement ce qui est très parfait dans le genre de corps, cela n'est point le vrai Dieu.

Ce que vous ajoutez de l'idée d'un ange, laquelle est plus parfaite que nous, à savoir qu'il n'est pas besoin qu'elle ait été mise en nous par un ange, j'en demeure aisément d'accord : car j'ai dit moi-même dans la troisième Méditation, *qu'elle peut être composée des idées que nous avons de Dieu et de l'homme.* Et cela ne m'est en aucune façon contraire.

Quant à ceux qui nient d'avoir en eux l'idée de Dieu, et qui au lieu d'elle forgent quelque idole, etc., ceux-là, dis-je, nient le nom et accordent la chose ; car certainement je ne pense pas que cette idée soit de même nature que les images des choses matérielles dépeintes en la fantaisie ; mais au contraire je crois qu'elle ne peut être conçue que par l'entendement seul et qu'en effet elle n'est que cela même que nous apercevons par son moyen, soit lorsqu'il conçoit, soit lorsqu'il juge, soit lorsqu'il raisonne. Et je prétends maintenir que de cela seul que quelque perfection qui est au dessus de moi devient l'objet de mon entendement, en quelque façon que ce soit qu'elle se présente à lui : par exemple, de cela seul que j'aperçois que je ne puis jamais en nombrant arriver au plus grand de tous les nombres, et que de là je connais qu'il y a quelque chose en matière de nombrer qui surpasse mes forces, je puis conclure nécessairement, non pas à la vérité qu'un nombre infini existe, ni aussi que son existence implique contradiction, comme vous dites; mais que cette puissance que j'ai de comprendre qu'il y a toujours quelque chose de plus à concevoir dans le plus grand des nombres que je ne puis jamais concevoir, ne me vient pas de moi-même, et que je l'ai reçue de quelque autre être qui est plus parfait que je ne suis.

Et il importe fort peu qu'on donne le nom d'idée à ce concept d'un nombre indéfini, ou qu'on ne le lui donne pas. Mais pour entendre quel est cet être plus parfait que je ne suis, et si ce n'est point ce même nombre dont je ne puis trouver la fin qui est réellement existant, et infini, ou bien si c'est quelque autre chose, il faut considérer toutes les autres perfections, lesquelles, outre la puissance de me donner cette idée, peuvent être en la même chose en qui est cette puissance; et ainsi on trouvera que cette chose est Dieu.

Enfin, lorsque Dieu est dit être *inconcevable*, cela s'entend d'une pleine et entière conception qui comprenne et embrasse parfaitement tout ce qui est en lui, et non pas de cette médiocre et imparfaite qui est en nous, laquelle néanmoins suffit pour connaître qu'il existe. Et vous ne prouvez rien contre moi, en disant que l'idée de l'unité de toutes les perfections qui sont en Dieu est formée de la même façon que l'unité générique et celle des autres universaux. Mais néanmoins elle en est fort différente; car elle dénote une particulière et positive perfection en Dieu, au lieu que l'unité générique n'ajoute rien de réel à la nature de chaque individu.

En troisième lieu. Où j'ai dit que nous ne pouvons rien savoir certainement, si nous ne connaissons premièrement que Dieu existe : j'ai dit en termes exprès que je ne parlais que de la science de ces conclusions, *dont la mémoire nous peut revenir en l'esprit lorsque nous ne pensons plus aux raisons d'où nous les avons tirées.* Car la connaissance des premiers principes ou axiomes n'a pas accoutumé d'être appelée science par les dialecticiens. Mais quand nous apercevons que nous sommes des choses qui pensent, c'est une première notion qui n'est tirée d'aucun syllogisme : et lorsque quelqu'un dit, *je pense, donc je suis, ou j'existe :* il ne conclut pas son existence de sa pensée comme par la force de quelque syllogisme, mais comme une chose connue de soi, il la voit par une simple inspection de l'esprit; comme il paraît de ce que s'il la déduisait d'un syllogisme, il aurait dû auparavant connaître cette majeure : *Tout ce qui pense est, ou existe;* mais au contraire elle lui est enseignée de ce qu'il sent en lui-même qu'il ne se peut pas faire qu'il pense, s'il n'existe. Car c'est le propre de notre esprit de former les propositions générales de la connaissance des particulières.

Or, qu'un athée puisse connaître clairement que les trois angles d'un triangle sont égaux à deux droits, je ne le nie pas ; mais je maintiens seulement que la connaissance qu'il en a n'est pas une vraie science, parce que toute connaissance qui peut être rendue douteuse ne doit pas être appelée du nom de science ; et puisque l'on suppose que celui-là est un athée, il ne peut pas être certain de n'être point déçu dans les choses qui lui semblent être très évidentes, comme il a déjà été montré ci-devant ; et encore que peut-être ce doute ne lui vienne point en la pensée, il lui peut néanmoins venir s'il l'examine, ou s'il lui est proposé par un autre ; et jamais il ne sera hors du danger de l'avoir, si premièrement il ne reconnaît un Dieu.

Et il n'importe pas que peut-être il estime qu'il y a des démonstrations pour prouver qu'il n'y a point de Dieu ; car ces démonstrations prétendues étant fausses, on lui en peut toujours faire connaître la fausseté, et alors on le fera changer d'opinion, ce qui à la vérité ne sera pas difficile, si pour toutes raisons il apporte seulement celles que vous alléguez ici, c'est à savoir, *que l'infini en tout genre de perfection exclut toute autre sorte d'être, etc.*

Car, premièrement, si on lui demande d'où il a pris que cette exclusion de tous les autres êtres appartient à la nature de l'infini, il n'aura rien qu'il puisse répondre pertinemment : d'autant que par le nom d'*infini*, on n'a pas coutume d'entendre ce qui exclut l'existence des choses finies, et qu'il ne peut rien savoir de la nature d'une chose qu'il pense n'être rien du tout, et par conséquent n'avoir point de nature, sinon ce qui est contenu dans la seule et ordinaire signification du nom de cette chose.

De plus, à quoi servirait l'infinie puissance de cet infini imaginaire s'il ne pouvait jamais rien créer ? Et enfin de ce que nous expérimentons avoir en nous-mêmes quelque puissance de penser, nous concevons facilement qu'une telle puissance peut être en quelque autre, et même plus grande qu'en nous : mais encore que nous pensions que celle-là s'augmente à l'infini, nous ne craindrons pas pour cela que la nôtre devienne moindre. Il en est de même de tous les autres attributs de Dieu, même de la puissance de produire quelques effets hors de soi, pourvu que nous supposions qu'il n'y en a point en nous qui ne soit soumise à la volonté de Dieu ; et partant, il peut être conçu tout à fait infini sans aucune exclusion des choses créées.

En quatrième lieu. Lorsque je dis que Dieu ne peut mentir ni être trompeur, je pense convenir avec tous les théologiens qui ont jamais été et qui seront à l'avenir. Et tout ce que vous alléguez au contraire n'a pas plus de force que si, ayant nié que Dieu se mît en colère, ou qu'il fût sujet aux autres passions de l'âme, vous m'objectiez les lieux de l'Ecriture où il semble que quelques passions humaines lui sont attribuées.

Car tout le monde connaît assez la distinction qui est entre ces façons de parler de Dieu, dont l'Ecriture se sert ordinairement, qui sont accommodées à la capacité du vulgaire, et qui contiennent bien quelque vérité, mais seulement en tant qu'elle est rapportée aux hommes; et celles qui expriment une vérité plus simple et plus pure, et qui ne change point de nature, encore qu'elle ne leur soit point rapportée; desquelles chacun doit user en philosophant, et dont j'ai dû principalement me servir dans mes Méditations, vu qu'en ce lieu-là même je ne supposais pas encore qu'aucun homme me fût connu, et que je ne me considérais pas non plus en tant que composé de corps et d'esprit, mais comme un esprit seulement.

D'où il est évident que je n'ai point parlé en ce lieu-là du mensonge qui s'exprime par des paroles, mais seulement de la malice interne et formelle qui se rencontre dans la tromperie, quoique, néanmoins, ces paroles que vous apportez du prophète : *Encore quarante jours et Ninive sera subvertie*, ne soient pas même un mensonge verbal, mais une simple menace, dont l'événement dépendait d'une condition; et lorsqu'il est dit *que Dieu a endurci le cœur de Pharaon*, ou quelque chose de semblable, il ne faut pas penser qu'il ait fait cela positivement, mais seulement négativement, à savoir, ne donnant pas à Pharaon une grâce efficace pour se convertir.

Je ne voudrais pas, néanmoins, condamner ceux qui disent que Dieu peut proférer, par ses prophètes, quelque mensonge verbal tels que sont ceux dont se servent les médecins quand ils déçoivent leurs malades pour les guérir, c'est-à-dire qui fût exempt de toute la malice qui se rencontre ordinairement dans la tromperie; mais bien davantage nous voyons quelquefois que nous sommes réellement trompés par cet instinct naturel qui nous a été donné de Dieu, comme lorsqu'un hydropique a soif: car alors il est réellement poussé à boire par la nature qui lui a été donnée de Dieu pour la conservation de son corps, quoique néanmoins cette nature le trompe, puisque le boire lui doit être nuisible; mais j'ai expliqué, dans la sixième Méditation, comment cela peut compatir avec la bonté et la vérité de Dieu.

Mais dans les choses qui ne peuvent pas être ainsi expliquées, à savoir, dans nos jugements très clairs et très exacts, lesquels, s'ils étaient faux, ne pourraient être corrigés par d'autres plus clairs ni par l'aide d'aucune autre faculté naturelle, je soutiens hardiment que nous ne pouvons être trompés, car Dieu étant le souverain Etre, il est aussi nécessairement le souverain bien et la souveraine vérité; et partant, il répugne que quelque chose vienne de lui qui tende positivement à la fausseté. Mais puisqu'il ne peut y avoir en nous rien de réel qui ne nous ait été donné par lui (comme il a été démontré en prouvant son existence), et puisque nous avons en nous une faculté réelle pour connaitre le vrai et le distinguer d'avec le faux (comme on peut prouver de cela seul que nous avons en nous les idées du vrai et du faux), si cette faculté ne tendait au vrai, au moins lorsque nous nous en servons comme il faut (c'est-à-dire lorsque nous ne donnons notre consentement qu'aux choses que nous concevons clairement et distinctement, car on ne saurait feindre un autre bon usage de cette faculté), ce ne serait pas sans raison que Dieu qui nous l'a donnée serait tenu pour un trompeur.

Et ainsi, vous voyez qu'après avoir connu que Dieu existe, il est nécessaire de feindre qu'il soit trompeur si nous voulons révoquer en doute les choses que nous concevons clairement et distinctement; et parce que cela ne se peut pas même feindre, il faut nécessairement admettre ces choses comme très vraies et très assurées.

Mais d'autant que je remarque ici que vous vous arrêtez encore aux doutes que j'ai proposés dans ma première Méditation, et que je pensais avoir levés assez exactement dans les suivantes, j'expliquerai ici derechef le fondement sur lequel il me semble que toute la certitude humaine peut être appuyée.

Premièrement, aussitôt que nous pensons concevoir clairement quelque vérité, nous sommes naturellement portés à la croire. Et si cette croyance est si ferme que nous ne puissions jamais avoir aucune raison de douter de ce que nous croyons de la sorte, il n'y a rien à rechercher davantage, nous avons, touchant cela, toute la certitude qui se peut raisonnablement souhaiter.

Car, que nous importe si, peut-être, quelqu'un feint que cela même, de la vérité duquel nous sommes si fortement persuadés, paraît faux aux yeux de Dieu ou des anges, et que partant, absolument parlant, il est faux ; qu'avons-nous à faire de nous mettre en peine de cette fausseté absolue, puisque nous ne la croyons point du tout et que nous n'en avons pas même le moindre soupçon : car nous supposons une croyance ou une persuasion si ferme qu'elle ne puisse être ébranlée; laquelle, par conséquent, est en tout la même chose qu'une très parfaite certitude. Mais on peut bien douter si l'on a quelque certitude de cette nature ou quelque persuasion qui soit ferme et immuable.

Et certes, il est manifeste qu'on n'en peut pas avoir des choses obscures et confuses pour peu d'obscurité ou de confusion que nous y remarquions, car cette obscurité, quelle qu'elle soit, est une cause assez suffisante pour nous faire douter des choses. On n'en peut pas aussi avoir des choses qui ne sont aperçues que par les sens, quelque clarté qu'il y ait en leur perception, parce que nous avons souvent remarqué que dans le sens il peut y avoir de l'erreur, comme lorsqu'un hydropique a soif ou que la neige paraît jaune à celui qui a la jaunisse. Car celui-là ne voit pas moins clairement et distinctement de la sorte que nous à qui elle paraît blanche; il reste donc, que si on en peut avoir, ce soit seulement des choses que l'esprit conçoit clairement et distinctement.

Or, entre ces choses il y en a de si claires et tout ensemble de si simples qu'il nous est impossible de penser à elles que nous ne les croyons être vraies, par exemple que j'existe lorsque je pense, que les choses qui ont une fois été faites ne peuvent n'avoir point été faites, et autres choses semblables dont il est manifeste que nous avons une parfaite certitude.

Car nous ne pouvons pas douter de ces choses-là sans penser à elles, mais nous n'y pouvons jamais penser sans croire qu'elles sont vraies, comme je viens de dire; donc nous n'en pouvons douter que nous ne les croyions être vraies, c'est-à-dire que nous n'en pouvons jamais douter.

Et il ne sert de rien de dire *que nous avons souvent expérimenté que des personnes se sont trompées en des choses qu'elles pensaient voir plus clairement que le soleil:* car nous n'avons jamais vu, ni nous ni personne, que cela soit arrivé à ceux qui ont tiré toute la clarté de leur perception de l'entendement seul, mais bien à ceux qui l'ont prise des sens ou de quelque faux préjugé. Il ne sert aussi de rien de vouloir feindre que peut-être ces choses semblent fausses à Dieu ou aux anges, parce que l'évidence de notre perception ne nous permettra jamais d'écouter celui qui le voudrait feindre et qui nous le voudrait persuader.

Il y a d'autres choses que notre entendement conçoit aussi fort clairement lorsque nous prenons garde de près aux raisons d'où dépend leur connaissance, et pour ce nous ne pouvons pas alors en douter; mais parce que nous pouvons oublier ces raisons, et cependant nous ressouvenir des conclusions qui en ont été tirées, on demande si on peut avoir une ferme et immuable persuasion de ces conclusions, tandis que nous nous ressouvenons qu'elles ont été déduites de principes très évidents ; car ce souvenir doit être supposé pour pouvoir être appelées des conclusions. Et je réponds que ceux-là en peuvent avoir qui connaissent tellement Dieu qu'ils savent qu'il ne se peut pas faire que la faculté d'entendre qui leur a été donnée par lui ait autre chose que la vérité pour objet, mais que les autres n'en ont point ; et cela a été si clairement expliqué à la fin de la cinquième Méditation, que je ne pense pas y devoir ici rien ajouter.

En cinquième lieu, je m'étonne que vous niez que la volonté se met en danger de faillir lorsqu'elle poursuit et embrasse les connaissances obscures et confuses de l'entendement, car qu'est-ce qui la peut rendre certaine si ce qu'elle suit n'est pas clairement connu ? Et quel a jamais été le philosophe, ou le théologien, ou bien seulement l'homme usant de raison, qui n'ait confessé que le danger de faillir où nous nous exposons est d'autant moindre que plus claire est la chose que nous concevons auparavant que d'y donner notre consentement ; et que ceux-là pèchent qui, sans connaissance de cause, portent quelque jugement. Or, nulle conception n'est dite obscure ou confuse, sinon parce qu'il y a en elle quelque chose de contenu qui n'est pas connu.

Et partant, ce que vous objectez touchant la foi qu'on doit embrasser n'a pas plus de force contre moi que contre tous ceux qui ont jamais cultivé la raison humaine, et, à vrai dire, elle n'en a aucune contre pas un. Car, encore qu'on dise que la foi a pour objet des choses obscures, néanmoins ce pourquoi nous les croyons n'est pas obscur, mais il est plus clair qu'aucune lumière naturelle. D'autant qu'il faut distinguer entre la matière ou la chose à laquelle nous donnons notre créance et la raison formelle qui meut notre volonté à la donner, car c'est dans cette seule raison formelle que nous voulons qu'il y ait de la clarté et de l'évidence. Et, quant à la matière, personne n'a jamais nié qu'elle peut être obscure, voire l'obscurité même, car quand je juge que l'obscurité doit être ôtée de nos pensées pour leur pouvoir donner notre consentement sans aucun danger de faillir, c'est l'obscurité même qui me sert de matière pour former un jugement clair et distinct.

Outre cela il faut remarquer que la clarté ou l'évidence par laquelle notre volonté peut être excitée à croire est de deux sortes ; l'une qui part de la lumière naturelle, et l'autre qui vient de la grâce divine.

Or, quoiqu'on dise ordinairement que la foi est des choses obscures, toutefois cela s'entend seulement de sa matière, non point de la raison formelle pour laquelle nous croyons, car au contraire cette raison formelle consiste en une certaine lumière intérieure de laquelle Dieu nous ayant surnaturellement éclairés, nous avons une confiance certaine que les choses qui nous sont proposées à croire ont été révélées par lui, et qu'il est entièrement impossible qu'il soit menteur et qu'il nous trompe, ce qui est plus assuré que toute autre lumière naturelle, et souvent même plus évident, à cause de la lumière de la grâce.

Et certes les Turcs et les autres infidèles, lorsqu'ils n'embrassent point la religion chrétienne, ne pèchent pas pour ne vouloir point ajouter foi aux choses obscures comme étant obscures, mais ils pèchent, ou de ce qu'ils résistent à la grâce divine qui les avertit intérieurement, ou que péchant en d'autres choses, ils se rendent indignes de cette grâce. Et je dirai hardiment qu'un infidèle qui, destitué de toute grâce surnaturelle et ignorant tout à fait que les choses que nous autres chrétiens croyons ont été révélées de Dieu, néanmoins attiré par quelques faux raisonnements, se porterait à croire ces mêmes choses qui lui seraient obscures, ne serait pas pour cela fidèle, mais plutôt qu'il pécherait en ce qu'il ne se servirait pas comme il faut de sa raison.

Et je ne pense pas que jamais aucun théologien orthodoxe ait eu d'autres sentiments touchant cela ; et ceux aussi qui liront mes Méditations n'auront pas sujet de croire que je n'aie point connu cette lumière surnaturelle, puisque dans la quatrième, où j'ai soigneusement recherché la cause de l'erreur ou fausseté, j'ai dit en paroles expresses, *qu'elle dispose l'intérieur de notre pensée à vouloir, et que néanmoins elle ne diminue point la liberté.*

Au reste, je vous prie ici de vous souvenir que, touchant les choses que la volonté peut embrasser, j'ai toujours mis une très grande distinction entre l'usage de la vie et la contemplation de la vérité. Car, pour ce qui regarde l'usage de la vie, tant s'en faut que je pense qu'il ne faille suivre que les choses que nous connaissons très clairement, qu'au contraire je tiens qu'il ne faut pas même toujours attendre les plus vraisemblables, mais qu'il faut quelquefois entre plusieurs choses tout à fait inconnues et incertaines en choisir une et s'y déterminer, et après cela s'y arrêter aussi fermement, tant que nous ne voyons point de raisons au contraire, que si nous l'avions choisie pour des raisons certaines et très évidentes, ainsi que j'ai déjà expliqué dans le *Discours de la Méthode ;* mais où il ne s'agit que de la contemplation de la vérité, qui a jamais nié qu'il faille suspendre son jugement à l'égard des choses obscures et qui ne sont pas assez distinctement connues. Or, que cette seule contemplation de la vérité soit le seul but de mes méditations, outre que cela se reconnaît assez clairement par elles-mêmes, je l'ai de plus déclaré en paroles expresses sur la fin de la première, en disant *que je ne pouvais pour lors user de trop de défiance, d'autant que je ne m'appliquais pas aux choses qui regardent l'usage de la vie, mais seulement à la recherche de la vérité.*

En sixième lieu, où vous reprenez la conclusion d'un syllogisme que j'avais mis en forme, il semble que vous péchiez vous-même en la forme ; car, pour conclure ce que vous voulez, la majeure devra être telle : *ce que clairement et distinctement nous concevons appartenir à la nature de quelque chose, cela peut être dit ou affirmé avec vérité, appartenir à la nature de cette chose;* et ainsi elle ne contiendrait rien qu'une inutile et superflue répétition, mais la majeure de mon argument a été telle.

Ce que clairement et distinctement nous concevons appartenir à la nature de quelque chose, cela peut être dit ou affirmé avec vérité de cette chose. C'est-à-dire, si être animal appartient à l'essence ou à la nature de l'homme, on peut assurer que l'homme est animal ; si avoir les trois angles égaux à deux droits appartient à la nature du triangle rectiligne, on peut assurer que le triangle rectiligne a ses trois angles égaux à deux droits ; si exister appartient à la nature de Dieu, on peut assurer que Dieu existe, etc. Et la mineure a été telle : *or est-il qu'il appartient à la nature de Dieu d'exister :* d'où il est évident qu'il faut conclure comme j'ai fait ; c'est à savoir : *donc on peut avec vérité assurer de Dieu qu'il existe*, et non pas comme vous voulez : *Donc nous pouvons assurer avec vérité qu'il appartient à la nature de Dieu d'exister.*

Et partant, pour user de l'exception que vous apportez ensuite, il vous eût fallu nier la majeure et dire que ce que nous concevons clairement et distinctement appartenir à la nature de quelque chose ne peut pas pour cela être dit ou affirmé de cette chose, si ce n'est que sa nature soit possible ou ne répugne point. Mais voyez, je vous prie, la faiblesse de cette exception : car, ou bien par ce mot de *possible* vous entendez, comme l'on fait d'ordinaire, tout ce qui ne répugne point à la pensée humaine, auquel sens il est manifeste que la nature de Dieu, de la façon que je l'ai décrite, est possible parce que je n'ai rien supposé en elle, sinon ce que nous concevons clairement et distinctement lui devoir appartenir, et ainsi je n'ai rien supposé qui répugne à la pensée ou au concept humain ; ou bien vous feignez quelque autre possibilité de la part de l'objet même, laquelle, si elle ne convient avec la précédente, ne peut jamais être connue par l'entendement humain, et partant, elle n'a pas plus de force pour nous obliger à nier la nature de Dieu ou son existence que pour détruire toutes les autres choses qui tombent sous la connaissance des hommes. Car, par la même raison que l'on nie que la nature de Dieu est possible, encore qu'il ne se rencontre aucune impossibilité de la part du concept, ou de la pensée, mais qu'au contraire toutes les choses qui sont contenues dans ce concept de la nature divine soient tellement connexes entre elles qu'il nous semble y avoir de la contradiction à dire qu'il y en ait quelqu'une qui n'appartienne pas à la nature de Dieu, on pourra aussi nier qu'il soit possible que les trois angles d'un triangle soient égaux à deux droits, ou que celui qui pense actuellement existe ; et à bien plus forte raison pourra-t-on nier qu'il y ait rien de vrai de toutes les choses que nous apercevons par les sens, et ainsi toute la connaissance humaine sera renversée sans aucune raison ni fondement.

Et pour ce qui est de cet argument que vous comparez avec le mien, à savoir : *s'il n'implique point que Dieu existe, il est certain qu'il existe ; mais il n'implique point : donc,* etc., matériellement parlant il est vrai, mais formellement c'est un sophisme. Car, dans la majeure, ce mot *il implique* regarde le concept de la cause par laquelle Dieu peut être, et dans la mineure, il regarde le seul concept de l'existence et de la nature de Dieu, comme il paraît de ce que si on nie la majeure, il la faudra prouver ainsi.

Si Dieu n'existe point encore, il implique qu'il existe parce qu'on ne saurait assigner de cause suffisante pour le produire, mais il n'implique point qu'il existe, comme il a été accordé dans la mineure, donc, etc.

Et si on nie la mineure, il la faudra prouver ainsi : cette chose n'implique point dans le concept formel de laquelle il n'y a rien qui enferme contradiction, mais dans le concept formel de l'existence ou de la nature divine, il n'y a rien qui enferme contradiction, donc, etc. Et ainsi ce mot *il implique*, est pris en deux divers sens.

Car il se peut faire qu'on ne concevra rien dans la chose même qui empêche qu'elle ne puisse exister, et que cependant on concevra quelque chose de la part de sa cause qui empêche qu'elle ne soit produite.

Or, encore que nous ne concevions Dieu que très imparfaitement, cela n'empêche pas qu'il ne soit certain que sa nature est possible, ou qu'elle n'implique point.

Ni aussi que nous ne puissions assurer avec vérité que nous l'avons assez soigneusement examinée, et assez clairement connue (à savoir autant qu'il suffit pour connaître qu'elle est possible, et aussi que l'existence nécessaire lui appartient), car toute impossibilité, ou s'il m'est permis de me servir ici du mot de l'école, toute implicance consiste seulement en notre concept, ou pensée, qui ne peut conjoindre les idées qui se contrarient les unes les autres, et elle ne peut consister en aucune chose qui soit hors de l'entendement, parce que de cela même qu'une chose est hors de l'entendement il est manifeste qu'elle n'implique point, mais qu'elle est possible.

Or, l'impossibilité que nous trouvons en nos pensées ne vient que de ce qu'elles sont obscures et confuses, et il n'y en peut avoir aucune dans celles qui sont claires et distinctes, et partant, afin que nous puissions assurer que nous connaissons assez la nature de Dieu pour savoir qu'il n'y a point de répugnance qu'elle existe, il suffit que nous entendions clairement et distinctement toutes les choses que nous apercevons être en elle, quoique ces choses ne soient qu'en petit nombre au regard de celles que nous n'apercevons pas, bien qu'elles soient aussi en elle, et qu'avec cela nous remarquions que l'existence nécessaire est l'une des choses que nous apercevons ainsi être en Dieu.

En septième lieu. J'ai déjà donné la raison dans l'abrégé de mes Méditations pourquoi je n'ai rien dit ici touchant l'immortalité de l'âme; j'ai aussi fait voir ci-devant comme quoi j'ai suffisamment prouvé la distinction qui est entre l'esprit et toute sorte de corps.

Quant à ce que vous ajoutez *que de la distinction de l'âme d'avec le corps il ne s'ensuit pas qu'elle soit immortelle, parce que, nonobstant cela, on peut dire que Dieu l'a faite d'une telle nature que sa durée finit avec celle de la vie du corps,* je confesse que je n'ai rien à y répondre; car je n'ai pas tant de présomption que d'entreprendre de déterminer par la force du raisonnement humain une chose qui ne dépend que de la pure volonté de Dieu.

La connaissance naturelle nous apprend que l'esprit est différent du corps, et qu'il est une substance, et aussi que le corps humain, en tant qu'il diffère des autres corps, est seulement composé d'une certaine configuration de membres, et autres semblables accidents, et enfin que la mort du corps dépend seulement de quelque division ou changement de figure. Or, nous n'avons aucun argument ni aucun exemple qui nous persuade que la mort ou l'anéantissement d'une substance telle qu'est l'esprit doive suivre d'une cause si légère, comme est un changement de figure, qui n'est autre chose qu'un mode, et encore un mode, non de l'esprit, mais du corps, qui est réellement distinct de l'esprit.

Et même nous n'avons aucun argument ni exemple qui nous puisse persuader qu'il y a des substances qui sont sujettes à être anéanties. Ce qui suffit pour conclure que l'esprit ou l'âme de l'homme (autant que cela peut être connu par la philosophie naturelle) est immortelle.

Mais si on demande si Dieu, par son absolue puissance, n'a point peut-être déterminé que les âmes des hommes cessent d'être au même temps que les corps auxquels elles sont unies sont détruits; c'est à Dieu seul d'en répondre. Et puisqu'il nous a maintenant révélé que cela n'arrivera point, il ne nous doit plus rester touchant cela aucun doute.

Au reste, j'ai beaucoup à vous remercier de ce que vous avez daigné si officieusement, et avec tant de franchise, m'avertir non seulement des choses qui vous ont semblé dignes d'explication, mais aussi des difficultés qui pouvaient m'être faites par les athées, ou par quelques envieux et médisants.

Car encore que je ne voie rien entre les choses que vous m'avez proposées que je n'eusse auparavant rejeté ou expliqué dans mes Méditations, comme, par exemple, ce que vous avez allégué des mouches qui sont produites par le soleil, des Canadiens, des Ninivites, des Turcs, et autres choses semblables (ce qui ne peut venir en l'esprit de ceux qui, suivant l'ordre de ces Méditations, mettront à part pour quelque temps toutes les choses qu'ils ont apprises des sens pour prendre part à ce que dicte la plus pure et la plus saine raison; c'est pourquoi je pensais avoir déjà rejeté toutes ces choses), encore, dis-je, que cela soit, je juge néanmoins que ces objections seront fort utiles à mon dessein, d'autant que je ne me promets pas d'avoir beaucoup de lecteurs qui veuillent apporter tant d'attention aux choses que j'ai écrites, qu'étant parvenus à la fin ils se ressouviennent de tout ce qu'ils auront lu auparavant; et ceux qui ne le feront pas tomberont aisément en des difficultés auxquelles ils verront puis après que j'aurai satisfait par cette réponse, ou du moins ils prendront de là occasion d'examiner plus soigneusement la vérité.

Pour ce qui regarde le conseil que vous me donnez de disposer mes raisons selon la méthode des géomètres, afin que tout d'un coup les lecteurs les puissent comprendre, je vous dirai ici en quelle façon j'ai déjà tâché ci-devant de la suivre, et comment j'y tâcherai encore ci-après.

Dans la façon d'écrire des géomètres je distingue deux choses, à savoir l'ordre et la manière de démontrer.

L'ordre consiste en cela seulement que les choses qui sont proposées les premières doivent être connues sans l'aide des suivantes, et que les suivantes doivent après être disposées de telle façon qu'elles soient démontrées par les seules choses qui les précèdent; et certainement j'ai tâché autant que j'ai pu de suivre cet ordre en mes Méditations. Et c'est ce qui a fait que je n'ai pas traité dans la seconde de la distinction qui est entre l'esprit et le corps, mais seulement dans la sixième, et que j'ai omis tout exprès beaucoup de choses dans tout ce traité, parce qu'elles présupposaient l'explication de plusieurs autres.

La manière de démontrer est double, l'une le fait par l'analyse ou résolution, et l'autre par la synthèse ou composition.

L'analyse montre la vraie voie par laquelle une chose a été méthodiquement inventée, et fait voir comment les effets dépendent des causes ; en sorte que si le lecteur la veut suivre et jeter les yeux soigneusement sur tout ce qu'elle contient, il n'entendra pas moins parfaitement la chose ainsi démontrée, et ne la rendra pas moins sienne que si lui-même l'avait inventée.

Mais cette sorte de démonstration n'est pas propre à convaincre les lecteurs opiniâtres ou peu attentifs : car si on laisse échapper sans y prendre garde la moindre des choses qu'elle propose, la nécessité de ses conclusions ne paraîtra point; et on n'a pas coutume d'y exprimer fort amplement les choses qui sont assez claires d'elles-mêmes, bien que ce soit ordinairement celles auxquelles il faut le plus prendre garde.

La synthèse, au contraire, par une voie toute différente et comme en examinant les causes par leurs effets (bien que la preuve qu'elle contient soit souvent aussi des effets par les causes) démontre à la vérité clairement ce qui est contenu en ses conclusions, et se sert d'une longue suite de définitions, de demandes, d'axiomes, de théorèmes, et de problèmes, afin que si on lui nie quelque conséquence, elle fasse voir comment elles sont contenues dans les antécédents, et qu'elle arrache le consentement du lecteur tant obstiné et opiniâtre qu'il puisse être : mais elle ne donne pas comme l'autre une entière satisfaction à l'esprit de ceux qui désirent d'apprendre, parce qu'elle n'enseigne pas la méthode par laquelle la chose a été inventée.

Les anciens géomètres avaient coutume de se servir seulement de cette synthèse dans leurs écrits, non qu'ils ignorassent entièrement l'analyse, mais, à mon avis, parce qu'ils en faisaient tant d'état qu'ils la réservaient pour eux seuls, comme un secret d'importance.

Pour moi j'ai suivi seulement la voie analytique dans mes Méditations, pour ce qu'elle me semble être la plus vraie, et la plus propre pour enseigner; mais, quant à la synthèse, laquelle sans doute est celle que vous désirez de moi, encore que touchant les choses qui se traitent en la géométrie elle puisse utilement être mise après l'analyse, elle ne convient pas toutefois si bien aux matières qui appartiennent à la métaphysique. Car il y a cette différence que les premières notions qui sont supposées pour démontrer les propositions géométriques, ayant de la convenance avec les sens, sont reçues facilement d'un chacun; c'est pourquoi il n'y a point là de difficulté, sinon, à bien tirer les conséquences; ce qui se peut faire par toutes sortes de personnes, même par les moins attentives, pourvu seulement qu'elles se ressouviennent des choses précédentes; et on les oblige aisément à s'en souvenir en distinguant autant de diverses propositions qu'il y a de choses à remarquer dans la difficulté proposée, afin qu'elles s'arrêtent séparément sur chacune, et qu'on leur puisse citer par après, pour les avertir de celles auxquelles elles doivent penser. Mais au contraire, touchant les questions qui appartiennent à la métaphysique, la principale difficulté est de concevoir clairement et distinctement les premières notions. Car encore que de leur nature elles ne soient pas moins claires, et même que souvent elles soient plus claires que celles qui sont considérées par les géomètres, néanmoins d'autant qu'elles semblent ne s'accorder pas avec plusieurs préjugés que nous avons reçus par les sens, et auxquels nous sommes accoutumés dès notre enfance, elles ne sont parfaitement comprises que par ceux qui sont fort attentifs et qui s'étudient à détacher autant qu'ils peuvent leur esprit du commerce des sens; c'est pourquoi, si on les proposait toutes seules, elles seraient aisément niées par ceux qui ont l'esprit porté à la contradiction.

Et c'est ce qui a été la cause que j'ai plutôt écrit des Méditations que des disputes, ou des questions, comme font les philosophes, ou bien des théorèmes ou des problèmes, comme les géomètres, afin de témoigner par là que je n'ai écrit que pour ceux qui se voudront donner la peine de méditer avec moi sérieusement, et considérer les choses avec attention. Car de cela même que quelqu'un se prépare à impugner la vérité, il se rend moins propre à la comprendre, d'autant qu'il détourne son esprit de la considération des raisons qui la persuadent pour l'appliquer à la recherche de celles qui la détruisent.

TROISIÈMES OBJECTIONS

FAITES PAR M. HOBBES, CÉLÈBRE PHILOSOPHE ANGLAIS

Contre les six Méditations

AVEC LES RÉPONSES DE L'AUTEUR.

SUR LA PREMIÈRE MÉDITATION.

Des choses qui peuvent être révoquées en doute.

OBJECTION PREMIÈRE.

Il paraît assez par ce qui a été dit dans cette Méditation, qu'il n'y a point de marque certaine et évidente par laquelle nous puissions reconnaître et distinguer nos songes d'avec la veille et d'avec une vraie perception des sens; et partant que ces images ou ces fantômes que nous sentons étant éveillés (ni plus ni moins que ceux que nous apercevons étant endormis) ne sont point des accidents attachés à des objets extérieurs, et ne sont point des preuves suffisantes pour montrer que ces objets extérieurs existent véritablement. C'est pourquoi si, sans nous aider d'aucun autre raisonnement, nous suivons seulement le témoignage de nos sens, nous aurons juste sujet de douter si quelque chose existe ou non. Nous reconnaissons donc la vérité de cette Méditation. Mais d'autant que Platon a parlé de cette incertitude des choses sensibles, et plusieurs autres anciens philosophes avant et après lui, et qu'il est aisé de remarquer la difficulté qu'il y a de discerner la veille du sommeil, j'eusse voulu que cet excellent auteur de nouvelles spéculations se fût abstenu de publier des choses si vieilles.

RÉPONSE.

Les raisons de douter qui sont ici reçues pour vraies par ce philosophe n'ont été proposées par moi que comme vraisemblables : et je m'en suis servi, non pour les débiter comme nouvelles, mais en partie pour préparer les esprits des lecteurs à considérer les choses intellectuelles, et les distinguer des corporelles, à quoi elles m'ont toujours semblé très nécessaires ; en partie pour y répondre dans les Méditations suivantes, et en partie aussi pour faire voir combien les vérités que je propose ensuite sont fermes et assurées, puisqu'elles ne peuvent être ébranlées par des doutes si généraux et si extraordinaires. Et ce n'a point été pour acquérir de la gloire que je les ai rapportées, mais je pense n'avoir pas été moins obligé de les expliquer qu'un médecin de décrire la maladie dont il a entrepris d'enseigner la cure.

OBJECTION SECONDE SUR LA SECONDE MÉDITATION.

De la nature de l'esprit humain.

Je suis une chose qui pense; c'est fort bien dit. Car de ce que je pense, ou de ce que j'ai une idée, soit en veillant, soit en dormant, l'on infère que je suis pensant : car ces deux choses, *je pense* et *je suis pensant*, signifient la même chose. De ce que je suis pensant, il s'ensuit *que je suis*, parce que ce qui pense n'est pas un rien. Mais où notre auteur ajoute, c'est-à-dire, *un esprit, une âme, un entendement, une raison :* de là naît un doute. Car ce raisonnement ne me semble pas bien déduit de dire *je suis pensant*, donc, *je suis une pensée*, ou bien, *je suis intelligent*, donc, *je suis un entendement*. Car de la même façon je pourrais dire, *je suis promenant*, donc *je suis une promenade*.

Monsieur Descartes donc prend la chose intelligente et l'intellection, qui en est l'acte, pour une même chose ; ou du moins il dit que c'est le même que la chose qui entend et l'entendement, qui est une puissance ou faculté d'une chose intelligente. Néanmoins tous les philosophes distinguent le sujet de ses facultés et de ses actes, c'est-à-dire de ses propriétés et de ses essences ; car c'est autre chose que la chose même *qui est*, et autre chose que son *essence ;* il se peut donc faire qu'une chose qui pense soit le sujet de l'esprit, de la raison ou de l'entendement, et partant que ce soit quelque chose de corporel, dont le contraire est pris ou avancé, et n'est pas prouvé. Et néanmoins c'est en cela que consiste le fondement de la conclusion qu'il semble que Monsieur Descartes veuille établir.

Au même endroit il dit : *Je connais que j'existe, et je cherche quel je suis, moi que je connais être. Or, il est très certain* que cette notion et connaissance de moi-même ainsi précisément prise ne dépend point des choses dont l'existence ne m'est pas encore connue.

Il est très certain que la connaissance de cette proposition *j'existe*, dépend de celle-ci, *je pense*, comme il nous a fort bien enseigné : mais d'où nous vient la connaissance de celle-ci, *je pense ?* Certes, ce n'est point d'autre chose que de ce que nous ne pouvons concevoir aucun acte sans son sujet, comme la pensée sans une chose qui pense, la science sans une chose qui sache, et la promenade sans une chose qui se promène.

Et de là il semble suivre qu'une chose qui pense est quelque chose de corporel; car les sujets de tous les actes semblent être seulement entendus sous une raison corporelle, ou sous une raison de matière, comme il a lui-même montré un peu après par l'exemple de la cire, laquelle, quoique sa couleur, sa dureté, sa figure et tous ses autres actes soient changés, est toujours conçue être la même chose, c'est-à-dire la même matière sujette à tous ces changements. Or ce n'est pas par une autre pensée que j'infère que je pense : car encore que quelqu'un puisse penser qu'il a pensé, (laquelle pensée n'est rien autre chose qu'un souvenir) néanmoins il est tout à fait impossible de penser qu'on pense ni de savoir qu'on sait : car ce serait une interrogation qui ne finirait jamais : d'où savez-vous que vous savez que vous savez que vous savez, etc.

Et partant puisque la connaissance de cette proposition, *j'existe*, dépend de la connaissance de celle-ci, *je pense*, et la connaissance de celle-ci, de ce que nous ne pouvons séparer la pensée d'une matière qui pense, il semble qu'on doit plutôt inférer qu'une chose qui pense est matérielle qu'immatérielle.

RÉPONSE.

Où j'ai dit, c'est-à-dire *un esprit, une âme, un entendement, une raison, etc.*, je n'ai point entendu par ces noms les seules facultés, mais les choses douées de la faculté de penser, comme par les deux premiers on a coutume d'entendre, et assez souvent aussi par les deux derniers : ce que j'ai si souvent expliqué, et en termes si exprès, que je ne vois pas qu'il y ait eu lieu d'en douter.

Et il n'y a point ici de rapport ou de convenance entre la promenade et la pensée, parce que la promenade n'est jamais prise autrement que pour l'action même; mais la pensée se prend quelquefois pour l'action, quelquefois pour la faculté, et quelquefois pour la chose en laquelle réside cette faculté.

Et je ne dis pas que l'intellection et la chose qui entend soient une même chose, non pas même la chose qui entend et l'entendement, si l'entendement est pris pour une faculté, mais seulement lorsqu'il est pris pour la chose même qui entend. Or j'avoue franchement que pour signifier une chose, ou une substance, laquelle je voulais dépouiller de toutes les choses qui ne lui appartiennent point, je me suis servi de termes autant simples et abstraits que j'ai pu, comme au contraire ce philosophe pour signifier la même substance en emploie d'autres fort concrets et composés, à savoir ceux de sujet, de matière et de corps, afin d'empêcher autant qu'il peut qu'on ne puisse séparer la pensée d'avec le corps. Et je ne crains pas que la façon dont il se sert, qui est de joindre ainsi plusieurs choses ensemble, soit trouvée plus propre pour parvenir à la connaissance de la vérité qu'est la mienne par laquelle je distingue autant que je puis chaque chose. Mais ne nous arrêtons pas davantage aux paroles, venons à la chose dont il est question.

Il se peut faire, dit-il, *qu'une chose qui pense soit quelque chose de corporel, dont le contraire est pris ou avancé, et n'est pas prouvé.* Tant s'en faut, je n'ai point avancé le contraire et ne m'en suis en façon quelconque servi pour fondement, mais je l'ai laissé entièrement indéterminé jusqu'à la sixième Méditation, dans laquelle il est prouvé.

En après il dit fort bien *que nous ne pouvons concevoir aucun acte sans son sujet, comme la pensée sans une chose qui pense, parce que la chose qui pense n'est pas un rien;* mais c'est sans aucune raison et contre toute bonne logique, et même contre la façon ordinaire de parler, qu'il ajoute *que de là il semble suivre qu'une chose qui pense est quelque chose de corporel;* car les sujets de tous les actes sont bien à la vérité entendus comme étant des substances (ou si vous voulez, comme des matières, à savoir des matières métaphysiques), mais non pas pour cela comme des corps. Au contraire tous les logiciens, et presque tout le monde avec eux, ont coutume de dire qu'entre les substances, les unes sont spirituelles et les autres corporelles. Et je n'ai prouvé autre chose par l'exemple de la cire, sinon que la couleur, la dureté, la figure, etc., n'appartiennent point à la raison formelle de la cire : c'est-à-dire qu'on peut concevoir tout ce qui se trouve nécessairement dans la cire sans avoir besoin pour cela de penser à elle : je n'ai point aussi parlé en ce lieu-là de la raison formelle de l'esprit, ni même de celle du corps.

Et il ne sert de rien de dire, comme fait ici ce philosophe, qu'une pensée ne peut pas être le sujet d'une autre pensée. Car qui a jamais feint cela que lui? Mais je tâcherai ici d'expliquer en peu de paroles tout le sujet dont est question.

Il est certain que la pensée ne peut pas être sans une chose qui pense, et en général aucun accident ou aucun acte ne peut être sans une substance de laquelle il soit l'acte. Mais d'autant que nous ne connaissons pas la substance immédiatement par elle-même, mais seulement parce qu'elle est le sujet de quelques actes, il est fort convenable à la raison, et l'usage même le requiert, que nous appelions de divers noms ces substances que nous connaissons être les sujets de plusieurs actes ou accidents entièrement différents, et qu'après cela nous examinions si ces divers noms signifient des choses différentes, ou une seule et même chose.

Or, il y a certains actes que nous appelons *corporels*, comme la grandeur, la figure, le mouvement, et toutes les autres choses qui ne peuvent être conçues sans une extension locale, et nous appelons du nom de *corps* la substance en laquelle ils résident : et on ne peut pas feindre que ce soit une autre substance qui soit le sujet de la figure, une autre qui soit le sujet du mouvement local, etc., parce que tous ces actes conviennent entre eux en ce qu'ils présupposent l'étendue. En après il y a d'autres actes que nous appelons *intellectuels*, comme entendre, vouloir, imaginer, sentir, etc., tous lesquels conviennent entre eux en ce qu'ils ne peuvent être sans pensée, ou perception, ou conscience et connaissance : et la substance en laquelle ils résident, nous la nommons *une chose qui pense, ou un esprit*, ou de tel autre nom qu'il nous plaît, pourvu que nous ne la confondions point avec la substance corporelle : d'autant que les actes intellectuels n'ont aucune affinité avec les actes corporels, et que la pensée qui est la raison commune en laquelle ils conviennent diffère totalement de l'extension qui est la raison commune des autres.

Mais après que nous avons formé deux concepts clairs et distincts de ces deux substances, il est aisé de connaître par ce qui a été dit en la sixième Méditation, si elles ne sont qu'une même chose, ou si elles en sont deux différentes.

OBJECTION TROISIÈME.

Qu'y a-t-il donc qui soit distingué de ma pensée? Qu'y a-t-il que l'on puisse dire être séparé de moi-même?

Quelqu'un répondra peut-être à cette question : Je suis distingué de ma pensée moi-même qui pense, et quoiqu'elle ne soit pas à la vérité séparée de moi-même, elle est néanmoins différente de moi : de la même façon que la promenade (comme il a été dit ci-dessus) est distinguée de celui qui se promène : que si Monsieur Descartes montre que celui qui entend et l'entendement sont une même chose, nous tomberons dans cette façon de parler scolastique, l'entendement entend, la vue voit, la volonté veut ; et par une juste analogie, on pourra dire aussi que la promenade, ou du moins la faculté de se promener, se promène ; toutes lesquelles choses sont obscures, impropres, et fort éloignées de la netteté ordinaire de Monsieur Descartes.

RÉPONSE.

Je ne nie pas que moi, qui pense, ne sois distingué de ma pensée, comme une chose l'est de son mode ; mais où je demande *qu'y a-t-il donc qui soit distingué de ma pensée ?* j'entends cela des diverses façons de penser qui sont là énoncées, et non pas de ma substance ; et où j'ajoute, *qu'y a-t-il que l'on puisse dire être séparé de moi-même ?* je veux dire seulement que toutes ces manières de penser qui sont en moi ne peuvent avoir aucune existence hors de moi : et je ne vois pas qu'il y ait en cela aucun lieu de douter, ni pourquoi l'on me blâme ici d'obscurité.

OBJECTION QUATRIÈME.

Il faut donc que je demeure d'accord que je ne saurais pas même comprendre par mon imagination ce que c'est que ce morceau de cire, et qu'il n'y a que mon entendement seul qui le comprenne.

Il y a grande différence entre imaginer, c'est-à-dire avoir quelque idée et concevoir par l'entendement, c'est-à-dire conclure en raisonnant que quelque chose est ou existe ; mais Monsieur Descartes ne nous a pas expliqué en quoi ils diffèrent. Les anciens péripatéticiens ont aussi enseigné assez clairement que la substance ne s'aperçoit point par les sens, mais qu'elle se collige par la raison.

Que dirons-nous maintenant si peut-être le raisonnement n'est rien autre chose qu'un assemblage et un enchaînement de noms par ce mot *est ?* D'où il s'ensuivrait que par la raison nous ne concluons rien du tout touchant la nature des choses, mais seulement touchant leurs appellations, c'est-à-dire que par elle nous voyons simplement si nous assemblons bien ou mal les noms des choses, selon les conventions que nous avons faites à notre fantaisie touchant leurs significations. Si cela est ainsi comme il peut être, le raisonnement dépendra des noms, les noms de l'imagination, et l'imagination peut-être (et ceci selon mon sentiment) du mouvement des organes corporels, et ainsi l'esprit ne sera rien autre chose qu'un mouvement en certaines parties du corps organique.

RÉPONSE.

J'ai expliqué dans la seconde Méditation la différence qui est entre l'imagination et le pur concept de l'entendement ou de l'esprit, lorsqu'en l'exemple de la cire j'ai fait voir quelles sont les choses que nous imaginons en elle, et quelles sont celles que nous concevons par le seul entendement ; mais j'ai encore expliqué ailleurs comment nous entendons autrement une chose que nous ne l'imaginons, en ce que pour imaginer par exemple un pentagone, il est besoin d'une particulière contention d'esprit qui nous rende cette figure (c'est-à-dire les cinq côtés et l'espace qu'ils renferment) comme présente, de laquelle nous ne nous servons point pour concevoir. Or l'assemblage qui se fait dans le raisonnement n'est pas celui des noms, mais bien celui des choses signifiées par les noms, et je m'étonne que le contraire puisse venir en l'esprit de personne.

Car qui doute qu'un Français et qu'un Allemand ne puissent avoir les mêmes pensées ou raisonnements touchant les mêmes choses, quoique néanmoins ils conçoivent des mots entièrement différents ? Et ce philosophe ne se condamne-t-il pas lui-même lorsqu'il parle des conventions que nous avons faites à notre fantaisie touchant la signification des mots ? Car s'il admet que quelque chose est signifié par les paroles, pourquoi ne veut-il pas que nos discours et raisonnements soient plutôt de la chose qui est signifiée que des paroles seules ? Et certes, de la même façon et avec une aussi juste raison qu'il conclut que l'esprit est un mouvement, il pourrait aussi conclure que la terre est le ciel, ou telle autre chose qu'il lui plaira ; pour ce qu'il n'y a point de choses au monde entre lesquelles il n'y ait autant de convenance qu'il y a entre le mouvement et l'esprit, qui sont de deux genres entièrement différents.

OBJECTION CINQUIÈME SUR LA TROISIÈME MÉDITATION.

De Dieu.

Quelques-unes d'entre elles (à savoir d'entre les pensées des hommes) *sont comme les images des choses auxquelles seules convient proprement le nom d'idée, comme lorsque je pense à un homme, à une chimère, au ciel, à un ange ou à Dieu.*

Lorsque je pense à un homme, je me représente une idée ou une image composée de couleur et de figure, de laquelle je puis douter si elle a la ressemblance d'un homme ou si elle ne l'a pas. Il en est de même lorsque je pense au ciel. Lorsque je pense à une chimère, je me représente une idée ou une image, de laquelle je puis douter si elle est le portrait de quelque animal qui n'existe point, mais qui puisse être ou qui ait été autrefois, ou bien qui n'ait jamais été.

Et lorsque quelqu'un pense à un ange, quelquefois l'image d'une flamme se présente à son esprit, et quelquefois celle d'un jeune enfant qui a des ailes, de laquelle je pense pouvoir dire avec certitude qu'elle n'a point la ressemblance d'un ange, et partant qu'elle n'est point l'idée d'un ange; mais croyant qu'il y a des créatures invisibles et immatérielles qui sont les ministres de Dieu, nous donnons à une chose que nous croyons ou supposons le nom d'ange, quoique, néanmoins, l'idée sous laquelle j'imagine un ange soit composée des idées des choses visibles.

Il en est de même du nom vénérable de Dieu, de qui nous n'avons aucune image ou idée; c'est pourquoi on nous défend de l'adorer sous une image, de peur qu'il ne nous semble que nous concevions celui qui est inconcevable.

Nous n'avons donc point en nous, ce semble, aucune idée de Dieu; mais, tout ainsi qu'un aveugle-né qui s'est plusieurs fois approché du feu et qui en a senti la chaleur, reconnaît qu'il y a quelque chose par quoi il a été échauffé, et, entendant dire que cela s'appelle du feu, conclut qu'il y a du feu, et néanmoins n'en connaît pas la figure ni la couleur, et n'a, à vrai dire, aucune idée ou image de feu qui se présente à son esprit.

De même l'homme, voyant qu'il doit y avoir quelque cause de ses images ou de ses idées, et de cette cause une autre première, et ainsi de suite, est enfin conduit à une fin ou à une supposition de quelque cause éternelle qui, pour ce qu'elle n'a jamais commencé d'être, ne peut avoir de cause qui la précède, ce qui fait qu'il conclut nécessairement qu'il y a un Etre éternel qui existe; et néanmoins il n'a point d'idée qu'il puisse dire être celle de cet Etre éternel, mais il nomme ou appelle du nom de Dieu cette chose que la foi ou sa raison lui persuade.

Maintenant, d'autant que de cette supposition, à savoir que nous avons en nous l'idée de Dieu, M. Descartes vient à la preuve de cette proposition que *Dieu* (c'est-à-dire un Etre tout-puissant, très sage, Créateur de l'Univers, etc.) *existe*, il a dû mieux expliquer cette idée de Dieu, et de là en conclure non seulement son existence, mais aussi la création du monde.

RÉPONSE.

Par le nom d'idée, il veut seulement qu'on entende ici les images des choses matérielles dépeintes en la fantaisie corporelle; et cela étant supposé, il lui est aisé de montrer qu'on ne peut avoir aucune propre et véritable idée de Dieu ni d'un ange; mais j'ai souvent averti, et principalement en ce lieu-là même, que je prends le nom d'idée pour tout ce qui est conçu immédiatement par l'esprit; en sorte que lorsque je veux et que je crains, parce que je conçois en même temps que je veux et que je crains, ce vouloir et cette crainte sont mis par moi au nombre des idées; et je me suis servi de ce mot parce qu'il était déjà communément reçu par les philosophes pour signifier les formes des conceptions de l'entendement divin, encore que nous ne reconnaissions en Dieu aucune fantaisie ou imagination corporelle, et je n'en savais point de plus propre. Et je pense avoir assez expliqué l'idée de Dieu pour ceux qui veulent concevoir le sens que je donne à mes paroles; mais pour ceux qui s'attachent à les entendre autrement que je ne fais, je ne le pourrais jamais assez. Enfin ce qu'il ajoute ici de la création du monde est tout à fait hors de propos : car j'ai prouvé que Dieu existe avant que d'examiner s'il y avait un monde créé par lui, et de cela seul que Dieu, c'est-à-dire un Etre souverainement puissant, existe, il suit que, s'il y a un monde, il doit avoir été créé par lui.

OBJECTION SIXIÈME.

Mais il y en a d'autres (à savoir d'autres pensées) *qui contiennent de plus d'autres formes, par exemple, lorsque je veux, que je crains, que j'affirme, que je nie, je conçois bien à la vérité toujours quelque chose comme le sujet de l'action de mon esprit, mais j'ajoute aussi quelque autre chose par cette action à l'idée que j'ai de cette chose-là; et de ce genre de pensées, les unes sont appelées volontés ou affections, et les autres jugements.*

Lorsque quelqu'un *veut* ou *craint*, il a bien à la vérité l'image de la chose qu'il craint et de l'action qu'il veut; mais qu'est-ce que celui qui veut, ou craint, embrasse de plus par sa pensée, cela n'est pas ici expliqué. Et quoique, à le bien prendre, la crainte soit une pensée, je ne vois pas comment elle peut être autre que la pensée ou l'idée de la chose que l'on craint. Car qu'est-ce autre chose que la crainte d'un lion qui s'avance vers nous, sinon l'idée de ce lion et l'effet (qu'une telle idée engendre dans le cœur) par lequel celui qui craint est porté à ce mouvement animal que nous appelons fuite. Maintenant ce mouvement de fuite n'est pas une pensée, et partant il reste que dans la crainte il n'y a point d'autre pensée que celle qui consiste en la ressemblance de la chose que l'on craint ; le même se peut dire aussi de la volonté.

Davantage l'affirmation et la négation ne se font point sans parole et sans noms ; d'où vient que les bêtes ne peuvent rien affirmer, ni nier, non pas même par la pensée, et partant ne peuvent aussi faire aucun jugement ; et néanmoins la pensée peut être semblable dans un homme et dans une bête. Car quand nous affirmons qu'un homme court, nous n'avons point d'autre pensée que celle qu'a un chien qui voit courir son maître, et partant l'affirmation et la négation n'ajoutent rien aux simples pensées, si ce n'est peut-être la pensée que les noms, dont l'affirmation est composée, sont les noms de la chose même qui est en l'esprit de celui qui affirme ; et cela n'est rien autre chose que comprendre par la pensée la ressemblance de la chose, mais cette ressemblance deux fois.

RÉPONSE.

Il est de soi très évident que c'est autre chose de voir un lion et ensemble de le craindre, que de le voir seulement. Et tout de même que c'est autre chose de voir un homme qui court, que d'assurer qu'on le voit. Et je ne remarque rien ici qui ait besoin de réponse ou d'explication.

OBJECTION SEPTIÈME.

Il me reste seulement à examiner de quelle façon j'ai acquis cette idée, car je ne l'ai point reçue par les sens, et jamais elle ne s'est offerte à moi contre mon attente, comme font d'ordinaire les idées des choses sensibles lorsque ces choses se présentent aux organes extérieurs de mes sens, ou qu'elles semblent s'y présenter. Elle n'est pas aussi une pure production ou fiction de mon esprit, car il n'est pas en mon pouvoir d'y diminuer ni d'y ajouter aucune chose; et partant il ne reste plus autre chose à dire, sinon que, comme l'idée de moi-même, elle est née et produite avec moi dès lors que j'ai été créé.

S'il n'y a point d'idée de Dieu (or on ne prouve point qu'il y en ait) comme il semble qu'il n'y en a point, toute cette recherche est inutile. Davantage, l'idée de moi-même me vient, si on regarde le corps, principalement de la vue; si l'âme, nous n'en avons aucune idée, mais la raison nous fait conclure qu'il y a quelque chose de renfermé dans le corps humain qui lui donne le mouvement animal, qui fait qu'il sent et se meut; et cela quoique ce soit, sans aucune idée, nous l'appelons *âme*.

RÉPONSE.

S'il y a une idée de Dieu (comme il est manifeste qu'il y en a une) toute cette objection est renversée ; et lorsqu'on ajoute que nous n'avons point d'idée de l'âme, mais qu'elle se collige par la raison, c'est de même que si on disait qu'on n'en a point d'image dépeinte en la fantaisie, mais qu'on en a néanmoins cette notion que jusques ici j'ai appelée du nom d'idée.

OBJECTION HUITIÈME.

Mais l'autre idée du soleil est prise des raisons de l'astronomie, c'est-à-dire de certaines notions qui sont naturellement en moi.

Il semble qu'il ne puisse y avoir en même temps qu'une idée du soleil, soit qu'il soit vu par les yeux, soit qu'il soit conçu par le raisonnement être plusieurs fois plus grand qu'il ne paraît à la vue : car cette dernière n'est pas l'idée du soleil, mais une conséquence de notre raisonnement qui nous apprend que l'idée du soleil serait plusieurs fois plus grande s'il était regardé de beaucoup plus près. Il est vrai qu'en divers temps il peut y avoir diverses idées du soleil, comme si en un temps il est regardé seulement avec les yeux, et en un autre avec une lunette d'approche ; mais les raisons de l'astronomie ne rendent point l'idée du soleil plus grande ou plus petite, seulement elles nous enseignent que l'idée sensible du soleil est trompeuse.

RÉPONSE.

Je réponds derechef que ce qui est dit ici n'être point l'idée du soleil, et qui néanmoins est écrit, c'est cela même que j'appelle du nom d'idée. Et pendant que ce philosophe ne veut pas convenir avec moi de la signification des mots, il ne me peut rien objecter qui ne soit frivole.

OBJECTION NEUVIÈME.

Car en effet les idées qui me représentent des substances sont sans doute quelque chose de plus, et ont pour ainsi dire plus de réalité objective que celles qui me représentent seulement des modes ou accidents. Comme aussi celle par laquelle je conçois un Dieu souverain, éternel, infini, tout connaissant, tout-puissant, et créateur universel de toutes les choses qui sont hors de lui, a aussi sans doute en soi plus de réalité objective que celles par qui les substances finies me sont représentées.

J'ai déjà plusieurs fois remarqué ci-devant que nous n'avons aucune idée de Dieu ni de l'âme; j'ajoute maintenant ni de la substance; car j'avoue bien que la substance, en tant qu'elle est une matière capable de recevoir divers accidents, et qui est sujette à leurs changements, est aperçue et prouvée par le raisonnement; mais néanmoins elle n'est point conçue, ou nous n'en avons aucune idée. Si cela est vrai, comment peut-on dire que les idées qui nous représentent des substances sont quelque chose de plus et ont plus de réalité objective que celles qui nous représentent des accidents? De plus, il semble que M. Descartes n'ait pas assez considéré ce qu'il veut dire par ces mots *ont plus de réalité*. La réalité reçoit-elle le plus et le moins? Ou s'il pense qu'une chose soit plus chose qu'une autre, qu'il considère comment il est possible que cela puisse être rendu clair à l'esprit, et expliqué avec toute la clarté et l'évidence qui est requise en une démonstration, et avec laquelle il a plusieurs fois traité d'autres matières.

RÉPONSE.

J'ai plusieurs fois dit que j'appelais du nom d'idée cela même que la raison nous fait connaître, comme aussi toutes les autres choses que nous concevons, de quelque façon que nous les concevions. Et j'ai suffisamment expliqué comment la réalité reçoit le plus et le moins, en disant que la substance est quelque chose de plus que le mode, et que s'il y a des qualités réelles, ou des substances incomplètes, elles sont aussi quelque chose de plus que les modes, mais quelque chose de moins que les substances complètes; et enfin que s'il y a une substance infinie, indépendante, cette substance a plus d'être, ou plus de réalité que la substance finie et dépendante. Ce qui est de soi si manifeste qu'il n'est pas besoin d'y apporter une plus ample explication.

OBJECTION DIXIÈME.

Il ne reste donc que la seule idée de Dieu, dans laquelle il faut considérer s'il y a quelque chose qui n'ait pu venir de moi-même. Par le nom de Dieu j'entends une substance infinie, indépendante, souverainement intelligente, souverainement puissante, et par laquelle non-seulement moi-même, mais toutes les autres choses qui sont (s'il y en a d'autres qui existent) ont été créées. Toutes lesquelles choses, à dire vrai, sont telles, que plus j'y pense, et moins me semblent-elles pouvoir venir de moi seul. Et par conséquent il faut conclure de tout ce qui a été ci-devant, que Dieu existe nécessairement.

Considérant les attributs de Dieu, afin que de là nous en ayons l'idée et que nous voyions s'il y a quelque chose en elle qui n'ait pu venir de nous-mêmes, je trouve, si je ne me trompe, que ni les choses que nous concevons par le nom de Dieu ne viennent point de nous, ni qu'il n'est pas nécessaire qu'elles viennent d'ailleurs que des objets extérieurs. Car par le nom de Dieu j'entends *une substance*, c'est-à-dire j'entends que Dieu existe, (non point par une idée, mais par raisonnement), *j'entends que cette substance est infinie* (c'est-à-dire que je ne puis concevoir ni imaginer ses termes, ou ses dernières parties, que je n'en puisse encore imaginer d'autres au delà) d'où il suit que le nom d'*infini* ne nous fournit pas l'idée de l'infinité divine, mais bien celle de nos propres termes et limites; *j'entends encore que cette substance est indépendante*, c'est-à-dire je ne conçois point de cause de laquelle Dieu puisse venir. D'où il paraît que je n'ai point d'autre idée qui réponde à ce nom d'*indépendant*, sinon la mémoire de mes propres idées qui ont toutes leur commencement en divers temps, et qui par conséquent sont dépendantes.

C'est pourquoi, dire que Dieu est *indépendant*, ce n'est rien dire autre chose sinon que Dieu est du nombre des choses dont je ne puis imaginer l'origine; tout ainsi que dire que Dieu est *infini*, c'est de même que si nous disions qu'il est du nombre des choses dont nous ne concevons point les limites. Et ainsi toute cette idée de Dieu est réfutée; car, quelle est cette idée qui est sans fin et sans origine.

Souverainement intelligente. Je demande aussi par quelle idée Monsieur Descartes conçoit l'intellection de Dieu.

Souverainement puissante. Je demande aussi par quelle idée sa puissance qui regarde les choses futures, c'est-à-dire non existantes, est entendue.

Certes, pour moi, je conçois la puissance par l'image ou la mémoire des choses passées, en raisonnant de cette sorte : il a fait ainsi, donc il a pu faire ainsi; donc, tant qu'il sera, il pourra encore faire ainsi : c'est-à-dire il en a la puissance. Or, toutes ces choses sont des idées qui peuvent venir des objets extérieurs.

Créateur de toutes les choses qui sont au monde. Je puis former quelque image de la création par le moyen des choses que j'ai vues, par exemple de ce que j'ai vu un homme naissant, et qui est parvenu d'une petitesse presque inconcevable à la forme et à la grandeur qu'il a maintenant ; et personne à mon avis n'a d'autre idée à ce nom de créateur : mais il ne suffit pas, pour prouver la création du monde, que nous puissions imaginer le monde créé.

C'est pourquoi, encore qu'on eût démontré qu'un être *infini, indépendant, tout-puissant*, etc., existe, il ne s'ensuit pas néanmoins qu'un créateur existe : si ce n'est que quelqu'un pense qu'on infère fort bien de ce qu'un certain être existe, lequel nous croyons avoir créé toutes les autres choses, que pour cela le monde a autrefois été créé par lui.

Davantage, où Monsieur Descartes dit que l'idée de Dieu et de notre âme est née, et résidente en nous-même, je voudrais bien savoir si les âmes de ceux-là pensent qui dorment profondément et sans aucune rêverie : si elles ne pensent point, elles n'ont alors aucunes idées ; et par conséquent il n'y a point d'idée qui soit née et résidente en nous-même, car ce qui est né et résidant en nous-même est toujours présent à notre pensée.

RÉPONSE.

Aucune chose de celles que nous attribuons à Dieu ne peut venir des objets extérieurs comme d'une cause exemplaire : car il n'y a rien en Dieu de semblable aux choses extérieures, c'est-à-dire aux choses corporelles. Or, il est manifeste que tout ce que nous concevons être en Dieu de dissemblable aux choses extérieures ne peut venir en notre pensée par l'entremise de ces mêmes choses, mais seulement par celle de la cause de cette diversité, c'est-à-dire de Dieu.

Et je demande ici de quelle façon ce philosophe tire l'intellection de Dieu des choses extérieures : car pour moi j'explique aisément quelle est l'idée que j'en ai, en disant que par le mot d'idée j'entends la forme de toute perception ; car qui est celui qui conçoit quelque chose, qui ne s'en aperçoive et qui n'ait par conséquent cette forme, ou cette idée de l'intellection, laquelle venant à étendre à l'infini, il forme l'idée de l'intellection divine ; et ce que je dis de cette perfection se doit entendre de même de toutes les autres.

Mais parce que je me suis servi de l'idée de Dieu qui est en nous, pour démontrer son existence, et que dans cette idée une puissance si immense est contenue que nous concevons qu'il répugne, s'il est vrai que Dieu existe, que quelque autre chose que lui existe si elle n'a été créée par lui, il suit clairement de ce que son existence a été démontrée qu'il a été aussi démontré que tout ce monde, c'est-à-dire toutes les autres choses différentes de Dieu qui existent, ont été créées par lui.

Enfin, lorsque je dis que quelque idée est née avec nous, ou qu'elle est naturellement empreinte en nos âmes, je n'entends pas qu'elle se présente toujours à notre pensée, car ainsi il n'y en aurait aucune; mais j'entends seulement que nous avons en nous-mêmes la faculté de la produire.

OBJECTION ONZIÈME.

Et toute la force du raisonnement dont je me suis servi pour prouver l'existence de Dieu consiste en ce que je vois qu'il ne serait pas possible que ma nature fût telle qu'elle est, c'est-à-dire que j'eusse en moi l'idée de Dieu, si Dieu n'existait véritablement, à savoir ce même Dieu dont j'ai en moi l'idée.

Puisque ce n'est donc pas une chose démontrée que nous ayons en nous l'idée de Dieu, et que la religion chrétienne nous oblige de croire que Dieu est inconcevable, c'est-à-dire, selon mon opinion, qu'on n'en peut avoir d'idée, il s'ensuit que l'existence de Dieu n'a point été démontrée, et beaucoup moins la création du monde.

RÉPONSE.

Quand on dit que Dieu est inconcevable, cela s'entend d'une conception qui le comprenne totalement et parfaitement. Au reste, j'ai déjà tant de fois expliqué comment nous avons en nous l'idée de Dieu, que je ne le puis encore ici répéter sans ennuyer les lecteurs.

OBJECTION DOUZIÈME SUR LA QUATRIÈME MÉDITATION.

Du vrai et du faux.

C'est pourquoi je connais que l'erreur en tant que telle n'est pas quelque chose de réel qui dépende de Dieu, mais que c'est seulement un défaut; et qu'ainsi pour faillir je n'ai pas besoin de quelque faculté qui m'ait été donnée de Dieu particulièrement pour cet effet.

Il est certain que l'ignorance est seulement un défaut, et

qu'il n'est pas besoin de quelque faculté positive pour être ignorant ; mais quant à l'erreur, ce n'est pas une chose si manifeste : car il semble que si les pierres et les autres choses inanimées sont incapables d'erreur, c'est seulement parce qu'elles n'ont pas la faculté de raisonner ni d'imaginer ; d'où il faut conclure que pour être capable d'erreur il est besoin d'un entendement, ou du moins d'une imagination, qui sont des facultés toutes deux positives accordées à tous ceux qui se trompent, mais aussi à eux seuls.

Outre cela, Monsieur Descartes ajoute : *j'aperçois que mes erreurs dépendent du concours de deux causes, de la faculté de connaître qui est en moi, et la faculté d'élire, ou bien de mon libre arbitre.* Ce qui me semble avoir de la contradiction avec les choses qui ont été dites auparavant. Où il faut aussi remarquer que la liberté du franc-arbitre est supposée sans être prouvée, quoique cette supposition soit contraire à l'opinion des calvinistes.

RÉPONSE.

Encore que pour faillir il soit besoin de la faculté de raisonner (ou pour mieux dire de juger, c'est-à-dire d'affirmer et de nier) d'autant que c'en est le défaut, il ne s'ensuit pas pour cela que ce défaut soit réel ; non plus que l'aveuglement n'est pas appelé réel, quoique les pierres ne soient pas dites aveugles, pour cela seulement qu'elles ne sont pas capables de voir ; et je suis fort étonné de n'avoir encore pu rencontrer dans toutes ces objections aucune conséquence qui me semblât être bien tirée de ses principes.

Je n'ai rien supposé ou avancé touchant la liberté que ce que nous ressentons tous les jours en nous-mêmes, et qui est très connu par la lumière naturelle ; et je ne puis comprendre pourquoi on dit ici que cela répugne, ou a de la contradiction avec ce qui a été dit auparavant.

Mais encore que peut-être il y en ait plusieurs qui, considérant la préordination de Dieu, ne peuvent comprendre comment notre liberté peut subsister et s'accorder avec elle, il n'y a néanmoins personne qui, se regardant soi-même, ne ressente et n'expérimente que la volonté et la liberté ne sont qu'une même chose, ou plutôt qu'il n'y a point de différence entre ce qui est volontaire et ce qui est libre. Et ce n'est pas ici le lieu d'examiner quelle est en cela l'opinion des calvinistes.

OBJECTION TREIZIÈME.

Par exemple, examinant ces jours passés si quelque chose existait véritablement dans le monde, et prenant garde que de cela seul que j'examinais cette question il suivait très évidemment que j'existais moi-même, je ne pouvais pas m'empêcher de juger qu'une chose que je concevais si clairement était vraie ; non que je m'y trouvasse forcé par une cause extérieure, mais seulement parce que d'une grande clarté qui était en mon entendement a suivi une grande inclination en ma volonté, et ainsi je me suis porté à croire avec d'autant plus de liberté que je me suis trouvé avec moins d'indifférence.

Cette façon de parler, *une grande clarté dans l'entendement*, est métaphorique, et partant n'est pas propre à entrer dans un argument : Or celui qui n'a aucun doute, prétend avoir une semblable clarté, et sa volonté n'a pas une moindre inclination pour affirmer ce dont il n'a aucun doute que celui qui a une parfaite science. Cette clarté peut donc bien être la cause pourquoi quelqu'un aura et défendra avec opiniâtreté quelque opinion, mais elle ne lui saurait faire connaître avec certitude qu'elle est vraie.

De plus, non seulement savoir qu'une chose est vraie, mais aussi la croire, ou lui donner son aveu et consentement, ce sont choses qui ne dépendent point de la volonté ; car les choses qui nous sont prouvées par de bons arguments, ou racontées comme croyables, soit que nous le voulions ou non, nous sommes contraints de les croire. Il est bien vrai qu'affirmer ou nier, soutenir ou réfuter des propositions, ce sont des actes de la volonté, mais il ne s'ensuit pas que le consentement et l'aveu intérieur dépendent de la volonté.

Et partant, la conclusion qui suit n'est pas suffisamment démontrée. *Et c'est dans ce mauvais usage de notre liberté que consiste cette privation qui constitue la forme de l'erreur.*

RÉPONSE.

Il importe peu que cette façon de parler, *une grande clarté*, soit propre ou non à entrer dans un argument, pourvu qu'elle soit propre pour expliquer nettement notre pensée, comme elle l'est en effet. Car il n'y a personne qui ne sache que par ce mot, *une clarté dans l'entendement*, on entend une clarté ou perspicuité de connaissance que tous ceux-là n'ont peut-être pas qui pensent l'avoir, mais cela n'empêche pas qu'elle ne diffère beaucoup d'une opinion obstinée qui a été conçue sans une évidente perception.

Or quand il est dit ici que soit que nous voulions, ou que nous ne voulions pas, nous donnons notre créance aux choses que nous concevons clairement, c'est de même que si on disait que soit que nous voulions, ou que nous ne voulions pas, nous voulons et désirons les choses bonnes quand elles nous sont clairement connues : car cette façon de parler, *soit que nous ne voulions pas*, n'a point de lieu en telles occasions, parce qu'il y a de la contradiction à vouloir et à ne vouloir pas une même chose.

OBJECTION QUATORZIÈME SUR LA CINQUIÈME MÉDITATION.
De l'essence des choses corporelles.

Comme, par exemple, lorsque j'imagine un triangle, encore qu'il n'y ait peut-être en aucun lieu du monde hors de ma pensée une telle figure, et qu'il n'y en ait jamais eu, il ne laisse pas néanmoins d'y avoir une certaine nature, ou forme, ou essence déterminée de cette figure, laquelle est immuable et éternelle, que je n'ai point inventée, et qui ne dépend en aucune façon de mon esprit, comme il paraît de ce que l'on peut démontrer diverses propriétés de ce triangle.

S'il n'y a point de triangle en aucun lieu du monde, je ne puis comprendre comment il a une nature, car ce qui n'est nulle part n'est point du tout, et n'a donc point aussi d'être ou de nature. L'idée que notre esprit conçoit du triangle vient d'un autre triangle que nous avons vu ou inventé sur les choses que nous avons vues ; mais depuis qu'une fois nous avons appelé du nom de triangle la chose d'où nous pensons que l'idée du triangle tire son origine, encore que cette chose périsse, le nom demeure toujours. De même si nous avons une fois conçu par la pensée que tous les angles d'un triangle pris ensemble sont égaux à deux droits, et que nous ayons donné cet autre nom au triangle : *qu'il est une chose qui a trois angles égaux à deux droits :* quand il n'y aurait au monde aucun triangle, le nom néanmoins ne laisserait pas de demeurer. Et ainsi la vérité de cette proposition sera éternelle, *que le triangle est une chose qui a trois angles égaux à deux droits;* mais la nature du triangle ne sera pas pour cela éternelle, car s'il arrivait par hasard que tout triangle généralement pérît, elle cesserait aussi d'être.

De même cette proposition *l'homme est un animal* sera vraie éternellement, à cause des noms; mais supposé que le genre humain fût anéanti, il n'y aurait plus de nature humaine.

D'où il est évident que l'essence, en tant qu'elle est distinguée de l'existence, n'est rien autre chose qu'un assemblage de noms par le verbe *est;* et partant l'essence sans l'existence est une fiction de notre esprit : et il semble que comme l'image d'un homme qui est dans l'esprit est à cet homme, ainsi l'essence est à l'existence, ou bien comme cette proposition *Socrate est homme,* est à celle-ci *Socrate est ou existe;* ainsi l'essence de Socrate est à l'existence du même Socrate : or ceci *Socrate est homme,* quand Socrate n'existe point, ne signifie autre chose qu'un assemblage de noms, et ce mot *est* ou *être,* a sous soi l'image de l'unité d'une chose qui est désignée par deux noms.

RÉPONSE.

La distinction qui est entre l'essence et l'existence est connue de tout le monde; et ce qui est dit ici des noms éternels, au lieu des concepts, ou des idées d'une éternelle vérité, a déjà été ci-devant assez réfuté et rejeté.

OBJECTION QUINZIÈME SUR LA SIXIÈME MÉDITATION.

De l'existence des choses matérielles.

Car Dieu ne m'ayant donné aucune faculté pour connaître que cela soit (à savoir que Dieu par lui-même ou par l'entremise de quelque créature plus noble que le corps m'envoie les idées du corps) *mais, au contraire, m'ayant donné une grande inclination à croire qu'elles me sont envoyées, ou qu'elles partent des choses corporelles, je ne vois pas comment on pourrait l'excuser de tromperie, si en effet ces idées partaient d'ailleurs ou m'étaient envoyées par d'autres causes que par des choses corporelles; et partant il faut avouer qu'il y a des choses corporelles qui existent.*

C'est la commune opinion que les médecins ne pèchent point qui déçoivent les malades pour leur propre santé, ni les pères qui trompent leurs enfants pour leur propre bien, et que le mal de la tromperie ne consiste pas dans la fausseté des paroles, mais dans la malice de celui qui trompe. Que Monsieur Descartes prenne donc garde si cette proposition : *Dieu ne nous peut jamais tromper,* prise universellement, est vraie, car si elle n'est pas vraie ainsi universellement prise, cette conclusion n'est pas bonne, *donc il y a des choses corporelles qui existent.*

RÉPONSE.

Pour la vérité de cette conclusion, il n'est pas nécessaire que nous ne puissions jamais être trompés (car au contraire j'ai avoué franchement que nous le sommes souvent) mais seulement que nous ne le soyons point quand notre erreur ferait paraître en Dieu une volonté de décevoir, laquelle ne peut être en lui : et il y a encore ici une conséquence qui ne me semble pas être bien déduite de ses principes.

OBJECTION DERNIÈRE.

Car je reconnais maintenant qu'il y a entre l'une et l'autre (savoir est entre la veille et le sommeil) *une très notable différence en ce que notre mémoire ne peut jamais lier et joindre nos songes les uns aux autres, et avec toute la suite de notre vie, ainsi qu'elle a de coutume de joindre les choses qui nous arrivent étant éveillés.*

Je demande, savoir, si c'est une chose certaine qu'une personne, songeant qu'elle doute si elle songe ou non, ne puisse songer que son songe est joint et lié avec les idées d'une longue suite de choses passées. Si elle le peut, les choses qui semblent ainsi à celui qui dort être les actions de sa vie passée peuvent être tenues pour vraies, tout de même que s'il était éveillé. De plus, d'autant, comme il dit lui-même, que toute la certitude de la science et toute sa vérité dépend de la seule connaissance du vrai Dieu, ou bien un athée ne peut pas reconnaître qu'il veille par la mémoire des actions de sa vie passée, ou bien une personne ne peut savoir qu'elle veille sans la connaissance du vrai Dieu.

RÉPONSE.

Celui qui dort et songe ne peut pas joindre et assembler parfaitement et avec vérité ses rêveries avec les idées des choses passées, encore qu'il puisse songer qu'il les assemble. Car qui est-ce qui nie que celui qui dort se puisse tromper ; mais après, étant éveillé, il connaîtra facilement son erreur.

Et un athée peut reconnaître qu'il veille par la mémoire des actions de sa vie passée, mais il ne peut pas savoir que ce signe est suffisant pour le rendre certain qu'il ne se trompe point, s'il ne sait qu'il a été créé de Dieu, et que Dieu ne peut être trompeur.

QUATRIÈMES OBJECTIONS

FAITES PAR MONSIEUR ARNAULD, DOCTEUR EN THÉOLOGIE.

Lettre dudit au R. P. Mersenne.

MON RÉVÉREND PÈRE,

Je mets au rang des signalés bienfaits la communication qui m'a été faite par votre moyen des Méditations de Monsieur Descartes; mais comme vous en saviez le prix, aussi me l'avez-vous vendue fort chèrement puisque vous n'avez point voulu me faire participant de cet excellent ouvrage, que je ne me sois premièrement obligé de vous en dire mon sentiment. C'est une condition à laquelle je ne me serais point engagé si le désir de connaître les belles choses n'était en moi fort violent, et contre laquelle je réclamerais volontiers si je pensais pouvoir obtenir de vous aussi facilement une exception pour m'être laissé emporter par cette louable curiosité, comme autrefois le préteur en accordait à ceux de qui la crainte ou la violence avait arraché le consentement.

Car que voulez-vous de moi? Mon jugement touchant l'auteur? Nullement; il y a longtemps que vous savez en quelle estime j'ai sa personne et le cas que je fais de son esprit et de sa doctrine; vous n'ignorez pas aussi les fâcheuses affaires qui me tiennent à présent occupé, et si vous avez meilleure opinion de moi que je ne mérite, il ne s'ensuit pas que je n'aie point connaissance de mon peu de capacité; cependant, ce que vous voulez soumettre à mon examen demande une très haute suffisance avec beaucoup de tranquillité et de loisir, afin que l'esprit, étant dégagé de l'embarras des affaires du monde, ne pense qu'à soi-même. Ce que vous jugez bien ne se pouvoir faire sans une méditation très profonde et une très grande récollection d'esprit. J'obéirai néanmoins puisque vous le voulez, mais à condition que vous serez mon garant, et que vous répondrez de toutes mes fautes. Or quoique la philosophie se puisse vanter d'avoir seule enfanté cet ouvrage, néanmoins parce que notre auteur, en cela très modeste, se vient lui-même présenter au tribunal de la théologie, je jouerai ici deux personnages : dans le premier, paraissant en philosophe, je représenterai les principales difficultés que je jugerai pouvoir être proposées par ceux de cette profession touchant les deux questions de la nature de l'esprit humain et de l'existence de Dieu ; et après cela, prenant l'habit d'un théologien, je mettrai en avant les scrupules qu'un homme de cette robe pourrait rencontrer en tout cet ouvrage.

De la nature de l'esprit humain.

La première chose que je trouve ici digne de remarque est de voir que Monsieur Descartes établisse pour fondement et premier principe de toute sa philosophie ce qu'avant lui saint Augustin, homme de très grand esprit et d'une singulière doctrine, non seulement en matière de théologie mais aussi en ce qui concerne la philosophie, avait pris pour la base et le soutien de la sienne. Car dans le livre second du *Libre arbitre*, chapitre III, Alipius disputant avec Evodius, et voulant prouver qu'il y a un Dieu, *premièrement*, dit-il, *je vous demande, afin que nous commencions par les choses les plus manifestes, savoir si vous êtes, ou si peut-être vous ne craignez point de vous méprendre en répondant à ma demande, combien qu'à vrai dire si vous n'étiez point vous ne pourriez jamais être trompé.* Auxquelles paroles reviennent celles-ci de notre auteur : *Mais il y a un je ne sais quel trompeur très puissant et très rusé qui met toute son industrie à me tromper toujours. Il est donc sans doute que je suis, s'il me trompe.* Mais poursuivons, et afin de ne nous point éloigner de notre sujet, voyons comment de ce principe on peut conclure que notre esprit est distinct et séparé du corps.

Je puis douter si j'ai un corps, voire même je puis douter s'il y a aucun corps au monde, et néanmoins je ne puis pas douter que je ne sois ou que je n'existe tandis que je doute ou que je pense.

Donc moi qui doute et qui pense, je ne suis point un corps, autrement en doutant du corps, je douterais de moi-même.

Voire même encore que je soutienne opiniâtrement qu'il n'y a aucun corps au monde, cette vérité néanmoins subsiste toujours, *je suis quelque chose*, et partant je ne suis point un corps. Certes cela est subtil ; mais quelqu'un pourra dire (ce que même notre auteur s'objecte) de ce que je doute, ou même de ce que je nie qu'il y ait aucun corps, il ne s'ensuit pas pour cela qu'il n'y en ait point.

Mais aussi peut-il arriver que ces choses mêmes que je suppose n'être point, parce qu'elles me sont inconnues, ne sont point en effet différentes de moi, que je connais? Je n'en sais rien, dit-il, *je ne dispute pas maintenant de cela. Je ne puis donner mon jugement que des choses qui me sont connues ; je connais que j'existe, et je cherche quel je suis, moi que je connais être. Or il est très certain que cette notion et connaissance de moi-même, ainsi précisément prise, ne dépend point des choses dont l'existence ne m'est pas encore connue.*

Mais puisqu'il confesse lui-même que par l'argument qu'il a proposé dans son *Traité de la Méthode*, la chose en est venue seulement à ce point qu'il a été obligé d'exclure de la nature de son esprit tout ce qui est corporel et dépendant du corps, *non pas eu égard à la vérité de la chose, mais seulement suivant l'ordre de sa pensée et de son raisonnement* (en telle sorte que son sens était qu'il ne connaissait rien qu'il sût appartenir à son essence, sinon qu'il était une chose qui pense). Il est évident par cette réponse que la dispute en est encore aux mêmes termes, et partant que la question dont il nous promet la solution demeure encore en son entier : à savoir, *comment de ce qu'il ne connaît rien autre chose qui appartienne à son essence* (sinon qu'il est une chose qui pense) *il s'ensuit qu'il n'y a aussi rien autre chose qui en effet lui appartienne*. Ce que toutefois je n'ai pu découvrir dans toute l'étendue de la seconde Méditation, tant j'ai l'esprit pesant et grossier ; mais autant que je le puis conjecturer, il en vient à la preuve dans la sixième, pour ce qu'il a cru qu'elle dépendait de la connaissance claire et distincte de Dieu qu'il ne s'était pas encore acquise dans la seconde Méditation : voici donc comment il prouve et décide cette difficulté.

Pour ce, dit-il, *que je sais que toutes les choses que je conçois clairement et distinctement peuvent être produites par Dieu telles que je les conçois, il suffit que je puisse concevoir clairement et distinctement une chose sans une autre pour être certain que l'une est distincte ou différente de l'autre, parce qu'elles peuvent être séparées, au moins par la toute-puissance de Dieu ; et il n'importe pas par quelle puissance cette séparation se fasse pour être obligé à les juger différentes. Donc pour ce que d'un côté j'ai une claire et distincte idée de moi-même, en tant que je suis seulement une chose qui pense et non étendue, et que d'un autre j'ai une idée distincte du corps, en tant qu'il est seulement une chose étendue et qui ne pense point, il est certain que ce moi, c'est-à-dire mon âme par laquelle je suis ce que je suis, est entièrement et véritablement distincte de mon corps, et qu'elle peut être ou exister sans lui, en sorte qu'encore qu'il ne fût point, elle ne laisserait pas d'être tout ce qu'elle est.*

Il faut ici s'arrêter un peu, car il me semble que dans ce

peu de paroles consiste tout le nœud de la difficulté.

Et premièrement, afin que la majeure de cet argument soit vraie, cela ne se doit pas entendre de toute sorte de connaissance, ni même de toute celle qui est claire et distincte, mais seulement de celle qui est pleine et entière (c'est-à-dire qui comprend tout ce qui peut être connu de la chose), car Monsieur Descartes confesse lui-même dans ses réponses aux premières objections qu'il n'est pas besoin d'une distinction réelle, mais que la formelle suffit, afin qu'une chose puisse être conçue distinctement et séparément d'une autre par une abstraction de l'esprit qui ne conçoit la chose qu'imparfaitement et en partie, d'où vient qu'au même lieu il ajoute :

Mais je conçois pleinement ce que c'est que le corps (c'est-à-dire je conçois le corps comme une chose complète), *en pensant seulement que c'est une chose étendue, figurée, mobile, etc., encore que je nie de lui toutes les choses qui appartiennent à la nature de l'esprit. Et d'autre part je conçois que l'esprit est une chose complète, qui doute, qui entend, qui veut, etc., encore que je nie qu'il y ait en lui aucune des choses qui sont contenues en l'idée du corps. Donc il y a une distinction réelle entre le corps et l'esprit.*

Mais si quelqu'un vient à révoquer en doute cette mineure, et qu'il soutienne que l'idée que vous avez de vous-même n'est pas entière, mais seulement imparfaite, lorsque vous vous concevez (c'est-à-dire votre esprit) comme une chose qui pense, et qui n'est point entendue : et pareillement lorsque vous vous concevez (c'est-à-dire votre corps) comme une chose étendue, et qui ne pense point : il faut voir comment cela a été prouvé dans ce que vous avez dit auparavant : car je ne pense pas que ce soit une chose si claire qu'on la doive prendre pour un principe indémontrable et qui n'ait pas besoin de preuve.

Et quant à sa première partie, à savoir *que vous concevez pleinement ce que c'est que le corps, en pensant seulement que c'est une chose étendue, figurée, mobile, etc., encore que vous niiez de lui toutes les choses qui appartiennent à la nature de l'esprit,* elle est de peu d'importance ; car celui qui maintiendrait que notre esprit est corporel n'estimerait pas pour cela que tout corps fût esprit ; et ainsi le corps serait à l'esprit comme le genre est à l'espèce ; mais le genre peut être entendu sans l'espèce, encore que l'on nie de lui tout ce qui est propre et particulier à l'espèce, d'où vient cet axiome de logique que *l'espèce étant niée, le genre n'est pas nié,* ou bien, *là où est le genre il n'est pas nécessaire que l'espèce soit :* ainsi je puis concevoir la figure sans concevoir aucune des propriétés qui sont particulières au cercle. Il reste donc encore à prouver que l'esprit peut être pleinement et entièrement entendu sans le corps.

Or pour prouver cette proposition je n'ai point, ce me semble, trouvé de plus propre argument dans tout cet ouvrage que celui que j'ai allégué au commencement, à savoir, *je puis nier qu'il y ait aucun corps au monde, aucune chose étendue, et néanmoins je suis assuré que je suis tandis que je le nie ou que je pense, je suis donc une chose qui pense et non point un corps, et le corps n'appartient point à la connaissance que j'ai de moi-même.*

Mais je vois que de là il résulte seulement que je puis acquérir quelque connaissance de moi-même sans la connaissance du corps; mais que cette connaissance soit complète et entière, en telle sorte que je sois assuré que je ne me trompe point lorsque j'exclus le corps de mon essence, cela ne m'est pas encore entièrement manifeste : par exemple, posons que quelqu'un sache que l'angle du demi-cercle est droit, et partant que le triangle fait de cet angle et du diamètre du cercle est rectangle : mais qu'il doute, et ne sache pas encore certainement, voire même qu'ayant été déçu par quelque sophisme, il nie que le carré de la base d'un triangle rectangle soit égal aux carrés des côtés, il semble que selon ce que propose Monsieur Descartes, il doive se confirmer dans son erreur et fausse opinion : car, dira-t-il, je connais clairement et distinctement que ce triangle est rectangle, je doute néanmoins que le carré de sa base soit égal aux carrés des côtés; donc il n'est pas de l'essence de ce triangle que le carré de sa base soit égal aux carrés des côtés.

En après encore que je nie que le carré de sa base soit égal aux carrés des côtés, je suis néanmoins assuré qu'il est rectangle, et il me demeure en l'esprit une claire et distincte connaissance qu'un des angles de ce triangle est droit, ce qui étant, Dieu même ne saurait faire qu'il ne soit pas rectangle.

Et partant, ce dont je doute et que je puis même nier, la même idée me demeurant en l'esprit n'appartient point à son essence.

De plus, pour ce que je sais que toutes les choses que je conçois clairement et distinctement peuvent être produites par Dieu telles que je les conçois, c'est assez que je puisse concevoir clairement et distinctement une chose sans une autre pour être certain que l'une est différente de l'autre, parce que Dieu les peut séparer. Mais je conçois clairement et distinctement que ce triangle est rectangle sans que je sache que le carré de sa base soit égal aux carrés des côtés;

donc au moins par la toute-puissance de Dieu il se peut faire un triangle rectangle dont le carré de la base ne sera pas égal aux carrés des côtés.

Je ne vois pas ce que l'on peut ici répondre, si ce n'est que cet homme ne connaît pas clairement et distinctement la nature du triangle rectangle ; mais d'où puis-je savoir que je connais mieux la nature de mon esprit qu'il ne connaît celle de ce triangle ? Car il est aussi assuré que le triangle au demi-cercle a un angle droit, ce qui est la notion du triangle rectangle, que je suis assuré que j'existe de ce que je pense.

Tout ainsi donc que celui-là se trompe de ce qu'il pense qu'il n'est pas de l'essence de ce triangle (qu'il connaît clairement et distinctement être rectangle) que le carré de sa base soit égal aux carrés des côtés ; pourquoi peut-être ne me trompé-je pas aussi en ce que je pense que rien autre chose n'appartient à ma nature (que je sais certainement et distinctement être une chose qui pense), sinon que je suis une chose qui pense ? Vu que peut-être il est aussi de mon essence que je sois une chose étendue.

Et certainement, dira quelqu'un, ce n'est pas merveille si lorsque de ce que je pense je viens à conclure que je suis, l'idée que de là je forme de moi-même ne me représente point autrement à mon esprit que comme une chose qui pense, puisqu'elle a été tirée de ma seule pensée. De sorte que je ne vois pas que de cette idée l'on puisse tirer aucun argument pour prouver que rien autre chose n'appartient à mon essence que ce qui est contenu en elle.

On peut ajouter à cela que l'argument proposé semble prouver trop, et nous porter dans cette opinion de quelques platoniciens (laquelle néanmoins notre auteur réfute) que rien de corporel n'appartient à notre essence, en sorte que l'homme soit seulement un esprit, et que le corps n'en soit que le véhicule ou le char qui le porte, d'où vient qu'ils définissent l'homme *un esprit usant ou se servant du corps.*

Que si vous répondez que le corps n'est pas absolument exclu de mon essence, mais seulement en tant que précisément je suis une chose qui pense, on pourrait craindre que quelqu'un ne vînt à soupçonner que peut-être la notion ou l'idée que j'ai de moi-même, en tant que je suis une chose qui pense, ne soit pas l'idée ou la notion de quelque être complet qui soit pleinement et parfaitement conçu, mais seulement celle d'un être incomplet qui ne soit conçu qu'imparfaitement et avec quelque sorte d'abstraction d'esprit ou restriction de la pensée.

D'où il suit que comme les géomètres conçoivent la ligne

comme une longueur sans largeur, et la superficie comme une longueur et largeur sans profondeur, quoiqu'il n'y ait point de longueur sans largeur, ni de largeur sans profondeur, peut-être aussi quelqu'un pourrait-il mettre en doute, savoir si tout ce qui pense n'est point aussi une chose étendue, mais qui, outre les propriétés qui lui sont communes avec les autres choses étendues, comme d'être mobile, figurable, etc., ait aussi cette particulière vertu et faculté de penser, ce qui fait que par une abstraction de l'esprit elle peut être conçue avec cette seule vertu comme une chose qui pense, quoiqu'en effet les propriétés et qualités du corps conviennent à toutes les choses qui ont la faculté de penser ; tout ainsi que la quantité peut être conçue avec la longueur seule, quoiqu'en effet il n'y ait point de quantité, à laquelle, avec la longueur, la largeur et la profondeur ne conviennent.

Ce qui augmente cette difficulté est que cette vertu de penser semble être attachée aux organes corporels, puisque dans les enfants elle paraît assoupie, et dans les fous tout à fait éteinte et perdue, ce que ces personnes impies et meurtrières des âmes nous objectent principalement.

Voilà ce que j'avais à dire touchant la distinction réelle de l'esprit d'avec le corps ; mais puisque Monsieur Descartes a entrepris de démontrer l'immortalité de l'âme, on peut demander avec raison si elle suit évidemment de cette distinction ; car, selon les principes de la philosophie ordinaire, cela ne s'ensuit point du tout, vu qu'ordinairement ils disent que les âmes des bêtes sont distinctes de leurs corps, et que néanmoins elles périssent avec eux.

J'avais étendu jusqu'ici cet écrit, et mon dessein était de montrer comment selon les principes de notre auteur (lesquels je pensais avoir recueillis de sa façon de philosopher), de la réelle distinction de l'esprit d'avec le corps son immortalité se conclut facilement ; lorsqu'on m'a mis entre les mains un sommaire des six Méditations fait par le même auteur qui, outre la grande lumière qu'il apporte à tout son ouvrage, contenait sur ce sujet les mêmes raisons que j'avais méditées pour la solution de cette question.

Pour ce qui est des âmes des bêtes, il a déjà assez fait connaître en d'autres lieux que son opinion est qu'elles n'en ont point, mais bien seulement un corps figuré d'une certaine façon, et composé de plusieurs différents organes disposés de telle sorte que toutes les opérations que nous remarquons en elles peuvent être faites en lui et par lui.

Mais il y a lieu de craindre que cette opinion ne puisse pas trouver créance dans les esprits des hommes, si elle n'est soutenue et prouvée par de très fortes raisons. Car cela semble incroyable d'abord qu'il se puisse faire, sans le ministère d'aucune âme, que la lumière, par exemple, qui réfléchit du corps d'un loup dans les yeux d'une brebis, remue tellement les petits filets de ses nerfs optiques, qu'en vertu de ce mouvement, qui va jusqu'au cerveau, les esprits animaux soient répandus dans ses nerfs en la manière qui est requise pour faire que cette brebis prenne la fuite.

J'ajouterai seulement ici que j'approuve grandement ce que Monsieur Descartes dit touchant la distinction qui est entre l'imagination et la conception pure, ou l'intelligence, et que ç'a toujours été mon opinion que les choses que nous concevons par la raison sont beaucoup plus certaines que celles que les sens corporels nous font apercevoir. Car il y a longtemps que j'ai appris de saint Augustin, chap. xv, *De la quantité de l'âme*, qu'il faut rejeter le sentiment de ceux qui se persuadent que les choses que nous voyons par l'esprit sont moins certaines que celles que nous voyons par les yeux du corps, qui sont presque toujours troublés par la pituite. Ce qui fait dire au même saint Augustin dans le livre premier de ses *Soliloques*, chapitre IV, qu'il a expérimenté plusieurs fois qu'en matière de géométrie les sens sont comme des vaisseaux.

Car, dit-il, lorsque pour l'établissement et la preuve de quelque proposition de géométrie je me suis laissé conduire par mes sens jusqu'au lieu où je prétendais aller, je ne les ai pas plutôt quittés que, venant à repasser par ma pensée toutes les choses qu'ils semblaient m'avoir apprises, je me suis trouvé l'esprit aussi inconstant que sont les pas de ceux que l'on vient de mettre à terre après une longue navigation. C'est pourquoi je pense qu'on pourrait plutôt trouver l'art de naviguer sur la terre que de pouvoir comprendre la géométrie par la seule entremise des sens, quoiqu'il semble pourtant qu'ils n'aident pas peu ceux qui commencent à l'apprendre.

De Dieu.

La première raison que notre auteur apporte pour démontrer l'existence de Dieu, laquelle il a entrepris de prouver dans sa troisième Méditation, contient deux parties: la première est que Dieu existe, parce que son idée est en moi; et la seconde que moi qui ai une telle idée, je ne puis venir que de Dieu.

Touchant la première partie, il n'y a qu'une seule chose que je ne puis approuver, qui est que Monsieur Descartes ayant fait voir que la fausseté ne se trouve proprement que dans les jugements, il dit néanmoins un peu après qu'il y a des idées qui peuvent, non pas à la vérité formellement, mais matériellement, être fausses; ce qui me semble avoir de la répugnance avec ses principes.

Mais de peur qu'en une matière si obscure je ne puisse pas expliquer ma pensée assez nettement, je me servirai d'un exemple qui la rendra plus manifeste. Si, dit-il, *le froid est seulement une privation de la chaleur, l'idée qui me le représente comme une chose positive sera matériellement fausse.*

Au contraire, si le froid est seulement une privation, il ne pourra y avoir aucune idée du froid qui me le représente comme une chose positive, et ici notre auteur confond le jugement avec l'idée.

Car qu'est-ce que l'idée du froid? C'est le froid même en temps qu'il est objectivement dans l'entendement : mais si le froid est une privation, il ne saurait être objectivement dans l'entendement par une idée de qui l'être objectif soit un être positif : donc si le froid est seulement une privation, jamais l'idée n'en pourra être positive, et conséquemment il n'y en pourra avoir aucune qui soit matériellement fausse.

Cela se confirme par le même argument que Monsieur Descartes emploie pour prouver que l'idée d'un être infini est nécessairement vraie : car, dit-il, bien que l'on puisse feindre qu'un tel être n'existe point, on ne peut pas néanmoins feindre que son idée ne me représente rien de réel.

La même chose se peut dire de toute idée positive; car encore que l'on puisse feindre que le froid, que je pense être représenté par une idée positive, ne soit pas une chose positive, on ne peut pas néanmoins feindre qu'une idée positive ne me représente rien de réel et de positif, vu que les idées ne sont pas appelées positives selon l'être qu'elles ont en qualité de modes ou de manières de penser, car en ce sens elles seraient toutes positives; mais elles sont ainsi appelées de l'être objectif qu'elles contiennent et représentent à notre esprit. Partant cette idée peut bien n'être pas l'idée du froid, mais elle ne peut pas être fausse.

Mais, direz-vous, elle est fausse pour cela même qu'elle n'est pas l'idée du froid; au contraire c'est votre jugement qui est faux si vous la jugez être l'idée du froid : mais pour elle il est certain qu'elle est très vraie. Tout ainsi que l'idée de Dieu ne doit pas matériellement même être appelée fausse, encore que quelqu'un la puisse transférer et rapporter à une chose qui ne soit point Dieu, comme ont fait les idolâtres.

Enfin cette idée du froid, que vous dites être matériellement fausse, que représente-t-elle à votre esprit? Une privation : donc elle est vraie; un être positif : donc elle n'est pas l'idée du froid ; et de plus, quelle est la cause de cet être positif objectif, qui selon votre opinion fait que cette idée soit matériellement fausse? *C'est*, dites-vous, *moi-même en tant que je participe du néant*. Donc l'être objectif positif de quelque idée peut venir du néant, ce qui néanmoins répugne tout à fait à vos premiers fondements.

Mais venons à la seconde partie de cette démonstration, en laquelle on demande *si, moi qui ai l'idée d'un être infini, je puis être par un autre que par un être infini, et principalement si je puis être par moi-même*. Monsieur Descartes soutient que je ne puis être par moi-même, d'autant que *si je me donnais l'être, je me donnerais aussi toutes les perfections dont je trouve en moi quelque idée*. Mais l'auteur des premières objections réplique fort subtilement : *être par soi* ne doit pas être pris *positivement*, mais *négativement*, en sorte que ce soit la même chose que *n'être pas par autrui*. Or, ajoute-t-il, *si quelque chose est par soi, c'est-à-dire* non *par autrui, comment prouverez-vous pour cela qu'elle comprend tout et qu'elle est infinie; car à présent je ne vous écoute point si vous dites : puisqu'elle est par soi, elle se sera aisément donné toutes choses; d'autant qu'elle n'est pas par soi comme par une cause, et qu'il ne lui a pas été possible, avant qu'elle fût, de prévoir ce qu'elle pourrait être pour choisir ce qu'elle serait après.*

Pour répondre à cet argument, Monsieur Descartes soutient que cette façon de parler *être par soi*, ne doit pas être prise *négativement* mais *positivement*, eu égard même à l'existence de Dieu : en telle sorte que Dieu *fait en quelque façon la même chose à l'égard de soi-même que la cause efficiente à l'égard de son effet.* Ce qui me semble un peu hardi, et n'être pas véritable.

C'est pourquoi je conviens en partie avec lui, et en partie je n'y conviens pas. Car j'avoue bien que je ne puis être par moi-même que positivement, mais je nie que le même se doive dire de Dieu : au contraire je trouve une manifeste contradiction que quelque chose soit par soi positivement, et comme par une cause. C'est pourquoi je conclus la même chose que notre auteur, mais par une voie tout à fait différente en cette sorte.

Pour être par moi-même, je devrais être par moi *positivement*, et comme par une cause; donc il est impossible que je sois par moi-même; la majeure de cet argument est prouvée par ce qu'il dit lui-même, *que les parties du temps pouvant être séparées et ne dépendant point les unes des autres, il ne s'ensuit pas de ce que je suis que je doive être encore à l'avenir, si ce n'est qu'il y ait en moi quelque puissance réelle et positive qui me crée quasi derechef en tous les moments.*

QUATRIÈMES OBJECTIONS

Quant à la mineure, à savoir, *que je ne puis être par moi positivement et comme par une cause*, elle me semble si manifeste par la lumière naturelle que ce serait en vain qu'on s'arrêterait à la vouloir prouver, puisque ce serait perdre le temps à prouver une chose connue par une autre moins connue. Notre auteur même semble en avoir reconnu la vérité lorsqu'il n'a pas osé la nier ouvertement. Car je vous prie, examinons soigneusement ces paroles de la réponse aux premières objections :

Je n'ai pas dit, dit-il, qu'il est impossible qu'une chose soit la cause efficiente de soi-même ; car encore que cela soit manifestement véritable, quand on restreint la signification d'efficient à ces sortes de causes qui sont différentes de leurs effets, ou qui les précèdent en temps, il ne semble pas néanmoins que dans cette question on la doive ainsi restreindre, parce que la lumière naturelle ne nous dicte point que ce soit le propre de la cause efficiente de précéder en temps son effet.

Cela est fort bon pour ce qui regarde le premier membre de cette distinction : mais pourquoi a-t-il omis le second, et que n'a-t-il ajouté que la même lumière naturelle ne nous dicte point que ce soit le propre de la cause efficiente d'être différente de son effet, sinon parce que la lumière naturelle ne lui permettait pas de le dire.

Et de vrai, tout effet étant dépendant de sa cause et recevant d'elle son être, n'est-il pas très évident qu'une même chose ne peut pas dépendre ni recevoir l'être de soi-même.

De plus, toute cause est la cause d'un effet, et tout effet est l'effet d'une cause, et partant il y a un rapport mutuel entre la cause et l'effet : or il ne peut y avoir de rapport mutuel qu'entre deux choses.

En après on ne peut concevoir sans absurdité qu'une chose reçoive l'être, et que néanmoins cette même chose ait l'être auparavant que nous ayons conçu qu'elle l'ait reçu. Or cela arriverait si nous attribuions les notions de cause et d'effet à une même chose au regard de soi-même. Car quelle est la notion d'une cause ? Donner l'être ; quelle est la notion d'un effet ? Le recevoir. Or la notion de la cause précède naturellement la notion de l'effet.

Maintenant nous ne pouvons pas concevoir une chose sous la notion de cause, comme donnant l'être, si nous ne concevons qu'elle l'a : car personne ne peut donner ce qu'il n'a pas ; donc nous concevrions premièrement qu'une chose a l'être que nous ne concevrions qu'elle l'a reçu ; et néanmoins en celui qui reçoit, recevoir précède l'avoir.

Cette raison peut être encore ainsi expliquée : personne ne donne ce qu'il n'a pas, donc personne ne se peut donner l'être que celui qui l'a déjà : or, s'il l'a déjà, pourquoi se le donnerait-il.

Enfin il dit *qu'il est manifeste par la lumière naturelle que la création n'est distinguée de la conservation que par la raison* : mais il est aussi manifeste par la même lumière naturelle que rien ne se peut créer soi-même, ni par conséquent aussi se conserver.

Que si de la thèse générale nous descendons à l'hypothèse spéciale de Dieu, la chose sera encore à mon avis plus manifeste, à savoir, que Dieu ne peut être par soi *positivement*, mais seulement *négativement*, c'est-à-dire *non par autrui*.

Et premièrement cela est évident par la raison que Monsieur Descartes apporte pour prouver que si un corps *est par soi, il doit être par soi positivement. Car,* dit-il, *les parties du temps ne dépendent point les unes des autres; et partant, de ce que l'on suppose qu'un corps jusqu'à cette heure a été par soi, c'est-à-dire sans cause, il ne s'ensuit pas pour cela qu'il doive être encore à l'avenir, si ce n'est qu'il y ait en lui quelque puissance réelle et positive qui pour ainsi dire le reproduise continuellement.*

Mais tant s'en faut que cette raison puisse avoir lieu lorsqu'il est question d'un être souverainement parfait et infini, qu'au contraire pour des raisons tout à fait opposées il faut conclure tout autrement : car dans l'idée d'un infini, l'infinité de sa durée y est aussi contenue, c'est-à-dire qu'elle n'est renfermée d'aucunes limites, et partant qu'elle est indivisible, permanente et subsistante tout à la fois, et dans laquelle on ne peut sans erreur, et qu'improprement, à cause de l'imperfection de notre esprit, concevoir de passé ni d'avenir.

D'où il est manifeste qu'on ne peut concevoir qu'un être infini existe, quand ce ne serait qu'un moment, qu'on ne conçoive en même temps qu'il a toujours été et qu'il sera éternellement (ce que notre auteur même dit en quelque endroit), et partant que c'est une chose superflue de demander pourquoi il persévère dans l'être.

Voire même comme l'enseigne saint Augustin (lequel après les auteurs sacrés, a parlé de Dieu plus hautement et plus dignement qu'aucun autre), en Dieu il n'y a point de passé, ni de futur, mais un continuel présent; ce qui fait voir clairement qu'on ne peut sans absurdité demander pourquoi Dieu persévère dans l'être, vu que cette question enveloppe manifestement le devant et l'après, le passé et le futur, qui doivent être bannis de l'idée d'un être infini.

De plus, on ne saurait concevoir que Dieu soit par soi *positivement*, comme s'il était lui-même premièrement produit;

car il aurait été auparavant que d'être, mais seulement (comme notre auteur déclare en plusieurs lieux) parce qu'en effet il se conserve.

Mais la conservation ne convient pas mieux à l'être infini que la première production. Car qu'est-ce, je vous prie, que la conservation, sinon une continuelle reproduction d'une chose, d'où il arrive que toute conservation suppose une première production; et c'est pour cela même que le nom de continuation, comme aussi celui de conservation, étant plutôt des noms de puissance que d'acte, emportent avec soi quelque capacité ou disposition à recevoir; mais l'être infini est un acte très pur, incapable de telles dispositions.

Concluons donc que nous ne pouvons concevoir que Dieu soit par soi *positivement*, sinon à cause de l'imperfection de notre esprit qui conçoit Dieu à la façon des choses créées; ce qui sera encore plus évident par cette autre raison :

On ne demande point la cause efficiente d'une chose, sinon à raison de son existence, et non à raison de son essence; par exemple, quand on demande la cause efficiente d'un triangle, on demande qui a fait que ce triangle soit au monde, mais ce ne serait pas sans absurdité que je demanderais la cause efficiente pourquoi un triangle a ses trois angles égaux à deux droits; et à celui qui ferait cette demande, on ne répondrait pas bien par la cause efficiente mais on doit seulement répondre parce que telle est la nature du triangle; d'où vient que les mathématiciens qui ne se mettent pas beaucoup en peine de l'existence de leur objet ne font aucune démonstration par la cause efficiente et finale. Or il n'est pas moins de l'essence d'un être infini d'exister, voire même, si vous le voulez, de persévérer dans l'être, qu'il est de l'essence d'un triangle d'avoir ses trois angles égaux à deux droits : donc tout ainsi qu'à celui qui demanderait pourquoi un triangle a ses trois angles égaux à deux droits, on ne doit pas répondre par la cause efficiente, mais seulement parce que telle est la nature immuable et éternelle du triangle; de même si quelqu'un demande pourquoi Dieu est, ou pourquoi il ne cesse point d'être, il ne faut point chercher en Dieu ni hors de Dieu de cause efficiente ou quasi efficiente, (car je ne dispute pas ici du nom, mais de la chose) mais il faut dire pour cette raison, parce que telle est la nature de l'être souverainement parfait.

C'est pourquoi, à ce que dit Monsieur Descartes, *que la lumière naturelle nous dicte qu'il n'y a aucune chose de laquelle il ne soit permis de demander pourquoi elle existe, ou dont on ne puisse rechercher la cause efficiente, ou bien, si elle n'en a point, demander pourquoi elle n'en a pas besoin.* Je réponds que si on demande pourquoi Dieu existe, il ne faut pas répondre par la cause efficiente, mais seulement parce qu'il est Dieu, c'est-à-dire un être infini; que si on demande quelle est la cause efficiente, il faut répondre qu'il n'en a pas besoin : et enfin, si on demande pourquoi il n'en a pas besoin, il faut répondre parce qu'il est un être infini, duquel l'existence est son essence : car il n'y a que les choses dans lesquelles il est permis de distinguer l'existence actuelle de l'essence qui aient besoin de cause efficiente.

Et partant, ce qu'il ajoute immédiatement après les paroles que je viens de citer se détruit de soi-même ; à savoir, *si je pensais, dit-il, qu'aucune chose ne pût en quelque façon être à l'égard de soi-même ce que la cause efficiente est à l'égard de son effet; tant s'en faut que de là je voulusse conclure qu'il y a une première cause, qu'au contraire de celle-là même qu'on appellerait première je rechercherais derechef la cause, et ainsi je ne viendrais jamais à une première.*

Car au contraire, si je pensais que de quelque chose que ce fût il fallût rechercher la cause efficiente, ou quasi efficiente, j'aurais dans l'esprit de chercher une cause différente de cette chose : d'autant qu'il est manifeste que rien ne peut en aucune façon être à l'égard de soi-même ce que la cause efficiente est à l'égard de son effet.

Or il me semble que notre auteur doit être averti de considérer diligemment et avec attention toutes ces choses, parce que je suis assuré qu'il y a peu de théologiens qui ne s'offensent de cette proposition, à savoir, que *Dieu est par soi positivement, et comme par une cause.*

Il ne me reste plus qu'un scrupule, qui est de savoir comment il se peut défendre de ne pas commettre un cercle, lorsqu'il dit *que nous ne sommes assurés que les choses que nous concevons clairement et distinctement sont vraies qu'à cause que Dieu est ou existe.*

Car nous ne pouvons être assurés que Dieu est, sinon parce que nous concevons cela très clairement et très distinctement ; donc, auparavant que d'être assurés de l'existence de Dieu, nous devons être assurés que toutes les choses que nous concevons clairement et distinctement sont toutes vraies.

J'ajouterai une chose qui m'était échappée : c'est à savoir que cette proposition me semble fausse que Monsieur Descartes donne pour une vérité très constante, *à savoir que rien ne peut être en lui en tant qu'il est une chose qui pense, dont il n'ait connaissance.* Car par ce mot, *en lui,* en tant qu'il est une chose qui pense, il n'entend autre chose que son esprit, en tant qu'il est distingué du corps. Mais qui ne voit qu'il peut y avoir plusieurs choses en l'esprit dont l'esprit même n'ait aucune connaissance; par exemple, l'esprit d'un enfant qui est dans le ventre de sa mère a bien la vertu ou la faculté de penser, mais il n'en a pas connaissance : je passe sous silence un grand nombre de semblables choses.

Des choses qui peuvent arrêter les Théologiens.

Enfin, pour finir un discours qui n'est déjà que trop ennuyeux, je veux ici traiter les choses le plus brièvement qu'il me sera possible, et à ce sujet mon dessein est de marquer seulement les difficultés, sans m'arrêter à une dispute plus exacte.

Premièrement, je crains que quelques-uns ne s'offensent de cette libre façon de philosopher par laquelle toutes choses sont révoquées en doute. Et de vrai, notre auteur même confesse dans sa Méthode que cette voie est dangereuse pour les faibles esprits; j'avoue néanmoins qu'il tempère un peu le sujet de cette crainte dans l'abrégé de sa première Méditation.

Toutefois je ne sais s'il ne serait point à propos de la munir de quelque préface, dans laquelle le lecteur fût averti que ce n'est pas sérieusement et tout de bon que l'on doute de ces choses, mais afin qu'ayant pour quelque temps mis à part toutes celles *qui peuvent laisser le moindre doute*, ou, comme parle notre auteur en un autre endroit, *qui peuvent donner à notre esprit une occasion de douter la plus hyperbolique*, nous voyions si après cela il n'y aura pas moyen de trouver quelque vérité qui soit si ferme et si assurée que les plus opiniâtres n'en puissent aucunement douter. Et aussi au lieu de ces paroles : *ne connaissant pas l'auteur de mon origine*, je penserais qu'il vaudrait mieux mettre *feignant de ne pas connaître*.

Dans la quatrième Méditation, qui traite du vrai et du faux, je voudrais, pour plusieurs raisons qu'il serait long de rapporter ici, que M. Descartes, dans son abrégé ou dans le tissu même de cette Méditation, avertît le lecteur de deux choses.

La première, que lorsqu'il explique la cause de l'erreur, il entend principalement parler de celle qui se commet dans le discernement du vrai et du faux, et non pas de celle qui arrive dans la poursuite du bien et du mal.

Car, puisque cela suffit pour le dessein et le but de notre auteur, et que les choses qu'il dit ici touchant la cause de l'erreur souffriraient de très grandes objections si on les étendait aussi à ce qui regarde la poursuite du bien et du mal, il me semble qu'il est de la prudence, et que l'ordre même, dont notre auteur paraît si jaloux, requiert que toutes les choses qui ne servent point au sujet et qui peuvent donner lieu à plusieurs disputes soient retranchées, de peur que, tandis que le lecteur s'amuse inutilement à disputer des choses qui sont superflues, il ne soit diverti de la connaissance des nécessaires.

La seconde chose dont je voudrais que notre auteur donnât quelque avertissement est que, lorsqu'il dit que nous ne devons donner notre créance qu'aux choses que nous concevons clairement et distinctement, cela s'entend seulement des choses qui concernent les sciences et qui tombent sous notre intelligence, et non pas de celles qui regardent la foi et les actions de notre vie : ce qui a fait qu'il a toujours condamné l'arrogance et présomption de ceux qui opinent, c'est-à-dire de ceux qui présument savoir ce qu'ils ne savent pas, mais qu'il n'a jamais blâmé la juste persuasion de ceux qui croient avec prudence.

Car, comme remarque fort judicieusement saint Augustin au chapitre xv de l'*Utilité de la Croyance* : *Il y a trois choses en l'esprit de l'homme qui ont entre elles un grand rapport et semblent quasi n'être qu'une même chose, mais qu'il faut néanmoins très soigneusement distinguer, savoir est, entendre, croire et opiner.*

Celui-là entend qui comprend quelque chose par des raisons certaines. Celui-là croit, lequel, emporté par le poids et le crédit de quelque grave et puissante autorité, tient pour vrai cela même qu'il ne comprend pas par des raisons certaines. Celui-là opine qui se persuade, ou plutôt qui présume de savoir ce qu'il ne sait pas.

Or, c'est une chose honteuse et fort indigne d'un homme que d'opiner, pour deux raisons : la première, pour ce que celui-là n'est plus en état d'apprendre qui s'est déjà persuadé de savoir ce qu'il ignore; et la seconde, pour ce que la présomption est de soi la marque d'un esprit mal fait et d'un homme de peu de sens.

Donc, ce que nous entendons, nous le devons à la raison; ce que nous croyons, à l'autorité; ce que nous opinons, à l'erreur. Je dis cela afin que nous sachions qu'ajoutant foi, même aux choses que nous ne comprenons pas encore, nous sommes exempts de la présomption de ceux qui opinent.

Car ceux qui disent qu'il ne faut rien croire que ce que nous savons, tâchent seulement de ne point tomber dans la faute de ceux qui opinent, laquelle, en effet, est de soi honteuse et blâmable. Mais si quelqu'un considère avec soin la grande différence qu'il y a entre celui qui présume savoir ce qu'il ne sait pas et celui qui croit ce qu'il sait, bien qu'il n'entend pas, y étant toutefois porté par quelque puissante autorité, il verra que celui-ci évite sagement le péril de l'erreur, le blâme de peu de confiance et d'humanité, et le péché de superbe.

Et un peu après, chapitre XII, il ajoute :

On peut apporter plusieurs raisons qui feront voir qu'il ne reste plus rien d'assuré parmi la société des hommes, si nous sommes résolus de ne rien croire que ce que nous pourrons connaître certainement. Jusques ici saint Augustin.

M. Descartes peut maintenant juger combien il est nécessaire de distinguer ces choses, de peur que plusieurs de ceux qui penchent aujourd'hui vers l'impiété ne puissent se servir de ses paroles pour combattre la foi et la vérité de notre créance.

Mais ce dont je prévois que les théologiens s'offenseront le plus est que, selon ses principes, il ne semble pas que les choses que l'église nous enseigne touchant le sacré mystère de l'Eucharistie puissent subsister et demeurer en leur entier.

Car nous tenons pour article de foi *que la substance du pain étant ôtée du pain eucharistique, les seuls accidents y demeurent :* or ces accidents sont l'étendue, la figure, la couleur, l'odeur, la saveur, et les autres qualités sensibles.

De qualités sensibles notre auteur n'en reconnaît point, mais seulement certains différents mouvements des petits corps qui sont autour de nous, par le moyen desquels nous sentons ces différentes impressions, lesquelles puis après nous appelons du nom de couleur, de saveur, d'odeur, etc. Ainsi il reste seulement la figure, l'étendue et la mobilité. Mais notre auteur nie que ces facultés puissent être entendues sans quelque substance en laquelle elles résident, et partant aussi qu'elles puissent exister sans elle ; ce que même il répète dans ses réponses aux premières Objections.

Il ne reconnaît point aussi entre ces modes ou affections et la substance d'autres distinctions que la formelle, laquelle ne suffit pas, ce semble, pour que les choses qui sont ainsi distinguées puissent être séparées l'une de l'autre, même par la toute-puissance de Dieu.

Je ne doute point que Monsieur Descartes, dont la piété nous est très connue, n'examine et ne pèse diligemment ces choses, et qu'il ne juge bien qu'il y faut soigneusement prendre garde qu'en tâchant de soutenir la cause de Dieu contre l'impiété des libertins il ne semble pas leur avoir mis des armes en main pour combattre une foi que l'autorité du Dieu qu'il défend a fondée, et au moyen de laquelle il espère parvenir à cette vie immortelle qu'il a entrepris de persuader aux hommes.

RÉPONSES DE L'AUTEUR

AUX QUATRIÈMES OBJECTIONS FAITES
PAR MONSIEUR ARNAULD, DOCTEUR EN THÉOLOGIE.

Lettre de l'Auteur au R. P. Mersenne.

Mon Révérend Père,

Il m'eût été difficile de souhaiter un plus clairvoyant et plus officieux examinateur de mes écrits que celui dont vous m'avez envoyé les remarques; car il me traite avec tant de douceur et de civilité que je vois bien que son dessein n'a pas été de rien dire contre moi, ni contre le sujet que j'ai traité, et néanmoins c'est avec tant de soin qu'il a examiné ce qu'il a combattu que j'ai raison de croire que rien ne lui a échappé. Et outre cela il insiste si vivement contre les choses qui n'ont pu obtenir de lui son approbation, que je n'ai pas sujet de craindre qu'on estime que la complaisance lui ait rien fait dissimuler; c'est pourquoi je ne me mets pas tant en peine des Objections qu'il m'a faites, que je me réjouis de ce qu'il n'y a point plus de choses en mon écrit auxquelles il contredise.

Réponse à la première partie.

DE LA NATURE DE L'ESPRIT HUMAIN.

Je ne m'arrêterai point ici à le remercier du secours qu'il m'a donné en me fortifiant de l'autorité de saint Augustin, et de ce qu'il a proposé mes raisons de telle sorte qu'il semblait avoir peur que les autres ne les trouvassent pas assez fortes et convaincantes.

Mais je dirai d'abord en quel lieu j'ai commencé de prouver comment, *de ce que je ne connais rien autre chose qui appartienne à mon essence, c'est-à-dire à l'essence de mon esprit, sinon que je suis une chose qui pense, il s'ensuit qu'il n'y a aussi rien autre chose qui en effet lui appartienne.* C'est au même lieu où j'ai prouvé que Dieu est, ou existe, ce

Dieu, dis-je, qui peut faire toutes les choses que je conçois clairement et distinctement comme possibles.

Car quoique peut-être il y ait en moi plusieurs choses que je ne connais pas encore (comme en effet je supposais en ce ce lieu-là que je ne savais pas encore que l'esprit eût la force de mouvoir le corps, ou qu'il lui fût substantiellement uni), néanmoins d'autant que ce que je connais être en moi me suffit pour subsister avec cela seul, je suis assuré que Dieu me pouvait créer sans les autres choses que je ne connais pas encore, et partant que ces autres choses n'appartiennent point à l'essence de mon esprit.

Car il me semble qu'aucune des choses sans lesquelles une autre peut être n'est comprise en son essence, et encore que l'esprit soit de l'essence de l'homme, il n'est pas néanmoins à proprement parler de l'essence de l'esprit qu'il soit uni au corps humain.

Il faut aussi que j'explique ici quelle est ma pensée lorsque je dis, *qu'on ne peut pas inférer une distinction réelle entre deux choses, de ce que l'une est conçue sans l'autre par une abstraction de l'esprit qui conçoit la chose imparfaitement, mais seulement de ce que chacune d'elles est conçue sans l'autre pleinement, ou comme une chose complète.*

Car je n'estime pas que pour établir une distinction réelle entre deux choses il soit besoin d'une connaissance entière et parfaite, comme le prétend Monsieur Arnauld; mais il y a en cela cette différence, qu'une connaissance, pour être *entière et parfaite*, doit contenir en soi toutes et chacunes les propriétés qui sont dans la chose connue : et c'est pour cela qu'il n'y a que Dieu seul qui sache qu'il a les connaissances entières et parfaites de toutes choses.

Mais quoiqu'un entendement créé ait peut-être en effet les connaissances entières et parfaites de plusieurs choses, néanmoins jamais il ne peut savoir qu'il les a si Dieu même ne les lui révèle particulièrement; car pour faire qu'il ait une connaissance pleine et entière de quelque chose, il est seulement requis que la puissance de connaître qui est en lui égale cette chose, ce qui se peut faire aisément : mais pour faire qu'il sache qu'il a une telle connaissance, ou bien que Dieu n'a rien mis de plus dans cette chose que ce qu'il en connaît, il faut que par sa puissance de connaître il égale la puissance infinie de Dieu : ce qui est entièrement impossible.

Or pour connaître la distinction réelle qui est entre deux choses, il n'est pas nécessaire que la connaissance que nous avons de ces choses soit entière et parfaite, si nous ne savons en même temps qu'elle est telle : mais nous ne le pouvons jamais savoir, comme je viens de prouver;

donc il n'est pas nécessaire qu'elle soit entière et parfaite.

C'est pourquoi, où j'ai dit *qu'il ne suffit pas qu'une chose soit conçue sans une autre par une abstraction de l'esprit qui conçoit la chose imparfaitement*, je n'ai pas pensé que de là l'on pût inférer que, pour établir une distinction réelle, il fût besoin d'une connaissance entière et parfaite, mais seulement d'une qui fût telle que nous ne la rendissions point *imparfaite et défectueuse* par l'abstraction et restriction de notre esprit.

Car il y a bien de la différence entre avoir une connaissance entièrement parfaite, de laquelle personne ne peut jamais être assuré, si Dieu même ne le lui révèle, et avoir une connaissance parfaite jusqu'à ce point que nous sachions qu'elle n'est point rendue imparfaite par aucune abstraction de notre esprit.

Ainsi, quand j'ai dit qu'il fallait concevoir *pleinement* une chose, ce n'était pas mon intention de dire que notre conception devait être entière et parfaite, mais seulement que nous la devions assez connaître pour savoir qu'elle était *complète*.

Ce que je pensais être manifeste, tant par les choses que j'avais dit auparavant que par celles qui suivent immédiatement après, car j'avais distingué un peu auparavant les êtres incomplets de ceux qui sont complets, et j'avais dit *qu'il était nécessaire que chacune des choses qui sont distinguées réellement, fût conçue comme un Etre par soi, et distinct de tout autre*.

Et un peu après, au même sens que j'ai dit que je concevais *pleinement* ce que c'est que le corps, j'ai ajouté au même lieu que je concevais aussi que l'esprit *est une chose complète*, prenant ces deux façons de parler, *concevoir pleinement* et *concevoir que c'est une chose complète*, en une seule et même signification.

Mais on peut ici demander avec raison ce que j'entends par *une chose complète*, et comment je prouve que, *pour la distinction réelle, il suffit que deux choses soient conçues l'une sans l'autre comme deux choses complètes*.

A la première demande je réponds que par *une chose complète*, je n'entends autre chose qu'une substance revêtue de formes ou d'attributs qui suffisent pour me faire connaître qu'elle est une substance.

Car comme j'ai déjà remarqué ailleurs, nous ne connaissons point les substances immédiatement par elles-mêmes, mais de ce que nous apercevons quelques formes ou attributs qui doivent être attachés à quelques choses pour exister, nous appelons du nom de *substance* cette chose à laquelle ils sont attachés.

AUX QUATRIÈMES OBJECTIONS

Que si après cela nous voulions dépouiller cette même substance de tous ces attributs qui nous la font connaître, nous détruirions toute la connaissance que nous en avons, et ainsi nous pourrions bien à la vérité dire quelque chose de la substance, mais tout ce que nous en dirions ne consisterait qu'en paroles, desquelles nous ne concevrions pas clairement et distinctement la signification.

Je sais bien qu'il y a des substances que l'on appelle vulgairement *incomplètes*; mais si on les appelle ainsi, parce que de soi elles ne peuvent pas subsister toutes seules et sans être soutenues par d'autres choses, je confesse qu'il me semble qu'en cela il y a de la contradiction qu'elles soient des substances, c'est-à-dire des choses qui subsistent par soi, et qu'elles soient aussi incomplètes, c'est-à-dire des choses qui ne peuvent pas subsister par soi. Il est vrai qu'en un autre sens on les peut appeler incomplètes, non qu'elles aient rien d'incomplet, en tant qu'elles sont des substances, mais seulement en tant qu'elles se rapportent à quelque autre substance avec laquelle elles composent un tout par soi, et distinct de tout autre.

Ainsi la main est une substance incomplète si vous la rapportez à tout le corps dont elle est partie; mais si vous la considérez comme seule elle est une substance complète. Et pareillement l'esprit et le corps sont des substances incomplètes lorsqu'ils sont rapportés à l'homme qu'ils composent, mais étant considérés séparément ils sont des substances complètes.

Car tout ainsi qu'être étendu, divisible, figuré, etc., sont des formes ou des attributs par le moyen desquels je connais cette substance qu'on appelle *corps :* de même être intelligent, voulant, doutant, etc., sont des formes par le moyen desquelles je connais cette substance qu'on appelle *esprit ;* et je ne comprends pas moins que la substance qui pense est une chose complète que je comprends que la substance étendue en est une.

Et ce que Monsieur Arnauld a ajouté ne se peut dire en façon quelconque, à savoir, que peut-être le corps se rapporte à l'esprit, comme le genre à l'espèce : car encore que le genre puisse être conçu sans cette particulière différence spécifique ou sans celle-là, l'espèce toutefois ne peut en aucune façon être conçue sans le genre.

Ainsi par exemple, nous concevons aisément la figure sans penser au cercle (quoique cette conception ne soit pas distincte, si elle n'est rapportée à quelque figure particulière, ni d'une chose complète, si elle ne comprend la nature du corps), mais nous ne pouvons concevoir aucune différence spécifique du cercle que nous ne pensions en même temps à la figure.

Au lieu que l'esprit peut être conçu distinctement, et pleinement, c'est-à-dire autant qu'il faut pour être tenu pour une chose complète, sans aucune de ces formes ou attributs au moyen desquels nous reconnaissons que le corps est une substance, comme je pense avoir suffisamment démontré dans la seconde Méditation ; et le corps est aussi conçu distinctement, et comme une chose complète, sans aucune des choses qui appartienne à l'esprit.

Ici néanmoins Monsieur Arnauld passe plus avant et dit : *Encore que je puisse acquérir quelque notion de moi-même sans la notion du corps, il ne résulte pas néanmoins de là que cette notion soit complète et entière, en telle sorte que je sois assuré que je ne me trompe point lorsque j'exclus le corps de mon essence.*

Ce qu'il explique par l'exemple du triangle inscrit au demi-cercle, que nous pouvons clairement et distinctement concevoir être rectangle, encore que nous ignorions, ou même que nous niions que le carré de sa base soit égal aux carrés des côtés, et néanmoins on ne peut pas de là inférer qu'on puisse faire un triangle rectangle, duquel le carré de la base ne soit pas égal aux carrés des côtés.

Mais pour ce qui est de cet exemple, il diffère en plusieurs façons de la chose proposée. Car, *premièrement*, encore que peut-être par un triangle on puisse entendre une substance dont la figure est triangulaire, certes la propriété d'avoir le carré de la base égal aux carrés des côtés n'est pas une substance, et partant chacune de ces deux choses ne peut pas être entendue comme une chose complète, ainsi que le sont *l'esprit* et le *corps* : et même cette propriété ne peut pas être appelée une chose, au même sens que j'ai dit *que c'est assez que je puisse concevoir une chose* (c'est à savoir une chose complète) *sans une autre*, etc., comme il est aisé de voir par ces paroles qui suivent : *de plus je trouve en moi des facultés*, etc. Car je n'ai pas dit que ces facultés fussent *des choses*, mais j'ai voulu expressément faire distinction entre les choses, c'est-à-dire entre les substances et les modes de ces choses, c'est-à-dire les facultés de ces substances.

En second lieu, encore que nous puissions clairement et distinctement concevoir que le triangle au demi-cercle est rectangle, sans apercevoir que le carré de sa base est égal aux carrés des côtés, néanmoins nous ne pouvons pas concevoir ainsi clairement un triangle duquel le carré de la base soit égal aux carrés des côtés, sans que nous apercevions en même temps qu'il est rectangle : mais nous concevons clairement et distinctement l'esprit sans le corps, et réciproquement le corps sans l'esprit.

En troisième lieu, encore que le concept, ou l'idée du triangle inscrit au demi-cercle, puisse être telle qu'elle ne contienne point l'égalité qui est entre le carré de la base et les carrés des côtés, elle ne peut pas néanmoins être telle que l'on conçoive que nulle proportion qui puisse être entre le carré de la base et les carrés des côtés n'appartient à ce triangle; et partant, tandis que l'on ignore quelle est cette proportion, on n'en peut nier aucune que celle qu'on connaît clairement ne lui point appartenir, ce qui ne peut jamais être entendu de la proportion d'égalité qui est entre eux.

Mais il n'y a rien de contenu dans le concept du corps de ce qui appartient à l'esprit, et réciproquement dans le concept de l'esprit rien n'est compris de ce qui appartient au corps.

C'est pourquoi, bien que j'aie dit *que c'est assez que je puisse concevoir clairement et distinctement une chose sans une autre*, etc., on ne peut pas pour cela former cette mineure. *Or est-il que je conçois clairement et distinctement que ce triangle est rectangle, encore que je doute, ou que je nie que le carré de sa base soit égal aux carrés des côtés*, etc.

Premièrement, parce que la proportion qui est entre le carré de la base et les carrés des côtés n'est pas une chose complète.

Secondement, parce que cette proportion d'égalité ne peut être clairement entendue que dans un triangle rectangle.

Et en troisième lieu, parce qu'un triangle même ne saurait être distinctement conçu si on nie la proportion qui est entre les carrés de ses côtés et de sa base.

Mais maintenant il faut passer à la seconde demande, et montrer comment il est vrai *que de cela seul que je conçois clairement et distinctement une substance sans une autre, je suis assuré qu'elles s'excluent mutuellement l'une l'autre, et sont réellement distinctes*, ce que je montre en cette sorte.

La notion *de la substance* est telle qu'on la conçoit comme une chose qui peut exister par soi-même, c'est-à-dire sans le secours d'aucune autre substance, et il n'y a jamais eu personne qui ait conçu deux substances par deux différents concepts qui n'ait jugé qu'elles étaient réellement distinctes.

C'est pourquoi, si je n'eusse point cherché de certitude plus grande que la vulgaire, je me fusse contenté d'avoir montré en la seconde Méditation que *l'esprit* est conçu comme une chose subsistante, quoiqu'on ne lui attribue rien de ce qui appartient au corps, et qu'en même façon *le corps* est conçu comme une chose subsistante, quoiqu'on ne lui attribue rien de ce qui appartient à l'esprit ; et je n'aurais rien ajouté davantage pour prouver que l'esprit est réellement distingué du corps, d'autant que nous avons coutume de juger que toutes les choses sont en effet et selon la vérité telles qu'elles paraissent à notre pensée.

Mais, d'autant qu'entre ces doutes hyperboliques que j'ai proposés dans ma première Méditation, celui-ci en était un, à savoir que je ne pouvais être assuré *que les choses fussent en effet et selon la vérité telles que nous les concevons,* tandis que je supposais que je ne connaissais pas l'auteur de mon origine, tout ce que j'ai dit de Dieu et de la vérité dans les 3e, 4e et 5e Méditations sert à cette conclusion de la réelle distinction *de l'esprit* d'avec *le corps,* laquelle enfin j'ai achevée dans la sixième.

Je conçois fort bien, dit Monsieur Arnauld, *la nature du triangle inscrit dans le demi-cercle sans que je sache que le carré de sa base est égal aux carrés des côtés.* A quoi je réponds que ce triangle peut véritablement être conçu sans que l'on pense à la proportion qui est entre le carré de sa base et les carrés de ses côtés, mais qu'on ne peut pas concevoir que cette proportion doive être niée de ce triangle, c'est-à-dire qu'elle n'appartient point à sa nature. Or il n'en est pas de même de l'esprit ; car non seulement nous concevons qu'il est sans le corps, mais aussi nous pouvons nier qu'aucune des choses qui appartiennent au corps appartienne à l'esprit ; car c'est le propre et la nature des substances de s'exclure mutuellement l'une l'autre.

Et ce que Monsieur Arnauld a ajouté ne m'est aucunement contraire, à savoir, *que ce n'est pas merveille si, lorsque de ce que je pense je viens à conclure que je suis, l'idée que de là je forme de moi-même me représente seulement comme une chose qui pense* : car de la même façon lorsque j'examine la nature du corps, je ne trouve rien en elle qui ressente la pensée ; et on ne saurait avoir un plus fort argument de la distinction de deux choses que lorsque, venant à les considérer toutes deux séparément, nous ne trouvons aucune chose dans l'une qui ne soit entièrement différente de ce qui se trouve en l'autre.

Je ne vois pas aussi pourquoi *cet argument semble prouver trop;* car je ne pense pas que pour montrer qu'une chose est réellement distincte d'une autre on puisse rien dire de moins, sinon que par la toute-puissance de Dieu elle en peut être séparée : et il m'a semblé que j'avais pris garde assez soigneusement à ce que personne ne pût pour cela penser *que l'homme n'est rien qu'un esprit usant ou se servant du corps.*

Car même dans cette sixième Méditation, où j'ai parlé de la distinction de l'esprit d'avec le corps, j'ai aussi montré qu'il lui est substantiellement uni : et pour le prouver je me suis servi de raisons qui sont telles que je n'ai point souvenance d'en avoir jamais lu ailleurs de plus fortes et convaincantes.

Et comme celui qui dirait que le bras d'un homme est une substance réellement distincte du reste de son corps ne nierait pas pour cela qu'il est de l'essence de l'homme entier, et que celui qui dit que ce même bras est de l'essence de l'homme entier ne donne pas pour cela occasion de croire qu'il ne peut pas subsister par soi, ainsi je ne pense pas avoir trop prouvé en montrant que l'esprit peut être sans le corps, ni avoir aussi trop peu dit en disant qu'il lui est substantiellement uni ; parce que cette union substantielle n'empêche pas qu'on ne puisse avoir une claire et distincte idée, ou concept de l'esprit seul, comme d'une chose complète ; c'est pourquoi le concept de l'esprit diffère beaucoup de celui de la superficie et de la ligne, qui ne peuvent pas être ainsi entendues comme des choses complètes si, outre la longueur et la largeur, on ne peut leur attribuer aussi la profondeur.

Et enfin de ce que *la faculté de penser est assoupie dans les enfants, et que dans les fous elle est*, non pas à la vérité *éteinte*, mais TROUBLÉE, il ne faut pas penser qu'elle soit tellement attachée aux organes corporels qu'elle ne puisse être sans eux. Car, de ce que nous voyons souvent qu'elle est empêchée par ces organes, il ne s'ensuit aucunement qu'elle soit produite par eux ; et il n'est pas possible d'en donner aucune raison, tant légère qu'elle puisse être.

Je ne nie pas néanmoins que cette étroite liaison de l'esprit et du corps que nous expérimentons tous les jours, ne soit cause que nous ne découvrons pas aisément et sans une profonde méditation la distinction réelle qui est entre l'un et l'autre.

Mais, à mon jugement, ceux qui repasseront souvent dans leur esprit les choses que j'ai écrites dans ma seconde Méditation, se persuaderont aisément que l'esprit n'est pas distingué du corps par une seule fiction ou abstraction de l'entendement, mais qu'il est connu comme une chose distincte, parce qu'il est tel en effet.

Je ne réponds rien à ce que M. Arnauld a ici ajouté touchant l'immortalité de l'âme, puisque cela ne m'est point contraire ; mais pour ce qui regarde les âmes des bêtes, quoique leur considération ne soit pas de ce lieu, et que sans l'explication de toute la physique je n'en puisse dire davantage que ce que j'ai déjà dit dans la cinquième partie de mon traité de la Méthode : toutefois je dirai encore ici qu'il me semble que c'est une chose fort remarquable qu'aucun mouvement ne se peut faire, soit dans les corps des bêtes, soit même dans les nôtres, si ces corps n'ont en eux tous les organes et instruments par le moyen desquels ces mêmes mouvements pourraient aussi être accomplis dans une machine ; en sorte que, même dans nous, ce n'est pas l'esprit (ou l'âme) qui meut immédiatement les membres extérieurs, mais seulement il peut déterminer le cours de cette liqueur fort subtile qu'on nomme les esprits animaux, laquelle, coulant continuellement du cœur par le cerveau dans les muscles, est la cause de tous les mouvements de nos membres, et souvent en peut causer plusieurs différents aussi facilement les uns que les autres. Et même il ne le détermine pas toujours, car entre les mouvements qui se font en nous il y en a plusieurs qui ne dépendent point du tout de l'esprit, comme sont le battement du cœur, la digestion des viandes, la nutrition, la respiration de ceux qui dorment, et même en ceux qui sont éveillés, le marcher, chanter, et autres actions semblables, quand elles se font sans que l'esprit y pense. Et lorsque ceux qui tombent de haut présentent leurs mains les premières pour sauver leur tête, ce n'est point par le conseil de leur raison qu'ils font cette action ; et elle ne dépend point de leur esprit, mais seulement de ce que leurs sens, étant touchés par le danger présent, causent quelque changement en leur cerveau qui détermine les esprits animaux à passer de là dans les nerfs, à la façon qui est requise pour produire ce mouvement tout de même que dans une machine et sans que l'esprit le puisse empêcher.

Or, puisque nous expérimentons cela en nous-mêmes, pourquoi nous étonnerons-nous tant si la lumière réfléchie du corps d'un loup dans les yeux d'une brebis a la même force pour exciter en elle le mouvement de la fuite ?

Après avoir remarqué cela, si nous voulons un peu raisonner pour connaître si quelques mouvements des bêtes sont semblables à ceux qui se font en nous par le ministère de l'esprit, ou bien à ceux qui dépendent seulement des esprits animaux et de la disposition des organes, il faut considérer les différences qui sont entre les uns et les autres, lesquelles j'ai expliquées dans la cinquième partie du *Discours de la Méthode*, car je ne pense pas qu'on en puisse trouver d'autres ; et alors on verra facilement que toutes les actions des bêtes sont seulement semblables à celles que nous faisons sans que notre esprit y contribue.

A raison de quoi nous serons obligés de conclure que nous ne connaissons en effet en elles aucun autre principe de mouvement que la seule disposition des organes et la continuelle affluence des esprits animaux produits par la chaleur du cœur, qui atténue et subtilise le sang; et ensemble nous reconnaîtrons que rien ne nous a ci-devant donné occasion de leur en attribuer un autre, sinon que ne distinguant pas ces deux principes du mouvement, et voyant que l'un, qui dépend seulement des esprits animaux et des organes, est dans les bêtes aussi bien que dans nous, nous avons cru inconsidérément que l'autre, qui dépend de l'esprit et de la pensée, était aussi en elles.

Et certes, lorsque nous nous sommes persuadé quelque chose dès notre jeunesse et que notre opinion s'est fortifiée par le temps, quelques raisons qu'on emploie par après pour nous en faire voir la fausseté, ou plutôt quelque fausseté que nous remarquions en elle, il est néanmoins très difficile de l'ôter entièrement de notre créance, si nous ne les repassons souvent en notre esprit, et ne nous accoutumons ainsi à déraciner peu à peu ce que l'habitude à croire plutôt que la raison avait profondément gravé en notre esprit.

RÉPONSE A L'AUTRE PARTIE.

De Dieu.

Jusques ici j'ai tâché de résoudre les arguments qui m'ont été proposés par Monsieur Arnauld, et me suis mis en devoir de soutenir tous ses efforts, mais désormais imitant ceux qui ont à faire à un trop fort adversaire, je tâcherai plutôt d'éviter les coups que de m'opposer directement à leur violence.

Il traite seulement de trois choses dans cette partie, qui peuvent facilement être accordées selon qu'il les entend, mais je les prenais en un autre sens lorsque je les ai écrites, lequel sens me semble aussi pouvoir être reçu comme véritable.

La première est *que quelques idées sont matériellement fausses*, c'est-à-dire, selon mon sens, qu'elles sont telles qu'elles donnent au jugement matière ou occasion d'erreur; mais lui, considérant les idées prises formellement, soutient qu'il n'y a en elles aucune fausseté.

La seconde, *que Dieu est par soi positivement, et comme par une cause*, où j'ai seulement voulu dire que la raison pour laquelle Dieu n'a besoin d'aucune cause efficiente pour exister est fondée en une chose positive, à savoir dans l'immensité même de Dieu, qui est la chose la plus positive qui puisse être ; mais lui, prenant la chose autrement, prouve que Dieu n'est point produit par soi-même, et qu'il n'est point conservé par une action positive de la cause efficiente ; de quoi je demeure aussi d'accord.

Enfin, la troisième est *qu'il ne peut y avoir rien dans notre esprit dont nous n'ayons connaissance*, ce que j'ai entendu des opérations, et lui le nie des puissances.

Mais je tâcherai d'expliquer tout ceci plus au long. Et premièrement où il dit *que si le froid est seulement une privation, il ne peut y avoir d'idée qui me le représente comme une chose positive*, il est manifeste qu'il parle de l'idée prise *formellement*.

Car puisque les idées mêmes ne sont rien que des formes, et qu'elles ne sont point composées de matière, toutes et quantes fois qu'elles sont considérées en tant qu'elles représentent quelque chose, elles ne sont pas prises *matériellement*, mais *formellement* ; que si on les considérait non pas en tant qu'elles représentent une chose ou une autre, mais seulement comme étant des opérations de l'entendement, on pourrait bien à la vérité dire qu'elles seraient prises matériellement, mais alors elles ne se rapporteraient point du tout à la vérité ni à la fausseté des objets.

C'est pourquoi je ne pense pas qu'elles puissent être dites matériellement fausses en un autre sens que celui que j'ai déjà expliqué ; c'est à savoir, soit que le froid soit une chose positive, soit qu'il soit une privation, je n'ai pas pour cela une autre idée de lui, mais elle demeure en moi la même que j'ai toujours eue, laquelle je dis me donner matière ou occasion d'erreur s'il est vrai que le froid soit une privation et qu'il n'ait pas autant de réalité que la chaleur ; d'autant que venant à considérer l'une et l'autre de ces idées, selon que je les ai reçues des sens, je ne puis reconnaître qu'il y ait plus de réalité qui me soit représentée par l'une que par l'autre.

Et certes *je n'ai pas confondu le jugement avec l'idée* : car j'ai dit qu'en celle-ci se rencontrait une fausseté *matérielle*, mais dans le jugement il ne peut y en avoir d'autre qu'une *formelle*. Et quand il dit que *l'idée du froid est le froid même en tant qu'il est objectivement dans l'entendement*, je pense qu'il faut user de distinction ; car il arrive souvent dans les idées obscures et confuses, entre lesquelles celles du froid et de la chaleur doivent être mises, qu'elles se rapportent à d'autres choses qu'à celles dont elles sont véritablement les idées.

Ainsi si le froid est seulement une privation, l'idée du froid n'est pas le froid même en tant qu'il est objectivement dans l'entendement, mais quelque autre chose qui est prise faussement pour cette privation ; savoir est, un certain sentiment qui n'a aucun être hors de l'entendement.

Il n'en est pas de même de l'idée de Dieu, au moins de celle qui est claire et distincte, parce qu'on ne peut pas dire qu'elle se rapporte à quelque chose à quoi elle ne soit pas conforme.

Quant aux idées confuses des dieux qui sont forgées par les idolâtres, je ne vois pas pourquoi elles ne pourraient point aussi être dites matériellement fausses, en tant qu'elles servent de matière à leurs faux jugements.

Combien qu'à dire vrai, celles qui ne donnent pour ainsi dire au jugement aucune occasion d'erreur, ou qui la donnent fort légère, ne doivent pas avec tant de raison être dites matériellement fausses que celles qui la donnent fort grande ; or il est aisé de faire voir, par plusieurs exemples, qu'il y en a qui donnent une bien plus grande occasion d'erreur les unes que les autres.

Car elle n'est pas si grande en ces idées confuses que notre esprit invente lui-même (telles que sont celles des faux dieux) qu'en celles qui nous sont offertes confusément par les sens, comme sont les idées du froid et de la chaleur, s'il est vrai, comme j'ai dit, qu'elles ne représentent rien de réel.

Mais la plus grande de toutes est dans ces idées qui naissent de l'appétit sensitif. Par exemple, l'idée de la soif dans un hydropique ne lui est-elle pas en effet occasion d'erreur lorsqu'elle lui donne sujet de croire que le boire lui sera profitable, qui toutefois lui doit être nuisible ?

Mais Monsieur Arnauld demande ce que cette idée du froid me représente, laquelle j'ai dit être matériellement fausse : car, dit-il, *si elle représente une privation, donc elle est vraie, si un être positif, donc elle n'est pas l'idée du froid.* Ce que je lui accorde, mais je ne l'appelle fausse que parce qu'étant obscure et confuse, je ne puis discerner si elle me représente quelque chose qui, hors de mon sentiment, soit positive ou non ; c'est pourquoi j'ai occasion de juger que c'est quelque chose de positif, quoique peut-être ce ne soit qu'une simple privation.

Et partant il ne faut pas demander *quelle est la cause de cet être positif objectif, qui selon mon opinion fait que cette idée est matériellement fausse :* d'autant que je ne dis pas qu'elle soit faite matériellement fausse par quelque être positif, mais par la seule obscurité, laquelle néanmoins a pour sujet et fondement un être positif, à savoir le sentiment même.

Et de vrai cet être positif est en moi, en tant que je suis une chose vraie, mais l'obscurité, laquelle seule me donne occasion de juger que l'idée de ce sentiment représente quelque objet hors de moi, qu'on appelle froid, n'a point de cause réelle, mais elle vient seulement de ce que ma nature n'est pas entièrement parfaite.

Et cela ne renverse en façon quelconque mes fondements. Mais ce que j'aurais le plus à craindre serait que, ne m'étant jamais beaucoup arrêté à lire les livres des philosophes, je n'aurais peut-être pas suivi assez exactement leur façon de parler lorsque j'ai dit que ces idées, qui donnent au jugement matière ou occasion d'erreur, étaient *matériellement fausses*, si je ne trouvais que ce mot *matériellement* est pris en la même signification par le premier auteur qui m'est tombé par hasard entre les mains pour m'en éclaircir : c'est Suarez en la Dispute 9, section 2, n. 4.

Mais passons aux choses que Monsieur Arnauld désapprouve le plus, et qui toutefois me semblent mériter le moins sa censure, c'est à savoir où j'ai dit *qu'il nous était loisible de penser que Dieu fait en quelque façon la même chose à l'égard de soi-même que la cause efficiente à l'égard de son effet.*

Car par cela même j'ai nié ce qui lui semble un peu hardi et n'être pas véritable, à savoir que Dieu soit la cause efficiente de soi-même ; parce qu'en disant *qu'il fait en quelque façon la même chose*, j'ai montré que je ne croyais pas que ce fût entièrement la même : et en mettant devant ces paroles, *il nous est tout à fait loisible de penser*, j'ai donné à connaître que je n'expliquais ainsi ces choses qu'à cause de l'imperfection de l'esprit humain.

Mais qui plus est, dans tout le reste de mes écrits j'ai toujours fait la même distinction : car dès le commencement où j'ai dit *qu'il n'y a aucune chose dont on ne puisse rechercher la cause efficiente*, j'ai ajouté, *ou si elle n'en a point, demander pourquoi elle n'en a pas besoin ;* lesquelles paroles témoignent assez que j'ai pensé que quelque chose existait qui n'a pas besoin de cause efficiente.

Or quelle chose peut être telle, excepté Dieu ? Et même un peu après j'ai dit *qu'il y avait en Dieu une si grande et si inépuisable puissance, qu'il n'a jamais eu besoin d'aucun secours pour exister, et qu'il n'en a pas encore besoin pour être conservé, en telle sorte qu'il est en quelque façon la cause de soi-même.*

Là où ces paroles *la cause de soi-même*, ne peuvent en façon quelconque être entendues de la cause efficiente, mais seulement que cette puissance inépuisable qui est en Dieu est la cause ou la raison pour laquelle il n'a pas besoin de cause.

Et d'autant que cette puissance inépuisable ou cette immensité d'essence est *très positive*, pour cela j'ai dit que la cause, ou la raison pour laquelle Dieu n'a pas besoin de cause, est *positive*. Ce qui ne se pourrait dire en même façon d'aucune chose finie, encore qu'elle fût très parfaite en son genre.

Car si on disait qu'une chose finie fût *par soi*, cela ne pourrait être entendu que d'une façon *négative*, d'autant qu'il serait impossible d'apporter aucune raison qui fût tirée de la nature positive de cette chose pour laquelle nous dussions concevoir qu'elle n'aurait pas besoin de cause efficiente.

Et ainsi en tous les autres endroits j'ai tellement comparé la cause formelle, ou la raison prise de l'essence de Dieu, qui fait qu'il n'a pas besoin de cause pour exister ni pour être conservé, avec la cause efficiente, sans laquelle les choses finies ne peuvent exister, que partout il est aisé de connaître de mes propres termes qu'elle est tout à fait différente de la cause efficiente.

Et il ne se trouvera point d'endroit où j'aie dit que Dieu se conserve par une influence positive ainsi que les choses créées sont conservées par lui; mais bien seulement ai-je dit que l'immensité de sa puissance, ou de son essence, qui est la cause pourquoi il n'a pas besoin de conservateur, est une chose *positive*.

Et partant, je puis facilement admettre tout ce que Monsieur Arnauld apporte pour prouver que Dieu n'est pas la cause efficiente de soi-même et qu'il ne se conserve pas par aucune influence positive, ou bien par une continuelle reproduction de soi-même, qui est tout ce que l'on peut inférer de ses raisons.

Mais il ne niera pas aussi, comme j'espère, que cette immensité de puissance qui fait que Dieu n'a pas besoin de cause pour exister est en lui une chose *positive*, et que dans toutes les autres choses on ne peut rien concevoir de semblable qui soit *positif*, à raison de quoi elles n'aient pas besoin de cause efficiente pour exister; ce que j'ai seulement voulu signifier lorsque j'ai dit qu'aucune chose ne pouvait être conçue exister *par soi* que *négativement*, hormis Dieu seul; et je n'ai pas eu besoin de rien avancer davantage pour répondre à la difficulté qui m'était proposée.

Mais d'autant que Monsieur Arnauld m'avertit ici si sérieusement *qu'il y aura peu de théologiens qui ne s'offensent de cette proposition, à savoir, que Dieu est par soi positivement, et comme par une cause*, je dirai ici la raison pourquoi cette façon de parler est à mon avis non seulement très utile en cette question, mais même nécessaire et fort éloignée de tout ce qui pourrait donner lieu ou occasion de s'en offenser.

Je sais que nos théologiens, traitant des choses divines, ne se servent point du nom *de cause* lorsqu'il s'agit de la procession des personnes de la très Sainte Trinité, et que là où les Grecs ont mis indifféremment αἴτιον et ἀρχήν, ils aiment mieux user du seul nom *de principe*, comme très général, de peur que de là ils ne donnent occasion de juger que le Fils est moindre que le Père.

Mais où il ne peut y avoir une semblable occasion d'erreur, et lorsqu'il ne s'agit pas des personnes de la Trinité, mais seulement de l'unique essence de Dieu, je ne vois pas pourquoi il faille tant fuir le nom *de cause*, principalement lorsqu'on en est venu à ce point, qu'il semble très utile de s'en servir, et en quelque façon nécessaire.

Or, ce nom ne peut être plus utilement employé que pour démontrer l'existence de Dieu, et la nécessité de s'en servir ne peut être plus grande que si sans en user on ne la peut clairement démontrer.

Et je pense qu'il est manifeste à tout le monde que la considération de la cause efficiente est le premier et principal moyen, pour ne pas dire le seul et l'unique que nous ayons pour prouver l'existence de Dieu.

Or nous ne pouvons nous en servir si nous ne donnons licence à notre esprit de rechercher les causes efficientes de toutes les choses qui sont au monde, sans en excepter Dieu même; car pour quelle raison l'excepterions-nous de cette recherche avant qu'il ait été prouvé qu'il existe.

On peut donc demander de chaque chose si elle est *par soi* ou *par autrui;* et certes par ce moyen on peut conclure l'existence de Dieu, quoi qu'on n'explique pas en termes formels et précis comment on doit entendre ces paroles *être par soi.*

Car tous ceux qui suivent seulement la conduite de la lumière naturelle forment tout aussitôt en eux dans cette rencontre un certain concept qui participe de la cause efficiente et de la formelle, et qui est commun à l'une et à l'autre; c'est à savoir que, ce qui est *par autrui* est par lui comme par une cause efficiente; et que ce qui est *par soi* est comme par une cause formelle, c'est-à-dire parce qu'il a une telle nature qu'il n'a pas besoin de cause efficiente; c'est pourquoi je n'ai pas expliqué cela dans mes Méditations, et je l'ai omis comme étant une chose de soi manifeste et qui n'avait pas besoin d'aucune explication.

Mais lorsque ceux qu'une longue accoutumance a confirmés dans cette opinion de juger que rien ne peut être la cause efficiente de soi-même, et qui sont soigneux de distinguer cette cause de la formelle, voient que l'on demande si quelque chose est *par soi*, il arrive aisément que ne portant leur esprit qu'à la seule cause efficiente proprement prise, ils ne pensent pas que ce mot *par soi* doive être entendu comme *par une cause*, mais seulement négativement et comme sans cause ; en sorte qu'ils pensent qu'il y a quelque chose qui existe, de laquelle on ne doit point demander pourquoi elle existe.

Laquelle interprétation du mot *par soi*, si elle était reçue, nous ôterait le moyen de pouvoir démontrer l'existence de Dieu par les effets comme il a été fort bien prouvé par l'auteur des premières objections, c'est pourquoi elle ne doit aucunement être admise.

Mais pour y répondre pertinemment, j'estime qu'il est nécessaire de montrer qu'entre *la cause efficiente* proprement dite et *point de cause*, il y a quelque chose qui tient comme le milieu, à savoir *l'essence positive d'une chose*, à laquelle l'idée ou le concept de la cause efficiente se peut étendre en la même façon que nous avons coutume d'étendre en géométrie le concept d'une ligne circulaire la plus grande qu'on puisse imaginer au concept d'une ligne droite, ou le concept d'un polygone rectiligne qui a un nombre indéfini de côtés au concept du cercle.

Et je ne pense pas que j'eusse jamais pu mieux expliquer cela que lorsque j'ai dit *que la signification de la cause efficiente ne doit pas être restreinte en cette question à ces causes qui sont différentes de leurs effets, ou qui les précèdent en temps, tant parce que ce serait une chose frivole et inutile, puisqu'il n'y a personne qui ne sache qu'une même chose ne peut pas être différente de soi-même, ni se précéder en temps que parce que l'une de ces deux conditions peut être ôtée de son concept, la motion de la cause efficiente ne laissant pas de demeurer tout entière.*

Car qu'il ne soit pas nécessaire qu'elle précède en temps son effet, il est évident, puisqu'elle n'a le nom et la nature de cause efficiente que lorsqu'elle produit son effet, comme il a déjà été dit.

Mais de ce que l'autre condition ne peut pas être aussi ôtée, on doit seulement inférer que cela n'est pas une cause efficiente proprement dite, ce que j'avoue, mais non pas que ce n'est point du tout une cause positive, qui par analogie puisse être rapportée à la cause efficiente, et cela est seulement requis en la question proposée. Car par la même lumière naturelle par laquelle je conçois que je me serais donné toutes les perfections dont j'ai en moi quelque idée si je m'étais donné l'être, je conçois aussi que rien ne se le peut donner en la manière qu'on a coutume de restreindre la signification de la cause efficiente proprement dite, à savoir, en sorte qu'une même chose, en tant qu'elle se donne l'être, soit différente de soi-même en tant qu'elle le reçoit; parce qu'il y a de la contradiction entre ces deux choses, être le même, et non le même, ou différent.

C'est pourquoi, lorsqu'on demande si quelque chose se peut donner l'être à soi-même, il faut entendre la même chose que si on demandait, savoir, si la nature ou l'essence de quelque chose peut être telle qu'elle n'ait pas besoin de cause efficiente pour être ou exister.

Et lorsqu'on ajoute, *si quelque chose est telle, elle se donnera toutes les perfections dont elle a les idées, s'il est vrai qu'elle ne les ait pas encore:* cela veut dire qu'il est impossible qu'elle n'ait pas actuellement toutes les perfections dont elle a les idées, d'autant que la lumière naturelle nous fait connaître que la chose dont l'essence est si immense qu'elle n'a pas besoin de cause efficiente pour être, n'en a pas aussi besoin pour avoir toutes les perfections dont elle a les idées, et que sa propre essence lui donne éminemment tout ce que nous pouvons imaginer pouvoir être donné à d'autres choses par la cause efficiente.

Et ces mots, *si elle ne les a pas encore elle se les donnera,* servent seulement d'explication, d'autant que par la même lumière naturelle nous comprenons que cette chose ne peut pas avoir, au moment que je parle, la vertu et la volonté de se donner quelque chose de nouveau, mais que son essence est telle qu'elle a eu de toute éternité tout ce que nous pouvons maintenant penser qu'elle se donnerait si elle ne l'avait pas encore.

Et néanmoins toutes ces manières de parler, qui ont rapport et analogie avec la cause efficiente, sont très nécessaires pour conduire tellement la lumière naturelle que nous concevions clairement ces choses : tout ainsi qu'il y a plusieurs choses qui ont été démontrées par Archimède touchant la sphère et les autres figures composées de lignes courbes, par la comparaison de ces mêmes figures avec celles qui sont composées de lignes droites; ce qu'il aurait eu peine à faire comprendre s'il en eût usé autrement.

Et comme ces sortes de démonstrations ne sont point désapprouvées, bien que la sphère y soit considérée comme une figure qui a plusieurs côtés, de même je ne pense pas pouvoir être ici repris de ce que je me suis servi de l'analogie de la cause efficiente pour expliquer les choses qui appartiennent à la cause formelle, c'est-à-dire à l'essence même de Dieu.

Et il n'y a pas lieu de craindre en ceci aucune occasion d'erreur, d'autant que tout ce qui est le propre de la cause efficiente, et qui ne peut être étendu à la cause formelle, porte avec soi une manifeste contradiction, et partant ne pourrait jamais être cru de personne, à savoir : qu'une chose soit différente de soi-même, ou bien qu'elle soit ensemble la même chose, et non la même.

Et il faut remarquer que j'ai tellement attribué à Dieu la dignité d'être la cause, qu'on ne peut pas de là inférer que je lui aie aussi attribué l'imperfection d'être l'effet : car, comme les théologiens, lorsqu'ils disent que le père est le *principe* du fils, n'avouent pas pour cela que le fils soit *principié*, ainsi, quoique j'aie dit que Dieu pouvait en quelque façon être dit *la cause de soi-même*, il ne se trouvera pas néanmoins que je l'aie nommé en aucun lieu l'*effet de soi-même*; et ce d'autant qu'on a de coutume de rapporter principalement l'effet à la cause efficiente, et de le juger moins noble qu'elle, quoique souvent il soit plus noble que les autres causes.

Mais lorsque je prends l'essence entière de la chose pour la cause formelle, je ne suis en cela que les vestiges d'Aristote : car au livre 2 de ses *analyt. poster.* chap. 16, ayant omis la cause matérielle, la première qu'il nomme est celle qu'il appelle αἰτίαν τοῦ τί ἦν εἶναι, ou, comme l'ont tourné ses interprètes, *la cause formelle*, laquelle il étend à toutes les essences de toutes les choses parce qu'il ne traite pas en ce lieu-là des causes du composé physique, non plus que je fais ici, mais généralement des causes d'où l'on peut tirer quelque connaissance.

Or pour faire voir qu'il était malaisé dans la question proposée de ne point attribuer à Dieu le nom *de cause*, il n'en faut point de meilleure preuve que, de ce que Monsieur Arnauld ayant tâché de conclure par une autre voie la même chose que moi, il n'en est pas néanmoins venu à bout, au moins à mon jugement.

Car après avoir amplement montré que Dieu n'est pas la cause efficiente de soi-même, parce qu'il est de la nature de la cause efficiente d'être différente de son effet, ayant aussi fait voir qu'il n'est pas par soi, *positivement*, entendant par ce mot *positivement* une influence positive de la cause, et aussi qu'à vrai dire il ne se conserve pas soi-même, prenant le mot de *conservation* pour une continuelle reproduction de la chose (de toutes lesquelles choses je suis d'accord avec lui), après tout cela il veut derechef prouver que Dieu ne doit pas être dit la cause efficiente de soi-même, *parce que, dit-il, la cause efficiente d'une chose n'est demandée qu'à raison de son existence, et jamais à raison de son essence : or est-il qu'il n'est pas moins de l'essence d'un être infini d'exister qu'il est de l'essence d'un triangle d'avoir ses trois angles égaux à deux droits; donc il ne faut non plus répondre par la cause efficiente lorsqu'on demande pourquoi Dieu existe, que lorsqu'on demande pourquoi les trois angles d'un triangle sont égaux à deux droits.*

Lequel syllogisme peut aisément être renvoyé contre son auteur en cette manière : Quoiqu'on ne puisse pas demander la cause efficiente à raison de l'essence, on la peut néanmoins demander à raison de l'existence ; mais en Dieu l'essence n'est point distinguée de l'existence, donc on peut demander la cause efficiente de Dieu.

Mais pour concilier ensemble ces deux choses, on doit dire qu'à celui qui demande pourquoi Dieu existe il ne faut pas à la vérité répondre par la cause efficiente proprement dite, mais seulement par l'essence même de la chose, ou bien par la cause formelle, laquelle, pour cela même qu'en Dieu l'existence n'est point distinguée de l'essence, a un très grand rapport avec la cause efficiente, et partant peut être appelée quasi cause efficiente.

Enfin il ajoute *qu'à celui qui demande la cause efficiente de Dieu il faut répondre qu'il n'en a pas besoin : et derechef à celui qui demande pourquoi il n'en a pas besoin, il faut répondre, parce qu'il est un être infini duquel l'existence est son essence ; car il n'y a que les choses dans lesquelles il est permis de distinguer l'existence actuelle de l'essence qui aient besoin de cause efficiente.*

D'où il infère que ce que j'avais dit auparavant est entièrement renversé ; c'est à savoir, *si je pensais qu'aucune chose ne peut en quelque façon être à l'égard de soi-même ce que la cause efficiente est à l'égard de son effet, jamais en cherchant les causes des choses je ne viendrais à une première* ; ce qui néanmoins ne me semble aucunement renversé, non pas même tant soit peu affaibli ou ébranlé ; il est certain que la principale force non seulement de ma démonstration, mais aussi de toutes celles qu'on peut apporter pour prouver l'existence de Dieu par les effets, en dépend entièrement. Or presque tous les théologiens soutiennent qu'on n'en peut apporter aucune si elle n'est tirée des effets.

Et partant, tant s'en faut qu'il apporte quelque éclaircissement à la preuve et démonstration de l'existence de Dieu, lorsqu'il ne permet pas qu'on lui attribue à l'égard de soi-même l'analogie de la cause efficiente, qu'au contraire il l'obscurcit et empêche que les lecteurs ne la puissent comprendre, particulièrement vers la fin, où il conclut *que s'il pensait qu'il fallût rechercher la cause efficiente ou quasi efficiente de chaque chose, il chercherait une cause différente de cette chose.*

Car comment est-ce que ceux qui ne connaissent pas encore Dieu rechercheraient la cause efficiente des autres choses pour arriver par ce moyen à la connaissance de

Dieu, s'ils ne pensaient qu'on peut rechercher la cause efficiente de chaque chose?

Et comment enfin s'arrêteraient-ils à Dieu comme à la cause première, et mettraient-ils en lui la fin de leur recherche, s'ils pensaient que la cause efficiente de chaque chose dût être cherchée différente de cette chose?

Certes, il me semble que Monsieur Arnauld a fait en ceci la même chose que si (après qu'Archimède, parlant des choses qu'il a démontrées de la sphère par analogie aux figures rectilignes inscrites dans la sphère même, aurait dit: si je pensais que la sphère ne pût être prise pour une figure rectiligne ou quasi rectiligne, dont les côtés sont infinis, je n'attribuerais aucune force à cette démonstration, parce qu'elle n'est pas véritable, si vous considérez la sphère comme une figure curviligne, ainsi qu'elle est en effet, mais bien si vous la considérez comme une figure rectiligne dont le nombre des côtés est infini);

Si, dis-je, Monsieur Arnauld, ne trouvant pas bon qu'on appelât ainsi la sphère, et néanmoins désirant retenir la démonstration d'Archimède, disait, si je pensais que ce qui se conclut ici se dût entendre d'une figure rectiligne dont les côtés sont infinis, je ne croirais point du tout cela de la sphère, parce que j'ai une connaissance certaine que la sphère n'est point une figure rectiligne.

Par lesquelles paroles, il est sans doute qu'il ne ferait pas la même chose qu'Archimède, mais qu'au contraire il se ferait un obstacle à soi-même, et empêcherait les autres de bien comprendre sa démonstration.

Ce que j'ai déduit ici plus au long que la chose ne semblait peut-être le mériter, afin de montrer que je prends soigneusement garde à ne pas mettre la moindre chose dans mes écrits que les théologiens puissent censurer avec raison.

Enfin j'ai déjà fait voir assez clairement, dans les réponses aux secondes objections, que je ne suis point tombé dans la faute qu'on appelle cercle, lorsque j'ai dit que nous ne sommes assurés que les choses que nous concevons fort clairement et fort distinctement sont toutes vraies qu'à cause que Dieu est ou existe, et que nous ne sommes assurés que Dieu est ou existe qu'à cause que nous concevons cela fort clairement et fort distinctement, en faisant distinction des choses que nous concevons en effet fort clairement d'avec celles que nous nous ressouvenons d'avoir autrefois fort clairement conçues.

Car premièrement nous sommes assurés que Dieu existe, parce que nous prêtons notre attention aux raisons qui nous prouvent son existence. Mais après cela il suffit que nous

nous ressouvenions d'avoir conçu une chose clairement pour être assurés qu'elle est vraie, ce qui ne suffirait pas si nous ne savions que Dieu existe et qu'il ne peut être trompeur.

Pour la question savoir s'il ne peut y avoir rien dans notre esprit, en tant qu'il est une chose qui pense, dont lui-même n'ait une actuelle connaissance, il me semble qu'elle est fort aisée à résoudre, parce que nous voyons fort bien qu'il n'y a rien en lui, lorsqu'on le considère de la sorte, qui ne soit une pensée, ou qui ne dépende entièrement de la pensée, autrement cela n'appartiendrait pas à l'esprit, en tant qu'il est une chose qui pense ; et il ne peut y avoir en nous aucune pensée de laquelle, dans le même moment qu'elle est en nous, nous n'ayons une actuelle connaissance.

C'est pourquoi je ne doute point que l'esprit, aussitôt qu'il est infus dans le corps d'un enfant, ne commence à penser, et que dès lors il ne sache qu'il pense, encore qu'il ne se ressouvienne pas par après de ce qu'il a pensé, parce que les espèces de ses pensées ne demeurent pas empreintes en sa mémoire.

Mais il faut remarquer que nous avons bien une actuelle connaissance des actes ou des opérations de notre esprit, mais non pas toujours de ses puissances ou de ses facultés, si ce n'est en puissance ; en telle sorte que, lorsque nous nous disposons à nous servir de quelque faculté, tout aussitôt si cette faculté est en notre esprit, nous en acquérons une actuelle connaissance ; c'est pourquoi nous pouvons alors nier assurément qu'elle y soit, si nous ne pouvons en acquérir cette connaissance actuelle.

RÉPONSE

Aux choses qui peuvent arrêter les Théologiens.

Je me suis opposé aux premières raisons de Monsieur Arnauld, j'ai tâché de parer aux secondes, et je donne entièrement les mains à celles qui suivent, excepté à la dernière, au sujet de laquelle j'ai lieu d'espérer qu'il ne me sera pas difficile de faire en sorte que lui-même s'accommode à mon avis.

Je confesse donc ingénument avec lui que les choses qui sont contenues dans la première Méditation, et même dans les suivantes, ne sont pas propres à toutes sortes d'esprits, et qu'elles ne s'ajustent pas à la capacité de tout le monde; mais ce n'est pas d'aujourd'hui que j'ai fait cette déclaration ; je l'ai déjà faite et la ferai encore autant de fois que l'occasion s'en présentera.

Aussi a-ce été la seule raison qui m'a empêché de traiter

de ces choses dans le *Discours de la Méthode* qui était en langue vulgaire, et que j'ai réservé de le faire dans ces Méditations qui ne doivent être lues, comme j'en ai plusieurs fois averti, que par les plus forts esprits.

Et on ne peut pas dire que j'eusse mieux fait si je me fusse abstenu d'écrire des choses dont la lecture ne doit pas être propre ni utile à tout le monde : car je les crois si nécessaires que je me persuade que sans elles on ne peut jamais rien établir de ferme et d'assuré dans la philosophie.

Et quoique le fer et le feu ne se manient jamais sans péril par des enfants ou par des imprudents, néanmoins parce qu'ils sont utiles pour la vie, il n'y a personne qui juge qu'il se faille abstenir pour cela de leur usage.

Or, maintenant, que dans la quatrième Méditation je n'aie eu dessein de traiter que de l'erreur *qui se commet dans le discernement du vrai et du faux*, et non pas de celle qui arrive dans la poursuite du bien et du mal, et que j'aie toujours excepté les choses qui regardent la foi et les actions de notre vie, lorsque j'ai dit que nous ne devons donner créance qu'aux choses que nous connaissons évidemment, tout le contenu de mes Méditations en fait foi ; et outre cela je l'ai expressément déclaré dans les réponses aux secondes Objections, comme aussi dans l'abrégé de mes Méditations, ce que je dis pour faire voir combien je défère au jugement de Monsieur Arnauld et l'estime que je fais de ses conseils.

Il reste le sacrement de l'Eucharistie avec lequel Monsieur Arnauld juge que mes opinions ne sauraient convenir, *parce que*, dit-il, *nous tenons pour article de foi que la substance du pain étant ôtée du pain eucharistique, les seuls accidents y demeurent :* or il pense que je n'admets point d'*accidents réels*, mais seulement des modes, qui ne sauraient être conçus *sans quelque substance* en laquelle ils résident, *ni par conséquent aussi exister sans elle*.

A laquelle objection je pourrais très facilement m'exempter de répondre, en disant que jusques ici je n'ai jamais nié qu'il y eût des accidents réels : car encore que je ne m'en sois point servi dans la Dioptrique et dans les Météores, pour expliquer les choses que je traitais alors, j'ai dit néanmoins en termes exprès dans les Météores, que je ne voulais pas nier qu'il y en eût.

Et dans ces Méditations j'ai de vrai supposé que je ne les connaissais pas bien encore, mais non pas que pour cela il n'y en eût point : car la manière d'écrire analytique que j'y ai suivie permet de faire quelquefois des suppositions lorsqu'on n'a pas encore assez soigneusement examiné les choses, comme il a paru dans la première Méditation, où j'avais supposé beaucoup de choses que j'ai depuis réfutées dans les suivantes.

Et certes ce n'a point été ici mon dessein de rien définir touchant la nature des accidents, mais j'ai seulement proposé ce qui m'en a semblé de prime abord ; et enfin, de ce que j'ai dit que les modes ne sauraient être conçus sans quelque substance en laquelle ils résident, on ne doit pas inférer que j'aie nié que par la toute-puissance de Dieu ils puissent en être séparés, parce que je tiens pour très assuré, et crois fermement que Dieu peut faire une infinité de choses que nous ne sommes pas capables d'entendre ni de concevoir.

Mais, pour procéder ici avec plus de franchise, je ne dissimulerai point que je me persuade qu'il n'y a rien autre chose par quoi nos sens soient touchés que cette seule superficie qui est le terme des dimensions du corps qui est senti ou aperçu par les sens ; car c'est en la superficie seule que se fait le contact, lequel est si nécessaire pour le sentiment, que j'estime que sans lui pas un de nos sens ne pourrait être mû ; et je ne suis pas le seul de cette opinion, Aristote même, et quantité d'autres philosophes avant moi en ont été ; de sorte que, par exemple, le pain et le vin ne sont point aperçus par les sens, sinon en tant que leur superficie est touchée par l'organe du sens, ou immédiatement ou médiatement par le moyen de l'air ou des autres corps, comme je l'estime, ou bien, comme disent plusieurs philosophes, par le moyen des espèces intentionnelles.

Et il faut remarquer que ce n'est pas la seule figure extérieure des corps, qui est sensible aux doigts et à la main, qui doit être prise pour cette superficie, mais qu'il faut aussi considérer tous ces petits intervalles qui sont, par exemple, entre les petites parties de la farine dont le pain est composé, comme aussi entre les particules de l'eau-de-vie, de l'eau douce, du vinaigre, de la lie ou du tartre, du mélange desquelles le vin est composé, et ainsi entre les petites parties des autres corps, et penser que toutes les petites superficies qui terminent ces intervalles font partie de la superficie de chaque corps.

Car de vrai ces petites parties de tous les corps ayant diverses figures et grosseurs et différents mouvements, jamais elles ne peuvent être si bien arrangées ni si justement jointes ensemble qu'il ne reste plusieurs intervalles autour d'elles qui ne sont pas néanmoins vides, mais qui sont remplis d'air ou de quelque autre matière ; comme il s'en voit dans le pain qui sont assez larges et qui peuvent être remplis, non seulement d'air, mais aussi d'eau, de vin, ou de quelque autre liqueur : et puisque le pain demeure toujours le même encore que l'air ou telle autre matière qui est contenue dans ses pores soit changée, il est constant que ces choses n'appartiennent point à la substance du pain, et partant que sa superficie n'est pas celle qui par un petit circuit l'environne tout entier, mais celle qui touche et environne immédiatement chacune de ses petites parties.

Il faut aussi remarquer que cette superficie n'est pas seulement remuée toute entière lorsque toute la masse du pain est portée d'un lieu en un autre, mais quelle est aussi remuée en partie lorsque quelques-unes de ses petites parties sont agitées par l'air ou par les autres corps qui entrent dans ses pores : tellement que s'il y a des corps qui soient d'une telle nature que quelques-unes de leurs parties, ou toutes celles qui les composent, se remuent continuellement (ce que j'estime être vrai de plusieurs parties du pain et de toutes celles du vin) il faudra aussi concevoir que leur superficie est dans un continuel mouvement.

Enfin il faut remarquer que par la superficie du pain ou du vin, ou de quelque autre corps que ce soit, on n'entend pas ici aucune partie de la substance, ni même de la quantité de ce même corps, ni aussi aucunes parties des autres corps qui l'environnent, mais seulement *ce terme que l'on conçoit être moyen entre chacune des particules de ce corps et les corps qui les environnent, et qui n'a point d'autre entité que la modale.*

Ainsi puisque le contact se fait dans ce seul terme, et que rien n'est senti si ce n'est par contact, c'est une chose manifeste que, de cela seul que les substances du pain et du vin sont dites être tellement changées en la substance de quelque autre chose que cette nouvelle substance soit contenue précisément sous les mêmes termes sous qui les autres étaient contenues, ou qu'elle existe dans le même lieu où le pain et le vin existaient auparavant (ou plutôt, d'autant que leurs termes sont continuellement agités, dans lesquels ils existeraient s'ils étaient présents), il s'ensuit nécessairement que cette nouvelle substance doit mouvoir tous nos sens de la même façon que feraient le pain et le vin, s'il n'y avait point eu de transsubstantiation.

Or l'église nous enseigne dans le Concile de Trente, section 13, can. 2 et 4, *qu'il se fait une conversion de toute la substance du pain en la substance du corps de Notre-Seigneur Jésus-Christ, demeurant seulement l'espèce du pain.* Où je ne vois pas ce que l'on peut entendre par *l'espèce du pain,* si ce n'est cette superficie qui est moyenne entre chacune de ses petites parties, et les corps qui les environnent.

Car, comme il a déjà été dit, le contact se fait en cette seule superficie; et Aristote même confesse que non seulement ce sens que, par un privilège spécial, on nomme *l'attouchement*, mais aussi tous les autres, ne sentent que par le moyen de l'attouchement. C'est dans le livre 3, *de l'Ame*, chap. 13, où sont ces mots καὶ τὰ ἄλλα αἰσθητήρια ἀφῇ αἰσθάνεται.

Or il n'y a personne qui pense que par l'espèce on entende ici autre chose que ce qui est précisément requis pour toucher les sens. Et il n'y a aussi personne qui croie la conversion du pain au corps de Christ, qui ne pense que ce corps de Christ est précisément contenu sous la même superficie sous qui le pain serait contenu s'il était présent; quoique néanmoins il ne soit pas là comme proprement dans un lieu, *mais sacramentellement, et de cette manière d'exister, laquelle, quoique nous ne puissions qu'à peine exprimer par paroles, après néanmoins que notre esprit est éclairé des lumières de la foi, nous pouvons concevoir comme possible à Dieu, et laquelle nous sommes obligés de croire très fermement.* Toutes lesquelles choses me semblent être si commodément expliquées par mes principes, que non seulement je ne crains pas d'avoir rien dit ici qui puisse offenser nos théologiens, qu'au contraire j'espère qu'ils me sauront gré de ce que les opinions que je propose dans la physique sont telles qu'elles conviennent beaucoup mieux avec la théologie que celles qu'on y propose d'ordinaire. Car de vrai l'église n'a jamais enseigné (au moins que je sache), que les espèces du pain et du vin qui demeurent au sacrement de l'Eucharistie soient des accidents réels qui subsistent miraculeusement tous seuls après que la substance à laquelle ils étaient attachés a été ôtée.

Mais à cause que peut-être les premiers théologiens qui ont entrepris d'expliquer cette question par les raisons de la philosophie naturelle se persuadaient si fortement que ces accidents qui touchent nos sens étaient quelque chose de réel, différent de la substance, qu'ils ne pensaient pas seulement que jamais on en pût douter, ils avaient supposé, sans aucune valable raison, et sans y avoir bien pensé, que les espèces du pain étaient des accidents réels de cette nature; ensuite de quoi ils ont mis toute leur étude à expliquer comment ces accidents peuvent subsister sans sujet. En quoi ils ont trouvé tant de difficultés que cela seul leur devait faire juger qu'ils s'étaient détournés du droit chemin, ainsi que font les voyageurs quand quelque sentier les a conduits à des lieux pleins d'épines et inaccessibles. Car, premièrement, ils semblent se contredire (au moins ceux qui tiennent que les objets ne meuvent nos sens que par les moyens de contact), lorsqu'ils supposent qu'il faut encore quelque autre chose dans les objets pour mouvoir les sens, que leurs superficies diversement disposées : d'autant que c'est une chose qui de soi est évidente que la superficie seule suffit pour le contact; et s'il y en a qui ne veuillent pas tomber d'accord que nous ne sentons rien sans contact, ils ne peuvent rien dire touchant la façon dont les sens sont mus par leurs objets, qui ait aucune apparence de vérité. Outre cela, l'esprit humain ne peut pas concevoir que les accidents du pain soient réels, et que néanmoins ils existent sans sa substance, qu'il ne les conçoive à la façon des substances : en sorte qu'il semble qu'il y ait de la contradiction que toute la substance du pain soit changée, ainsi que le croit l'église, et que cependant il demeure quelque chose de réel qui était auparavant dans le pain; parce qu'on ne peut pas concevoir qu'il demeure rien de réel que ce qui subsiste, et encore qu'on nomme cela un accident, on le conçoit néanmoins comme une substance. Et c'est en effet la même chose que si on disait qu'à la vérité toute la substance du pain est changée, mais que néanmoins cette partie de sa substance qu'on nomme accident réel demeure : dans lesquelles paroles s'il n'y a point de contradiction, certainement dans le concept il en paraît beaucoup. Et il semble que ce soit principalement pour ce sujet que quelques-uns se sont éloignés en ceci de la créance de l'église romaine. Mais qui pourra nier que lorsqu'il est permis, et que nulle raison, ni théologique, ni même philosophique, ne nous oblige à embrasser une opinion plutôt qu'une autre, il ne faille principalement choisir celles qui ne peuvent donner occasion ni prétexte à personne de s'éloigner des vérités de la foi? Or, que l'opinion qui admet des accidents réels ne s'accommode pas aux raisons de la théologie, je pense que cela se voit ici assez clairement; et qu'elle soit tout à fait contraire à celles de la philosophie, j'espère dans peu le démontrer évidemment dans un traité des principes que j'ai dessein de publier, et d'y expliquer comment la couleur, la saveur, la pesanteur, et toutes les autres qualités qui touchent nos sens, dépendent seulement en cela de la superficie extérieure des corps. Au reste, on ne peut pas supposer que les accidents soient réels, sans qu'au miracle de la transsubstantiation, lequel seul peut être inféré des paroles de la consécration, on n'en ajoute sans nécessité un nouveau et incompréhensible, par lequel ces accidents réels existent tellement dans la substance du pain, que cependant ils ne soient pas eux-mêmes faits des substances : ce qui ne répugne pas seulement à la raison humaine, mais même à l'axiome des théologiens qui disent que les paroles de la consécration n'opèrent rien de ce qu'elles signifient, et qui ne veulent pas attribuer à miracle les choses qui peuvent être expliquées par raison naturelle. Toutes lesquelles difficultés sont entièrement levées par l'explication que je donne à ces choses. Car tant s'en faut que, selon l'explication que j'y donne, il soit besoin de quelque miracle pour conserver les accidents après que la substance du pain est ôtée; qu'au contraire sans un nouveau miracle (à savoir par lequel les dimensions fussent changées) ils ne peuvent pas être ôtés. Et les histoires nous apprennent que cela est quelquefois arrivé, lorsqu'au lieu du pain consacré il a paru de la chair ou un petit enfant entre les mains du prêtre : car jamais on n'a cru que cela soit arrivé par une cessation de miracle, mais on a toujours attribué cet effet à un miracle nouveau. Davantage, il n'y a rien en cela d'incompréhensible ou de difficile, que Dieu créateur de toutes choses puisse changer une substance en une autre, et que cette dernière substance demeure précisément sous la même superficie sous qui la première était contenue. On ne peut aussi rien dire de plus conforme à la raison, ni qui soit plus communément reçu par les philosophes, que non seulement tout sentiment, mais généralement toute action d'un corps sur un autre se fait par le contact, et que ce contact peut être en la seule superficie : d'où il suit évidemment que la même superficie doit toujours agir ou pâtir de la même façon, quelque changement qui arrive en la substance qu'elle couvre.

C'est pourquoi, s'il m'est ici permis de dire la vérité sans envie, j'ose espérer que le temps viendra auquel cette opinion, qui admet des accidents réels, sera rejetée par les théologiens comme peu sûre en la foi, répugnante à la raison, et du tout incompréhensible, et que la mienne sera reçue en sa place comme certaine et indubitable. Ce que j'ai cru ne devoir pas ici dissimuler, pour prévenir autant qu'il m'est possible les calomnies de ceux qui, voulant paraître plus savants que les autres, et ne pouvant souffrir qu'on propose aucune opinion différente des leurs qui soit estimée vraie et importante, ont coutume de dire qu'elle répugne aux vérités de la foi, et tâchent d'abolir par autorité ce qu'ils ne peuvent réfuter par raison. Mais j'appelle de leur sentence à celle des bons et orthodoxes théologiens, au jugement et à la censure desquels je me soumettrai toujours très volontiers.

CINQUIÈMES OBJECTIONS

FAITES PAR MONSIEUR GASSENDI CONTRE LES SIX MÉDITATIONS.

Monsieur Gassendi à Monsieur Descartes.

Monsieur,

Le Révérend Père Mersenne m'a beaucoup obligé de me faire participant de ces sublimes Méditations que vous avez écrites touchant la première philosophie ; car certainement la grandeur du sujet, la force des pensées et la pureté de la diction, m'ont plu extraordinairement. Aussi, à vrai dire, est-ce avec plaisir que je vous vois avec tant d'esprit et de courage travailler si heureusement à l'avancement des sciences, et que vous commencez à nous découvrir les choses qui ont été inconnues à tous les siècles passés. Une seule chose m'a fâché, qu'il a désiré de moi que, si après la lecture de vos Méditations il me restait quelques doutes ou scrupules en l'esprit, je vous en écrivisse. Car j'ai bien jugé que je ne ferais paraître autre chose que le défaut de mon esprit si je n'acquiesçais pas à vos raisons, ou plutôt ma témérité, si j'osais proposer la moindre chose à l'encontre. Néanmoins je ne l'ai pu refuser aux sollicitations de mon ami, ayant pensé que vous prendrez en bonne part un dessein qui vient plutôt de lui que de moi, et sachant d'ailleurs que vous êtes si humain que vous croirez facilement que je n'ai point eu d'autre pensée que celle de vous proposer nuement mes doutes et mes difficultés. Et certes ce sera bien assez si vous prenez la patience de les lire d'un bout à l'autre. Car de penser qu'elles vous doivent émouvoir et vous donner la moindre défiance de vos raisonnements, ou vous obliger à perdre le temps à leur répondre que vous devez mieux employer, j'en suis fort éloigné et ne vous le conseillerais pas. Je n'oserais pas même vous les proposer sans rougir, étant assuré qu'il n'y en a pas une qui ne vous ait plusieurs fois passé par l'esprit, et que vous n'ayez ou expressément méprisée, ou jugé devoir être dissimulée. Je les propose donc, mais sans autre dessein que celui d'une simple proposition, laquelle je fais non contre les choses que vous traitez et dont vous avez entrepris la démonstration, mais seulement contre la méthode et les raisons dont vous usez pour les démontrer. Car de vrai je fais profession de croire qu'il y a un Dieu et que nos âmes sont immortelles ; et je n'ai de la difficulté qu'à comprendre la force et l'énergie du raisonnement que vous employez pour la preuve de ces vérités métaphysiques, et des autres questions que vous insérez dans votre ouvrage.

CONTRE LA PREMIÈRE MÉDITATION.

Des choses qui peuvent être révoquées en doute.

Pour ce qui regarde la première Méditation, il n'est pas besoin que je m'y arrête beaucoup ; car j'approuve le dessein que vous avez pris de vous défaire de toutes sortes de préjugés. Il n'y a qu'une chose que je ne comprends pas bien, qui est de savoir pourquoi vous n'avez pas mieux aimé tout simplement, et en peu de paroles, tenir toutes les choses que vous aviez connues jusqu'alors pour incertaines, afin puis après de mettre à part celles que vous reconnaîtriez être vraies, que les tenant toutes pour fausses, ne vous pas tant dépouiller d'un ancien préjugé que vous revêtir d'un autre tout nouveau. Et remarquez comme quoi il a été nécessaire pour obtenir cela de vous, de feindre un Dieu trompeur, ou un je ne sais quel mauvais génie qui employât toute son industrie à vous surprendre, bien qu'il semble que c'eût été assez d'alléguer pour raison de votre défiance le peu de lumière de l'esprit humain et la seule faiblesse de la nature. Outre cela vous feignez que vous dormez, afin que vous ayez occasion de révoquer toutes choses en doute, et que vous puissiez prendre pour des illusions tout ce qui se passe ici-bas. Mais pouvez-vous pour cela assez sur vous-même que de croire que vous ne soyez point éveillé, et que toutes les choses qui sont et qui se passent devant vos yeux soient fausses et trompeuses ? Quoi que vous en disiez, il n'y aura personne qui se persuade que vous soyez pleinement persuadé qu'il n'y a rien de vrai de tout ce vous avez jamais connu : et que les sens, ou le sommeil, ou Dieu, ou un mauvais génie vous ont continuellement imposé. N'eût-ce pas été une chose plus digne de la candeur d'un philosophe et du zèle de la vérité de dire les choses simplement, de bonne foi, et comme elles sont, que non pas, comme on vous pourrait objecter, recourir à cette machine, forger ces illusions, rechercher ces détours et ces nouveautés ? Néanmoins, puisque vous l'avez ainsi trouvé bon, je ne contesterai pas davantage.

CONTRE LA SECONDE MÉDITATION.

De la nature de l'esprit humain; et qu'il est plus aisé de le connaître que le corps.

1. Touchant la seconde, je vois que vous n'êtes pas encore hors de votre enchantement et illusion, et néanmoins qu'à travers de ces fantômes vous ne laissez pas d'apercevoir qu'au moins est-il vrai que vous, qui êtes ainsi charmé et enchanté, êtes quelque chose; c'est pourquoi vous concluez que cette proposition, *je suis, j'existe, autant de fois que vous la proférez, ou que vous la concevez en votre esprit, est nécessairement vraie.* Mais je ne vois pas que vous ayez eu besoin d'un si grand appareil, puisque d'ailleurs vous étiez déjà certain de votre existence, et que vous pouviez inférer la même chose de quelque autre que ce fût de vos actions, étant manifeste par la lumière naturelle que tout ce qui agit est ou existe.

Vous ajoutez à cela *que néanmoins vous ne savez pas encore assez ce que vous êtes:* je sais que vous le dites tout de bon, et je vous l'accorde fort volontiers, car c'est en cela que consiste tout le nœud de la difficulté; et, en effet, c'était tout ce qu'il vous fallait rechercher sans tant de détours et sans user de toute cette supposition.

En suite de cela vous vous proposez d'examiner *ce que vous avez pensé être jusques ici, afin qu'après en avoir retranché tout ce qui peut recevoir le moindre doute, il ne demeure rien qui ne soit certain et inébranlable.* Certainement vous le pouvez faire avec l'approbation d'un chacun. Ayant tenté ce beau dessein et ensuite trouvé que vous avez toujours cru être un homme, vous vous faites cette demande: *Qu'est-ce donc qu'un homme?* Où après avoir rejeté de propos délibéré la définition ordinaire, vous vous arrêtez aux choses qui s'offraient autrefois à vous de prime abord; par exemple, *que vous avez un visage, des mains, et tous ces autres membres que vous appeliez du nom de corps; comme aussi que vous êtes nourri, que vous marchez, que vous sentez et que vous pensez, ce que vous rapportiez à l'âme.* Je vous accorde tout cela, pourvu que nous nous gardions de la distinction que vous mettez entre l'esprit et le corps. Vous dites *que vous ne vous arrêtiez point alors à penser ce que c'était que l'âme, ou bien si vous vous y arrêtiez, que vous imaginiez qu'elle était quelque chose de fort subtil, semblable au vent, au feu ou à l'air, infus et répandu dans les parties les plus grossières de votre corps:* cela certes est digne de remarque, *mais que pour le corps vous ne doutiez nullement que ce ne fût une chose dont la nature consistait à pouvoir être figurée, comprise en quelque lieu, remplir un espace, et en exclure tout autre corps : à pouvoir être aperçue par l'attouchement, par la vue, par l'ouïe, par l'odorat et par le goût, et être mue en plusieurs façons.* Vous pouvez encore aujourd'hui attribuer aux corps les mêmes choses, pourvu que vous ne les attribuiez pas toutes à chacun d'eux : car le vent est un corps, et néanmoins il ne s'aperçoit point par la vue, et que vous n'en excluiez pas les autres choses que vous rapportiez à l'âme : car le vent, le feu et plusieurs autres corps se meuvent d'eux-mêmes et ont la vertu de mouvoir les autres.

Quant à ce que vous dites ensuite, *que vous n'accordiez pas lors au corps la vertu de se mouvoir soi-même*, je ne vois pas comment vous le pourriez maintenant défendre : comme si tout corps devait être de sa nature immobile, et si aucun mouvement ne pouvait partir que d'un principe incorporel, et que ni l'eau ne pût couler ni l'animal marcher sans le secours d'un moteur intelligent ou spirituel.

2. En après vous examinez *si supposé votre illusion, vous pouvez assurer qu'il y ait en vous aucune des choses que vous estimiez appartenir à la nature du corps : et après un long examen vous dites que vous ne trouvez rien de semblable en vous.* C'est ici que vous commencez à ne vous plus considérer comme un homme tout entier, mais comme cette partie la plus intime et la plus cachée de vous-même, telle que vous estimiez ci-devant qu'était l'âme. Dites-moi, je vous prie, *ô âme*, ou qui que vous soyez, avez-vous jusques ici corrigé cette pensée par laquelle vous vous imaginiez être quelque chose de semblable au vent, ou à quelque autre corps de cette nature, infus et répandu dans toutes les parties de votre corps? certes vous ne l'avez point fait; pourquoi donc ne pourriez-vous pas encore être un vent, ou plutôt un esprit fort subtil et fort délié, excité par la chaleur du cœur ou par telle autre cause que ce soit, et formé du plus pur de votre sang qui, étant répandu dans tous vos membres, leur donniez la vie, et voyiez avec l'œil, oyiez avec l'oreille, pensiez avec le cerveau, et ainsi exerciez toutes les fonctions qui vous sont communément attribuées. S'il est ainsi, pourquoi n'aurez-vous pas la même figure que votre corps, tout ainsi que l'air a la même que le vaisseau dans lequel il est contenu? Pourquoi ne croirai-je pas que vous soyez environnée par le même contenant que votre corps, ou par la peau même qui le couvre? Pourquoi ne me sera-t-il pas permis de penser que vous remplissez un espace, ou du moins ces parties de l'espace que votre corps grossier ni ses plus subtiles parties ne remplissent point? Car de vrai le corps a de petits pores dans lesquels vous êtes répandue, en

sorte que là où sont vos parties, les siennes n'y sont point : en même façon que, dans du vin et de l'eau mêlés ensemble, les parties de l'un ne sont pas au même endroit que les parties de l'autre, quoique la vue ne le puisse pas discerner ? Pourquoi n'exclurez-vous pas un autre corps du lieu que vous occupez, vu qu'en tous les petits espaces que vous remplissez les parties de votre corps massif et grossier ne peuvent pas être ensemble avec vous ? Pourquoi ne penserai-je pas que vous vous mouvez en plusieurs façons ? Car puisque vos membres reçoivent plusieurs et divers mouvements par votre moyen, comment les pourriez-vous mouvoir sans vous mouvoir vous-même ? Certainement ni vous ne pouvez mouvoir les autres sans être mue vous-même, puisque cela ne se fait point sans effort, ni il n'est pas possible que vous ne soyez point mue par le mouvement du corps. Si donc toutes ces choses sont véritables, comment pouvez-vous dire qu'il n'y a rien en vous de tout ce qui appartient au corps ?

3. Puis, continuant votre examen, vous trouvez aussi, dites-vous, *qu'entre les choses qui sont attribuées à l'âme, celle-ci, à savoir, être nourri et marcher, ne sont point en vous.* Mais premièrement une chose peut être corps, et n'être point nourrie. En après, si vous êtes un corps tel que nous avons décrit ci-devant les esprits animaux, pourquoi, puisque vos membres grossiers sont nourris d'une substance grossière, ne pourriez-vous pas, vous qui êtes subtile, être nourrie d'une substance plus subtile : de plus, quand ce corps dont ils font partie croît, ne croissez-vous pas aussi ? Et quand il est affaibli, n'êtes-vous pas vous-même affaiblie ? Pour ce qui regarde le marcher, puisque vos membres ne se remuent et ne se portent en aucun lieu si vous ne les faites mouvoir et ne les y portez vous-même, comment cela se peut-il faire sans aucune démarche de votre part ? Vous répondrez, mais *s'il est vrai que je n'aie point de corps, il est vrai aussi que je ne puis marcher.* Si, en disant ceci, votre dessein est de nous jouer, ou si vous êtes jouée vous-même, il ne s'en faut pas beaucoup mettre en peine : que si vous le dites tout de bon, il faut non-seulement que vous prouviez que vous n'avez point de corps que vous informiez, mais aussi que vous n'êtes point de la nature de ces choses qui marchent et qui sont nourries.

Vous ajouterez encore à cela *que même vous n'avez aucun sentiment et ne sentez pas les choses.* Mais certes c'est vous-même qui voyez les couleurs, qui entendez les sons, etc. *Cela,* dites-vous, *ne se fait point sans corps :* je le crois ; mais premièrement vous en avez un, et vous êtes dans l'œil, lequel, de vrai, ne voit point sans vous, et de plus vous pouvez être un corps fort subtil qui opériez par les organes des sens. *Il m'a semblé*, dites-vous, *sentir plusieurs choses en dormant que j'ai depuis reconnu n'avoir point senties*. Mais encore que vous vous trompiez, de ce que sans vous servir de l'œil il vous semble que vous sentiez ce qui ne se peut sentir sans lui, vous n'avez pas néanmoins toujours éprouvé la même fausseté ; et puis vous vous en êtes servie autrefois, et c'est par lui que vous avez senti et reçu les images dont vous pouvez à présent vous servir sans lui.

Enfin, vous remarquez que vous pensez : certainement cela ne se peut nier ; mais il vous reste toujours à prouver que la faculté de penser est tellement au-dessus de la nature corporelle, que ni ces esprits qu'on nomme animaux, ni aucun autre corps pour délié, subtil, pur et agile qu'il puisse être, ne saurait être si bien préparé ou recevoir de telles dispositions que de pouvoir être rendu capable de la pensée. Il faut aussi prouver en même temps que les âmes des bêtes ne sont pas corporelles, car elles pensent, ou si vous voulez, outre les fonctions des sens extérieurs, elles connaissent quelque chose intérieurement non seulement en veillant, mais aussi lorsqu'elles dorment. Enfin il faut prouver que ce corps grossier et pesant ne contribue rien à votre pensée (quoique néanmoins vous n'ayez jamais été sans lui, et que vous n'ayez jamais rien pensé en étant séparée), et partant, que vous pensez indépendamment de lui : en telle sorte que vous ne pouvez être empêchée par les vapeurs ou par ces fumées noires et épaisses qui causent néanmoins quelquefois tant de trouble au cerveau.

4. Après quoi vous concluez ainsi : *je ne suis donc précisément qu'une chose qui pense, c'est-à-dire un esprit, une âme, un entendement, une raison.* Je reconnais ici que je me suis trompé, car je pensais parler à une âme humaine, ou bien à ce principe interne par lequel l'homme vit, sent, se meut et entend, et néanmoins je ne parlais qu'à un pur esprit : car je vois que vous ne vous êtes pas seulement dépouillé du corps, mais aussi d'une partie de l'âme. Suivez-vous en cela l'exemple de ces anciens, lesquels croyant que l'âme était diffuse par tout le corps, estimaient néanmoins que sa principale partie, que les Grecs appellent τὸ ἡγεμονικὸν avait son siège en une certaine partie du corps, comme au cœur ou au cerveau. Non qu'ils crussent que l'âme même ne se trouvait point en cette partie, mais parce qu'ils croyaient que l'esprit était comme ajouté et uni en ce lieu là à l'âme, et qu'il informait avec elle cette partie. Et de vrai, je devais m'en être souvenu après ce que vous en avez dit dans votre *Traité de la Méthode :* car vous faites voir là dedans que votre pensée est que tous ces offices que l'on attribue ordinairement à l'âme végétative et sensitive ne

dépendent point de l'âme raisonnable, et qu'ils peuvent être exercés avant qu'elle soit introduite dans le corps, comme ils s'exercent tous les jours dans les bêtes, que vous soutenez n'avoir point du tout de raison. Mais je ne sais comment je l'avais oublié, sinon parce que j'étais demeuré incertain si vous ne vouliez pas qu'on appelât du nom d'âme ce principe interne par lequel nous croissons ainsi que les bêtes, et sentons, ou si vous croyez que ce nom ne convînt proprement qu'à notre esprit, quoique néanmoins ce principe soit dit proprement animer, et que l'esprit ne nous serve à autre chose qu'à penser, ainsi que vous l'assurez vous-même. Quoi qu'il en soit, je veux bien que vous soyez dorénavant appelé *un esprit*, et que vous ne soyez précisément qu'une chose qui pense.

Vous ajoutez *que la pensée seule ne peut être séparée de vous*. On ne peut pas vous nier cela, principalement si vous n'êtes qu'un esprit : et si vous ne voulez point admettre d'autre distinction entre la substance de l'âme et la vôtre que celle qu'on nomme en l'école distinction de raison. Toutefois j'hésite, et ne sais pas bien si lorsque vous dites *que la pensée est inséparable de vous*, vous entendez que, tandis que vous êtes, vous ne cessez jamais de penser. Certainement cela a beaucoup de conformité avec cette pensée de quelques anciens philosophes qui, pour prouver que l'âme de l'homme est immortelle, disaient qu'elle était dans un continuel mouvement, c'est-à-dire, selon mon sens, qu'elle pensait toujours. Mais il sera malaisé de persuader ceux qui ne pourront comprendre comment il serait possible que vous puissiez penser au milieu d'un sommeil léthargique, ou que vous eussiez pensé dans le ventre de votre mère. A quoi j'ajoute que je ne sais si vous croyez avoir été infus dans votre corps, ou dans quelqu'une de ses parties, dès le ventre de votre mère, ou au moment de sa sortie. Mais je ne veux pas vous presser davantage sur cela, ni même vous demander si vous avez mémoire de ce que vous pensiez étant encore dedans son ventre, ou incontinent après les premiers jours, ou les premiers mois ou années de votre sortie, ni, si vous me répondez que vous avez oublié toutes ces choses, vous demander encore pourquoi vous les avez oubliées. Je veux seulement vous avertir de considérer combien obscure et légère a dû être en ce temps-là votre pensée, pour ne pas dire que vous n'en pouviez quasi point avoir.

Vous dites ensuite *que vous n'êtes point cet assemblage de membres qu'on nomme le corps humain*. Cela vous doit être accordé parce que vous n'êtes ici considéré que comme une chose qui pense, et comme cette partie du composé humain qui est distincte de celle qui est extérieure et grossière. *Je ne suis pas aussi,* dites-vous, *un air délié, infus dedans ces membres, ni un vent, ni un feu, ni une vapeur, ni une exhalaison, ni rien de tout ce que je me puis feindre et imaginer : car j'ai supposé que tout cela n'était point, et néanmoins sans changer cette supposition, je ne laisse pas d'être certain que je suis quelque chose.* Mais arrêtez-vous, s'il vous plaît, ô Esprit, et faites enfin que toutes ces suppositions, ou plutôt toutes ces fictions, cessent et disparaissent pour jamais. *Je ne suis pas,* dites-vous, *un air ou quelque autre chose de semblable* : mais si l'âme toute entière est quelque chose de pareil, pourquoi vous, qu'on peut dire en être la plus noble partie, ne serez-vous pas cru être comme la fleur la plus subtile ou la portion la plus pure et la plus vive de l'âme ?

Peut-être, dites-vous, *que ces choses que je suppose n'être point sont quelque chose de réel qui n'est point différent de moi que je connais. Je n'en sais rien néanmoins, et je ne dispute pas maintenant de cela;* mais si vous n'en savez rien, si vous ne disputez pas de cela, pourquoi dites-vous que vous n'êtes rien de tout cela? *Je sais,* dites-vous, *que j'existe : or cette connaissance ainsi précisément prise ne peut pas dépendre ni procéder des choses que je ne connais point encore.* Je le veux, mais au moins souvenez-vous que vous n'avez point encore prouvé que vous n'êtes point un air, une vapeur, ou quelque chose de cette nature.

5. Vous décrivez ensuite ce que c'est que vous appelez imagination. Car vous dites *qu'imaginer n'est rien autre chose que contempler la figure ou l'image d'une chose corporelle.* Mais c'est afin d'inférer que vous connaissez votre nature par une sorte de pensée bien différente de l'imagination. Toutefois, puisqu'il vous est permis de donner telle définition que bon vous semble à l'imagination, dites-moi, je vous prie, s'il est vrai que vous soyez corporel (comme cela pourrait être, car vous n'avez pas encore prouvé le contraire) pourquoi ne pourrez-vous pas vous contempler sous une figure ou image corporelle; et je vous demande, lorsque vous vous contemplez, qu'expérimentez-vous qui se présente à votre pensée, sinon une substance pure, claire, subtile, qui, comme un vent agréable se répandant par tout le corps, ou du moins par le cerveau, ou quelques-unes de ses parties, l'anime, et fait en cet endroit-là toutes les fonctions que vous croyez exercer. *Je reconnais,* dites-vous, *que rien de ce que je puis concevoir par le moyen de l'imagination n'appartient à cette connaissance que j'ai de moi-même.* Mais vous ne dites pas comment vous le connaissez, et ayant dit un peu auparavant que vous ne saviez pas encore si toutes ces choses

appartenaient à votre essence, d'où pouvez-vous, je vous prie, inférer maintenant cette conséquence.

6. Vous poursuivez *qu'il faut soigneusement retirer son esprit de ces choses, afin qu'il puisse lui-même connaître très distinctement sa nature.* Cet avis est fort bon, mais après vous en être ainsi très soigneusement retiré, dites-nous, je vous prie, quelle distincte connaissance vous avez de votre nature; car de dire seulement que vous êtes une chose qui pense, vous dites une opération que nous connaissions tous auparavant : mais vous ne nous faites point connaître quelle est la substance qui agit, de quelle nature elle est, comment elle est unie au corps, comment et avec combien de variétés elle se porte à faire tant de choses diverses, ni plusieurs autres choses semblables que nous avons jusques ici ignorées. Vous dites *que l'on conçoit par l'entendement ce qui ne peut être conçu par l'imagination* (laquelle vous voulez être une même chose avec le sens commun). Mais, ô bon esprit, pouvez-vous nous montrer qu'il y ait en nous plusieurs facultés, et non pas une seule, par laquelle nous connaissions généralement toutes choses? Quand, les yeux ouverts, je regarde le soleil, c'est un manifeste sentiment, puis quand les yeux fermés je me le représente en moi-même, c'est une manifeste intérieure connaissance. Mais enfin comment pourrai-je discerner que j'aperçois le soleil, par le sens commun ou par la faculté imaginative, et non point par l'esprit ou par l'entendement, en sorte que je puisse comme bon me semblera concevoir le soleil, tantôt par une intellection qui ne soit point une imagination, et tantôt par une imagination qui ne soit point une intellection? Certes, si le cerveau étant troublé, ou l'imagination blessée, l'entendement ne laissait pas de faire ses propres et pures fonctions, alors on pourrait véritablement dire que l'intellection est distinguée de l'imagination, et que l'imagination est distinguée de l'intellection. Mais puisque nous ne voyons point que cela se fasse, il est certes très difficile d'établir entre elles une vraie et certaine différence. Car de dire, comme vous faites, *que c'est une imagination lorsque nous contemplons l'image d'une chose corporelle,* ne voyez-vous pas qu'étant impossible de contempler autrement les corps, il s'ensuivrait aussi qu'ils ne pourraient être connus que par l'imagination, ou s'ils le pouvaient être autrement, que cette autre faculté de connaître ne pourrait être discernée.

Après cela vous dites *que vous ne pouvez encore vous empêcher de croire que les choses corporelles dont les images se forment par la pensée, et qui tombent sous les sens, ne soient plus distinctement connues que ce je ne sais quoi de vous-même qui ne tombe point sous l'imagination; en sorte qu'il est étrange que des choses douteuses, et qui sont hors de vous, soient plus clairement et plus distinctement connues et comprises.* Mais premièrement vous faites très bien, lorsque vous dites *ce je ne sais quoi de vous-même,* car à dire vrai, vous ne savez ce que c'est, et n'en connaissez point la nature, et partant vous ne pouvez pas être certain s'il est tel qu'il ne puisse tomber sous l'imagination. De plus, toute notre connaissance semble venir originairement des sens ; et encore que vous ne soyez pas d'accord en ce point avec le commun des philosophes, qui disent *que tout ce qui est dans l'entendement doit premièrement avoir été dans le sens* ; cela toutefois n'en est pas moins véritable; et ce d'autant plus qu'il n'y a rien dans l'entendement qui ne se soit premièrement offert à lui, et qui ne lui soit venu comme par rencontre, ou, comme disent les Grecs κατα περιπτωσιν, quoique néanmoins cela s'achève par après et se perfectionne par le moyen de l'analogie, composition, division, augmentation, diminution, et par plusieurs autres semblables manières qu'il n'est pas besoin de rapporter en ce lieu-ci. Et partant ce n'est pas merveille si les choses qui se présentent, et qui frappent elles-mêmes les sens, font une impression plus forte sur l'esprit que celles qu'il se figure et se représente lui-même sur le modèle, et à l'occasion des choses qui lui ont touché les sens. Il est bien vrai que vous dites que les choses corporelles sont incertaines, mais, si vous voulez avouer la vérité, vous n'êtes pas moins certain de l'existence du corps dans lequel vous habitez, et de celle de toutes les autres choses qui sont autour de vous que de votre existence propre. Et même, n'ayant que la seule pensée par qui vous vous rendiez manifeste à vous-même, qu'est-ce que cela, au respect des divers moyens que ces choses ont pour se manifester? Car non-seulement elles se manifestent par plusieurs différentes opérations, mais outre cela elles se font connaître par plusieurs accidents très sensibles et très évidents, comme par la grandeur, la figure, la solidité, la couleur, la saveur, etc. En sorte que bien qu'elles soient hors de vous, il ne se faut pas étonner si vous les connaissez et comprenez plus distinctement que vous-même. Mais, me direz-vous, comment se peut-il faire que je conçoive mieux une chose étrangère que moi-même? Je vous réponds : de la même façon que l'œil voit toutes autres choses et ne se voit pas soi-même.

7. *Mais, dites-vous, qu'est-ce donc que je suis? Une chose qui pense. Qu'est-ce qu'une chose qui pense? C'est-à-dire une chose qui doute, qui entend, qui affirme, qui nie, qui imagine aussi, et qui sent.* Vous en dites

ici beaucoup, je ne m'arrêterai pas néanmoins sur chacune de ces choses, mais seulement sur ce que vous dites que vous êtes une chose qui sent. Car de vrai cela m'étonne, vu que vous avez déjà ci-devant assuré le contraire. N'avez-vous point peut-être voulu dire qu'outre l'esprit il y a en vous une faculté corporelle qui réside dans l'œil, dans l'oreille et dans les autres organes des sens : laquelle recevant les espèces des choses sensibles, commence tellement la sensation que vous l'achevez après cela vous-même, et que c'est vous qui en effet voyez, qui entendez et qui sentez toutes choses? C'est je crois pour cette raison que vous mettez le sentiment et l'imagination entre les espèces de la pensée. Je veux bien pourtant que cela soit; mais voyez néanmoins si le sentiment qui est dans les bêtes, n'étant point différent du vôtre, ne doit pas aussi être appelé du nom de pensée, et qu'ainsi il y ait aussi en elles un esprit qui vous ressemble en quelque façon? Mais, dites-vous, j'ai mon siège dans le cerveau; et là, sans changer de demeure, je reçois tout ce qui m'est rapporté par les esprits qui se coulent le long des nerfs : et ainsi, à proprement parler, la sensation qu'on dit se faire par tout le corps se fait et s'accomplit chez moi. Je le veux ; mais il y a aussi pareillement des nerfs dans les bêtes, il y a des esprits, il y a un cerveau, et dans ce cerveau il y a un principe connaissant qui reçoit en même façon ce qui lui est rapporté par les esprits et qui achève et termine la sensation. Vous direz que ce principe n'est rien autre chose dans le cerveau des bêtes que ce que nous appelons fantaisie, ou bien faculté imaginative. Mais vous-même, montrez-nous que vous êtes autre chose dans le cerveau de l'homme qu'une fantaisie ou imaginative humaine. Je vous demandais tantôt un argument ou une marque certaine par laquelle vous nous fissiez connaître que vous êtes autre chose qu'une fantaisie humaine, mais je ne pense pas que vous en puissiez apporter aucune. Je sais bien que vous nous pourrez faire voir des opérations beaucoup plus relevées que celles qui se font par les bêtes : mais tout ainsi qu'encore que l'homme soit le plus noble et le plus parfait des animaux, il n'est pourtant pas ôté du nombre des animaux; ainsi quoique cela prouve très bien que vous êtes la plus excellente de toutes les fantaisies ou imaginations, vous serez néanmoins toujours censé être de leur nombre. Car que vous vous appeliez par une spéciale dénomination *un esprit*, ce peut être un nom d'une nature plus noble, mais non pas pour cela diverse. Certainement pour prouver que vous êtes d'une nature entièrement diverse (c'est-à-dire, comme vous le prétendez, d'une nature spirituelle ou incorporelle), vous devriez produire quelque action autrement que ne font les bêtes, et si vous n'en pouvez produire hors le cerveau, au moins en devriez-vous produire quelqu'une indépendamment du cerveau : ce que toutefois vous ne faites point. Car il n'est pas plutôt troublé, qu'aussitôt vous l'êtes vous-même ; s'il est en désordre, vous vous en ressentez, s'il est opprimé et totalement offusqué, vous l'êtes pareillement, et si quelques images des choses s'échappent de lui, vous n'en retenez aucun vestige. *Toutes choses, dites-vous, se font dans les bêtes par une aveugle impulsion des esprits animaux, et de tous les organes, de la même façon que se font les mouvements dans une horloge, ou dans une autre semblable machine.* Mais quand cela serait vrai à l'égard de ces fonctions-ci, à savoir, la nutrition, le battement des artères et autres semblables, qui se font aussi de même façon dans les hommes, peut-on assurer que les actions des sens ou ces mouvements qui sont appelés les passions de l'âme soient produits dans les bêtes par une aveugle impulsion des esprits animaux, et non pas dans les hommes ? Un morceau de chair envoie son image dans l'œil du chien, laquelle s'étant coulée jusques au cerveau, s'attache et s'unit à l'âme avec des crochets imperceptibles, après quoi l'âme même, et tout le corps auquel elle est attachée, comme par de secrètes et invisibles chaînes, sont emportés vers le morceau de chair. En même façon aussi la pierre dont on l'a menacé envoie son image, laquelle, comme une espèce de levier, enlève et porte l'âme, et avec elle le corps, à prendre la fuite. Mais toutes ces choses ne se font-elles pas de la même façon dans l'homme ? Si ce n'est peut-être qu'il y ait une autre voie qui vous soit connue, selon laquelle ces opérations s'exécutent, et laquelle s'il vous plaisait de nous enseigner nous vous serions fort obligés. Je suis libre, me direz-vous, et il est en mon pouvoir de retenir ou de pousser l'homme à la fuite du mal, comme à la poursuite du bien. Mais ce principe connaissant qui est dans la bête fait le semblable ; et encore que le chien se jette quelquefois sur sa proie sans aucune appréhension des coups ou des menaces, combien de fois arrive-t-il le semblable à l'homme? Le chien, dites-vous, jappe et aboie par une pure impulsion, et non point par un choix prémédité, ainsi que parle l'homme : mais n'y a-t-il pas lieu de croire que l'homme parle par une semblable impulsion : car ce que vous attribuez à un choix procède de la force du mouvement qui l'agite ; et même dans la bête on peut dire qu'il y a un choix lorsque l'impulsion qui la fait agir est fort violente. Et de vrai j'ai vu un chien qui tempérait et ajustait tellement sa voix avec le son d'une trompette, qu'il en imitait tous les tons et les changements, quelques subits et imprévus qu'ils pussent être, et

CINQUIÈMES OBJECTIONS

quoique le maître les élevât et abaissât d'une cadence, tantôt lente, et tantôt redoublée, sans aucun ordre, et à sa seule fantaisie. Les bêtes, dites-vous, n'ont point de raison : oui, bien de raison humaine, mais elles en ont une à leur mode, qui est telle qu'on ne peut pas dire qu'elles soient irraisonnables, si ce n'est en comparaison de l'homme ; quoique d'ailleurs le discours, ou la raison, semble être une faculté aussi générale, et qui leur peut aussi légitimement être attribuée que ce principe ou cette faculté par laquelle elles connaissent, appelée vulgairement le sens interne. Vous dites qu'elles ne raisonnent point. Mais quoique leurs raisonnements ne soient pas si parfaits, ni d'une si grande étendue que ceux des hommes, si est-ce néanmoins qu'elles raisonnent et qu'il n'y a point en cela de différence entre elles et nous que selon le plus et le moins. Vous dites qu'elles ne parlent point ; mais quoiqu'elles ne parlent pas à la façon des hommes (aussi ne le font-elles point), elle parlent toutefois à la leur, et poussent des voix qui leur sont propres, et dont elles se servent comme nous nous servons des nôtres. Mais, dites-vous, un insensé même peut former et assembler plusieurs mots pour signifier quelque chose, ce que néanmoins la plus sage des bêtes ne saurait faire. Mais voyez, je vous prie, si vous êtes assez équitable d'exiger d'une bête des paroles d'un homme, et cependant de ne prendre pas garde à celles qui leur sont propres. Mais toutes ces choses sont d'une plus longue discussion.

8. Vous apportez ensuite *l'exemple de la cire, et touchant cela vous dites plusieurs choses pour faire voir que ce qu'on appelle les accidents de la cire est autre chose que la cire même, ou sa substance, et que c'est le propre de l'esprit ou de l'entendement seul, et non point du sens ou de l'imagination, de concevoir distinctement la cire ou la substance de la cire.* Mais premièrement, c'est une chose dont tout le monde tombe d'accord, qu'on peut faire abstraction du concept de la cire ou de sa substance de celui de ses accidents. Mais pour cela pouvez-vous dire que vous concevez distinctement la substance ou la nature de la cire ? Il est bien vrai qu'outre la couleur, la figure, la fusibilité, etc., nous concevons qu'il y a quelque chose qui est le sujet des accidents et des changements que nous avons observés ; mais de savoir quelle est cette chose, ou ce que ce peut être, certainement nous ne le savons point, car elle demeure toujours cachée, et ce n'est quasi que par conjecture que nous jugeons qu'il doit y avoir quelque sujet qui serve de soutien et de fondement à toutes les variations dont la cire est capable. C'est pourquoi je m'étonne comment vous osez dire qu'après

avoir ainsi dépouillé la cire de toutes ses formes, ne plus ne moins que de ses vêtements, vous concevez plus clairement et plus parfaitement ce qu'elle est. Car je veux bien que vous conceviez que la cire, ou plutôt la substance de la cire, doit être quelque chose de différent de toutes ces formes : toutefois vous ne pouvez pas dire que vous conceviez ce que c'est, si vous n'avez dessein de nous tromper ou si vous ne voulez être trompé vous-même. Car cela ne vous est pas rendu manifeste, comme un homme le peut être de qui nous avions seulement aperçu la robe et le chapeau, quand nous venons à les lui ôter pour savoir ce que c'est ou quel il est. Et après, puisque vous pensez comprendre en quelque façon quelle est cette chose, dites-nous, je vous prie, comment vous la concevez? N'est-ce pas comme quelque chose de fusible et d'étendu? Car je ne pense pas que vous la conceviez comme un point, quoiqu'elle soit telle qu'elle s'étende tantôt plus et tantôt moins. Maintenant cette sorte d'étendue ne pouvant pas être infinie, mais ayant ses bornes et ses limites, ne la concevez-vous pas aussi en quelque façon figurée? Puis la concevant de telle sorte qu'il vous semble que vous la voyez, ne lui attribuez-vous pas quelque sorte de couleur, quoique très obscure et confuse? Certainement, comme elle vous paraît avoir plus de corps et de matière que le pur vide, aussi vous semble-t-elle plus visible; et partant votre intellection est une espèce d'imagination. Si vous dites que vous la concevez sans étendue, sans figure et sans couleur, dites-nous donc naïvement ce que c'est?

Ce que vous dites *des hommes que nous avons vus et conçus par l'esprit, de qui néanmoins nous n'avons aperçu que les chapeaux ou les habits*, ne nous montre pas que ce soit plutôt l'entendement que la faculté imaginative qui juge. Et de fait, un chien, en qui vous n'admettez pas un esprit semblable au vôtre, ne juge-t-il pas de même façon lorsque, sans voir autre chose que la robe ou le chapeau de son maître il ne laisse pas de le reconnaître? Bien davantage, encore que son maître soit debout, qu'il se couche, qu'il se courbe, qu'il se raccourcisse ou qu'il s'étende, il connaît toujours son maître qui peut être sous toutes ces formes, mais non pas plutôt sous l'une que sous l'autre, tout de même que la cire? Et lorsqu'il court après un lièvre, et qu'après l'avoir vu vivant et tout entier, il le voit mort, écorché et dépecé en plusieurs morceaux, pensez-vous qu'il n'estime pas que ce soit toujours le même lièvre? Et partant ce que vous dites *que la perception de la couleur, de la dureté, de la figure, etc., n'est point une vision ni un tact, etc., mais seulement une inspection de l'esprit,* je le veux bien, pourvu que l'esprit ne soit point distingué réellement de la faculté imaginative. Et lorsque vous ajoutez *que cette inspection peut être imparfaite et confuse, ou bien parfaite et distincte, selon que plus ou moins on examine les choses dont la cire est composée,* cela ne nous montre pas que l'inspection que l'esprit a faite, de ce je ne sais quoi qui se trouve en la cire outre ses formes extérieures, soit une claire et distincte connaissance de la cire, mais bien seulement une recherche ou inspection faite par les sens de tous les accidents qu'ils ont pu remarquer en la cire, et de tous les changements dont elle est capable. Et de là nous pouvons bien à la vérité comprendre et expliquer ce que nous entendons par le nom de cire, mais de pouvoir comprendre et même de pouvoir aussi faire concevoir aux autres ce que c'est que cette substance, qui est d'autant plus occulte qu'elle est considérée toute nue, c'est une chose qui nous est entièrement impossible.

9. Vous ajoutez incontinent après : *Mais que dirai-je de cet esprit, ou plutôt de moi-même, car jusques ici je n'admets rien autre chose en moi que l'esprit ? Que prononcerai-je, dis-je, de moi qui semble concevoir avec tant de netteté et de distinction ce morceau de cire ? Ne me connais-je pas moi-même, non seulement avec bien plus de vérité et de certitude, mais encore avec beaucoup plus de distinction et d'évidence ? Car si je juge que la cire est, ou existe, de ce que je la vois, certes il suit bien plus évidemment que je suis, ou que j'existe moi-même, de ce que je la vois : car il se peut faire que ce que je vois ne soit pas en effet de la cire, il peut aussi arriver que je n'aie pas même des yeux pour voir aucune chose, mais il ne se peut pas faire que lorsque je vois, ou (ce que je ne distingue plus) lorsque je pense voir, que moi qui pense ne sois quelque chose : de même si je juge que la cire existe de ce que je la touche il s'ensuivra encore la même chose. Et ce que j'ai remarqué ici de la cire se peut appliquer à toutes les autres choses qui me sont extérieures et qui se rencontrent hors de moi.* Ce sont là vos propres paroles que je rapporte ici pour vous faire remarquer qu'elles prouvent bien à la vérité que vous connaissez distinctement que vous êtes, de ce que vous voyez et connaissez distinctement l'existence de cette cire et de tous ses accidents : mais qu'elles ne prouvent point que pour cela vous connaissiez distinctement ou indistinctement ce que vous êtes, ou quelle est votre nature, et néanmoins c'était ce qu'il fallait principalement prouver, puisqu'on ne doute point de votre existence. Prenez garde cependant, pour ne pas insister ici beaucoup après n'avoir pas voulu m'y arrêter auparavant, que tandis que vous n'admettez rien autre chose en vous

que l'esprit, et que pour cela même vous ne voulez pas demeurer d'accord que vous ayez des yeux, des mains, ni aucun des autres organes du corps, vous parlez néanmoins de la cire et de ses accidents que vous voyez et que vous touchez, etc., lesquels pourtant, à dire vrai, vous ne pouvez voir ni toucher, ou, pour parler selon vous, vous ne pouvez penser voir ni toucher, sans yeux et sans mains.

Vous poursuivez : *Or si la notion ou perception de la cire semble être plus nette et plus distincte, après qu'elle a été découverte non seulement par la vue ou par l'attouchement, mais aussi par beaucoup d'autres causes, avec combien plus d'évidence, de distinction et de netteté me dois-je connaître moi-même : puisque toutes les raisons qui servent à connaître la nature de la cire, ou de quelque autre corps, prouvent beaucoup plus facilement et plus évidemment la nature de mon esprit ?* Mais comme tout ce que vous avez inféré de la cire prouve seulement qu'on a connaissance de l'existence de l'esprit, et non pas de sa nature, de même toutes les autres choses n'en prouveront pas davantage. Que si vous voulez outre cela inférer quelque chose de cette perception de la substance de la cire, vous n'en pouvez conclure autre chose sinon que, comme nous ne concevons cette substance que fort confusément, et comme un je ne sais quoi, de même l'esprit ne peut être conçu qu'en cette manière ; de sorte qu'on peut en toute vérité répéter ici ce que vous avez dit autre part, *ce je ne sais quoi de vous-même*.

Vous concluez: *mais enfin me voici insensiblement revenu où je voulais, car puisque c'est une chose qui m'est à présent connue que l'esprit et les corps mêmes ne sont pas proprement conçus par les sens ou par la faculté imaginative, mais par le seul entendement, et qu'ils ne sont pas connus de ce qu'ils sont vus, ou touchés, mais seulement de ce qu'ils sont entendus, ou bien compris par la pensée, je connais très évidemment qu'il n'y a rien qui me soit plus facile à connaître que mon esprit.* C'est bien dit à vous ; mais quant à moi je ne vois pas d'où vous pouvez inférer que l'on puisse connaître clairement autre chose de votre esprit, sinon qu'il existe. D'où vient que je ne vois pas aussi que ce qui aurait été promis par le titre même de cette méditation, à savoir, que par elle *l'esprit humain serait rendu plus aisé à connaître que le corps*, ait été accompli : car votre dessein n'a pas été de prouver l'existence de l'esprit humain, ou que son existence est plus claire que celle du corps, puisqu'il est certain que personne ne met en doute son existence ; vous avez sans doute voulu rendre sa nature plus manifeste que celle du corps, et néanmoins je ne vois point que vous l'ayez fait en aucune façon. En parlant de la nature du corps, vous avez dit vous-même, ô esprit, que nous en connaissons plusieurs choses, comme l'étendue, la figure, le mouvement, l'occupation de lieu, etc. Mais de vous qu'en avez-vous dit? Sinon que vous n'êtes point un assemblage de parties corporelles, ni un air, ni un vent, ni une chose qui marche ou qui sente, etc. Mais quand on vous accorderait toutes ces choses (quoique vous en ayez néanmoins refusé quelques-unes) ce n'est pas toutefois ce que nous attendions. Car de vrai toutes ces choses ne sont que des négations, et on ne vous demande pas que vous nous disiez ce que vous n'êtes point, mais bien que vous nous appreniez ce que vous êtes.

Voilà pourquoi vous dites enfin *que vous êtes une chose qui pense, c'est-à-dire qui doute, qui affirme, qui nie*, etc. Mais premièrement dire que vous êtes *une chose*, ce n'est rien dire de connu, car ce mot est un terme général, vague, étendu, indéterminé, et qui ne vous convient pas plutôt qu'à tout ce qui est au monde, et qu'à tout ce qui n'est pas un pur rien. Vous êtes une chose, c'est-à-dire vous n'êtes pas un rien, ou pour parler en d'autres termes, mais qui signifient la même chose, vous êtes quelque chose. Mais une pierre aussi n'est pas un rien, ou si vous voulez est quelque chose, et une mouche pareillement, et tout ce qui est au monde. En après dire que vous êtes *une chose qui pense*, c'est bien à la vérité dire quelque chose de connu, mais qui n'était pas auparavant inconnu, et qui n'était pas aussi ce qu'on demandait de vous : car qui doute que vous ne soyez une chose qui pense? Mais ce que nous ne savons pas, et que pour cela nous désirons d'apprendre, c'est de connaître et de pénétrer dans l'intérieur de cette substance dont le propre est de penser. C'est pourquoi comme c'est ce que nous cherchons, aussi vous faudrait-il conclure, non pas que vous êtes une chose qui pense, mais quelle est cette chose qui a pour propriété de penser? Quoi donc! si on vous priait de nous donner une connaissance du vin plus exacte et plus relevée que la vulgaire, penseriez-vous avoir satisfait en disant que le vin est une chose liquide, que l'on exprime du raisin, qui est tantôt blanche et tantôt rouge, qui est douce, qui enivre, etc.? Mais ne tâcheriez-vous pas de découvrir et de manifester autant que vous pourriez l'intérieur de sa substance, en faisant voir comme cette substance est composée d'esprits ou eaux-de-vie, de flegme, de tartre, et de plusieurs autres parties mêlées ensemble dans une juste proportion et tempérament. Ainsi donc puisqu'on attend de vous, et que vous nous promettez une connaissance de vous-même plus exacte que l'ordinaire, vous jugez bien que ce n'est pas assez de nous dire, comme vous faites, que vous êtes une chose qui pense, qui doute, qui entend, etc., mais que vous devez travailler sur vous-même, comme par une espèce d'opération chimique, de telle sorte que vous puissiez nous découvrir et faire connaître l'intérieur de votre substance. Et quand vous l'aurez fait, ce sera à nous après cela à examiner si vous êtes plus connu que le corps, dont l'anatomie, la chimie, tant d'arts différents, tant de sentiments et tant de diverses expériences nous manifestent si clairement la nature.

CONTRE LA TROISIÈME MÉDITATION.

De Dieu; qu'il existe.

1. *Premièrement*, de ce que vous avez reconnu que la claire et distincte connaissance de cette proposition, *je suis une chose qui pense*, est la cause de la certitude que vous en avez, vous inférez que vous pouvez établir pour règle générale, *que les choses que nous concevons fort clairement et fort distinctement sont toutes vraies*. Mais, quoique jusques ici on n'ait pu trouver de règle plus assurée de notre certitude parmi l'obscurité des choses humaines, néanmoins voyant que tant de grands esprits, qui semblent avoir dû connaître fort clairement et fort distinctement plusieurs choses, ont estimé que la vérité était cachée dans le sein de Dieu même ou dans le profond des abîmes, n'y a-t-il pas lieu de soupçonner que cette règle peut être fausse? Et certes après ce que disent les sceptiques, dont vous n'ignorez pas les arguments, de quelle vérité pouvons-nous répondre comme d'une chose clairement connue, sinon qu'il est vrai que les choses paraissent ce qu'elles paraissent à chacun? Par exemple, je sens manifestement et distinctemet que la saveur du melon est très agréable à mon goût, partant il est vrai que la saveur du melon me paraît de la sorte, mais que pour cela il soit vrai qu'elle est telle dans le melon, comment le pourrai-je croire, moi qui en ma jeunesse, et dans l'état d'une santé parfaite, en ai jugé tout autrement, pour ce que je sentais alors manifestement une autre saveur dans le melon. Je vois même encore à présent que plusieurs personnes en jugent autrement : je vois que plusieurs animaux qui ont le goût fort exquis et une santé très vigoureuse ont d'autres sentiments que les miens. Est-ce donc que le vrai répugne et est opposé à soi-même, ou plutôt n'est-ce pas qu'une chose n'est pas vraie en soi, encore qu'elle soit conçue clairement et distinctement? Mais qu'il est vrai seulement qu'elle est ainsi clairement et distinctement conçue. Il en est presque de

même des choses qui regardent l'esprit. J'eusse juré autrefois qu'il était impossible de parvenir d'une petite quantité à une plus grande sans passer par une égale; j'eusse soutenu au péril de ma vie qu'il ne se pouvait pas faire que deux lignes qui s'approchaient continuellement, ne se touchassent enfin si on les prolongeait à l'infini. Ces choses me semblaient si claires et si distinctes que je les tenais pour des axiomes très vrais et très indubitables; et après cela néanmoins, il y a eu des raisons qui m'ont persuadé le contraire pour l'avoir conçu plus clairement et plus distinctement, et à présent même quand je viens à penser à la nature des suppositions mathématiques, mon esprit n'est pas sans quelque doute et défiance de leur vérité. Aussi j'avoue bien qu'on peut dire qu'il est vrai que je connais telles et telles propositions, selon que je suppose ou que je conçois la nature de la quantité, de la ligne, de la superficie, etc. Mais que pour cela elles soient en elles-mêmes telles que je les conçois, on ne le peut avancer avec certitude. Et quoi qu'il en soit des vérités mathématiques, je vous demande (pour ce qui regarde les autres choses dont il est maintenant question) pourquoi donc y a-t-il tant d'opinions différentes parmi les hommes? Chacun pense concevoir fort clairement et fort distinctement celle qu'il défend : et ne dites point que la plupart ne sont pas fermes dans leurs opinions, ou qu'ils feignent seulement de les bien entendre ; car je sais qu'il y en a plusieurs qui les soutiendront au péril de leur vie, quoiqu'ils en voient d'autres portés de la même passion pour l'opinion contraire, si ce n'est peut-être que vous croyez que même à ce dernier moment on déguise encore ses sentiments, et qu'il n'est pas temps de tirer la vérité du plus profond de sa conscience ; et vous touchez vous-même cette difficulté lorsque vous dites *que vous avez reçu autrefois plusieurs choses pour très certaines et très évidentes, que vous avez depuis reconnues être douteuses et incertaines;* mais vous la laissez indécise, et ne confirmez point votre règle; seulement vous prenez de là occasion de discourir des idées par qui vous pourriez avoir été abusé, comme représentant quelques choses hors de vous, qui pourtant hors de vous ne sont peut-être rien ; ensuite de quoi vous parlez derechef d'un Dieu trom..., ..ar, par qui vous pourriez avoir été déçu touchant la vérité de ces propositions : *deux et trois joints ensemble font le nombre de cinq. Un carré n'a pas plus de quatre côtés,* afin de nous signifier par là qu'il faut attendre la confirmation de votre règle jusqu'à ce que vous ayez prouvé qu'il y a un Dieu qui ne peut être trompeur. Combien qu'à vrai dire, il n'est pas tant besoin que vous travailliez à confirmer cette règle, qui peut si facilement nous faire recevoir le faux pour le vrai et nous induire en erreur, qu'il est nécessaire que vous nous enseigniez une bonne méthode qui nous apprenne à bien diriger nos pensées, et qui nous fasse en même temps connaître quand il est vrai que nous nous trompons ou que nous ne nous trompons pas, toutes les fois que nous pensons concevoir clairement et distinctement quelque chose.

2. Après cela vous distinguez *les idées (que vous voulez être des pensées en tant qu'elles sont comme des images) en trois façons, dont les unes sont nées avec nous, les autres viennent de dehors et sont étrangères, et les autres sont faites et inventées par nous. Sous le premier genre, vous y mettez l'intelligence que vous avez de ce que c'est qu'on nomme en général une chose, ou une vérité, ou une pensée ; sous le second, vous placez l'idée que vous avez du bruit que vous entendez, du soleil que vous voyez, du feu que vous sentez ; sous le troisième, vous y rangez les sirènes, les hippogriffes et les autres semblables chimères que vous forgez et inventez de vous-même ; et ensuite vous dites que peut-être il se peut faire que toutes vos idées soient étrangères, ou toutes nées avec vous, ou toutes faites par vous, d'autant que vous n'en connaissez pas encore assez clairement et distinctement l'origine.* C'est pourquoi, pour empêcher l'erreur qui se pourrait cependant glisser jusqu'à ce que leur origine vous soit entièrement connue, je veux ici vous faire remarquer qu'il semble que toutes les idées viennent de dehors, et qu'elles procèdent des choses qui existent hors de l'entendement et qui tombent sous quelqu'un de nos sens. Car de vrai l'esprit n'a pas seulement la faculté (ou plutôt lui-même est une faculté) de concevoir ces idées étrangères qui émanent des objets extérieurs, et qui passent jusqu'à lui par l'entremise des sens, de les concevoir, dis-je, toutes nues et distinctes, et telles qu'il les reçoit en lui ; mais de plus il a encore la faculté de les assembler et diviser diversement, de les étendre et raccourcir, de les comparer et composer en plusieurs autres manières. Et de là il s'ensuit qu'au moins ce troisième genre d'idées que vous établissez n'est point différend du second : car en effet l'idée d'une chimère n'est point différente de celle de la tête d'un lion, du ventre d'une chèvre et de la queue d'un serpent, de l'assemblage desquelles l'esprit en fait et compose une seule, puisque étant prises séparément, ou considérées chacune en particulier, elles sont étrangères et viennent de dehors. Ainsi l'idée d'un géant, ou d'un homme que l'on conçoit grand comme une montagne, ou si vous voulez comme tout le monde, est la même que l'idée étrangère d'un homme d'une grandeur ordinaire que l'esprit a étendue à sa

fantaisie, quoiqu'il la conçoive d'autant plus confusément qu'il l'a davantage agrandie. De même aussi l'idée d'une pyramide, d'une ville, ou de telle autre chose que ce soit qu'on n'aura jamais vue, est la même que l'idée étrangère (mais un peu défigurée, et par conséquent confuse) d'une pyramide ou d'une ville qu'on aura vue auparavant, laquelle l'esprit aura en quelque façon multipliée, divisée et comparée.

Pour ces espèces que vous appelez naturelles, ou que vous dites être nées avec nous, je ne pense pas qu'il y en ait aucune de ce genre, et même toutes celles qu'on appelle de ce nom semblent avoir une origine étrangère. *J'ai,* dites-vous, *comme une suite et dépendance de ma nature, d'entendre ce que c'est qu'on nomme en général une chose.* Je ne pense pas que vous vouliez parler de la faculté même d'entendre de laquelle il ne peut y avoir aucun doute, et dont il n'est pas ici question ; mais plutôt vous entendez parler de l'idée *d'une chose*. Vous ne parlez pas aussi de l'idée d'une chose particulière ; car le soleil, cette pierre, et toutes les choses singulières, sont du genre des choses dont vous dites que les idées sont étrangères, et non pas naturelles. Vous parlez donc de l'idée d'une chose considérée en général, et en tant qu'elle est synonyme avec l'être et d'égale étendue que lui. Mais, je vous prie, comment cette idée générale peut-elle être dans l'esprit si en même temps il n'y a en lui autant de choses singulières, et même les genres de ces choses desquelles l'esprit faisant abstraction forme un concept ou une idée qui convienne à toutes en général, sans être propre à pas une en particulier ? Certainement si l'idée d'une chose est naturelle, celle d'un animal, d'une plante, d'une pierre et de tous les universaux sera aussi naturelle, et il ne sera pas besoin de nous tant travailler à faire le discernement de plusieurs choses singulières, afin qu'en ayant retranché toutes les différences nous ne retenions rien que ce qui paraîtra clairement être commun à toutes en général, ou bien, ce qui est le même, afin que nous en formions une idée générique. Vous dites aussi *que vous avez comme un apanage de votre nature d'entendre ce que c'est que vérité, ou bien,* comme je l'interprète, *que l'idée de la vérité est naturellement empreinte en votre âme.* Mais si la vérité n'est rien autre chose que la conformité du jugement avec la chose dont on le porte, la vérité n'est qu'une relation, et par conséquent n'est rien de distinct de la chose même et de son idée comparées l'une avec l'autre : ou ce qui ne diffère point n'est rien de distinct de l'idée de la chose, laquelle n'a pas seulement la vertu de se représenter elle-même, mais aussi la chose telle qu'elle est. C'est pourquoi l'idée de la vérité est la même que l'idée de la chose, en tant qu'elle lui est conforme, ou bien en tant qu'elle la représente telle qu'elle est en effet. De façon que si l'idée de la chose n'est point née avec nous, et qu'elle soit étrangère, l'idée de la vérité sera aussi étrangère et non pas née avec nous. Et ceci s'entendant de chaque vérité particulière se peut aussi entendre de la vérité considérée en général, dont la notion ou l'idée se tire (ainsi que nous venons de dire de l'idée d'une chose en général) des notions ou des idées de chaque vérité particulière. Vous dites encore *que c'est une chose qui vous est naturelle d'entendre ce que c'est que pensée* (c'est-à-dire, selon que je l'interprète toujours) *que l'idée de la pensée est née avec vous, et vous est naturelle.* Mais tout ainsi que l'esprit de l'idée d'une ville forme l'idée d'une autre ville, de même aussi il peut de l'idée d'une action, par exemple d'une vision, ou d'une autre semblable, former l'idée d'une autre action, à savoir, de la pensée même : car il y a toujours un certain rapport et analogie entre les facultés qui connaissent, qui fait que l'une conduit aisément à la connaissance de l'autre; combien qu'à vrai dire il ne se faut pas beaucoup mettre en peine de savoir de quel genre est l'idée de la pensée, nous devons plutôt réserver ce soin pour l'idée de l'esprit même ou de l'âme, laquelle, si nous accordons une fois qu'elle soit née avec nous, il n'y aura pas grand inconvénient de dire aussi le même de l'idée de la pensée : c'est pourquoi il faut attendre jusqu'à ce qu'il ait été prouvé de l'esprit que son idée est naturellement en nous.

3. Après cela il semble *que vous révoquiez en doute, non seulement savoir si quelques idées procèdent des choses existantes hors de nous, mais même que vous doutiez s'il y a aucunes choses qui existent hors de nous :* d'où il semble que vous infériez qu'encore bien que vous ayez en vous les idées de ces choses qu'on appelle extérieures, il ne s'ensuit pas néanmoins qu'il y en ait aucunes qui existent dans le monde, pour ce que les idées que vous en avez n'en procèdent pas nécessairement, mais peuvent ou procéder de vous, ou avoir été introduites en vous par quelque autre manière qui ne vous est pas connue. C'est aussi je crois pour cette raison qu'un peu auparavant vous ne disiez pas *que vous aviez aperçu la terre, le ciel et les astres, mais seulement les idées de la terre, du ciel et des astres, par qui vous pouviez être déçu.* Si donc vous ne croyez pas encore qu'il y ait une terre, un ciel et des astres, pourquoi, je vous prie, marchez-vous sur la terre? Pourquoi levez-vous les yeux pour contempler le soleil? Pourquoi vous approchez-vous du feu

pour en sentir la chaleur? Pourquoi vous mettez-vous à table, ou pourquoi mangez-vous pour rassasier votre faim? Pourquoi remuez-vous la langue pour parler? Et pourquoi mettez-vous la main à la plume pour nous écrire vos pensées? Certes ces choses peuvent bien être dites ou inventées subtilement, mais on n'a pas beaucoup de peine à s'en désabuser; et n'étant pas possible que vous doutiez tout de bon de l'existence de ces choses, et que vous ne sachiez fort bien qu'elles sont quelque chose d'existant hors de vous, traitons les choses sérieusement et de bonne foi, et accoutumons-nous à parler des choses comme elles sont. Que si, supposée l'existence des choses extérieures, vous pensez qu'on ne puisse pas démontrer suffisamment que nous empruntons d'elles les idées que nous en avons, il faut non-seulement que vous répondiez aux difficultés que vous vous proposez vous-même, mais aussi à toutes celles que l'on vous pourrait objecter.

Pour montrer que les idées que nous avons de ces choses viennent de dehors, vous dites *qu'il semble que la nature nous l'enseigne ainsi, et que nous expérimentons qu'elles ne viennent point de nous et ne dépendent point de notre volonté.* Mais, pour ne rien dire ni des raisons ni de leurs solutions, il fallait aussi entre les autres difficultés faire et soudre celle-ci, à savoir, pourquoi dans un aveugle-né il n'y a aucune idée de la couleur, ou dans un sourd aucune idée de la voix : sinon parce que ces choses extérieures n'ont pu d'elles-mêmes envoyer aucune image de ce qu'elles sont dans l'esprit de cet infortuné, d'autant que dès le premier instant de sa naissance les avenues en ont été bouchées par des obstacles qu'elles n'ont pu forcer.

Vous faites après cela instance sur l'exemple du soleil, *de qui nous avons deux idées bien différentes, l'une, que nous avons reçue par les sens, et selon celle-là il nous paraît fort petit, et l'autre qui est prise des raisons de l'astronomie, selon laquelle il nous paraît fort grand : or de ces deux idées celle-là est la plus vraie et la plus conforme à son exemplaire, qui ne vient point des sens, mais qui est tirée de certaines notions qui sont nées avec nous, ou qui est faite par nous en quelque autre manière que ce soit.* Mais on peut répondre à cela que ces deux idées du soleil sont semblables et vraies, ou conformes au soleil, mais l'une plus, et l'autre moins; de la même façon que deux différentes idées d'un même homme, dont l'une nous est envoyée de dix pas, et l'autre de cent ou de mille, sont semblables, vraies et conformes, mais celle-là plus, et celle-ci moins : d'autant que celle qui vient de plus près se diminue moins que celle qui vient de plus loin, comme il me serait aisé de vous expliquer en peu de paroles si c'était ici le lieu de le faire, et que vous voulussiez tomber d'accord de mes principes. Au reste, quoique nous n'apercevions point autrement que par l'esprit cette vaste idée du soleil, ce n'est pas à dire pour cela qu'elle soit tirée de quelque notion qui soit naturellement en nous, mais il arrive que celle que nous recevons par les sens (conformément à ce que l'expérience appuyée de la raison nous apprend que les mêmes choses étant éloignées paraissent plus petites que lorsqu'elles sont plus proches) est autant accrue par la force de notre esprit qu'il est constant que le soleil est distant de nous et que son diamètre est égal à tant de demi-diamètres de la terre. Et voulez-vous voir comme quoi la nature n'a rien mis en nous de cette idée ? Cherchez-la dans un aveugle né. Vous verrez, premièrement, que dans son esprit elle n'est point colorée ou lumineuse ; vous verrez ensuite qu'elle n'est point ronde, si quelqu'un ne l'en a averti, et s'il n'a auparavant manié quelque chose de rond : vous verrez enfin qu'elle n'est point si grande, si la raison ou l'autorité ne lui a fait amplifier celle qu'il avait conçue. Mais pour dire quelque chose de plus et ne nous point flatter, nous autres qui avons tant de fois contemplé le soleil, tant de fois mesuré son diamètre apparent, tant de fois raisonné sur son véritable diamètre, avons-nous une autre idée, ou une autre image du soleil que la vulgaire ? La raison nous montre bien à la vérité que le soleil est cent soixante et tant de fois plus grand que la terre, mais avons-nous pour cela l'idée d'un corps si vaste et si étendu ? Nous agrandissons bien celle que nous avons reçue par les sens autant que nous pouvons, notre esprit s'efforce de l'accroître autant qu'il est en lui, mais au bout du compte notre esprit se confond lui-même et ne se remplit que de ténèbres ; et si nous voulons avoir une pensée distincte du soleil, il faut que nous ayons recours à l'idée que nous avons reçue de lui par l'entremise des sens. C'est assez que nous croyons que le soleil est beaucoup plus grand que ce qu'il nous paraît, et que si notre œil en était plus proche il en recevrait une idée bien plus ample et plus étendue. Mais il faut que notre esprit se contente de celle que nos sens lui présentent et qu'il la considère telle qu'elle est.

4. Ensuite de quoi, reconnaissant l'inégalité et la diversité qui se rencontre entre les idées, *il est certain*, dites-vous, *que celles qui me représentent des substances sont quelque chose de plus, et contiennent en soi, pour ainsi parler, plus de réalité objective que celles qui me représentent seulement des modes ou accidents ; et enfin celle par laquelle je conçois un Dieu souverain, éternel, infini, tout-puissant et créateur uni-*

versel de toutes les choses qui sont hors de lui, a sans doute en soi plus de réalité objective que celles par qui les substances finies me sont représentées. Votre esprit vous conduit ici bien vite, c'est pourquoi il le faut un peu arrêter. Je ne m'amuse pas néanmoins à vous demander d'abord ce que vous entendez par ces mots de *réalité objective :* il suffit que nous sachions que, se disant vulgairement que les choses extérieures sont formellement et réellement en elles-mêmes, mais objectivement ou par représentation dans l'entendement, il semble que vous ne vouliez dire autre chose sinon que l'idée doit se conformer entièrement à la chose dont elle est l'idée : en telle sorte qu'elle ne contienne rien en objet qui ne soit en effet dans la chose, et qu'elle représente d'autant plus de réalité que la chose représentée en contient en elle-même. Je sais bien qu'incontinent après vous faites distinction entre la réalité objective et la réalité formelle, laquelle, comme je pense, est l'idée même, non plus comme représentant quelque chose, mais considérée comme un être séparé et ayant de soi quelque sorte d'entité. Mais, quoi qu'il en soit, il est certain que ni l'idée ni sa réalité objective ne doit pas être mesurée selon toute la réalité formelle que la chose a en soi, mais seulement selon cette partie dont l'esprit a eu connaissance, ou, pour parler en d'autres termes, selon la connaissance que l'esprit en a. Ainsi, certes, on dira que l'idée qui est en vous d'une personne que vous avez souvent vue, que vous avez attentivement considérée et que vous avez regardée de tous côtés, est très parfaite : mais que celle que vous pouvez avoir de celui que vous n'aurez vu qu'une fois en passant, et que vous n'avez pas pleinement envisagé, est très imparfaite. Que si au lieu de sa personne vous n'avez vu que le masque qui en cachait le visage et les habits qui en couvraient tout le corps, certainement on doit dire que vous n'avez point d'idée de cet homme, ou, si vous en avez, qu'elle est fort imparfaite et grandement confuse.

D'où j'infère que l'on peut bien avoir une idée distincte et véritable des incidents, mais qu'on ne peut avoir tout au plus qu'une idée confuse et contrefaite de la substance qui en est voilée. En telle sorte que lorsque vous dites *qu'il y a plus de réalité objective dans l'idée de la substance que dans celle des accidents,* on doit premièrement nier qu'on puisse avoir une idée naïve et véritable de la substance, et partant qu'on puisse avoir d'elle aucune réalité objective : et de plus, quand on vous l'aurait accordé, on ne peut pas dire qu'elle soit plus grande que celle qui se rencontre dans les idées des accidents, vu que tout ce qu'elle a de réalité, elle l'emprunte des idées des accidents, sous lesquels ou à la façon desquels nous avons dit ci-devant que la substance était conçue, faisant voir qu'elle ne peut être conçue que comme quelque chose d'étendu, figuré, coloré, etc.

Touchant ce que vous ajoutez *de l'idée de Dieu*, dites-moi, je vous prie, puisque vous n'êtes pas encore assuré de son existence, comment pouvez-vous savoir qu'il nous est représenté par son idée comme un être éternel, infini, tout-puissant et créateur de toutes choses, etc. Cette idée que vous en formez ne vient-elle point plutôt de la connaissance que vous avez eue auparavant de lui, en tant qu'il vous a plusieurs fois été représenté sous ses attributs? Car, à dire vrai, le décririez-vous de la sorte si vous n'en aviez jamais rien ouï dire de semblable? Vous me direz peut-être que cela n'est maintenant apporté que pour exemple sans que vous définissiez encore rien de lui: Je le veux: mais prenez garde de n'en pas faire après un préjugé.

Vous dites *qu'il y a plus de réalité objective dans l'idée d'un Dieu infini que dans l'idée d'une chose finie*. Mais premièrement l'esprit humain, n'étant pas capable de concevoir l'infinité, ne peut pas aussi avoir ni se figurer une idée qui représente une chose infinie. Et partant, celui qui dit une chose infinie attribue à une chose qu'il ne comprend point un nom qu'il n'entend pas non plus, d'autant que comme la chose s'étend au delà de toute sa compréhension, ainsi cette infinité ou cette négation de termes qui est attribuée à cette extension ne peut être entendue par celui dont l'intelligence est toujours restreinte et renfermée dans quelques bornes. En après, toutes ces hautes perfections que nous avons coutume d'attribuer à Dieu semblent avoir été tirées des choses que nous admirons ordinairement en nous, comme sont la durée, la puissance, la science, la bonté, le bonheur, etc., auxquelles ayant donné toute l'étendue possible, nous disons que Dieu est éternel, tout-puissant, tout connaissant, souverainement bon, parfaitement heureux, etc.

Et ainsi l'idée de Dieu représente bien à la vérité toutes ces choses, mais elle n'a pas pour cela plus de réalité objective qu'en ont les choses finies prises toutes ensemble, des idées desquelles cette idée de Dieu a été composée, et après agrandie en la manière que je viens de décrire. Car ni celui qui dit éternel n'embrasse pas par sa pensée toute l'étendue de cette durée qui n'a jamais eu de commencement et qui n'aura jamais de fin, ni celui qui dit tout-puissant ne comprend pas toute la multitude des effets possibles, et ainsi des autres attributs. Et enfin qui est celui que l'on peut dire avoir une idée de Dieu entière et parfaite, c'est-à-dire qui le représente tel qu'il est? Que Dieu serait peu de chose s'il n'était point autre que nous le concevons, et s'il n'avait que ce peu de perfections que nous remarquons être en nous, quoique nous concevions qu'elles sont en lui d'une façon beaucoup plus parfaite ! La proportion qui est entre les perfections de Dieu et celles de l'homme n'est-elle pas infiniment moindre que celle qui est entre un éléphant et un ciron ? Si donc celui-là passerait pour ridicule lequel, formant une idée sur le modèle des perfections qu'il aurait remarquées dans un ciron, voudrait dire que cette idée qu'il a ainsi formée est celle d'un éléphant, et qu'elle le représente au naïf, pourquoi ne se moquera-t-on pas de celui qui, formant une idée sur le modèle des perfections de l'homme, voudra dire que cette idée est celle de Dieu même, et qu'elle le représente parfaitement ? Et même je vous demande, comment pouvons-nous connaître que ce peu de perfections que nous trouvons être en nous se trouve aussi en Dieu ? Et après l'avoir reconnu, quelle peut être l'essence que nous pouvons de là nous imaginer de lui ? Certainement Dieu est infiniment élevé au-dessus de toute compréhension : et quand notre esprit se veut appliquer à sa contemplation, non seulement il se reconnaît trop faible pour le comprendre, mais encore il s'aveugle et se confond lui-même. C'est pourquoi il n'y a pas lieu de dire que nous ayons aucune idée véritable de Dieu qui nous le représente tel qu'il est : c'est bien assez si, par le rapport des perfections qui sont en nous, nous venons à en produire et former quelqu'une qui, s'accommodant à notre faiblesse, soit propre aussi pour notre usage, laquelle ne soit point au-dessus de notre portée, et qui ne contienne aucune réalité que nous n'ayons auparavant reconnue être dans les autres choses, ou que par leur moyen nous n'ayons aperçue.

5. Vous dites ensuite *qu'il est manifeste par la lumière naturelle qu'il doit y avoir pour le moins autant de réalité dans la cause efficiente et totale qu'il y en a dans l'effet : et cela pour inférer qu'il doit y avoir pour le moins autant de réalité formelle dans la cause d'une idée que l'idée contient de réalité objective.* Ce pas-ci est encore bien grand, et il est aussi à propos que nous nous y arrêtions un peu. Et premièrement, cette commune sentence, *qu'il n'y a rien dans l'effet qui ne soit dans sa cause,* semble devoir être plutôt entendue de la cause matérielle que de la cause efficiente : car la cause efficiente est quelque chose d'extérieur et qui souventes fois même est d'une nature différente de son effet. Et bien qu'un effet soit dit avoir sa réalité de la cause efficiente, toutefois il n'a pas nécessairement la même que l'efficiente a en soi, mais il en peut avoir une autre qu'elle aura empruntée d'ailleurs. Cela se voit manifestement dans les effets

de l'art. Car encore que la maison ait toute sa réalité de l'architecte, toutefois l'architecte ne la lui donne pas du sien, mais il l'emprunte d'ailleurs. Le soleil fait la même chose lorsqu'il change diversement la matière d'ici-bas, et que par ce changement il engendre divers animaux; bien plus, il en est de même des pères et des mères, de qui, quoique les enfants reçoivent un peu de matière, ils ne la reçoivent pas néanmoins d'eux comme d'un principe efficient, mais seulement comme d'un principe matériel. Ce que vous objectez *que l'être d'un effet doit être formellement ou éminemment dans sa cause*, ne veut dire autre chose sinon que l'effet a quelquefois une forme semblable à celle de sa cause, et quelquefois une différente, mais aussi moins parfaite : en sorte qu'alors la forme de la cause est plus noble que celle de son effet. Mais il ne s'ensuit pas pour cela que la cause qui contient éminemment son effet lui donne quelque partie de son être, ou bien que celle qui le contient formellement partage sa propre forme avec son effet. Car, bien qu'il semble que cela se fasse de la sorte dans la génération des choses vivantes qui se fait par la voie de la semence, vous ne direz pas néanmoins, je pense, que lorsqu'un père engendre son fils, il retranche et donne à son fils une partie de son âme raisonnable. En un mot, la cause efficiente ne contient point autrement son effet, sinon en tant qu'elle le peut former d'une certaine matière, et donner à cette matière sa dernière perfection.

En après, sur ce que vous inférez touchant *la réalité objective*, je prends l'exemple de mon image même, laquelle peut être considérée ou dans un miroir devant lequel je me présente, ou dans un tableau que le peintre aura tiré. Car, comme je suis moi-même la cause de l'image qui est dans le miroir, en tant que de moi j'envoie mon image dans le miroir, et que le peintre est la cause de l'image qui est dépeinte dans le tableau; de même lorsque l'idée ou l'image de moi-même est dans votre esprit, ou dans l'esprit de quelque autre, on peut demander si je suis moi-même la cause de cette image, en tant que j'envoie mon espèce dans l'œil, et par son entremise jusqu'à l'entendement même ; ou bien s'il y a quelque autre cause qui, comme un peintre adroit et subtil, la trace et la couche dans l'entendement. Mais il semble qu'il n'en faille point rechercher d'autre que moi ; car, quoique par après, l'entendement puisse agrandir ou diminuer, composer et manier comme il lui plaît cette image de moi-même, je suis néanmoins la cause première et principale de toute la réalité qu'elle a en soi. Et ce qui se dit ici de moi se doit entendre de la même façon de tous les autres objets extérieurs. Maintenant vous distinguez en deux façons la réalité que vous attribuez à cette idée, savoir est, en réalité formelle et en réalité objective; et quant à la formelle, elle ne peut être autre que cette substance subtile et déliée qui coule et exhale incessamment de moi, et qui, dès aussitôt qu'elle est reçue dans l'entendement, se transforme en une idée. (Que si vous ne voulez pas que l'espèce qui vient de l'objet soit un écoulement de substance, établissez ce qu'il vous plaira, vous en diminuerez toujours la réalité). Et pour le regard de la réalité objective, elle ne peut être autre que la représentation ou la ressemblance que cette idée a de moi-même, ou, tout au plus, que la symétrie et l'arrangement qui fait que les parties de cette idée sont tellement disposées qu'elles me représentent. Et de quelque façon que vous le preniez, je ne vois pas que ce soit rien de réel, pour ce que c'est simplement une relation des parties entre elles, en tant que rapportées à moi; ou bien c'est un mode de la réalité formelle, en tant qu'elle est arrangée et disposée d'une telle façon et non d'une autre; mais cela importe fort peu, je veux bien, puisque vous le voulez, qu'elle soit appelée *réalité objective*. Cela étant posé, vous devriez, ce semble, comparer la réalité formelle de cette idée avec la mienne propre, ou bien avec ma substance, et sa réalité objective avec la symétrie des parties de mon corps, ou avec la délinéation et la forme extérieure de moi-même : mais néanmoins il vous plaît de comparer sa réalité objective avec ma réalité formelle. Enfin, quoi qu'il en soit de la façon avec laquelle vous expliquez cet axiome précédent, il est manifeste que non seulement il y a en moi autant de réalité formelle qu'il y a de réalité objective dans l'idée de moi-même, mais aussi que la réalité formelle de cette idée n'est presque rien au respect de ma réalité formelle, c'est-à-dire de la réalité de toute ma substance. C'est pourquoi je demeure d'accord avec vous *qu'il doit y avoir pour le moins autant de réalité formelle dans la cause d'une idée qu'il y a dans cette idée de réalité objective*, vu que tout ce qui est contenu dans une idée n'est presque rien en comparaison de sa cause.

6. Vous poursuivez et dites : *Que s'il y a en vous une idée dont la réalité objective soit si grande que vous ne l'ayez point contenue ni formellement, ni éminemment, et de qui par conséquent vous n'ayez pu être la cause, que pour lors il suit de là nécessairement qu'il y a dans le monde un autre être que vous qui existe, et que sans cela vous n'avez aucun argument qui vous rende certain de l'existence d'aucune chose.* Mais, comme j'ai déjà dit auparavant, vous n'êtes pas la cause de la réalité des idées, mais bien les choses mêmes qui sont représentées par elles, en tant qu'elles envoient

leurs images dans vous comme dans un miroir, quoique vous puissiez de là prendre quelquefois occasion de vous figurer des chimères. Mais soit que vous en soyez la cause, soit que vous ne le soyez point, êtes-vous pour cela en doute qu'il y ait quelque autre chose que vous qui existe dans le monde? Ne nous en faites point accroire, je vous prie; car, quoi qu'il en soit des idées, je ne pense pas qu'il soit besoin de chercher des raisons pour vous prouver une chose si constante.

Vous parcourez après cela *les idées qui sont en vous, et entre ces idées, outre celle de vous-même, vous comptez aussi les idées de Dieu, des choses corporelles et inanimées, des anges, des animaux et des hommes: et cela pour inférer (après avoir dit qu'il ne peut y avoir aucune difficulté pour ce qui regarde l'idée de vous-même) que les idées des hommes, des animaux, et des anges peuvent être composées de celles que vous avez de Dieu, de vous-même et des choses corporelles, et même que les idées des choses corporelles peuvent venir de vous-même.* Mais je trouve ici qu'il y a lieu de s'étonner comment vous avancez si assurément que vous ayez l'idée de vous-même (et même une idée si féconde que d'elle seule vous en puissiez tirer un si grand nombre d'autres), et qu'à son égard il ne peut y avoir aucune difficulté: quoique néanmoins il soit vrai de dire, ou que vous n'avez point l'idée de vous-même, ou, si vous en avez aucune, qu'elle est fort confuse et imparfaite, comme j'ai déjà remarqué sur la précédente Méditation. Il est bien vrai que vous souteniez en ce lieu-là que rien ne pouvait être connu plus facilement et plus évidemment par vous que vous-même; mais que direz-vous si je montre ici que, n'étant pas possible que vous ayez ni même que vous puissiez avoir l'idée de vous-même, il n'y a rien que vous ne connaissiez plus facilement et plus évidemment que vous ou que votre esprit.

Et certes, considérant pourquoi et comment il se peut faire que l'œil ne se voie pas lui-même ni que l'entendement ne se conçoive point, il m'est venu en la pensée que rien n'agit sur soi-même: car en effet ni la main (ou du moins l'extrémité de la main) ne se frappe point elle-même, ni le pied ne se donne point un coup. Or étant d'ailleurs nécessaire pour avoir la connaissance d'une chose que cette chose agisse sur la faculté qui connaît, c'est-à-dire qu'elle envoie en elle son espèce, ou bien qu'elle l'informe et la remplisse de son image, c'est une chose évidente que la faculté même n'étant pas hors de soi ne peut pas envoyer ou transmettre en soi son espèce, ni par conséquent former la notion de soi-même. Et pourquoi pensez-vous que l'œil, ne se voyant pas lui-même dans soi, se voit néanmoins dans un miroir? C'est sans doute parce que entre l'œil et le miroir il y a un espace, et que l'œil agit de telle sorte contre le miroir, en envoyant vers lui son image, que le miroir agit contre l'œil en renvoyant contre lui sa propre espèce. Donnez-moi donc un miroir contre lequel vous agissiez en même façon, et je vous assure que venant à réfléchir et renvoyer contre vous votre propre espèce vous pourrez alors vous voir et connaître vous-même, non pas à la vérité par une connaissance directe, mais du moins par une connaissance réfléchie ; autrement je ne vois pas que vous puissiez avoir aucune notion ou idée de vous-même.

Je pourrais encore ici insister comment il est possible que vous ayez l'idée de Dieu, si ce n'est peut-être une idée telle que je l'ai naguère décrite ; comment celle des anges, desquels, si vous n'aviez jamais ouï parler, je doute si jamais vous en auriez eu aucune pensée, comment celle des animaux et de tout le reste des choses, dont je suis presque assuré que vous n'auriez jamais eu aucune idée si elles ne vous étaient jamais tombées sous les sens, non plus que vous n'en avez point d'une infinité de choses dont la vue ni la renommée n'est jamais parvenue jusques à nous ; mais sans insister davantage là-dessus, je demeure d'accord qu'on peut tellement arranger et composer les idées des diverses choses qui sont en l'esprit, que de là il en naisse les formes de plusieurs autres choses, combien de celles dont vous faites le dénombrement ne semblent pas suffisantes pour une si grande diversité, ni même pour l'idée distincte et déterminée d'aucune chose que ce soit.

Je m'arrête seulement aux idées des choses corporelles, touchant lesquelles ce n'est pas une petite difficulté de savoir comment de la seule idée de vous-même (au moment que vous maintenez n'être pas corporel, et que vous vous considérez comme tel) vous les avez pu déduire. Car si vous n'avez connaissance que de la substance spirituelle, ou incorporelle, comment se peut-il faire que vous conceviez aussi la substance corporelle ? Y a-t-il aucun rapport entre l'une et l'autre de ces substances ? Vous dites qu'elles conviennent entre elles en ce qu'elles sont toutes deux capables d'exister : mais cette convenance ne peut être entendue si premièrement on ne conçoit la nature des choses que l'on dit avoir de la convenance. Car vous en faites une notion commune qui ne peut être formée que sur la connaissance des choses particulières. Certainement, si par la connaissance de la substance incorporelle l'entendement peut former l'idée de la substance corporelle, il ne faut plus douter qu'un aveugle-né, ou une personne qui dès la naissance aurait été détenue parmi des ténèbres fort épaisses, ne puisse former l'idée des couleurs et de la lumière. Vous dites *qu'on peut ensuite avoir l'idée de l'étendue, de la figure, du mouvement, et des autres sensibles communs;* mais vous le dites seulement sans le prouver, et cela vous est fort aisé à dire. Aussi je m'étonne seulement pourquoi vous ne déduisez pas avec la même facilité l'idée de la lumière, des couleurs, et des autres choses qui sont les objets particuliers des autres sens. Mais c'est assez s'arrêter sur cette matière.

7. Vous concluez, *et partant il ne reste que la seule idée de Dieu, dans laquelle il faut considérer s'il y a quelque chose qui n'ait pu venir de moi-même. Par le nom de Dieu j'entends une substance infinie, éternelle, immuable, indépendante, toute connaissante, toute-puissante, et par laquelle moi-même et toutes les autres choses qui sont (s'il est vrai qu'il y en ait qui existent), ont été créées et produites. Toutes lesquelles choses sont en effet telles que, plus attentivement je les considère, et moins je me persuade que l'idée que j'en ai puisse tirer son origine de moi seul; et par conséquent, de tout ce qui a été dit ci-devant, il faut nécessairement conclure que Dieu existe.* Vous voilà enfin parvenu où vous aspiriez : quant à moi, comme j'embrasse la conclusion que vous venez de tirer, aussi ne vois-je pas d'où vous la pouvez déduire. Vous dites *que les choses que vous concevez de Dieu sont telles qu'elles n'ont pu venir de vous-même,* pour inférer de là *qu'elles ont dû venir de Dieu.* Mais premièrement il n'y a rien de plus vrai qu'elles ne sont point venues de vous-même, et que vous n'en avez point eu l'intelligence de vous seul. Car, outre que les objets mêmes extérieurs vous en ont envoyé les idées, elles sont aussi parties et vous les avez apprises de vos parents, de vos maîtres, des discours des sages, et enfin de l'entretien de ceux avec qui vous avez conversé. Mais vous répondrez peut-être : je ne suis qu'un esprit qui ne sait pas s'il y a rien au monde hors de moi, je doute même si j'ai des oreilles par qui j'aie pu ouïr aucune chose, et ne connais point d'hommes avec qui j'aie pu converser. Vous pouvez répondre cela; mais le diriez-vous si vous n'aviez en effet point d'oreilles pour nous ouïr et s'il n'y avait point d'hommes qui vous eussent appris à parler? Parlons sérieusement, et ne déguisons point la vérité; ces paroles que vous prononcez de Dieu, ne les avez-vous pas apprises de la fréquentation des hommes avec qui vous avez vécu; et puisque vous tenez d'eux les paroles, ne tenez-vous pas d'eux aussi les notions désignées et entendues par ces mêmes paroles? Et partant, quoiqu'on vous accorde qu'elles ne peuvent pas venir de vous seul, il ne s'ensuit pas pour cela qu'elles doivent venir de Dieu mais

seulement de quelque chose hors de vous. En après, n'y a-t-il dans ces idées que vous n'ayez pu former et composer de vous-même à l'occasion des choses que vous avez autrefois vues et apprises? Pensez-vous pour cela concevoir quelque chose qui soit au-dessus de l'intelligence humaine ? Certainement, si vous conceviez Dieu tel qu'il est, vous auriez raison de croire que vous auriez été instruit et enseigné de Dieu même; mais tous ces attributs que vous donnez à Dieu ne sont rien autre chose qu'un amas de certaines perfections que vous avez remarquées en quelques hommes ou en d'autres créatures, lesquelles l'esprit humain est capable d'étendre, d'assembler, et d'amplifier comme il lui plaît, ainsi qu'il a déjà été plusieurs fois observé.

Vous dites *que, bien que vous puissiez avoir de vous-même l'idée de la substance, parce que vous êtes une substance, vous ne pouvez pas néanmoins avoir de vous-même l'idée de la substance infinie parce que vous n'êtes pas infini.* Mais vous vous trompez grandement si vous pensez avoir l'idée de la substance infinie, laquelle ne peut être en vous que de nom seulement, et en la manière que les hommes peuvent comprendre l'infini, qui est en effet ne le pas comprendre; de sorte qu'il n'est pas nécessaire qu'une telle idée soit émanée d'une substance infinie, puisqu'elle peut être formée en conjoignant et amplifiant les perfections que l'esprit humain est capable de concevoir, comme il a déjà été dit. Si ce n'est peut-être que lorsque les anciens philosophes, en multipliant les idées qu'ils avaient de cet espace visible, de ce monde et de ce peu de principes dont il est composé, ont formé celles d'un monde infiniment étendu, d'une infinité de principes, et d'une infinité de mondes, vous vouliez dire qu'ils n'ont pas formé ces idées par la force de leur pensée, mais qu'elles leur ont été envoyées en l'esprit par un monde véritablement infini en son étendue, par une véritable infinité de principes et par une infinité de mondes réellement existants.

Quant à ce que vous dites *que vous concevez l'infini par une vraie idée*, certainement si elle était vraie, elle vous représenterait l'infini comme il est en soi, et partant vous comprendriez ce qui est en lui de plus essentiel et dont il s'agit maintenant, à savoir l'infinité même. Mais votre pensée se termine toujours à quelque chose de fini, et vous ne dites rien que le seul nom d'infini, pour ce que vous ne sauriez comprendre ce qui est au delà de votre compréhension, en sorte qu'on peut dire avec raison que vous ne concevez l'infini que par la seule négation du fini. Et ce n'est pas assez de dire *que vous concevez plus de réalité dans une substance infinie que dans une finie;* car il faudrait que vous conçussiez une réalité infinie, ce que néanmoins vous ne faites pas. Et même, à vrai dire, vous ne concevez pas plus de réalité, d'autant que vous étendez seulement la substance finie, et après vous vous figurez qu'il y a plus de réalité dans ce qui est ainsi agrandi et étendu par votre pensée, qu'en cela même lorsqu'il est raccourci et non étendu, si ce n'est que vous veuilliez aussi que ces philosophes conçussent en effet plus de réalité lorsqu'ils s'imaginaient plusieurs mondes que lorsqu'ils n'en concevaient qu'un seul. Et sur cela je remarquerai, en passant, que la cause pourquoi notre esprit se confond d'autant plus que plus il augmente et amplifie quelque espèce ou idée, vient de ce qu'alors il dérange cette espèce de sa situation naturelle, qu'il en ôte la distinction des parties, et qu'il l'étend de telle sorte et la rend si mince et si déliée, qu'enfin elle s'évanouit et se dissipe. Je ne m'arrête pas à dire que l'esprit se confond pareillement pour une cause toute opposée, à savoir, lorsqu'il amoindrit et apetisse par trop une idée qu'il avait auparavant conçue sous quelque sorte de grandeur.

Vous dites *qu'il n'importe pas que vous ne puissiez comprendre l'infini, ni même beaucoup de choses qui sont en lui, mais qu'il suffit que vous en conceviez bien quelque peu de choses, afin qu'il soit vrai de dire que vous en avez une idée très vraie, très claire et très distincte.* Tant s'en faut, il n'est pas vrai que vous ayez une vraie idée de l'infini, mais bien seulement du fini, s'il est vrai que vous ne compreniez pas l'infini, mais seulement le fini. On peut dire tout au plus que vous connaissez une partie de l'infini, mais non pas pour cela l'infini même ; en même façon qu'on pourrait bien dire que celui-là aurait connaissance d'une partie du monde qui n'aurait jamais rien vu que le trou d'une caverne, mais on ne pourrait pas dire qu'il aurait l'idée de tout le monde : en sorte qu'il passerait pour tout à fait ridicule s'il se persuadait que l'idée d'une si petite portion fût la vraie et naturelle idée de tout le monde. *Mais,* dites-vous, *il est du propre de l'infini qu'il ne soit pas compris par vous qui êtes fini.* Certes je le crois ; mais il n'est pas du propre de la vraie idée de l'infini de n'en représenter qu'une très petite partie, ou plutôt rien du tout, puisqu'il n'y a point de proportion de cette partie avec le tout. *Il suffit,* dites-vous, *que vous conceviez bien distinctement ce peu de choses :* oui, comme il suffit de voir l'extrémité des cheveux de celui duquel on veut avoir une véritable idée. Un peintre n'aurait-il pas bien réussi, qui pour me représenter naïvement sur une toile, aurait seulement tracé un de mes cheveux, ou même l'extrémité de l'un d'eux ? Or il est vrai pourtant qu'il y a une proportion non seulement beaucoup moindre, mais même infiniment moindre, entre tout ce que nous connaissons de l'infini et l'infini même qu'entre un de mes cheveux ou l'extrémité de l'un d'eux et de mon corps entier. En un mot, tout votre raisonnement ne prouve rien de Dieu qu'il ne prouve aussi d'une infinité de mondes, et ce d'autant plus qu'il a été plus aisé à ces anciens philosophes d'en former et concevoir les idées par la connaissance claire et distincte qu'ils avaient de celui-ci, qu'il ne nous est aisé de concevoir un Dieu ou un Être infini par la connaissance de votre substance, dont la nature ne vous est pas encore connue.

8. Vous faites après cela cet autre raisonnement: *Car comment serait-il possible que je pusse connaître que je doute et que je désire, c'est-à-dire qu'il me manque quelque chose et que je ne suis pas entièrement parfait, si je n'avais en moi aucune idée d'un être plus parfait que le mien, par la comparaison duquel je reconnaîtrais mes défauts ?* Mais si vous doutez de quelque chose, si vous en désirez quelqu'une, si vous connaissez qu'il vous manque quelque perfection, quelle merveille y a-t-il en cela puisque vous ne connaissez pas tout, que vous n'êtes pas en toutes choses, et que vous ne possédez pas tout ; vous reconnaissez, dites-vous, *que vous n'êtes pas tout parfait ;* certainement je vous crois, et vous le pouvez dire sans envie et sans vous faire tort ; donc, concluez-vous, *il y a quelque chose de plus parfait que moi qui existe;* pourquoi non? Combien que ce que vous désirez ne soit pas toujours en tout plus parfait que vous êtes ; car lorsque vous désirez du pain, ce pain que vous désirez n'est pas en tout plus parfait que vous ou que votre corps, mais il est seulement plus parfait que cette faim ou inanition qui est dans votre estomac. Comment donc conclurez-vous qu'il y a quelque chose de plus parfait que vous qui existe? C'est à savoir, en tant que vous voyez l'universalité des choses, dans laquelle et vous, et le pain, et les autres choses avec vous sont renfermées ; car chaque partie de l'univers ayant en soi quelque perfection, et les unes servant à perfectionner les autres, il est aisé de concevoir qu'il y a plus de perfection dans le tout que dans une partie, et par conséquent, puisque vous n'êtes qu'une partie de ce tout, vous devez connaître quelque chose de plus parfait que vous. Vous pouvez donc en cette façon avoir en vous l'idée d'un être plus parfait que le vôtre, par la comparaison duquel vous reconnaissez vos défauts, pour ne point dire qu'il peut y avoir d'autres parties dans cet univers plus parfaites que vous, et cela étant, vous pouvez désirer ce qu'elles ont, et par leur comparaison vos défauts peuvent être reconnus.

Car vous avez pu connaître un homme qui fût plus fort, plus sain, plus vigoureux, mieux fait, plus docte, plus modéré, et partant plus parfait que vous : et il ne vous a pas été difficile d'en concevoir l'idée, et par la comparaison de cette idée de connaître que vous n'avez pas tant de santé, tant de force, et en un mot tant de perfections qu'il en possède.

Vous vous faites un peu après cette objection, *mais peut-être que je suis quelque chose de plus que je ne pense, et que toutes ces perfections que j'attribue à Dieu sont en quelque façon en moi en puissance, quoiqu'elles ne se produisent pas encore, et ne se fassent point paraître par leurs actions, comme il peut arriver, si ma connaissance s'augmente de plus en plus à l'infini.* Mais à cela vous répondez, encore qu'il fût vrai que ma connaissance acquît tous les jours de nouveaux degrés de perfection, et qu'il y eût en moi beaucoup de choses en puissance, qui n'y sont pas encore actuellement, toutefois rien de tout cela n'appartient à l'idée de Dieu dans laquelle rien ne se rencontre seulement en puissance, mais tout y est actuellement et en effet ; et même n'est-ce pas un argument infaillible d'imperfection en ma connaissance, de ce qu'elle s'accroît peu à peu, et qu'elle s'augmente par degrés ? Mais on peut répliquer à cela qu'il est bien vrai que les choses que vous concevez dans une idée sont actuellement dans cette même idée ; mais néanmoins elles ne sont pas pour cela actuellement dans la chose même dont elle est l'idée : ainsi l'architecte se figure l'idée d'une maison, laquelle de vrai est actuellement composée de murailles, de planchers, de toits, de fenêtres, et d'autres parties suivant le dessin qu'il en a pris, et néanmoins la maison, ni aucunes de ses parties ne sont pas encore actuellement, mais seulement en puissance : de même aussi cette idée que les anciens philosophes avaient d'une infinité de mondes contient en effet des mondes infinis, mais vous ne direz pas pour cela que ces mondes infinis existent actuellement. C'est pourquoi, soit qu'il y ait en vous quelque chose en puissance, soit qu'il n'y ait rien, c'est assez que votre idée ou connaissance se puisse augmenter et accroître par degrés, et on ne doit pas pour cela inférer que ce qui est représenté, ou connu par elle, existe actuellement. Ce qu'après cela vous remarquez, à savoir *que votre connaissance ne sera jamais actuellement infinie*, vous doit être accordé sans contestation ; mais aussi devez-vous savoir que vous n'aurez jamais une vraie et naturelle idée de Dieu, dont il vous restera toujours beaucoup plus (et même infiniment plus) à connaître que de celui dont vous n'auriez vu que l'extrémité des cheveux. Car je veux bien que vous n'ayez pas vu cet homme tout entier ; toutefois vous en avez vu d'autres par la comparaison desquels vous pouvez par conjecture vous figurer de lui quelque idée, mais on ne peut pas dire que nous ayons jamais rien vu de semblable à Dieu et à l'immensité de son essence.

Vous dites *que vous concevez que Dieu est actuellement infini, en telle sorte qu'on ne saurait rien ajouter à sa perfection.* Mais vous en jugez ainsi sans le savoir, et le jugement que vous en faites ne vient que de la prévention de votre esprit, ainsi que les anciens philosophes pensaient qu'il y eût des mondes infinis, une infinité de principes et un univers si vaste en son étendue qu'on ne pouvait rien ajouter à sa grandeur. Ce que vous dites ensuite *que l'être objectif d'une idée ne peut pas dépendre ou procéder d'un être qui n'est qu'en puissance, mais seulement d'un être formel ou actuel,* voyez comment cela peut être vrai, si ce que je viens de dire de l'idée d'un architecte et de celle des anciens philosophes est véritable, et principalement si vous prenez garde que ces sortes d'idées sont composées des autres dont votre entendement a déjà été informé par l'existence actuelle de leurs causes.

9. Vous demandez par après *si vous-même, qui avez l'idée d'un être plus parfait que le vôtre, vous pourriez être en cas qu'il n'y eût point de Dieu?* Et vous répondez : *de qui aurai-je donc mon existence? C'est à savoir de moi-même ou de mes parents, ou de quelques autres causes moins parfaites que Dieu?* Ensuite de quoi vous prouvez *que vous n'êtes point par vous-même.* Mais cela n'était point nécessaire. Vous rendez aussi raison *pourquoi vous n'avez pas toujours été :* mais cela était aussi superflu; sinon, en tant que de là vous voulez inférer que vous n'avez pas seulement une cause efficiente et productrice de votre être, mais que vous en avez aussi une qui dans tous les moments vous conserve. Et cela, dites-vous, *parce que tout le temps de votre vie pouvant être divisé en plusieurs parties, il faut de nécessité que vous soyez créé de nouveau en chacune de ces parties, à cause de la mutuelle indépendance qui est entre les unes et les autres.* Mais voyez, je vous prie, comment cela se peut entendre. Car il est bien vrai qu'il y a certains effets qui, pour persévérer dans l'être et n'être pas à tous moments anéantis, ont besoin de la présence et activité continuelle de la cause qui leur a donné le premier être; et de cette nature est la lumière du soleil (combien qu'à vrai dire ces sortes d'effets ne soient pas tant en effet les mêmes que d'autres qui y succèdent imperceptiblement, comme il se voit en l'eau d'un fleuve), mais nous en voyons d'autres qui persévèrent dans l'être, non seulement lorsque la cause qui les a produits n'agit plus, mais aussi lors même qu'elle est tout à fait cor-

rompue et anéantie. Et de ce genre sont toutes les choses que nous voyons dont les causes ne subsistent plus, desquelles il serait inutile de faire ici le dénombrement ; il suffit seulement que vous soyez l'une d'entre elles, quelle que puisse être la cause de votre être. Mais, dites-vous, *les parties du temps de votre vie ne dépendent point les unes des autres.* Ici l'on pourrait répliquer qu'on ne se peut imaginer aucune chose dont les parties soient plus inséparables les unes des autres que sont celles du temps, dont la liaison et la suite soient plus indissolubles, et dont les parties postérieures se puissent moins détacher, et avoir plus d'union et de dépendance de celles qui les précèdent. Mais pour ne pas insister davantage là-dessus, que sert à votre production ou conservation cette dépendance ou indépendance des parties du temps, lesquelles sont extérieures, successives, et n'ont aucune activité ? Certes, elles n'y contribuent pas davantage que fait le flux et reflux continuel des eaux à la production ou conservation d'une roche qu'elles arrosent. *Mais, direz-vous, de ce que j'ai ci-devant été, il ne s'ensuit pas que je doive être maintenant ?* Je le crois bien : non que pour cela il soit besoin d'une cause qui vous crée incessamment de nouveau, mais parce qu'il n'est pas impossible qu'il y ait quelque cause qui vous puisse détruire, ou que vous ayez en vous si peu de force et de vertu que vous défailliez enfin de vous-même.

Vous dites *que c'est une chose manifeste par la lumière naturelle, que la conservation et la création ne diffèrent qu'au regard de notre façon de penser et non point en effet.* Mais je ne vois point que cela soit manifeste, si ce n'est peut-être comme je viens de dire dans ces effets qui demandent la présence et l'activité continuelle de leurs causes, comme la lumière et autres semblables.

Vous ajoutez *que vous n'avez point en vous cette vertu par laquelle vous puissiez vous conserver vous-même, parce qu'étant une chose qui pense, si une telle vertu résidait en vous, vous en auriez connaissance.* Mais il y a en vous une certaine vertu par laquelle vous pouvez vous assurer que vous persévérez dans l'être : non pas toutefois nécessairement ou indubitablement, parce que cette vertu ou naturelle constitution, quelle qu'elle soit, ne s'étend pas jusques à éloigner de vous toute sorte de cause corruptive, tant interne qu'externe. C'est pourquoi vous ne cesserez point d'être, puisque vous avez en vous assez de vertu, non pour vous reproduire de nouveau, mais pour vous faire persévérer, au cas que quelque cause corruptive ne survienne.

Or, de tout votre raisonnement vous concluez fort bien *que vous dépendez de quelque être différent de vous,* non pas toutefois comme étant de nouveau par lui produit, mais comme ayant été autrefois produit par lui.

Vous poursuivez, et dites *que ni vos parents, ni d'autres qu'eux ne peuvent être cet être de qui vous dépendez.* Mais pourquoi vos parents ne le seraient-ils pas, de qui vous paraissez si manifestement avoir été produit conjointement avec votre corps, pour ne rien dire du soleil et de plusieurs autres causes qui ont concouru à votre génération ? *Mais,* dites-vous, *je suis une chose qui pense et qui ai en moi l'idée de Dieu.* Mais vos parents, ou les esprits de vos parents, n'ont-ils pas été des choses qui pensent, et n'ont-ils pas eu l'idée de Dieu aussi bien que vous ? Et à quel propos rebattre en cet endroit, comme vous faites, cet axiome dont vous avez déjà ci-devant parlé, à savoir *que c'est une chose très évidente qu'il doit y avoir au moins autant de réalité dans la cause que dans son effet. Si,* dites-vous, *celui de qui je dépends est autre que Dieu, on peut demander s'il est par soi ou par autrui ? Car s'il est par soi, il sera Dieu; que s'il est par autrui, on fera derechef la même demande, jusqu'à ce qu'on soit parvenu à une cause qui soit par soi, et qui par conséquent soit Dieu; puisqu'en cela il ne peut y avoir de progrès à l'infini.* Mais si vos parents ont été la cause de votre être, cette cause a pu être, non pas par soi, mais par autrui, et celle-là derechef par une autre, et ainsi jusqu'à l'infini : et jamais vous ne pourrez prouver qu'il y ait aucune absurdité dans ce progrès à l'infini si vous ne prouvez en même temps que le monde a eu commencement, et par conséquent qu'il y a eu un premier père qui n'en avait point devant lui. Certes, le progrès à l'infini paraît absurde seulement dans ces causes qui sont tellement liées et subordonnées les unes aux autres, que l'inférieur ne peut agir sans un supérieur qui le remue : comme lorsque quelque chose est mue par une pierre qui a été poussée par un bâton que la main avait ébranlé; ou qu'un poids est enlevé par un dernier anneau d'une chaîne qui est entraîné par celui de dessus, et celui-ci par un autre ; car pour lors il faut remonter à un premier moteur qui donne le branle à tous les autres. Mais dans ces sortes de causes qui sont tellement ordonnées que la première étant détruite, celle qui en dépend ne laisse pas de subsister et de pouvoir agir, il semble qu'il n'y ait aucune absurdité de supposer entre elles un progrès à l'infini. C'est pourquoi lorsque vous dites qu'il est très manifeste qu'en cela il ne peut y avoir de progrès à l'infini, voyez si Aristote en a ainsi jugé, qui a cru que le monde n'avait point eu de commencement, et qui n'a point reconnu de premier père.

Poursuivant votre raisonnement, vous dites *qu'on ne*

saurait pas feindre aussi que peut-être plusieurs causes ont ensemble concouru en partie à la production de votre être, que de l'une vous avez reçu l'idée d'une des perfections que vous attribuez à Dieu, et d'une autre l'idée de quelque autre, puisque toutes ces perfections ne se peuvent rencontrer qu'en un seul et vrai Dieu, de qui l'unité ou la simplicité est la principale perfection. Toutefois, soit qu'il n'y ait qu'une seule cause de votre être, soit qu'il y en ait plusieurs, il n'est pas pour cela nécessaire qu'elles aient imprimé en vous les idées de leurs perfections que vous ayez pu puis après assembler. Mais cependant je voudrais bien vous demander pourquoi, s'il n'a pu y avoir plusieurs causes de votre être, plusieurs choses du moins n'auraient pu être dans le monde, dont ayant contemplé et admiré séparément les diverses perfections, vous ayez pris occasion de penser que cette chose-là serait heureuse en qui elles se rencontreraient toutes jointes ensemble? Vous savez comment les poètes nous décrivent la Pandore; pourquoi donc vous pareillement, après avoir admiré en divers hommes une science éminente, une haute sagesse, une puissance souveraine, une santé vigoureuse, une beauté parfaite, un bonheur sans disgrâce et une longue vie, pourquoi, dis-je, n'auriez-vous pu assembler toutes ces perfections et penser que celui-là serait digne d'admiration qui les pourrait posséder toutes ensemble? Pourquoi ensuite n'auriez-vous pu augmenter toutes ces perfections jusqu'à tel point que l'état de celui-là fût encore plus à admirer si non seulement il ne manquait rien à sa science, à sa puissance, à sa durée et à toutes ses autres perfections, mais aussi qu'elles fussent si accomplies qu'on n'y pût rien ajouter, et qu'ainsi il fût tout connaissant, tout-puissant, éternel, et qu'il possédât en un souverain degré toutes sortes de perfections? Et, voyant que la nature humaine n'est pas capable de contenir un tel assemblage et assortiment de perfections, pourquoi n'auriez-vous pu penser que cette nature-là serait parfaitement heureuse à qui toutes ces choses pourraient appartenir? Pourquoi aussi ne pas croire une chose digne de votre recherche, de savoir si une telle nature existe ou non dans le monde? Pourquoi n'être pas tellement persuadé par certains arguments, qu'il vous semble que ce soit une chose plus convenable qu'une telle nature existe que de n'exister pas? Et pourquoi enfin, supposé qu'elle existe, ne pourriez-vous pas lui dénier la corporéité, la limitation, et toutes les autres choses qui enferment dans leur concept quelque sorte d'imperfection? C'est ainsi sans doute qu'il paraît que plusieurs ont poussé leur raisonnement; quoique néanmoins il soit arrivé que tous n'ayant pas suivi la même voie, ni porté si loin leurs pensées les uns que les autres, quelques-uns aient renfermé la divinité dans un corps, que d'autres lui aient donné une forme humaine, que d'autres ne se soient pas contentés d'un seul, mais en aient forgé plusieurs à leur fantaisie, et enfin que d'autres aient laissé emporter leur esprit à toutes ces extravagances et imaginations touchant la divinité qui ont régné parmi l'ignorance du paganisme. Touchant ce que vous dites *de la perfection de l'unité,* il n'y a point de répugnance de concevoir toutes les perfections que vous attribuez à Dieu comme intimement unies et inséparables, quoique l'idée que vous en avez n'ait pas été par lui mise en vous, mais que vous l'ayez tirée des objets extérieurs, et après augmentée, comme il a été dit auparavant ; et c'est ainsi qu'ils nous dépeignent non seulement la Pandore comme une déesse ornée de toutes sortes de perfections, et à qui chaque Dieu avait donné un de ses principaux avantages, mais c'est ainsi aussi qu'ils forment l'idée d'une parfaite république et d'un orateur accompli, etc. Enfin *de ce que vous êtes, et de ce que l'idée d'un être souverainement parfait est en vous, vous concluez qu'il est très évidemment démontré que Dieu existe :* mais encore que la conclusion soit très vraie, à savoir *que Dieu existe,* je ne vois pas néanmoins qu'elle suive nécessairement des principes que vous avez posés.

10. *Il me reste seulement,* dites-vous, *à examiner de quelle façon j'ai acquis cette idée ; car je ne l'ai pas reçue par les sens, et jamais elle ne s'est offerte à moi par rencontre, elle n'est pas aussi une pure production ou fiction de mon esprit, car il n'est pas en mon pouvoir d'y diminuer ni d'y ajouter aucune chose, et partant il ne reste plus autre chose à dire sinon que, comme l'idée de moi-même, elle est née et produite avec moi dès lors que j'ai été créé.* Mais j'ai déjà fait voir plusieurs fois comment en partie vous pouvez l'avoir reçue des sens, et en partie vous pouvez l'avoir inventée de vous-même. Quant à ce que vous dites *que vous ne pouvez y ajouter ni diminuer aucune chose,* souvenez-vous combien imparfaite était l'idée que vous en aviez au commencement : pensez qu'il peut y avoir des hommes, ou des anges, ou d'autres natures plus savantes que vous, de qui vous pouvez apprendre quelque chose touchant l'essence de Dieu que vous ne savez pas encore ; pensez au moins que Dieu peut vous instruire de telle sorte et rehausser tellement votre connaissance, soit en cette vie, soit en l'autre, que vous réputerez comme rien tout ce que vous avez jamais connu de lui : et enfin pensez, comme quoi de la considération des perfections des créatures on peut

monter et arriver jusqu'à la connaissance des perfections de Dieu, et que comme elles ne peuvent pas toutes être connues en un moment, mais que de jour en jour on en peut découvrir de nouvelles, ainsi nous ne pouvons pas avoir tout d'un coup une idée parfaite de Dieu, mais qu'elle va se perfectionnant à mesure que nos connaissances s'augmentent.

Vous poursuivez ainsi : *Et certes on ne doit pas trouver étrange que Dieu, en me créant, ait mis en moi cette idée pour être comme la marque de l'ouvrier empreinte sur son ouvrage. Et il n'est pas aussi nécessaire que cette marque soit quelque chose de différent de ce même ouvrage : mais de cela seul que Dieu m'a créé, il est fort croyable qu'il m'a en quelque façon produit à son image et semblance, et que je conçois cette ressemblance dans laquelle l'idée de Dieu se trouve contenue par la même faculté par laquelle je me conçois moi-même, c'est-à-dire que lorsque je fais réflexion sur moi, non seulement je connais que je suis une chose imparfaite, incomplète et dépendante d'autrui, qui tend et qui aspire sans cesse à quelque chose de meilleur et de plus grand que je ne suis, mais je connais aussi en même temps que celui duquel je dépends possède en soi toutes ces grandes choses auxquelles j'aspire, et dont je trouve en moi les idées, non pas indéfiniment et seulement en puissance, mais qu'il en jouit en effet, actuellement et infiniment, et ainsi qu'il est Dieu.* Certainement toutes ces choses sont fort spécieuses et fort belles, et je ne dis pas qu'elles ne soient point vraies : mais je voudrais bien pourtant vous demander de quels antécédents vous les déduisez? Car pour ne me plus arrêter à ce que j'ai objecté ci-devant, s'il est vrai que *l'idée de Dieu soit en nous comme la marque de l'ouvrier empreinte sur son ouvrage,* dites-moi, je vous prie, quel est la manière de cette impression? Quelle est la forme de cette marque? Et comment vous en faites le discernement? *Que si elle n'est point différente de l'ouvrage ou de la chose même,* vous n'êtes donc vous-même qu'une idée; vous n'êtes rien autre chose qu'une manière ou façon de penser? Vous êtes et la marque empreinte et le sujet de l'impression? *Il est fort croyable,* dites-vous, *que Dieu vous a fait à son image et semblance :* à la vérité cela se peut croire par les lumières de la foi et de la religion; mais comment cela se peut-il concevoir par raison naturelle si vous ne supposez que Dieu a la forme d'un homme? et en quoi peut consister cette ressemblance? Pouvez-vous présumer, vous qui n'êtes que cendre et que poussière, d'être semblable à cette nature éternelle, incorporelle, immense, très parfaite, très glorieuse, et qui plus est, très invisible et très incompréhensible au peu de lumière et à la faiblesse de nos esprits? L'avez-vous vue face à face pour pouvoir assurer, faisant comparaison de vous à elle, que vous lui êtes conforme? Vous dites *que cela est fort croyable, parce qu'il vous a créé.* Au contraire, pour cela même cela est incroyable. Car l'ouvrage n'est jamais semblable à l'ouvrier, sinon lorsqu'il est par lui engendré par une communication de nature. Mais vous n'êtes pas ainsi engendré de Dieu; car vous n'êtes pas son fils, et vous ne participez point avec lui sa nature; mais vous êtes seulement créé par lui, c'est-à-dire fait selon l'idée qu'il en a conçue, en sorte que vous ne pouvez pas dire que vous ayez plus de ressemblance avec lui qu'une maison en a avec un maçon. Et même cela s'entend, supposé que vous ayez été créé de Dieu; ce que vous n'avez point encore prouvé. *Vous concevez,* dites-vous, *cette ressemblance, à même que vous concevez que vous êtes une chose incomplète, dépendante, et qui aspire sans cesse à des choses plus grandes et meilleures.* Mais pourquoi cela n'est-il pas plutôt une marque de dissemblance, puisque Dieu au contraire est très parfait, très indépendant, très suffisant à soi-même, étant très grand et très bon? Pour ne pas dire que lorsque vous vous concevez dépendant, vous ne concevez pas pour cela tout aussitôt que celui duquel vous dépendez soit autre que vos parents; ou si vous concevez qu'il soit autre, il n'y a point de raison pourquoi vous vous croyiez semblable à lui. Pour ne pas dire aussi qu'il est étrange pourquoi le reste des hommes, ou si vous voulez des esprits, ne conçoit pas la même chose que vous, principalement n'y ayant point de raison de croire que Dieu ne leur ait pas empreint l'idée de soi-même comme il a fait en vous. Et certes cela seul est plus que suffisant pour faire voir que ce n'est pas une idée empreinte de la main de Dieu, vu que si cela était, tous les hommes l'auraient empreinte en même façon dans leurs esprits et concevraient Dieu d'une même façon et sous une même espèce; tous lui attribueraient les mêmes choses, tous auraient de lui les mêmes sentiments; et cependant nous voyons manifestement le contraire. Mais ce n'en est déjà que trop touchant cette matière.

CONTRE LA QUATRIÈME MÉDITATION.

Du vrai et du faux.

1. Vous commencez cette Méditation par l'abrégé de toutes les choses que vous pensez avoir été auparavant suffisamment démontrées, et au moyen de quoi vous croyez avoir

ouvert le chemin pour porter plus avant nos connaissances. De moi, pour ne point retarder un si beau dessein, je n'insisterai pas d'abord que vous deviez les avoir plus clairement démontrées : ce sera bien assez si vous vous souvenez de ce qui vous a été accordé et de ce qui ne vous l'a pas été, de peur que vous n'en fassiez par après un préjugé.

Continuant après cela votre raisonnement, vous dites *qu'il n'est pas possible que jamais Dieu vous trompe ; et pour excuser cette faculté fautive et sujette à l'erreur que vous tenez de lui, vous en rejetez la faute sur le néant, dont vous dites que l'idée se présente souvent à votre pensée, et dont vous êtes en quelque façon participant, en sorte que vous tenez comme le milieu entre Dieu et lui.* Certes ce raisonnement est fort beau : mais sans m'arrêter à dire qu'il est impossible d'expliquer quelle est l'idée du néant, ou comment nous la concevons, ni en quoi nous participons de lui, et plusieurs autres choses, je remarque seulement que cette distinction n'empêche pas que Dieu n'ait pu donner à l'homme une faculté de juger exempte d'erreur. Car encore qu'elle n'eût pas été infinie, elle pouvait néanmoins être telle qu'elle nous aurait empêché de consentir à l'erreur : en sorte que ce que nous aurions connu, nous l'aurions connu très clairement et très certainement ; et de ce que nous n'aurions pas connu, nous n'en aurions porté aucun jugement qui nous eût obligés à en rien croire de déterminé.

Ce que vous objectant à vous-même, vous dites : *qu'il n'y a pas lieu de s'étonner si vous n'êtes pas capable de comprendre pourquoi Dieu fait ce qu'il fait.* Cela est fort bien dit ; mais néanmoins il y a lieu de s'étonner que vous ayez en vous une idée vraie, qui vous représente Dieu tout connaissant, tout-puissant et tout bon, et que vous voyez néanmoins quelques-uns de ses ouvrages qui ne soient pas entièrement achevés ; en sorte qu'ayant au moins pu en faire de plus parfaits, et ne l'ayant pas fait, il semble que ce soit une marque qu'il ait manqué de connaissance, ou de pouvoir, ou de volonté ; et qu'au moins il a été en cela imparfait, que si le sachant et le pouvant il ne l'a pas voulu, il a préféré l'imperfection à ce qui pouvait être plus parfait.

Quand à ce que vous dites *que tout ce genre de causes qui a de coutume de se tirer de la fin n'est d'aucun usage dans les choses physiques*, vous eussiez pu peut-être le dire avec raison dans une autre rencontre ; mais lorsqu'il s'agit de Dieu, il est à craindre que vous ne rejetiez le principal argument, par lequel la sagesse d'un Dieu, sa puissance, sa providence et même son existence puissent être prouvées par raison naturelle. Car, pour ne rien dire de cette preuve convaincante qui se peut tirer de la considération de l'univers, des cieux et de ses autres principales parties, d'où pouvez-vous tirer de plus forts arguments pour la preuve d'un Dieu qu'en considérant le bel ordre, l'usage et l'économie des parties dans chaque sorte de créatures, soit dans les plantes, soit dans les animaux, soit dans les hommes, soit enfin dans cette partie de vous-même qui porte l'image et le caractère de Dieu, ou bien même dans votre corps? Et de fait, on a vu plusieurs grands hommes que cette considération anatomique du corps humain n'a pas seulement élevés à la connaissance d'un Dieu, mais qui se sont crus obligés de dresser des hymnes à sa louange, voyant une sagesse si admirable et une providence si singulière dans la perfection et l'arrangement qu'il a donné à chacune de ses parties.

Vous direz peut-être que ce sont les causes physiques de cette forme et situation qui doivent être l'objet de notre recherche, et que ceux-là se rendent ridicules qui regardent plutôt à la fin qu'à l'efficient ou à la matière. Mais personne n'ayant encore pu jusques ici comprendre, et beaucoup moins expliquer, comment se forment ces onze petites peaux qui, comme autant de petites portes, ouvrent et ferment les quatre ouvertures qui sont aux deux chambres ou concavités du cœur; qui leur donne la disposition qu'elles ont; quelle est leur nature; et d'où se prend la matière pour les faire, comment leur agent s'applique à l'action, de quels organes et outils il se sert et de quelle façon il les met en usage, quelles choses lui sont nécessaires pour leur donner le tempérament qu'elles ont et les faire avec la consistance, liaison, flexibilité, grandeur, figure et situation que nous les voyons. Personne, dis-je, d'entre les naturalistes n'ayant encore pu jusques ici comprendre ni expliquer ces choses et beaucoup d'autres, pourquoi ne nous sera-t-il pas au moins permis d'admirer cet usage merveilleux et cette ineffable providence qui a si convenablement disposé ces petites portes à l'entrée de ces concavités? Pourquoi ne louera-t-on pas celui qui de là reconnaîtra qu'il faut nécessairement admettre une première cause, laquelle n'ait pas seulement disposé ainsi sagement ces choses conformément à leur fin, mais même tout ce que nous voyons de plus admirable dans l'univers?

Vous dites *qu'il ne vous semble pas que vous puissiez, sans témérité, rechercher et entreprendre de découvrir les fins impénétrables de Dieu.* Mais quoique cela puisse être vrai, si vous entendez parler des fins que Dieu a voulu être cachées ou dont il nous a défendu la recherche, cela néanmoins ne se peut entendre de celles qu'il a comme exposées à la vue de tout le monde, et qui se découvrent sans beaucoup de travail, et qui d'ailleurs sont telles qu'il en revient une très grande louange à Dieu, comme leur auteur.

Vous dites peut-être que l'idée de Dieu, qui est en chacun de nous, est suffisante pour avoir une vraie et entière connaissance de Dieu et de sa providence, sans avoir besoin pour cela de rechercher quelle fin Dieu s'est proposée en créant toutes choses, ou de porter sa pensée sur aucune autre considération. Mais tout le monde n'est pas né si heureux que d'avoir comme vous dès sa naissance cette idée de Dieu si parfaite, si claire, que de ne voir rien de plus évident. C'est pourquoi l'on ne doit point envier à ceux que Dieu n'a pas doués d'une si grande lumière si par l'inspection de l'ouvrage ils tâchent de connaître et de glorifier l'ouvrier. Outre que cela n'empêche pas qu'on ne se puisse servir de cette idée, laquelle semble même se perfectionner de telle sorte, par la considération des choses de ce monde, qu'il est certain, si vous voulez dire la vérité, que c'est à elle seule que vous devez une bonne partie, pour ne pas dire le tout, de la connaissance que vous en avez. Car, je vous prie, jusqu'où pensez-vous que fût allée votre connaissance si, du moment que vous avez été infus dans le corps, vous fussiez toujours resté les yeux fermés, les oreilles bouchées, et sans l'usage d'aucun autre sens extérieur, en sorte que vous n'eussiez du tout rien connu de cette universalité des choses et de tout ce qui est hors de vous, et qu'ainsi vous eussiez passé toute votre vie méditant seulement en vous-même, et passant et repassant chez vous vos propres pensées? Dites-nous, je vous prie, mais dites-nous de bonne foi, et nous faites une naïve description de l'idée que vous pensez que vous auriez eue de Dieu et de vous-même.

2. Vous apportez après pour solution *que la créature qui paraît imparfaite ne doit pas être considérée comme un tout détaché, mais comme faisant partie de l'univers, car ainsi elle sera trouvée parfaite.* Certainement cette distinction est louable ; mais il ne s'agit pas ici de l'imperfection d'une partie, en tant que partie, ou bien en tant que comparée avec le tout, mais bien en tant qu'elle est un tout en elle-même et qu'elle exerce une propre et spéciale fonction ; et quand même vous la rapporteriez au tout, la difficulté restera toujours de savoir si l'univers n'aurait pas été effectivement plus parfait si toutes ses parties eussent été exemptes d'imperfection, qu'il n'est à présent que plusieurs de ses parties sont imparfaites. Car en même façon on peut dire que la république dont les citoyens seront tous gens de bien sera plus accomplie que ne sera pas celle qui en aura une partie dont les mœurs seront corrompues.

C'est pourquoi lorsque vous dites un peu après *que c'est en quelque façon une plus grande perfection dans l'univers, de ce que quelques-unes de ses parties ne sont pas exemptes d'erreur, que si elles étaient toutes semblables*, c'est de même que si vous disiez que c'est en quelque façon une plus grande perfection en une république de ce que quelques-uns de ses citoyens sont méchants que si tous étaient gens de bien. D'où il arrive que comme il semble qu'il soit à souhaiter à un bon prince de n'avoir que des gens de bien pour citoyens, de même aussi semble-t-il qu'il a dû être du dessein et de la dignité de l'Auteur de l'univers de faire que toutes ses parties fussent exemptes d'erreur. Et encore que vous puissiez dire que la perfection de celles qui en sont exemptes paraît plus grande par l'opposition de celles qui y sont sujettes, cela toutefois ne leur arrive que par accident : tout de même que si la vertu des bons éclate aucunement par l'opposition des méchants ce n'est pourtant que par accident qu'elle éclate ainsi davantage. De façon que comme il n'est pas à souhaiter qu'il y ait des méchants dans une république, afin que les bons en paraissent meilleurs ; de même aussi il semble qu'il n'était pas convenable que quelques parties de l'univers fussent sujettes à l'erreur pour donner plus de lustre à celles qui en étaient exemptes.

Vous dites *que vous n'avez aucun droit de vous plaindre si Dieu, vous ayant mis au monde, n'a pas voulu que vous fussiez de l'ordre des créatures les plus nobles et les plus parfaites*. Mais cela ne lève pas la difficulté qu'il semble qu'il y a de savoir pourquoi ce ne lui aurait pas été assez de vous donner place parmi celles qui sont les moins parfaites, sans vous mettre au rang des fautives et défectueuses. Car tout ainsi que l'on ne blâme point un prince de ce qu'il n'élève pas tous ses citoyens à de hautes dignités, mais qu'il en réserve quelques-uns pour les offices médiocres et d'autres encore pour les moindres ; toutefois il serait extrêmement coupable, et ne pourrait s'exempter de blâme, s'il n'en destinait pas seulement quelques-uns aux fonctions les plus viles et les plus basses, mais qu'il en destinât aussi à des actions méchantes et perverses.

Vous dites : *qu'il n'y a en effet aucune raison qui puisse prouver que Dieu ait dû vous donner une faculté de connaître plus grande que celle qu'il vous a donnée ; et que, quelque adroit et savant ouvrier que vous vous l'imaginiez, vous ne devez pas pour cela penser qu'il ait dû mettre dans chacun de ses ouvrages toutes les perfections qu'il peut mettre dans quelques-uns*. Mais cela ne satisfait point à mon objection, et vous voyez que la difficulté n'est pas tant de savoir pourquoi Dieu ne vous a pas donné une plus ample faculté de connaître, que de savoir pourquoi il vous en a donné une qui soit fautive : et qu'on ne met pas en question pourquoi un ouvrier très parfait ne veut pas mettre dans tous ses ouvrages toutes les perfections de son art, mais pourquoi il veut même mettre des défauts dans quelques-uns.

Vous dites *que, quoique vous ne puissiez pas vous empêcher de faillir par le moyen d'une claire et évidente perception de toutes les choses qui peuvent tomber sous votre délibération, vous avez pourtant en votre pouvoir un autre moyen pour vous en empêcher, qui est de retenir fermement la résolution de ne jamais donner votre jugement sur les choses dont la vérité ne vous est pas connue.* Mais quand vous auriez à tout moment une attention assez forte pour prendre garde à cela, n'est-ce pas toujours une imperfection de ne pas connaître clairement les choses sur qui nous avons à donner notre jugement et d'être continuellement en danger de faillir?

Vous dites *que l'erreur consiste dans l'opération en tant qu'elle procède de vous, et qu'elle est une espèce de privation, et non pas dans la faculté que vous avez reçue de Dieu, ni même dans l'opération en tant qu'elle dépend de lui.* Mais je veux qu'il n'y ait point d'erreur dans la faculté considérée comme venant immédiatement de Dieu ; il y en a pourtant si on la considère de plus loin, en tant qu'elle a été créée avec cette imperfection, que de pouvoir errer. Aussi, comme vous dites fort bien : *Vous n'avez pas sujet de vous plaindre de Dieu, qui en effet ne vous a jamais rien dû : mais vous avez sujet de lui rendre grâces de tous les biens qu'il vous a départis.* Mais il y a toujours de quoi s'étonner pourquoi il ne vous en a pas donné de plus parfaits, s'il est vrai qu'il l'ait su, qu'il l'ait pu, et qu'il n'en ait point été jaloux.

Vous ajoutez *que vous ne devez pas aussi vous plaindre de ce que Dieu concourt avec vous pour former les actes de cette volonté, c'est-à-dire les jugements dans lesquels vous vous trompez, d'autant que ces actes-là sont entièrement vrais et absolument bons en tant qu'ils dépendent de Dieu ; et il y a en quelque façon plus de perfection en votre nature de ce que vous les pouvez former que si vous ne le pouviez pas. Pour la privation dans laquelle seule consiste la raison formelle de l'erreur et du péché, elle n'a besoin d'aucun concours de Dieu, puisque ce n'est pas une chose, ou un être, et que si on la rapporte à Dieu comme à sa cause, elle ne doit pas être nommée privation, mais seulement négation, selon la signification qu'on donne à ces mots en l'école.* Mais quoique cette distinction soit assez subtile, elle ne satisfait pas néanmoins entièrement. Car, bien que Dieu ne concoure pas à la privation qui se trouve dans l'acte, laquelle est proprement ce que l'on nomme erreur et fausseté, il concourt néanmoins à l'acte auquel s'il ne concourait pas il n'y aurait point de privation; et d'ailleurs il est lui-même l'auteur de la puissance qui se trompe ou qui erre, et partant il est l'auteur d'une puissance impuissante; et ainsi il semble que le défaut qui se rencontre dans l'acte ne doit pas tant être référé à la puissance, qui de soi est faible et impuissante, qu'à celui qui en est l'auteur, et qui, ayant pu la rendre puissante ou même plus puissante qu'il ne serait de besoin, l'a voulu faire telle qu'elle est. Certainement, comme on ne blâme point un serrurier de n'avoir pas fait une grande clef pour ouvrir un petit cabinet, mais de ce qu'en ayant fait une petite il lui a donné une forme malpropre ou difficile pour l'ouvrir; ainsi ce n'est pas à la vérité une faute en Dieu de ce que voulant donner une puissance de juger à une chétive créature telle que l'homme, il ne lui en a pas donné une si grande qu'elle pût suffire à comprendre tout, ou la plupart des choses, ou les plus hautes et relevées : mais sans doute il y a lieu de s'étonner pourquoi, entre le peu de choses qu'il a voulu soumettre à son jugement, il n'y en a presque point où la puissance qu'il lui a donnée ne se trouve courte, incertaine et impuissante.

3. Après cela vous recherchez *d'où viennent vos erreurs et quelle en peut être la cause.* Et premièrement je ne dispute point ici pourquoi vous appelez l'entendement *la seule faculté de connaître les idées*, c'est-à-dire qui a le pouvoir d'appréhender les choses simplement et sans aucune affirmation ou négation; et que vous appelez la volonté, ou le libre arbitre, *la faculté de juger*, c'est-à-dire à qui il appartient d'affirmer ou de nier, de donner consentement ou de le refuser. Je demande seulement pourquoi vous restreignez l'entendement dans de certaines limites, et que vous n'en donnez aucunes à la volonté ou à la liberté du franc arbitre? Car, à vrai dire, ces deux facultés semblent être d'égale étendue, ou pour le moins l'entendement semble avoir autant d'étendue que la volonté, puisque la volonté ne se peut porter vers aucune chose que l'entendement n'ait auparavant prévue.

J'ai dit que l'entendement *avait au moins autant d'étendue* : car il semble même qu'il s'étende plus loin que la volonté, vu que non seulement notre volonté ou libre arbitre ne se porte sur aucune chose, et que nous ne donnons aucun jugement, et par conséquent ne faisons aucune élection, et n'avons aucun amour ou aversion pour quoi que ce soit que nous n'ayons auparavant appréhendé, et dont l'idée n'ait été conçue et proposée par l'entendement ; mais aussi nous concevons obscurément quantité de choses dont nous ne faisons aucun jugement et pour qui nous n'avons aucun sentiment de suite ou de désir ; et même la faculté de juger est parfois tellement incertaine, que les raisons qu'elle aurait de juger étant égales de part et d'autre, ou bien n'en ayant aucune, il ne s'ensuit aucun jugement, quoique cependant l'entendement conçoive et appréhende ces choses, qui demeurent ainsi indécises et indéterminées.

De plus, lorsque vous dites *que, de toutes les autres choses qui sont en vous, il n'y en a aucune si parfaite et si étendue que vous ne reconnaissiez bien qu'elle pourrait être encore plus grande et plus parfaite, et nommément la faculté d'entendre, dont vous pouvez même former une idée infinie,* cela montre clairement que l'entendement n'a pas moins d'étendue que la volonté, puisqu'il se peut étendre jusqu'à un objet infini. Quant à ce que vous reconnaissez *que votre volonté est égale à celle de Dieu, non pas à la vérité en étendue, mais formellement,* pourquoi, je vous prie, ne pourrez-vous pas dire aussi le même de l'entendement, si vous définissez la notion formelle de l'entendement comme vous faites celle de la volonté.

Mais, pour terminer en un mot notre différend, dites-moi, je vous prie, à quoi la volonté se peut étendre que l'entendement ne puisse atteindre ? Et s'il n'y a rien, comme il y a de l'apparence, *l'erreur ne peut pas venir,* comme vous dites, *de ce que la volonté a plus d'étendue que l'entendement et qu'elle s'étend à juger des choses que l'entendement ne conçoit point,* mais plutôt de ce que ces deux facultés étant d'égale étendue, l'entendement concevant mal certaines choses, la volonté en fait aussi un mauvais jugement. C'est pourquoi je ne vois pas *que vous deviez étendre la volonté au delà des bornes de l'entendement,* puisqu'elle ne juge point des choses que l'entendement ne conçoit point, et qu'elle ne juge mal qu'à cause que l'entendement ne conçoit pas bien.

L'exemple que vous apportez de vous-même (pour confirmer en cela votre opinion) touchant le raisonnement que vous avez fait de l'existence des choses, est à la vérité fort bon en ce qui regarde le jugement de votre existence ; mais quant aux autres choses, il semble avoir été mal pris ; car, quoi que vous disiez, ou plutôt que vous feigniez, il est certain néanmoins que vous ne doutez point, et que vous ne pouvez pas vous empêcher de juger qu'il y a quelque autre chose que vous qui existe et qui est différente de vous, puisque déjà vous conceviez fort bien que vous n'étiez pas seul dans le monde. La supposition que vous faites *que vous n'ayez point de raison qui vous persuade l'un plutôt que l'autre*, vous la pouvez à la vérité faire, mais vous devez aussi en même temps supposer qu'il ne s'ensuivra aucun jugement, et que la volonté demeurera toujours indifférente, et ne se déterminera jamais à donner aucun jugement jusqu'à ce que l'entendement ait trouvé plus de vraisemblance d'un côté que de l'autre.

Et partant, ce que vous dites ensuite, à savoir, *que cette indifférence s'étend tellement aux choses que l'entendement ne découvre pas avec assez de clarté et d'évidence, que, pour probables que soient les conjectures qui vous rendent enclin à juger quelque chose, la seule connaissance que vous avez que ce ne sont que des conjectures suffit pour vous donner occasion de juger le contraire*, ne peut à mon avis être véritable. Car la connaissance que vous avez que ce ne sont que des conjectures fera bien que le jugement où elles font pencher votre esprit ne sera pas ferme et assuré, mais jamais elle ne vous portera à juger le contraire, sinon après que votre esprit aura non seulement rencontré des conjectures aussi probables, mais même de plus fortes et apparentes. Vous ajoutez *que vous avez expérimenté cela ces jours passés, lorsque vous avez supposé pour faux tout ce que vous aviez tenu auparavant pour très véritable;* mais souvenez-vous que cela ne vous a pas été accordé; car, à dire vrai, vous n'avez pu croire ni vous persuader que vous n'aviez jamais vu le soleil, ni la terre, ni aucuns hommes; que vous n'aviez jamais rien ouï, que vous n'aviez jamais marché, ni mangé, ni écrit, ni parlé, ni fait d'autres semblables actions par le ministère du corps.

De tout cela l'on peut enfin conclure *que la forme de l'erreur* ne semble pas tant consister *dans le mauvais usage du libre arbitre,* comme vous prétendez, que dans le peu de rapport qu'il y a entre le jugement et la chose jugée qui procède de ce que l'entendement conçoit la chose autrement qu'elle n'est. C'est pourquoi la faute ne vient pas tant du côté du libre arbitre, de ce qu'il juge mal, que du côté de l'entendement, de ce qu'il ne conçoit pas bien. Car on peut dire qu'il y a une telle dépendance du libre arbitre envers l'entendement que, si l'entendement conçoit ou pense concevoir quelque chose clairement, alors le libre arbitre porte un jugement ferme et arrêté, soit que ce jugement soit vrai en effet, soit qu'il soit estimé tel; mais s'il ne conçoit la chose qu'avec obscurité, alors le libre arbitre ne prononce son jugement qu'avec crainte et incertitude, mais pourtant avec cette créance qu'il est plus vrai que son contraire, soit qu'il arrive que le jugement qu'il fait soit conforme à la vérité, soit aussi qu'il lui soit contraire. D'où il arrive qu'il n'est pas tant en notre pouvoir de nous empêcher de faillir que de persévérer dans l'erreur, et que, pour examiner et corriger nos propres jugements, il n'est pas tant besoin que nous fassions violence à notre libre arbitre, qu'il est nécessaire que nous appliquions notre esprit à de plus claires connaissances, lesquelles ne manqueront jamais d'être suivies d'un meilleur et plus assuré jugement.

4. Vous concluez en exagérant le fruit que vous pouvez tirer de cette Méditation, en même temps *vous prescrivez ce qu'il faut faire pour parvenir à la connaissance de la vérité, à laquelle vous dites que vous parviendrez infailliblement si vous vous arrêtez suffisamment sur toutes les choses que vous concevez parfaitement, et si vous les séparez des autres que vous ne concevez qu'avec confusion et obscurité.*

Pour ceci il est non seulement vrai mais encore tel que toute la précédente Méditation, sans laquelle cela a pu être compris, semble avoir été inutile et superflue. Mais remarquez cependant que la difficulté n'est pas de savoir si l'on doit concevoir les choses clairement et distinctement pour ne se point tromper, mais bien de savoir comment et par quelle méthode on peut reconnaître qu'on a une intelligence si claire et si distincte qu'on soit assuré qu'elle est vraie, et qu'il ne soit pas possible que nous nous trompions. Car vous remarquerez que nous vous avons objecté dès le commencement que fort souvent nous nous trompons, lors même qu'il nous semble que nous connaissons une chose si clairement et si distinctement que nous ne pensons pas que nous puissions connaître rien de plus clair et de plus distinct. Vous vous êtes même fait cette objection, et toutefois nous sommes encore dans l'attente de cet article ou de cette méthode, à laquelle il me semble que vous devez principalement travailler.

CONTRE LA CINQUIÈME MÉDITATION.

*De l'essence des choses matérielles,
et de l'existence de Dieu.*

1. Vous dites premièrement *que vous vous imaginez distinctement la quantité, c'est-à-dire l'extension en longueur, largeur et profondeur, comme aussi le nombre, la figure, la situation, le mouvement et la durée.* Entre toutes ces choses dont vous dites que les idées sont en vous, vous prenez la figure, et entre les figures le triangle rectiligne, touchant

lequel voici ce que vous dites : *Encore qu'il n'y ait peut-être en aucun lieu du monde hors de ma pensée une telle figure, et qu'il n'y en ait jamais eu, il ne laisse pas néanmoins d'y avoir une certaine nature, ou forme, ou essence déterminée de cette figure, laquelle est immuable et éternelle, que je n'ai point inventée, et qui ne dépend en aucune façon de mon esprit ; comme il paraît de ce que l'on peut démontrer diverses propriétés de ce triangle, à savoir que ses trois angles sont égaux à deux droits, que le plus grand angle est soutenu par le plus grand côté, et autres semblables, lesquelles maintenant, soit que je le veuille ou non, je reconnais très clairement, très évidemment être en lui, encore que je n'y aie pensé auparavant en aucune façon lorsque je me suis imaginé la première fois un triangle; et partant on ne peut pas dire que je les aie feintes et inventées.* En ceci consiste tout ce que vous dites touchant l'essence des choses matérielles, car le peu que vous ajoutez de plus tend et revient à la même chose : aussi n'est-ce pas là où je me veux arrêter.

Je remarque seulement que cela semble dur de voir établir *quelque nature immuable et éternelle autre que celle d'un Dieu souverain*. Vous direz peut-être que vous ne dites rien que ce que l'on enseigne tous les jours dans les écoles, à savoir, que les natures ou les essences des choses sont éternelles, et que les propositions que l'on en forme sont aussi d'une éternelle vérité. Mais cela même est aussi fort dur et fort difficile à se persuader; et d'ailleurs le moyen de comprendre qu'il y ait une nature humaine lorsqu'il n'y a aucun homme, ou que la rose soit une fleur lors même qu'il n'y a encore point de rose.

Je sais bien qu'ils disent que c'est autre chose de parler de l'essence des choses, et autre chose de parler de leur existence, et qu'ils demeurent bien d'accord que l'existence des choses n'est pas de toute éternité, mais cependant ils veulent que leur essence soit éternelle. Mais si cela est vrai, étant certain aussi que ce qu'il y a de principal dans les choses est l'essence, qu'est-ce donc que Dieu fait de considérable quand il produit l'existence? Certainement il ne fait rien de plus qu'un tailleur lorsqu'il revêt un homme de son habit. Toutefois comment soutiendront-ils que l'essence de l'homme qui est, par exemple, dans Platon, soit éternelle et indépendante de Dieu? en tant qu'elle est universelle, diront-ils. Mais il n'y a rien dans Platon que de singulier; et de fait l'entendement a bien de coutume, de toutes les natures semblables qu'il a vues dans Platon, dans Socrate et dans tous les autres hommes, d'en former un certain concept commun en quoi ils conviennent tous, et qui peut bien par conséquent être appelé une nature universelle ou l'essence de l'homme, en tant que l'on conçoit qu'elle convient à tous en général ; mais qu'elle ait été universelle avant que Platon fût et tous les autres hommes, et que l'entendement eût fait cette abstraction universelle, certainement cela ne se peut expliquer.

Quoi donc! direz-vous, cette proposition, *l'homme est animal*, n'était-elle pas vraie avant même qu'il y eût aucun homme, et conséquemment de toute éternité? Pour moi je vous dirai franchement que je ne conçois point qu'elle fût vraie, sinon en ce sens que si jamais il y a aucun homme, de nécessité il sera animal. Car, en effet, bien qu'il semble y avoir de la différence entre ces deux propositions : *l'homme est*, et *l'homme est animal*, en ce que par la première l'existence est plus spécialement signifiée, et par la seconde l'essence, néanmoins il est certain que ni l'essence n'est point exclue de la première, ni l'existence de la seconde. Car quand on dit que l'homme est, ou existe, l'on entend l'homme animal ; et lorsque l'on dit que l'homme est animal, l'on entend l'homme lorsqu'il est ou qu'il existe. De plus, cette proposition : *l'homme est animal*, n'étant pas d'une vérité plus nécessaire que celle-ci : *Platon est homme*, il s'ensuivrait par conséquent que cette dernière serait d'une éternelle vérité, et que l'essence singulière de Platon ne serait pas moins indépendante de Dieu que l'essence universelle de l'homme, et autres choses semblables qu'il serait ennuyeux de poursuivre. J'ajoute à cela néanmoins que, lorsque l'on dit que l'homme est d'une telle nature qu'il ne peut être qu'il ne soit animal, il ne faut pas pour cela s'imaginer que cette nature soit quelque chose de réel, ou d'existant hors de l'entendement, mais que cela ne veut dire autre chose sinon qu'afin qu'une chose soit homme elle doit être semblable à toutes les autres choses auxquelles, à cause de la mutuelle ressemblance qui est entre elles, on a donné le même nom d'homme : ressemblance, dis-je, des natures singulières, au sujet de laquelle l'entendement a pris occasion de former un concept, ou idée, ou forme d'une nature commune, de laquelle rien ne se doit éloigner de tout ce qui doit être homme.

Cela ainsi expliqué, j'en dis de même de votre triangle ou de sa nature ; car il est bien vrai que le triangle que vous avez dans l'esprit est comme une règle qui vous sert pour examiner si quelque chose doit être appelée du nom de triangle ; mais il ne faut pas pour cela penser que ce triangle soit quelque chose de réel, ou une nature vraie, existante hors de l'entendement, puisque c'est l'esprit seul qui l'a formée sur le modèle des triangles matériels que les sens lui ont fait apercevoir, et dont il a ramassé toutes les idées pour en faire une commune, en la manière que je viens d'expliquer touchant la nature de l'homme.

C'est pourquoi aussi il ne se faut pas imaginer que les propriétés que l'on démontre appartenir aux triangles matériels leur conviennent pour les avoir empruntées de ce triangle idéal et universel ; puisque tout au contraire ce sont eux qui les ont véritablement en soi, et non pas l'autre, sinon en tant que l'entendement lui attribue ces mêmes propriétés, après avoir reconnu qu'elles sont dans les autres, dont puis après il leur doit rendre compte et les leur restituer quand il est question de faire quelque démonstration ; tout ainsi que les propriétés de la nature humaine ne sont point dans Platon ni dans Socrate, par emprunt qu'ils en aient fait de cette nature universelle ; car tout au contraire cette nature universelle ne les a qu'à cause que l'entendement les lui attribue, après qu'il a reconnu qu'elles étaient dans Platon, dans Socrate, et dans tout le reste des hommes ; à condition néanmoins de leur en tenir compte et de les restituer à chacun d'eux lorsqu'il sera besoin de faire un argument.

Car c'est chose claire et connue d'un chacun que l'entendement ayant vu Platon, Socrate, et tant d'autres hommes, tous raisonnables, a fait et formé cette proposition universelle, *tout homme est raisonnable*, et que lorsqu'il veut puis après prouver que Platon est raisonnable, il la prend pour le principe de son syllogisme.

Il est bien vrai que vous dites, ô esprit, *que vous avez en vous l'idée du triangle, et que vous n'auriez pas laissé de l'avoir, encore que vous n'eussiez jamais vu dans les corps aucune figure triangulaire ; de même que vous avez en vous l'idée de plusieurs autres figures qui ne vous sont jamais tombées sous les sens.*

Mais si, comme je disais tantôt, vous eussiez été tellement privé de toutes les fonctions des sens que vous n'eussiez jamais rien vu, et que vous n'eussiez point touché diverses superficies ou extrémités des corps, pensez-vous que vous eussiez pu former en vous-même l'idée du triangle ou d'aucune autre figure ? *Vous en avez maintenant plusieurs qui jamais ne vous sont tombées sous les sens* ; j'en demeure d'accord, et il ne vous a pas été difficile, parce que sur le modèle de celles qui vous ont touché les sens vous avez pu en former et composer une infinité d'autres en la manière que je l'ai ci-devant expliqué.

Il faudrait ici outre cela parler de cette fausse et imaginaire nature du triangle, par laquelle on suppose qu'il est composé de lignes qui n'ont point de largeur, qu'il contient un espace qui n'a point de profondeur, et qu'il se termine à trois points qui n'ont point de parties ; mais cela nous écarterait trop du sujet.

2. Ensuite de cela vous entreprenez derechef la preuve de l'existence d'un Dieu, dont la force consiste en ces paroles : *Quiconque y pense sérieusement trouve*, dites-vous, *qu'il est manifeste que l'existence ne peut non plus être séparée de l'essence de Dieu, que de l'essence d'un triangle rectiligne la grandeur de ses trois angles égaux à deux droits, ou bien de l'idée d'une montagne l'idée d'une vallée ; en sorte qu'il n'y a pas moins de répugnance de concevoir un Dieu (c'est-à-dire un être souverainement parfait) auquel manque l'existence, (c'est-à-dire auquel manque quelque perfection), que de concevoir une montagne qui n'ait point de vallée.* Où il faut remarquer que votre comparaison semble n'être pas assez juste et exacte.

Car d'un côté vous avez bien raison de comparer, comme vous faites, l'essence avec l'essence ; mais après cela vous ne comparez pas l'existence avec l'existence, ou la propriété avec la propriété, mais l'existence avec la propriété. C'est pourquoi il fallait, ce semble, dire ou que la toute-puissance, par exemple, ne peut non plus être séparée de l'essence de Dieu que de l'essence du triangle cette égalité de la grandeur de ses angles : ou bien que l'existence ne peut non plus être séparée de l'essence de Dieu que de l'essence du triangle son existence ; car ainsi l'une et l'autre comparaison aurait été bien faite, et non seulement la première vous aurait été accordée, mais aussi la dernière ; et néanmoins ce n'aurait pas été une preuve convaincante de l'existence nécessaire d'un Dieu, non plus qu'il ne s'ensuit pas nécessairement qu'il y ait au monde aucun triangle, quoique son essence et son existence soient en effet inséparables, quelque division que notre esprit en fasse, c'est-à-dire quoiqu'il les conçoive séparément ; en même façon qu'il peut aussi concevoir séparément l'essence et l'existence de Dieu.

Il faut ensuite remarquer que vous mettez l'existence entre les perfections divines, et que vous ne la mettez pas entre celles d'un triangle ou d'une montagne, quoique néanmoins elle soit autant, et selon la manière d'être de chacun, la perfection de l'un que de l'autre. Mais à vrai dire, soit que vous considériez l'existence en Dieu, soit que vous la considériez en quelque autre sujet, elle n'est point une perfection, mais seulement une forme ou un acte sans lequel il n'y en peut avoir.

Et de ce fait ce qui n'existe point n'a ni perfection ni imperfection ; mais ce qui existe, et qui outre l'existence a plusieurs perfections, n'a pas l'existence comme une perfection singulière et l'une d'entre elles, mais seulement comme une forme ou un acte par lequel la chose même et ses perfections sont existantes, et sans lequel ni la chose ni ses perfections ne seraient point.

De là vient ni qu'on ne dit pas que l'existence soit dans une chose comme une perfection, ni, si une chose manque d'existence, on ne dit pas tant qu'elle est imparfaite ou qu'elle est privée de quelque perfection, que l'on dit qu'elle est nulle ou qu'elle n'est point du tout.

C'est pourquoi, comme en nombrant les perfections du triangle vous n'y comprenez pas l'existence et ne concluez pas aussi que le triangle existe, de même en faisant le dénombrement des perfections de Dieu vous n'avez pas dû y comprendre l'existence pour conclure de là que Dieu existe, si vous ne vouliez prendre pour une chose prouvée ce qui est en dispute, et faire de la question un principe.

Vous dites *que dans toutes les autres choses l'existence est distinguée de l'essence, excepté en Dieu*. Mais comment, je vous prie, l'existence et l'essence de Platon sont-elles distinguées entre elles, si ce n'est peut-être par la pensée ? Car supposé que Platon n'existe plus, que deviendra son essence ? Et pareillement en Dieu l'essence et l'existence ne sont-elles pas distinguées par la pensée ?

Vous vous faites ensuite cette objection : *Peut-être que, comme de cela seul que je conçois une montagne avec une vallée ou un cheval ailé, il ne s'ensuit pas qu'il y ait au monde aucune montagne ni aucun cheval qui ait des ailes : ainsi, de ce que je conçois Dieu comme existant, il ne s'ensuit pas qu'il existe.* Et là-dessus vous dites qu'il y a un sophisme caché sous l'apparence de cette objection. Mais il ne vous a pas été fort difficile de soudre un sophisme que vous vous êtes feint vous-même, principalement vous étant servi d'une si manifeste contradiction, à savoir que Dieu existant n'existe pas, et ne prenant pas de la même façon, c'est-à-dire comme existant, le cheval ou la montagne.

Mais si, comme vous avez enfermé dans votre comparaison la montagne avec la vallée et le cheval avec des ailes, de même vous eussiez considéré Dieu avec de la science, de la puissance, ou avec d'autres attributs, pour lors la difficulté eût été tout entière et fort bien établie : et c'eût été à vous à nous expliquer comment il se peut faire que nous puissions concevoir une montagne rampante ou un cheval ailé sans penser qu'ils existent, et cependant qu'il soit impossible de concevoir un Dieu tout connaissant et tout-puissant si nous ne le concevons en même temps existant.

Vous dites *qu'il ne nous est pas libre de concevoir un Dieu sans existence, c'est-à-dire un être souverainement parfait* sans une souveraine perfection, comme il nous est libre d'imaginer un cheval sans ailes ou avec des ailes. Mais il n'y a rien à ajouter à cela sinon que, comme il nous est libre de concevoir un cheval qui a des ailes sans penser à l'existence, laquelle si elle lui arrive, ce sera selon vous une perfection en lui ; ainsi il nous est libre de concevoir un Dieu ayant en soi la science, la puissance et toutes les autres perfections, sans penser à l'existence, laquelle si elle lui arrive, sa perfection pour lors sera consommée et du tout accomplie. C'est pourquoi, comme, de ce que je conçois un cheval qui a la perfection d'avoir des ailes, on n'infère pas pour cela qu'il a celle de l'existence, laquelle selon vous est la principale de toutes, de même aussi de ce que je conçois un Dieu qui possède la science et toutes les autres perfections, on ne peut pas conclure pour cela qu'il existe, mais son existence a encore besoin d'être prouvée.

Et encore que vous disiez *que, dans l'idée d'un être souverainement parfait, l'existence et toutes les autres perfections y sont comprises*, vous avancez sans preuve ce qui est en question, et vous prenez la conclusion pour un principe. Car autrement je dirais aussi que dans l'idée d'un Pégase parfait, la perfection d'avoir des ailes n'est pas seulement contenue, mais celle aussi de l'existence. Car comme Dieu est conçu parfait en tout genre de perfection, de même un Pégase est conçu parfait en son genre ; et il ne semble pas que l'on puisse ici rien répliquer que, la même proportion étant gardée, on ne puisse appliquer à l'un et à l'autre.

Vous dites *de même qu'en concevant un triangle il n'est pas nécessaire de penser qu'il a ses trois angles égaux à deux droits, quoique cela n'en soit pas moins véritable, comme il paraît par après à toute personne qui l'examine avec soin ; ainsi on peut bien concevoir les autres perfections de Dieu sans penser à l'existence, mais il n'est pas pour cela moins vrai qu'il la possède, comme on est obligé d'avouer lorsqu'on vient à reconnaître qu'elle est une perfection*. Toutefois vous jugez bien ce que l'on peut répondre : c'est à savoir que comme on reconnaît par après que cette propriété se trouve dans le triangle, parce qu'on le prouve par une bonne démonstration, ainsi pour reconnaître que l'existence est nécessairement en Dieu, il le faut aussi démontrer par de bonnes et solides raisons : car autrement il n'y a chose aucune qu'on ne puisse dire ou prétendre être de l'essence de quelque autre chose que ce soit.

Vous dites *que lorsque vous attribuez à Dieu toutes sortes de perfections, vous ne faites pas de même que si vous pensiez que toutes les figures de quatre côtés pussent être inscrites dans le cercle : autant que, comme vous vous trompez en ceci, parce que vous reconnaissez par après que le rhombe n'y peut être inscrit, vous ne vous trompez pas de même en l'autre, parce que par après vous venez à reconnaître que l'existence convient effectivement à Dieu.* Mais certes il semble que vous fassiez de même, ou, si vous ne le faites pas, il est nécessaire que vous montriez que l'existence ne répugne point à la nature de Dieu, comme on montre qu'il répugne que le rhombe puisse être inscrit dedans le cercle.

Je passe sous silence plusieurs autres choses, lesquelles auraient besoin ou d'une ample explication d'une preuve plus convaincante ou même qui se détruisent par ce qui a été dit auparavant : par exemple, *qu'on ne saurait concevoir autre chose que Dieu seul à l'essence de laquelle l'existence appartienne avec nécessité; puis aussi qu'il n'est pas possible de concevoir deux ou plusieurs dieux de même façon, et, posé que maintenant il y en ait un qui existe, il est nécessaire qu'il ait été auparavant de toute éternité, et qu'il soit éternellement à l'avenir; et que vous conceviez une infinité d'autres choses en Dieu dont vous ne pouvez rien diminuer ni changer; et enfin que ces choses doivent être considérées de près, et très soigneusement examinées pour les apercevoir et en connaître la vérité.*

3. Enfin vous dites *que la certitude et vérité de toute science dépend si absolument de la connaissance du vrai Dieu, que sans elle il est impossible d'avoir jamais aucune certitude ou vérité dans les sciences.* Vous en apportez cet exemple : *lorsque je considère*, dites-vous, *la nature du triangle, je connais évidemment, moi qui suis un peu versé dans la géométrie, que ses trois angles sont égaux à deux droits, et il ne m'est pas possible de ne le point croire pendant que j'applique ma pensée à sa démonstration; mais aussitôt que je l'en détourne, encore que je me ressouvienne de l'avoir clairement comprise, toutefois il se peut faire aisément que je doute de sa vérité, si j'ignore qu'il y ait un Dieu; car je puis me persuader d'avoir été fait tel par la nature que je me puisse aisément tromper, même dans les choses que je pense comprendre avec le plus d'évidence et de certitude : vu principalement que je me ressouviens d'avoir souvent estimé beaucoup de choses pour vraies et certaines, lesquelles, par après, d'autres raisons m'ont porté à juger absolument fausses. Mais après que j'ai reconnu qu'il y a un Dieu, pour ce qu'en même temps j'ai reconnu aussi que toutes choses dépendent de lui et qu'il n'est point trompeur, et qu'ensuite de cela j'ai jugé que tout ce que je conçois clairement et distinctement ne peut manquer d'être vrai, encore que je ne pense plus aux raisons pour lesquelles j'aurai jugé une chose être véritable, pourvu que je me ressouvienne de l'avoir clairement et distinctement com-*

prise, on ne me peut apporter aucune raison contraire qui me la fasse jamais révoquer en doute, et ainsi j'en ai une vraie et certaine science; et cette même science s'étend aussi à toutes les autres choses que je me ressouviens d'avoir autrefois démontrées, comme aux vérités de géométries et autres semblables.

A cela, Monsieur, voyant que vous parlez si sérieusement, et croyant aussi que vous le dites tout de bon, je ne vois pas que j'aie autre chose à dire sinon qu'il sera difficile que vous trouviez personne qui se persuade que vous ayez été autrefois moins assuré de la vérité des démonstrations géométriques que vous l'êtes à présent que vous avez acquis la connaissance d'un Dieu. Car, en effet, ces démonstrations sont d'une telle évidence et certitude que, sans attendre notre délibération, elles nous arrachent d'elles-mêmes le consentement, et lorsqu'elles sont une fois comprises, elles ne permettent pas à notre esprit de demeurer davantage en suspens touchant la croyance qu'il en doit avoir; de façon que j'estime que vous avez autant de raison de ne pas craindre en ceci les ruses de ce mauvais génie qui tâche incessamment de vous surprendre, que lorsque vous avez soutenu si affirmativement qu'il était impossible que vous pussiez vous méprendre touchant cet antécédent et sa conséquence, *je pense donc je suis*, quoique pour lors vous ne fussiez pas encore assuré de l'existence d'un Dieu. Et même encore qu'il soit très vrai (comme en effet il n'y a rien de plus véritable), qu'il y a un Dieu, lequel est l'auteur de toutes choses et qui n'est point trompeur : toutefois, parce que cela ne semble pas être si évident que le sont les démonstrations de géométrie (de quoi il ne faut point d'autre preuve sinon qu'il y en a plusieurs qui mettent en question l'existence de Dieu, la création du monde, et quantité d'autres choses qui se disent de Dieu, et que pas un ne révoque en doute les démonstrations de géométrie), qui sera celui qui se pourra laisser persuader que celles-ci empruntent leur évidence et leur certitude des autres? Et qui pourra croire que Diagore, Théodore, et tous les autres semblables athées, ne puissent être rendus certains de la vérité de ces sortes de démonstrations ? Et enfin où trouverez-vous personne qui, étant interrogé sur la certitude qu'il a qu'en tout triangle rectangle le carré de la base est égal aux carrés des côtés, réponde qu'il en est assuré parce qu'il sait qu'il y a un Dieu qui ne peut être trompeur, et qui est lui-même l'auteur de cette vérité, et de toutes les choses qui sont au monde? mais plutôt, où est celui qui ne répondra qu'il en est assuré parce qu'il sait cela certainement, et qu'il en est fortement persuadé par une très infaillible démonstration?

combien à plus forte raison est-il à présumer que Pythagore, Platon, Archimède, Euclide, et tous les autres anciens mathématiciens feraient la même réponse, n'y en ayant, ce semble, pas un d'entre eux qui ait eu aucune pensée de Dieu pour s'assurer de la vérité de telles démonstrations ; toutefois parce que peut-être ne répondrez-vous pas des autres, mais seulement de vous-même, et que d'ailleurs c'est une chose louable et pieuse, il n'y a pas lieu d'insister sur cela davantage.

CONTRE LA SIXIÈME MÉDITATION.

De l'existence des choses matérielles, et de la distinction réelle entre l'âme et le corps de l'homme.

1. Je ne m'arrête point ici sur ce que vous dites *que les choses matérielles peuvent exister en tant qu'on les considère comme l'objet des mathématiques pures*, quoique néanmoins les choses matérielles soient l'objet des mathématiques composées, et que celui des pures mathématiques, comme le point, la ligne, la superficie, et les indivisibles qui en sont composés, ne puissent avoir aucune existence réelle.

Je m'arrête seulement sur ce que vous distinguez derechef ici, *l'imagination de l'intellection, ou conception pure*. Car, comme j'ai déjà remarqué auparavant, ces deux opérations semblent être les actions d'une même faculté ; et s'il y a entre elles quelque différence, ce ne peut être que selon le plus et le moins, et de fait, prenez garde, comme je le prouve par cela même que vous avancez.

Vous avez dit ci-devant *qu'imaginer n'est rien autre chose que contempler la figure ou l'image d'une chose corporelle*, et ici vous demeurez d'accord que *concevoir ou entendre, c'est contempler un triangle, un pentagone, un chiliogone, un myriogone*, et autres choses semblables, qui sont des figures des choses corporelles ; maintenant vous en établirez la différence, en ce que *l'imagination se fait*, dites-vous, *avec quelque sorte d'application de la faculté qui connaît vers le corps, et que l'intellection ne demande point cette sorte d'application ou contention d'esprit*. En sorte que, lorsque tout simplement et sans peine vous concevez un triangle comme une figure qui a trois angles, vous appelez cela une *intellection* ; et que lorsque avec quelque sorte d'effort et de contention vous vous rendez cette figure comme présente, que vous la considérez, que vous l'examinez, que vous la concevez *distinctement et par le menu, et que vous en distinguez les trois angles, vous appelez cela une imagination. Et partant, étant vrai que vous concevez fort facilement qu'un chiliogone est une figure de mille angles, et que néanmoins quelque contention d'esprit que vous fassiez vous ne sauriez discerner distinctement et par le menu tous ces angles et vous les rendre tous comme présents, votre esprit n'y ayant pas moins en cela de confusion que lorsqu'il considère un myriogone, ou quelque autre figure de beaucoup de côtés : pour cette raison vous dites qu'au regard du chiliogone ou du myriogone votre pensée est une intellection et non point une imagination.*

Toutefois je ne vois rien qui puisse empêcher que vous n'étendiez votre imagination aussi bien que votre intellection sur le chiliogone, comme vous faites sur le triangle. Car de vrai vous faites bien quelque sorte d'effort pour imaginer en quelque façon cette figure composée de tant d'angles, quoique leur nombre soit si grand que vous ne puissiez concevoir distinctement : et d'ailleurs vous concevez bien à la vérité par ce mot de chiliogone une figure de mille angles, mais cela n'est qu'un effet de la force ou de la signification du mot, non que pour cela vous *conceviez* plutôt les mille angles de cette figure que vous ne les *imaginez*.

Mais il faut ici prendre garde comment peu à peu et comme par degrés la distinction se perd et la confusion s'augmente. Car il est certain que vous vous représenterez ou imaginerez, ou même que vous concevrez plus confusément un carré qu'un triangle, mais plus distinctement qu'un pentagone, et celui-ci plus confusément qu'un carré, et plus distinctement qu'un hexagone, et ainsi de suite, jusqu'à ce que vous ne puissiez plus vous rien proposer nettement, et parce qu'alors, quelque conception que vous ayez, elle ne saurait être nette ni distincte, pour lors aussi vous négligez de faire aucun effort sur votre esprit.

C'est pourquoi, si, lorsque vous concevez une figure distinctement et avec quelque sensible contention, vous voulez appeler cette façon de concevoir une imagination et une intellection tout ensemble, et si, lorsque votre conception est confuse, et qu'avec peu ou point du tout de contention d'esprit vous concevez une figure, vous voulez appeler cela du seul nom d'intellection, certainement il vous sera permis ; mais vous ne trouverez pas pour cela que vous ayez lieu d'établir plus d'une sorte de connaissance intérieure, à qui ce ne sera toujours qu'une chose accidentelle, que tantôt plus fortement et tantôt moins, tantôt distinctement et tantôt confusément, vous conceviez quelque figure. Et certes, si depuis l'heptagone et l'octogone nous voulons parcourir toutes les autres figures jusqu'au chiliogone ou au myriogone, et prendre garde en même temps à tous les degrés où se rencontre une plus grande ou une moindre distinction et confusion, pourrons-nous dire en quel endroit ou plutôt en quelle figure l'imagination cesse et la seule intellection demeure ? Mais plutôt ne verra-t-on pas une suite et liaison continuelle d'une seule et même connaissance dont la distinction et contention diminue toujours peu à peu, à mesure que la confusion et rémission augmente et s'accroît aussi insensiblement. Considérez d'ailleurs, je vous prie, de quelle sorte vous ravalez l'intellection, et à quel point vous élevez l'imagination. Car que prétendez-vous autre chose que d'avilir l'une et élever l'autre, lorsque vous donnez à l'intellection la négligence et la confusion pour partage, et que vous attribuez à l'imagination toute sorte de distinction, de netteté et de diligence ?

Vous dites ensuite *que la vertu d'imaginer qui est en vous, en tant qu'elle diffère de la puissance de concevoir, n'est point requise à votre essence, c'est-à-dire à l'essence de votre esprit;* mais comment cela pourrait-il être si l'une et l'autre ne sont qu'une seule et même vertu ou faculté dont les fonctions ne diffèrent que selon le plus et le moins ? Vous ajoutez *que l'esprit en imaginant se tourne vers le corps, et qu'en concevant il se considère soi-même, ou les idées qu'il a en soi.* Mais comment cela si l'esprit ne se peut tourner vers soi-même, ni considérer aucune idée, qu'il ne se tourne en même temps vers quelque chose de corporel, ou représenté par quelque idée corporelle ? Car en effet le triangle, le pentagone, le chiliogone, le myriogone, et toutes les autres figures, ou même les idées de toutes ces figures, sont toutes corporelles; et l'esprit ne saurait penser à elles avec attention qu'en les concevant comme corporelles ou à la façon des choses corporelles. Pour ce qui est des idées des choses que nous croyons être immatérielles comme celles de Dieu, des anges, de l'âme de l'homme ou de l'esprit, il est même constant que les idées que nous en avons sont ou corporelles, ou quasi corporelles, ayant été tirées de la forme et ressemblance de l'homme, et de quelques autres choses fort simples, fort légères et fort imperceptibles, tels que sont le vent, le feu ou l'air, ainsi que nous avons déjà dit. Quant à ce que vous dites *que ce n'est que probablement que vous conjecturez qu'il y a quelque corps qui existe,* il n'est pas besoin de s'y arrêter, parce qu'il n'est pas possible que vous le disiez tout de bon.

2. Ensuite de cela vous traitez du sentiment, et tout d'abord vous faites une belle énumération de toutes les choses que vous aviez connues par le moyen des sens, et que vous aviez reçues pour vraies, parce que la nature semblait

ainsi vous l'enseigner. Et incontinent après vous rapportez certaines expériences qui ont tellement renversé toute la foi que vous ajoutiez aux sens, qu'elles vous ont réduit au point où nous vous avons vu dans la première Méditation, qui était de révoquer toutes choses en doute.

Or, ce n'est pas mon dessein de disputer ici de la vérité de nos sens. Car, bien que la tromperie ou fausseté ne soit pas proprement dans le sens, lequel n'agit point, mais qui reçoit simplement les images et les rapporte comme elles lui apparaissent, et comme elles doivent nécessairement lui apparaître à cause de la disposition où se trouve lors le sens, l'objet et le milieu : mais qu'elle soit plutôt dans le jugement ou dans l'esprit, lequel n'apporte pas toute la circonspection requise, et qui ne prend pas garde que les choses éloignées, pour cela même qu'elles sont éloignées, ou même pour d'autres causes, nous doivent paraître plus petites et plus confuses que lorsqu'elles sont plus proches de nous, et ainsi du reste ; toutefois de quelque côté que l'erreur vienne, il faut avouer qu'il y en a ; et il n'y a seulement de la difficulté qu'à savoir s'il est donc vrai que nous ne puissions jamais être assurés de la vérité d'aucune chose que le sens nous aura fait apercevoir.

Mais certes je ne vois pas qu'il faille beaucoup se mettre en peine de terminer une question que tant d'exemples journaliers décident si clairement ; je réponds seulement à ce que vous dites, ou plutôt à ce que vous vous objectez, qu'il est très constant que lorsque nous regardons de près une tour et que nous la touchons quasi de la main, nous ne doutons plus qu'elle ne soit carrée : quoiqu'en étant un peu éloignés nous avions occasion de juger qu'elle était ronde ou du moins de douter si elle était carrée ou ronde, ou de quelque autre figure.

Ainsi ce sentiment de douleur qui paraît être encore dans le pied ou dans la main, après même que ces membres ont été retranchés du corps, peut bien quelquefois tromper ceux à qui on les a coupés, et cela à cause des esprits animaux qui avaient coutume d'être portés dans ces membres, et d'y causer le sentiment ; toutefois, ceux qui ont tous leurs membres sains et entiers sont si assurés de sentir de la douleur au pied ou à la main, dont la blessure est encore toute fraîche et toute récente, qu'il leur est impossible d'en douter.

Ainsi notre vie étant partagée entre la veille et le sommeil, il est vrai que celui-ci nous trompe quelquefois, en ce qu'il nous semble alors que nous voyons devant nous des choses qui n'y sont point ; mais aussi nous ne dormons pas toujours, et lorsque nous sommes en effet éveillés, nous en sommes trop assurés pour être encore dans le doute si nous veillons ou si nous rêvons.

Ainsi, quoique nous puissions penser que nous sommes d'une nature à se pouvoir tromper même dans les choses qui nous semblent les plus véritables, toutefois nous savons aussi que nous avons cela de la nature de pouvoir connaître la vérité, et comme nous nous trompons quelquefois, par exemple lorsqu'un sophisme nous impose, ou qu'un bâton est à demi dans l'eau ; aussi quelquefois connaissons-nous la vérité comme dans les démonstrations géométriques ou dans un bâton qui est hors de l'eau ; car ces vérités sont si apparentes qu'il n'est pas possible que nous en puissions douter. Et bien que nous eussions sujet de nous défier de la vérité de toutes nos autres connaissances, au moins ne pourrions-nous pas douter de ceci, à savoir que toutes les choses nous paraissent telles qu'elles nous paraissent ? et il n'est pas possible qu'il ne soit très vrai qu'elles nous paraissent de la sorte. Et quoique la raison nous détourne souvent de beaucoup de choses où la nature semble nous porter, cela toutefois n'ôte pas la vérité des phénomènes, et n'empêche pas qu'il ne soit vrai que nous voyons les choses comme nous les voyons. Mais ce n'est pas ici le lieu de considérer de quelle façon la raison s'oppose à l'impulsion du sens, et si ce n'est point peut-être de la même façon que la main droite soutiendrait la gauche qui n'aurait pas la force de se soutenir elle-même, ou bien si c'est de quelque autre manière.

3. Vous entrez ensuite en matière, mais il semble que vous vous y engagiez comme par une légère escarmouche ; car vous poursuivez ainsi : *Mais maintenant que je commence à me mieux connaître moi-même et à découvrir plus clairement l'auteur de mon origine, je ne pense pas à la vérité que je doive témérairement admettre toutes les choses que les sens me semblent enseigner, mais je ne pense pas aussi que je les doive toutes généralement révoquer en doute.* Vous avez raison de dire ceci, et je crois sans doute que ç'a toujours été sur cela votre pensée.

Vous continuez : *Et premièrement pour ce que je sais que toutes les choses que je conçois clairement et distinctement peuvent être produites par Dieu telles que je les conçois, c'est assez que je puisse concevoir clairement et distinctement une chose sans une autre pour être certain que l'une est distincte ou différente de l'autre, parce qu'elles peuvent être posées séparément, au moins par la toute-puissance de Dieu; et il n'importe par quelle puissance cette séparation se fasse pour m'obliger à les juger différentes.* A cela je n'ai rien autre chose à dire, sinon que vous prouvez une chose claire par une qui est obscure, pour ne pas même dire qu'il y a quelque sorte d'obscurité dans la conséquence que vous tirez. Je ne m'arrête pas non plus à vous objecter qu'il fallait avoir auparavant démontré que Dieu existe, et sur quelles choses sa puissance se peut étendre, pour montrer qu'il peut faire tout ce que vous pouvez clairement concevoir : je vous demande seulement si vous ne concevez pas clairement et distinctement cette propriété du triangle, à savoir *que les plus grands côtés sont soutenus par les plus grands angles,* séparément de celle-ci, à savoir *que ses trois angles pris ensemble sont égaux à deux droits ?* Et si pour cela vous croyez que Dieu puisse tellement séparer cette propriété d'avec l'autre, que le triangle puisse tantôt avoir celle-ci sans avoir l'autre, ou tantôt avoir l'autre sans celle-ci ? Mais pour ne nous point arrêter ici davantage, d'autant que cette séparation fait peu à notre sujet, vous ajoutez : *et partant de cela même que je connais avec certitude que j'existe, et que cependant je ne remarque point qu'il appartienne nécessairement aucune autre chose à ma nature ou à mon essence, sinon que je suis une chose qui pense, je conclus fort bien que mon essence consiste en cela seul que je suis une chose qui pense, ou une substance dont toute l'essence ou la nature n'est que de penser.* Ce serait ici où je me voudrais arrêter, mais où il suffit de répéter ce que j'ai déjà allégué touchant la seconde Méditation, ou bien il faut attendre ce que vous voulez inférer.

Voici donc enfin ce que vous concluez : *et quoique peut-être (ou plutôt certainement comme je le dirai tantôt) j'aie un corps, auquel je suis très étroitement conjoint ; toutefois parce que d'un côté j'ai une claire et distincte idée de moi-même, en tant que je suis seulement une chose qui pense et non étendue, et que d'un autre j'ai une idée distincte du corps en tant qu'il est seulement une chose étendue et qui ne pense point : il est certain que moi, c'est-à-dire mon esprit ou mon âme, par laquelle je suis ce que je suis, est entièrement et véritablement distincte de mon corps, et qu'elle peut être ou exister sans lui.*

C'était ici sans doute le but où vous tendiez : c'est pourquoi, puisque c'est en ceci que consiste principalement toute la difficulté, il est besoin de s'y arrêter un peu pour voir de quelle façon vous vous en démêlez. Premièrement il s'agit ici d'une distinction d'entre l'esprit ou l'âme de l'homme et le corps ; mais de quel corps entendez-vous parler ? Certainement, si je l'ai bien compris, c'est de ce corps grossier qui est composé de membres : car voici vos paroles : *j'ai un corps auquel je suis conjoint ;* et un peu après : *il est certain que moi, c'est-à-dire mon esprit, est distinct de mon corps, etc.*

Mais j'ai à vous avertir, ô esprit, que la difficulté n'est pas touchant ce corps massif et grossier. Cela serait bon si je vous objectais selon la pensée de quelques philosophes que vous fussiez la perfection appelée des Grecs ἐντελέχεια, l'acte, la forme, l'espèce, et pour parler en termes ordinaires, le mode du corps ; car de vrai ceux qui sont dans ce sentiment n'estiment pas que vous soyez plus distinct ou séparable du corps que la figure ou quelque autre de ses modes : et cela, soit que vous soyez l'âme toute entière de l'homme, soit que vous soyez une vertu ou une puissance surajoutée, que les Grecs appellent νοῦς δυνάμει, νοῦς παθητικός, un entendement possible, ou passible. Mais je veux agir avec vous plus libéralement, en vous considérant comme un entendement agent, appelé des Grecs νοῦς ποιητικός et même séparable, appelé par eux χωριστόν, bien que ce soit d'une autre façon qu'ils ne se l'imaginaient.

Car ces philosophes croyant que cet entendement agent était commun à tous les hommes (ou même à toutes les choses du monde) et qu'il faisait à l'endroit de l'entendement possible, pour le faire entendre, ce que la lumière fait à l'œil pour le faire voir (d'où vient qu'ils avaient coutume de le comparer à la lumière du soleil, et par conséquent de le regarder comme une chose étrangère et venant de dehors) ; de moi je vous considère plutôt (puisque d'ailleurs je vois que cela vous plaît) comme un certain esprit ou un entendement particulier, qui dominez dedans le corps.

Je répète encore une fois que la difficulté n'est pas de savoir si vous êtes séparable ou non de ce corps massif et grossier (d'où vient que je disais un peu auparavant qu'il n'était pas nécessaire de recourir à la puissance de Dieu pour rendre ces choses-là séparables que vous concevez séparément), mais bien de savoir si vous n'êtes pas vous-même quelque autre corps pouvant être un corps plus subtil et plus délié, diffus dedans ce corps épais et massif, ou résidant seulement dans quelqu'une de ses parties. Au reste ne pensez pas nous avoir jusques ici montré que vous êtes une chose purement spirituelle et qui ne tient rien du corps ; et lorsque dans la seconde Méditation vous avez dit *que vous n'étiez point un vent, un feu, une vapeur, un air*, vous devez vous souvenir que je vous ai fait remarquer que vous disiez cela sans aucune preuve.

Vous disiez aussi *que vous ne disputiez pas en ce lieu-là de ces choses* ; mais je ne vois point que vous en ayez traité depuis et que vous ayez apporté aucune raison pour prouver que vous n'êtes point un corps de cette nature. J'attendais toujours que vous le fissiez ici, et néanmoins si vous dites ou si vous prouvez quelque chose, c'est seulement que vous n'êtes point ce corps grossier et massif, touchant lequel j'ai déjà dit qu'il n'y a point de difficulté.

4. Mais, dites-vous, *d'un côté j'ai une claire et distincte idée de moi-même, en tant que je suis seulement une chose qui pense, et non étendue; et d'un autre, j'ai une idée distincte du corps, en tant qu'il est seulement une chose étendue, et qu'il ne pense point.* Mais premièrement pour ce qui est de l'idée du corps, il me semble qu'il ne s'en faut pas beaucoup mettre en peine : car si vous disiez cela de l'idée du corps en général, je serais obligé de répéter ici ce que je vous ai déjà objecté, à savoir, que vous devez auparavant prouver que la pensée ne peut convenir à l'essence ou à la nature du corps, et ainsi nous retomberions dans notre première difficulté, puisque la question est de savoir si vous, qui pensez, n'êtes point un corps subtil et délié, comme si c'était une chose qui répugnât à la nature du corps que de penser.

Mais parce qu'en disant cela vous entendez seulement parler de ce corps massif et grossier, duquel vous soutenez être distinct et séparable, aussi je demeure aucunement d'accord que vous pouvez avoir l'idée du corps; mais supposé, comme vous dites, que vous soyez une chose qui n'est point étendue, je nie absolument que vous en puissiez avoir l'idée.

Car, je vous prie, dites-nous comment vous pensez que l'espèce, ou l'idée du corps qui est étendu, puisse être reçue en vous, c'est-à-dire en une substance qui n'est point étendue? Car ou cette espèce procède du corps, et pour lors il est certain qu'elle est corporelle et qu'elle a ses parties les unes hors des autres, et partant qu'elle est étendue; ou bien elle vient d'ailleurs et se fait sentir par une autre voie; toutefois, parce qu'il est toujours nécessaire qu'elle représente le corps qui est étendu, il faut aussi qu'elle ait des parties, et ainsi qu'elle soit étendue. Autrement, si elle n'a point de parties, comment en pourra-t-elle représenter? Si elle n'a point d'étendue, comment pourra-t-elle représenter une chose qui en a? Si elle est sans figure, comment fera-t-elle sentir une chose figurée? Si elle n'a point de situation, comment nous fera-t-elle concevoir une chose qui a des parties les unes hautes, les autres basses, les unes à droite, les autres à gauche, les unes devant, les autres derrière, les unes courbées, les autres droites; si elle est sans variété, comment représentera-t-elle la variété des couleurs, etc. Donc l'idée du corps n'est pas tout à fait sans extension, mais si elle en a et que vous n'en ayez point, comment est-ce que vous la pourrez recevoir? Comment vous la pourrez-vous ajuster et appliquer? Comment vous en servirez-vous? Et comment enfin la sentirez-vous peu à peu s'effacer et s'évanouir.

En après, pour ce qui regarde l'idée de vous-même, je n'ai rien à ajouter à ce que j'en ai déjà dit, principalement sur la seconde Méditation. Car par là l'on voit clairement que tant s'en faut que vous ayez une idée claire et distincte de vous-même, qu'au contraire il semble que vous n'en ayez point du tout. Car encore bien que vous connaissiez certainement que vous pensez, vous ne savez pas néanmoins quelle chose vous êtes, vous qui pensez : en sorte que, bien que cette seule opération vous soit clairement connue, le principal pourtant vous est caché, qui est de savoir quelle est cette substance qui a pour l'une de ses opérations de penser. D'où il me semble que je puis fort bien me comparer à un aveugle, lequel sentant de la chaleur, et étant averti qu'elle vient du soleil, penserait avoir une claire et distincte idée du soleil : d'autant que si quelqu'un lui demandait ce que c'est que le soleil, il pourrait répondre que c'est une chose qui échauffe. Mais, direz-vous, je ne dis pas seulement ici que je suis une chose qui pense, j'ajoute aussi de plus que je suis une chose qui n'est point étendue. Toutefois, pour ne pas dire que c'est une chose que vous avancez sans preuve, quoique cela soit en question entre nous, dites-moi, je vous prie, pensez-vous pour cela avoir une claire et distincte idée de vous-même? Vous dites que vous n'êtes pas une chose étendue, certainement j'apprends par là ce que vous n'êtes point, mais non pas ce que vous êtes. Quoi donc! pour avoir une idée claire et distincte de quelque chose, c'est-à-dire une idée vraie et naturelle, n'est-il pas nécessaire de connaître la chose positivement en soi, et pour ainsi parler affirmativement? est-ce assez de savoir qu'elle n'est point une telle chose? Et celui-là aurait-il une idée claire et distincte de Bucéphale qui connaîtrait du moins qu'il n'est pas une mouche? Mais pour ne pas insister davantage là-dessus, vous êtes donc, dites-vous, une chose qui n'est point étendue: mais je vous demande, n'êtes-vous pas diffus par tout le corps? certainement je ne sais pas ce que vous aurez à répondre, car encore que je vous aie considéré au commencement comme étant seulement dans le cerveau, cela néanmoins n'a été que par conjecture plutôt que par une véritable créance que ce fût votre opinion. J'avais fondé ma conjecture sur ces paroles qui suivent un peu après, lorsque vous dites *que l'âme ne reçoit pas immédiatement l'impression de toutes les parties du corps, mais seulement du cerveau, ou peut-être même de l'une de ses plus petites parties.* Mais je n'étais pas pour cela tout à fait certain si vous étiez seulement dans le cerveau, ou même dans l'une de ses parties, vu que vous pouvez être répandu dans tout le corps et ne sentir qu'en une seule partie, comme nous disons ordinairement que l'âme est diffuse par tout le corps, et que néanmoins elle ne voit que dans l'œil.

Ces paroles qui suivent m'avaient aussi fait douter, lorsque vous dites : *et encore que toute l'âme semble être unie à tout le corps, etc.* Car en ce lieu-là vous ne dites pas à la vérité que vous soyez uni à tout le corps, mais aussi vous ne le niez pas; or, quoi qu'il en soit, supposons premièrement, s'il vous plaît, que vous soyez diffus par tout le corps, soit que vous soyez une même chose avec l'âme, soit que vous soyez quelque chose de différent; je vous demande, pouvez-vous n'avoir point d'extension, vous qui êtes étendu depuis la tête jusques aux pieds? qui êtes aussi grand que votre corps? et qui avez autant de parties qu'il en faut pour répondre à toutes les siennes? Direz-vous que vous n'êtes point étendu, parce que vous êtes tout entier dans le tout, et tout entier dans chaque partie? Si vous le dites, comment, je vous prie, le comprenez-vous? Une même chose peut-elle être tout à la fois toute entière en plusieurs lieux? Je veux bien que la foi nous enseigne cela du sacré mystère de l'eucharistie; mais ici je parle de vous; et outre que vous êtes une chose naturelle, nous n'examinons ici les choses qu'autant qu'elles peuvent être connues par la lumière naturelle. Et, cela étant, peut-on concevoir qu'il y ait plusieurs lieux, et qu'il n'y ait pas plusieurs choses logées? Cent lieux ne sont-ils pas plus qu'un? Et si une chose est toute entière en un lieu, pourra-t-elle être en d'autres, si elle n'est hors d'elle-même, comme ce premier lieu est hors des autres? Répondez à cela tout ce que vous voudrez, du moins sera-ce une chose obscure et incertaine de savoir si vous êtes tout entier dans chaque partie, ou si vous n'êtes point plutôt dans chacune des parties de votre corps, selon chacune des parties de vous-même; et comme il est bien plus manifeste que rien ne peut être tout à la fois en plusieurs lieux, aussi sera-t-il toujours plus évident que vous n'êtes pas tout entier dans chaque partie, mais seulement tout dans le tout, et partant que vous êtes diffus par tout le corps selon chacune de vos parties, et ainsi que vous n'êtes point sans extension.

Pensons maintenant que vous soyez seulement dans le cerveau ou même dans l'une de ses plus petites parties : vous voyez qu'il reste toujours le même inconvénient, d'autant que pour petite que soit cette partie, elle est néanmoins étendue, et vous autant qu'elle : et partant vous êtes étendu, et vous avez de petites parties qui répondent à toutes les siennes. Ne direz-vous point peut-être que vous prenez pour un point cette petite partie du cerveau à laquelle vous êtes uni? Je ne le puis croire, mais je veux que ce soit un point; toutefois, si c'est un point physique, la même difficulté demeure toujours, parce que ce point est étendu et n'est pas tout à fait sans parties. Si c'est un point mathématique, vous savez premièrement que ce n'est que notre imagination qui le forme, et qu'en effet il n'y en a point. Mais posons qu'il y en ait, ou plutôt feignons qu'il se trouve dans le cerveau un de ces points mathématiques auquel vous soyez uni, et dans lequel vous fassiez résidence. Remarquez, s'il vous plaît, l'inutilité de cette fiction ; car quoique nous feignons, si faut-il toujours que vous soyez justement dans le concours des nerfs, par où toutes les parties que l'âme informe transmettent dans le cerveau les idées ou les espèces des choses que les sens ont aperçues. Mais premièrement tous les nerfs n'aboutissent pas à un point, soit parce que, le cerveau étant continué et prolongé jusqu'à la moelle de l'épine du dos, plusieurs nerfs qui sont répandus dans le dos viennent aboutir et se terminer à cette moelle, ou bien parce qu'on remarque que les nerfs qui tendent vers le milieu de la tête ne finissent ou n'aboutissent pas tous à un même endroit du cerveau. Mais quand ils y aboutiraient tous, toutefois leur concours ne se peut terminer à un point mathématique, car ce sont des corps et non pas des lignes mathématiques, pour pouvoir tous s'assembler et s'unir en un point. Et quand cela serait, les esprits animaux qui se coulent le long des nerfs ne pourraient ni en sortir ni y entrer, puisqu'ils sont des corps, et que le corps ne peut pas n'être point dans un lieu ou passer par une chose qui n'occupe point de lieu, comme le point mathématique. Mais je veux qu'il y puisse être et qu'il y passe ; toutefois, vous qui êtes ainsi existant dans un point où il n'y a ni contrées ni régions, où il n'y a rien qui soit à droite ou à gauche, qui soit en haut ou en bas, ne pouvez pas discerner de quelle part les choses viennent ou quel rapport elles vous font. J'en dis aussi de même de ces esprits que vous devez envoyer par tout le corps pour lui communiquer le sentiment et le mouvement, pour ne pas dire qu'il est impossible de comprendre comment vous leur imprimez le mouvement si vous êtes dans un point, si vous n'êtes point un corps, ou si vous n'en avez un par le moyen duquel vous les touchiez et les poussiez tout ensemble. Car si vous dites qu'ils se meuvent d'eux-mêmes, et que vous présidez seulement à la conduite de leur mouvement, souvenez-vous que vous avez dit en quelque part *que le corps ne se meut point soi-même*, de sorte que l'on peut inférer de là que vous êtes la cause de son mouvement ; et puis expliquez-nous comment cette direction ou conduite se peut faire sans quelque sorte de contention, et partant sans quelque mouvement de votre part ; comment une chose peut-elle faire contention et effort sur une autre, et la faire mouvoir, sans un mutuel contact du moteur et du mobile ? Et comment ce contact se peut-il faire sans corps, vu même que c'est une chose que la lumière naturelle nous apprend qu'il n'y a que les corps qui peuvent toucher et être touchés ?

Toutefois, pourquoi m'arrêteré-je ici si longtemps, puisque c'est à vous à nous montrer que vous êtes une chose qui n'a point d'étendue, et par conséquent qui n'est point corporelle ? Et je ne pense pas que vous en vouliez tirer la preuve de ce que l'on dit communément que l'homme est composé de corps et d'âme, comme si l'on devait conclure que le nom de corps étant donné à une partie, l'autre ne doit plus être ainsi appelée ; car si cela était, vous me donneriez occasion de le distinguer en cette sorte : L'homme est composé de deux sortes de corps, à savoir, d'un grossier et d'un subtil, en telle sorte que le nom commun de corps étant attribué au premier, on donne à l'autre le nom d'âme ou d'esprit. Outre que le même se pourrait dire des autres animaux, auxquels je suis assuré que vous n'accorderez point un esprit semblable à vous : ce leur sera bien assez, si vous les laissez en la possession de leur âme. Lors donc que vous concluez *qu'il est certain que vous êtes distinct de votre corps*, vous voyez bien que cela vous peut être aisément accordé, mais non pas que pour cela vous ne soyez point corporel, plutôt que d'être une espèce de corps fort subtil et fort délié, distinct de cet autre qui est massif et grossier.

Vous ajoutez, *et partant que vous pouvez être sans lui* ; mais quand on vous aura accordé que vous pouvez exister sans ce corps grossier et pesant, ainsi que fait une vapeur odoriférante, laquelle sortant d'une pomme se va répandant parmi l'air, quel gain, ou quel avantage vous en reviendra-t-il de là ? Certes ce sera un peu plus que ne voulaient ces philosophes dont j'ai parlé auparavant, qui croyaient que par la mort vous étiez entièrement anéanti, ne plus ne moins qu'une figure qui se perd tellement par le changement de la superficie qu'elle n'est plus du tout. Car n'étant pas seulement un mode du corps, comme ils pensaient, mais étant de plus une légère et subtile substance corporelle, on ne dira pas que vous périssiez totalement en la mort, et que vous retombiez dans votre premier néant, mais que vous subsistez dans vos parties ainsi dissipées et écartées les unes des autres ; combien qu'à cause de leur trop grande distraction et dissipation vous ne puissiez plus avoir de pensées, et que vous ayez perdu le droit de pouvoir être dit une chose qui pense, ou un esprit, ou une âme. Toutes lesquelles choses pourtant je vous objecte toujours, non comme doutant de la conclusion que vous avez intentée, mais comme ayant grande défiance de la démonstration que vous avez proposée sur ce sujet.

5. Vous inférez encore après cela quelques autres choses qui sont des suites de cette matière, sur chacune desquelles je ne veux pas insister. Je remarque seulement que vous dites *que la nature vous enseigne par ces sentiments de douleur, de faim, de soif, etc., que vous n'êtes pas seulement logé dans votre corps, ainsi qu'un pilote en son navire; mais outre cela que vous lui êtes conjoint très étroitement, et tellement confondu et mêlé que vous composez comme un seul tout avec lui. Car si cela n'était, dites-vous, lorsque mon corps est blessé, je ne sentirais pas pour cela de la douleur moi qui ne suis qu'une chose qui pense; mais j'apercevrais cette blessure par le seul entendement, comme un pilote aperçoit par la vue si quelque chose se rompt dans son vaisseau. Et lorsque mon corps a besoin de boire ou de manger, je connaîtrais simplement cela même sans en être averti par des sentiments confus de faim et de soif; car en effet ces sentiments de faim, de soif, de douleur, etc., ne sont autre chose que de certaines façons confuses de penser, qui dépendent et proviennent de l'union et, pour ainsi dire, du mélange de l'esprit avec le corps.* Certes, tout cela est fort bien dit, mais il reste toujours à expliquer comment cette conjonction et quasi permixtion ou confusion, vous peut convenir, s'il est vrai, comme vous dites, que vous soyez immatériel, indivisible, et sans aucune étendue ; car si vous n'êtes pas plus grand qu'un point, comment êtes-vous joint et uni à tout le corps, qui est d'une grandeur si notable? comment au moins êtes-vous conjoint au cerveau, ou à l'une de ses plus petites parties, laquelle, comme j'ai dit auparavant, ne saurait être si petite qu'elle n'ait quelque grandeur ou étendue ? si vous n'avez point de parties, comment êtes-vous mêlé ou quasi mêlé avec les parties les plus subtiles de cette matière avec laquelle vous confessez d'être uni, puisqu'il ne peut y avoir de mélange qu'il n'y ait des parties capables d'être mêlées les unes avec les autres? Et si vous êtes entièrement distinct, comment êtes-vous confondu avec cette matière, et composez-vous un tout avec elle ? Et puisque toute composition, conjonction ou union ne se fait qu'entre des parties, ne doit-il pas y avoir une certaine proportion entre ces parties? Mais quelle proportion peut-on concevoir entre une chose corporelle et une incorporelle? Pouvons-nous comprendre comment, par exemple, dans une pierre ponce, l'air et la pierre sont tellement mêlés et unis ensemble qu'il s'en fasse de là une vraie et naturelle composition? et cependant il y a une plus grande proportion entre la pierre et l'air, qui sont tous deux des corps, qu'entre le corps et l'esprit, qui est tout à fait immatériel.

De plus, toute union ne se doit-elle pas faire par le contact très étroit et très intime des deux choses unies? Mais, comme je disais tantôt, comment un contact se peut-il faire sans corps? Comment une chose corporelle pourra-t-elle en embrasser une qui est incorporelle, pour la tenir unie et jointe à soi-même; ou bien comment est-ce que ce qui est incorporel pourra s'attacher à ce qui est corporel, pour s'y unir et s'y joindre réciproquement, s'il n'y a rien du tout en lui par quoi il se le puisse joindre, ni par quoi il lu puisse être joint? Sur quoi je vous prie de me dire, puisque vous avouez vous-même que vous êtes sujet au sentiment de la douleur, comment vous pensez (étant de la nature et condition que vous êtes, c'est-à-dire incorporel et non étendu) être capable de ce sentiment? Car l'impression ou sentiment de la douleur ne vient, si je l'ai bien compris, que d'une certaine distraction ou séparation des parties, laquelle arrive lorsque quelque chose se glisse et se fourre de telle sorte entre les parties qu'elle en rompt la continuité qui y était auparavant. Et de vrai l'état de la douleur est un certain état contre nature; mais comment est-ce qu'une chose peut être mise en un état contre nature qui de sa nature même est toujours uniforme, simple, d'une même façon, indivisible, et qui ne peut recevoir de changement? Et la douleur étant une altération, ou ne se faisant jamais sans altération, comment est-ce qu'une chose peut être altérée, laquelle étant moins divisible que le point, ne peut être faite autre, ou cesser d'être ce qu'elle est, sans être tout à fait anéantie? De plus, lorsque la douleur vient du pied, du bras et de plusieurs autres parties ensemble, ne faut-il pas qu'il y ait en vous diverses parties dans lesquelles vous la receviez diversement, de peur que ce sentiment de douleur ne soit confus et ne vous semble venir d'une seule partie. Mais, pour dire en un mot, cette générale difficulté demeure toujours, qui est de savoir comment ce qui est corporel se peut faire sentir et avoir communication avec ce qui n'est pas corporel, et quelle proportion l'on peut établir entre l'un et l'autre.

6. Je passe sous silence les autres choses que vous poursuivez fort amplement et fort également, pour montrer qu'il y a quelque autre chose que Dieu et vous qui existe dans le monde. Car premièrement vous inférez que vous avez un corps et des facultés corporelles, et en outre qu'il y a plusieurs autres corps autour du vôtre qui envoient leurs espèces dans les organes de vos sens, et passent ainsi de là jusques à vous, lesquelles causent en vous des sentiments de plaisir et de douleur qui vous apprennent ce que vous avez à poursuivre et à éviter en ces corps.

De toutes lesquelles choses vous tirez enfin ce fruit,

savoir est que puisque tous les sentiments que vous avez vous rapportent pour l'ordinaire plutôt le vrai que le faux, en ce qui concerne les commodités ou incommodités du corps, vous n'avez plus sujet de craindre que ces choses-là soient fausses que les sens vous montrent tous les jours. Vous en dites de même des songes qui vous arrivent en dormant, lesquels ne pouvant être joints avec toutes les autres actions de votre vie, comme les choses qui vous arrivent lorsque vous veillez, ce qu'il y a de vérité dans vos pensées se doit infailliblement rencontrer en celles que vous avez étant éveillé, plutôt qu'en vos songes. *Et de ce que Dieu n'est point trompeur*, il suit, dites-vous, nécessairement que vous n'êtes point en cela trompé, et que ce qui vous paraît si manifestement étant éveillé ne peut qu'il ne soit entièrement vrai. Or, comme en cela votre piété me semble louable, aussi faut-il avouer que c'est avec grande raison que vous avez fini votre ouvrage par ces paroles *que la vie de l'homme est sujette à beaucoup d'erreurs et qu'il faut par nécessité reconnaître la faiblesse et l'infirmité de notre nature.*

Voilà, Monsieur, les remarques qui me sont venues en l'esprit touchant vos Méditations ; mais je répète ici ce que j'ai dit au commencement : qu'elles ne sont pas de telle importance que vous vous en deviez mettre en peine, pour ce que je n'estime pas que mon jugement soit tel que vous en deviez faire quelque sorte de compte. Car, tout de même que lorsqu'une viande est agréable à mon goût, que je vois désagréable à celui des autres, je ne prétends pas pour cela avoir le goût meilleur qu'un autre ; ainsi lorsqu'une opinion me plaît qui ne peut trouver créance en l'esprit d'autrui, je suis fort éloigné de penser que la mienne soit la plus véritable. Je crois bien plutôt qu'il a été fort bien dit que chacun abonde en son sens, et je tiendrais qu'il y aurait quasi autant d'injustice de vouloir que tout le monde fût d'un même sentiment que de vouloir que le goût d'un chacun fût semblable. Ce que je dis pour vous assurer que je n'empêche point que vous ne fassiez tel jugement qu'il vous plaira de ces observations, ou même que vous n'en fassiez aucune estime ; ce me sera assez si vous reconnaissez l'affection que j'ai à votre service et si vous faites quelque cas du respect que j'ai pour votre vertu. Peut-être sera-t-il arrivé que j'aurai dit quelque chose un peu trop inconsidérément, comme il n'y a rien où ceux qui disputent se laissent plus aisément emporter : si cela était, je le désavoue entièrement et consens volontiers qu'il soit rayé de mon écrit : car je vous puis protester que mon premier et unique dessein en ceci n'a été que de m'entretenir dans l'honneur de votre amitié, et de me la conserver entière et inviolable. Adieu.

RÉPONSES DE L'AUTEUR

AUX CINQUIÈMES OBJECTIONS FAITES PAR MONSIEUR GASSENDI.

Monsieur Descartes à Monsieur Gassendi.

Monsieur,

Vous avez impugné mes Méditations par un discours si élégant et si soigneusement recherché, et qui ma semblé si utile pour en éclaircir davantage la vérité, que je crois vous devoir beaucoup d'avoir pris la peine d'y mettre la main, et n'être pas peu obligé au Révérend Père Mersenne de vous avoir excité à l'entreprendre. Car il a très bien reconnu, lui qui a toujours été très curieux de rechercher la vérité, principalement lorsqu'elle peut servir à augmenter la gloire de Dieu, qu'il n'y avait point de moyens plus propres pour juger de la vérité de mes démonstrations que de les soumettre à l'examen et à la censure de quelques personnes reconnues pour doctes par-dessus les autres, afin de voir si je pourrais répondre pertinemment à toutes les difficultés qui me pourraient être par eux proposées. A cet effet, il en a provoqué plusieurs, il l'a obtenu de quelques-uns, et je me réjouis que vous ayez aussi acquiescé à sa prière. Car encore que vous n'ayez pas tant employé les raisons d'un philosophe pour réfuter mes opinions que les artifices d'un orateur pour les éluder, cela ne laisse pas de m'être très agréable, et ce d'autant plus que je conjecture de là qu'il est difficile d'apporter contre moi des raisons différentes de celles qui sont contenues dans les précédentes objections que vous avez lues. Car certainement s'il y en eût eu quelques-unes, elles ne vous auraient pas échappé; et je m'imagine que tout votre dessein en ceci n'a été que de m'avertir des moyens dont ces personnes, de qui l'esprit est tellement plongé et attaché aux sens qu'ils ne peuvent rien concevoir qu'en imaginant, et qui, partant, ne sont pas propres pour les spéculations métaphysiques, se pourraient servir pour éluder mes raisons, et me donner lieu en même temps de les prévenir. C'est pourquoi ne pensez pas que, vous répondant ici, j'estime répondre à un parfait et subtil philosophe, tel que je sais que vous êtes, mais comme si vous étiez du nombre de ces hommes de chair dont vous empruntez le visage, je vous adresserai seulement la réponse que je leur voudrais faire.

Des choses qui ont été objectées contre la première Méditation.

Vous dites que vous approuvez le dessein que j'ai eu de délivrer l'esprit de ses anciens préjugés, qui est tel en effet que personne n'y peut trouver à redire. Mais vous voudriez que je m'en fusse acquitté *simplement et en peu de paroles,* c'est-à-dire en un mot *négligeamment et sans tant de précautions,* comme si c'était une chose si facile que de se délivrer de toutes les erreurs dont nous sommes imbus dès notre enfance, et que l'on pût faire trop exactement ce qu'on ne doute point qu'il ne faille faire ; mais certes je vois bien que vous avez voulu m'indiquer qu'il y en a plusieurs qui disent bien de bouche qu'il faut soigneusement éviter la prévention, mais qui pourtant ne l'évitent jamais, pour ce qu'ils ne s'étudient point à s'en défaire, et se persuadent qu'on ne doit point tenir pour des préjugés ce qu'ils ont une fois reçu pour véritable. Certainement vous jouez ici parfaitement bien leur personnage, et n'omettez rien de ce qu'ils me pourraient objecter, mais cependant vous ne dites rien qui sente tant soit peu son philosophe. Car, où vous dites qu'il n'était pas besoin *de feindre un Dieu trompeur, ni que je dormais,* un philosophe aurait cru être obligé d'ajouter la raison pourquoi cela ne peut être révoqué en doute, ou s'il n'en eût point eu, comme de vrai il n'y en a point, il se serait abstenu de le dire. Il n'aurait pas non plus ajouté qu'il suffisait en ce lieu-là d'alléguer pour raison de notre défiance le peu de lumière de l'esprit humain ou la faiblesse de notre nature ; car il ne sert de rien, pour corriger nos erreurs, de dire que nous nous trompons parce que notre esprit n'est pas beaucoup clairvoyant, ou que notre nature est infirme : car c'est le même que si nous disions que nous errons parce que nous sommes sujets à l'erreur. Et certes on ne peut pas nier qu'il ne soit plus utile de prendre garde, comme j'ai fait, à toutes les choses où il peut arriver que nous errions, de peur que nous ne leur donnions trop légèrement notre créance. Un philosophe n'aurait pas dit aussi *qu'en tenant toutes choses pour fausses je ne me dépouille pas tant de mes anciens préjugés que je me revêts d'un autre tout nouveau,* ou bien il eût premièrement tâché de montrer qu'une telle supposition nous pouvait induire en erreur ; mais, tout au contraire, vous assurez un peu après qu'il n'est pas possible que je puisse obtenir cela de moi, que de douter de la vérité et certitude de ces choses que j'ai supposé être fausses ; c'est-à-dire que je puisse me revêtir de ce nouveau préjugé dont vous appréhendiez que je me laissasse prévenir. Et un philosophe ne serait pas plus étonné de cette supposition que de voir quelquefois une personne qui, pour redresser un bâton qui est courbé, le recourbe de l'autre part, car il n'ignore pas que souvent on prend ainsi des choses fausses pour véritables afin d'éclaircir davantage la vérité : comme lorsque les astronomes imaginent au ciel un équateur, un zodiaque et d'autres cercles, ou que les géomètres ajoutent de nouvelles lignes à des figures données, et souvent aussi les philosophes en beaucoup de rencontres ; et celui qui appelle cela *recourir à une machine, forger des illusions, chercher des détours et des nouveautés*, et qui dit *que cela est indigne de la candeur d'un philosophe et du zèle de la vérité*, montre bien qu'il ne se veut pas lui-même servir de cette candeur philosophique, ni mettre en usage les raisons, mais seulement donner aux choses le fard et les couleurs de la rhétorique.

Des choses qui ont été objectées contre la seconde Méditation.

1. Vous continuez ici à nous amuser par des feintes et des déguisements de rhétorique, au lieu de nous payer de bonnes et solides raisons : car vous feignez que je me moque lorsque je parle tout de bon, et vous prenez comme une chose dite sérieusement et avec quelque assurance de vérité ce que je n'ai proposé que par forme d'interrogation et selon l'opinion du vulgaire. Car quand j'ai dit *qu'il fallait tenir pour incertains, ou même pour faux, tous les témoignages que nous recevons des sens*, je l'ai dit tout de bon ; et cela est si nécessaire pour bien entendre mes Méditations, que celui qui ne peut ou qui ne veut pas admettre cela n'est pas capable de rien dire à l'encontre qui puisse mériter réponse ; mais cependant il faut prendre garde à la différence qui est entre les actions de la vie et la recherche de la vérité, laquelle j'ai tant de fois inculquée ; car, quand il est question de la conduite de la vie, ce serait une chose tout à fait ridicule de ne s'en pas rapporter aux sens : d'où vient qu'on s'est toujours moqué de ces sceptiques qui négligeaient jusqu'à tel point toutes les choses du monde, que, pour empêcher qu'ils ne se jetassent eux-mêmes dans des précipices, ils devaient être gardés par leurs amis ; et c'est pour cela que j'ai dit en quelque part : *qu'une personne de bon sens ne pourrait douter sérieusement de ces choses* ; mais lorsqu'il s'agit de la recherche de la vérité et de savoir quelles choses peuvent être certainement connues

par l'esprit humain, il est sans doute du tout contraire à la raison de ne vouloir pas rejeter sérieusement ces choses là comme incertaines, ou même aussi comme fausses, afin de remarquer que celles qui ne peuvent pas être ainsi rejetées sont en cela même plus assurées, et à notre égard plus connues et plus certaines.

Quant à ce que j'ai dit, *que je ne connaissais pas encore assez ce que c'est qu'une chose qui pense*, il n'est pas vrai, comme vous dites, que je l'aie dit tout de bon, car je l'ai expliqué en son lieu; ni même que j'aie dit que je ne doutais nullement en quoi consistait la nature du corps, et que je ne lui attribuais point la faculté de se mouvoir soi-même; ni aussi que j'imaginais l'âme comme un vent ou un feu, et autres choses semblables que j'ai seulement rapporté en ce lieu-là, selon l'opinion du vulgaire, pour faire voir par après qu'elles étaient fausses. Mais avec quelle fidélité dites-vous *que je rapporte à l'âme les facultés de marcher, de sentir, d'être nourri, etc.*, afin que vous ajoutiez immédiatement après ces paroles : *je vous accorde tout cela, pourvu que nous nous donnions de garde de votre distinction d'entre l'esprit et le corps :* car en ce lieu-là même j'ai dit en termes exprès que la nutrition ne devait être rapportée qu'au corps; et, pour ce qui est du sentiment et du marcher, je les rapporte aussi pour la plus grande partie au corps, et je n'attribue rien à l'âme de ce qui les concerne que cela seul qui est une pensée.

De plus, quelle raison avez-vous de dire *qu'il n'était pas besoin d'un si grand appareil pour prouver mon existence;* certes je pense avoir fort bonne raison de conjecturer de vos paroles mêmes que l'appareil dont je me suis servi n'a pas encore été assez grand, puisque je n'ai pu faire encore que vous comprissiez bien ma pensée. Car quand vous dites que j'eusse pu conclure la même chose de chacune autre de mes actions indifféremment, vous vous méprenez bien fort pour ce qu'il n'y en a pas une de laquelle je sois entièrement certain (j'entends de cette certitude métaphysique de laquelle seule il est ici question) excepté la pensée. Car, par exemple, cette conséquence ne serait pas bonne : *je me promène, donc je suis*, sinon en tant que la connaissance intérieure que j'en ai est une pensée, de laquelle seule cette conclusion est certaine, non du mouvement du corps, lequel parfois peut être faux, comme dans nos songes, quoiqu'il nous semble alors que nous nous promenions, de façon que de ce que je pense me promener, je puis fort bien inférer l'existence de mon esprit, qui a cette pensée, mais non celle de mon corps, lequel se promène. Il en est de même de tous les autres.

2. Vous commencez ensuite par une figure de rhétorique assez agréable, qu'on nomme prosopopée, à m'interroger non plus comme un homme tout entier, mais comme une âme séparée du corps; en quoi il semble que vous ayez voulu m'avertir que ces objections ne partent pas de l'esprit d'un subtil philosophe, mais de celui d'un homme attaché aux sens et à la chair. Dites-moi donc, je vous prie, ô chair, ou qui que vous soyez, et quel que soit le nom dont vous voulez qu'on vous appelle, avez-vous si peu de commerce avec l'esprit que vous n'ayez pu remarquer l'endroit où j'ai corrigé cette imagination du vulgaire par laquelle on feint que la chose qui pense est semblable au vent ou à quelque autre corps de cette sorte? Car je l'ai sans doute corrigée lorsque j'ai fait voir que l'on peut supposer qu'il n'y a point de vent, point de feu, ni aucun autre corps au monde, et que néanmoins, sans changer cette supposition, toutes les choses par quoi je connais que je suis une chose qui pense ne laissent pas de demeurer en leur entier. Et partant toutes les questions que vous me faites ensuite, par exemple, *pourquoi ne pourrais-je donc pas être un vent? Pourquoi ne pas remplir un espace? Pourquoi n'être pas mû en plusieurs façons?* et autres semblables, sont si vaines et inutiles qu'elles n'ont pas besoin de réponse.

3. Ce que vous ajoutez ensuite n'a pas plus de force, à savoir *si je suis un corps subtil et délié, pourquoi ne pourrais-je pas être nourri, et le reste?* Car je nie absolument que je sois un corps. Et pour terminer une fois pour toutes ces difficultés, parce que vous m'objectez quasi toujours la même chose, et que vous n'impugnez pas mes raisons, mais que les dissimulant comme si elles étaient de peu de valeur, ou que, les rapportant imparfaites et défectueuses, vous prenez de là occasion de me faire plusieurs objections que les personnes peu versées en la philosophie ont coutume d'opposer à mes conclusions, ou à d'autres qui leur ressemblent, ou même qui n'ont rien de commun avec elles, lesquelles ou sont éloignées du sujet, ou ont déjà été en leur lieu réfutées et résolues; il n'est pas nécessaire que je réponde à chacune de vos demandes, autrement il faudrait répéter cent fois les mêmes choses que j'ai ci-devant écrites. Mais je satisferai seulement en peu de paroles à celles qui me sembleront pouvoir arrêter des personnes un peu entendues. Et pour ceux qui ne s'attachent pas tant à la force des raisons qu'à la multitude des paroles, je ne fais pas tant de cas de leur approbation que je veuille perdre le temps en discours inutiles pour l'acquérir.

Premièrement donc, je remarquerai ici qu'on ne vous croit pas quand vous avancez si hardiment, et sans aucune preuve, que l'esprit croît et s'affaiblit avec le corps ; car de ce qu'il n'agit pas si parfaitement dans le corps d'un enfant que dans celui d'un homme parfait, et que souvent ses actions peuvent être empêchées par le vin et par d'autres choses corporelles, il s'ensuit seulement que tandis qu'il est uni au corps il s'en sert comme d'un instrument pour faire ces sortes d'opérations auxquelles il est pour l'ordinaire occupé, mais non pas que le corps le rende plus ou moins parfait qu'il est en soi : et la conséquence que vous tirez de là n'est pas meilleure que si, de ce qu'un artisan ne travaille pas bien toutes les fois qu'il se sert d'un mauvais outil, vous infériez qu'il emprunte son adresse et la science de son art de la bonté de son instrument.

Il faut aussi remarquer qu'il ne semble pas, ô chair, que vous sachiez en façon quelconque ce que c'est que d'user de raison, puisque, pour prouver que le rapport et la foi de mes sens ne me doivent point être suspects, vous dites *que, quoique sans me servir de l'œil il me semblait quelquefois que je sentais des choses qui ne se peuvent sentir sans lui, je n'ai pas néanmoins toujours expérimenté la même fausseté :* comme si ce n'était pas un fondement suffisant pour douter d'une chose que d'y avoir une fois reconnu de l'erreur, et comme s'il se pouvait faire que toutes les fois que nous nous trompons nous puissions nous en apercevoir; vu qu'au contraire l'erreur ne consiste qu'en ce qu'elle ne paraît pas comme telle. Enfin, parce que vous me demandez souvent des raisons lorsque vous n'en avez vous-même aucune, et que c'est néanmoins à vous d'en avoir, je suis obligé de vous avertir que pour bien philosopher il n'est pas besoin de prouver que toutes ces choses-là sont fausses que nous ne recevons pas pour vraies, à cause que leur vérité ne nous est pas connue; mais il faut seulement prendre garde très soigneusement de ne rien recevoir pour véritable que nous ne puissions démontrer être tel. Et ainsi quand j'aperçois que je suis une substance qui pense, et que je forme un concept clair et distinct de cette substance dans lequel il n'y a rien de contenu de tout ce qui appartient à celui de la substance corporelle, cela me suffit pleinement pour assurer qu'en tant que je me connais je ne suis rien qu'une chose qui pense, et c'est tout ce que j'ai assuré dans la seconde Méditation, de laquelle il s'agit maintenant : et je n'ai pas dû admettre que cette substance qui pense fût un corps subtil, pur, délié, etc., d'autant que je n'ai eu lors aucune raison qui me le persuadât; si vous en avez quelqu'une, c'est à vous de nous l'enseigner, et non pas d'exiger de moi que je prouve qu'une chose est fausse que je n'ai point eu d'autre raison pour ne la pas admettre qu'à cause qu'elle m'était inconnue. Car vous faites le même que si, disant que je suis maintenant en Hollande, vous disiez que je ne dois pas être cru si je ne prouve en même temps que je ne suis pas en la Chine, ni en aucune autre partie du monde, d'autant que peut-être il se peut faire qu'un même corps par la toute-puissance de Dieu soit en plusieurs lieux. Et lorsque vous ajoutez que je dois aussi prouver que les âmes des bêtes ne sont pas corporelles et que le corps ne contribue rien à la pensée, vous faites voir que non seulement vous ignorez à qui appartient l'obligation de prouver une chose, mais aussi que vous ne savez pas ce que chacun doit prouver; car pour moi je ne crois point ni que les âmes des bêtes ne soient pas corporelles, ni que le corps ne contribue rien à la pensée; mais seulement je dis que ce n'est pas ici le lieu d'examiner ces choses.

4. L'obscurité que vous trouvez ici est fondée sur l'équivoque qui est dans le mot d'*âme*, mais je l'ai tant de fois nettement éclaircie que j'ai honte de le répéter ici; c'est pourquoi je dirai seulement que les noms ont été pour l'ordinaire imposés par des personnes ignorantes, ce qui fait qu'ils ne conviennent pas toujours assez proprement aux choses qu'ils signifient; néanmoins, depuis qu'ils sont une fois reçus, il ne nous est pas libre de les changer, mais seulement nous pouvons corriger leurs significations quand nous voyons qu'elles ne sont pas bien entendues. Ainsi, d'autant que peut-être les premiers auteurs des noms n'ont pas distingué en nous ce principe par lequel nous sommes nourris, nous croissons, et faisons sans la pensée toutes les autres fonctions qui nous sont communes avec les bêtes, d'avec celui par lequel nous pensons, ils ont appelé l'un et l'autre du seul nom d'*âme;* et, voyant puis après que la pensée était différente de la nutrition, ils ont appelé du nom d'*esprit* cette chose qui en nous a la faculté de penser, et ont cru que c'était la principale partie de l'âme. Mais moi, venant à prendre garde que le principe par lequel nous sommes nourris est entièrement distingué de celui par lequel nous pensons: j'ai dit que le nom d'*âme*, quand il est pris conjointement pour l'un et pour l'autre, est équivoque, et que pour le prendre précisément pour *cet acte premier*, ou *cette forme principale de l'homme*, il doit être seulement entendu de ce principe par lequel nous pensons; aussi l'ai-je le plus souvent appelé du nom d'*esprit*, pour ôter cette équivoque et ambiguïté. Car je ne considère pas *l'esprit* comme une partie de l'âme, mais comme cette âme toute entière qui pense. Mais, dites-vous, vous êtes en peine de savoir *si je n'estime donc point que l'âme pense toujours;* mais pourquoi ne penserait-elle pas toujours, puisqu'elle est

une substance qui pense? et quelle merveille y a-t-il de ce que nous ne nous ressouvenons pas des pensées que nous avons eues dans le ventre de nos mères, ou pendant une léthargie, etc., puisque nous ne nous ressouvenons pas même de plusieurs pensées que nous savons fort bien avoir eues étant adultes, sains et éveillés : donc la raison est que, pour se ressouvenir des pensées que l'esprit a une fois conçues tandis qu'il est conjoint au corps, il est nécessaire qu'il en reste quelques vestiges imprimés dans le cerveau, vers lesquels l'esprit se tournant, et appliquant à eux sa pensée, il vient à se ressouvenir ; or qu'y a-t-il de merveilleux si le cerveau d'un enfant ou d'un léthargique n'est pas propre pour recevoir de telles impressions?

Enfin, où j'ai dit *que peut-être il se pouvait faire que ce que je ne connais pas encore* (à savoir mon corps) *n'est point différent de moi que je connais* (à savoir de mon esprit), *que je n'en sais rien, que je ne dispute pas de cela, etc.*, vous m'objectez *si vous ne le savez pas, si vous ne disputez point de cela, pourquoi dites-vous que vous n'êtes rien de tout cela?* Ou il n'est pas vrai que j'aie rien avancé que je ne susse ; car, tout au contraire, parce que je ne savais pas lors si le corps était une même chose que l'esprit ou s'il ne l'était pas, je n'en ai rien voulu avancer, mais j'ai seulement considéré l'esprit jusqu'à ce qu'enfin dans la sixième Méditation je n'ai pas simplement avancé, mais j'ai démontré très clairement qu'il était réellement distingué du corps. Mais vous manquez vous-même en cela beaucoup que, n'ayant pas la moindre raison pour montrer que l'esprit n'est point distingué du corps, vous ne laissez pas de l'avancer sans aucune preuve.

5. Ce que j'ai dit de l'imagination est assez clair si l'on y veut prendre garde, mais ce n'est pas merveille si cela semble obscur à ceux qui ne méditent jamais et qui ne font aucune réflexion sur ce qu'ils pensent. Mais j'ai à les avertir que les choses que j'ai assuré ne point appartenir à cette connaissance que j'ai de moi-même ne répugnent point avec celles que j'avais dit auparavant ne savoir pas si elles appartenaient à mon essence, d'autant que ce sont deux choses entièrement différentes, appartenir à mon essence, et appartenir à la connaissance que j'ai de moi-même.

6. Tout ce que vous alléguez ici, ô très bonne chair, ne me semble pas tant des objections que quelques murmures qui n'ont pas besoin de repartie.

7. Vous continuez encore ici vos murmures, mais il n'est pas nécessaire que je m'y arrête davantage que j'ai fait aux autres ; car toutes les questions que vous faites des bêtes,

sont hors de propos, et ce n'est pas ici le lieu de les examiner; d'autant que l'esprit, méditant en soi-même et faisant réflexion sur ce qu'il est, peut bien expérimenter qu'il pense, mais non pas si les bêtes ont des pensées ou si elles n'en ont pas, et il n'en peut rien découvrir que lorsque, examinant leurs opérations, il remonte des effets vers leurs causes. Je ne m'arrête pas non plus à réfuter les lieux où vous me faites parler impertinemment, parce qu'il me suffit d'avoir une fois averti le lecteur que vous ne gardez pas toute la fidélité qui est due au rapport des paroles d'autrui. Mais j'ai souvent apporté la véritable marque par laquelle nous pouvons connaître que l'esprit est différent du corps, qui est que toute l'essence ou toute la nature de l'esprit consiste seulement à penser, là où toute la nature du corps consiste seulement en ce point que le corps est une chose étendue, et aussi qu'il n'y a rien du tout de commun entre la pensée et l'extension. J'ai souvent aussi fait voir fort clairement que l'esprit peut agir indépendamment du cerveau; car il est certain qu'il est de nul usage lorsqu'il s'agit de former des actes d'une pure intellection, mais seulement quand il est question de sentir ou d'imaginer quelque chose; et bien que lorsque le sentiment ou l'imagination est fortement agitée (comme il arrive quand le cerveau est troublé), l'esprit ne puisse pas facilement s'appliquer à concevoir d'autres choses, nous expérimentons néanmoins que lorsque notre imagination n'est pas si forte, nous ne laissons pas souvent de concevoir quelque chose d'entièrement différent de ce que nous imaginons, comme lorsqu'au milieu de nos songes nous apercevons que nous rêvons; car alors c'est bien un effet de notre imagination que nous rêvons, mais c'est un ouvrage qui n'appartient qu'à l'entendement seul de nous faire apercevoir de nos rêveries.

8. Ici, comme souvent ailleurs, vous faites voir seulement que vous n'entendez pas ce que vous tâchez de reprendre; car je n'ai point fait abstraction du concept de la cire d'avec celui de ses accidents, mais plutôt j'ai voulu montrer comment sa substance est manifestée par les accidents, et combien sa perception, quand elle est claire et distincte et qu'une exacte réflexion nous l'a rendue manifeste, diffère de la vulgaire et confuse. Et je ne vois pas, ô chair, sur quel argument vous vous fondez pour assurer avec tant de certitude qu'un chien discerne et juge de la même façon que nous, sinon parce que, voyant qu'il est aussi composé de chair, vous vous persuadez que les mêmes choses qui sont en vous se rencontrent aussi en lui; pour moi, qui ne reconnais dans un chien aucun esprit, je ne pense pas qu'il

y ait rien en lui de semblable aux choses qui appartiennent à l'esprit.

9. Je m'étonne que vous avouiez que toutes les choses que je considère en la cire prouvent bien que je connais distinctement que je suis, mais non pas quel je suis ou quelle est ma nature, vu que l'un ne se démontre point sans l'autre. Et je ne vois pas ce que vous pouvez désirer de plus touchant cela, sinon qu'on vous dise de quelle couleur, de quelle odeur et de quelle saveur est l'esprit humain, ou de quel sel, soufre et mercure il est composé : car voulez-vous que comme par une espèce d'opération chimique, à l'exemple du vin, nous le passions par l'alambic pour savoir ce qui entre en la composition de son essence. Ce qui certes est digne de vous, ô chair, et de tous ceux qui, ne concevant rien que confusément, ne savent pas ce que l'on doit rechercher de chaque chose. Mais, quant à moi, je n'ai jamais pensé que pour rendre une substance manifeste il fût besoin d'autre chose que de découvrir ses divers attributs; en sorte que plus nous connaissons d'attributs de quelque substance, plus parfaitement aussi nous en connaissons la nature; et tout ainsi que nous pouvons distinguer plusieurs divers attributs dans la cire, l'un qu'elle est blanche, l'autre qu'elle est dure, l'autre que de dure elle devient liquide, etc., de même y en a-t-il autant en l'esprit : l'un qu'il a la vertu de connaître la blancheur de la cire, l'autre qu'il a la vertu d'en connaître la dureté, l'autre qu'il peut connaître le changement de cette dureté ou la liquéfaction, etc. Car tel peut connaître la dureté qui pour cela ne connaîtra pas la blancheur, comme un aveugle-né, et ainsi du reste. D'où l'on voit clairement qu'il n'y a point de chose dont on connaisse tant d'attributs que de notre esprit, pour ce qu'autant qu'on en connaît dans les autres choses, on en peut autant compter dans l'esprit de ce qu'il les connaît : et partant sa nature est plus connue que celle d'aucune autre chose.

Enfin vous me reprenez ici en passant de ce que, n'ayant rien admis en moi que l'esprit, je parle néanmoins de la cire que je vois et que je touche, ce qui toutefois ne se peut faire sans yeux ni sans mains; mais vous avez dû remarquer que j'ai expressément averti qu'il ne s'agissait pas ici de la vue ou du toucher, qui se font par l'entremise des organes corporels, mais de la seule pensée de voir et de toucher, qui n'a pas besoin de ces organes, comme nous expérimentons toutes les nuits dans nos songes; et certes vous l'avez fort bien remarqué, mais vous avez seulement voulu faire voir combien d'absurdités et d'injustes cavillations sont capables d'inventer ceux qui ne travaillent pas tant à bien concevoir une chose qu'à l'impugner et contredire.

Des choses qui ont été objectées contre la troisième Méditation.

1. Courage, enfin vous apportez ici contre moi quelque raison, ce que je n'ai point remarqué que vous ayez fait jusques ici ; car, pour prouver que ce n'est point une règle certaine, *que les choses que nous concevons fort clairement et fort distinctement sont toutes vraies*, vous dites que quantité de grands esprits, qui semblent avoir dû connaître plusieurs choses fort clairement et fort distinctement, ont estimé que la vérité était cachée dans le sein de Dieu même, ou dans le profond des abîmes ; en quoi j'avoue que c'est fort bien argumenter de l'autorité d'autrui, mais vous devriez vous souvenir, ô chair, que vous parlez ici à un esprit qui est tellement détaché des choses corporelles qu'il ne sait pas même si jamais il y a eu aucuns hommes avant lui, et qui partant ne s'émeut pas beaucoup de leur autorité. Ce que vous alléguez ensuite des sceptiques est un lieu commun qui n'est pas mauvais, mais qui ne prouve rien, non plus que ce que vous dites qu'il y a des personnes qui mourraient pour la défense de leurs fausses opinions, parce qu'on ne saurait prouver qu'ils conçoivent clairement et distinctement ce qu'ils assurent avec tant d'opiniâtreté. Enfin, ce que vous ajoutez, qu'il ne faut pas tant se travailler à confirmer la vérité de cette règle qu'à donner une bonne méthode pour connaître si nous nous trompons ou non lorsque nous pensons concevoir clairement quelque chose, est très véritable ; mais aussi je maintiens l'avoir fait exactement en son lieu, premièrement en ôtant les préjugés, puis après en expliquant toutes les principales idées, et enfin en distinguant les claires et distinctes de celles qui sont obscures et confuses.

2. Certes j'admire votre raisonnement par lequel vous voulez prouver que toutes nos idées sont étrangères ou viennent de dehors, et qu'il n'y en a point que nous ayons formées, *pour ce que*, dites-vous, *l'esprit n'a pas seulement la faculté de concevoir les idées étrangères, mais il a aussi celle de les assembler, diviser, étendre, raccourcir, composer, etc., en plusieurs manières :* d'où vous concluez que l'idée d'une chimère que l'esprit fait en composant, divisant, etc., n'est pas faite par lui, mais qu'elle vient de dehors ou qu'elle est étrangère. Mais vous pourriez aussi de la même façon prouver que Praxitèle n'a fait aucunes statues, d'autant qu'il n'a pas eu de lui le marbre sur lequel il les peut tailler ; et l'on pourrait aussi dire que vous n'avez pas fait ces objections pour ce que vous les avez composées de paroles que vous n'avez pas inventées, mais que vous avez empruntées d'autrui. Mais certes ni la forme d'une chimère ne consiste

pas dans les parties d'une chèvre ou d'un lion, ni celle de vos objections dans chacune des paroles dont vous vous êtes servi, mais seulement dans la composition et l'arrangement de ces choses. J'admire aussi que vous souteniez que l'idée de ce qu'on nomme en général *une chose*, ne puisse être en l'esprit *si les idées d'un animal, d'une plante, d'une pierre et de tous les universaux n'y sont ensemble :* comme si, pour connaître que je suis une chose qui pense, je devais connaître les animaux et les plantes, pour ce que je dois connaître ce qu'on nomme *une chose*, ou bien ce que c'est en général *qu'une chose*. Vous n'êtes pas aussi plus véritable en tout ce que vous dites touchant la vérité.

Et enfin, puisque vous impugnez seulement des choses dont je n'ai rien affirmé, vous vous armez en vain contre des fantômes.

3. Pour réfuter les raisons pour lesquelles j'ai estimé que l'on pouvait douter de l'existence des choses matérielles, vous demandez ici *pourquoi donc je marche sur la terre*, etc., en quoi il est évident que vous retombez dans la première difficulté ; car vous posez pour fondement ce qui est en controverse et qui a besoin de preuve, savoir est, qu'il est si certain que je marche sur la terre, qu'on n'en peut aucunement douter.

Et lorsqu'aux objections que je me suis faites, et dont j'ai donné la solution, vous voulez y ajouter cette autre, à savoir, *pourquoi donc dans un aveugle-né n'y a-t-il point d'idée de la couleur, ou, dans un sourd, des sons et de la voix ?* vous faites bien voir que vous n'en avez aucune de conséquence ; car comment savez-vous que dans un aveugle-né il n'y a aucune idée des couleurs ? vu que parfois nous expérimentons qu'encore bien que nous ayons les yeux fermés il s'excite néanmoins en nous des sentiments de couleur et de lumière ; et, quoi qu'on vous accordât ce que vous dites, celui qui nierait l'existence des choses matérielles n'aurait-il pas aussi bonne raison de dire qu'un aveugle-né n'a point les idées des couleurs, parce que son esprit est privé de la faculté de les former que vous en avez de dire qu'il n'en a point les idées parce qu'il est privé de la vue.

Ce que vous ajoutez des deux idées du soleil ne prouve rien ; mais quand vous les prenez toutes deux pour une seule, parce qu'elles se rapportent au même soleil, c'est le même que si vous disiez que le vrai et le faux ne diffèrent point lorsqu'ils se disent d'une même chose ; et lorsque vous niez que l'on doive appeler du nom d'idée celle que nous inférons des raisons de l'astronomie, vous restreignez le nom d'idée aux seules images dépeintes en la fantaisie, contre ce que j'ai expressément établi.

4. Vous faites le même lorsque vous niez qu'on puisse avoir une vraie idée de la substance, à cause, dites-vous, que la substance ne s'aperçoit point par l'imagination, mais par le seul entendement. Mais j'ai déjà plusieurs fois protesté, ô chair, que je ne voulais point avoir affaire avec ceux qui ne se veulent servir que de l'imagination, et non point de l'entendement.

Mais où vous dites *que l'idée de la substance n'a point de réalité qu'elle n'ait empruntée des idées des accidents, dans lesquels ou de la façon desquels elle est conçue*, vous faites voir clairement que vous n'en avez aucune qui soit distincte, pour ce que la substance ne peut jamais être conçue à la façon des accidents, ni emprunter d'eux sa réalité; mais tout au contraire, les accidents sont communément conçus par les philosophes comme des substances, savoir, lorsqu'ils les conçoivent comme réels ; car on ne peut attribuer aux accidents aucune réalité (c'est-à-dire aucune entité plus que modale) qui ne soit empruntée de l'idée de la substance.

Enfin, là où vous dites *que nous ne formons l'idée de Dieu que sur ce que nous avons appris et entendu des autres*, lui attribuant à leur exemple les mêmes perfections que nous avons vu que les autres lui attribuaient, j'eusse voulu que vous eussiez aussi ajouté d'où c'est donc que ces premiers hommes, de qui nous avons appris et entendu ces choses, ont eu cette même idée de Dieu ? Car s'ils l'ont eue d'eux-mêmes, pourquoi ne la pourrons-nous pas avoir de nous-mêmes? Que si Dieu la leur a révélée, par conséquent Dieu existe.

Et lorsque vous ajoutez *que celui qui dit une chose infinie donne à une chose qu'il ne comprend pas un nom qu'il n'entend point non plus*, vous ne mettez point de distinction entre l'intellection conforme à la portée de notre esprit, telle que chacun reconnaît assez en soi-même avoir de l'infini, et la conception entière et parfaite des choses (c'est-à-dire qui comprenne tout ce qu'il a d'intelligible en elles), qui est telle que personne n'en eut jamais, non seulement de l'infini, mais même aussi peut-être d'aucune autre chose qui soit au monde, pour petite qu'elle soit. Et il n'est pas vrai que nous concevions l'infini par la négation du fini, vu qu'au contraire toute l'imitation contient en soi la négation de l'infini.

Il n'est pas vrai aussi *que l'idée qui nous représente toutes les perfections que nous attribuons à Dieu n'a pas plus de réalité objective qu'en ont les choses finies*; car vous confessez vous-même que toutes ces perfections sont amplifiées par notre esprit afin qu'elles puissent être attribuées à Dieu : pensez-vous donc que les choses ainsi amplifiées ne soient point plus grandes que celles qui ne le sont point? et d'où nous peut venir cette faculté d'amplifier toutes les perfections créées, c'est-à-dire de concevoir quelque chose de plus grand et de plus parfait qu'elles ne sont, sinon de cela seul que nous avons en nous l'idée d'une chose plus grande, à savoir de Dieu même ? Et enfin il n'est pas vrai aussi que Dieu serait très peu de chose s'il n'était point plus grand que nous le concevons ; car nous concevons qu'il est infini, et il ne peut y avoir rien de plus grand que l'infini. Mais vous confondez l'intellection avec l'imagination, et vous feignez que nous imaginons Dieu comme quelque grand et puissant géant, ainsi que ferait celui qui, n'ayant jamais vu d'éléphant, s'imaginerait qu'il est semblable à un ciron d'une grandeur et grosseur démesurée ; ce que je confesse avec vous être fort impertinent.

5. Vous dites ici beaucoup de choses pour faire semblant de me contredire, et néanmoins vous ne dites rien contre moi, puisque vous concluez la même chose que moi. Mais néanmoins vous entremêlez par-ci par-là plusieurs choses dont je ne demeure pas d'accord : par exemple, que cet axiome, *il n'y a rien dans un effet qui n'ait été premièrement dans sa cause*, se doit plutôt entendre de la cause matérielle que de l'efficiente, car il est impossible de concevoir que la perfection de la forme préexiste dans la cause matérielle, mais bien dans la seule cause efficiente ; *et aussi que la réalité formelle d'une idée soit une substance*, et plusieurs autres choses semblables.

6. Si vous aviez quelques raisons pour prouver l'existence des choses matérielles, sans doute que vous les eussiez ici rapportées. Mais puisque vous demandez seulement *s'il est donc vrai que je sois incertain qu'il y ait quelque autre chose que moi qui existe dans le monde*, et que vous feignez qu'il n'est pas besoin de chercher des raisons d'une chose si évidente, et ainsi que vous vous en rapportez seulement à vos anciens préjugés, vous faites voir bien plus clairement que vous n'avez aucune raison pour prouver ce que vous assurez que si vous n'en aviez rien dit du tout. Quant à ce que vous dites touchant les idées, cela n'a pas besoin de réponse, pour ce que vous restreignez le nom d'idée aux seules images dépeintes en la fantaisie, et moi je l'étends à tout ce que nous concevons par la pensée.

Mais je vous demande, en passant, par quel argument vous prouvez *que rien n'agit sur soi-même ?* Car ce n'est pas votre coutume d'user d'arguments et de prouver ce que vous dites ; vous prouvez cela par l'exemple du doigt qui ne se peut frapper soi-même, et de l'œil qui ne se peut voir si ce n'est dans un miroir. A quoi il est aisé de répondre

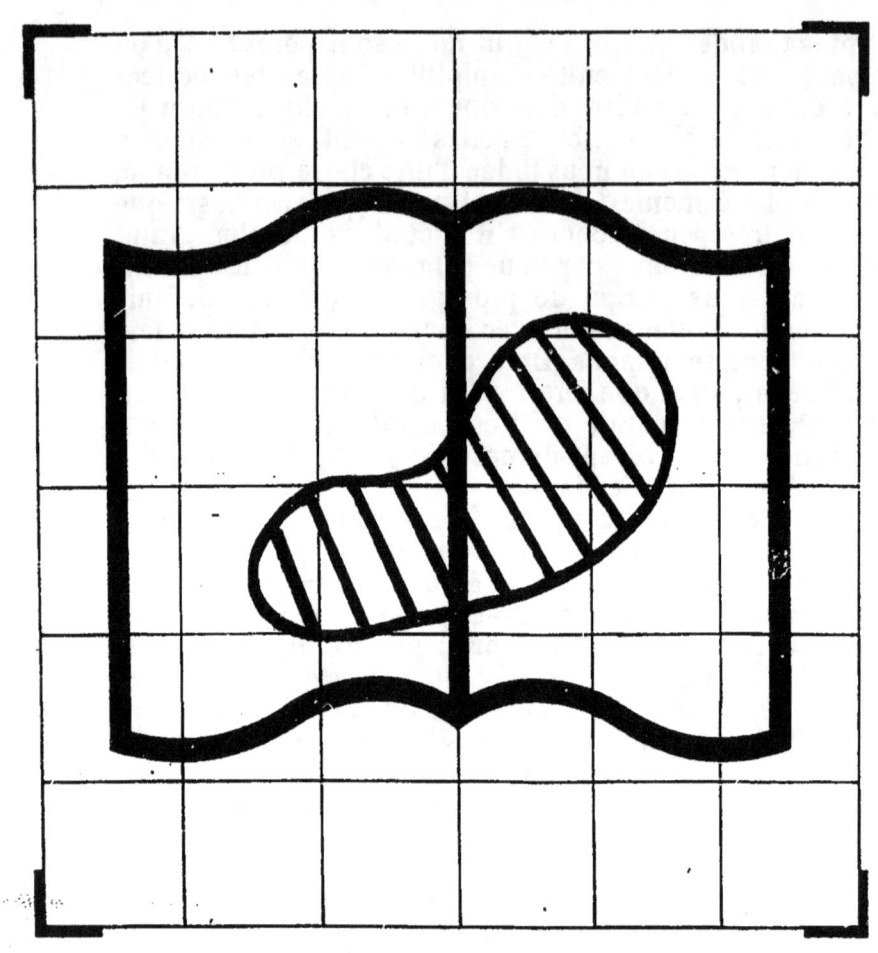

que ce n'est point l'œil qui se voit lui-même ni le miroir, mais bien l'esprit, lequel seul connaît, et le miroir, et l'œil, et soi-même. On peut même aussi donner d'autres exemples, parmi les choses corporelles, de l'action qu'une chose exerce sur soi, comme lorsqu'un sabot se tourne sur soi-même ; cette conversion n'est-elle pas une action qu'il exerce sur soi?

Enfin il faut remarquer que je n'ai point affirmé *que les idées des choses matérielles dérivaient de l'esprit*, comme vous me voulez ici faire accroire, car j'ai montré expressément après qu'elles procédaient souvent des corps, et que c'est par là que l'on prouve l'existence des choses corporelles ; mais j'ai seulement fait voir en cet endroit-là qu'il n'y a point en elles tant de réalité qu'à cause de cette maxime : *il n'y a rien dans un effet qui n'ait été dans sa cause, formellement ou éminemment*, on doive conclure qu'elles n'ont pu dériver de l'esprit seul ; ce que vous n'impugnez en aucune façon.

7. Vous ne dites rien ici que vous n'ayez déjà dit auparavant, et que je n'aie entièrement réfuté. Je vous avertirai seulement ici touchant l'idée de l'infini, laquelle vous dites ne pouvoir être vraie si je ne comprends l'infini, et que ce que j'en connais n'est tout au plus qu'une partie de l'infini, et même une fort petite partie qui ne représente pas mieux l'infini que le portrait d'un simple cheveu représente un homme tout entier, je vous avertirai, dis-je, qu'il répugne que je comprenne quelque chose, et que ce que je comprends soit infini ; car pour avoir une idée vraie de l'infini il ne doit en aucune façon être compris, d'autant que l'incompréhensibilité même est contenue dans la raison formelle de l'infini ; et néanmoins c'est une chose manifeste que l'idée que nous avons de l'infini ne représente pas seulement une de ses parties, mais l'infini tout entier, selon qu'il doit être représenté par une idée humaine ; quoiqu'il soit certain que Dieu ou quelque autre nature intelligente en puisse avoir une autre beaucoup plus parfaite, c'est-à-dire beaucoup plus exacte et plus distincte que celle que les hommes en ont, en même façon que nous disons que celui qui n'est pas versé dans la géométrie ne laisse pas d'avoir l'idée de tout le triangle lorsqu'il le conçoit comme une figure composée de trois lignes, quoique les géomètres puissent connaître plusieurs autres propriétés du triangle et remarquer quantité de choses dans son idée que celui-là n'y observe pas. Car comme il suffit de concevoir une figure composée de trois lignes pour avoir l'idée de tout le triangle, de même il suffit de concevoir une chose qui n'est renfermée d'aucunes limites pour avoir une vraie et entière idée de tout l'infini.

8. Vous tombez ici dans la même erreur lorsque vous niez que nous puissions avoir une vraie idée de Dieu : car encore que nous ne connaissions pas toutes les choses qui sont en Dieu, néanmoins tout ce que nous connaissons être en lui est entièrement véritable. Quant à ce que vous dites *que le pain n'est pas plus parfait que celui qui le désire, et que, de ce que je conçois que quelque chose est actuellement contenue dans une idée, il ne s'ensuit pas qu'elle soit actuellement dans la chose dont elle est l'idée, et aussi que je donne jugement de ce que j'ignore,* et autres choses semblables; tout cela, dis-je, nous montre seulement que vous voulez témérairement impugner plusieurs choses dont vous ne comprenez pas le sens; car, de ce que quelqu'un désire du pain, on n'infère pas que le pain soit plus parfait que lui, mais seulement que celui qui a besoin de pain est moins parfait que lorsqu'il n'en a pas besoin. Et de ce que quelque chose est contenue dans une idée je ne conclus pas que cette chose existe actuellement, sinon, lorsqu'on ne peut assigner aucune autre cause de cette idée que cette chose même qu'elle représente actuellement existante. Ce que j'ai démontré ne se pouvait dire de plusieurs mondes, ni d'aucune autre chose que ce soit, excepté de Dieu seul. Et je ne juge point non plus de ce que j'ignore, car j'ai apporté les raisons du jugement que je faisais, qui sont telles que vous n'avez encore pu jusques ici en réfuter la moindre.

9. Lorsque vous niez que nous ayons besoin du concours et de l'influence continuelle de la cause première pour être conservés, vous niez une chose que tous les métaphysiciens affirment comme très manifeste, mais à laquelle les personnes peu lettrées ne pensent pas souvent, parce qu'elles portent seulement leurs pensées sur ces causes qu'on appelle en l'école *secundum fieri*, c'est-à-dire de qui les effets dépendent quant à leur production, et non pas sur celles qu'ils appellent *secundum esse*, c'est-à-dire de qui les effets dépendent quant à leur subsistance et continuation dans l'être. Ainsi l'architecte est la cause de la maison, et le père la cause de son fils, quant à la production seulement; c'est pourquoi, l'ouvrage étant une fois achevé, il peut subsister et demeurer sans cette cause; mais le soleil est la cause de la lumière qui procède de lui, et Dieu est la cause de toutes les choses créées, non seulement en ce qui dépend de leur production, mais même en ce qui concerne leur conservation ou leur durée dans l'être. C'est pourquoi il doit toujours agir sur son effet d'une même façon pour le conserver dans le premier être qu'il lui a donné. Et cela se démontre fort clairement par ce que j'ai expliqué de l'indépendance des parties du temps, ce que vous tâchez en vain d'éluder,

en proposant la nécessité de la suite qui est entre les parties du temps considéré dans l'abstrait, de laquelle il n'est pas ici question, mais seulement du temps, ou de la durée de la chose même, de qui vous ne pouvez pas nier que tous les moments ne puissent être séparés de ceux qui les suivent immédiatement, c'est-à-dire qu'elle ne puisse cesser d'être dans chaque moment de sa durée.

Et lorsque vous dites *qu'il y a en nous assez de vertu pour nous faire persévérer au cas que quelque cause corruptive survienne*, vous ne prenez pas garde que vous attribuez à la créature la perfection du créateur, en ce qu'elle persévère dans l'être indépendamment d'autrui, et en même temps que vous attribuez au créateur l'imperfection de la créature, en ce que si jamais il voulait que nous cessassions d'être, il faudrait qu'il eût le néant pour le terme d'une action positive.

Ce que vous dites après cela *touchant le progrès à l'infini*, à savoir, *qu'il n'y a point de répugnance qu'il y ait un tel progrès, vous le désavouez incontinent après : car vous confessez vous-même qu'il est impossible qu'il y en puisse avoir dans ces sortes de causes, qui sont tellement connexes et subordonnées entre elles, que l'inférieur ne peut agir si le supérieur ne lui donne le branle?* Or il ne s'agit ici que de ces sortes de causes, à savoir, *de celles qui donnent et conservent l'être à leurs effets*, et non pas de celles *de qui les effets ne dépendent qu'au moment de leur production*, comme sont les parents ; et partant l'autorité d'Aristote ne m'est point ici contraire.

Non plus que ce que vous dites de la Pandore, car vous avouez vous-même que je puis tellement accroître et augmenter toutes les perfections que je reconnais être dans l'homme, qu'il me sera facile de reconnaître qu'elles sont telles qu'elles ne sauraient convenir à la nature humaine, ce qui me suffit entièrement pour démontrer l'existence de Dieu. Car je soutiens que cette vertu-là d'augmenter et d'accroître les perfections humaines, mais infiniment relevées au-dessus de l'état et condition des hommes, ne pourrait être en nous si nous n'avions un Dieu pour auteur de notre être. Mais à n'en point mentir, je m'étonne fort peu de ce qu'il ne vous semble pas que j'aie démontré cela assez clairement : car je n'ai point vu jusques ici que vous ayez bien compris aucune de mes raisons.

10. Lorsque vous reprenez ce que j'ai dit, à savoir *qu'on ne peut rien ajouter ni diminuer de l'idée de Dieu*, il semble que vous n'ayez pas pris garde à ce que disent communément les philosophes que les essences des choses sont indivisibles ; car l'idée représente l'essence de la chose, à laquelle

si on ajoute ou diminue quoi que ce soit, elle devient aussitôt l'idée d'une autre chose ; ainsi s'est-on figuré autrefois l'idée d'une Pandore ; ainsi ont été faites toutes les idées des faux Dieux par ceux qui ne concevaient pas comme il faut celle du vrai Dieu. Mais depuis que l'on a une fois conçu l'idée du vrai Dieu, encore que l'on puisse découvrir en lui de nouvelles perfections qu'on n'avait pas encore aperçues, son idée n'est point pourtant accrue ou augmentée, mais elle est seulement rendue plus distincte et plus expresse, d'autant qu'elles ont dû être toutes contenues dans cette même idée que l'on avait auparavant, puisqu'on suppose qu'elle était vraie ; de la même façon que l'idée du triangle n'est point augmentée lorsqu'on vient à remarquer en lui plusieurs propriétés qu'on avait auparavant ignorées. Car ne pensez pas que *l'idée que nous avons de Dieu se forme successivement de l'augmentation des perfections des créatures ;* elle se forme tout entière, et tout à la fois, de ce que nous concevons par notre esprit l'être infini, incapable de toute sorte d'augmentation.

Et lorsque vous demandez *comment je prouve que l'idée de Dieu est en nous comme la marque de l'ouvrier empreinte sur son ouvrage ? Quelle est la manière de cette impression ? Et quelle est la forme de cette marque ?* C'est de même que si, reconnaissant dans quelque tableau tant d'artifice que je jugeasse n'être pas possible qu'un tel ouvrage fût sorti d'autre main que celle d'Apelles, et que je vinsse à dire que cet artifice inimitable est comme une certaine marque qu'Apelles a imprimée en tous ses ouvrages pour les faire distinguer d'avec les autres, vous me demandiez quelle est la forme de cette marque, ou quelle est la manière de cette impression ? Certes il semble que vous seriez alors plus digne de risée que de réponse. Et lorsque vous poursuivez, *si cette marque n'est point différente de l'ouvrage, vous êtes donc vous-même une idée, vous n'êtes rien autre chose qu'une manière de penser, vous êtes et la marque empreinte et le sujet de l'impression ?* Cela n'est-il pas aussi subtil que si, moi ayant dit que cet artifice par lequel les tableaux d'Apelles sont distingués d'avec les autres n'est point différent des tableaux mêmes, vous objectiez que ces tableaux ne sont donc rien autre chose qu'un artifice, qu'ils ne sont composés d'aucune matière, et qu'ils ne sont qu'une manière de peindre, etc.?

Et lorsque, pour nier *que nous avons été faits à l'image et semblance de Dieu, vous dites que Dieu a donc la forme d'un homme,* et qu'ensuite vous rapportez toutes les choses en quoi la nature humaine est différente de la divine, êtes-vous en cela plus subtil que si, pour nier que quelques tableaux d'Apelles ont été faits à la semblance d'Alexandre, vous disiez qu'Alexandre ressemble donc à un tableau, et néanmoins que les tableaux sont composés de bois et de couleurs, et non pas de chair comme Alexandre? Car il n'est pas de l'essence d'une image d'être en tout semblable à la chose dont elle est l'image, mais il suffit qu'elle lui ressemble en quelque chose. Et il est très évident que cette vertu admirable très parfaite de penser que nous concevons être en Dieu, est représentée par celle qui est en nous, quoique beaucoup moins parfaite. Et lorsque vous aimez mieux comparer la création de Dieu avec l'opération d'un architecte qu'avec la génération d'un père, vous le faites sans aucune raison. Car, encore que ces trois manières d'agir soient totalement différentes, l'éloignement pourtant n'est pas si grand de la production naturelle à la divine que de l'artificielle à la même production divine. Mais ni vous ne trouverez point que j'aie dit qu'il y a autant de rapport entre Dieu et nous qu'il y en a entre un père et ses enfants; ni il n'est pas vrai aussi qu'il n'y a jamais aucun rapport entre l'ouvrier et son ouvrage, comme il paraît lorsqu'un peintre fait un tableau qui lui ressemble.

Mais avec combien peu de fidélité rapportez-vous mes paroles lorsque vous feignez que j'ai dit *que je conçois cette ressemblance que j'ai avec Dieu en ce que je connais que je suis une chose incomplète et dépendante,* vu qu'au contraire je n'ai dit cela que pour montrer la différence qui est entre Dieu et nous, de peur qu'on ne crût que je voulusse égaler les hommes à Dieu, et la créature au Créateur. Car en ce lieu-là même j'ai dit que je ne concevais pas seulement que j'étais en cela beaucoup inférieur à Dieu, et que j'aspirais cependant à de plus grandes choses que je n'avais, mais aussi que ces plus grandes choses auxquelles j'aspirais se rencontraient en Dieu actuellement et d'une manière infinie, auxquelles néanmoins je trouvais en moi quelque chose de semblable, puisque j'osais en quelque sorte y aspirer.

Enfin, lorsque vous dites qu'il y a lieu de s'étonner *pourquoi le reste des hommes n'a pas les mêmes pensées de Dieu que celles que j'ai, puisqu'il a empreint en eux son idée aussi bien qu'en moi,* c'est de même que si vous vous étonniez de ce que tout le monde ayant la notion du triangle, chacun pourtant n'y remarque pas également autant de propriétés, et qu'il y en a même peut-être quelques-uns qui lui attribuent faussement plusieurs choses.

AUX CINQUIÈMES OBJECTIONS

Des choses qui ont été objectées contre la quatrième Méditation.

1. J'ai déjà assez expliqué quelle est l'idée que nous avons *du néant*, et comment nous participons *du non être*, en nommant cette idée négative et disant que cela ne veut rien dire autre chose, sinon que nous ne sommes pas le souverain Etre, et qu'il nous manque plusieurs choses. Mais vous cherchez partout des difficultés où il n'y en a point.

Et lorsque vous dites *qu'entre les ouvrages de Dieu, j'en vois quelques-uns qui ne sont pas entièrement achevés*, vous controuvez une chose que je n'ai écrite nulle part et que je ne pensai jamais; mais bien seulement ai-je dit que si certaines choses étaient considérées, non pas comme faisant partie de tout l'univers, mais comme des touts détachés et des choses singulières, pour lors elles pourraient sembler imparfaites.

Tout ce que vous apportez ensuite pour la cause finale doit être rapporté à la cause efficiente. Ainsi, de cet usage admirable de chaque partie dans les plantes et dans les animaux, etc., il est juste d'admirer la main de Dieu qui les a faites, et de connaître et glorifier l'ouvrier par l'inspection de ses ouvrages, mais non pas de deviner pour quelle fin il a créé chaque chose. Et quoique, en matière de morale, où il est souvent permis d'user de conjectures, ce soit quelquefois une chose pieuse de considérer quelle fin nous pouvons conjecturer que Dieu s'est proposée au gouvernement de l'univers, certainement en physique, où toutes choses doivent être appuyées de solides raisons, cela serait inepte. Et on ne peut pas feindre qu'il y ait des fins plus aisées à découvrir les unes que les autres, car elles sont toutes également cachées dans l'abîme imperscrutable de sa sagesse. Et vous ne devez pas aussi feindre qu'il n'y a point d'homme qui puisse comprendre les autres causes, car il n'y en a pas une qui ne soit beaucoup plus aisée à connaître que celle de la fin que Dieu s'est proposée. Et même celles que vous apportez pour servir d'exemple de la difficulté qu'il y a ne sont pas si difficiles que je ne sache qu'il y en a tel qui se persuade de les connaître. Enfin puisque vous me demandez si ingénument *quelles idées j'estime que mon esprit aurait eues de Dieu et de lui-même si, du moment qu'il a été infus dedans le corps, il y fût demeuré jusqu'à cette heure les yeux fermés, les oreilles bouchées, et sans aucun usage des autres sens*, je vous réponds aussi ingénument et sincèrement que (pourvu que nous supposions qu'il n'eût été ni empêché ni aidé par le corps à penser et méditer) je ne doute point qu'il n'aurait eu les mêmes idées qu'il en a maintenant, sinon qu'il les aurait eues beaucoup plus claires et plus pures ; car les sens l'empêchent en beaucoup de rencontres, et ne lui aident en rien pour les concevoir. Et de fait il n'y a rien qui empêche tous les hommes de reconnaître également qu'ils ont en eux ces mêmes idées, que parce qu'ils sont pour l'ordinaire trop occupés à la considération des choses corporelles.

2. Vous prenez partout ici mal à propos *être sujet à l'erreur* pour une imperfection positive, quoique néanmoins ce soit seulement (principalement au respect de Dieu), une négation d'une plus grande perfection dans les créatures. Et la comparaison des citoyens d'une république ne cadre pas avec les parties de l'univers, car la malice des citoyens, en tant que rapportée à la république, est quelque chose de positif ; mais il n'en est pas de même de ce que l'homme est sujet à l'erreur, c'est-à-dire de ce qu'il n'a pas toutes sortes de perfections, eu égard au bien de l'univers. Mais la comparaison peut être mieux établie entre celui qui voudrait que le corps humain fût tout couvert d'yeux, afin qu'il en parût plus beau, d'autant qu'il n'y a point en lui de parties plus belles que l'œil, et celui qui pense qu'il ne devrait point y avoir de créatures au monde qui ne fussent exemptes d'erreur, c'est-à-dire qui ne fussent entièrement parfaites.

De plus, ce que vous supposez ensuite n'est nullement véritable, à savoir, *que Dieu nous destine à des œuvres mauvaises, et qu'il nous donne des imperfections et autres choses semblables*. Comme aussi il n'est pas vrai *que Dieu ait donné à l'homme une faculté de juger incertaine, confuse et insuffisante pour ce peu de choses qu'il a voulu soumettre à son jugement*.

3. Voulez-vous que je vous dise en peu de paroles *à quoi la volonté se peut étendre qui passe les bornes de l'entendement ?* C'est en un mot à toutes les choses où il arrive que nous errons. Ainsi quand vous jugez que l'esprit est un corps subtil et délié, vous pouvez bien à la vérité concevoir qu'il est un esprit, c'est-à-dire une chose qui pense, et aussi qu'un corps délié est une chose étendue ; mais que la chose qui pense et celle qui est étendue soient une même chose, certainement vous ne le concevez point, mais seulement vous le voulez croire, parce que vous l'avez déjà cru auparavant, et que vous ne vous départez pas facilement de vos opinions, ni ne quittez pas volontiers vos préjugés. Ainsi, lorsque vous jugez qu'une pomme qui par hasard est empoisonnée sera bonne pour votre aliment, vous concevez à la vérité fort bien que son odeur, sa couleur, et même son goût sont agréables, mais vous ne concevez pas pour

cela que cette pomme vous doive être utile si vous en faites votre aliment ; mais, parce que vous le voulez ainsi, vous en jugez de la sorte. Et ainsi j'avoue bien que nous ne voulons rien dont nous ne concevions en quelque façon quelque chose, mais je nie que notre entendre et notre vouloir soient d'égale étendue ; car il est certain que nous pouvons vouloir plusieurs choses d'une même chose, et que cependant nous n'en pouvons connaître que fort peu. Et lorsque nous ne jugeons pas bien, nous ne voulons pas pour cela mal, mais peut-être quelque chose de mauvais ; et même on peut dire que nous ne concevons mal aucune chose, mais seulement que nous sommes dits mal concevoir lorsque nous jugeons que nous concevons quelque chose de plus qu'en effet nous ne concevons.

Quoique ce que vous niez ensuite touchant l'indifférence de la volonté soit de soi très manifeste, je ne veux pas pourtant entreprendre de vous le prouver, car cela est tel que chacun le doit plutôt ressentir et expérimenter en soi-même que se le persuader par raison ; et certes ce n'est pas merveille si dans le personnage que vous jouez, et vu la naturelle disproportion qui est entre la chair et l'esprit, il semble que vous ne preniez pas garde et ne remarquiez pas la manière avec laquelle l'esprit agit au dedans de soi. Ne soyez donc pas libre, si bon vous semble, pour moi je jouirai de ma liberté, puisque non seulement je la ressens en moi-même, mais que je vois aussi qu'ayant dessein de la combattre, au lieu de lui opposer de bonnes et solides raisons, vous vous contentez simplement de la nier ; et peut-être que je trouverai plus de créance en l'esprit des autres en assurant ce que j'ai expérimenté, et dont chacun peut aussi faire épreuve en soi-même, que non pas vous qui niez une chose pour cela seul que vous ne l'avez peut-être jamais expérimentée. Et néanmoins il est aisé de juger par vos propres paroles que vous l'avez quelquefois éprouvée : car où vous niez *que nous puissions nous empêcher de tomber dans l'erreur*, parce que vous ne voulez pas que la volonté se porte à aucune chose qu'elle n'y soit déterminée par l'entendement, là même vous demeurez d'accord *que nous pouvons nous empêcher et prendre garde de n'y pas persévérer*, ce qui ne se peut aucunement faire sans cette liberté que la volonté a de se porter çà ou là sans attendre la détermination de l'entendement, laquelle néanmoins vous ne vouliez pas reconnaître. Car si l'entendement a une fois déterminé la volonté à faire un faux jugement, je vous demande, lorsque la volonté commence la première fois à prendre garde de ne pas persévérer dans l'erreur, qui est-ce qui la détermine à cela? Si c'est elle-même, donc elle peut se porter à quelque chose, sans y être déterminée par l'entendement, et néanmoins c'était ce que vous niiez tantôt, et qui fait encore à présent tout le sujet de notre dispute : que si elle est déterminée par l'entendement, donc ce n'est pas elle qui se tient sur ses gardes, mais seulement il arrive que comme elle se portait auparavant vers le faux, qui lui était par lui proposé, de même par hasard elle se porte maintenant vers le vrai, parce que l'entendement le lui propose. Mais de plus je voudrais bien savoir quelle vous concevez être la nature du faux, et comment vous pensez qu'il peut être l'objet de l'entendement? Car, pour moi qui par le faux n'entend rien autre chose que la privation du vrai, je trouve qu'il y a une entière répugnance que l'entendement appréhende le faux sous la forme ou l'apparence du vrai, ce qui toutefois serait nécessaire s'il déterminait jamais la volonté à embrasser la fausseté.

4. Pour ce qui regarde le fruit de ces Méditations, j'ai, ce me semble, assez averti dans la préface, laquelle je pense que vous avez lue, qu'il ne sera pas grand pour ceux qui, ne se mettant pas en peine de comprendre l'ordre et la liaison de mes raisons, tâcheront seulement de chercher à toutes rencontres des occasions de dispute. Et quant à la méthode qui nous apprend à pouvoir discerner les choses que nous concevons en effet clairement de celles que nous nous persuadons seulement de concevoir avec clarté et distinction, encore que je pense l'avoir assez exactement enseignée, comme j'ai déjà dit, je n'oserais pas néanmoins me promettre que ceux-là la puissent aisément comprendre qui travaillent si peu à se dépouiller de leurs préjugés qu'ils se plaignent *que j'ai été trop long et trop exact* à montrer le moyen de s'en défaire.

Des choses qui ont été objectées contre la cinquième Méditation.

1. D'autant qu'après avoir ici rapporté quelques-unes de mes paroles vous ajoutez que c'est tout ce que j'ai dit touchant la question proposée, je suis obligé d'avertir le lecteur que vous n'avez pas assez pris garde à la suite et liaison de ce que j'ai écrit; car je crois qu'elle est telle que pour la preuve de chaque question toutes les choses qui la précèdent y contribuent et une grande partie de celles qui la suivent : en sorte que vous ne sauriez fidèlement rapporter tout ce que j'ai dit de quelque question si vous ne rapportez en même temps tout ce que j'ai écrit des autres.

Quant à ce que vous dites *que cela vous semble dur de voir établir quelque chose d'immuable et d'éternel autre que*

AUX CINQUIÈMES OBJECTIONS

Dieu, vous auriez raison s'il était question d'une chose existante, ou bien seulement si j'établissais quelque chose de tellement immuable que son immutabilité même ne dépendît pas de Dieu. Mais tout ainsi que les poètes feignent que les destinées ont bien à la vérité été faites et ordonnées par Jupiter, mais que depuis qu'elles ont une fois été par lui établies il s'est lui-même obligé de les garder, de même je ne pense pas à la vérité que les essences des choses, et ces vérités mathématiques que l'on en peut connaître, soient indépendantes de Dieu ; mais néanmoins je pense que parce que Dieu l'a ainsi voulu et qu'il en a ainsi disposé elles sont immuables et éternelles ; or, que cela vous semble dur ou non, il m'importe fort peu ; pour moi il me suffit que cela soit véritable.

Ce que vous alléguez ensuite contre les universaux des dialecticiens ne me touche point, puisque je les conçois tout d'une autre façon qu'eux.

Mais pour ce qui regarde les essences que nous connaissons clairement et distinctement, telle qu'est celle du triangle ou de quelque autre figure de géométrie, je vous ferai aisément avouer que les idées de celles qui sont en nous n'ont point été tirées des idées des choses singulières ; car ce qui vous meut ici à dire qu'elles sont fausses n'est que parce qu'elles ne s'accordent pas avec l'opinion que vous avez conçue de la nature des choses.

Et même un peu après vous dites *que l'objet des pures mathématiques, comme le point, la ligne, la superficie et les indivisibles qui en sont composés, ne peuvent avoir aucune existence hors de l'entendement ;* d'où il suit nécessairement qu'il n'y a jamais eu aucun triangle dans le monde, ni rien de tout ce que nous concevons appartenir à la nature du triangle, ou à celle de quelque autre figure de géométrie, et partant que les essences de ces choses n'ont point été tirées d'aucunes choses existantes. Mais, dites-vous, elles sont fausses ; oui, selon votre opinion, parce que vous supposez la nature des choses être telle qu'elles ne peuvent pas lui être conformes. Mais si vous ne soutenez aussi que toute la géométrie est fausse, vous ne sauriez nier qu'on en démontre plusieurs vérités, qui ne changeant jamais et étant toujours les mêmes, ce n'est pas sans raison qu'on les appelle immuables et éternelles.

Mais de ce qu'elles ne sont peut-être pas conformes à l'opinion que vous avez de la nature des choses, ni même aussi à celle que Démocrite et Épicure ont bâtie et composée d'atomes, cela n'est à leur égard qu'une dénomination extérieure qui ne cause en elles aucun changement ; et toutefois on ne peut pas douter qu'elles ne soient conformes à cette véritable nature des choses qui a été faite et construite par le vrai Dieu : non qu'il y ait dans le monde des substances qui aient de la longueur sans largeur, ou de la largeur sans profondeur, mais parce que les figures géométriques ne sont pas considérées comme des substances, mais seulement comme des termes sous lesquels la substance est contenue. Cependant je ne demeure pas d'accord que les idées de ces figures nous soient jamais tombées sous les sens, comme chacun se le persuade ordinairement ; car encore qu'il n'y ait point de doute qu'il y en puisse avoir dans le monde de telles que les géomètres les considèrent, je nie pourtant qu'il y en ait aucunes autour de nous, sinon peut-être de si petites qu'elles ne font aucune impression sur nos sens : car elles sont pour l'ordinaire composées de lignes droites, et je ne pense pas que jamais aucune partie d'une ligne ait touché nos sens qui fût véritablement droite. Aussi, quand nous venons à regarder au travers d'une lunette celles qui nous avaient semblé les plus droites, nous les voyons toutes irrégulières et courbées de toutes parts comme des ondes. Et partant, lorsque nous avons la première fois aperçu en notre enfance une figure triangulaire tracée sur le papier, cette figure n'a pu nous apprendre comment il fallait concevoir le triangle géométrique, parce qu'elle ne le représentait pas mieux qu'un mauvais crayon une image parfaite. Mais d'autant que l'idée véritable du triangle était déjà en nous, et que notre esprit la pouvait plus aisément concevoir que la figure moins simple ou plus composée d'un triangle peint, de là vient qu'ayant vu cette figure composée nous ne l'avons pas conçue elle-même, mais plutôt le véritable triangle. Tout ainsi que quand nous jetons les yeux sur une carte où il y a quelques traits qui sont disposés et arrangés de telle sorte qu'ils représentent la face d'un homme, alors cette vue n'excite pas tant en nous l'idée de ces mêmes traits que celle d'un homme : ce qui n'arriverait pas ainsi si la face d'un homme ne nous était connue d'ailleurs, et si nous n'étions plus accoutumés à penser à elle que non pas à ses traits, lesquels assez souvent même nous ne saurions distinguer les uns des autres quand nous en sommes un peu éloignés. Ainsi, certes, nous ne pourrions jamais connaître le triangle géométrique par celui que nous voyons tracé sur le papier, si notre esprit d'ailleurs n'en avait eu l'idée.

2. Je ne vois pas ici de quel genre de choses vous voulez que l'existence soit, ni pourquoi elle ne peut pas aussi bien être dite une propriété, comme la toute-puissance, prenant le nom de propriété pour toute sorte d'attribut ou pour tout ce qui peut être attribué à une chose, selon qu'en effet

il doit ici être pris. Mais bien davantage, l'existence nécessaire est vraiment en Dieu une propriété prise dans le sens le moins étendu, parce qu'elle convient à lui seul, et qu'il n'y a qu'en lui qu'elle fasse partie de l'essence. C'est pourquoi aussi l'existence du triangle ne doit pas être comparée avec l'existence de Dieu, parce qu'elle a manifestement en Dieu une autre relation à l'essence qu'elle n'a pas dans le triangle. Et je ne commets pas plutôt en ceci la faute que les logiciens nomment une pétition de principe, lorsque je mets l'existence entre les choses qui appartiennent à l'essence de Dieu, que lorsque entre les propriétés du triangle je mets l'égalité de la grandeur de ses trois angles avec deux droits. Il n'est pas vrai aussi que l'essence et l'existence en Dieu, aussi bien que dans le triangle, peuvent être conçues l'une sans l'autre, parce que Dieu est son être, et non pas le triangle. Et toutefois je ne nie pas que l'existence possible ne soit une perfection dans l'idée du triangle, comme l'existence nécessaire est une perfection dans l'idée de Dieu, car cela la rend plus parfaite que ne sont les idées de toutes ces chimères que nous supposons ne pouvoir être produites. Et partant vous n'avez en rien diminué la force de mon argument, et vous demeurez toujours abusé par ce sophisme que vous dites avoir été si facile à résoudre. Quant à ce que vous ajoutez ensuite, j'y ai déjà assez suffisamment répondu, et vous vous trompez grandement lorsque vous dites qu'on ne démontre pas l'existence de Dieu comme on démontre que tout triangle rectiligne a ses trois angles égaux à deux droits; car la raison est pareille en tous les deux, hormis que la démonstration qui prouve l'existence de Dieu est beaucoup plus simple et plus évidente que l'autre. Enfin, je passe sous silence le reste, parce que, lorsque vous dites que je n'explique pas assez les choses et que mes preuves ne sont pas convaincantes, je pense qu'à meilleur titre on pourrait dire le même de vous et des vôtres.

3. Contre tout ce que vous rapportez ici de Diagore, de Théodore, de Pythagore, et de plusieurs autres, je vous oppose les sceptiques, qui révoquaient en doute les démonstrations même de géométrie, et je soutiens qu'ils ne l'auraient pas fait s'ils avaient connu Dieu comme il faut. Et même de ce qu'une chose paraît vraie à plus de personnes, cela ne prouve pas que cette chose soit plus notoire et plus manifeste qu'une autre, mais bien de ce que ceux qui ont une connaissance suffisante de l'une et de l'autre reconnaissent que l'une est premièrement connue, plus évidente et plus assurée que l'autre.

Des choses qui ont été objectées contre la sixième Méditation.

1. J'ai déjà ci-devant réfuté ce que vous niez ici, à savoir *que les choses matérielles, en tant qu'elles sont l'objet des mathématiques pures, puissent avoir aucune existence.*

Pour ce qui est de l'intellection d'un chiliogone, il n'est nullement vrai qu'elle soit confuse, car on en peut très clairement et très distinctement démontrer plusieurs choses, ce qui ne se pourrait aucunement faire si on ne le connaissait que confusément, ou, comme vous dites, si on n'en connaissait que le nom ; mais il est très certain que nous le concevons très clairement tout entier et tout à la fois, quoique nous ne le puissions pas ainsi clairement imaginer : d'où il est évident que les facultés d'entendre et d'imaginer ne diffèrent pas seulement selon le plus et le moins, mais comme deux manières d'agir totalement différentes. Car dans l'intellection l'esprit ne se sert que de soi-même, au lieu que dans l'imagination il contemple quelque forme corporelle. Et encore que les figures géométriques soient tout à fait corporelles, néanmoins il ne se faut pas persuader que ces idées qui servent à nous les faire concevoir le soient aussi quand elles ne tombent point sous l'imagination. Et enfin cela ne peut être digne que de vous, ô chair, de penser *que les idées de Dieu, de l'ange et de l'âme de l'homme soient corporelles ou quasi corporelles ayant été tirées de la forme du corps humain et de quelques autres choses fort simples, fort légères et fort imperceptibles.* Car quiconque se représente Dieu de la sorte, ou même l'esprit humain, tâche d'imaginer une chose qui n'est point du tout imaginable, et ne se figure autre chose qu'une idée corporelle à qui il attribue faussement le nom de Dieu ou d'esprit ; car, dans la vraie idée de l'esprit, il n'y a rien de contenu que la seule pensée avec tous ses attributs, entre lesquels il n'y en a aucun qui soit corporel.

2. Vous faites voir ici clairement que vous vous appuyez seulement sur vos préjugés sans jamais vous en défaire, puisque vous ne voulez pas que nous ayons le moindre soupçon de fausseté pour les choses où jamais nous n'en avons remarqué aucune ; et c'est pour cela que vous dites *que lorsque nous regardons de près, et que nous touchons quasi de la main une tour, nous sommes assurés qu'elle est carrée, si elle nous paraît telle ; et que lorsque nous sommes en effet éveillés, nous ne pouvons pas être en doute si nous veillons ou si nous rêvons,* et autres choses semblables ; car vous n'avez aucune raison de croire que vous ayez jamais assez soigneusement examiné et observé toutes les choses en quoi il peut arriver que vous erriez ; et peut-être ne serait-il pas malaisé

de montrer que vous vous trompez quelquefois en des choses que vous admettez ainsi pour vraies et pour assurées. Mais lorsque vous en revenez là de dire *qu'au moins on ne peut pas douter que les choses ne nous paraissent comme elles sont*, vous en revenez à ce que j'ai dit; car cela même est en termes exprès dans ma seconde Méditation; mais ici il était question de la vérité des choses qui sont hors de nous, sur quoi je ne vois pas que vous ayez du tout rien dit de véritable.

3. Je ne m'arrête pas ici sur des choses que vous avez tant de fois rebattues, et que vous répétez encore en cet endroit si vainement; par exemple, qu'il y a beaucoup de choses que j'ai avancées sans preuve, lesquelles je maintiens néanmoins avoir très évidemment démontrées; comme aussi que j'ai seulement voulu parler du corps grossier et palpable lorsque j'ai exclu le corps de mon essence; quoique néanmoins mon dessein ait été d'en exclure toute sorte de corps, pour petit et subtil qu'il puisse être, et autres choses semblables; car qu'y a-t-il à répondre à tant de paroles dites et avancées sans aucun raisonnable fondement, sinon que de les nier tout simplement? Je dirai néanmoins en passant que je voudrais bien savoir sur quoi vous vous fondez pour dire que j'ai plutôt parlé du corps massif et grossier que du corps subtil et délié; c'est, dites-vous, parce que j'ai dit *que j'ai un corps auquel je suis conjoint, et aussi qu'il est certain que moi, c'est-à-dire mon âme, est distincte de mon corps*, où je confesse que je ne vois pas pourquoi ces paroles ne pourraient pas aussi bien être rapportées au corps subtil et imperceptible qu'à celui qui est plus grossier et palpable; et je ne crois pas que cette pensée puisse tomber en l'esprit d'un autre que de vous. Au reste, j'ai fait voir clairement dans la seconde Méditation que l'esprit pouvait être conçu comme une substance existante, auparavant même que nous sachions s'il y a au monde aucun vent, aucun feu, aucune vapeur, aucun air, ni aucun autre corps que ce soit, pour subtil et délié qu'il puisse être; mais de savoir si en effet il était différent du corps, j'ai dit en cet endroit là que ce n'était pas là le lieu d'en traiter : ce qu'ayant réservé pour cette sixième Méditation, c'est là aussi où j'en ai amplement traité, et où j'ai décidé cette question par une très forte et véritable démonstration. Mais vous, au contraire, confondant la question qui concerne comment l'esprit peut être conçu avec celle qui regarde ce qu'il est en effet, ne faites paraître autre chose sinon que vous n'avez rien compris distinctement de toutes ces choses.

4. Vous demandez ici *comment j'estime que l'espèce ou l'idée du corps, lequel est étendu, peut être reçue en moi qui suis une*

chose non étendue. Je réponds à cela qu'aucune espèce corporelle n'est reçue dans l'esprit, mais que la conception ou l'intellection pure des choses, soit corporelles, soit spirituelles, se fait sans aucune image ou espèce corporelle; et quant à l'imagination, qui ne peut être que des choses corporelles, il est vrai que pour en former une il est besoin d'une espèce qui soit un véritable corps et à laquelle l'esprit s'applique, mais non pas qui soit reçue dans l'esprit. Ce que vous dites de l'idée du soleil, qu'un aveugle-né forme sur la simple connaissance qu'il a de sa chaleur, se peut aisément réfuter; car cet aveugle peut bien avoir une idée claire et distincte du soleil, comme d'une chose qui échauffe, quoiqu'il n'en ait pas l'idée comme d'une chose qui éclaire et illumine. Et c'est sans raison que vous me comparez à cet aveugle, premièrement parce que la connaissance d'une chose qui pense s'étend beaucoup plus loin que celle d'une chose qui échauffe, voire même elle est plus ample qu'aucune que nous ayons de quelque autre chose que ce soit, comme j'ai montré en son lieu, et aussi parce qu'il n'y a personne qui puisse montrer que cette idée du soleil que forme cet aveugle ne contienne pas tout ce que l'on peut connaître de lui, sinon celui qui étant doué du sens de la vue connaît outre cela sa figure et sa lumière ; mais pour vous, non seulement vous n'en connaissez pas davantage que moi touchant l'esprit, mais vous n'y apercevez pas tout ce que j'y vois, de sorte qu'en cela c'est plutôt vous qui ressemblez à un aveugle, et je ne puis tout au plus, à votre égard, être appelé que louche ou peu clairvoyant, avec tout le reste des hommes. Au reste, je n'ai pas ajouté que l'esprit n'était point étendu pour expliquer quel il est et faire connaître sa nature, mais seulement pour avertir que ceux-là se trompent qui pensent qu'il soit étendu. Tout de même que s'il s'en trouvait quelques-uns qui voulussent dire que Bucéphale est une musique, ce ne serait pas en vain et sans raison que cela serait nié par d'autres. Et de vrai, dans tout ce que vous ajoutez ici pour prouver que l'esprit a de l'étendue, d'autant, dites-vous, qu'il se sert du corps, lequel est étendu, il me semble que vous ne raisonnez pas mieux que si, de ce que Bucéphale hennit et ainsi pousse des sons qui peuvent être rapportés à la musique, vous tiriez cette conséquence que Bucéphale est donc une musique. Car, encore que l'esprit soit uni à tout le corps, il ne s'ensuit pas de là qu'il soit étendu par tout le corps, parce que ce n'est pas le propre de l'esprit d'être étendu, mais seulement de penser. Et il ne conçoit pas l'extension par une espèce étendue qui soit en lui, bien qu'il l'imagine en se tournant et s'appliquant à une espèce corporelle qui est étendue, comme j'ai dit auparavant. Et enfin il n'est pas nécessaire que l'esprit soit de l'ordre et de la nature du corps, quoiqu'il ait la force ou la vertu de mouvoir le corps.

5. Ce que vous dites ici touchant l'union de l'esprit avec le corps est semblable aux difficultés précédentes. Vous n'objectez rien du tout contre mes raisons, mais vous proposez seulement les doutes qui vous semblent suivre de mes conclusions, quoique en effet ils ne vous viennent en l'esprit que parce que vous voulez soumettre à l'examen de l'imagination des choses qui de leur nature ne sont point sujettes à sa juridiction. Ainsi quand vous voulez comparer ici le mélange qui se fait du corps et de l'esprit avec celui de deux corps mêlés ensemble, il me suffit de répondre, qu'on ne doit faire entre ces choses aucune comparaison, pour ce qu'elles sont de deux genres totalement différents, et qu'il ne se faut pas imaginer que l'esprit ait des parties, encore qu'il conçoive des parties dans le corps. Car, qui vous a appris que tout ce que l'esprit conçoit doit être réellement en lui? certainement si cela était lorsqu'il conçoit la grandeur de l'univers, il aurait aussi en lui cette grandeur, et ainsi il ne serait pas seulement étendu, mais il serait même plus grand que tout le monde.

6. Vous ne dites rien ici qui me soit contraire, et ne laissez pas d'en dire beaucoup; d'où le lecteur peut apprendre qu'on ne doit pas juger de la force de vos raisons par la prolixité de vos paroles.

Jusques ici l'esprit s'est entretenu avec la chair et, comme il était raisonnable en beaucoup de choses, il n'a pas suivi ses sentiments. Mais maintenant je lève le masque et reconnais que véritablement je parle à Monsieur Gassendi, personnage autant recommandable pour l'intégrité de ses mœurs et la candeur de son esprit que pour la profondeur et la subtilité de sa doctrine, et de qui l'amitié me sera toujours très chère; aussi je proteste, et lui-même le peut savoir, que je rechercherai toujours autant qu'il me sera possible les occasions de l'acquérir. C'est pourquoi je le supplie de ne pas trouver mauvais si, en réfutant ses Objections, j'ai usé de la liberté ordinaire aux philosophes, comme aussi de ma part je l'assure que je n'y ai rien trouvé qui ne m'ait été très agréable; mais surtout j'ai été ravi qu'un homme de son mérite, dans un discours si long et si soigneusement recherché, n'ait apporté aucune raison qui ait pu détruire et renverser les miennes, et qu'il n'ait aussi rien opposé contre mes conclusions à quoi il ne m'ait été très facile de répondre.

SIXIÈMES OBJECTIONS

FAITES PAR DIVERS THÉOLOGIENS ET PHILOSOPHES.

Après avoir lu avec attention vos Méditations et les réponses que vous avez faites aux difficultés qui vous ont été ci-devant objectées, il nous reste encore en l'esprit quelques scrupules dont il est à propos que vous nous releviez.

Le premier est qu'il ne semble pas que ce soit un argument fort certain de notre existence, de ce que nous pensons, car pour être certain que vous pensez, vous devez auparavant savoir ce que c'est que penser ou que la pensée, et ce que c'est que votre existence ; et, dans l'ignorance où vous êtes de ces deux choses, comment pouvez-vous savoir que vous pensez ou que vous êtes ? puis donc qu'en disant *je pense*, vous ne savez pas ce que vous dites, et qu'en ajoutant *donc je suis*, vous ne vous entendez pas non plus; que même vous ne savez pas si vous dites, ou si vous pensez quelque chose, étant pour cela nécessaire que vous connaissiez que vous savez ce que vous dites, et derechef que vous sachiez que vous connaissez que vous savez ce que vous dites, et ainsi jusques à l'infini, il est évident que vous ne pouvez pas savoir si vous êtes, ou même si vous pensez.

Mais, pour venir *au second scrupule*, lorsque vous dites *je pense, donc je suis*, ne pourrait-on pas dire que vous vous trompez, *que vous ne pensez point*, mais que vous êtes seulement mû, et que vous n'êtes rien autre chose qu'un mouvement corporel ; personne n'ayant encore pu jusques ici comprendre votre raisonnement par lequel vous prétendez avoir démontré qu'il n'y a point de mouvement corporel qui puisse légitimement être appelé du nom de pensée. Car pensez-vous avoir tellement coupé et divisé par le moyen de votre analyse tous les mouvements de votre matière subtile, que vous soyez assuré et que vous nous puissiez persuader, à nous qui sommes très attentifs et qui pensons être assez clairvoyants, qu'il y a de la répugnance que nos pensées soient répandues dans ces mouvements corporels.

Le troisième scrupule n'est point différent du second, car, bien que quelques pères de l'Eglise aient cru avec tous les platoniciens que les anges étaient corporels, d'où vient que le Concile de Latran a défini qu'on les pouvait peindre, et qu'ils aient eu la même pensée de l'âme raisonnable que quelques-uns d'entre eux ont estimé venir de père à fils, ils ont néanmoins tous dit que les anges et l'âme pensaient; ce qui nous fait croire que leur opinion était que la pensée se pouvait faire par des mouvements corporels, ou que les anges n'étaient eux-mêmes que des mouvements corporels dont ils ne distinguaient point la pensée. Cela se peut aussi confirmer par les pensées qu'ont les singes, les chiens et les autres animaux; et de vrai les chiens aboient en dormant, comme s'ils poursuivaient des lièvres ou des voleurs; ils savent aussi fort bien en veillant qu'ils courent et en rêvant qu'ils aboient, quoique nous reconnaissions avec vous qu'il n'y a rien en eux qui soit distingué du corps. Que si vous dites que les chiens ne savent pas qu'ils courent ou qu'ils pensent, outre que vous le dites sans le prouver, peut-être est-il vrai qu'ils font de nous un pareil jugement, à savoir, que nous ne savons pas si nous courons ou si nous pensons, lorsque nous faisons l'une ou l'autre de ces actions; car enfin vous ne voyez pas quelle est la façon intérieure d'agir qu'ils ont en eux, non plus qu'ils ne voient pas quelle est la vôtre; et il s'est trouvé autrefois de grands personnages, et s'en trouve encore aujourd'hui, qui ne dénient pas la raison aux bêtes. Et tant s'en faut que nous puissions nous persuader que toutes leurs opérations puissent être suffisamment expliquées par le moyen de la mécanique, sans leur attribuer ni sens, ni âme, ni vie, qu'au contraire nous sommes prêts de soutenir, au dédit de ce que l'on voudra, que c'est une chose tout à fait impossible et même ridicule.

Et enfin s'il est vrai que les singes, les chiens et les éléphants agissent de la sorte dans toutes leurs opérations, ils s'en trouvera plusieurs qui diront que toutes les actions de l'homme sont aussi semblables à celles des machines, et qui ne voudront plus admettre en lui de sens ni d'entendement, vu que si la faible raison des bêtes diffère de celle de l'homme, ce n'est que par le plus et le moins, qui ne change point la nature des choses.

Le quatrième scrupule est touchant la science d'un athée, laquelle il soutient être très certaine, et même selon votre règle très évidente lorsqu'il assure que si de choses égales on ôte choses égales, les restes seront égaux; ou bien que les trois angles d'un triangle rectiligne sont égaux à deux droits, et autres choses semblables, puisqu'il ne peut penser à ces choses sans croire qu'elles sont très certaines. Ce qu'il maintient être si véritable, qu'encore bien qu'il n'y eût point de Dieu, ou même qu'il fût impossible qu'il y en eût, comme il s'imagine, il ne se tient pas moins assuré de ces vérités que si en effet il y en avait un qui existât: et de fait, il nie qu'on lui puisse jamais rien objecter là-dessus qui lui cause le moindre doute; car que lui objecterez-vous? que s'il y a un Dieu il le peut décevoir ? Mais il vous soutiendra qu'il n'est pas possible qu'il puisse jamais être en cela déçu, quand même Dieu y emploierait toute sa puissance.

De ce scrupule en naît *un cinquième* qui prend sa force de cette déception que vous voulez dénier entièrement à Dieu ; car si plusieurs théologiens sont dans ce sentiment que les damnés, tant les anges que les hommes, sont continuellement déçus par l'idée que Dieu leur a imprimée d'un feu dévorant, en sorte qu'ils croient fermement et s'imaginent voir et ressentir effectivement qu'ils sont tourmentés par un feu qui les consume, quoiqu'en effet il n'y en ait point, Dieu ne peut-il pas nous décevoir par de semblables espèces, et nous imposer continuellement, imprimant sans cesse dans nos âmes de ces fausses et trompeuses idées? En sorte que nous pensions voir très clairement et toucher de chacun de nos sens des choses qui toutefois ne sont rien hors de nous, étant véritable qu'il n'y a point de ciel, point d'astres, point de terre, et que nous n'avons point de bras, point de pieds, point d'yeux, etc. Et certes, quand il en userait de la sorte, il ne pourrait être blâmé d'injustice, et nous n'aurions aucun sujet de nous plaindre de lui, puisque étant le souverain seigneur de toutes choses, il peut disposer de tout comme il lui plaît, vu principalement qu'il semble avoir droit de le faire pour abaisser l'arrogance des hommes, châtier leurs crimes ou punir le péché de leur premier père, ou pour d'autres raisons qui nous sont inconnues. Et de vrai, il semble que cela se confirme par ces lieux de l'écriture qui prouvent que l'homme ne peut rien savoir, comme il paraît par ce texte de l'apôtre en la *Première aux Corinthiens*, chapitre 8, vers. 2 : *Quiconque estime savoir quelque chose, ne connaît pas encore ce qu'il doit savoir, ni comment il doit savoir;* et par celui de l'*Ecclésiaste*, chapitre 8, verset 17 : *J'ai reconnu que de tous les ouvrages de Dieu qui se font sous le soleil, l'homme n'en peut rendre aucune raison, et que plus il s'efforcera d'en trouver, d'autant moins il en trouvera; même s'il dit en savoir quelqu'une, il ne la pourra trouver.* Or que le sage ait dit cela pour des raisons mûrement considérées, et non point à la hâte et sans y avoir bien pensé, cela se voit par le contenu de tout le livre, et principalement où il traite de la question de l'âme que vous soutenez être immortelle. Car au chapitre 3, verset 19, il dit *que l'homme et la jument passent de même façon*, et afin que vous ne disiez pas que cela se doit entendre seulement du corps, il ajoute un peu après *que l'homme n'a rien de plus que la jument;* et, venant à parler de l'esprit même de l'homme, il dit *qu'il n'y a personne qui sache s'il monte en haut,* c'est-à-dire s'il est immortel, *ou si, avec ceux des autres animaux il descend en bas,* c'est-à-dire s'il se corrompt. Et ne dites point qu'il parle en ce lieu-là en la personne des impies, autrement il aurait dû en avertir et réfuter ce qu'il avait auparavant allégué ; ne pensez pas aussi vous excuser en renvoyant aux théologiens d'interpréter l'Ecriture ; car étant chrétien comme vous êtes, vous devez être prêt de répondre et de satisfaire à tous ceux qui vous objectent quelque chose contre la foi, principalement quand ce qu'on vous objecte choque les principes que vous voulez établir.

Le sixième scrupule vient de l'indifférence du jugement ou de la liberté, laquelle, tant s'en faut, que selon votre doctrine elle rende le franc arbitre plus noble et plus parfait, qu'au contraire c'est dans l'indifférence que vous mettez son imperfection ; en sorte que tout autant de fois que l'entendement connaît clairement et distinctement les choses qu'il faut croire, qu'il faut faire ou qu'il faut omettre, la volonté pour lors n'est jamais indifférente. Car ne voyez-vous pas que par ces principes vous détruisez entièrement la liberté de Dieu, de laquelle vous ôtez l'indifférence lorsqu'il crée ce monde-ci plutôt qu'un autre, ou lorsqu'il n'en crée aucun, étant néanmoins de la foi de croire que Dieu a été de toute éternité indifférent à créer un monde ou plusieurs, ou même à n'en créer pas un. Et qui peut douter que Dieu n'ait toujours vu très clairement toutes les choses qui étaient à faire ou à laisser ? Si bien que l'on ne peut pas dire que la connaissance très claire des choses et leur distincte perception ôte l'indifférence du libre arbitre, laquelle ne conviendrait jamais avec la liberté de Dieu si elle ne pouvait convenir avec la liberté humaine, étant vrai que les essences des choses aussi bien que celles des nombres sont indivisibles et immuables ; et partant l'indifférence n'est pas moins comprise dans la liberté du franc-arbitre de Dieu que dans la liberté du franc-arbitre des hommes.

Le septième scrupule sera de la superficie, en laquelle ou par le moyen de laquelle vous dites que se font tous les sentiments. Car nous ne voyons pas comment il se peut faire qu'elle ne soit point partie des corps qui sont aperçus, ni de l'air, ou des vapeurs, ni même l'extrémité d'aucune de ces choses ; et nous n'entendons pas bien encore comment vous pouvez dire qu'il n'y a point d'accidents réels, de quelque corps ou substance que ce soit, qui puissent par la toute-puissance de Dieu être séparés de leur sujet et exister sans lui, et qui véritablement existent ainsi au saint sacrement de l'autel. Toutefois nos docteurs n'ont pas occasion de s'émouvoir beaucoup jusqu'à ce qu'ils aient vu si dans cette physique que vous nous promettez, vous aurez suffisamment démontré toutes ces choses; il est vrai qu'ils ont de la peine à croire qu'elle nous les puisse si clairement proposer que nous les devions embrasser au préjudice de ce que l'antiquité nous en a appris.

La réponse que vous avez faite aux cinquièmes objections a donné lieu *au huitième scrupule*. Et de vrai, comment se peut-il faire que les vérités géométriques ou métaphysiques, telles que sont celles dont vous avez fait mention en ce lieu-là, soient immuables et éternelles, et que néanmoins elles ne soient pas indépendantes de Dieu. Car en quel genre de cause dépendent-elles de lui? A-t-il donc bien pu faire que la nature du triangle ne fût point? et comment, je vous prie, aurait-il pu faire qu'il n'eût pas été vrai de toute éternité que deux fois quatre fussent huit? ou qu'un triangle n'eût pas trois angles? Et partant, ou ces vérités ne dépendent que du seul entendement, lorsqu'il pense, ou elles dépendent de l'existence des choses mêmes, ou bien elles sont indépendantes, vu qu'il ne me semble pas possible que Dieu ait pu faire qu'aucune de ces essences ou vérités ne fût pas de toute éternité.

Enfin le *neuvième scrupule* nous semble fort pressant lorsque vous dites qu'il faut se défier des sens, et que la certitude de l'entendement est beaucoup plus grande que la leur. Car comment cela pourrait-il être si l'entendement même n'a point d'autre incertitude que celle qu'il emprunte des sens bien disposés? Et de fait, ne voit-on pas qu'il ne peut corriger l'erreur d'aucun de nos sens si premièrement un autre ne l'a tiré de l'erreur où il était lui-même. Par exemple, un bâton paraît rompu dans l'eau à cause de la réfraction : qui corrigera cette erreur? Sera-ce l'entendement : point du tout, mais le sens du toucher. Il en est de même de tous les autres. Et partant, si une fois vous pouvez avoir tous vos sens bien disposés, et qui vous rapportent toujours la même chose, tenez pour certain que vous acquerrez par leur moyen la plus grande certitude dont un homme soit naturellement capable; que si vous vous fiez par trop aux raisonnements de votre esprit, assurez-vous d'être souvent trompé, car il arrive assez ordinairement que notre entendement nous trompe en des choses qu'il avait tenues pour indubitables.

Voilà en quoi consistent nos principales difficultés : à quoi vous ajouterez aussi quelque règle certaine et des marques infaillibles suivant lesquelles nous puissions connaître avec certitude, quand nous concevons une chose si parfaitement sans l'autre, qu'il soit vrai que l'une soit tellement distincte de l'autre, qu'au moins par la toute-puissance de Dieu elles puissent subsister séparément: c'est-à-dire, en un mot, que vous nous enseigniez comment nous pouvons clairement, distinctement et certainement connaître que cette distinction que notre entendement forme ne prend point son fondement dans notre esprit, mais dans les choses mêmes. Car lorsque nous contemplons l'immensité de Dieu, sans penser à sa justice, ou que nous faisons réflexion sur son existence, sans penser au Fils ou au Saint-Esprit, ne concevons-nous pas parfaitement cette existence, ou Dieu même existant sans ces deux autres personnes, qu'un infidèle peut avec autant de raison dénier la divinité que vous en avez de dénier au corps l'esprit ou la pensée. Tout ainsi donc que celui-là conclurait mal qui dirait que le Fils et que le Saint-Esprit sont essentiellement distingués du Père, ou qu'ils peuvent être séparés de lui, de même on ne vous concédera jamais que la pensée, ou plutôt que l'esprit humain, soit réellement distingué du corps, quoique vous conceviez clairement l'un sans l'autre, et que vous puissiez nier l'un de l'autre, et même que vous reconnaissiez que cela ne se fait point par aucune abstraction de votre esprit. Mais certes, si vous satisfaites pleinement à toutes ces difficultés, vous devez être assuré qu'il n'y aura plus rien qui puisse faire ombrage à nos théologiens.

ADDITION.

J'ajouterai ici ce que quelques autres m'ont proposé, afin de n'avoir pas besoin d'y répondre séparément, car leur sujet est presque semblable.

Des personnes de très bon esprit et d'une rare doctrine m'ont fait les trois questions suivantes :

La première est comment nous pouvons être assurés que nous avons l'idée claire et distincte de notre âme?

La seconde comment nous pouvons être assurés que cette idée est tout à fait différente des autres choses?

La troisième comment nous pouvons être assurés qu'elle n'a rien en soi de ce qui appartient au corps?

Ce qui suit m'a été aussi envoyé avec ce titre :

DES PHILOSOPHES ET GÉOMÈTRES

A Monsieur Descartes.

MONSIEUR,

Quelque soin que nous prenions à examiner si l'idée que nous avons de notre esprit, c'est-à-dire si la notion ou le concept de l'esprit humain ne contient rien en soi de corporel, nous n'osons pas néanmoins assurer que la pensée ne puisse en aucune façon convenir au corps agité par de secrets mouvements : car, voyant qu'il y a certains corps qui ne pensent point et d'autres qui pensent, ne passerions-nous pas auprès de vous pour des sophistes, et ne nous accuseriez-vous pas de trop de témérité, si nonobstant cela nous voulions conclure qu'il n'y a aucun corps qui pense ? Nous avons même de la peine à ne pas croire que vous auriez eu raison de vous moquer de nous si nous eussions les premiers forgé cet argument qui parle des idées, et dont vous vous servez pour la preuve d'un Dieu, et de la distinction réelle de l'esprit d'avec le corps, et que vous l'eussiez ensuite fait passer par l'examen de votre analyse. Il est vrai que vous paraissez en être si fort prévenu et préoccupé qu'il semble que vous vous soyez vous-même mis un voile au-devant de l'esprit, qui vous empêche de voir que toutes les opérations et propriétés de l'âme que vous remarquez être en vous dépendent purement des mouvements du corps; ou bien défaites le nœud qui selon votre jugement tient nos esprits enchaînés, et qui les empêche de s'élever au-dessus du corps et de la matière.

Le nœud que nous trouvons en ceci est que nous comprenons fort bien que deux et trois joints ensemble font le nombre de cinq, et que si de choses égales on ôte choses égales, les restes seront égaux ; nous sommes convaincus de ces vérités, et de mille autres, aussi bien que vous; pourquoi donc ne sommes-nous pas pareillement convaincus par le moyen de vos idées, ou même par les nôtres, que l'âme de l'homme est réellement distincte du corps, et que Dieu existe? Vous direz peut-être que vous ne pouvez pas nous mettre cette vérité dans l'esprit si nous ne méditons avec vous; mais nous avons à vous répondre que nous avons lu plus de sept fois vos Méditations avec une attention d'esprit presque semblable à celle des anges, et que néanmoins nous ne sommes pas encore persuadés. Nous ne pouvons pas toutefois nous persuader que vous veuilliez dire que tous, tant que nous sommes, nous avons l'esprit stupide et grossier comme des bêtes, et du tout inhabile pour les choses métaphysiques, auxquelles il y a trente ans que nous nous exerçons, plutôt que de confesser que les raisons que vous avez tirées des idées de Dieu et de l'esprit ne sont pas d'un si grand poids et d'une telle autorité que des hommes savants, qui tâchent autant qu'ils peuvent d'élever leur esprit au-dessus de la matière, s'y puissent et s'y doivent entièrement soumettre.

Au contraire, nous estimons que vous confesserez le même avec nous, si vous voulez vous donner la peine de relire vos Méditations avec le même esprit, et les passer par le même examen que vous feriez si elles vous avaient été proposées par une personne ennemie. Enfin, puisque nous ne connaissons point jusqu'où se peut étendre la vertu des corps et de leurs mouvements, vu que vous confessez vous-même qu'il n'y a personne qui puisse savoir tout ce que Dieu a mis ou peut mettre dans un sujet sans une révélation particulière de sa part, d'où pouvez-vous avoir appris que Dieu n'ait point mis cette vertu et propriété dans quelques corps, que de penser, de douter, etc.?

Ce sont là, Monsieur, nos arguments, ou si vous aimez mieux nos préjugés, auxquels, si vous apportez le remède nécessaire, nous ne saurions vous exprimer de combien de grâces nous vous serons redevables, ni quelle sera l'obligation que nous vous aurons d'avoir tellement défriché notre esprit que de l'avoir rendu capable de recevoir avec fruit la semence de votre doctrine. Dieu veuille que vous en puissiez venir heureusement à bout, et nous le prions qu'il lui plaise donner cette récompense à votre piété, qui ne vous permet pas de rien entreprendre que vous ne sacrifiiez entièrement à sa gloire.

RÉPONSES DE L'AUTEUR

AUX SIXIÈMES OBJECTIONS FAITES PAR DIVERS THÉOLOGIENS, PHILOSOPHES ET GÉOMÈTRES.

1. C'est une chose très assurée que personne ne peut être certain s'il pense et s'il existe, si premièrement il ne sait ce que c'est que la pensée et que l'existence ; non que pour cela il soit besoin d'une science réfléchie ou acquise par une démonstration, et beaucoup moins de la science de cette science, par laquelle il connaisse qu'il sait, et derechef qu'il sait qu'il sait, et ainsi jusqu'à l'infini, étant impossible qu'on en puisse jamais avoir une telle d'aucune chose que ce soit ; mais il suffit qu'il sache cela par cette force de reconnaissance intérieure qui précède toujours l'acquise, et qui est si naturelle à tous les hommes en ce qui regarde la pensée et l'existence, que, bien que peut-être étant aveuglés par quelques préjugés, et plus attentifs au son des paroles qu'à leur véritable signification, nous puissions feindre que nous ne l'avons point, il est néanmoins impossible qu'en effet nous ne l'ayons. Ainsi donc, lorsque quelqu'un aperçoit qu'il pense, et que de là il suit très évidemment qu'il existe, encore qu'il ne se soit peut-être jamais auparavant mis en peine de savoir ce que c'est que la pensée et que l'existence, il ne se peut faire néanmoins qu'il ne les connaisse assez l'une et l'autre pour être en cela pleinement satisfait.

2. Il est aussi du tout impossible que celui qui d'un côté sait qu'il pense, et qui d'ailleurs connaît ce que c'est que d'être mû, puisse jamais croire qu'il se trompe et qu'en effet il ne pense point, mais qu'il est seulement mû ; car, ayant une idée ou notion tout autre de la pensée que du mouvement corporel, il faut de nécessité qu'il conçoive l'un comme différent de l'autre, quoique, pour s'être trop accoutumé à attribuer à un même sujet plusieurs propriétés différentes et qui n'ont entre elles aucune affinité, il se puisse faire qu'il révoque en doute, ou même qu'il assure que c'est en lui la même chose qui pense et qui est mue. Or il faut remarquer que les choses dont nous avons différentes idées peuvent être prises en deux façons pour une seule et même chose, c'est à savoir, ou en unité et identité de nature, ou seulement en unité de composition. Ainsi, par exemple, il est bien vrai que l'idée de la figure n'est pas la

même que celle du mouvement; que l'action par laquelle j'entends est conçue sous une autre idée que celle par laquelle je veux; que la chair et les os ont des idées différentes, et que l'idée de la pensée est toute autre que celle de l'extension. Et néanmoins nous concevons fort bien que la même substance à qui la figure convient est aussi capable de mouvement; de sorte qu'être figuré et être mobile n'est qu'une même chose en unité de nature comme aussi ce n'est qu'une même chose en unité de nature qui veut et qui entend; mais il n'en est pas ainsi de la substance que nous considérons sous la forme d'un os, et de celle que nous considérons sous la forme de chair, ce qui fait que nous ne pouvons pas les prendre pour une même chose en unité de nature, mais seulement en unité de composition, en tant que c'est un même animal qui a de la chair et des os. Maintenant la question est de savoir si nous concevons que la chose qui pense et celle qui est étendue soient une même chose en unité de nature; en sorte que nous trouvions qu'entre la pensée et l'extension il y ait une pareille connexion et affinité que nous remarquons entre le mouvement et la figure, l'action de l'entendement et celle de la volonté; ou plutôt si elles ne sont pas appelées une en unité de composition, en tant qu'elles se rencontrent toutes deux dans un même homme, comme des os et de la chair dans un même animal; et pour moi c'est là mon sentiment, car la distinction ou diversité que je remarque entre la nature d'une chose étendue et celle d'une chose qui pense ne me paraît pas moindre que celle qui est entre des os et de la chair.

Mais pour ce qu'en cet endroit on se sert d'autorités pour me combattre, je me trouve obligé, pour empêcher qu'elles ne portent aucun préjudice à la vérité, de répondre à ce qu'on m'objecte (*que personne n'a encore pu comprendre ma démonstration*) qu'encore bien qu'il y en ait fort peu qui l'aient soigneusement examinée, il s'en trouve néanmoins quelques-uns qui se persuadent de l'entendre, et qui s'en tiennent entièrement convaincus. Et comme on doit ajouter plus de foi à un seul témoin qui, après avoir voyagé en Amérique, nous dit qu'il a vu des antipodes, qu'à mille autres qui ont nié ci-devant qu'il y en eût, sans en avoir d'autre raison sinon qu'ils ne le savaient pas, de même ceux qui pèsent comme il faut la valeur des raisons doivent faire plus d'état de l'autorité d'un seul homme qui dit entendre fort bien une démonstration, que de celle de mille autres qui disent, sans raison, qu'elle n'a pu encore être comprise de personne; car bien qu'ils ne l'entendent point, cela ne fait pas que d'autres ne la puissent entendre; et pour ce qu'en inférant l'un de l'autre ils font voir qu'ils ne sont pas exacts dans leurs raisonnements, il semble que leur autorité ne doive pas être beaucoup considérée.

Enfin, à la question qu'on me propose en cet endroit, savoir, *si j'ai tellement coupé et divisé par le moyen de mon analyse tous les mouvements de ma matière subtile que non seulement je sois assuré, mais même que je puisse faire connaître à des personnes très attentives, et qui pensent être assez clairvoyantes, qu'il y a de la répugnance que nos pensées soient répandues dans des mouvements corporels*, c'est-à-dire, comme je l'estime, que nos pensées ne soient autre chose que des mouvements corporels, je réponds que pour mon particulier j'en suis très certain, mais que je ne me promets pas pour cela de le pouvoir persuader aux autres, quelque attention qu'ils y apportent, et quelque capacité qu'ils pensent avoir, au moins tandis qu'ils n'appliqueront leur esprit qu'aux choses qui sont seulement imaginables, et non point à celles qui sont purement intelligibles, comme il est aisé de voir que ceux-là font qui se sont imaginés que la distinction ou la différence qui est entre la pensée et le mouvement se doit connaître par la dissection de quelque matière subtile ; car cette différence ne peut être connue que de ceux que l'idée d'une chose qui pense, et celle d'une chose étendue ou mobile, sont entièrement diverses et mutuellement indépendantes l'une de l'autre, et qu'il répugne que des choses que nous concevons clairement et distinctement être diverses et indépendantes ne puissent pas être séparées, au moins par la toute-puissance de Dieu ; de sorte que tout autant de fois que nous les rencontrons ensemble dans un même sujet, comme la pensée et le mouvement corporel dans un même homme, nous ne devons pas pour cela estimer qu'elles soient une même chose en unité de nature, mais seulement en unité de composition.

3. Ce qui est ici rapporté des platoniciens et de leurs sectateurs est aujourd'hui tellement décrié par toute l'Eglise catholique, et communément par tous les philosophes, qu'on ne doit plus s'y arrêter. D'ailleurs il est bien vrai que le concile de Latran a défini qu'on pouvait peindre les anges, mais il n'a pas conclu pour cela qu'ils fussent corporels. Et quand en effet on les croirait être tels, on n'aurait pas raison pour cela de penser que leurs esprits fussent plus inséparables de leurs corps que ceux des hommes ; et quand on voudrait aussi feindre que l'âme humaine viendrait de père à fils, on ne pourrait pas pour cela conclure qu'elle fût corporelle, mais seulement que comme nos corps prennent leur naissance de ceux de nos parents, de même nos âmes procéderaient des leurs. Pour ce qui est des chiens

et des singes, quand je leur attribuerais la pensée, il ne s'ensuivrait pas de là que l'âme humaine n'est point distincte du corps, mais plutôt que dans les autres animaux les esprits et les corps sont aussi distingués ; ce que les mêmes platoniciens, dont on nous vantait tout maintenant l'autorité, ont estimé avec Pythagore, comme leur métempsycose fait assez connaître. Mais pour moi je n'ai pas seulement dit que dans les bêtes il n'y avait point de pensée, ainsi qu'on me veut faire accroire, mais qui plus est je l'ai prouvé par des raisons qui sont si fortes que jusqu'à présent je n'ai vu personne qui ait rien opposé de considérable à l'encontre. Et ce sont plutôt ceux qui assurent *que les chiens savent en veillant qu'ils courent, et même en dormant qu'ils aboient*, et qui en parlent comme s'ils étaient d'intelligence avec eux et qu'ils vissent tout ce qui se passe dans leurs cœurs, lesquels ne prouvent rien de ce qu'ils disent. Car bien qu'ils ajoutent *qu'ils ne peuvent pas se persuader que les opérations des bêtes puissent être suffisamment expliquées par le moyen de la mécanique, sans leur attribuer ni sens, ni âme, ni vie,* (c'est-à-dire, selon que je l'explique, sans la pensée ; car je ne leur ai jamais dénié ce que vulgairement on appelle vie, âme corporelle et sens organique) *qu'au contraire ils veulent soutenir au dédit de ce que l'on voudra, que c'est une chose tout à fait impossible et même ridicule,* cela néanmoins ne doit pas passer pour une preuve : car il n'y a point de proposition si véritable dont on ne puisse dire en même façon qu'on ne se la saurait persuader, et même ce n'est point la coutume d'en venir aux gageures que lorsque les preuves nous manquent. Et puisqu'on a vu autrefois de grands hommes qui se sont moqués d'une façon presque pareille de ceux qui soutenaient qu'il y avait des antipodes, j'estime qu'il ne faut pas légèrement tenir pour faux tout ce qui semble ridicule à quelques autres.

Enfin ce qu'on ajoute ensuite, *qu'il s'en trouvera plusieurs qui diront que toutes les actions de l'homme sont semblables à celles des machines, et qui ne voudront plus admettre en lui de sens ni d'entendement, s'il est vrai que les singes, les chiens et les éléphants agissent aussi comme des machines en toutes leurs opérations,* n'est pas aussi une raison qui prouve rien, si ce n'est peut-être qu'il y a des hommes qui conçoivent les choses si confusément, et qui s'attachent avec tant d'opiniâtreté aux premières opinions qu'ils ont une fois conçues, sans les avoir jamais bien examinées, que plutôt que de s'en départir ils nieront qu'ils aient en eux-mêmes les choses qu'ils expérimentent y être. Car de vrai il ne se peut pas faire que nous n'expérimentions tous les jours en nous-mêmes que nous pensons ; et partant, quoiqu'on nous fasse voir qu'il n'y a pas d'opérations dans les bêtes qui ne se puissent faire sans la pensée, personne ne pourra de là raisonnablement inférer qu'il ne pense donc point, si ce n'est celui qui, ayant toujours supposé que les bêtes pensent comme nous, et pour ce sujet s'étant persuadé qu'il n'agit point autrement qu'elles, se voudra tellement opiniâtrer à maintenir cette proposition : *l'homme et la bête opèrent d'une même façon*, que lorsqu'on viendra à lui montrer que les bêtes ne pensent point, il aimera mieux se dépouiller de sa propre pensée (laquelle il ne peut toutefois ne pas connaître en soi-même par une expérience continuelle et infaillible) que de changer cette opinion, *qu'il agit de même façon que les bêtes*. Je ne puis pas néanmoins me persuader qu'il y ait beaucoup de ces esprits; mais je m'assure qu'il s'en trouvera bien davantage qui, si on leur accorde *que la pensée n'est point distinguée du mouvement corporel*, soutiendront (et certes avec plus de raison) qu'elle se rencontre dans les bêtes aussi bien que dans les hommes, puisqu'ils verront en elles les mêmes mouvements corporels que dans nous ; et, ajoutant à cela *que la différence qui n'est que selon le plus ou le moins ne change point la nature des choses*, bien que peut-être ils ne fassent pas les bêtes si raisonnables que les hommes, ils auront néanmoins occasion de croire qu'il y a en elles des esprits de semblable espèce que les nôtres.

4. Pour ce qui regarde la science d'un athée, il est aisé de montrer qu'il ne peut rien savoir avec certitude et assurance ; car, comme j'ai déjà dit ci-devant, d'autant moins puissant sera celui qu'il reconnaîtra pour l'auteur de son être, d'autant plus aura-t-il occasion de douter si sa nature n'est point tellement imparfaite qu'il se trompe même dans les choses qui lui semblent très évidentes ; et jamais il ne pourra être délivré de ce doute si premièrement il ne reconnaît qu'il a été créé par un Dieu, principe de toute vérité, et qui ne peut être trompeur.

5. Et on peut voir clairement qu'il est impossible que Dieu soit trompeur pourvu qu'on veuille considérer que la forme ou l'essence de la tromperie est un non-être vers lequel jamais le souverain Etre ne se peut porter. Aussi tous les théologiens sont-ils d'accord de cette vérité, qu'on peut dire être la base et le fondement de la religion chrétienne, puisque toute la certitude de sa foi en dépend. Car, comment pourrions-nous ajouter foi aux choses que Dieu nous a révélées si nous pensions qu'il nous trompe quelquefois ? Et bien que la commune opinion des théologiens soit que les damnés sont tourmentés par le feu des enfers, néanmoins leur sentiment n'est pas pour cela *qu'ils sont déçus par une fausse idée que Dieu leur a imprimée d'un feu qui les*

consume, mais plutôt qu'ils sont véritablement tourmentés par le feu, parce que comme *l'esprit d'un homme vivant, bien qu'il ne soit pas corporel, est néanmoins naturellement détenu dans le corps, ainsi Dieu, par sa toute-puissance, peut aisément faire qu'il souffre les atteintes du feu corporel après sa mort, etc.* Voyez le *Maître des Sentences*, Lib. 4. Dist. 44. Pour ce qui est des lieux de l'Ecriture, je ne juge pas que je sois obligé d'y répondre, si ce n'est qu'ils semblent contraires à quelque opinion qui me soit particulière ; car lorsqu'ils ne s'attaquent pas à moi seul, mais qu'on les propose contre les opinions qui sont communément reçues de tous les chrétiens, comme sont celles que l'on impugne en ce lieu-ci, par exemple : que nous pouvons savoir quelque chose, et que l'âme de l'homme n'est pas semblable à celle des animaux ; je craindrais de passer pour présomptueux si je n'aimais pas mieux me contenter des réponses qui ont déjà été faites par d'autres que d'en rechercher de nouvelles, vu que je n'ai jamais fait profession de l'étude de la théologie, et que je ne m'y suis appliqué qu'autant que j'ai cru qu'elle était nécessaire pour ma propre instruction, et enfin que je ne sens point en moi d'inspiration divine qui me fasse juger capable de l'enseigner. C'est pourquoi je fais ici ma déclaration que désormais je ne répondrai plus à de pareilles objections.

Néanmoins j'y répondrai encore pour cette fois, de peur que mon silence ne donnât occasion à quelques-uns de croire que je m'en abstiens faute de pouvoir donner des explications assez commodes aux lieux de l'Ecriture que vous proposez. Je dis donc premièrement que le passage de saint Paul de la *Première aux Corinthiens*, chap. 8, vers. 2, se doit seulement entendre de la science qui n'est pas jointe avec la charité, c'est-à-dire de la science des athées ; parce que quiconque connaît Dieu comme il faut ne peut pas être sans amour pour lui, et n'avoir point de charité. Ce qui se prouve tant par ces paroles qui précèdent immédiatement : *la science enfle, mais la charité édifie*, que par celles qui suivent un peu après, *que si quelqu'un aime Dieu, icelui* (à savoir Dieu) *est connu de lui*, car ainsi l'Apôtre ne dit pas qu'on ne puisse avoir aucune science, puisqu'il confesse que ceux qui aiment Dieu le connaissent, c'est-à-dire qu'ils ont de lui quelque science ; mais il dit seulement que ceux qui n'ont point de charité, et qui par conséquent n'ont pas une connaissance de Dieu suffisante, encore que peut-être ils s'estiment savants en d'autres choses, *ils ne connaissent pas néanmoins encore ce qu'ils doivent savoir, ni comment ils le doivent savoir*, d'autant qu'il faut commencer par la connaissance de Dieu, et après faire dépendre d'elle toute la connaissance que nous pouvons avoir des autres choses, ce que j'ai aussi expliqué dans mes Méditations. Et partant, ce même texte, qui était allégué contre moi, confirme si ouvertement mon opinion touchant cela, que je ne pense pas qu'il puisse être bien expliqué par ceux qui sont d'un sentiment contraire. Car si on voulait prétendre que le sens que j'ai donné à ces paroles *que si quelqu'un aime Dieu, icelui* (à savoir Dieu) *est connu de lui*, n'est pas celui de l'Ecriture ; et que ce pronom *icelui* ne se réfère pas à Dieu, mais à l'homme qui est connu et approuvé par lui, l'apôtre saint Jean en sa *première épitre*, chapitre 2, verset 2, favorise entièrement mon explication par ces paroles : *en cela nous savons que nous l'avons connu si nous observons ses commandements*, et au chapitre 4, verset 7 : *celui qui aime est enfant de Dieu, et le connaît.*

Les lieux que vous alléguez de l'*Ecclésiaste* ne sont point aussi contre moi ; car il faut remarquer que Salomon dans ce livre ne parle pas en la personne des impies, mais en la sienne propre, en ce qu'ayant été auparavant pécheur et ennemi de Dieu, il se repent pour lors de ses fautes, et confesse que tant qu'il s'était seulement voulu servir pour la conduite de ses actions des lumières de la sagesse humaine, sans la référer à Dieu, ni la regarder comme un bienfait de sa main, jamais il n'avait rien pu trouver qui le satisfît entièrement, ou qu'il ne vît rempli de vanité. C'est pourquoi en divers lieux il exhorte et sollicite les hommes de se convertir à Dieu et de faire pénitence, et notamment au chapitre 11, verset 9, par ces paroles : *et sache*, dit-il, *que Dieu te fera rendre compte de toutes tes actions*, ce qu'il continue dans les autres suivants jusqu'à la fin du livre. Et ces paroles du chapitre 8, verset 17 : *Et j'ai reconnu que de tous les ouvrages de Dieu qui se font sous le soleil, l'homme n'en peut rendre aucune raison, etc.*, ne doivent pas être entendues de toutes sortes de personnes, mais seulement de celui qu'il a décrit au verset précédent, *il y a tel homme qui passe les jours et les nuits sans dormir* ; comme si le prophète voulait en ce lieu-là nous avertir que le trop grand travail, la trop grande assiduité à l'étude des lettres, empêche qu'on ne parvienne à la connaissance de la vérité, ce que je ne crois pas que ceux qui me connaissent particulièrement jugent pouvoir être appliqué à moi. Mais surtout il faut prendre garde à ces paroles, *qui se font sous le soleil*, car elles sont souvent répétées dans tout ce livre, et dénotent toujours les choses naturelles, à l'exclusion de la subordination et dépendance qu'elles ont à Dieu, parce que Dieu étant élevé au-dessus de toutes choses, on ne peut pas dire qu'il soit contenu entre celles qui ne sont que sous le soleil ; de sorte que le vrai sens de ce passage est que l'homme ne saurait avoir une connaissance parfaite des choses naturelles tandis qu'il ne connaîtra point Dieu, en quoi je conviens aussi avec le prophète. Enfin au chapitre troisième, verset dix-neuvième où il est dit *que l'homme et la jument passent de même façon, et aussi que l'homme n'a rien de plus que la jument,* il est manifeste que cela ne se dit qu'à raison du corps ; car en cet endroit il n'est fait mention que des choses qui appartiennent au corps ; et incontinent après il ajoute, en parlant séparément de l'âme, *qui sait si l'esprit des enfants d'Adam monte en haut, et si l'esprit des animaux descend en bas ?* C'est-à-dire qui peut connaître par la force de la raison humaine, et à moins que de se tenir à ce que Dieu nous en a révélé, si les âmes des hommes jouiront de la béatitude éternelle ? A la vérité j'ai bien tâché de prouver par raison naturelle que l'âme de l'homme n'est point corporelle ; mais de savoir si elle montera en haut, c'est-à-dire si elle jouira de la gloire de Dieu, j'avoue qu'il n'y a que la seule foi qui nous le puisse apprendre.

6. Quant à la liberté du franc arbitre, il est certain que la raison ou l'essence de celle qui est en Dieu est bien différente de celle qui est en nous, d'autant qu'il répugne que la volonté de Dieu n'ait pas été de toute éternité indifférente à toutes les choses qui ont été faites ou qui se feront jamais, n'y ayant aucune idée qui représente le bien ou le vrai, ce qu'il faut croire, ce qu'il faut faire ou ce qu'il faut omettre, qu'on puisse feindre avoir été l'objet de l'entendement divin avant que sa nature ait été constituée telle par la détermination de sa volonté. Et je ne parle pas ici d'une simple priorité de temps, mais bien davantage je dis qu'il a été impossible qu'une telle idée ait précédé la détermination de la volonté de Dieu par une priorité d'ordre ou de nature, ou de raison raisonnée, ainsi qu'on la nomme dans l'école, en sorte que cette idée du bien ait porté Dieu à élire l'un plutôt que l'autre. Par exemple, ce n'est pas pour avoir vu qu'il était meilleur que le monde fût créé dans le temps que dès l'éternité, qu'il a voulu le créer dans le temps ; et il n'a pas voulu que les trois angles d'un triangle fussent égaux à deux droits, parce qu'il a connu que cela ne se pouvait faire autrement, etc. Mais, au contraire, parce qu'il a voulu créer le monde dans le temps, pour cela il est ainsi meilleur que s'il eût été créé dès l'éternité ; et d'autant qu'il a voulu que les trois angles d'un triangle fussent nécessairement égaux à deux droits, pour cela, cela est maintenant vrai, et il ne peut pas être autrement, et ainsi de toutes les autres choses ; et cela n'empêche pas qu'on ne puisse dire que les mérites des saints sont la cause de leur

béatitude éternelle, car ils n'en sont pas tellement la cause qu'ils déterminent Dieu à rien vouloir, mais ils sont seulement la cause d'un effet dont Dieu a voulu de toute éternité qu'ils fussent la cause. Et ainsi une entière indifférence en Dieu est une preuve très grande de sa toute-puissance. Mais il n'en est pas ainsi de l'homme, lequel, trouvant déjà la nature de la bonté et de la vérité établie et déterminée de Dieu, et sa volonté étant telle qu'elle ne se peut naturellement porter que vers ce qui est bon, il est manifeste qu'il embrasse d'autant plus librement le bon et le vrai qu'il les connaît plus évidemment et que jamais il n'est indifférent que lorsqu'il ignore ce qui est de mieux ou de plus véritable, ou du moins lorsque cela ne lui paraît pas si clairement qu'il n'en puisse aucunement douter ; et ainsi l'indifférence qui convient à la liberté de l'homme est fort différente de celle qui convient à la liberté de Dieu. Et il ne sert de rien d'alléguer que les essences des choses sont indivisibles, car premièrement il n'y en a point qui puisse convenir d'une même façon à Dieu et à la créature ; et enfin l'indifférence n'est point de l'essence de la liberté humaine, vu que nous ne sommes pas seulement libres quand l'ignorance du bien et du vrai nous rend indifférents, mais principalement aussi lorsque la claire et distincte connaissance d'une chose nous pousse et nous engage à sa recherche.

7. Je ne conçois point la superficie par laquelle j'estime que nos sens sont touchés autrement que les mathématiciens ou philosophes conçoivent ordinairement, ou du moins doivent concevoir celle qu'ils distinguent du corps et qu'ils supposent n'avoir point de profondeur. Mais le nom de superficie se prend en deux façons par les mathématiciens, à savoir, ou pour le corps dont on ne considère que la seule longueur et largeur, sans s'arrêter du tout à la profondeur, quoiqu'on ne nie pas qu'il y ait quelque profondeur ; ou il est pris seulement pour un mode du corps, et pour lors toute profondeur lui est déniée. C'est pourquoi, pour éviter toute sorte d'ambiguïté, j'ai dit que je parlais de cette superficie laquelle, étant seulement un mode, ne peut pas être partie du corps ; car le corps est une substance dont le mode ne peut être partie. Mais je n'ai jamais nié qu'elle fût le terme du corps ; au contraire, je crois qu'elle peut fort proprement être appelée l'extrémité tant du corps contenu que de celui qui contient, au sens que l'on dit que les corps contigus sont ceux dont les extrémités sont ensemble. Car de vrai, quand deux corps se touchent mutuellement, ils n'ont ensemble qu'une même extrémité qui n'est point partie de l'un ni de l'autre, mais qui est le

même mode de tous les deux, et qui demeurera toujours le même, quoique ces deux corps soient ôtés, pourvu seulement qu'on en substitue d'autres en leur place qui soient précisément de même grandeur et figure. Et même ce lieu, qui est appelé par les péripatéticiens la superficie du corps qui environne, ne peut être conçu être une autre superficie que celle qui n'est point une substance, mais un mode. Car on ne dit point que le lieu d'une tour soit changé, quoique l'air qui l'environne le soit, ou qu'on substitue un autre corps en la place de la tour; et partant la superficie, qui est ici prise pour le lieu, n'est point partie de la tour, ni l'air qui l'environne. Mais pour réfuter entièrement l'opinion de ceux qui admettent des accidents réels, il me semble qu'il n'est pas besoin que je produise d'autres raisons que celles que j'ai déjà avancées; car, premièrement, puisque nul sentiment ne se fait sans contact, rien ne peut être senti que la superficie des corps. Or s'il y a des accidents réels, ils doivent être quelque chose de différent de cette superficie qui n'est autre chose qu'un mode; donc s'il y en a, ils ne peuvent être sentis. Mais qui a jamais pensé qu'il y en eût que parce qu'il a cru qu'ils étaient sentis? De plus c'est une chose entièrement impossible, et qui ne se peut concevoir sans répugnance et contradiction, qu'il y ait des accidents réels, pour ce que tout ce qui est réel peut exister séparément de tout autre sujet. Or ce qui peut ainsi exister séparément est une substance et non point un accident. Et il ne sert de rien de dire que les accidents réels ne peuvent pas naturellement être séparés de leurs sujets, mais seulement par la toute-puissance de Dieu. Car être fait naturellement n'est rien autre chose qu'être fait par la puissance ordinaire de Dieu, laquelle ne diffère en rien de sa puissance extraordinaire : et laquelle ne mettant rien de nouveau dans les choses n'en change point aussi la nature; de sorte que si tout ce qui peut être naturellement sans sujet est une substance, tout ce qui peut aussi être sans sujet par la puissance de Dieu, tant extraordinaire qu'elle puisse être, doit aussi être appelé du nom de substance. J'avoue bien, à la vérité, qu'une substance peut être appliquée à une autre substance, mais quand cela arrive, ce n'est pas la substance qui prend la forme d'un accident, mais seulement le mode ou la façon dont cela arrive : par exemple, quand un habit est appliqué sur un homme, ce n'est pas l'habit, mais *être habillé* qui est un accident. Et pour ce que la principale raison qui a mû les philosophes à établir des accidents réels a été qu'ils ont cru que sans eux on ne pouvait pas expliquer comment se font les perceptions de nos sens, j'ai promis d'expliquer par le menu, en écrivant de la physique, la façon dont chacun de nos sens est touché par ses objets ; non que je veuille qu'en cela ni en aucune autre chose on s'en rapporte à mes paroles, mais parce que j'ai cru que ce que j'avais expliqué de la vue dans ma *Dioptrique* pouvait servir de preuve suffisante de ce que je puis dans le reste.

8. Quand on considère attentivement l'immensité de Dieu, on voit manifestement qu'il est impossible qu'il y ait rien qui ne dépende de lui, non seulement de tout ce qui subsiste, mais encore qu'il n'y a ordre, ni loi, ni raison de bonté et de vérité qui n'en dépende ; autrement (comme je disais un peu auparavant), il n'aurait pas été tout à fait indifférent à créer les choses qu'il a créées. Car si quelque raison ou apparence de bonté eût précédé sa préordination, elle l'eût sans doute déterminé à faire ce qui était de meilleur ; mais, tout au contraire, parce qu'il s'est déterminé à faire les choses qui sont au monde, pour cette raison, comme il est dit en la *Genèse* : *elles sont très bonnes*, c'est-à-dire que la raison de leur bonté dépend de ce qu'il les a ainsi voulu faire. Et il n'est pas besoin de demander en quel genre de cause cette bonté, ni toutes les autres vérités, tant mathématiques que métaphysiques, dépendent de Dieu : car les genres de causes ayant été établis par ceux qui peut-être ne pensaient point à cette raison de causalité, il n'y aurait pas lieu de s'étonner quand ils ne lui auraient point donné de nom ; mais néanmoins ils lui en ont donné un, car elle peut être appelée efficiente : de la même façon que la volonté du roi peut être dite la cause efficiente de la loi, bien que la loi même ne soit pas un être naturel, mais seulement (comme ils disent en l'Ecole) un être moral. Il est aussi inutile de demander comment Dieu eût pu faire de toute éternité que deux fois quatre n'eussent pas été huit, etc., car j'avoue bien que nous ne pouvons pas comprendre cela ; mais puisque d'un autre côté je comprends fort bien que rien ne peut exister en quelque genre d'être que ce soit, qui ne dépende de Dieu, et qu'il lui a été très facile d'ordonner tellement certaines choses que les hommes ne pussent pas comprendre qu'elles eussent pu être autrement qu'elles sont, ce serait une chose tout à fait contraire à la raison de douter des choses que nous comprenons fort bien, à cause de quelques autres que nous ne comprenons pas, et que nous ne voyons point que nous ne devions comprendre. Ainsi donc il ne faut pas penser que *les vérités éternelles dépendent de l'entendement humain ou de l'existence des choses*, mais seulement de la volonté de Dieu, qui, comme un souverain législateur, les a ordonnées et établies de toute éternité.

9. Pour bien comprendre quelle est la certitude du sens, il faut distinguer en lui trois sortes de degrés. Dans le premier, on ne doit rien précisément considérer que ce que les objets extérieurs causent immédiatement dans l'organe corporel, et cela ne peut être autre chose que le mouvement des particules de cet organe, et le changement de figure et de situation qui provient de ce mouvement. Le second contient tout ce qui résulte immédiatement en l'esprit de ce qu'il est uni à l'organe corporel ainsi mû et disposé par ses objets ; tels sont les sentiments de la douleur, du chatouillement, de la faim, de la soif, des couleurs, des sons, des saveurs, des odeurs, du chaud, du froid et autres semblables que nous avons dit dans la sixième Méditation provenir de l'union, et pour ainsi dire du mélange de l'esprit avec le corps. Et enfin, le troisième comprend tous les jugements que nous avons coutume de faire depuis notre jeunesse, touchant les choses qui sont autour de nous, à l'occasion des impressions ou mouvements qui se font dans les organes de nos sens. Par exemple, lorsque je vois un bâton, il ne faut pas s'imaginer qu'il sorte de lui de petites images voltigeantes par l'air, appelées vulgairement des espèces intentionnelles, qui passent jusques à mon œil, mais seulement que les rayons de la lumière réfléchis de ce bâton excitent quelques mouvements dans le nerf optique, et par son moyen dans le cerveau même, ainsi que j'ai amplement expliqué dans la *Dioptrique*. Et c'est en ce mouvement du cerveau, qui nous est commun avec les bêtes, que consiste le premier degré du sentiment. De ce premier suit le second, qui s'étend seulement à la perception de la couleur et de la lumière qui est réfléchie de ce bâton, et qui provient de ce que l'esprit est si intimement conjoint avec le cerveau qu'il se ressent même et est comme touché par les mouvements qui se font en lui : et c'est tout ce qu'il faudrait rapporter au sens si nous voulions le distinguer exactement de l'entendement. Car que de ce sentiment de la couleur, dont je sens l'impression, je vienne à juger que ce bâton qui est hors de moi est coloré, et que de l'étendue de cette couleur, de sa terminaison et de la relation de sa situation avec les parties de mon cerveau, je détermine quelque chose touchant la grandeur, la figure et la distance de ce même bâton, quoiqu'on ait accoutumé de l'attribuer au sens, et que pour ce sujet je l'aie rapporté à un troisième degré de sentiment, c'est néanmoins une chose manifeste que cela ne dépend que de l'entendement seul ; et même j'ai fait voir dans la *Dioptrique* que la grandeur, la distance et la figure ne s'aperçoivent que par le raisonnement, en les déduisant les unes des autres. Mais il y a seulement ici cette

différence, que nous attribuons à l'entendement les jugements nouveaux et non accoutumés que nous faisons touchant toutes les choses qui se présentent à nos sens, et que nous attribuons aux sens ceux que nous avons coutume de faire depuis notre enfance touchant les choses sensibles, à l'occasion des impressions qu'elles font dans les organes de nos sens ; donc la raison est que la coutume nous fait raisonner et juger si promptement de ces choses-là (ou plutôt nous fait ressouvenir des jugements que nous en avons faits autrefois) que nous ne distinguons point cette façon de juger d'avec la simple appréhension ou perception de nos sens. D'où il est manifeste que, lorsque nous disons que la certitude de l'entendement est plus grande que celle des sens, nos paroles ne signifient autre chose sinon que les jugements que nous faisons dans un âge plus avancé, à cause de quelques nouvelles observations que nous avons faites, sont plus certains que ceux que nous avons formés dès notre enfance sans y avoir fait de réflexion, ce qui ne peut recevoir aucun doute; car il est constant qu'il ne s'agit point ici du premier ni du second degré du sentiment, d'autant qu'il ne peut y avoir en eux aucune fausseté. Quand donc on dit *qu'un bâton paraît rompu dans l'eau à cause de la réfraction,* c'est de même que si l'on disait qu'il nous paraît d'une telle façon qu'un enfant jugerait de là qu'il est rompu, et qui fait aussi que, selon les préjugés auxquels nous sommes accoutumés dès notre enfance, nous jugeons la même chose. Mais je ne puis demeurer d'accord de ce que l'on ajoute ensuite, à savoir, *que cette erreur n'est point corrigée par l'entendement, mais par le sens de l'attouchement :* car bien que ce sens nous fasse juger qu'un bâton est droit, et cela par cette façon de juger à laquelle nous sommes accoutumés dès notre enfance, et qui par conséquent peut être appelée *sentiment,* néanmoins cela ne suffit pas pour corriger l'erreur de la vue, mais outre cela il est besoin que nous ayons quelque raison qui nous enseigne que nous devons en ce rencontre nous fier plutôt au jugement que nous faisons ensuite de l'attouchement qu'à celui où semble nous porter le sens de la vue ; laquelle raison, n'ayant point été en nous dès notre enfance, ne peut être attribuée au sens, mais au seul entendement ; et partant, dans cet exemple même, c'est l'entendement seul qui corrige l'erreur du sens, et il est impossible d'en apporter jamais aucun dans lequel l'erreur vienne pour s'être plus fié à l'opération de l'esprit qu'à la perception des sens.

10. D'autant que les difficultés qui restent à examiner me sont plutôt proposées comme des doutes que comme des objections, je ne présume pas tant de moi que j'ose me

promettre d'expliquer assez suffisamment des choses que je vois être encore aujourd'hui le sujet des doutes de tant de savants hommes. Néanmoins, pour faire en cela tout ce que je puis, et ne pas manquer à ma propre cause, je dirai ingénument de quelle façon il est arrivé que je me sois même entièrement délivré de ces doutes. Car, en ce faisant, si par hasard il arrive que cela puisse servir à quelques-uns, j'aurai sujet de m'en réjouir; et s'il ne peut servir à personne, au moins aurai-je la satisfaction qu'on ne me pourra pas accuser de présomption ou de témérité.

Lorsque j'eus la première fois conclu, ensuite des raisons qui sont contenues dans mes Méditations, que l'esprit humain est réellement distingué du corps, et qu'il est même plus aisé à connaître que lui, et plusieurs autres choses dont il est là traité, je me sentais à la vérité obligé d'y acquiescer, pour ce que je ne remarquais rien en elles qui ne fût bien suivi, et qui ne fût tiré de principes très évidents suivant les règles de la logique ; toutefois je confesse que je ne fus pas pour cela pleinement persuadé, et qu'il m'arriva presque la même chose qu'aux astronomes qui, après avoir été convaincus par de puissantes raisons que le soleil est plusieurs fois plus grand que toute la terre, ne sauraient pourtant s'empêcher de juger qu'il est plus petit lorsqu'ils viennent à le regarder. Mais, après que j'eus passé plus avant, et qu'appuyé sur les mêmes principes j'eus porté ma considération sur les choses physiques ou naturelles, examinant premièrement les notions ou les idées que je trouvais en moi de chaque chose, puis les distinguant soigneusement les unes des autres pour faire que mes jugements eussent un entier rapport avec elles, je reconnus qu'il n'y avait rien qui appartînt à la nature ou à l'essence du corps, sinon qu'il est une substance étendue en longueur, largeur, et profondeur, capable de plusieurs figures et de divers mouvements, et que ces figures et ces mouvements n'étaient autre chose que des modes, qui ne peuvent jamais être sans lui; mais que les couleurs, les odeurs, les saveurs et autres choses semblables, n'étaient rien que des sentiments qui n'ont aucune existence hors de ma pensée, et qui ne sont pas moins différents des corps que la douleur diffère de la figure ou du mouvement de la flèche qui la cause; et enfin que la pesanteur, la dureté, la vertu d'échauffer, d'attirer, de purger, et toutes les autres qualités que nous remarquons dans les corps, consistent seulement dans le mouvement ou dans sa privation, et dans la configuration et arrangement des parties. Toutes lesquelles opinions étant fort différentes de celles que j'avais eues auparavant touchant les mêmes choses, je commençai après cela à considérer pourquoi j'en avais eu d'autres par ci-devant, et je trouvai que la principale raison était que dès ma jeunesse j'avais fait plusieurs jugements touchant les choses naturelles (comme celles qui devaient beaucoup contribuer à la conservation de ma vie, en laquelle je ne faisais que d'entrer), et que j'avais toujours retenu depuis les mêmes opinions que j'en avais eues autrefois. Et d'autant que mon esprit ne se servait pas bien en ce bas âge des organes du corps, et qu'y étant trop attaché il ne pensait rien sans eux, aussi n'apercevait-il que confusément toutes choses. Et bien qu'il eût connaissance de sa propre nature, et qu'il n'eût pas moins en soi l'idée de la pensée que celle de l'étendue, néanmoins pour ce qu'il ne concevait rien de purement intellectuel qu'il n'imaginât aussi en même temps quelque chose de corporel, il prenait l'un et l'autre pour une même chose, et rapportait au corps toutes les notions qu'il avait des choses intellectuelles. Et d'autant que je ne m'étais jamais depuis délivré de ces préjugés, il n'y avait rien que je connusse assez distinctement, et que je ne supposasse être corporel, quoique néanmoins je formasse souvent de telles idées de ces choses mêmes que je supposais être corporelles, et que j'en eusse de telles notions qu'elles représentaient plutôt des esprits que des corps. Par exemple, lorsque je concevais la pesanteur comme une qualité réelle, inhérente et attachée aux corps massifs et grossiers, encore que je la nommasse une qualité en tant que je la rapportais au corps dans lesquels elle résidait, néanmoins, parce que j'ajoutais ce mot de réelle, je pensais en effet que c'était une substance, de même qu'un habit considéré en soi est une substance, quoique étant rapporté à un homme habillé il puisse être dit une qualité; et ainsi, bien que l'esprit soit une substance, il peut néanmoins être dit une qualité, eu égard au corps auquel il est uni. Et bien que je conçusse que la pesanteur est répandue par tout le corps qui est pesant, je ne lui attribuais pas néanmoins la même sorte d'étendue qui constitue la nature du corps, car cette étendue est telle qu'elle exclut toute pénétrabilité des parties; et je pensais qu'il y avait autant de pesanteur dans une masse d'or, ou de quelque autre métal de la longueur d'un pied, qu'il y en avait dans une pièce de bois longue de dix pieds; voire même j'estimais que toute cette pesanteur pouvait être contenue sous un point mathématique. Et même, lorsque cette pesanteur était ainsi également étendue par tout le corps, je voyais qu'elle pouvait exercer toute sa force en chacune de ses parties, parce que, de quelque façon que ce corps fût suspendu à une corde, il la tirait de toute sa pesanteur, comme si toute cette pesanteur eût été renfermée dans la partie qui touchait la corde.

Et certes, je ne conçois point encore aujourd'hui que l'esprit soit autrement étendu dans le corps, lorsque je le conçois être tout entier dans le tout et tout entier dans chaque partie. Mais ce qui fait mieux paraître que cette idée de la pesanteur avait été tirée en partie de celle que j'avais de mon esprit, est que je pensais que la pesanteur portait les corps vers le centre de la terre, comme si elle eût en soi quelque connaissance de ce centre : car certainement il n'est pas possible, ce semble, que cela se fasse sans connaissance, et partout où il y a connaissance il faut qu'il y ait de l'esprit. Toutefois j'attribuais encore d'autres choses à cette pesanteur, qui ne peuvent pas en même façon être entendues de l'esprit, par exemple, qu'elle était divisible, mesurable, etc. Mais après que j'eus considéré toutes ces choses, et que j'eus soigneusement distingué l'idée de l'esprit humain des idées du corps et du mouvement corporel, et que je me fus aperçu que toutes les autres idées que j'avais eues auparavant, soit des qualités réelles, soit des formes substantielles, en avaient été par moi composées ou forgées par mon esprit, je n'eus pas beaucoup de peine à me défaire de tous les doutes qui sont ici proposés.

Car, premièrement, je ne doutai plus que je n'eusse une claire idée de mon propre esprit, duquel je ne pouvais pas nier que je n'eusse connaissance puisqu'il m'était si présent et si conjoint. Je ne mis plus aussi en doute que cette idée ne fût entièrement différente de celles de toutes les autres choses, et qu'elle n'eût rien en soi de ce qui appartient au corps : pour ce qu'ayant recherché très soigneusement les vraies idées des autres choses, et pensant même les connaître toutes en général, je ne trouvais rien en elles qui ne fût en tout différent de l'idée de mon esprit. Et je voyais qu'il y avait une bien plus grande différence entre ces choses qui, bien qu'elles fussent tout à la fois en ma pensée, me paraissaient néanmoins distinctes et différentes, comme sont l'esprit et le corps, qu'entre celles dont nous pouvons à la vérité avoir des pensées séparées, nous arrêtant à l'une sans penser à l'autre, mais qui ne sont jamais ensemble en notre esprit, que nous ne voyons bien qu'elles ne peuvent pas subsister séparément. Comme, par exemple, l'immensité de Dieu peut bien être conçue sans que nous pensions à sa justice ; mais on ne peut pas les avoir toutes deux présentes à son esprit, et croire que Dieu puisse être immense sans être juste. Et l'on peut aussi fort bien connaître l'existence de Dieu, sans que l'on sache rien des personnes de la très sainte Trinité (qu'aucun esprit ne saurait bien entendre s'il n'est éclairé des lumières de la foi) ; mais lorsqu'elles sont une fois bien entendues, je nie qu'on puisse concevoir entre elles aucune distinction réelle à raison de l'essence divine, quoique cela se puisse à raison des relations. Et enfin je n'appréhendai plus de m'être peut-être laissé surprendre et prévenir par mon analyse lorsque, voyant qu'il y a des corps qui ne pensent point, ou plutôt concevant très clairement que certains corps peuvent être sans la pensée, j'ai mieux aimé dire que la pensée n'appartient point à la nature du corps que de conclure qu'elle en est un mode, pour ce que j'en voyais d'autres (à savoir ceux des hommes) qui pensent; car, à vrai dire, je n'ai jamais vu ni compris que les corps humains eussent des pensées, mais bien que ce sont les mêmes hommes qui pensent et qui ont des corps. Et j'ai reconnu que cela se fait par la composition et l'assemblage de la substance qui pense avec la corporelle, pour ce que considérant séparément la nature de la substance qui pense, je n'ai rien remarqué en elle qui pût appartenir au corps, et que je n'ai rien trouvé dans la nature du corps, considérée toute seule, qui pût appartenir à la pensée. Mais, au contraire, examinant tous les modes tant du corps que de l'esprit, je n'en ai remarqué pas un dont le concept ne dépendit entièrement du concept même de la chose dont il est le mode. Aussi, de ce que nous voyons souvent deux choses jointes ensemble, on ne peut pas pour cela inférer qu'elles ne sont qu'une même chose; mais de ce que nous voyons quelquefois l'une de ces choses sans l'autre, on peut fort bien conclure qu'elles sont diverses. Et il ne faut pas que la puissance de Dieu nous empêche de tirer cette conséquence : car il n'y a pas moins de répugnance à penser que des choses que nous concevons clairement et distinctement comme deux choses diverses soient faites une même chose en essence et sans aucune composition, que de penser qu'on puisse séparer ce qui n'est aucunement distinct. Et partant, si Dieu a mis en certains corps la faculté de penser (comme en effet il l'a mise en ceux des hommes) il peut, quand il voudra, l'en séparer, et ainsi elle ne laisse pas d'être réellement distincte de ces corps. Et je ne m'étonne pas d'avoir autrefois fort bien compris, avant même que je me fusse délivré des préjugés de mes sens, *que deux et trois joints ensemble font le nombre de cinq, et que lorsque de choses égales on ôte choses égales, les restes sont égaux*, et plusieurs choses semblables, bien que je ne songeasse pas alors que l'âme de l'homme fût distincte de son corps; car je vois très bien que ce qui a fait que je n'ai point en mon enfance donné de faux jugements touchant ces propositions, qui sont reçues généralement de tout le monde, a été parce qu'elles ne m'étaient pas encore pour lors en usage, et que les enfants n'apprennent point à assembler deux avec trois qu'ils ne soient capables de juger s'ils font le nombre de cinq, etc. Tout au contraire, dès ma plus tendre jeunesse j'ai conçu l'esprit et le corps (dont je voyais confusément que j'étais composé) comme une seule et même chose; et c'est le vice presque ordinaire de toutes les connaissances imparfaites d'assembler en un plusieurs choses et les prendre toutes pour une même; c'est pourquoi il faut par après avoir la peine de les séparer, et par un examen plus exact les distinguer les unes des autres.

Mais je m'étonne grandement que des personnes très doctes et accoutumées depuis trente années aux spéculations métaphysiques, après avoir lu mes Méditations plus de sept fois, se persuadent *que si je les relisais avec le même esprit que je les examinerais si elles m'avaient été proposées par une personne ennemie, je ne ferais pas tant de cas et n'aurais pas une opinion si avantageuse des raisons qu'elles contiennent que de croire que chacun se devrait rendre à la force et au poids de leurs vérités et liaisons*, vu cependant qu'ils ne font voir eux-mêmes aucune faute dans tous mes raisonnements. Et certes ils m'attribuent beaucoup plus qu'ils ne doivent, et qu'on ne doit pas même penser d'aucun homme, s'ils croient que je me serve d'une telle analyse que je puisse par son moyen renverser les démonstrations véritables, ou donner une telle couleur aux fausses que personne n'en puisse jamais découvrir la fausseté, vu qu'au contraire je professe hautement que je n'en ai jamais recherché d'autre que celle au moyen de laquelle on pût s'assurer de la certitude des raisons véritables, et découvrir le vice des fausses et captieuses. C'est pourquoi je ne suis pas tant étonné de voir des personnes très doctes n'acquiescer pas encore à mes conclusions que je suis joyeux de voir qu'après une si sérieuse et fréquente lecture de mes raisons ils ne me blâment point d'avoir rien avancé mal à propos, ou d'avoir tiré aucune conclusion autrement que dans les formes. Car la difficulté qu'ils ont à recevoir mes conclusions peut aisément être attribuée à la coutume invétérée qu'ils ont de juger autrement de ce qu'elles contiennent, comme il a déjà été remarqué des astronomes, qui ne peuvent s'imaginer que le soleil soit plus grand que la terre, bien qu'ils aient des raisons très certaines qui le démontrent; mais je ne vois pas qu'il puisse y avoir d'autre raison pourquoi ni ces Messieurs, ni personne que je sache, n'ont pu jusques ici rien reprendre dans mes raisonnements, sinon parce qu'ils sont entièrement vrais et indubitables; vu principalement que les principes sur quoi ils sont appuyés ne sont point obscurs ni inconnus, ayant tous été tirés des plus certaines et plus évidentes notions qui se présentent à un esprit qu'un doute général de toutes choses a déjà délivré de toutes sortes de préjugés ; car il suit de là nécessairement qu'il ne peut y avoir d'erreurs que tout homme d'esprit un peu médiocre n'eût pu facilement remarquer. Et ainsi je pense que je n'aurai pas mauvaise raison de conclure que les choses que j'ai écrites ne sont pas tant affaiblies par l'autorité de ces savants hommes qui, après les avoir lues attentivement plusieurs fois, ne se peuvent pas encore laisser persuader par elles, qu'elles sont fortifiées par leur autorité même, de ce qu'après un examen si exact et des revues si générales, ils n'ont pourtant remarqué aucunes erreurs ou paralogismes dans mes démonstrations

SEPTIÈMES OBJECTIONS

OU LA DISSERTATION DU R. P. * TOUCHANT
LA PREMIÈRE PHILOSOPHIE

Avec les remarques de Monsieur Descartes.

Monsieur,

Les demandes que vous me faites touchant votre nouvelle méthode de chercher la vérité dans les sciences sont en grand nombre et importantes ; et quoique, pour tirer réponse de moi, vous n'usiez pas de simples prières, mais de conjurations fort pressantes, je me tairai pourtant, et ne satisferai point à votre désir, si premièrement vous ne me promettez que dans tout ce discours nous n'aurons égard en aucune façon à pas un de ceux qui ont ci-devant écrit ou enseigné quelque chose touchant cette matière, et que vous réglerez tellement vos demandes qu'on ne pourra pas croire que vous ayez dessein de savoir ce qu'ils ont pensé là-dessus, et avec quel succès ils ont écrit ; mais comme si jamais personne avant vous n'avait ni pensé, ni dit, ni écrit aucune chose sur ce sujet, que vous me proposerez seulement les difficultés qui se pourront rencontrer dans la recherche que vous faites d'une nouvelle méthode de philosopher, afin que par ce moyen, non seulement nous cherchions la vérité, mais que nous la cherchions aussi de telle sorte que nous ne blessions point les lois de l'amitié et du respect qui se doit garder entre les savants. Puisque vous en êtes d'accord et que vous me le promettez, je vous promets aussi de répondre à toutes vos demandes.

Remarques de Monsieur Descartes.

Les demandes que vous me faites. Ayant reçu cette dissertation par les mains de son auteur après l'instante prière que je lui avais faite de donner au public ou du moins de m'envoyer les objections qu'il avait faites contre les Méditations que j'ai écrites touchant la première philosophie, pour les joindre à celles que j'avais reçues d'ailleurs sur le même sujet, je n'ai pu me défendre de la mettre ici, ni douter aussi que je ne sois celui à qui il s'adresse, encore que je ne sache point lui avoir jamais demandé son sentiment touchant la méthode dont je me sers pour rechercher la vérité. Car, au contraire, ayant vu depuis un an et demi la vélitation qu'il avait écrite contre moi, dans laquelle je voyais qu'il s'éloignait de la vérité, m'attribuant plusieurs choses que je n'ai jamais ni écrites ni pensées, je ne dissimule point que dès lors je jugeai que tout ce qui pourrait venir de lui seul ne vaudrait pas la peine qu'on perdît beaucoup de temps à y répondre. Mais pour ce qu'il est du corps d'une société très célèbre pour sa piété et pour sa doctrine, et de qui tous les membres sont ordinairement si bien unis qu'il arrive rarement que rien ne se fasse par quelqu'un d'eux qui ne soit approuvé de tous les autres, j'avoue que non seulement j'ai prié, mais même que j'ai pressé très instamment quelques-uns d'entre eux de vouloir prendre la peine d'examiner mes écrits, et s'ils y trouvaient quelque chose de contraire à la vérité, d'avoir la bonté de m'en avertir. A quoi j'ai même ajouté plusieurs raisons qui me faisaient espérer qu'ils ne me refuseraient pas cette grâce ; et, dans cette espérance, je me suis avancé d'écrire à l'un d'eux *que désormais je ferais beaucoup d'état de tout ce qui viendrait, tant de la part de cet auteur que de quelque autre de la compagnie, et que je ne douterais point que ce qui me serait ainsi envoyé de leur part ne fût la censure, l'examen et la correction, non pas de celui-là seul de qui l'écrit pourrait porter le nom, mais de plusieurs des plus doctes et des plus sages de la société ; et, par conséquent, qu'il ne contiendrait aucunes cavillations, aucuns sophismes, aucunes invectives, ni aucun discours inutile, mais seulement de bonnes et solides raisons, et qu'on n'y aurait omis aucun des arguments qui se peuvent avec raison alléguer contre moi ; en sorte que j'aurais sujet d'espérer de pouvoir être entièrement délivré de toutes mes erreurs par ce seul écrit, et que s'il arrivait qu'il y eût quelque chose dans mes ouvrages qui échappât à sa censure, je croirais qu'il ne pourrait être réfuté par personne, et partant qu'il serait très certain et très véritable.* C'est pourquoi je jugerais maintenant la même chose de cette dissertation, et je croirais qu'elle aurait été écrite par l'avis de toute la société, si j'étais assuré qu'elle ne contînt aucunes cavillations, aucuns sophismes, ni aucun discours inutile ; mais s'il est vrai que cet écrit en soit plein, je croirais commettre un crime de soupçonner qu'un si grand nombre de pieux personnages y aient mis la main. Et pour ce qu'en ceci je ne m'en veux pas fier à mon jugement, je dirai ingénument et franchement ce qu'il m'en semble, non pas afin que le lecteur ajoute foi à mes paroles, mais seulement pour lui donner occasion d'examiner de plus près la vérité.

Je me tairai pourtant, etc. Ici notre auteur promet de n'impugner les opinions de personne, mais seulement de répondre aux questions que je lui ai faites, bien que je ne sache point lui en avoir jamais fait aucune, et que même je ne l'aie jamais ni vu ni entretenu d'aucune chose ; mais cependant les questions qu'il feint que je lui propose étant composées pour la plupart des paroles qui sont couchées dans mes Méditations, ce serait s'aveugler soi-même que de ne pas voir que ce sont elles qu'il a dessein de combattre par cet écrit. Toutefois il se peut faire que les raisons qui l'obligent à feindre le contraire soient pieuses et honnêtes ; mais pour moi je n'en puis soupçonner d'autres, sinon qu'il a cru que par ce moyen il lui serait plus libre de m'imposer tout ce que bon lui semblerait, pour ce qu'il ne pourrait pas être convaincu du contraire par mes écrits ayant déclaré tout d'abord qu'il n'en voulait à personne ; comme aussi afin de ne pas donner occasion à ceux qui viendront à lire son écrit d'examiner mes Méditations, ce qu'il ferait peut-être si seulement il en avait parlé ; et qu'il aime mieux me faire passer pour malhabile et pour ignorant, afin de les détourner de lire jamais aucune chose qui puisse venir de moi. Et ainsi, après avoir fait un masque de quelques pièces de mes Méditations mal cousues, il tâche, non pas de cacher, mais de défigurer mon visage. C'est pourquoi je lève ici le masque et me montre à découvert, tant parce que je ne suis pas accoutumé à jouer de semblables personnages que parce qu'il me semble qu'il ne me serait pas ici bienséant d'en user, ayant à traiter avec une personne religieuse d'un sujet si sérieux et si important.

QUESTION PREMIÈRE.

S'il faut tenir les choses douteuses pour fausses, et comment.

Vous demandez en premier lieu si c'est une bonne règle pour rechercher la vérité que celle-ci : *tout ce qui a la moindre apparence de doute doit être tenu pour faux*. Mais afin que je vous puisse répondre là-dessus, j'ai ici auparavant quelques questions à vous faire. La première, qu'entendez-vous par ces mots : ce qui a la moindre apparence de doute? La seconde, que veulent dire ceux-ci : doit être tenu pour faux? La troisième : comment doit-on tenir une chose pour fausse? Quant à la première, qui regarde le doute que l'on peut avoir de quelque chose, voici comme vous y répondez, et en peu de mots.

§ I.

Ce que c'est d'avoir la moindre apparence de doute.

Une chose peut être dite avoir quelque apparence de doute de laquelle je puis douter si elle est, ou si elle est telle que je dis qu'elle est, non pour quelques soupçons légers et mal fondés, mais pour de bonnes et solides raisons. De plus, une chose peut être dite avoir quelque apparence de doute qui, bien qu'elle me semble claire, peut néanmoins être sujette aux tromperies de quelque mauvais génie qui prenne plaisir à employer toute son industrie pour faire en sorte que ce qui est faux en effet me paraisse néanmoins clair et assuré. Ce qui est douteux au premier sens a beaucoup d'apparence de doute : par exemple, qu'il y ait une terre, des couleurs, que vous ayez une tête, des yeux, un corps et un esprit; ce qui l'est au second en a moins, mais pourtant en a assez pour ne pas laisser d'être estimé douteux, et pour l'être en effet : par exemple, que deux et trois font cinq, que le tout est plus grand que sa partie et semblables.

C'est fort bien répondu. Mais s'il est ainsi, qu'y a-t-il, je vous prie, qui n'ait quelque apparence de doute? Qu'y aura-t-il qui soit exempt des ruses de ce mauvais génie? Rien, dites-vous, rien du tout, jusqu'à ce que nous soyons assurés, par les principes inébranlables de la métaphysique, qu'il y a un Dieu, et qu'il ne peut être trompeur; en sorte que l'on peut dire qu'*avant que nous sachions s'il y a un Dieu, et posé qu'il y en ait un, s'il peut être trompeur, nous ne pouvons jamais être tout à fait certains ni assurés d'aucune chose*. Et, pour vous donner ici entièrement à connaître ma pensée, si je ne sais qu'il y a un Dieu, et un Dieu véritable, qui empêche ce mauvais génie de me tromper, je pourrai et devrai même toujours appréhender qu'il ne me séduise par ses artifices, et que, sous l'apparence du vrai, il ne me fasse voir ce qui est faux comme clair et assuré; mais lorsque je serai certainement assuré entièrement qu'il y a un Dieu et qu'il ne peut être ni trompé ni trompeur, et qu'ainsi il empêche nécessairement que ce mauvais génie ne m'abuse dans les choses que j'aurai clairement et distinctement conçues, ce sera pour lors que s'il s'en rencontre de telles, c'est-à-dire s'il arrive que j'en aie conçu clairement et distinctement quelques-unes, je les tiendrai pour véritables et pour certaines. Si bien que je pourrai alors avec assurance établir pour règle de vérité et de certitude *que tout ce que nous concevons clairement et distinctement est vrai*. Je ne souhaite rien de plus sur cet article. Je viens maintenant à ma seconde question.

§ II.

Que veut dire cela : tenir une chose pour fausse?

Puisque, selon vous, c'est une chose douteuse que vous ayez des yeux, une tête, un corps, et même que vous devez tenir cela pour faux, je vous prie donc de me dire ce que c'est que de tenir une chose pour fausse? Ne serait-ce point de croire et de dire : il est faux que j'aie des yeux, une tête, un corps, ou bien de croire et de dire par une détermination tout à fait opposée à notre doute : je n'ai point d'yeux, de tête, ni de corps ; et pour dire en un mot, ne serait-ce point croire, dire, et assurer l'opposé de la chose dont on doute? C'est cela même, dites-vous, voilà qui va bien. Mais je vous prie de me dire encore votre pensée là-dessus : ce n'est pas une chose certaine que deux et trois fassent cinq ; dois-je donc croire et assurer que deux et trois ne font pas cinq? Oui, dites-vous, c'est ainsi qu'il le faut croire et assurer. Je vous demande encore : il n'est pas assuré si, pendant que je dis ces choses, je veille ou si je dors ; dois-je donc croire et dire : oui, pendant que je dis ces choses, je ne veille pas, mais je dors. Voilà, dites-vous, comme il le faut croire et le dire. Je ne vous demanderai plus qu'une chose, afin de ne vous pas ennuyer : il n'est pas certain que ce qui paraît clair et assuré à celui qui doute s'il veille ou s'il dort soit clair et assuré ; dois-je donc croire et dire : Ce qui paraît clair et assuré à celui qui doute s'il dort et s'il veille n'est pas clair et assuré, mais est faux et obscur? Pourquoi hésitez-vous là-dessus? *Vous ne sauriez rien accorder de trop à votre défiance.* Ne vous est-il jamais arrivé, comme à plusieurs, que les mêmes choses qui en dormant vous avaient semblé claires et certaines, vous ont depuis paru fausses et douteuses? *Sans doute qu'il est de la prudence de ne se fier jamais entièrement à ceux qui nous ont une fois trompé.* Mais, dites-vous, il en est bien autrement des choses qui sont tout à fait certaines, car elles sont telles qu'à ceux même qui dorment, ou qui sont fous, elles ne peuvent jamais paraître douteuses. Est-ce donc tout de bon, je vous prie, que vous dites que les choses tout à fait certaines sont telles qu'elles ne peuvent pas même paraître douteuses à ceux qui dorment ou qui sont fous? Mais enfin, *où les trouverez-vous ces choses?* Et pourquoi, s'il est vrai qu'à ceux qui dorment ou qui ont l'esprit troublé, les choses qui sont ridicules et absurdes leur paraissent cependant quelquefois non seulement vraies, mais aussi très certaines, pourquoi aussi celles qui sont les plus assurées ne leur paraîtront-elles pas fausses et douteuses? Et, pour preuve de ceci, j'ai connu une personne qui, un jour, comme elle sommeillait, ayant entendu sonner quatre heures, se mit à compter ainsi l'horloge, une, une, une, une. Et pour lors l'absurdité qu'elle concevait dans son esprit la fit s'écrier : je pense que cette horloge est folle, elle a sonné quatre fois une heure. Et en effet, y a-t-il rien de si absurde et de si contraire à la raison qui ne puisse tomber dans l'esprit d'un fou ou d'un homme qui dort? Y a-t-il rien que celui qui rêve n'approuve et ne croie, et dont il ne se flatte comme d'une fort belle chose qu'il aurait trouvée et inventée? Enfin, pour terminer tout en un mot, je dis que vous ne pourrez jamais établir si bien la certitude de cet axiome, c'est à savoir, que tout ce qui semble vrai à celui qui doute s'il dort ou s'il veille est certain, et si certain qu'on le peut prendre pour le fondement d'une science et d'une métaphysique très vraie et très exacte, que je le tienne pour aussi certain que celui-ci : deux et trois font cinq, ni même pour si certain que personne n'en puisse en aucune façon douter, ni être trompé en cela par quelque mauvais génie. Et cependant je n'appréhende point de passer pour opiniâtre, bien que je persiste dans cette pensée. C'est pourquoi, ou je conclurai ici suivant votre règle : il n'est pas certain que ce qui paraît certain à celui qui doute s'il veille ou s'il dort soit certain, donc ce qui paraît certain à celui qui doute s'il veille ou s'il dort peut et doit être réputé pour faux. Ou bien, si vous avez quelque règle particulière, vous prendrez la peine de me la communiquer. Je viens à ma troisième question qui regarde la façon dont on doit tenir une chose pour fausse.

§ III.

Comment on doit tenir une chose fausse.

Je vous demande, puisque je ne suis pas assuré que deux et trois font cinq, et que par la règle précédente je dois croire et dire que deux et trois ne font pas cinq, si tout aussitôt je ne dois pas tellement le croire que je me persuade que la chose ne peut être autrement, et partant qu'il est certain que deux et trois ne font pas cinq. Vous vous étonnez que je vous fasse cette demande ; mais je ne m'en étonne pas, puisque cela m'a aussi surpris moi-même. Si est-ce pourtant qu'il est nécessaire que vous y répondiez si vous voulez aussi que je vous réponde. Voulez-vous donc que je tienne pour certain que deux et trois ne font pas cinq? Je vois bien que vous le voulez, et même que vous voulez que tout le monde le crois et le tienne pour si certain qu'il ne puisse être rendu douteux par les ruses de ce mauvais génie.

Vous vous moquez, me dites-vous, cela peut-il tomber dans l'esprit d'un homme sage ?

Quoi donc ! cela sera-t-il aussi douteux et incertain que ceci : deux et trois font cinq ? S'il est ainsi, si c'est une chose douteuse que deux et trois ne font pas cinq, je n'en croirai rien, et dirai suivant votre règle que cela est faux, et partant j'admettrai le contraire, et ainsi je dirai : deux et trois font cinq, et j'en ferai de même partout ailleurs. Et pour ce qu'il ne semble pas certain qu'il y ait aucun corps au monde, je dirai qu'il n'y en a point du tout. Mais aussi pour ce que ce n'est pas une chose certaine qu'il n'y ait aucun corps au monde, je dirai par opposition qu'il y a quelque corps au monde, et ainsi en même temps il y aura quelque corps au monde et il n'y en aura point.

Il est vrai, dites-vous, c'est ainsi qu'il faut faire, et c'est proprement ce qu'on appelle douter, aller et revenir sur ses pas, avancer et reculer, affirmer ceci et cela, et aussitôt le nier, s'arrêter à une chose et puis s'en départir.

Il ne se peut rien de mieux ; mais, pour me servir des choses qui seront douteuses, que ferai-je ? Par exemple, que ferai-je de celle-ci, deux et trois font cinq ? et de cette autre, il y a quelque corps ? L'assurerai-je ? Ou le nierai-je ?

Vous ne l'assurerez, dites-vous, ni ne le nierez ; vous ne vous servirez ni de l'un ni de l'autre, mais vous tiendrez l'un et l'autre pour faux, et n'attendrez rien que de chancelant, de douteux et d'incertain des choses qui sont ainsi chancelantes et incertaines.

Puisqu'il ne me reste plus rien à vous demander, je m'en vais répondre à toutes vos questions l'une après l'autre sitôt que j'aurai fait ici une brève récapitulation de toute votre doctrine. 1° Nous ne pouvons douter de toutes choses, et principalement des choses matérielles, pendant que nous n'aurons point d'autres fondements dans les sciences que ceux que nous avons eus jusqu'à présent. 2° Tenir quelque chose pour fausse, c'est refuser son approbation à cette chose comme si elle était manifestement fausse, ou même feindre que l'on a d'elle la même opinion que d'une chose fausse et imaginaire. 3° Ce qui est douteux doit tellement être tenu pour faux que son opposé soit aussi douteux et tenu pour faux.

Remarques de Monsieur Descartes.

J'aurais honte de paraître trop diligent si j'employais beaucoup de paroles à faire des annotations sur toutes les choses que je ne reconnais point pour miennes, bien qu'elles soient ici toutes conçues presque dans mes propres termes. C'est pourquoi je prie seulement le lecteur de se ressouvenir de ce que j'ai écrit dans ma première Méditation et au commencement de la seconde et de la troisième, et aussi de ce que j'ai dit dans leur abrégé; car ils reconnaîtront que la plupart des choses qui sont ici rapportées en ont à la vérité été tirées, mais qu'elles sont ici proposées dans un tel désordre, et tellement corrompues et mal interprétées, que, bien que dans les lieux où elles sont placées elles ne contiennent rien que de fort raisonnable, ici néanmoins elles paraissent pour la plupart fort absurdes.

Pour de bonnes et solides raisons. J'ai dit, sur la fin de la première Méditation, que des raisons *très fortes et mûrement considérées* nous pouvaient obliger de douter de toutes les choses que nous n'avions jamais encore assez clairement conçues, pour ce qu'en cet endroit-là je traitais seulement de ce doute général et universel que j'ai souvent moi-même appelé hyperbolique et métaphysique, et duquel j'ai dit qu'il ne fallait point se servir pour les choses qui regardent la conduite de la vie. Et, partant, qu'à son égard tout ce qui pouvait faire naître le moindre soupçon d'incertitude devait être pris pour une assez valable raison de douter. Mais ici cet homme officieux et sincère apporte pour exemples des choses dont j'ai dit que l'on pouvait douter pour de bonnes et solides raisons, savoir, s'il y a une terre, si j'ai un corps, et choses semblables, afin que les lecteurs qui n'auront point connaissance de ce doute métaphysique, le rapportant à l'usage et à la conduite de la vie, me tiennent pour un homme qui a perdu le sens.

Rien, dites-vous, rien du tout. J'ai assez expliqué en divers endroits en quel sens cela se doit entendre. C'est à savoir que, tandis que nous sommes attentifs à quelque vérité que nous concevons fort clairement, nous n'en pouvons alors en aucune façon douter; mais lorsque nous n'y sommes pas ainsi attentifs, et que nous ne songeons point aux raisons qui la prouvent, comme il arrive souvent pour lors, encore que nous nous ressouvenions d'en avoir ainsi clairement conçu plusieurs, il n'y en a toutefois aucune de laquelle nous ne puissions douter avec raison, si nous ignorons que toutes les choses que nous concevons fort clairement et fort distinctement sont toutes vraies. Mais ici cet homme fort exact interprète tellement ce mot-là, *rien*, que de ce que j'ai dit une fois dans ma première Méditation, où je supposais n'apercevoir aucune chose clairement et distinctement, qu'il n'y avait rien dont il ne me fût permis de douter, il conclut que je ne puis aussi connaître rien de certain dans les suivantes;

comme si les raisons que nous avons quelquefois de douter d'une chose n'étaient pas valables ni légitimes si elles ne prouvaient aussi que nous en devons toujours douter.

Croire, dire et assurer l'opposé de la chose dont on doute. Lorsque j'ai dit qu'il fallait pour quelque temps tenir les choses douteuses pour fausses, ou bien les rejeter comme telles, j'ai donné si clairement à connaître que j'entendais seulement que, pour faire une exacte recherche des vérités tout à fait certaines, il ne fallait faire non plus de compte des choses douteuses que de celles qui étaient absolument fausses, qu'il me semble que tout homme de bon sens ne pouvait autrement interpréter mes paroles, et qu'il ne pouvait s'en rencontrer aucun qui pût feindre que j'ai voulu croire l'opposé de ce qui est douteux (principalement comme il est dit un peu après, *le croire de telle sorte que je me persuade qu'il ne peut être autrement, et ainsi qu'il est très certain*) à moins qu'il n'eût point de honte de passer pour un cavillateur ou pour une personne qui dit les choses autrement qu'elles ne sont; et, bien que notre auteur n'assure pas ce dernier, mais qu'il le propose seulement comme douteux, je m'étonne toutefois qu'une personne comme lui ait semblé imiter en cela ces infâmes détracteurs qui se comportent souventes fois de la même manière qu'il a fait dans le rapport des choses qu'ils veulent que l'on croie des autres, ajoutant même que pour eux ils ne le croient pas, afin de pouvoir médire plus impunément.

Mais il en va bien autrement des choses qui sont tout à fait certaines, car elles sont telles qu'à ceux mêmes qui dorment, ou qui sont fous, elles ne peuvent paraître douteuses. Je ne sais par quelle analyse cet homme subtil a pu déduire cela de mes écrits, car je ne me ressouviens point d'avoir jamais rien dit de tel, ni même rêvé en dormant. Il est bien vrai qu'il en eût pu conclure que tout ce qui est clairement et distinctement conçu par quelqu'un est vrai, encore que celui-là cependant puisse douter s'il dort ou s'il veille, ou même aussi si l'on veut encore, qu'il dorme ou qu'il ne soit pas en son bon sens; pour ce que rien ne peut être clairement et distinctement conçu par qui que ce soit qu'il ne soit tel qu'il le conçoit, c'est-à-dire qu'il ne soit vrai. Mais pour ce qu'il n'appartient qu'aux personnes sages de distinguer entre ce qui est clairement conçu et ce qui semble et paraît seulement l'être, je ne m'étonne pas que ce bon homme prenne ici l'un pour l'autre.

Et c'est proprement ce qu'on appelle douter, aller et revenir sur ses pas, etc. J'ai dit qu'il ne fallait faire non plus de cas des choses douteuses que de celles qui étaient absolument fausses, afin d'en détacher tout à fait notre pensée, et non pas afin d'affirmer tantôt une chose et tantôt son contraire. Mais notre auteur n'a laissé échapper aucune occasion de pointiller; et cependant c'est une chose digne de remarque qu'en ce lieu-là même, où il dit vouloir faire une récapitulation de ma doctrine, il ne m'attribue rien des choses qu'il avait reprises ou qu'il reprend dans la suite et dont il se moque. Ce que je dis afin que chacun sache que ce n'était que par jeu et non pas tout de bon qu'il me les avait attribuées.

Réponses.

Rép. 1. Si dans la recherche que nous faisons de la vérité, cette règle, à savoir, *que tout ce qui a la moindre apparence de doute doit être tenu pour faux*, s'entend ainsi : lorsque nous recherchons ce qui est certain, nous ne devons en aucune façon nous appuyer sur ce qui n'est pas certain, ou sur ce qui a quelque apparence de doute, je dis qu'elle est bonne, qu'elle est en usage, et communément reçue de tous les philosophes.

Rép. 2. Si cette règle dont nous parlons s'entend ainsi : lorsque nous recherchons ce qui est certain, nous devons tellement rejeter toutes les choses qui ne sont pas certaines, ou qui sont en quelque façon douteuses, que nous ne nous en servions point du tout; ou même nous ne devons non plus les considérer que si elles n'étaient point ; ou plutôt nous ne devons point les considérer, mais nous en devons détourner entièrement notre pensée; je dis aussi qu'elle est légitime, assurée, et familière même aux moindres apprentis, et qu'elle a tant de rapport et d'affinité avec la précédente qu'à peine la peut-on distinguer de l'autre.

Rép. 3. Que si cette règle s'entend ainsi : lorsque nous recherchons ce qui est certain, nous devons tellement rejeter toutes les choses qui sont douteuses que nous supposions qu'elles ne sont point en effet, ou que leur opposé existe véritablement, et que nous nous servions de cette supposition comme d'un fondement assuré, c'est-à-dire que nous nous servions de ces choses qui ne sont point, et que nous nous appuyions sur leur inexistence ; je dis qu'elle n'est pas légitime, mais fausse et contraire à la vraie philosophie, pour ce qu'elle suppose quelque chose de douteux et d'incertain pour rechercher ce qui est vrai et certain ; ou parce qu'elle suppose comme certain ce qui peut être tantôt d'une façon, tantôt d'une autre, par exemple que les choses douteuses n'existent point en effet, vu toutefois qu'il se peut faire qu'elles existent.

Rép. 4. Si quelqu'un, entendant cette règle au sens ci-dessus expliqué, voulait s'en servir pour rechercher ce qui est vrai et certain, sans doute qu'il y perdrait son temps et sa peine, et qu'il travaillerait sans fruit et sans succès, vu qu'il ne prouverait pas plutôt ce qu'il cherche que son opposé. Par exemple, supposons que quelqu'un cherche et examine s'il a un corps, ou s'il peut être corporel, et que, pour s'éclaircir de cette vérité, il argumente ainsi : il n'est pas certain qu'aucun corps existe ; donc, suivant notre règle, j'assurerai et dirai le contraire ; à savoir, aucun corps n'existe ; puis il reprendra son argument, aucun corps n'existe ; et moi cependant je sais fort bien d'ailleurs que je suis et que j'existe ; donc, je ne puis être un corps ; à la vérité c'est fort bien conclu ; mais vous voyez comme par le même raisonnement il peut aussi prouver le contraire. Il n'est pas certain, dit-il, qu'aucun corps existe ; donc, suivant notre règle, j'assurerai et dirai : aucun corps n'existe. Mais cette proposition : aucun corps n'existe, n'est-elle point douteuse? Sans doute qu'elle l'est, et qui me pourrait montrer le contraire? Si cela est, j'ai ce que je demande. Il est certain qu'aucun corps n'existe. Donc suivant notre règle je dirai : quelque corps existe ; or est-il que je suis et que j'existe, donc je puis être un corps si rien autre chose ne l'empêche. Vous voyez donc que je puis être un corps, et que je puis n'être pas un corps. Etes-vous satisfait? J'ai peur que vous le soyez trop, autant que je le puis conjecturer de ce qui suit. C'est pourquoi je viens à votre seconde question.

Remarques de Monsieur Descartes.

Il approuve ici dans ces deux premières réponses tout ce que j'ai pensé touchant la question proposée, ou tout ce qui se peut déduire de mes écrits, mais il ajoute que cela *est très commun, et familier même aux moindres apprentis.*

Et dans les deux dernières il reprend ce qu'il veut que l'on croie que j'ai pensé là-dessus, encore qu'il soit si peu croyable qu'il ne puisse tomber dans l'esprit d'aucune personne de bon sens. Mais il le fait sans doute afin que ceux qui n'ont point lu mes Méditations, ou qui ne les ont jamais lues avec assez d'attention pour bien savoir ce qu'elles contiennent, s'en rapportant à ce qu'il en dit, croient que je soutienne des opinions ridicules et peu croyables, et que ceux qui ne pourront avoir une si mauvaise opinion de moi se persuadent au moins que je n'ai rien mis dans mes écrits qui ne soit très commun et familier à tout le monde. Mais je ne me mets pas fort en peine de cela. Et je puis dire que je n'ai jamais eu dessein de tirer aucune louange de la nouveauté de mes opinions; car, au contraire, je les crois très anciennes, étant très véritables; et toute ma principale étude ne va qu'à rechercher certaines vérités très simples qui, pour être nées avec nous, ne sont pas plutôt aperçues qu'on pense ne les avoir jamais ignorées; mais il n'est pas malaisé de reconnaître que cet auteur n'impugne mes écrits que parce qu'il croit qu'ils contiennent quelque chose de bon et qui n'est pas commun ; car il n'est pas possible que s'il les avait crus si peu croyables qu'il le feint, il ne les eût plutôt jugés dignes de mépris et du silence que d'une réfutation si ample et si étudiée.

Donc, suivant notre règle, *j'assurerai et dirai le contraire*. Je voudrais bien savoir dans quelles tables il a jamais trouvé cet loi écrite? il est bien vrai qu'il l'a déjà ci-dessus assez inculquée; mais aussi est-il vrai que j'ai déjà assez nié qu'elle vînt de moi, à savoir dans mes notes sur ces paroles : *croire, dire, et assurer l'opposé de la chose dont on doute*. Et je ne pense pas qu'il voulait soutenir qu'elle vient de moi, si on l'interrogeait là-dessus : car un peu auparavant il m'a introduit, parlant des choses qui sont douteuses, en cette sorte : *Vous ne l'assurerez ni ne le nierez, vous ne vous servirez ni de l'un ni de l'autre, mais vous tiendrez l'un et l'autre pour faux*. Et un peu après, dans l'abrégé qu'il fait de ma doctrine, il dit qu'il faut *refuser son approbation à une chose douteuse comme si elle était manifestement fausse, ou même feindre que l'on a d'elle la même opinion que d'une chose fausse et imaginaire*, ce qui est toute autre chose que d'assurer et de croire l'opposé, en telle sorte que cet opposé soit tenu pour vrai, comme il le suppose ici. Mais moi, lorsque j'ai dit dans ma première Méditation que je voulais pour quelque temps tâcher de me persuader l'opposé des choses que j'avais auparavant légèrement crues, j'ai ajouté aussitôt que je ne le faisais qu'afin que, tenant pour ainsi dire la balance égale entre mes préjugés, je ne penchasse point plus d'un côté que de l'autre, mais non pas afin de prendre l'un ou l'autre pour vrai et de l'établir comme le fondement d'une science très certaine, comme il dit ailleurs. C'est pourquoi je voudrais bien savoir à quel dessein il a apporté cette règle; si c'est pour me l'attribuer, je lui demande où est sa candeur, car il est manifeste, par ce qui a été dit auparavant, qu'il sait fort bien qu'elle ne vient pas de moi, pour ce qu'il n'est pas possible qu'une personne croie qu'il faut tenir les deux contraires pour faux, comme il a dit que je croyais, et qu'en même temps elle assure et dise qu'il faut tenir pour vrai l'opposé de l'un des deux, comme il est dit par cette règle. Mais, si c'est seulement par plaisir qu'il l'a apportée, afin d'avoir quelque chose à reprendre, j'admire la subtilité de son esprit de n'avoir pu rien inventer de plus vraisemblable ou de plus subtil; j'admire son loisir d'avoir employé tant de paroles à réfuter une opinion si absurde qu'elle ne peut pas même sembler probable à un enfant de sept ans; car il est à remarquer que jusques ici il n'a repris autre chose que cette impertinente loi; enfin j'admire la force de son imagination d'avoir pu, nonobstant qu'il ne combattît que contre cette vaine chimère qu'il avait lui-même forgée, se comporter tout à fait de la même manière, et se servir toujours de mêmes termes que s'il m'eût eu en effet pour adversaire, et qu'il m'eût vu en personne lui faire tête.

QUESTION DEUXIÈME.
Si c'est une bonne méthode de philosopher que de faire une abdication générale de toutes les choses dont on peut douter.

Vous me demandez, en second lieu, si c'est une bonne méthode de philosopher que de faire une abdication de toutes les choses dont on peut en quelque façon douter; mais vous ne devez point attendre de moi aucune réponse, si vous n'expliquez plus au long quelle est cette méthode, et voici comme vous le faites.

Pour philosopher, dites-vous, et pour rechercher s'il y a quelque chose de certain et de très certain, et savoir quelle est cette chose, voici comme je m'y prends : Puisque toutes les choses que j'ai crues autrefois et que j'ai sues jusques ici sont douteuses et incertaines, je les tiens toutes pour fausses, et il n'y en a pas une que je ne rejette; et ainsi je me persuade qu'il n'y a point de terre, ni de ciel, ni pas une des choses que j'ai crues autrefois être dans le monde, et même aussi qu'il n'y a point de monde, point de corps, point d'esprits, et en un mot qu'il n'y a rien du tout. Après avoir ainsi fait cette abdication générale, et protesté qu'il n'y a rien du tout dans le monde, j'entre dans ma philosophie, et, la prenant pour guide, je cherche avec circonspection et prudence ce qui peut être vrai et certain, de même que s'il y avait quelque mauvais génie très puissant et très rusé qui employât toute sa force et toute son industrie pour me faire tomber dans l'erreur. C'est pourquoi, pour ne me point laisser tromper, je regarde attentivement de tous côtés, et je tiens pour maxime inébranlable de ne rien admettre pour vrai qui ne soit tel qu'en cela ce mauvais génie, pour rusé qu'il soit, ne me puisse rien imposer, et que je ne puisse pas même m'empêcher de croire, et beaucoup moins le nier. Je pense donc, je considère, je passe et repasse tout en mon esprit jusques à ce qu'il se présente quelque chose de tout à fait certain ; et lorsque je l'ai rencontré, je m'en sers, comme du point fixe d'Archimède, pour en tirer toutes les autres choses, et par ce moyen je déduis des choses très certaines et très assurées les unes des autres.

Tout cela est fort bien; et s'il n'était question que de l'apparence, je ne ferais point de difficulté de répondre que cette méthode me semble fort belle et fort relevée. Mais pour ce que vous attendez de moi une réponse exacte, et que je ne puis vous la rendre si premièrement je ne me sers de votre méthode et ne la mets en pratique, commençons à en faire l'épreuve par les choses les plus aisées, et voyons nous-mêmes ce qu'elle a de bon. Et pour ce que vous en connaissez les détours, les routes et les sentiers, pour y avoir passé plusieurs fois, je vous prie de me servir de guide. Faites et commandez seulement, et vous verrez que je suis tout prêt à vous servir de compagnon ou de disciple. Que pouvez-vous désirer davantage de moi? je veux bien m'exposer dans ce chemin, quoiqu'il me soit tout nouveau et qu'il me fasse peur à cause de son obscurité, tant la beauté et le désir de la vérité m'attirent puissamment. Je vous entends : vous voulez que je fasse tout ce que je vous verrai faire, que je mette le pied où vous mettrez le vôtre. Voilà sans doute une belle façon de commander et de conduire un autre; et, comme elle me plaît, j'attends votre commandement.

§ I.

On ouvre la voie qui donne entrée à cette méthode.

Voici comme tout d'abord vous philosophez : Après que j'ai fait réflexion, dites-vous, sur toutes les choses que j'ai reçues autrefois en ma créance, je suis enfin contraint d'avouer qu'il n'y en a pas une de celles que je croyais alors être vraies dont je ne puisse douter; et cela non point pour quelques soupçons légers et mal fondés, mais pour des raisons très fortes et mûrement considérées, en telle sorte qu'il est nécessaire que je n'y donne pas plus de créance que je pourrais faire à des choses qui me paraîtraient évidemment fausses, si je désire trouver quelque chose de constant et d'assuré dans les sciences; c'est pourquoi je pense que je ne ferai pas mal si, prenant un sentiment contraire, j'emploie tous mes soins à me tromper moi-même, feignant pour quelque temps que toutes ces opinions sont fausses et imaginaires, jusqu'à ce qu'enfin ayant mis, pour ainsi dire, la balance égale entre mes préjugés, mon jugement ne soit plus maîtrisé par de mauvais usages, et détourné du droit chemin qui le peut conduire à la connaissance de la vérité. Je supposerai donc qu'un mauvais génie, non moins puissant que rusé, a employé toute son industrie à me tromper. Je penserai que le ciel, l'air, la terre, les couleurs, les figures, les sons et toutes les choses extérieures que nous apprenons par les sens, ne sont que des illusions et tromperies dont il se sert pour surprendre ma crédulité. Je me persuaderai qu'il n'y a rien du tout dans le monde, qu'il n'y a point de ciel, point de terre, point d'esprits, point de corps. Je dis point d'esprits et point de corps, etc. C'est ici une chose à remarquer, et la principale. Je me considérerai moi-même comme n'ayant point de mains, point d'yeux, point de chair, point de sang, comme n'ayant aucun sens, mais croyant faussement avoir toutes ces choses. Je demeurerai obstinément attaché à cette pensée.

Arrêtons-nous un peu ici, s'il vous plaît, pour reprendre de nouvelles forces. La nouveauté de la chose m'a un peu ému et étonné : ne commandez-vous pas que je rejette toutes les choses que par le passé j'ai reçues en ma créance ? Oui, je veux que vous les rejettiez toutes. Quoi, toutes? Car qui dit tout n'excepte rien. Je l'entends ainsi, ajoutez-vous. Je vous obéis, mais c'est avec bien de la peine, car c'est une chose fort dure, et, pour vous le dire franchement, je ne le fais pas sans scrupule ; c'est pourquoi, si vous ne m'en délivrez, je crains fort que nous ne nous égarions dès l'entrée. Vous avouez que toutes les choses que vous avez autrefois reçues en votre créance sont toutes douteuses, et vous dites vous-même que vous êtes forcé à le croire; pourquoi ne faites-vous pas une pareille violence à mon esprit, afin que je sois aussi contraint d'avouer la même chose que vous ? Qui vous a, je vous prie, ainsi contraint ? Je viens d'apprendre tout à l'heure que ç'ont été des raisons très fortes et mûrement considérées. Mais quelles sont-elles enfin ces raisons ? Car, si elles sont bonnes, pourquoi les rejeter? Que ne les retenez-vous plutôt? Et si elles sont douteuses et pleines de soupçons, par quelle force, je vous prie, ont-elles pu vous contraindre ?

Les voici, dites-vous, tout le monde les sait; et j'ai coutume de les faire toujours marcher devant comme on faisait autrefois les tireurs de fronde et les archers pour commencer le choc. Nos sens nous trompent quelquefois,

quelquefois nous rêvons ; il y a quelquefois certains fous qui pensent voir ce qu'ils ne voient pas, et ce qui peut-être n'est point et ne sera jamais.

Sont-ce là toutes vos raisons ? Lorsque vous en avez promis de fortes et mûrement considérées, je me suis aussi attendu qu'elles seraient certaines et exemptes de toute sorte de doute, telles que les demande votre règle, dont nous nous servons à présent, qui est exacte jusques à ce point qu'elle n'admet pas même la moindre ombre de doute. Mais ces raisons que vous venez d'apporter, à savoir, nos sens nous trompent quelquefois, quelquefois nous rêvons, il y a des fous, sont-elles certaines et exemptes de doutes ? Ou plutôt ne sont-ce pas simplement de purs doutes et soupçons ? Qui vous a appris qu'elles sont certaines et hors de tout doute, et conformes à cette règle que vous avez toujours à la main, à savoir : *qu'il faut bien se donner de garde de rien admettre pour vrai que nous ne puissions prouver être tel :* y a-t-il eu un temps auquel vous ayez pu dire : certainement et indubitablement mes sens me trompent à présent, je le sais fort bien. Maintenant je rêve ; un peu auparavant je rêvais ; celui-ci est fou, et pense voir ce qu'il ne voit point, et il ne ment point ? Si vous dites que oui, prenez garde comment vous le prouverez ; voire même prenez garde que ce mauvais génie dont vous parlez ne vous ait peut-être déçu ; car il est fort à craindre qu'à l'heure même que vous apportez ceci comme une raison bien forte de douter et mûrement considérée : *les sens nous trompent quelquefois,* ce rusé génie ne vous montre au doigt, et ne se moque de vous de vous être ainsi laissé abuser. Si vous dites que non, pourquoi dites-vous si assurément que quelquefois nous rêvons ? Pourquoi suivant votre première règle ne dites-vous pas plutôt ainsi : Il n'est pas tout à fait certain que les sens nous aient quelquefois trompés, que nous ayons quelquefois rêvé, qu'il y ait eu quelquefois des fous ; donc je dirai ainsi, et établirai pour principe, que nos sens ne nous trompent jamais, que jamais nous ne rêvons, et qu'il n'y a point de fous.

Mais, dites-vous, j'en ai quelque soupçon. Et moi je vous dis que c'est ce qui cause mon scrupule ; car, lorsque j'ai pensé avancer mon pied, j'ai senti ces fortes raisons plier sous moi et s'évanouir comme des ombres et des soupçons, ce qui a fait que j'ai appréhendé de les presser. J'en ai pourtant quelque soupçon aussi bien que vous.

Vous en avez quelque soupçon, dites-vous ? C'est assez que vous le soupçonniez, c'est assez que vous disiez : je ne sais si je dors ou si je veille ; je ne sais si mes sens me trompent ou ne me trompent point.

Mais pardonnez-moi si je vous dis que ce n'est pas assez pour moi, et que je ne suis pas satisfait de cela ; car je ne vois pas bien comment vous pouvez inférer de ceci, *je ne sais si je veille ou si je dors*, donc je dors quelquefois. Car si vous ne dormiez jamais, si vous dormiez toujours, si vous ne pouviez même dormir, et que ce génie se moquât de vous pour avoir eu le pouvoir de vous persuader que vous dormez quelquefois, que quelquefois vous vous trompez, quoique cela ne soit point, croyez-moi, depuis que vous avez introduit ce génie, depuis que vous avez réduit à un *peut-être* vos plus fortes et plus solides raisons, vous avez tout gâté, et ne pouvez de cela en tirer rien de bon. Que savez-vous si ce rusé génie ne vous propose point toutes choses comme douteuses et incertaines, nonobstant qu'elles soient certaines et assurées, afin qu'après les avoir toutes rejetées il vous jette tout nu dans la fosse que vous vous êtes vous-même creusée ? Ne feriez-vous pas mieux si, auparavant que de faire ainsi une abdication générale de toutes choses, vous vous établissiez une règle certaine par laquelle vous puissiez reconnaître si toutes les choses que vous rejetterez seront bien ou mal rejetées ? Sans doute que c'est une chose d'une importance tout à fait grande que cette abdication générale de toutes nos connaissances passées. Et, si vous m'en croyez, je vous conseille d'appeler encore une fois vos pensées en jugement, pour en délibérer mûrement et sérieusement, et ne rien précipiter là-dessus.

Cela n'est pas nécessaire, dites-vous ; je ne saurais ici trop accorder à ma défiance, et je sais qu'il ne peut y avoir en cela de péril ni d'erreur.

Que dites-vous, je sais ? Est-ce certainement ? Est-ce sans aucun doute ? en sorte que, de tant de connaissances que vous avez rejetées, celle-ci vous soit demeurée pour être la seule placée dans le temple de la vérité comme les restes d'un si grand naufrage. Ou, parce que vous entreprenez une nouvelle philosophie, et que vous songez aux moyens de l'accroître, voulez-vous qu'on écrive sur le frontispice en lettres d'or cette maxime : *je ne puis trop accorder à ma défiance*, afin de signifier tout d'abord à ceux qui voudront mettre le pied dans votre philosophie qu'il faut rejeter cette vieille proposition deux et trois font cinq, et retenir celle-ci : Je ne saurais trop accorder à ma défiance ? Mais s'il arrive que quelque novice en murmure, et qu'il dise entre ses dents : quoi ! l'on veut que je rejette ce dire ancien, deux et trois font cinq, qui n'a jamais été révoqué en doute par personne, à cause qu'il se peut faire que quelque mauvais génie me trompe ; et l'on m'ordonne de retenir celui-ci, qui est rempli de doutes et de difficultés : Je ne saurais trop accorder à ma défiance, comme si ce mauvais génie ne me pouvait en cela rien imposer?

Que direz-vous à cela? Et vous-même pourriez-vous bien faire en sorte que je ne craignisse et n'appréhendasse rien de ce mauvais génie? En vérité, quoique vous m'assuriez et de la main et de la voix, ce n'est pas sans une grande appréhension de paraître trop défiant que je rejette et bannis comme fausses ces maximes anciennes, et qui sont quasi nées avec nous, à savoir : un argument en *barbara* conclut fort bien, je suis une chose composée de corps et d'âme ; et même, s'il m'est permis de juger à la mine et à la voix, vous-même, qui vous mêlez de conduire les autres et de rendre le chemin sûr, vous n'êtes pas exempt de crainte. Car, répondez-moi ingénument et franchement comme vous avez de coutume : rejetez-vous sans scrupule comme une chose fausse cette proposition ancienne : j'ai en moi l'idée claire et distincte de Dieu, ou celle-ci : tout ce que je conçois fort clairement et fort distinctement est vrai, ou enfin cette autre : les facultés de penser, de se nourrir et de sentir n'appartiennent point au corps, mais à l'esprit, et mille autres semblables? Je vous demande cela tout de bon : répondez-moi, s'il vous plaît. Pouvez-vous, en vérité, à la sortie de l'ancienne philosophie et à l'entrée d'une nouvelle, bannir, chasser et abjurer comme fausses toutes ces choses? j'entends les bannir et abjurer à bon escient. Quoi donc! oserez-vous assurer le contraire, et dire hardiment et sans scrupule : oui, maintenant et à l'heure même que je parle, je n'ai pas en moi l'idée claire et distincte de Dieu : jusques ici j'ai cru faussement que les facultés de se nourrir, de penser et de sentir n'appartenaient point au corps, mais à l'esprit : mais hélas! que j'oublie aisément la résolution que j'avais prise : qu'ai-je fait? Je m'étais abandonné au commencement tout entier à vous et à votre conduite. Je m'étais donné à vous pour compagnon et pour disciple, et voici que j'hésite dès l'entrée, tout effrayé et irrésolu. Pardonnez-moi, je vous prie, j'ai péché, je l'avoue, et péché largement, et n'ai fait en cela paraître que l'imbécillité de mon esprit ; je devais sans aucune appréhension marcher hardiment avec vous dans les ténèbres de l'abdication, et tout au contraire j'ai hésité et résisté. Cela ne m'arrivera plus si vous me pardonnez, et, par une ample et libérale abdication de toutes les choses que j'ai jamais crues par le passé, je réparerai le mal que je viens de faire. Je rejette donc et abjure toutes mes anciennes opinions, et vous ne trouverez pas mauvais si je n'en prends point le ciel et la terre à témoin, puisque vous ne voulez pas qu'il y en ait. Je confesse donc qu'il n'y a rien du tout. Allez, marchez le premier, je vous suis. Sans mentir, je vous trouve facile d'aller ainsi le premier sans répugnance.

Remarques de Monsieur Descartes.

Puisque toutes les choses que j'ai sues jusques ici sont douteuses. Il a mis ici *que j'ai sues* pour *que j'ai cru savoir :* car il y a de la contrariété entre ces termes, que *j'ai sues,* et *sont douteuses,* à laquelle sans doute il n'a pas pris garde, mais il ne faut pas pour cela lui imputer à malice : car autrement il ne l'aurait pas si légèrement touchée qu'il a fait ; mais, au contraire, feignant qu'elle serait venue de moi, il aurait employé beaucoup de paroles à insister à l'encontre.

Je dis point d'esprit, point de corps. Il dit cela afin d'avoir lieu par après de pointiller longtemps sur ce qu'au commencement, supposant que la nature de l'esprit ne m'était pas encore assez connue, je l'ai mise au rang des choses douteuses, et, qu'après cela, reconnaissant que cependant une chose qui pense ne pouvait pas ne point exister, et appelant du nom d'esprit cette chose qui pense, j'ai dit qu'un esprit existait, comme si j'eusse oublié que je l'avais nié auparavant lorsque je prenais l'esprit pour une chose qui m'était inconnue, et comme si j'eusse cru que les choses que je niais en un temps, pour ce qu'elles me paraissaient incertaines, dussent toujours ainsi être niées, et qu'il ne se pût faire qu'elles ne devinssent par après évidentes et certaines. Et il est à remarquer que partout il considère le doute et la certitude, non pas comme des relations de notre connaissance aux objets, mais comme des propriétés des objets mêmes qui y demeurent toujours attachées ; en sorte que les choses que nous avons une fois reconnu être douteuses ne peuvent jamais être rendues certaines. Ce que l'on doit plutôt attribuer à simplicité qu'à malice.

Quoi, toutes choses ? Il chicane ici sur ce mot *toutes,* comme auparavant sur le mot *rien,* mais inutilement et en vain.

Vous avouez y étant forcé. Il en a fait de même sur ce terme *forcé,* mais aussi inutilement que sur les précédents, car il est certain que ces raisons-là sont assez fortes pour nous obliger de douter, qui sont elles-mêmes douteuses et incertaines, et qui pour cela ne doivent point être retenues, mais rejetées, comme il a été remarqué ci-dessus ; elles sont, dis-je, assez fortes, tandis que nous n'en avons point d'autres qui, en chassant le doute, apportent en même temps la certitude ; et pour ce que je n'en trouvais aucune de telles dans la première Méditation, bien que je regardasse de tous côtés, et que je méditasse sans cesse, j'ai dit pour cela que les raisons que j'ai eues de douter étaient fortes et mûrement considérées. Mais cela passe la portée de notre auteur, car il ajoute : *lorsque vous avez promis de bonnes et de fortes raisons, je me suis aussi attendu qu'elles seraient certaines, telles que les demande votre règle,* comme si cette règle qu'il feint pouvait être appliquée aux choses que j'ai dites dans la première Méditation ; et un peu après il dit : *y a-t-il eu un temps auquel vous ayez pu dire certainement et indubitablement : mes sens me trompent à présent ; je sais cela fort bien ;* où il tombe dans une contrariété pareille à la précédente, ne s'apercevant pas que tenir une chose pour indubitable, et en même temps douter de la même chose, sont deux choses qui se contrarient. Mais c'est un bon homme.

Pourquoi dites-vous si assurément que quelquefois nous rêvons. Il tombe encore innocemment dans la même faute ; car je n'ai rien du tout assuré dans la première Méditation, qui est toute remplie de doutes, et de laquelle seule il peut avoir tiré ces paroles ; et par la même raison il aurait pu aussi trouver ceci, *nous ne rêvons jamais,* ou bien, *quelquefois nous rêvons.* Et lorsqu'il ajoute un peu après : *car je ne vois pas bien comment vous pouvez inférer de ceci,* je ne sais si je veille ou si je dors, *donc que je dors quelquefois.* Il m'attribue ici un raisonnement purement digne de lui, aussi est-ce un bon homme.

Que savez vous si ce rusé génie ne vous propose point toutes choses comme douteuses et incertaines, nonobstant qu'elles soient certaines et assurées. Il paraît manifestement par ceci, comme j'ai déjà observé, qu'il considère le doute et la certitude comme dans les objets, et non pas comme dans notre pensée. Car autrement comment pourrait-il feindre que ce génie proposât quelque chose comme douteuse qui ne fût pas douteuse, mais certaine, puisque, de cela seul qu'il me la proposerait comme douteuse, elle serait douteuse ; mais peut-être que ce génie l'a empêché de reconnaître la répugnance qui est dans ses paroles ; et il est à plaindre de ce qu'il trouble ainsi si souvent sa pensée.

Sans doute que c'est une chose d'une importance tout à fait grande que cette abdication générale de toutes nos connaissances passées. J'en ai assez averti sur la fin de ma réponse aux quatrièmes Objections, et dans la préface de ces Méditations que je n'ai pour cela proposées à lire qu'aux plus solides esprits. J'ai aussi averti de la même chose fort expressément dans mon *Discours de la Méthode,* où ayant décrit deux divers genres d'esprits à qui cette abdication générale n'est pas propre, si peut-être notre auteur se trouve compris sous l'un ou sous l'autre genre, il ne me doit pas pour cela imputer ses erreurs.

Que dites-vous, je sais ? Lorsque j'ai dit que je savais qu'il ne pouvait y avoir de péril en cette abdication générale, j'ai ajouté : *parce qu'alors je ne considérais pas les choses pour agir, mais seulement pour les connaître*, ce qui fait voir si manifestement que je n'ai parlé en cet endroit-là que d'une façon morale de savoir qui suffit pour la conduite de la vie, et que j'ai souvent dit être fort différente de la façon métaphysique dont il s'agit ici, qu'il semble qu'il n'y ait que notre auteur seul qui ait pu l'ignorer.

Et l'on veut que je retienne celui-ci qui est rempli de doutes et de difficultés, je ne saurais trop accorder à ma défiance. Il y a encore ici derechef de la contrariété dans les paroles, car tout le monde sait que celui qui se défie, pendant qu'il se défie, et que par conséquent il n'affirme ni ne nie aucune chose, ne peut être induit en erreur par aucun génie, pour rusé qu'il soit, ce qu'on ne peut pas dire de celui qui ajoute deux et trois ensemble, ainsi que le prouve l'exemple qu'il a lui-même apporté ci-dessus de celui qui comptait quatre fois une heure.

Ce n'est pas sans une grande appréhension de paraître trop défiant que je rejette ces maximes anciennes. Encore qu'il emploie ici beaucoup de paroles pour tâcher de persuader qu'il ne faut pas se défier trop, c'est pourtant une chose digne de remarque qu'il n'apporte pas la moindre raison pour le prouver, sinon seulement celle-ci, qui est qu'il craint ou qu'il se défie qu'il ne faut pas tant se défier, où il y a encore de la répugnance ; car de cela seul qu'il craint, et qu'il ne sait pas certainement qu'il ne doive point se défier, de là il s'ensuit qu'il doit se défier.

Rejetez-vous sans scrupule comme une chose fausse cette proposition ancienne : j'ai en moi l'idée claire et distincte de Dieu ; ou celle-ci : Tout ce que je conçois fort clairement et fort distinctement est vrai. Il appelle ces choses-ci anciennes, pour ce qu'il craint qu'on ne les tienne pour nouvelles, et que j'aie la gloire de les avoir le premier remarquées, mais je m'en soucie fort peu. Il semble aussi vouloir faire glisser quelque scrupule touchant l'idée que nous avons de Dieu, mais ce n'est qu'en passant, de peur peut-être que ceux qui savent avec quel soin j'ai excepté de cette abdication toutes les choses qui regardent la piété, et en général les mœurs, ne le prissent pour un calomniateur.

Enfin, il ne voit pas que l'abdication ne regarde que celui qui ne conçoit pas encore clairement et distinctement quelque chose, comme, par exemple, les sceptiques, auxquels cette abdication est familière, en tant que sceptiques, n'ont jamais rien conçu clairement ; car, du moment qu'ils auraient conçu clairement quelque chose, ils auraient cessé d'en douter, et d'être en cela sceptiques. Et pour ce qu'il est aussi fort difficile que personne, avant que d'avoir fait cette abdication, puisse jamais rien concevoir fort clairement, j'entends d'une clarté telle qu'il est requis pour une certitude métaphysique, c'est pour cela que cette abdication est fort utile à ceux qui, étant capables d'une connaissance si claire, ne l'ont pourtant pas encore acquise, mais non pas à notre auteur, comme l'événement le montre; et j'estime au contraire qu'il la doit soigneusement éviter.

Ou enfin cette autre-ci : *les facultés de penser, de se nourrir et de sentir, n'appartiennent point au corps, mais à l'esprit*. Il cite ces paroles comme venant de moi, et en même temps il les débite pour si certaines qu'il semble que personne ne puisse en aucune façon les révoquer en doute. Mais cependant il n'y a rien de plus clair dans mes Méditations que je rapporte au corps seul la puissance de se nourrir, et non pas à l'esprit ou à cette partie de l'homme qui pense; en telle sorte que par cela seul l'on voit manifestement : premièrement, qu'il ne les entend point, encore qu'il ait entrepris de les réfuter; secondement, qu'il n'est pas vrai que, de ce que dans la deuxième Méditation j'ai parlé selon l'opinion du vulgaire, j'aie pour cela voulu rapporter la puissance de se nourrir à l'âme, et enfin qu'il tient plusieurs choses pour indubitables qu'il ne faut pas admettre pour telles sans un grand examen. Mais toutefois il a fort bien conclu vers la fin que par toutes ces choses il a fait seulement paraître la médiocrité de son esprit.

§ II.

On prépare la voie qui donne l'entrée à cette Méthode.

Lorsque j'ai fait ainsi une abdication de toutes mes connaissances passées, je commence à philosopher de la sorte : Je suis, je pense; je suis pendant que je pense. Cette proposition, *j'existe*, est nécessairement vraie toutes les fois que je la prononce ou que je la conçois en mon esprit.

Vous dites merveilles. Vous avez trouvé ce point fixe d'Archimède. Sans doute que vous ferez mouvoir toute la machine du monde, si vous l'entreprenez. Toutes choses chancellent déjà. Mais je vous prie (car vous voulez, comme je crois, couper toutes choses jusques au vif, afin qu'il n'y ait rien dans votre méthode que de propre, de bien suivi et de nécessaire) pourquoi faites-vous mention de l'esprit quand vous dites : *Lorsque je la conçois en mon esprit ?* N'avez-vous pas même banni le corps et l'esprit ? Mais peut-être l'aviez-vous oublié, tant il est difficile, même aux plus expérimentés, de chasser tout à fait de leur mémoire le souvenir des choses auxquelles ils se sont accoutumés dès leur jeunesse; en sorte qu'il ne faudra pas perdre espérance s'il m'arrive d'y manquer quelquefois, moi qui n'y suis point encore bien accoutumé.

Je considérerai, dites-vous, tout de nouveau ce que je suis et ce que je croyais être avant que j'entrasse dans ces dernières pensées; et, de mes anciennes opinions, je retrancherai tout ce qui peut être tant soit peu combattu par les raisons que j'ai ci-devant alléguées, afin que par ce moyen il ne demeure précisément rien qui ne soit entièrement certain et indubitable.

Oserai-je bien, avant que vous passiez plus outre, vous demander pourquoi après avoir fait une abdication solennelle de toutes vos anciennes opinions, comme d'autant de choses fausses ou douteuses, vous voulez encore une fois repasser les yeux dessus, comme si vous espériez tirer quelque chose de bon et de certain de ces vieux lambeaux ou fragments? Que sera-ce si vous avez autrefois mal pensé de vous : bien plus, puisque toutes les choses que vous avez rejetées un peu auparavant étaient douteuses et incertaines (car autrement pourquoi les auriez-vous rejetées) comment se pourra-t-il faire que les mêmes choses ne soient plus à présent douteuses et incertaines, si ce n'est peut-être que cette abdication soit comme un breuvage de Circé, pour ne pas dire une lessive? Mais toutefois j'aime mieux admirer et révérer votre procédé. Il arrive souvent que ceux qui mènent leurs amis dans les palais des grands pour les leur faire voir, les font entrer par des portes secrètes, et non pas par la grande et principale porte. De moi aussi, je vous suis fort volontiers, par quelques détours que vous me meniez; je vous suivrai partout, pourvu que vous me donniez espérance de parvenir un jour au palais de la vérité.

Qu'est-ce donc, dites-vous, que j'ai cru autrefois que j'étais : sans difficulté j'ai pensé que j'étais un homme.

Souffrez aussi que j'admire ici votre adresse, de vous servir de ce qui est douteux pour chercher ce qui est certain, de nous plonger dans les ténèbres pour nous faire voir la lumière. Voulez-vous que je consulte ce que j'ai cru autrefois que j'étais? Voulez-vous que je reprenne ce vieux dictum, rebattu et rejeté il y a si longtemps, à savoir : *je suis un homme?* Que serait-ce si Pythagore ou quelqu'un de ses disciples se trouvait ici? Que lui diriez-vous, s'il vous disait qu'il a été autrefois un coq? Et que pourriez-vous répondre à tant de furieux, d'insensés et d'extravagants, sur toutes les chimères qu'ils s'imaginent? Mais j'ai tort, vous êtes savant et expérimenté. Vous êtes un bon guide, vous connaissez tous les détours et tous les sentiers par où nous avons à passer : j'aurai bonne espérance.

Qu'est-ce qu'un homme, dites-vous ? Si vous voulez que je vous réponde, permettez-moi auparavant de vous demander de quel homme vous entendez parler. Ou ce que vous cherchez quand vous cherchez ce que c'est qu'un homme ? Est-ce cet homme que je me feignais autrefois, que je pensais être, et que, depuis que j'ai tout rejeté, je suppose que je ne suis point ? Si c'est lui que vous cherchez, si c'est celui que je m'imaginais faussement que j'étais, c'est un certain composé de corps et d'âme. Etes-vous content ? je crois que oui, puisque vous continuez de la sorte.

Remarques de Monsieur Descartes.

Je commence de la sorte à philosopher : Je suis, je pense, je suis pendant que je pense. Il est ici à remarquer qu'il avoue lui-même que pour bien commencer à philosopher, ou pour établir la certitude de quelque proposition, il faut suivre la voie que j'ai tenue, qui est de commencer par la connaissance de sa propre existence, ce que je dis afin que l'on sache que, dans les autres endroits où il a feint que j'ai commencé par une positive ou affirmative abdication de toutes les choses qui sont douteuses, il a dit le contraire de ce qu'en effet il pensait. Je n'ajoute point ici avec quelle subtilité il m'introduit, commençant à philosopher, lorsqu'il me fait parler de la sorte : *Je suis, je pense,* etc. Car l'on peut aisément reconnaître, sans même que j'en parle, la candeur qu'il garde en toutes choses.

Pourquoi faites-vous mention de l'esprit quand vous dites, lorsque je la conçois en mon esprit; n'avez-vous pas même banni le corps et l'esprit? J'ai déjà ci-devant averti qu'il cherchait occasion de pointiller sur le mot d'*esprit*. Mais ici concevoir en son esprit ne signifie rien autre chose que penser, et partant il suppose mal que je fais mention de l'esprit en tant que considéré comme une partie de l'homme. De plus, encore que j'aie rejeté ci-devant le corps et l'esprit avec tout le reste de mes anciennes opinions, comme des choses douteuses ou des choses que je ne concevais pas encore clairement, cela n'empêche pas que je ne les puisse reprendre par après, s'il arrive que les conçoive clairement. Mais cela est au-dessus de la portée de notre auteur, qui pense que le doute soit quelque chose attaché inséparablement aux objets; car il demande un peu après : *comment se pourra-t-il faire que les mêmes choses qui auparavant étaient douteuses ne soient plus maintenant douteuses et incertaines?* Il veut même que j'en aie fait une abdication solennelle, et il admire aussi mon adresse en ce que je me sers de ce qui est douteux pour chercher ce qui est certain, etc., comme si j'avais pris pour fondement de ma philosophie qu'il faut toujours tenir pour fausses les choses douteuses.

Voulez-vous que je consulte ce que j'ai cru autrefois que j'étais, voulez-vous que je reprenne ce vieux dictum, etc. Je me servirai ici d'un exemple fort familier pour lui faire ici entendre la conduite de mon procédé, afin que désormais il ne l'ignore plus, ou qu'il n'ose plus feindre qu'il ne l'entend pas.

Si d'aventure il avait une corbeille pleine de pommes, et qu'il appréhendât que quelques-unes ne fussent pourries, et qu'il voulût les ôter de peur qu'elles ne corrompissent le reste, comment s'y prendrait-il pour le faire ? Ne commencerait-il pas tout d'abord à vider sa corbeille ; et après cela, ragardant toutes ces pommes les unes après les autres, ne choisirait-il pas celles-là seules qu'il verrait n'être point gâtées, et, laissant là les autres, ne les remettrait-il pas dedans son panier : Tout de même aussi, ceux qui n'ont jamais bien philosophé ont diverses opinions en leur esprit qu'ils ont commencé à y amasser dès leur bas âge, et, appréhendant avec raison que la plupart ne soient pas vraies, ils tâchent de les séparer d'avec les autres, de peur que leur mélange ne les rende toutes incertaines. Et pour ne se point tromper, ils ne sauraient mieux faire que de les rejeter une fois toutes ensemble, ni plus ni moins que si elles étaient toutes fausses et incertaines ; puis les examinant par ordre les unes après les autres, reprendre celles-là seules qu'ils reconnaîtront être vraies et indubitables. C'est pourquoi je n'ai pas mal fait au commencement de rejeter tout ; puis considérant que je ne connaissais rien plus certainement ni plus évidemment sinon que moi, qui pensais, étais quelque chose, je n'ai pas eu aussi mauvaise raison d'établir cela comme le premier fondement de toute ma connaissance ; et enfin je n'ai pas aussi mal fait de demander après cela ce que j'avais cru autrefois que j'étais, non pas afin que je crusse encore de moi toutes les mêmes choses, mais afin de reprendre celles que je reconnaîtrais êtres vraies, de rejeter celles que je trouverais être fausses, et de remettre à examiner à un autre temps celles qui me sembleraient douteuses. Ce qui fait voir que notre auteur n'a pas raison d'appeler ceci *un art de tirer des choses certaines des incertaines*, ou comme il dit ci-après, *une méthode de rêver* ; et que tout ce qu'il raconte ici et dans les deux paragraphes suivants du coq de Pythagore, et des opinions des philosophes touchant la nature du corps et de l'âme, sont choses tout à fait inutiles et hors de propos, puisque, selon la méthode que je m'étais prescrite, je n'ai point dû et n'ai point aussi voulu me mêler de rapporter rien de ce que les autres ont jamais pensé là-dessus, mais seulement ce qu'il m'en a semblé autrefois à moi-même, et ce qui a coutume de sembler aux autres en se laissant seulement conduire par la lumière naturelle, soit qu'il fût vrai, soit qu'il fût faux ; pour ce que je ne l'ai point rapporté afin de le crcire, mais seulement pour l'examiner.

§ III.

Ce que c'est que le corps.

Qu'est-ce que le corps? dites-vous. Qu'entendais-je autrefois par le corps?

Vous ne trouverez pas mauvais si je regarde de tous côtés, si je crains partout de tomber dans des pièges. C'est pourquoi, dites-moi, je vous prie, de quel corps entendez-vous parler? Est-ce de celui que je m'imaginais autrefois être composé de certaines propriétés, mais que je m'imaginais mal, suivant les lois de notre abdication? Ou bien est-ce de quelque autre, si peut-être il y en peut avoir? Car que sais-je? Je doute si cela se peut, ou non. Si c'est du premier dont vous entendez parler, je n'aurai pas de peine à vous répondre. Par le corps j'entendais tout ce qui peut être terminé par quelque figure ; qui peut être compris en quelque lieu, et remplir un espace, de telle sorte que tout autre corps en soit exclu ; qui peut être aperçu par les sens, et mû par un autre qui le touche et dont il reçoive l'impression. Voilà comme je décrivais le premier que j'ai conçu, de telle sorte que je croyais être obligé de donner le nom de corps à tout ce que je voyais être revêtu de toutes ces propriétés que je viens d'expliquer. Et néanmoins je ne pensais pas pour cela être aussitôt obligé de croire qu'il n'y eût rien que cela qui fût ou qui pût être appelé corps ; vu principalement que c'est bien autre chose de dire : je concevais par le corps ceci ou cela, et dire : je ne concevais rien que ceci ou cela qui fût corps.

Si c'est du second dont vous entendez parler, je vous répondrai suivant l'opinion des philosophes les plus modernes ; car aussi bien vous ne demandez pas tant ce que j'en pense que ce que chacun en peut penser. Par le corps j'entends tout ce qui peut être compris en quelque lieu, comme une pierre, ou défini par le lieu, en telle sorte qu'il soit tout entier dans le tout, et tout entier dans chaque partie, tels que sont les indivisibles de la quantité, ou d'une pierre, et des choses semblables que quelques nouveaux auteurs comparent aux anges ou aux âmes des hommes; et même ils enseignent, non sans quelque applaudissement, ou du moins sans quelque complaisance de leur part, que le corps est ou étendu actuellement comme une pierre, ou en puissance comme les susdits indivisibles; qu'il est divisible en plusieurs parties comme une pierre, ou indivisible comme les indivisibles susdits; qu'il peut être mû par un autre comme une pierre quand elle est poussée en haut : ou par soi comme une pierre quand elle tombe en bas; qu'il peut sentir comme un chien, ou penser comme un singe, ou imaginer comme un mulet. Et si j'ai autrefois rencontré quelque chose qui fût mue ou par un autre ou par soi, qui sentît, qui imaginât, qui pensât, je l'ai appelée corps, si rien ne l'a empêché, et je l'appelle encore maintenant ainsi.

Mais c'est mal fait, dites-vous, car je jugeais que la faculté de se mouvoir soi-même, de sentir ou de penser, n'appartenait en aucune façon à la nature du corps.

Vous le jugiez ainsi, dites-vous; puisque vous le dites, je vous crois, car les pensées sont libres; mais lorsque vous le pensiez ainsi, vous laissiez aussi à chacun la liberté de son sentiment; et je ne crois pas que vous vouliez vous rendre l'arbitre de toutes les pensées des hommes, pour rejeter les unes et approuver les autres, à moins que vous n'ayez une règle certaine et infaillible qui vous fasse connaître celles qu'il faut approuver ou rejeter. Mais pour ce que vous ne nous en avez point parlé lorsque vous nous avez commandé de faire cette abdication générale de toutes choses, vous trouverez bon que j'use ici de la liberté que la nature nous a donnée. Autrefois vous le jugiez, autrefois je le jugeais aussi; moi à la vérité d'une façon, et vous d'une autre, mais peut-être tous deux mal; au moins n'a-ce pas été sans quelque scrupule, puisque nous avons été obligés et vous et moi de rejeter dès la première entrée cette vieille opinion que l'on a eue du corps; c'est pourquoi, pour ne pas faire durer plus longtemps cette dispute, si vous voulez définir le corps selon votre sentiment particulier, comme il a été défini au commencement, je ne l'empêche point; au contraire, j'admets fort volontiers cette façon de définir le corps, pourvu que vous vous souveniez que par votre définition vous ne décrivez pas généralement toute sorte de corps, mais seulement une certaine espèce que vous avez considérée, et que vous avez omis les autres dont les doctes disputent entre eux, et sont en question s'il y en a ou s'il y en peut avoir, ou du moins dont l'on ne peut conclure, d'une certitude telle que vous la désirez, s'il y en peut avoir ou non : en sorte que c'est encore une chose douteuse et incertaine si jusques ici le corps a été bien ou mal défini. C'est pourquoi continuez, s'il vous plaît, pendant que je vous suis ; et que je vous suis même si volontiers que je n'ai aucune répugnance à le faire, tant j'ai envie de voir comment vous réussira cette nouvelle façon de tirer le certain de l'incertain.

Remarques de Monsieur Descartes.

Ou sentir comme un chien, ou penser comme un singe, ou imaginer comme un mulet. Il tâche ici de nous surprendre dans ces mots, et pour faire en sorte qu'on trouve que j'ai mal établi la différence qui est entre l'esprit et le corps, en ce que celui-là pense et que celui-ci ne pense point, mais est étendu ; il dit que tout ce qui sent, qui imagine et qui pense ; il l'appelle corps, mais qu'il l'appelle aussi un mulet ou un singe, si bon lui semble ; s'il peut jamais faire que ces mots nouveaux viennent en usage, je ne refuserai pas de m'en servir ; mais cependant il n'a aucun droit de me reprendre de ce que je me sers de ceux qui sont communément reçus et approuvés.

§ IV.

Ce que c'est que l'âme.

Qu'est-ce que l'âme ? dites-vous. Qu'entendais-je autrefois par l'âme ? Sans doute que j'ignorais ce que c'était, ou que je l'imaginais comme un je ne sais quel vent fort subtil, et comme un esprit de feu, ou un air fort délié qui était diffus et répandu dans mes parties les plus grossières ; et je lui attribuais la faculté de se nourrir, de marcher, de sentir et de penser.

Certainement voilà bien des choses. Mais je crois que vous ne trouverez pas mauvais que je vous fasse ici une question ou deux. Quand vous demandez ce que c'est que l'esprit ou l'âme de l'homme, ne demandez-vous pas quels sentiments l'on en a eu par le passé, et ce que l'on en a cru autrefois ?

C'est cela même, me dites-vous. Mais croyez-vous donc que nous en ayons eu des sentiments si raisonnables que nous n'ayons point du tout besoin de votre Méthode ? Croyez-vous que tout le monde ait suivi le bon chemin parmi tant de ténèbres ? Les opinions des philosophes touchant l'âme sont si diverses et si différentes les unes des autres, que je ne puis assez admirer cette adresse par laquelle, d'une si vile matière, vous espérez faire un remède certain et salutaire, quoique pourtant la thériaque se fasse du venin de vipère. Voulez-vous donc que j'ajoute à cette opinion que vous avez de l'âme ce que quelques-uns en pensent aussi ou ce qu'ils en peuvent penser? Vous ne vous souciez pas que ce soit bien ou mal. C'est assez que leur opinion soit telle qu'ils croient ne pouvoir être persuadés du contraire par la force d'aucune raison. Quelques-uns diront que l'âme est un certain genre de corps qu'on appelle ainsi. Pourquoi vous en étonnez-vous? C'est là leur sentiment, qu'ils ne trouvent pas sans quelque apparence de vérité; car puisque l'on appelle corps, et qu'en effet tout cela est corps qui est étendu, qui a les trois dimensions, et qui est divisible en certaines parties; et puisqu'ils trouvent dans un cheval quelque chose d'étendu et de divisible, comme de la chair, des os, et cet assemblage extérieur qui frappe les sens, et que d'ailleurs ils concluent par la force de la raison qu'outre cet assemblage de parties il y a encore je ne sais quoi d'intérieur qui doit être sans doute très subtil et très délié, qui est répandu et étendu dans toute sa machine, qui a les trois dimensions, et qui est divisible; en sorte qu'ayant retranché quelque membre, on coupe aussi en même temps quelque partie de cette chose intérieure qui est éparse dans lui; ils conçoivent un cheval composé de deux étendues, qui toutes deux ont les trois dimensions et qui sont divisibles; et partant ils le conçoivent composé de deux corps qui, de même qu'ils diffèrent entre eux, ont aussi des noms différents, et dont l'un, à savoir, l'externe, retient le nom de corps, et l'autre, à savoir, l'interne, est appelé du nom d'âme. Enfin pour ce qui regarde le sentiment, l'imagination et la pensée, ils croient que c'est l'âme ou ce corps intérieur qui a les facultés de sentir, d'imaginer et de penser, mais toutefois avec quelque rapport à l'extérieur, sans l'entremise duquel il ne se fait aucun sentiment. D'autres diront et controuveront d'autres choses, car à quoi bon me mettre en peine de les rapporter toutes? Je m'assure même qu'il y en aura plusieurs qui croiront que généralement toutes les âmes sont telles que je les viens de décrire.

Tout beau, me dites-vous, cela est impie; oui sans doute cela l'est : mais pourquoi me faites-vous telles questions? Qu'y ferait-on? ce sont des athées et des hommes charnels, dont toutes les pensées sont tellement attachées à la matière qu'ils ne connaissent rien que la chair et le corps. Et même, puisque vous voulez par votre méthode établir et démontrer que l'esprit de l'homme n'est pas corporel, mais spirituel, vous ne devez nullement le supposer : mais vous devez plutôt vous attendre qu'il y en aura qui vous le nieront ou qui du moins, par forme de dispute, vous objecteront tout ce que je viens de dire. C'est pourquoi imaginez-vous qu'il y en ait ici quelqu'un de ceux-là, qui, à la demande que vous lui faites, savoir ce que c'est que l'esprit, vous réponde comme vous faisiez autrefois, que l'esprit est quelque chose de corporel, de délié et de subtil, diffus dans toute l'étendue de ce corps externe, qui est le principe du sentiment, de l'imagination et de la pensée; en sorte que le corporel comprend et embrasse trois degrés : c'est à savoir, le corps, le corporel ou l'âme, la pensée ou l'esprit, dont on recherche l'essence. C'est pourquoi exprimons désormais ces trois degrés par ces trois mots, à savoir, le corps, l'âme, l'esprit. Supposez donc que quelqu'un réponde ainsi à la demande que vous lui faites, serez-vous satisfait de sa réponse ? Mais je ne veux pas prévenir votre art et votre méthode : je vous suis. Voici donc comme vous poursuivez.

Remarques de Monsieur Descartes.

C'est cela même, me dites-vous. Ici, et presque partout ailleurs, il m'introduit, lui répondant des choses tout à fait contraires à mon opinion. Mais il serait trop ennuyeux de faire remarquer toutes ses fictions.

Et même, puisque votre dessein est d'établir et de démontrer que l'esprit de l'homme n'est pas corporel, vous ne devez nullement le supposer. Il feint ici à tort que je suppose ce que j'ai dû prouver. Mais à des choses qui sont ainsi feintes gratuitement, et qui ne peuvent être appuyées et soutenues par aucune raison, on ne doit, ce me semble, répondre autre chose sinon qu'elles sont fausses. Et je n'ai jamais en aucune façon mis en dispute ce qui doit être appelé du nom de corps, ou d'âme, ou d'esprit. Mais j'ai seulement expliqué deux différentes sortes de choses, savoir est celle qui pense et celle qui est étendue, auxquelles seules j'ai fait voir que toutes les autres se rapportent, et que j'ai prouvé aussi par de bonnes raisons être deux substances réellement distinctes, l'une desquelles j'ai appelé *esprit* et l'autre *corps*. Mais si ces noms lui déplaisent, il leur en peut attribuer d'autres si bon lui semble, je ne l'empêcherai point.

§ v.

On tente l'entrée de cette méthode.

Tout va bien, dites-vous, les fondements sont heureusement jetés. Je suis pendant que je pense. Cela est certain, cela est inébranlable. Désormais tout ce que j'ai à faire c'est de bien prendre garde que ce mauvais génie ne m'abuse. Je suis. Mais qu'est-ce que je suis ? Sans difficulté je suis quelqu'une des choses que je croyais autrefois que j'étais. Or je croyais autrefois que j'étais un homme, et je croyais qu'un homme avait un corps et une âme. Suis-je donc un corps ou bien un esprit ? Le corps est étendu, renfermé dans un lieu, impénétrable, visible. Y a-t-il quelque chose de tout cela en moi ? Y a-t-il de l'étendue ? Comment y en pourrait-il avoir, puisqu'il n'y en a point du tout ? Je l'ai rejetée dès le commencement. Puis-je être touché ? Puis-je être vu ? Quoique à vrai dire je pense maintenant être vu et être touché par moi-même, si est-ce pourtant que je ne suis ni vu ni touché ; j'en suis bien certain depuis que j'en ai fait l'abdication. Que suis-je donc ? je regarde, je pense, je considère et examine, il ne se présente rien du tout. Je suis fatigué de répéter si souvent les mêmes choses. Je ne trouve en moi rien de ce qui appartient au corps. Je ne suis point un corps. Je suis pourtant, et je sais que je suis, et pendant que je sais que je suis, je ne connais rien de ce qui appartient au corps. Suis-je donc un esprit ? que croyais-je autrefois qui appartînt à l'esprit ? Y a-t-il quelque chose de cela en moi ? je croyais qu'il appartenait à l'esprit de penser. Mais il est vrai en effet que je pense, εὕρηκα, εὕρηκα. Je suis, je pense, je suis pendant que je pense. Je suis une chose qui pense, je suis un esprit, un entendement, une raison. Voilà quelle est ma méthode, par laquelle je suis heureusement entré où je voulais. C'est à vous maintenant à me suivre si vous en avez le courage.

Que vous êtes heureux d'être sauté presque tout d'un coup d'un pays si rempli de ténèbres dans celui de la lumière. Mais, je vous prie, ne me refusez pas la main pour m'assurer, moi qui chancelle en suivant vos pas. Je répète les mêmes choses que vous mot pour mot, mais tout doucement, comme je puis. Je suis, je pense. Mais qu'est-ce que je suis ? ne suis-je point quelqu'une des choses que je croyais autrefois que j'étais ? mais croyais-je bien ? je n'en sais rien. J'ai rejeté toutes les choses douteuses, et je les tiens pour fausses. Je n'ai donc rien cru qui vaille.

Tout au contraire, vous écriez-vous, arrêtez-vous là, placez-y hardiment votre pied et vous assurez. L'y poserai-je ? toutes choses chancellent. Quoi donc, si j'étais autre chose ! que vous êtes craintif, ajoutez-vous ; n'êtes-vous pas un corps ou un esprit ?

Je le veux bien, puisque vous le voulez ; j'en doute pourtant, et quoique vous me donniez la main, à peine osé-je avancer un pas. Que serait-ce, je vous prie, si j'étais une âme ou quelque autre chose ? Car je n'en sais rien.

Il n'importe, dites-vous, vous êtes un corps ou un esprit.

Bien donc, je suis un corps ou un esprit. Mais ne suis-je donc point un corps? Sans difficulté je serai un corps, si je trouve en moi quelqu'une des choses que j'ai crues autrefois appartenir au corps, quoique pourtant j'appréhende de n'avoir pas bien cru.

Courage, dites-vous, il ne faut rien craindre.

Je poursuivrai donc hardiment, puisque vous m'assurez ainsi. J'avais cru autrefois que la pensée appartenait au corps. Mais il est vrai en effet que je pense à présent, εὕρηκα, εὕρηκα. Je suis, je pense, je suis une chose qui pense, je suis quelque chose de corporel, je suis une étendue, je suis quelque chose de divisible, qui sont des termes dont j'ignorais auparavant la signification. Pourquoi vous mettez-vous en colère, et pourquoi me repoussez-vous si rudement de la main, après avoir franchi ce mauvais pas? Me voilà sur le bord, et je me trouve par votre faveur, et par celle de votre abdication, ferme et stable sur le même rivage que vous.

Mais c'est en vain, ajoutez-vous?

En quoi donc ai-je failli?

Vous aviez mal cru autrefois, dites-vous, que la pensée appartenait au corps; vous deviez croire au contraire qu'elle appartenait à l'esprit. Que ne m'en aviez-vous donc averti dès le commencement; que ne m'avez-vous commandé, lorsque vous m'avez vu tout prêt et tout disposé à rejeter toutes mes vieilles connaissances, de retenir du moins celle-ci, *la pensée appartient à l'esprit*, et de la recevoir de vous comme un passeport sans lequel on ne peut avoir entrée dans votre philosophie. Si vous m'en croyez, je vous conseille d'inculquer désormais cet axiome dans l'esprit de vos disciples, et de leur recommander surtout qu'ils prennent garde de ne le pas rejeter avec les autres: par exemple, avec celui-ci, deux et trois font cinq. Quoique pourtant je ne vous réponde pas s'il vous obéiront ou non. Car, comme vous savez, chacun a son sentiment particulier; et vous en trouverez peu aujourd'hui qui se veuillent soumettre à ne point recevoir d'autre loi que celle qu'avaient autrefois les disciples de Pythagore, qui se contentaient d'un αὐτὸς ἔφα. Quoi donc! s'il y en a qui ne veuillent pas, qui refusent de le faire et qui persistent dans leur ancienne opinion; que ferez-vous à cela?

Et pour ne point mettre en jeu les autres, je vous en prends seul à témoin. Lorsque vous promettez de montrer par la force de la raison que l'âme de l'homme n'est pas corporelle, mais qu'elle est spirituelle, si vous posez ceci pour fondement de toutes vos démonstrations, à savoir, que *penser est le propre de l'esprit*, ou d'une chose spirituelle et incorporelle, ne verra-t-on pas que vous supposez en termes nouveaux ce qu'il y a longtemps qui est en question, comme si l'on pouvait être stupide jusqu'à ce point, croyant que penser est le propre d'une chose spirituelle et incorporelle, et sachant d'ailleurs par sa propre expérience que l'on pense (car qui est celui qui ne s'est point encore aperçu de sa pensée et qui ait besoin de quelqu'un qui l'en avertisse), que de douter que l'on a en soi quelque chose de spirituel et qui n'est point du tout corporel? Et afin que vous ne pensiez pas que je dis ceci sans raison, combien y a-t-il de philosophes, et même des plus célèbres, qui veulent que les bêtes pensent, et qui par conséquent croient que la pensée n'est pas à la vérité commune à toute sorte de corps, mais à l'âme étendue, telle qu'elle est dans les bêtes, et qu'ainsi elle n'est pas une particulière et véritable propriété de l'esprit et d'une chose spirituelle. Que diront ces philosophes, je vous prie, lorsque vous leur voudrez faire quitter leur opinion pour embrasser sous votre bonne foi la vôtre? Et vous-même, lorsque vous demandez qu'on vous accorde cela, ne demandez-vous pas qu'on vous accorde une grâce, et ne supposez-vous pas ce qui est en question? Mais pourquoi disputer davantage? Si je n'ai pas eu droit de passer, voulez-vous que je retourne sur mes pas.

Remarques de Monsieur Descartes.

Mais qu'est-ce que je suis? Sans difficulté, je suis quelqu'une des choses que je croyais autrefois que j'étais. Il m'attribue à son ordinaire ceci et une infinité de choses semblables, sans aucune apparence de vérité.

J'en suis bien certain depuis que j'en ai fait l'abdication. Il m'attribue encore ici une chose à quoi je n'ai jamais pensé. Car je n'ai jamais rien inféré d'une chose pour en avoir fait l'abdication. Mais tant s'en faut, j'ai expressément averti du contraire par ces termes: Mais peut-être aussi qu'il se peut faire que ces choses-là même que je suppose n'être point, parce qu'elles me sont inconnues, ne sont point en effet différentes de moi que je connais, etc.

Suis-je donc un esprit? Il n'est pas vrai non plus que j'aie examiné si j'étais un esprit, car pour lors je n'avais pas encore expliqué ce que j'entendais par le nom d'*esprit*. Mais j'ai examiné si j'avais en moi quelqu'une des choses que j'attribuais à l'âme dont je venais de faire la description, et ne trouvant pas en moi toutes les choses que je lui avais attribuées, mais n'y remarquant que la pensée, pour cela je n'ai pas dit que j'étais une âme, mais seulement j'ai dit que j'étais une chose qui pense, et j'ai donné à cette chose qui pense le nom d'esprit, ou celui d'entendement et de raison, n'entendant rien de plus par le nom d'esprit que par celui d'une chose qui pense : et partant je n'avais garde de m'écrier, εὕρηκα, εὕρηκα, comme il fait ici assez mal à propos. Car au contraire j'ai expressément ajouté que j'ignorais auparavant la signification de ces mots, en sorte qu'il est impossible qu'on puisse douter que par ces mots je n'aie entendu précisément la même chose que par celui d'une chose qui pense.

Je n'ai donc rien cru qui vaille. Tout au contraire, vous écriez-vous. Cela n'est pas vrai encore : car je n'ai jamais supposé que les choses que j'avais crues auparavant fussent vraies, mais seulement j'ai examiné si elles l'étaient.

Il n'importe, dites-vous, vous êtes un corps ou un esprit. Il n'est pas vrai non plus que j'aie jamais dit cela.

Vous aviez mal cru autrefois, dites-vous, que la pensée appartenait au corps; vous deviez croire au contraire qu'elle appartenait à l'esprit. Il est faux encore que j'aie dit cela, car qu'il dise, si bon lui semble, qu'une chose qui pense est mieux nommée du nom de corps que du nom d'esprit, je ne m'en mets pas en peine, et il n'a rien à démêler là-dessus avec moi, mais seulement avec les grammairiens. Mais s'il feint que j'aie voulu dire par le nom d'esprit quelque chose de plus que par celui d'une chose qui pense, c'est à moi à le nier. Comme un peu après, où il dit : *si vous posez ceci pour fondement de toutes vos démonstrations, à savoir que penser est quelque chose de propre à l'esprit, ou à une chose spirituelle et incorporelle,* etc., *n'est-ce pas demander une grâce et supposer ce qui est en question.* Je nie que j'aie supposé en aucune façon que l'esprit fût incorporel, mais je dis que je l'ai démontré dans la sixième Méditation.

Mais je suis si las de le reprendre de ne pas dire la vérité, que dorénavant je ne ferai pas semblant de le voir, et écouterai seulement sans rien dire le reste de ses railleries jusqu'à la fin. Quoique pourtant, si c'était un autre que lui, je croirais qu'il se serait voulu déguiser pour satisfaire à l'envie déréglée qu'il aurait eu de railler, et qu'en contrefaisant tantôt le craintif, tantôt le paresseux, et tantôt l'homme de peu de sens, il aurait voulu imiter, non les Epidiques, ou les Parmenons de l'ancienne comédie, mais le plus vil personnage de la nôtre, qui par ses niaiseries et bouffonneries prend plaisir d'apprêter à rire aux autres.

ET RÉPONSES

§ VI.

L'on en tente derechef l'entrée.

Je le veux bien, dites-vous, pourvu que vous me suiviez de près.

Je vous obéis, et ne vous abandonne point : recommencez.

Je pense, dites-vous. Et moi aussi. Je suis, ajoutez-vous, pendant que je pense. Et moi pareillement aussi je suis pendant que je pense. Mais que suis-je? poursuivez-vous. Oh! que vous faites bien de le demander! Car c'est cela même que je cherche, et c'est ce qui fait que je dis très volontiers comme vous : mais que suis-je donc? Vous continuez. Qu'ai-je cru être autrefois? Quelle pensée ai-je eue autrefois de moi? Il n'est pas besoin de multiplier vos paroles, je les entends assez bien. Je vous prie seulement de m'aider et de me donner la main. Je ne vois pas où mettre le pied parmi tant de ténèbres. Dites comme moi, me dites-vous, suivez-moi seulement. Qu'ai-je cru autrefois que j'étais? Autrefois? Ce temps-là a-t-il été? Ai-je rien cru autrefois? Vous vous trompez ajoutez-vous. Tant s'en faut, c'est vous-même, s'il vous plaît, qui vous trompez quand vous parlez d'autrefois. J'ai fait une abdication générale de tout ce qui a été autrefois en ma créance. Je ne connais plus d'autrefois, non plus que s'il n'avait jamais été et que ce ne fût rien. Mais que vous êtes un bon guide et un bon conducteur; comme vous me serrez à propos la main, comme vous me tirez. Je pense, dites-vous, je suis. Cela est vrai : Je pense, je suis. Je sais cela, je ne sais que cela, et hormis cela il n'y a rien, et rien n'a été. Courage, me dites-vous, qu'avez-vous cru autrefois que vous étiez? Je pense que vous voulez savoir si je n'ai point employé quinze jours ou un mois à apprendre à me défaire ainsi de tout; je n'y ai mis qu'environ une heure, encore a-ce été avec vous, mais à la vérité ç'a été avec tant de contention d'esprit que cela a récompensé la brièveté du temps. C'est pourquoi je puis dire que j'y ai mis un mois, ou si vous voulez, une année. Je pense, donc je suis. Je ne sais que cela. J'ai tout rejeté.

Mais songez-y bien, me dites-vous, tâchez de vous ressouvenir.

Que veut dire cela, se ressouvenir? Je pense à la vérité présentement que j'ai autrefois pensé; mais ai-je pour cela autrefois pensé, de ce que je pense présentement que j'ai autrefois pensé?

Vous êtes craintif, me dites-vous, votre ombre vous fait peur. Recommencez : Je pense.

Ah! que je suis malheureux! je vois moins que je ne faisais ; et ce *je pense* que je voyais auparavant si clairement, je ne l'aperçois pas maintenant. Je songe que je pense, je ne pense pas.

Tant s'en faut, me dites-vous, celui qui songe, ou qui rêve, pense.

Je vous entends maintenant ; rêver c'est penser, et penser c'est rêver.

Ce n'est pas cela, me dites-vous, penser a plus d'étendue que rêver. Celui qui rêve pense, mais celui qui pense ne rêve pas toujours, et pense quelquefois étant éveillé.

Cela est-il vrai? Mais dites-moi, ne rêvez-vous point, ou si en effet vous pensez quand vous me dites cela? Que si vous rêviez en disant que penser s'étend plus loin que rêver, s'étendra-t-il pour cela en effet plus loin? Certainement je m'imaginerai, si vous voulez, que rêver a plus d'étendue que penser. Mais qui vous a appris que penser a plus d'étendue? Peut-être ne pensez-vous point, mais que vous rêvez seulement : car que savez-vous s'il n'est point vrai que toutes les fois que vous avez cru penser en veillant, vous n'ayez pourtant point pensé, mais que vous ayez seulement rêvé que vous pensiez étant éveillé? En sorte que tout ce que vous faites n'est que de rêver que tantôt vous pensez en veillant, et que tantôt vous rêvez en effet. Que répondrez-vous à cela? vous ne dites mot. Voulez-vous me croire? Tentons un autre gué, celui-ci n'est pas sûr, et je m'étonne que ne l'ayant point sondé auparavant, vous ayez voulu m'y faire passer. Ne me demandez donc plus ce que j'ai pensé autrefois que j'étais, mais demandez-moi ce que je songe à présent que j'ai songé autrefois que j'étais. Si vous le faites, je vous répondrai. Et afin que les paroles mal concertées d'un rêveur ne troublent point notre discours, je me servirai de celles d'un homme qui veille; souvenez-vous seulement que penser ne signifie désormais rien autre chose que rêver, et ne vous assurez pas davantage sur vos pensées qu'un homme qui dort sur ses rêveries. Ou bien, pour mieux vous en souvenir, appelez votre méthode, *la méthode de rêver*. Et tenez pour principale maxime, *que pour bien raisonner, il faut rêver*. Je vois que cet avis vous plaît puisque vous continuez ainsi :

Qu'ai-je donc cru ci-devant que j'étais?

Voici la pierre d'achoppement où j'ai tantôt heurté. Il faut ici que nous nous tenions sur nos gardes. C'est pourquoi permettez-moi de vous demander pourquoi vous n'avancez pas auparavant ceci comme une maxime: Je suis quelqu'une des choses que j'ai cru autrefois que j'étais, ou bien je suis cela même que j'ai cru autrefois que j'étais? Cela n'est pas nécessaire, me dites-vous. Pardonnez-moi, cela est très nécessaire, autrement vous perdez votre temps quand vous examinez ce que vous pensez que vous avez été autrefois. Comme, par exemple, supposez qu'il soit possible que vous ne soyez pas aujourd'hui ce que vous avez cru autrefois que vous étiez, comme l'on dit de Pythagore, mais que vous soyez quelque autre chose, ne rechercherez-vous pas alors en vain ce que vous avez cru autrefois que vous étiez.

Mais, me dites-vous, cette maxime est vieille, et partant abolie. Je le sais bien, car nous avons tout rejeté. Mais que faire à cela? ou il faut s'arrêter ici, et ne pas passer outre, ou il faut nous en servir. Non pas, me dites-vous, il faut s'efforcer derechef et tâcher d'avancer, mais par une autre voie. La voici. Je suis ou un corps ou un esprit. Ne serais-je donc point un corps?

Ne passez pas outre. Qui vous a appris cela : je suis un corps ou un esprit, puisque vous avez rejeté l'un et l'autre? Et que savez-vous si, au lieu d'être un corps ou un esprit, vous n'êtes point une âme ou quelque autre chose? Car qu'en sais-je? rien; c'est ce que nous recherchons; et si je le savais, je ne me donnerais pas tant de peine. Car ne pensez pas que je sois venu dans ce pays d'abdication, où tout est à craindre et rempli d'obscurité, à dessein seulement de me promener et de me divertir; la seule espérance d'y rencontrer la vérité m'y a amené et attiré.

Reprenons donc, me dites-vous : je suis un corps ou quelque chose qui n'est pas corps, ou bien qui n'est pas corporel.

Voici une autre voie, et toute nouvelle, dans laquelle vous entrez; mais cela est-il certain? Cela est très certain, me dites-vous, et nécessaire.

Pourquoi donc vous en êtes-vous défait? N'avais-je pas raison de craindre qu'il ne fallût pas tout rejeter, et qu'il se pouvait faire que vous accordiez trop à votre défiance? Mais passons, je veux que cela soit certain. Que s'en ensuit-il? Vous poursuivez : ne suis-je point un corps? N'y a-t-il point en moi quelqu'une des choses que j'ai cru autrefois appartenir au corps?

Voici une autre pierre d'achoppement. Nous y chopperons sans doute, si vous ne prenez cette maxime pour guide : J'ai bien pensé autrefois touchant ce qui appartient au corps; ou bien : rien n'appartient au corps que ce que j'ai cru autrefois qui lui appartenait.

Pourquoi cela ? me dites-vous.

C'est que si vous avez autrefois oublié quelque chose, si vous avez mal pensé (et je crois qu'étant homme comme vous êtes, vous ne désavouerez pas que vous n'ayez pu faillir) toute la peine que vous prenez sera inutile ; et vous avez grand sujet d'appréhender qu'il ne vous arrive la même chose qui arriva dernièrement à un pauvre paysan.

Cet homme rustique et simple ayant un jour aperçu de loin un loup, tint ce discours à son maître, qui était un jeune homme affable et fort bien né, lequel il accompagnait : qu'est-ce que je vois ? Sans doute c'est un animal, car il remue et marche. Mais quel animal est-ce ? Il faut que ce soit quelqu'un de ceux que je connais. Quels sont-ils ces animaux ? Un bœuf, un cheval, une chèvre, un âne ? N'est-ce donc point un bœuf ? Non, il n'a point de cornes. N'est-ce point un cheval ? Ce n'en est pas un, il a la queue trop courte. N'est-ce point une chèvre ? Ce n'est pas une chèvre, elle a de la barbe, et celui-là n'en a point. C'est donc un âne, puisque ce n'est ni un bœuf, ni un cheval, ni une chèvre. Vous souriez ? Attendez la fin de la fable. Son maître voyant la bêtise ou la simplicité de son valet, lui dit : vous pouviez dire que c'était un cheval aussitôt qu'un âne. Comment cela ? lui dit son valet. Le voici, lui repart son maître. Cet animal que tu vois n'est-ce point un bœuf ? Non, avez-vous dit, il n'a point de cornes. N'est-ce point une chèvre ? Non, il n'a point de barbe. N'est-ce donc point un âne ? Nullement, car je n'y vois point d'oreilles. C'est donc un cheval ? Ce bonhomme surpris de cette nouvelle analyse, s'écrie aussitôt : je me suis mépris, ce n'est pas un animal, car je ne connais d'animaux que le bœuf, le cheval, la chèvre, et l'âne : or est-il que ce n'est ni un bœuf, ni une chèvre, ni un âne : par conséquent, dit-il, tout joyeux et triomphant, ce n'est pas un animal. Donc c'est quelque chose qui n'est pas un animal. C'était sans doute un bon philosophe pour un paysan, mais non pas pour un homme qui serait sorti du lycée. Voulez-vous voir sa faute ?

Je la vois assez, me dites-vous. Il a mal pensé en lui-même quand il a dit, quoiqu'il n'en ait pas parlé : Je connais tous les animaux ; ou bien : il n'y a point d'autres animaux que ceux que je connais. Mais que fait cela pour notre dessein ?

Ne voyez-vous pas qu'il n'y a rien de plus semblable : ne faites point le fin, le lait n'est pas plus semblable au lait que ce raisonnement l'est au vôtre. Vous ne dites pas tout ce que vous en pensez. N'est-ce pas tout de même quand vous dites : je connais tout ce qui appartient ou qui peut appartenir au corps ; ou bien : rien n'appartient au corps que ce que j'ai connu autrefois qui lui appartenait. Car si vous n'avez pas tout connu, si vous avez omis la moindre chose, si vous avez attribué à l'esprit quelqu'une des choses qui appartiennent au corps ou aux choses corporelles, comme à l'âme; si tout au contraire vous avez mal fait, ôtant et retranchant du corps ou de l'âme corporelle la pensée, le sentiment et l'imagination; je dis bien plus, si seulement vous avez le moindre soupçon d'avoir commis quelqu'une de ces fautes, ne devez-vous pas appréhender, comme notre paysan, que tout ce que vous avez conclu n'ait été mal conclu. En vérité, quoique vous vouliez m'obliger de passer outre, et que je sente que vous me tirez par la main, si vous ne levez cet empêchement, je suis résolu de demeurer ferme et de ne pas remuer le pied.

Retournons sur nos pas, me dites-vous, et tentons pour la troisième fois l'entrée. Ne laissons aucun passage, aucune voie, aucun détour, aucun sentier où nous ne mettions le pied.

Je le veux fort bien, mais à condition que s'il se rencontre quelque difficulté, nous ne l'effleurerons pas seulement, mais que nous l'enlèverons tout à fait. Allez après cela, à la bonne heure; marchez le premier; mais je veux tout couper jusques à la racine. Vous poursuivez ainsi :

§ VII.

L'on tente l'entrée pour la troisième fois.

Je pense, dites-vous. Je vous le nie; vous songez que vous pensez. C'est, me dites-vous, ce que j'appelle penser. Vous faites mal. Il faut appeler chaque chose par son nom. Vous songez, et voilà tout. Continuez.

Je suis, dites-vous, pendant que je pense. Passe pour cela, puisque vous voulez parler de la sorte, je ne chicanerai point là-dessus. Cela est certain et évident, ajoutez-vous. Je vous le nie. Vous rêvez seulement que cela vous paraît certain et évident. Vous insistez : donc, à tout le moins, cela est-il certain et évident à un homme qui rêve ou qui songe. Je vous le nie, cela le paraît seulement, il le semble, mais il ne l'est pas.

Vous pensez et dites, j'en suis certain, je le sais par ma propre expérience, ce mauvais génie ne me saurait en cela tromper.

Je vous le nie, vous ne le savez pas par votre propre expérience, vous n'en êtes point certain. Cela ne vous est point évident, mais seulement vous vous l'imaginez. Or ces deux choses sont fort différentes l'une de l'autre, à savoir, ceci semble certain et évident à un homme qui dort et qui rêve, ou si vous voulez même à un homme qui veille; et ceci est tout à fait certain et évident. Nous voici au bout. On ne saurait aller plus avant. Il faut chercher une autre voie, de peur de perdre ici tout notre temps à rêver. Je veux pourtant vous accorder quelque chose, car, pour recueillir il faut semer. Et puisque vous en êtes certain, à ce que vous dites, et que vous le savez par votre propre expérience, continuez, s'il vous plaît. Je le veux bien, me dites-vous.

Qu'est-ce que j'ai cru être autrefois ? Que dites-vous, autrefois ? Cette voie-là n'est pas sûre. Combien de fois vous ai-je dit que tous les vieux passages étaient bouchés. Vous êtes pendant que vous pensez, et vous êtes alors certain que vous êtes. Je dis pendant que vous pensez. Tout le passé est douteux et incertain, et il ne vous reste que le présent. Vous persistez pourtant. Je vous en aime, d'avoir ainsi un courage qui ne se rebute d'aucune mauvaise fortune.

Il n'y a rien, dites-vous, en moi qui suis, qui pense, qui suis une chose qui pense, il n'y a rien de tout ce qui appartient au corps ou aux choses corporelles.

Je le nie.

Vous le prouvez: Depuis le moment, dites-vous, que j'ai fait une abdication de toutes choses, il n'y a plus de corps, plus d'âme, plus d'esprit, en un mot il n'y a plus rien. Et partant, si je suis, comme il est certain que je suis, je ne suis pas un corps ni rien de corporel.

Que je vous sais bon gré de vous échauffer comme vous faites, et de voir que vous commencez à raisonner et à argumenter en forme. Poursuivez; voilà le vrai moyen de sortir promptement de tous ces labyrinthes; et comme je vois que vous êtes libéral, je le veux être encore davantage. Je vous dis donc que pour moi je nie, et l'antécédent, et le conséquent, et la conséquence. Ne vous en étonnez pas, je vous prie; ce n'est pas sans raison, la voici : Je nie la conséquence, parce que, par le même argument, vous pouviez conclure le contraire en cette façon : Depuis que j'ai fait une abdication générale de toutes choses il n'y a plus ni esprit, ni âme, ni corps ; en un mot il n'y a plus rien. Et partant, si je suis, comme il est certain que je suis, je ne suis point un esprit. Voilà une noix pourrie qui gâte et qui corrompt les autres, et dont vous reconnaîtrez mieux le vice par ce qui suit. Cependant considérez un peu en vous-même si vous ne pourriez pas mieux dorénavant tirer cette conséquence de votre antécédent : Et partant, si je suis, comme il est certain que je suis, je ne suis rien. Car, ou votre antécédent a été mal posé, ou, s'il a été bien posé, il est détruit par la proposition conditionnelle qui suit, à savoir, si je suis. C'est pourquoi je nie cet antécédent; depuis que j'ai fait une abdication générale de toutes choses, il n'y a plus de corps, plus d'âme, plus d'esprit, il n'y a plus rien; et ce n'est pas sans raison que je le nie; car, ou vous faites mal de faire cette abdication générale, ou il n'est pas vrai que vous la fassiez; et même vous ne la sauriez faire, puisque vous êtes nécessairement, vous qui la faites. Et pour vous répondre en forme, quand vous dites : *il n'y a plus rien, point de corps, point d'âme, point d'esprit,* etc., ou vous ne vous comprenez pas dans cette proposition, *il n'y a plus rien,* et vous entendez seulement, il n'y a plus rien, que moi; ce que vous devez nécessairement faire afin que votre proposition soit vraie et subsiste, ainsi que dans ces autres propositions de logique : toute proposition écrite dans ce livre est fausse. Je ne dis pas vrai. Et mille autres qui s'excluent elles-mêmes de ce qu'elles disent. Ou bien vous vous y comprenez et renfermez vous-même, en sorte que vous entendez vous rejeter vous-même quand vous rejetez tout, et n'être point quand vous dites, *il n'y a plus rien,* etc. Si le premier, cette proposition, à savoir : depuis que j'ai fait une abdication générale, il n'y a plus rien, etc., n'est pas vraie. Car vous êtes, et vous êtes quelque chose ; et par nécessité vous êtes ou un corps, ou une âme, ou un esprit, ou quelque autre chose ; et partant quelque chose existe nécessairement, soit un corps ou un esprit, etc. Si le second, vous vous trompez, et même doublement : tant parce que vous voulez une chose impossible, en disant que vous n'êtes point pendant que vous êtes, comme aussi parce que vous détruisez vous-même votre proposition dans le conséquent, en disant : donc si je suis, comme il est certain, etc. Car comment se peut-il faire que vous soyez s'il n'y a rien. Et pendant que vous supposez qu'il n'y a rien, comment pouvez-vous dire que vous êtes ? Et si vous dites que vous êtes, ne détruisez-vous pas ce que vous aviez avancé auparavant, à savoir, il n'y a rien, etc. Par conséquent l'antécédent est faux, et le conséquent aussi. Mais vous n'en demeurez pas là, et vous renouvelez le combat ainsi :

Quand, dites-vous, je dis : *il n'y a rien,* je ne suis pas assuré que je sois ou un corps, ou une âme, ou un esprit, ou quelque autre chose. Je ne sais pas même s'il y a quelque autre corps, ou quelque autre âme, ou quelque autre esprit. Et partant, suivant notre loi, qui veut que nous tenions pour faux tout ce qui est douteux, je dirai : il n'y a point de corps, point d'âme, point d'esprit, point d'autre chose. Et partant, si je suis, comme il est certain, je ne suis point un corps.

Voilà qui est fort bien ; mais permettez-moi, je vous prie,

d'examiner chaque chose l'une après l'autre, de les mettre dans la balance, c. de les peser séparément. Quand je dis, dites-vous, il n'y a rien, etc., je ne suis pas assuré que je sois ou un corps, ou une âme, ou un esprit, ou quelque autre chose. Je distingue l'antécédent : vous n'êtes pas assuré que vous soyez déterminément un corps, ou une âme, ou un esprit, ou quelque autre chose. Je vous l'accorde, car c'est ce que vous cherchez. Vous n'êtes pas assuré que vous soyez indéterminément ou un corps, ou une âme, ou un esprit, ou quelque autre chose. Je le nie. Car vous êtes, et vous êtes quelque chose ; et vous êtes nécessairement ou un corps, ou une âme, ou un esprit, ou quelque autre chose. Et vous ne sauriez tout de bon révoquer cela en doute, quoi que fasse ce mauvais génie pour vous surprendre.

Je viens maintenant au conséquent : Et partant je dirai suivant la loi que nous nous sommes prescrite, il n'y a point de corps, point d'âme, point d'esprit, point d'autre chose. Je distingue aussi le conséquent. Je dirai déterminément : il n'y a point de corps, point d'âme, point d'esprit, point d'autre chose, passe pour cela. Je dirai indéterminément : il n'y a point de corps, ni d'âme, ni d'esprit, ni autre chose. Je nie la conséquence. Et pareillement je distinguerai aussi votre dernier conséquent, savoir est : Et partant si je suis, comme il est certain, je ne suis point un corps. Déterminément, je l'accorde. Indéterminément, je le nie. Voyez comme je suis libéral, j'ai accru vos propositions d'une fois autant. Mais vous ne perdez pas courage ; vous ralliez vos troupes, et revenez à la charge. Que je vous en sais bon gré.

Je connais, dites-vous, que j'existe, et je cherche quel je suis, moi que je connais être. Il est très certain que la connaissance de mon être ainsi précisément pris ne dépend point des choses dont l'existence ne m'est pas encore connue.

N'y a-t-il que cela, avez-vous tout dit? J'attendais quelque conséquence, comme un peu auparavant. Mais peut-être avez-vous eu peur qu'elle ne vous réussît pas mieux que l'autre ? Sans doute que vous faites prudemment, selon votre coutume. Mais je reprends tout ce que vous avez dit : Vous savez que vous êtes, passe. Vous cherchez quel vous êtes, vous que vous savez être. Il est vrai et je le cherche avec vous, et il y a longtemps que nous le cherchons. La connaissance de la chose que vous cherchez, c'est-à-dire de votre être, ne dépend point, dites-vous, des choses dont l'existence ne vous est pas encore connue. Que vous dirai-je là-dessus? cela ne me paraît pas assez clair, et je ne vois pas assez où va cette maxime. Vous cherchez, dites-vous, quel est celui que vous connaissez, et moi je le cherche aussi avec vous; mais, dites-moi, pourquoi le cherchez-vous si vous le connaissez?

Je connais, dites-vous, que je suis, mais je ne connais pas quel je suis.

Vous dites bien; mais comment pourrez-vous reconnaître quel vous êtes, si ce n'est ou par les choses que vous avez autrefois connues, ou par celles que vous connaîtrez ci-après? Ce ne sera pas, comme je crois, par celles que vous avez autrefois connues, elles sont pleines de doute; vous les avez toutes rejetées. Ce sera donc par celles que vous ne connaissez pas encore et que vous connaîtrez ci-après. Je vois bien que cela vous choque, mais je ne sais pas pourquoi.

Je ne sais pas encore, dites-vous, si ces choses-là existent.

Ayez bonne espérance, vous le saurez quelque jour.

Mais cependant, que ferai-je? ajoutez-vous.

Vous aurez patience. Quoique pourtant je ne veuille pas vous tenir longtemps en suspens, je distinguerai votre proposition, comme j'ai fait ci-devant. Vous ne connaissez pas quel vous êtes; déterminément je l'accorde. Vous ne connaissez pas quel vous êtes indéterminément et confusément. Je le nie; car vous connaissez que vous êtes quelque chose, et même que vous êtes nécessairement ou un corps, ou une âme, ou un esprit, ou quelque autre chose. Mais quoi, enfin? Vous vous connaîtrez ci-après clairement et déterminément. Qu'y feriez-vous? Ces deux mots seuls, *déterminément* et *indéterminément* sont capables de vous arrêter un siècle entier. Cherchez une autre voie, s'il vous en reste aucune. Essayez hardiment; car je n'ai pas encore mis bas les armes. Les choses grandes et nouvelles sont environnées de nouvelles et grandes difficultés.

Il me reste encore, dites-vous, une voie; mais si elle a le moindre obstacle, le moindre empêchement, c'en est fait, je n'y songerai plus, je reviendrai sur mes pas, et l'on ne me verra plus errant et vagabond dans ces pays et contrées où règne une abdication générale. Voulez-vous bien la tenter avec moi?

Je le veux bien, mais à condition que, comme elle est la dernière, vous attendiez aussi de moi les dernières difficultés. Allez maintenant, marchez le premier.

§ VIII.

L'on tente pour la quatrième fois l'entrée dans cette méthode, et l'on en désespère.

Je suis, dites-vous. Je le nie. Vous poursuivez, je pense. Je le nie. Vous ajoutez: Que niez-vous là? Je nie que vous soyez et que vous pensiez; et je sais fort bien ce que j'ai fait quand j'ai dit : il n'y a plus rien. Voilà sans doute un trait bien hardi et remarquable. J'ai d'un seul coup tranché la tête à tout. Il n'y a rien, vous n'êtes point, et vous ne pensez point.

Mais, je vous prie, me dites-vous, j'en suis assuré, j'en ai un témoignage certain, je sais par ma propre expérience que je suis et que je pense.

Quand vous en mettriez la main à la conscience, quand vous en jureriez et me le protesteriez, je le nie. Il n'y a rien, vous n'êtes point, vous ne pensez point, vous ne le savez point. Voilà l'accroc et l'enclouure ; et afin que vous la connaissiez bien et que vous l'évitiez, si vous pouvez, je veux vous la montrer au doigt. Si cette proposition est vraie : *il n'y a rien*, celle-ci est aussi vraie et nécessaire : *vous n'êtes point, vous ne pensez point*. Or est-il que selon vous, celle-ci : *il n'y a rien*, est vraie, comme vous le savez et le voulez. Par conséquent celle-ci est aussi vraie : *vous n'êtes point, vous ne pensez point*.

Vous êtes bien rigoureux, me dites-vous, il faut un peu vous adoucir.

Puisque vous m'en priez, je le veux, et de bon cœur. Vous êtes, je l'accorde. Vous pensez, je le veux. Vous êtes une chose qui pense, dites une substance qui pense ; car vous vous plaisez aux termes magnifiques ; j'en suis bien aise, et je m'en réjouis ; mais n'en demandez pas davantage. Je vois que vous en êtes content, car vous reprenez ainsi vos esprits.

Je suis, me dites-vous, une substance qui pense, et je sais que j'existe, moi qui suis une substance qui pense : et je sais qu'une substance qui pense existe. Or j'ai une claire et distincte notion ou idée de cette substance qui pense, et néanmoins je ne sais point si aucun corps existe, et ne connais rien de tout ce qui appartient à la notion de la substance corporelle ; je nie même qu'aucun corps existe, ni aucune chose corporelle. J'ai fait une abdication de tout ; j'ai tout rejeté : par conséquent la connaissance de l'existence d'une chose qui pense, ou la connaissance d'une chose qui pense existante, ne dépend point de la connaissance de l'existence d'une chose corporelle, ou de la connaissance d'une chose corporelle existante. Par conséquent, puisque j'existe, et que je suis une chose qui pense, et qu'aucun corps n'existe, je ne suis point un corps, et partant je suis un esprit. Voilà mes raisons ; voilà ce qui me force à donner mon consentement, n'y ayant rien en tout cela qui ne soit bien suivi et bien lié, et déduit de principes très évidents suivant les règles de la logique.

Oh ! que voilà bien dit ! Mais que ne parliez-vous auparavant ainsi clairement et nettement, sans nous parler de votre abdication générale ? J'ai en vérité sujet de me plaindre de vous de nous avoir ainsi laissés courir çà et là, et de nous avoir même menés par des chemins détournés et inconnus, vu que vous pouviez tout d'un coup nous amener ici. Il y aurait lieu de vous en faire reproche; et si vous n'étiez bien mon ami, je m'en fâcherais tout de bon, car vous n'agissez pas avec moi candidement et rondement comme vous faisiez autrefois; et je vois que vous vous réservez des choses en particulier sans me les communiquer. Vous vous étonnez de ce que je vous dis. Cela ne durera pas longtemps. Je m'en vais vous dire le sujet de mes plaintes. Vous demandiez naguère, il n'y a pas encore un quart d'heure, quel était celui que vous connaissiez, maintenant vous ne savez pas seulement quel il est, mais vous en avez même une claire et distincte notion. Ou vous ne découvriez pas alors tout ce que vous saviez et feigniez ne pas connaître ce que vous connaissiez fort bien, ou vous avez quelque trésor caché d'où vous tirez le vrai et le certain quand bon vous semble. Mais j'aime mieux vous demander où est ce trésor, et si vous y mettez souvent la main, que de me plaindre de vous davantage. Dites-moi, je vous prie, d'où avez-vous tiré cette claire et distincte notion de la substance qui pense? Si elle est si claire et si évidente, je vous prierais volontiers de me la faire voir une fois, afin de me récréer de sa vue; vu principalement que de cela seul dépend presque tout l'éclaircissement de la vérité que nous cherchons avec tant de peine.

Le voici, dites-vous. Je sais certainement que je suis, que je pense, que je suis une substance qui pense.

N'allons pas si vite, s'il vous plaît, afin que je me dispose à bien former un concept si difficile. Je sais fort bien aussi que je suis, que je pense, que je suis une substance qui pense. Continuez maintenant, s'il vous plaît.

Je n'ai plus rien à ajouter à cela, me dites-vous, j'ai tout dit et tout fait. Quand j'ai pensé que j'existais, moi qui suis une substance qui pense, j'ai formé en même temps un concept clair et distinct de la substance qui pense.

Bon Dieu! que vous êtes fin et subtil! Comme en un moment vous pénétrez et parcourez toutes choses, tant celles qui sont que celles qui ne sont pas, celles qui peuvent être et celles qui ne le peuvent. Vous formez, dites-vous, un concept clair et distinct de la substance qui pense lorsque vous concevez clairement et distinctement que la substance qui pense existe. Quoi donc, si vous connaissez clairement (comme je n'en doute point, car je sais que vous avez bon esprit) qu'il n'y a point de montagne sans vallée, avez-vous pour cela tout aussitôt un concept clair et distinct d'une montagne sans vallée? Mais j'ai tort, parce que je ne sais pas l'art de former ainsi un concept clair et distinct; je l'admire; je vous prie de me l'enseigner, et de me faire voir comment ce concept est clair et distinct.

Tout à l'heure, me dites-vous. Je conçois clairement et distinctement qu'une substance qui pense existe, et je ne conçois cependant rien de corporel, rien de spirituel, je ne conçois rien que cela, rien que la seule substance qui pense. Donc le concept que j'ai d'une substance qui pense est clair et distinct.

Je vous entends enfin, et, si je ne me trompe, je comprends ce que vous voulez dire.

Le concept que vous avez est clair parce que vous le connaissez certainement, et il est distinct parce que vous ne connaissez rien autre chose. N'ai-je pas bien compris votre pensée? Je crois que oui, car vous ajoutez :

Il suffit, dites-vous, que j'assure qu'en tant que je me connais je ne suis rien autre chose qu'une chose qui pense.

C'est bien assez. Et si j'ai bien pris votre pensée, ce concept clair et distinct d'une substance qui pense, que vous formez, consiste en ce qu'il vous représente qu'une substance qui pense existe, sans penser au corps, à l'âme, à l'esprit, à aucune autre chose, mais seulement qu'elle existe. Et ainsi vous dites qu'en tant que vous vous connaissez, vous n'êtes rien autre chose qu'une substance qui pense, et non point un corps, une âme, un esprit ou quelque autre chose; en sorte que si vous existiez précisément comme vous vous connaissez, vous seriez seulement une substance qui pense, et rien davantage. Vous vous souriez, je crois, et vous vous applaudissez tout ensemble, et vous croyez que par cette longue suite de paroles, dont je me sers contre ma coutume, je ne cherche qu'à gagner du temps, et qu'à esquiver, pour n'en point venir au combat contre des troupes si fortes et si aguerries que sont les vôtres. Mais, sans mentir, ce n'est pas là mon dessein. Voulez-vous que je renverse d'une seule parole tout cet équipage et tous ces vieux champions que vous avez réservés adroitement pour la fin du combat, quoique serrés et disposés en bataillon? J'en emploierai trois, afin qu'il n'en reste pas un. Voici la première : *Du connaître à l'être la conséquence n'est pas bonne.* Méditez là-dessus pour le moins quinze jours, et vous en verrez le fruit, dont vous ne vous repentirez point, pourvu qu'après cela vous jetiez les yeux sur la table suivante. La substance qui pense est celle qui entend, ou qui veut, ou qui doute, ou qui rêve, ou qui imagine, ou qui sent, et partant tous les actes intellectuels, comme sont : entendre, vouloir, imaginer, sentir, conviennent tous sous la raison commune de pensée, de perception ou de conscience ; et nous appelons la substance où ils résident, une chose qui pense.

La substance qui pense est
ou

Corporelle, c'est-à-dire, ayant un corps, et s'en servant,	Incorporelle, c'est-à-dire, n'ayant point de corps, et ne s'en servant point,
ou	ou
Etendue, et divisible comme — non étendue, et indivisible comme	Dieu — l'Ange.
l'Ame d'un Cheval, — l'Ame d'un Chien. — l'Esprit de Socrate — l'Esprit de Platon.	

Voici la seconde : *Déterminément, indéterminément ; distinctement, confusément ; explicitement, implicitement.* Passez aussi et repassez ces mots quatre ou cinq jours dans votre esprit. Vous ne perdrez pas votre temps si vous les appliquez chacun comme il faut à toutes vos propositions, si vous les divisez et distinguez par leur moyen. Et même je ne refuserais pas de le faire maintenant si je ne craignais de vous ennuyer.

Voici la troisième : *Ce qui conclut trop ne conclut rien.* Je ne vous prescris point de temps pour y penser ; elle presse, elle serre de près. Mettez la main à l'œuvre, pensez à ce que vous avez dit, et voyez si je vous suis bien. Je suis une chose qui pense ; je connais que je suis une substance qui pense ; je connais qu'une substance qui pense existe, et néanmoins je ne connais pas encore qu'un esprit existe ; voire même il n'y a point d'esprit qui existe ; il n'y a rien ; tout est rejeté. Et par conséquent la connaissance de l'existence d'une substance qui pense, ou d'une substance qui pense existante, ne dépend point de la connaissance de l'existence d'un esprit ou d'un esprit existant. Partant, puisque j'existe et que je suis une chose qui pense, et qu'il n'y a point d'esprit qui existe, je ne suis point un esprit : donc je suis un corps. Vous ne dites mot. Pourquoi vous en retournez-vous ? Pour moi, je n'ai pas encore perdu toute espérance. Suivez-moi maintenant, ayez bon courage ; je vais vous proposer l'ancienne forme de conduire sa raison : c'est une méthode connue de tous les anciens ; que dis-je ! Elle est connue et familière à tous les hommes. Souffrez-moi, je vous prie, et ne vous rebutez point. J'ai eu patience à mon tour. Elle nous ouvrira peut-être quelque voie, comme elle a de coutume quand les choses sont fort intriguées et presque désespérées. Ou bien, si elle n'en peut venir à bout, elle nous montrera au doigt, pendant que nous ferons retraite, les vices de votre méthode, s'il y en a aucun. Voici donc comme je mets en forme ce que vous avez entrepris de nous prouver.

§ IX.
On fait sûrement retraite dans l'ancienne forme.

Nulle chose qui est telle que je puis douter si elle existe n'existe en effet.

Or est-il que tout le corps est tel que je puis douter s'il existe. Donc nul corps n'existe en effet.

La majeure n'est-elle pas tout à fait de vous, pour ne point redire ce que nous avons déjà dit? Il en est de même de la mineure, et de la conclusion aussi. Je reprends donc mon argument.

Nul corps n'existe en effet.

Donc nulle chose qui existe en effet n'est corps. Je poursuis : nulle chose qui existe en effet n'est corps.

Or est-il que moi (qui suis une substance qui pense) existe en effet.

Donc moi (qui suis une substance qui pense) je ne suis point un corps.

D'où vient que votre visage est gai et qu'il paraît riant? La forme sans doute vous plaît, et ce qu'elle conclut. Mais rit bien qui rit le dernier. Au lieu du corps mettez l'esprit, et alors vous conclurez en bonne forme. Donc moi (qui suis une substance qui pense) je ne suis point un esprit. Voici comment :

Nulle chose qui est telle que je puis douter si elle existe n'existe en effet.

Or est-il que tout esprit est tel que je puis douter s'il existe.

Donc nul esprit n'existe en effet.

Nul esprit n'existe en effet.

Donc nulle chose qui existe en effet n'est esprit.

Nulle chose qui existe en effet n'est esprit.

Or est-il que moi (qui suis une substance qui pense) existe en effet.

Donc moi (qui suis une substance qui pense) je ne suis point un esprit.

Qu'est-ce que ceci? La forme est bonne et légitime ; elle ne pêche jamais, jamais elle ne conclut faux, sinon peut-être de quelque proposition fausse. Et partant le vice qui vous peut déplaire dans le conséquent ne vient pas de la forme, mais vient nécessairement de quelque chose mal posée dans les prémisses. Et de vrai, pensez-vous que cette proposition, sur laquelle vous avez fondé tout votre raisonnement, et qui vous a servi d'appui pour avancer pays, soit vraie. C'est à savoir : *Nulle chose qui est telle que je puisse douter si elle existe ou si elle est vraie n'existe en effet ou n'est pas vraie.* Cela est-il tout à fait certain, et tellement hors de doute et inébranlable que vous puissiez fermement et sans aucune appréhension vous y assurer ? Parlez, je vous prie ? Pourquoi niez-vous ceci : j'ai un corps ? Sans doute que c'est parce que vous en doutez. Mais ceci n'est-il pas aussi douteux : Je n'ai point de corps ? Y a-t-il personne tant soit peu sage qui voulût se servir pour fondement de la science, et même d'une science qu'il tient pour plus assurée que les autres, qui se voulût, dis-je, servir d'une chose qu'il a lieu de tenir pour fausse ? Mais en voilà assez. Voici où je veux m'arrêter, et mettre fin à ces erreurs. Je n'ai plus rien désormais à espérer; c'est pourquoi, pour satisfaire à la demande que vous m'avez faite, savoir : *si la méthode de philosopher par l'abdication de tout ce qui est douteux est bonne,* je réponds ingénument et librement, comme vous le souhaitez, et sans aucun embarras de paroles.

Remarques de Monsieur Descartes.

Jusques ici le R. P. s'est joué; et pour ce que dans la suite il semble vouloir agir sérieusement et prendre un autre personnage, je mettrai cependant ici en peu de paroles les remarques que j'ai faites sur les jeux de son esprit. Voici ce qu'il dit: *Autrefois ? Ce temps-là a-t-il été ?* Et en un autre endroit : *je rêve que je pense, je ne pense point,* mais tout cela n'est que raillerie, digne du personnage qu'il a voulu représenter. Comme aussi cette importante question qu'il propose, savoir, *si penser a plus d'étendue que de rêver.* Et même ce bon mot, *de la méthode de rêver.* Et cet autre, *que pour bien raisonner il faut rêver.* Mais je ne pense pas avoir donné la moindre occasion de se railler de la sorte, car j'ai dit en termes exprès, en parlant des choses dont j'avais fait abdication, que je n'assurais point qu'elles fussent, mais seulement qu'elles semblaient être. Si bien qu'en cherchant ce que j'ai pensé que j'étais autrefois, je n'ai voulu chercher autre chose que ce qu'il me semblait à présent que j'avais pensé que j'étais autrefois. Et lorsque j'ai dit que je pensais, je n'ai point considéré si c'était en veillant ou en dormant. Et je m'étonne qu'il appelle cela la méthode de rêver, car il semble qu'elle ne l'a pas peu éveillé.

Il raisonne encore conformément à son personnage lorsque, pour chercher ce que j'ai pensé que j'étais autrefois, il veut que j'avance ceci comme une maxime fondamentale : *je suis quelqu'une des choses que j'ai cru autrefois que j'étais;* ou bien, *je suis cela même que j'ai cru autrefois que j'étais.* Et un peu après, pour chercher si je ne suis point un corps, il veut que l'on prenne cette maxime pour guide : *J'ai bien pensé autrefois touchant ce qui appartient au corps.* Ou bien : *rien n'appartient au corps que ce que j'ai cru autrefois qui lui appartenait,* car les maximes qui répugnent manifestement à la raison sont propres à faire rire. Et il est manifeste que j'ai pu rechercher utilement ce que j'ai cru autrefois que j'étais, et même si j'étais un corps, bien que j'ignorasse si j'étais quelqu'une des choses que j'ai cru être autrefois, et que j'ignorasse même si j'avais lors bien cru, afin que par le moyen des choses que je viendrais à connaître tout de nouveau, j'examinasse le tout avec soin ; et si par ce moyen je ne découvrais rien autre chose, que j'apprisse au moins que je ne pouvais par là rien découvrir.

Il joue encore parfaitement bien son personnage quand il raconte la fable de ce paysan ; et il n'y a rien de plus plaisant que de voir qu'en pensant l'appliquer à mes paroles il l'applique seulement aux siennes. Car tout maintenant il me reprenait de n'avoir pas avancé cette maxime : *J'ai fort bien pensé autrefois touchant ce qui appartient au corps,* ou bien : *rien n'appartient au corps que ce que j'ai cru autrefois qui lui appartenait;* et maintenant, cela même qu'il se plaignait n'avoir pas été par moi avancé, et qu'il a tout tiré de son imagination propre, il le reprend comme s'il venait de moi et le compare avec le sot raisonnement de cet homme rustique. Pour moi, je n'ai jamais nié qu'une chose qui pense fût un corps, pour avoir supposé que j'avais autrefois bien pensé touchant la nature du corps, mais parce que ne me servant point du nom *de corps,* sinon pour signifier une chose qui m'était bien connue, à savoir, pour signifier une substance étendue, j'ai reconnu que la substance qui pense est différente de celle qui est étendue.

Ces façons de parler subtiles et galantes qui sont ici plusieurs fois répétées, c'est à savoir : *je pense, dites-vous; je le nie, moi; vous rêvez. Cela est certain et évident, ajoutez-vous, je le nie; vous rêvez? Il vous le semble seulement, il le paraît, mais il ne l'est pas, etc.* Au moins seraient-elles capables de faire rire de ce qu'en la bouche d'une personne qui agirait sérieusement elles seraient ineptes et ridicules. Mais de peur que ceux qui ne font que commencer ne se persuadent que rien ne peut être certain et évident à celui qui doute s'il dort ou s'il veille, mais peut seulement lui sembler et lui paraître, je les prie de se ressouvenir de ce que j'ai ci-devant remarqué, c'est à savoir, que ce que l'on conçoit clairement et distinctement, par qui que ce puisse être qu'il soit ainsi conçu, est vrai, et ne le semble ou ne le paraît pas seulement. Quoique pourtant, à vrai dire, il s'en trouve fort peu qui sachent bien faire distinction entre ce que l'on aperçoit véritablement et ce que l'on pense seulement apercevoir, parce qu'il y en a fort peu qui s'accoutument à ne se servir que de claires et distinctes perceptions.

Jusques ici notre acteur ne nous a encore fait la représentation d'aucune mémorable action, mais il s'est seulement forgé certains petits obstacles contre lesquels après s'être un peu agité et tourmenté tout aussitôt il a fait retraite et a tourné visage ailleurs. Il commence ici le premier célèbre combat contre un ennemi tout à fait digne de la scène, à savoir contre mon ombre, qui n'est à la vérité visible qu'à lui, et qu'il a lui-même forgée; et de peur que cette ombre ne fût pas assez vaine, il l'a composée du néant même. Cependant c'est tout de bon qu'il en vient aux prises avec elle, il argumente, il sue, il demande trêve, il appelle la logique à son secours, il recommence le combat, il examine tout, il pèse tout, il balance tout; et d'autant qu'il n'oserait pas recevoir sur son bouclier les coups d'un si puissant adversaire, il les esquive autant qu'il peut, il distingue, et enfin par le moyen de ces mots, *déterminément et indéterminément*, comme par autant de petits sentiers détournés, il s'enfuit et s'échappe. Sans mentir, le spectacle en est assez agréable, principalement quand on sait le sujet de la querelle, qui vient de ce qu'ayant lu par hasard dans mes écrits que pour commencer à bien philosopher il faut se résoudre une fois en sa vie de se défaire de toutes les opinions qu'on a auparavant reçues en sa créance, quoique peut-être il y en ait plusieurs parmi elles qui sont vraies, à cause qu'étant mêlées avec plusieurs autres, qui sont la plupart ou fausses ou douteuses, il n'y a point de meilleur moyen pour séparer celles-là des autres que de les rejeter toutes du commencement, sans en retenir aucune, afin de pouvoir par après plus aisément reconnaître celles qui sont vraies, en découvrir de nouvelles, et n'admettre que celles qui sont certaines et indubitables. Ce qui est la même chose que si j'avais dit que pour prendre garde que dans un panier plein de pommes il n'y en ait quelques-unes qui soient gâtées, il les faut toutes vider du commencement, et n'y en laisser pas une, et puis n'y remettre que celles qu'on aurait reconnues être tout à fait saines, ou n'y en mettre point d'autres. Mais notre auteur ne comprenant pas, ou plutôt feignant de ne pas comprendre un raisonnement d'une si sublime spéculation, s'est principalement étonné de ce qu'on disait qu'il n'y avait rien qu'il ne fallût rejeter; et passant cela longtemps et souvent dans son esprit, il se l'est si fortement imprimé dans son imagination, qu'encore qu'à présent il ne combatte le plus souvent que contre un rien et un fantôme, il a toutefois bien de la peine à s'en défendre.

Après un combat si heureusement entrepris et achevé, devenu superbe par l'opinion de la victoire, il attaque un nouvel ennemi qu'il croit encore être mon ombre, car elle se présente sans cesse à sa fantaisie, mais il la compose d'une autre matière, à savoir, de mes paroles : *Je connais que j'existe, et je recherche quel je suis, moi que je connais, etc.* Et parce qu'il ne la reconnaît pas si bien que la précédente, il se tient plus sur ses gardes et ne l'attaque que de loin. La première pierre, ou le premier dard qu'il lui jette est celui-ci : *Pourquoi le cherchez-vous si vous le connaissez ?* Et pour ce qu'il s'imagine que son ennemi pour recevoir et soutenir ce coup lui présente aussitôt ce bouclier : *Je connais que je suis, et ne connais pas quel je suis ;* tout aussitôt il lance contre elle ce long javelot : *Comment pouvez-vous connaître quel vous êtes, si ce n'est ou par les choses que vous avez autrefois connues, ou par celles que vous connaîtrez ci-après ? Ce ne sera pas par celles que vous avez autrefois connues ; elles sont pleines de doute, vous les avez toutes rejetées : ce sera donc par celles que vous ne connaissez pas encore et que vous connaîtrez ci-après ;* et, croyant de ce coup avoir terrassé et effrayé cette pauvre et misérable ombre, il s'imagine qu'il l'entend qui s'écrie : *je ne sais pas encore si ces choses-là existent.* Et alors sa colère se changeant en pitié, il la console par ces paroles : *ayez bonne espérance, vous le saurez quelque jour.* Et aussitôt il suppose que cette pauvre ombre, d'une voix plaintive et suppliante lui répond : *que ferai-je cependant.* Mais lui, d'un ton impérieux et superbe, tel qu'il convient à un victorieux, lui repart : *vous aurez patience.* Et toutefois, comme il est bonasse, il ne la laisse pas longtemps en suspens ; mais gagnant derechef les détours ordinaires, *déterminément, indéterminément, clairement, confusément,* et ne voyant personne qui le suive, il se réjouit de sa victoire et triomphe tout seul. Toutes lesquelles choses sont sans doute très propres à faire rire, étant dites par un homme qui, contrefaisant le grave et le sérieux, vient à dire quelque trait de raillerie à quoi l'on ne s'attendait point.

Mais, pour voir cela plus clairement, il faut se figurer notre acteur comme un personnage grave et docte, lequel, pour impugner cette méthode de rechercher la vérité qui veut qu'ayant rejeté toutes les choses où il y a la moindre apparence de doute, nous commencions à philosopher par la connaissance de notre propre existence, et que de là nous passions à la considération de notre nature, lequel, dis-je, tâche de montrer que par cette voie l'on ne saurait étendre plus avant sa connaissance, et qui pour le faire se sert de ce raisonnement : *puisque vous connaissez seulement que vous êtes, et non pas quel vous êtes, vous ne le sauriez apprendre par le moyen des choses que vous avez autrefois connues, puisque vous les avez toutes rejetées ; donc ce ne peut être que par le moyen de celles que vous ne connaissez pas encore.* A quoi un enfant même pourrait répondre que rien n'empêche qu'il ne le puisse apprendre par les choses qu'il connaissait auparavant, à cause que, quoiqu'il les eût toutes rejetées pendant qu'elles lui paraissaient douteuses, il les pouvait néanmoins par après reprendre quand il les aurait reconnues pour vraies. Et de plus, quand il lui aurait accordé qu'il ne pourrait rien apprendre par le moyen des choses qu'il aurait autrefois connues, au moins le pourrait-il par le moyen de celles qu'il ne connaissait pas encore ; mais qu'avec le soin et la diligence qu'il pourrait apporter, il pourrait connaître par après. Mais notre auteur se propose ici un adversaire qui ne lui accorde pas seulement que la première voie lui est bouchée, mais qui se bouche lui-même celle qui lui reste en disant : *je ne sais pas si ces choses-là existent.* Comme si nous ne pouvions acquérir de nouveau la connaissance de l'existence d'aucune chose, et comme si l'ignorance de l'existence d'une chose pouvait empêcher que nous n'eussions aucune connaissance de son essence. Ce qui sans difficulté est fort impertinent. Mais il fait allusion à quelques-unes de mes paroles, car j'ai écrit en quelque endroit qu'il n'était pas possible que la connaissance que j'ai de l'existence d'une chose dépendît de la connaissance de celle dont l'existence ne m'est pas encore connue ; et ce que j'ai dit seulement du temps présent, il le transfère au temps futur, comme si, de ce que nous ne pouvons présentement voir les personnes qui ne sont pas encore nées, mais qui naîtront cette année, il s'ensuivait que nous ne les pourrions jamais voir. Car certainement il est manifeste que la connaissance présente que l'on a d'une chose actuellement existante ne dépend point de la connaissance d'une chose que l'on ne sait pas encore être existante. Car de cela même que l'on conçoit une chose comme appartenant à une chose existante, on conçoit nécessairement en même temps que cette chose existe. Mais il n'en est pas de même à l'égard du futur, car rien n'empêche que la connaissance d'une chose que je sais être existante ne soit augmentée par celle de plusieurs autres choses que je ne sais pas encore exister, mais que je pourrai connaître par après quand je saurai qu'elles lui appartiennent.

Après il continue, et dit : *ayez bonne espérance, vous le*

saurez quelque jour. Et incontinent après il ajoute : *je ne vous tiendrai pas longtemps en suspens*, par lesquelles paroles il veut que nous attendions de lui, ou qu'il démontrera que par la voie que j'ai proposée on ne saurait étendre plus avant sa connaissance, ou bien, s'il suppose que son adversaire même se l'est bouchée (ce qui pourtant serait impertinent), qu'il nous en ouvrira quelque autre. Mais néanmoins il ne nous dit rien autre chose, sinon, *vous savez quel vous êtes indéterminément et confusément, mais non pas déterminément et clairement*, d'où l'on peut, ce me semble, fort bien conclure que nous pouvons donc étendre plus avant notre connaissance, puisqu'en méditant et repassant les choses avec attention en notre esprit nous pouvons faire que celles que nous ne connaissons que confusément et indéterminément nous soient par après connues clairement et déterminément ; mais nonobstant cela il conclut *que ces deux mots seuls, déterminément et indéterminément, sont capables de nous arrêter un siècle entier*, et partant, que nous devons chercher une autre voie. Par toutes lesquelles choses il fait si bien paraître la bassesse et la médiocrité d'un esprit que je doute s'il eût pu rien inventer de mieux pour simuler celle du sien.

Je suis, dites-vous. Je le nie. Vous poursuivez : je pense. Je le nie, etc. Il recommence ici le combat contre la première ombre qu'il avait attaquée, et croyant l'avoir taillée en pièces du premier coup, tout glorieux il s'écrie : *voilà sans doute un trait bien hardi et remarquable ; j'ai d'un seul coup tranché la tête à tout.* Mais d'autant que cette ombre ne tire sa vie que de son cerveau, et qu'elle ne peut mourir qu'avec lui, toute en pièces qu'elle est, elle ne laisse pas de revivre, et mettant la main à la conscience, elle jure qu'elle est et qu'elle pense. Sur quoi s'étant laissé fléchir et gagner, il lui permet de vivre, et de dire même, après avoir repris ses esprits, tout plein de choses inutiles ou impertinentes auxquelles il ne répond rien, et à l'occasion desquelles il semble plutôt vouloir contracter amitié avec elle. Après quoi il passe à d'autres galanteries.

Premièrement, il la tance ainsi : *vous demandiez naguère qui vous étiez ; maintenant vous ne le savez pas seulement, mais vous en avez même une claire et distincte notion*. Puis après il la prie *de lui faire voir cette notion claire et distincte, pour être récréé de sa vue.* Après cela il feint qu'on lui montre, et dit : *je sais certainement que je suis, que je pense, que je suis une substance qui pense ; il n'y a rien à dire à cela.* Il prouve ensuite que cela ne suffit pas par cet exemple : *vous connaissez qu'il n'y a point de montagne sans vallée, vous avez donc une notion claire et distincte d'une montagne sans vallée.* Ce qu'il interprète ainsi : *la notion que vous avez est claire parce que vous la connaissez certainement ; elle est distincte parce que vous ne connaissez rien autre chose ; et partant cette notion claire et distincte d'une substance qui pense, que vous formez, consiste en ce qu'elle vous représente qu'une substance qui pense existe, sans penser au corps, à l'âme, à l'esprit, ou à aucune autre chose, mais seulement qu'elle existe.* Enfin, reprenant de nouvelles forces, il s'imagine voir là un grand appareil de guerre et de vieux soldats rangés en bataille, qu'il renverse tous avec le souffle de sa parole, sans qu'il en reste pas un. Au premier souffle il pousse ces mots : *Du connaître à l'être la conséquence n'est pas bonne ;* et en même temps il porte en forme de drapeau une table où il a mis à sa fantaisie la division de la substance qui pense. Au second il pousse ceux-ci : *Déterminément, indéterminément ; distinctement, confusément ; explicitement, implicitement.* Et au troisième ceux-ci : *Ce qui conclut trop ne conclut rien.* Et voici comme il s'explique : *Je connais que j'existe, moi qui suis une substance qui pense, et néanmoins je ne connais pas encore qu'un esprit existe, par conséquent la connaissance de mon existence ne dépend pas de la connaissance d'un esprit existant. Partant, puisque j'existe, et qu'un esprit n'existe point, je ne suis point un esprit, donc je suis un corps.* A ces paroles, cette pauvre ombre ne dit mot, elle lâche le pied, elle perd courage, et se laisse mener par lui en triomphe comme une pauvre captive. Où je pourrais faire remarquer plusieurs choses dignes d'une immortelle risée, mais j'aime mieux épargner notre acteur et pardonner à sa robe ; et même je ne pense pas qu'il me fût bienséant de rire plus longtemps de choses si légères. C'est pourquoi je ne remarquerai ici que les choses qui, quoique fort éloignées de la vérité, pourraient peut-être néanmoins être crues par quelques-uns comme venant de moi, ou du moins comme des choses que j'aurais accordées, si je m'en taisais tout à fait.

Et premièrement je nie qu'il ait eu lieu de me reprocher que j'aie dit que j'avais une claire et distincte conception de moi-même avant que d'avoir suffisamment expliqué de quelle façon on la peut avoir, ou, comme il dit, *ne venant que de demander qui j'étais.* Car entre ces deux choses, c'est-à-dire entre cette demande et la réponse, j'ai rapporté toutes les propriétés qui appartiennent à une chose qui pense, par exemple qu'elle entend, qu'elle veut, qu'elle imagine, qu'elle se ressouvient, qu'elle sent, etc., et même celles qui ne lui appartiennent point, pour distinguer les unes d'avec les autres, qui était tout ce que l'on pouvait souhaiter après avoir ôté les préjugés. Mais j'avoue bien que ceux qui ne se défont point de leurs préjugés ne sauraient que très difficilement avoir jamais la conception claire et distincte d'aucune chose, car il est manifeste que toutes les notions que nous avons eues des choses en notre enfance n'ont point été claires et distinctes; et partant toutes celles que nous acquérons par après sont par elles rendues confuses et obscures si l'on ne les rejette une bonne fois. Quand donc il demande qu'on lui fasse voir cette notion claire et distincte pour être récréé de sa vue, il se joue, comme aussi lorsqu'il m'introduit comme la lui montrant en ces termes : *je sais certainement que je suis, que je pense, que je suis une substance qui pense, etc.*, et lorsqu'il veut réfuter ces jeux de son esprit par cet exemple : *vous savez aussi certainement qu'il n'y a point de montagne sans vallée, donc vous avez un concept clair et distinct d'une montagne sans vallée*, il se trompe lui-même par un sophisme, car de son antécédent il doit seulement conclure : donc vous concevez clairement et distinctement qu'il n'y a point de montagne sans vallée; et non pas : donc vous avez la notion d'une montagne sans vallée; car puisqu'il n'y en a point, on n'en doit pas avoir la notion pour bien concevoir qu'il n'y a point de montagne sans vallée. Mais quoi, notre auteur a si bon esprit qu'il ne saurait réfuter les inepties qu'il a lui-même controuvées que par d'autres nouvelles.

Et lorsqu'il ajoute après cela que je conçois la substance qui pense sans rien concevoir de corporel, ni de spirituel, etc., je lui accorde pour le corporel, parce que j'avais auparavant expliqué ce que j'entendais par le nom de corps ou de chose corporelle, c'est à savoir cela seul qui a de l'étendue, ou qui dans sa notion renferme de l'étendue. Mais ce qu'il ajoute du spirituel, il le feint là un peu grossièrement, comme aussi en plusieurs autres lieux où il me fait dire : je suis une chose qui pense. Or est-il que je ne suis point un corps, ni une âme, ni un esprit, etc., car je ne puis dénier à la substance qui pense que les choses que je sais ne contenir dans leur notion aucune pensée, ce que je n'ai jamais cru ni pensé de l'âme de l'homme ou de l'esprit. Et quand après cela il dit qu'il comprend à présent fort bien ma pensée qui est que je pense, que le concept que j'ai est clair, parce que je le connais certainement, et qu'il est distinct parce que je ne connais rien autre chose, il fait voir qu'il n'est pas fort intelligent; car c'est autre chose de concevoir clairement, et autre chose de savoir certainement; vu que nous pouvons savoir certainement plusieurs choses, soit pour nous avoir été révélées de Dieu, soit pour les avoir autrefois clairement conçues, lesquelles néanmoins nous ne concevons pas alors clairement; et de plus la connaissance que nous pouvons avoir de plusieurs autres choses n'empêche point que celle que nous avons d'une chose ne soit distincte, et je n'ai jamais écrit la moindre parole d'où l'on pût conclure des choses si frivoles.

De plus, la maxime qu'il apporte, *du connaître à l'être la conséquence n'est pas bonne*, est entièrement fausse. Car quoi qu'il soit vrai que pour connaître l'essence d'une chose il ne s'ensuive pas que cette chose existe, et que pour penser connaître une chose il ne s'ensuive pas qu'elle soit, s'il est possible que nous soyons en cela trompés, il est vrai néanmoins *que du connaître à l'être la conséquence est bonne*, parce qu'il est impossible que nous connaissions une chose si elle n'est en effet comme nous la connaissons, à savoir, existante si nous concevons qu'elle existe, ou bien de telle ou telle nature s'il n'y a que sa nature seule qui nous soit connue.

Il est faux aussi, ou du moins il n'a pas été prouvé qu'il y ait quelque substance qui pense qui soit divisible en plusieurs parties, comme il met dans cette table où il propose les diverses espèces de la substance qui pense, de même que s'il avait été enseigné par un oracle. Car nous ne pouvons concevoir d'étendue en longueur, largeur et profondeur, ni aucune divisibilité de parties en la substance qui pense ; et c'est une chose absurde d'affirmer une chose pour vraie, qui n'a ni été révélée de Dieu, ni qui ne peut être comprise par l'entendement humain. Et je ne puis m'empêcher de dire que cette opinion de la divisibilité de la substance qui pense me semble très dangereuse et fort contraire à la religion chrétienne, à cause que tandis qu'une personne sera dans cette opinion, jamais il ne pourra reconnaître par la force de la raison la distinction réelle qui est entre l'âme et le corps.

Ces mots-là, *déterminément, indéterminément, distinctement, confusément, explicitement, implicitement*, étant tout seuls comme ils sont ici, n'ont aucun sens, et ne sont autre chose que des subtilités par lesquelles notre auteur semble vouloir persuader à ses disciples que lorsqu'il n'a rien à leur dire il ne laisse pas de penser quelque chose de bon.

Cette autre maxime qu'il apporte, *ce qui conclut trop ne conclut rien*, ne doit pas non plus être omise sans distinction, car si par le mot de *trop* il entend seulement quelque chose de plus que l'on ne demandait, comme lorsqu'un peu plus bas il reprend les arguments dont je me suis servi pour démontrer l'existence de Dieu, à cause, dit-il, qu'il croit que par ces arguments on conclut quelque chose de plus que n'exigent les lois de la prudence (ou que jamais personne n'a demandé), elle est entièrement fausse et frivole ; car plus on en conclut de choses, pourvu que ce que l'on conclut soit bien conclu, et meilleure elle est, et jamais les lois de la prudence n'ont été contraires à cela. Que si par le mot de *trop* il entend, non pas simplement quelque chose de plus que l'on demandait, mais quelque chose de faux, alors cette maxime est vraie. Mais le R. P. me pardonnera si je dis qu'il se trompe quand il m'attribue quelque chose de semblable. Car quand j'ai raisonné de la sorte : *la connaissance des choses dont l'existence m'est connue ne dépend point de celle des choses dont l'existence ne m'est pas encore connue. Or est-il que je sais qu'une chose qui pense existe, et que je ne sais pas encore si aucun corps existe ; donc la connaissance d'une chose qui pense ne dépend point de la connaissance du corps* ; je n'ai rien par là conclu de trop, ni rien qui n'ait été bien conclu. Mais lorsqu'il dit : *je sais qu'une chose qui pense existe, et je ne sais pas encore si aucun esprit existe, voire même il n'y en a point qui existe, il n'y a rien, tout est rejeté*, il dit une chose entièrement fausse et frivole. Car je ne puis rien affirmer ou nier de l'esprit si je ne sais auparavant ce que l'on doit entendre par le nom d'esprit ; et je ne puis concevoir pas une des choses que l'on a coutume d'entendre par ce nom, où la pensée ne soit enfermée, si bien qu'il répugne qu'on puisse savoir qu'une chose qui pense existe, sans savoir en même temps qu'un esprit, ou une chose qu'on entend par le nom d'esprit, existe. Et ce qu'il ajoute un peu après : *Voire même il n'y a point d'esprit qui existe, il n'y a rien, tout est rejeté*, est si absurde qu'il ne mérite pas de réponse ; car quand après cette abdication on a reconnu l'existence d'une chose qui pense, on a en même temps reconnu l'existence d'un esprit (au moins en tant que par le nom d'esprit on entend une chose qui pense) et partant l'existence d'un esprit n'a pu alors être rejetée.

Enfin quand, ayant à se servir d'un argument en forme, il l'exalte contre la véritable méthode de conduire sa raison, laquelle il oppose à la mienne, il semble vouloir insinuer que je n'approuve pas les formes des syllogismes, et partant que je me sers d'une méthode fort éloignée de la raison ; mais mes écrits me justifient assez là-dessus, où toutes les fois qu'il a été nécessaire je n'ai pas manqué de m'en servir.

Il propose ici un syllogisme composé de fausses prémisses, qu'il dit être de moi ; mais quant à moi je le nie et le renie ; car pour ce qui est de cette majeure, *nulle chose qui est telle que je puis douter si elle existe n'existe en effet*, elle est si absurde que je ne crains pas qu'il puisse jamais persuader à personne qu'elle vienne de moi, si en même temps il ne leur persuade que j'ai perdu le sens. Et je ne puis assez admirer à quel dessein, avec quelle fidélité, sous quelle espérance et avec quelle confiance il a entrepris cela. Car dans la première Méditation, où il ne s'agissait pas encore d'établir aucune vérité, mais seulement de me défaire de mes anciens préjugés, après avoir montré que toutes les opinions que j'avais reçues dès ma jeunesse en ma créance pouvaient être révoquées en doute, et partant, que je ne devais pas moins soigneusement suspendre mon jugement à leur égard qu'à l'égard de celles qui sont manifestement fausses, de peur qu'elles ne m'empêchassent de chercher comme il faut la vérité, j'ai expressément ajouté ces paroles: *Mais il ne suffit pas d'avoir fait ces remarques, il faut encore que je prenne soin de m'en souvenir, car ces anciennes et ordinaires opinions me reviennent encore souvent en la pensée, le long et familier usage qu'elles ont eu avec moi leur donnant droit d'occuper mon esprit contre mon gré, et de se rendre presque maîtresses de ma créance. Et je ne me désaccoutumerai jamais de leur déférer et de prendre confiance en elles, tant que je les considérerai telles qu'elles sont en effet, c'est à savoir, en quelque façon douteuses, comme je viens de montrer, et toutefois fort probables; en sorte que l'on a beaucoup plus de raison de les croire que de les nier. C'est pourquoi je pense que je ne ferai pas mal si, prenant de propos délibéré un sentiment contraire, je me trompe moi-même, et si je feins pour quelque temps que toutes ces opinions sont entièrement fausses et imaginaires, jusqu'à ce qu'enfin, ayant également balancé mes anciens et mes nouveaux préjugés, mon jugement ne soit plus désormais maîtrisé par de mauvais usages et détourné du droit chemin qui le peut conduire à la connaissance de la vérité.* Entre lesquels notre auteur a choisi ces mots et laissé les autres: *Prenant de propos délibéré un sentiment contraire, je feindrai que les opinions qui sont en quelque façon douteuses sont entièrement fausses et imaginaires.* Et de plus, en la place du mot de *feindre*, il met ceux-ci : *je dirai, je croirai, et croirai même de telle sorte que j'assurerai pour vrai le contraire de ce qui est douteux*, et a voulu que cela me servît de maxime ou de règle certaine, non pour me délivrer de mes préjugés, mais pour jeter les fondements d'une métaphysique tout à fait certaine et accomplie. Il est vrai néanmoins qu'il a proposé cela d'abord un peu ambigument, et comme en hésitant, dans le second et troisième paragraphe de la première question; et même dans ce troisième paragraphe, après avoir supposé que suivant cette règle il devait croire que deux et trois ne faisaient pas cinq, il demande si tout aussitôt il doit tellement le croire qu'il se persuade que cela ne peut être autrement. Et pour satisfaire à cette belle demande, après plusieurs paroles ambiguës et superflues, il m'introduit lui répondant de la sorte : *vous ne l'assurerez ni ne le nierez; vous ne vous servirez ni de l'un ni de l'autre, mais vous tiendrez l'un et l'autre pour faux.* D'où il est manifeste qu'il a fort bien su que je ne tenais pas pour vrai le contraire de ce qui est douteux, et que personne, selon moi, ne s'en pouvait servir pour majeure d'un syllogisme duquel on dût attendre une conclusion certaine ; car il y a de la contradiction entre ne point assurer, ne point nier, ne se servir ni de l'un ni de l'autre, et assurer pour vrai l'un des deux contraire, et s'en servir. Mais perdant par après insensiblement la mémoire de ce qu'il avait rapporté comme étant mon opinion, il n'a pas seulement assuré le contraire, mais il l'a même si souvent répété et inculqué qu'il ne reprend presque que cela seul dans toute sa dissertation. et ne compose aussi que de cela seul ces douze fautes qu'il m'attribue dans toute la suite de son traité. D'où il suit, ce me semble, très manifestement que non seulement ici, où il m'attribue cette majeure : *nulle chose qui est telle que l'on peut douter si elle existe n'existe en effet*, mais aussi en tous les autres endroits où il m'attribue des choses semblables il parle contre son sentiment et contre la vérité. Et quoique ce soit à regret que je lui fasse ce reproche, néanmoins la défense de la vérité que j'ai entreprise m'oblige à ne pas être plus réservé envers une personne qui n'a pas eu plus de respect pour elle. Et comme dans toute sa dissertation il n'a, ce me semble, presque point d'autre dessein que de persuader et d'inculquer dans l'esprit de ses lecteurs cette fausse maxime qu'il a déguisée en cent façons, je ne vois point d'autre moyen pour l'excuser que de dire qu'il en a si souvent parlé qu'à la fin il se l'est persuadée à lui-même et n'en a plus reconnu la fausseté.

Pour ce qui est maintenant de la mineure, savoir est : *or est-il que tout corps est tel que je puis douter s'il existe*, ou bien : *or est-il que tout esprit est tel que je puis douter s'il existe*, si on l'entend indéfiniment de toute sorte de temps, ainsi qu'elle doit être entendue pour servir de preuve à la conclusion. qu'on en tire, elle est encore fausse, et je nie qu'elle soit de moi. Car un peu après le commencement de la seconde Méditation, où j'ai certainement reconnu qu'une chose qui pense existait, laquelle, suivant l'usage ordinaire, on appelle du nom d'esprit, je n'ai pu douter davantage qu'un esprit existât. De même, après la sixième Méditation, dans laquelle j'ai reconnu l'existence du corps, je n'ai pu aussi douter davantage de son existence. Admirez cependant l'excellence de l'esprit de notre auteur, d'avoir eu l'adresse d'inventer si ingénieusement deux fausses prémisses que, les employant en bonne forme dans un syllogisme, il s'en soit ensuivi une fausse conclusion ! mais je ne comprends point pourquoi il ne veut pas que j'aie ici sujet de rire, car je ne trouve dans toute sa dissertation que des sujets de joie pour moi, non pas à la vérité fort grande, mais pourtant véritable et solide ; d'autant que, reprenant là plusieurs choses qui ne sont point de moi, mais qu'il m'a seulement attribuées, il fait voir clairement qu'il a fait tout son possible pour trouver dans mes écrits quelque chose digne de censure, sans en avoir pourtant jamais pu rencontrer.

Et de vrai il paraît bien qu'il n'a pas ri du bon du cœur, par la sérieuse réprimande dont il conclut toute cette partie ; ce que les réponses qui suivent font encore mieux voir, dans lesquelles il ne paraît pas seulement triste et sévère, mais même chagrin et cruel. Car, n'ayant aucune raison de me vouloir du mal, et n'ayant aussi rien trouvé dans mes écrits qui pût mériter sa censure, si vous exceptez cette fausse maxime qu'il a lui-même controuvée, et qu'il ne m'a pu légitimement attribuer ; toutefois parce qu'il croit l'avoir entièrement persuadé à ses lecteurs (non pas à la vérité par la force de ses raisons, car il n'en a point, mais premièrement, par cette admirable confiance qu'il a eue de le dire, et que dans un homme de sa protection on ne soupçonne pas pouvoir être fausse, et de plus par une fréquente et constante répétition de la même maxime qui fait souvent qu'à force d'entendre la même chose nous acquérons l'habitude de recevoir pour vrai ce que nous savons être faux, et ces deux moyens sont ordinairement plus puissants que toutes les raisons pour persuader le peuple et ceux qui n'examinent pas de près les choses), il insulte superbement au vaincu : et comme un grave pédagogue, me prenant pour un de ses petits écoliers, il me tance aigrement, et, dans les douze réponses suivantes, il me rend coupable de plus de péchés qu'il n'y a de préceptes dans le *Décalogue*. Je veux bien pourtant excuser le Révérend Père à cause qu'il semble n'être pas bien à soi : et quoique ceux qui ont bu un peu plus qu'ils ne doivent aient coutume de ne voir tout au plus que deux choses pour une, le zèle qui l'emporte le trouble tellement que dans cette unique chose qu'il a lui-même controuvée il trouve en moi douze fautes à reprendre, lesquelles je pourrais dire être autant d'injures et de calomnies si je voulais parler ouvertement et sans aucun déguisement de paroles, mais que j'aime mieux appeler des bévues et des égarements, pour rire à mon tour comme il a fait. Et cependant je prie le lecteur de se souvenir que dans tout ce qui suit il n'a pas dit contre moi une seule parole où il ne se soit trompé et mépris.

Réponses à la seconde Question, savoir si c'est une bonne méthode de philosopher que de faire une abdication générale de toutes les choses dont on peut douter.

Réponse I. Cette méthode pèche dans les principes, car elle n'en a point, et en a une infinité. Dans toutes les autres méthodes, pour découvrir la vérité et tirer le certain du certain, on se sert de principes clairs, évidents, connus d'un chacun, et naturels à l'esprit humain. Par exemple, le tout est plus grand que sa partie. De rien, rien ne se fait : et mille autres semblables par le moyen desquels on élève peu à peu sa connaissance, et on avance sûrement dans la recherche de la vérité. Mais celle-ci, tout au contraire, pour faire quelque chose, non pas de quelque autre, mais de rien, elle tranche, elle rejette, elle abjure tous les principes anciens sans en retenir pas un ; et prenant de propos délibéré des sentiments contraires, de peur qu'il ne semble que tous les moyens lui soient retranchés, et qu'elle manque d'ailes, elle se feint des principes nouveaux, directement opposés aux anciens, et par ce moyen elle se dépouille de ses anciens préjugés pour se revêtir d'autres tout nouveaux. Elle quitte le certain pour embrasser l'incertain ; elle se met des ailes, mais des ailes de cire. Elle s'élève bien haut, mais pour tomber ; enfin de rien elle veut faire quelque chose, mais en effet elle ne fait rien.

Réponse II. Cette méthode pèche dans les moyens, car elle n'en a point, puisqu'elle retranche les anciens et qu'elle n'en propose point de nouveaux. Les autres disciplines ont des formes de logique, des syllogismes, des façons d'argumenter toutes certaines, par le moyen et par la conduite desquelles, ni plus ni moins que par un filet d'Ariane, elles sortent aisément de leurs labyrinthes, et développent avec sûreté et facilité les questions les plus embrouillées. Celle-ci, tout au contraire, corrompt et gâte toute la forme ancienne lorsqu'elle pâlit de crainte à la seule pensée de ce mauvais génie qu'elle s'est figurée, lorsqu'elle appréhende de rêver toujours, lorsqu'elle ne sait si elle est en son bon sens. Proposez-lui un syllogisme, elle s'effraiera à la majeure, quelle qu'elle soit. Peut-être dira-t-elle que ce mauvais génie me trompe. Que fera-t-elle à la mineure ? Elle tremblera, elle dira qu'elle est incertaine, qu'elle ne sait si elle ne dort point, et que les choses qui lui ont paru les plus claires et les plus certaines en dormant se sont cent fois trouvées fausses après s'être réveillée. Que fera-t-elle enfin à la conclusion ? Elle les fuira toutes comme autant de filets qu'on aurait tendus pour la surprendre. Ne voit-on pas, dira-t-elle, que les fous, les enfants et les insensés pensent raisonner à merveille, quoiqu'ils n'aient ni esprit ni jugement? Que sais-je s'il ne m'arrive point à moi la même chose à présent? Que sais-je si ce génie ne me trompe point? Il est rusé et méchant, et je ne sais pas encore qu'il y ait un Dieu qui empêche et qui retienne ce rusé trompeur. Que direz-vous à cela? et que pourrez-vous faire quand son auteur vous dira avec une opiniâtreté invincible que la conséquence de votre argument sera toujours douteuse si vous ne savez auparavant non seulement que vous ne dormez point et que vous êtes en votre bon sens, mais même qu'il y a un Dieu, et un Dieu véritable, lequel tient enchaîné ce mauvais génie? Que faire quand il vous dira que la matière ni la forme de ce syllogisme ne vaut rien : *Dire que quelque attribut est contenu dans la nature ou dans le concept d'une chose, c'est le même que de dire que cet attribut est vrai de cette chose, et qu'on peut assurer qu'il est en elle; or est-il que l'existence, etc.*, et cent autres choses semblables, sur lesquelles, si vous pensez le presser, il vous dira tout aussitôt : Attendez que je sache qu'il y a un Dieu, et que je voie lié et garrotté ce mauvais génie. Mais au moins, me direz-vous, cette méthode a-t-elle cela de commode que, n'admettant aucun syllogisme, elle évite infailliblement les paralogismes. La commodité est belle sans doute; et n'est-ce pas comme qui arracherait le nez à un enfant de peur qu'il ne devînt morveux? les autres mères ne font-elles pas mieux de moucher simplement leurs enfants? C'est pourquoi, tout bien considéré, je n'ai qu'une chose à vous dire : c'est à savoir, que toute forme étant ôtée, il ne peut rien rester que d'informe.

Réponse III. Cette méthode pèche contre la fin, ne pouvant rien conclure, ni nous apprendre rien de certain. Mais le moyen qu'elle le pût, puisqu'elle bouche elle-même toutes les voies qui la pourraient conduire à la vérité? Vous l'avez vu vous-même et expérimenté avec moi dans ces détours, ou plutôt ces erreurs semblables à celles d'Ulysse, que vous m'avez fait prendre, et qui nous ont tous deux grandement fatigués. Vous souteniez que vous étiez un esprit, ou que vous aviez de l'esprit; mais vous ne l'avez jamais su prouver, et vous êtes demeuré en chemin, embarrassé de mille difficultés, et cela tant de fois que j'ai de la peine à m'en souvenir. Et néanmoins il sera bon de s'en souvenir à présent, afin que la réponse que j'ai à vous faire ne perde rien de sa force. Voici donc les principaux chefs de cette méthode par lesquels elle se coupe elle-même les nerfs et s'ôte toute espérance de pouvoir jamais parvenir à la connaissance de la vérité. 1° Vous ne savez si vous dormez ou si vous veillez, et partant vous ne devez non plus faire de cas de toutes vos pensées et raisonnements (si toutefois vous en formez aucun, ou si plutôt vous ne songez pas que vous en formez) qu'un homme qui dort de ses rêveries. De là vient qu'il n'y a rien qui ne soit douteux et incertain. Je ne vous en apporterai point d'exemples, pensez-y vous-même, et parcourez tous les magasins de votre mémoire, et voyez si vous y trouverez aucune chose qui ne soit infectée de cette tache ; vous me ferez plaisir de m'en montrer quelqu'une. 2° Avant que je sache qu'il y a un Dieu qui tienne enchaîné ce mauvais génie, j'ai occasion de douter de tout et de me défier de la vérité de toutes sortes de propositions ; ou du moins, selon la méthode ordinaire de philosopher et de raisonner, il faut, avant toutes choses, définir s'il peut y avoir des propositions exemptes de doute, et quelles sont ces propositions ; et après cela l'on doit avertir ceux qui commencent de les bien retenir. D'où il s'ensuit, comme auparavant, que toutes choses sont incertaines, et partant inutiles pour la recherche de la vérité. 3° Tout ce qui peut recevoir le moindre doute doit, par une détermination toute opposée, être tenu pour faux, et le contraire tenu pour vrai, duquel il faut se servir comme d'un principe. De là il s'ensuit que toutes les ouvertures pour la vérité sont bouchées ; car que pourriez-vous espérer de ce principe : je n'ai point de tête, il n'y a point de corps, point d'esprit ; et de cent autres semblables ? Et ne me dites point que cette abdication n'est pas pour toujours, mais pour un temps seulement, comme un temps de vacances, à savoir, pour quinze jours ou un mois, afin que chacun s'y applique plus fortement. Car je veux que ce soit seulement pour un temps : toujours est-il vrai que c'est pour le temps que vous vaquez à la recherche de la vérité, pendant lequel vous usez et abusez des choses que vous aviez rejetées, tout de même que si la vérité en était dépendante, ou qu'elle fût appuyée sur elles comme sur son véritable fondement. Mais, me direz-vous, je me sers de cette abdication comme d'une machine que je dresse pour un temps pour construire la base et la colonne de la science et en élever l'édifice, ainsi que font ordinairement les architectes qui ont coutume de bâtir des machines qui ne leur servent que pour un temps afin d'élever leurs colonnes et les placer en leur lieu, et après en avoir tiré le service qu'ils en veulent, ils les défont et ne s'en servent plus. Pourquoi ne voudriez-vous pas que je fisse comme eux ? Faites-le, à la bonne heure ; mais prenez garde que votre colonne, son piédestal et tout votre édifice, ne soient tellement appuyés et soutenus sur cette machine qu'ils ne tombent par terre quand vous le voudrez retirer. Et c'est ce que je trouve principalement à redire en cette méthode. Elle pose ou établit de mauvais fondements, et s'y appuie de telle sorte que, ces fondements étant détruits ou retirés, elle-même se détruit ou ne paraît plus.

Réponse IV. Cette méthode pèche par excès, c'est-à-dire qu'elle en fait plus que ne demandent d'elle les lois de la prudence et que jamais personne n'a désiré. J'avoue, à la vérité, qu'il y a des hommes qui veulent qu'on leur démontre l'existence de Dieu et l'immortalité de l'âme; mais il ne s'est encore trouvé personne jusques ici qui n'ait pas été satisfait de connaître avec autant de certitude qu'il y a un Dieu qui gouverne toutes choses, et que l'âme de l'homme est spirituelle et immortelle, comme il sait certainement que deux et trois font cinq, ou que les hommes ont des corps; en sorte qu'il est tout à fait inutile et superflu de rechercher en cela une plus grande certitude. De plus, comme dans les choses qui regardent l'usage de la vie il y a certaines bornes de certitude qui nous suffisent pour nous conduire sûrement et prudemment dans nos actions, de même pour les choses spéculatives il y a aussi des bornes auxquelles, quand on est parvenu, on est en assurance; si bien que sans faire cas de tout ce qu'on voudrait tenter où rechercher au delà, on peut avec prudence et sûreté s'en tenir où l'on est, de peur d'aller trop loin et d'en faire trop. Mais, me direz-vous, ce n'est pas une petite louange d'aller plus loin que les autres et de traverser un gué qui n'a jamais été tenté de personne. Je l'avoue, la louange est grande, mais c'est pourvu qu'on le puisse passer sans se mettre en danger du naufrage. C'est pourquoi.

Pour V⁰ réponse, je dis que cette méthode pèche par défaut, c'est-à-dire que voulant embrasser plus de choses qu'elle ne peut, elle ne tient rien. Je n'en veux que vous pour témoin et pour juge. Qu'avez-vous fait jusques ici avec tout ce magnifique appareil? Que vous a produit cette abdication si solennelle, et même si générale et si généreuse que vous ne vous êtes pas épargné vous-même, ne vous étant réservé pour vous que cette commune notion : je pense, je suis, je suis une chose qui pense : si commune, dis-je, et si familière au moindre des hommes, qu'il ne s'est jamais trouvé personne, depuis que le monde est, qui en ait tant soit peu douté, et qui ait jamais sérieusement demandé qu'on lui prouvât qu'il est, qu'il existe, qu'il pense, qu'il est une chose qui pense; si bien que vous ne devez pas vous attendre à recevoir de grands remerciements de personne, si ce n'est peut-être que quelqu'un, porté comme moi d'une singulière affection pour vous, vous remercie de la bonne volonté que vous avez pour tout le genre humain, et loue vos généreux et extraordinaires desseins.

Réponse VI. Cette méthode pèche et tombe dans la faute qu'elle reprend dans les autres. Car elle admire que tous les hommes, sans exception, croient et disent avec tant de confiance : j'ai un corps, une tête, des yeux, etc., et elle ne s'admire pas elle-même quand elle dit avec une pareille confiance : je n'ai point de corps, point de tête, point d'yeux, etc.

Réponse VII. Cette méthode pèche et commet une faute qui lui est particulière ; car ce que le reste des hommes tient en quelque façon pour certain, et même pour suffisamment certain, par exemple j'ai une tête, il y a des corps, des esprits, etc., cette méthode, par un dessein qui lui est particulier, le révoque en doute, et tient pour certain son opposé, à savoir, je n'ai point de tête, il n'y a point de corps, point d'esprits, et le tient même pour si certain, qu'elle prétend qu'il peut servir de fondement à une métaphysique fort exacte et fort accomplie, et s'y appuie elle-même de telle sorte que, si vous lui ôtez cet appui, elle donnera du nez en terre.

Réponse VIII. Cette méthode pèche par imprudence, car elle ne prend pas garde qu'un glaive à deux tranchants est à craindre partout, et, pensant en éviter l'un, elle se voit blessée par l'autre ; par exemple, elle ne sait s'il y a un corps qui existe véritablement dans le monde ; et, parce qu'elle en doute, elle le rejette, et admet son opposé : il n'y a point de corps au monde ; et prenant cet opposé, qui est pour le moins aussi douteux que son contraire, pour une chose très certaine, et s'appuyant sur lui sans aucune considération, elle pèche et s'offense.

Réponse IX. Cette méthode pèche avec connaissance, car le sachant et le voulant, et après en être avertie, elle s'aveugle elle-même ; et, faisant une abdication volontaire de toutes les choses qui sont nécessaires pour découvrir la vérité, elle se laisse tromper elle-même par son analyse, en ne prouvant pas seulement ce qu'elle prétend, mais aussi ce qu'elle appréhende le plus.

Réponse X. Cette méthode pèche par commission lorsque, contre ce qu'elle avait expressément et solennellement défendu, elle retourne à ses anciennes opinions, et que contre les lois de son abdication elle reprend ce qu'elle avait rejeté. Je crois que vous vous en souvenez assez.

Réponse XI. Cette méthode pèche par omission, car après avoir établi pour un de ses principaux fondements, *qu'il faut très soigneusement prendre garde de ne rien admettre pour vrai que nous ne puissions prouver être tel*, elle s'en oublie souvent, admettant inconsidérément pour vrai et pour très certain tout ceci sans le prouver : *Les sens nous trompent quelquefois, nous rêvons tous, il y a des fous*, et cent autres choses de cette nature.

Réponse XII. Cette méthode pèche en ce qu'elle n'a rien de bon, ou rien de nouveau, et qu'elle a beaucoup de superflu.

Car premièrement si par cette abdication de tout ce qui est douteux on entend seulement une abstraction qu'ils appellent métaphysique, qui fait que l'on ne considère les choses douteuses que comme douteuses, et qui pour cela nous oblige d'en détourner notre esprit lorsque nous voulons chercher quelque chose de certain sans nous y attacher davantage qu'aux choses qui sont entièrement fausses ; si cela est, dis-je, elle dit quelque chose de bon, mais elle ne dit rien de nouveau : et cette abstraction n'aura rien de particulier et qui ne soit commun à tous les philosophes, sans en excepter pas un seul.

Secondement, si par cette abdication elle veut qu'on rejette tellement les choses douteuses qu'on les suppose et qu'on les tienne pour fausses, et que sur ce pied elle s'en serve comme de choses fausses, ou de leurs opposés comme de choses vraies, elle dira à la vérité quelque chose de nouveau, mais elle ne dira rien de bon, et cette abdication sera à la vérité nouvelle, mais elle ne sera pas légitime.

Troisièmement, si elle dit que par la force et le poids de ses raisons elle prouve certainement et évidemment ceci : je suis une chose qui pense, et en tant que telle je ne suis ni un esprit, ni une âme, ni un corps, mais une chose tellement séparée de tout cela que je puis être conçue sans que l'on conçoive rien d'eux ; de même que l'on conçoit l'animal ou une chose qui sent sans que l'on conçoive encore celle qui hennit, ou qui rugit, etc., elle dira quelque chose de bon, mais elle ne dira rien de nouveau, puisque les chaires de philosophes ne chantent autre chose, et que cela est enseigné par autant d'hommes qu'il y en a qui croient que les bêtes pensent, ou même (posé que la pensée embrasse aussi le sentiment, en sorte qu'une chose pense, qui sent, qui voit, ou qui oit) par autant qu'il y en a qui croient que les bêtes sentent, c'est-à-dire, en un mot, par tous les hommes.

Quatrièmement, si l'on dit qu'il a été prouvé par de bonnes raisons et mûrement considérées que celui qui pense existe en effet, et qu'il est une chose ou une substance qui pense, et que pendant qu'il existe il ne s'ensuit pas pour cela qu'il y ait ni esprit, ni corps, ni âme qui existe véritablement dans le monde, on dira quelque chose de nouveau, mais on ne dira rien de bon ; ni plus ni moins que si l'on disait qu'un animal existe, et qu'il n'y a pourtant ni lion, ni renard, ni autre animal qui existe.

Cinquièmement, si celui qui se sert de cette méthode dit qu'il pense, c'est-à-dire qu'il entend, qu'il veut, qu'il imagine et qu'il sent; et qu'il pense de telle sorte que par une action réfléchie il envisage la pensée et la considère, ce qui fait qu'il pense, ou bien qu'il sait et considère qu'il pense (ce que proprement l'on appelle apercevoir, ou avoir une connaissance intérieure), et s'il dit que cela est le propre d'une faculté, ou d'une chose qui est au-dessus de la matière, qui est spirituelle, et partant qu'il est un esprit, il dira ce qu'il n'a point encore dit, ce qu'il devait dire, ce que je m'attendais qu'il dirait, et ce que je lui ai même voulu souvent suggérer lorsque je l'ai vu s'efforçant en vain pour nous dire ce qu'il était; il dira, dis-je, quelque chose de bon, mais il ne dira rien de nouveau, n'y ayant personne qui ne l'ait autrefois appris de ses précepteurs, et ceux-ci de leurs maîtres, jusques à Adam.

Certainement s'il dit cela, combien y aura-t-il de choses superflues dans cette méthode! Combien d'exorbitantes! Quelle battologie! Combien de machines qui ne servent qu'à la pompe, ou qu'à nous décevoir! A quoi bon nous objecter les tromperies des sens, les illusions de ceux qui dorment et les extravagances des fous? Quelle est la fin de cette abdication si austère qu'elle ne nous laisse que le néant de reste? Pourquoi des pérégrinations si longues, et qui durent si longtemps dans les pays étrangers, d'où les sens n'approchent point, parmi des ombres et des spectres? Que servent toutes ces choses pour la conviction et la preuve de l'existence de Dieu, comme si elle ne se pouvait prouver si l'on ne renverse tout? Mais à quoi bon ce mélange et ce changement de tant d'opinions? Pourquoi tantôt rejeter les anciennes pour se revêtir de nouvelles, et tantôt rejeter ces nouvelles pour reprendre les anciennes? ne serait-ce point peut-être que comme autrefois chaque dieu avait ses cérémonies particulières, de même à ces nouveaux mystères il faut aussi de nouvelles cérémonies. Mais pourquoi, sans s'amuser à tant d'embarras, n'a-t-il point plutôt ainsi clairement, nettement et brièvement exposé la vérité. Je pense, j'ai connaissance de ma pensée, donc je suis un esprit.

Enfin s'il dit qu'entendre, vouloir, imaginer, sentir, c'est-à-dire penser, sont tellement le propre de l'esprit que pas un animal hormis l'homme ne pense, n'imagine, ne sent, ne voit, etc., il dira quelque chose de nouveau, mais il ne dira rien de bon : et encore le dira-t-il sans preuve et sans aveu, si ce n'est peut-être qu'il nous garde et cache quelque chose (qui est le seul refuge qui lui reste) pour nous la montrer avec étonnement et admiration en son temps. Mais il y a si longtemps qu'on attend cela de lui, qu'il n'y a plus du tout lieu de l'espérer.

Réponse dernière. Vous craignez ici sans doute (et je vous le pardonne) pour votre méthode, laquelle vous chérissez, et que vous caressez et embrassez comme votre propre production. Vous avez peur que, l'ayant rendue coupable de tant de péchés, et que la voyant maintenant qui fait eau partout, je ne la condamne au rebut. Ne craignez pourtant point, je vous suis ami plus que vous ne pensez. Je vaincrai votre attente, ou du moins je la tromperai. Je me tairai et aurai patience. Je sais qui vous êtes, et je connais la force et la vivacité de votre esprit. Quand vous aurez pris du temps suffisamment pour méditer, et principalement quand vous aurez consulté en secret votre analyse, qui ne vous abandonne jamais, vous secouerez toute la poussière de votre méthode, vous en laverez toutes les taches, et vous nous ferez voir pour lors une méthode bien propre et bien nette, et exempte de tout défaut. Cependant contentez-vous de ceci, et continuez de me prêter votre attention pendant que je continuerai de satisfaire à vos demandes. J'ai compris beaucoup de choses en peu de paroles, pour n'être pas long, et n'en ai touché la plupart que légèrement, comme sont celles qui regardent l'esprit, et celles qui concernent la conception claire et distincte, la vraie et la fausse, et autres semblables ; mais vous saurez bien ramasser ce que nous aurons laissé tomber tout exprès. C'est pourquoi je viens à votre troisième question.

QUESTION TROISIÈME.

Si l'on peut inventer une nouvelle méthode.

Vous demandez en troisième lieu...

Voilà tout ce que le R. P. m'a envoyé, et ayant été supplié d'envoyer le reste, il a fait réponse qu'il n'avait pas alors le loisir d'en faire davantage. Mais pour moi j'aurais cru commettre un crime d'omettre ici la moindre syllabe de son écrit.

Remarques de Monsieur Descartes.

Je croirais que ce serait assez d'avoir rapporté le beau jugement que vous venez d'entendre touchant la méthode dont je me sers pour rechercher la vérité, pour faire connaître le peu de raison et de vérité qu'il contient, s'il avait été rendu par une personne inconnue. Mais d'autant que l'auteur de ce jugement tient un rang dans le monde, qui est tel que difficilement se pourrait-on persuader qu'il eût manqué d'esprit et de toutes les autres qualités qui sont requises en un bon juge, de peur que la trop grande autorité de son ministère ne porte préjudice à la vérité, je supplie ici les lecteurs de se souvenir qu'auparavant qu'il en soit venu à ses douze réponses qu'il vient de faire, il n'a rien impugné de tout ce que j'ai dit, mais qu'il a seulement employé de vaines et inutiles cavillations pour prendre de là occasion de m'attribuer des opinions si peu croyables qu'elles ne méritaient pas d'être réfutées ; et que maintenant dans ses douze réponses, au lieu de prouver rien contre moi, il se contente de supposer vainement qu'il a déjà prouvé auparavant les choses qu'il m'avait attribuées, et que, pour faire paraître davantage l'équité de son jugement, il s'est seulement voulu jouer lorsqu'il a rapporté les causes de ses accusations, mais qu'ici, où il est question de juger, il fait le grave, le sérieux et le sévère ; et que, dans les onze premières réponses, il prononce hardiment et définitivement contre moi une sentence de condamnation ; et qu'enfin dans la douzième il commence à délibérer et distinguer en cette sorte : *s'il entend ceci, il ne dit rien de nouveau, si cela, il ne dit rien de bon*, etc., quoique néanmoins il ne s'agisse là que d'une seule et même chose considérée diversement, savoir est, de sa propre fiction, de laquelle je veux vous faire voir ici l'absurdité par cette comparaison.

J'ai déclaré en plusieurs endroits de mes écrits que je tâchais partout d'imiter les architectes qui, pour élever de grands édifices aux lieux où le roc, l'argile, et la terre ferme est couverte de sable et de gravier, creusent premièrement de profondes fosses, et rejettent de là non seulement le gravier, mais tout ce qui se trouve appuyé sur lui, ou qui est mêlé ou confondu ensemble, afin de poser par après leurs fondements sur le roc et la terre ferme. Car de la même façon j'ai premièrement rejeté comme du sable et du gravier tout ce que j'ai reconnu être douteux et incertain, et après cela ayant considéré qu'on ne pouvait pas douter que la substance qui doute ainsi de tout, ou qui pense, ne fût pendant qu'elle doute, je me suis servi de cela comme d'une terre ferme, sur laquelle j'ai posé les fondements de ma philosophie.

Or notre auteur est semblable à un certain maçon, lequel, pour paraître plus habile homme qu'il n'était, jaloux de la réputation d'un maître architecte qui faisait construire une chapelle dans sa ville, a cherché avec grand soin toutes les occasions de contrôler son art et sa manière de bâtir; mais parce qu'il était si grossier et si peu versé en cet art, qu'il ne pouvait rien comprendre de tout ce que ce maître architecte faisait, il ne s'est osé prendre qu'aux premiers rudiments de cet art, et aux choses qui se présentent d'elles-mêmes. Par exemple, il a fait remarquer qu'il commençait par creuser la terre, et rejeter non seulement le sable et la terre mouvante, mais aussi les bois, les pierres, et tout ce qui se trouvait mêlé avec le sable, afin de parvenir à la terre ferme, et de poser là-dessus les fondements de son édifice. Et de plus qu'il avait ouï dire que pour rendre raison à ceux qui lui demandaient d'où venait qu'il creusait ainsi la terre, il leur avait répondu que la superficie de la terre sur laquelle nous marchons n'est pas toujours assez ferme pour soutenir de grands édifices, et principalement le sable, à cause que non seulement il s'affaisse quand il est beaucoup chargé, mais aussi à cause que les eaux et les ravines l'entraînent souvent avec elles, d'où s'ensuit la ruine infaillible et inespérée de tout l'édifice. Et enfin lorsque de pareilles ruines arrivent dans les lieux les plus profonds, et dans les carrières les plus fermes, les fossoyeurs avaient coutume d'attribuer cela à des esprits follets ou malins qu'on dit habiter les lieux souterrains. D'où notre maçon avait pris occasion de faire croire que ce maître architecte n'avait point d'autre secret pour bâtir sa chapelle que de bien creuser, ou du moins qu'il prenait la fosse ou la pierre qu'on avait découverte au fond, ou bien ce qui était tellement élevé sur cette fosse que cependant elle demeurait vide, pour la construction de sa chapelle ou de son bâtiment; et que cet architecte était si sot que de craindre que la terre ne s'abîmât sous ses pieds, ou qu'elle ne fût bouleversée par des esprits malins. Ce qu'ayant fait croire à des enfants, ou à d'autres gens si peu versés dans l'architecture, qu'ils prenaient pour une chose nouvelle et merveilleuse de voir creuser des fondements pour élever des édifices, et qui d'ailleurs donnant facilement créance à cet homme qu'ils connaissaient et qu'ils tenaient pour homme de bien, et pour assez expérimenté en son art, se défiaient de la suffisance de cet architecte qui leur était inconnu, et qu'on leur disait n'avoir encore rien bâti, mais avoir seulement creusé de grands fondements; il en était devenu si joyeux et si plein de présomption, qu'il crut le pouvoir aussi persuader au reste des hommes. Et quoique cet architecte eût déjà rempli de bonnes pierres toutes les fosses qu'il avait faites, et qu'en ce lieu-là même il eût bâti et construit sa chapelle d'une matière très solide et très ferme, et qu'elle parût aux yeux de tout le monde, ce pauvre homme ne laissait pas néanmoins de demeurer dans la même espérance et dans le même dessein de persuader à tous les hommes ses contes et ses imaginations, et pour cela il ne manquait pas tous les jours de les débiter dans les places publiques à tous les passants, et de faire devant tout le monde des comédies de notre architecte, dont le sujet était tel.

Premièrement, il le faisait paraître commandant qu'on creusât bien avant, et qu'on fît de grandes fosses, et qu'on n'en ôtât pas seulement tout le sable et tout le gravier, mais aussi tout ce qui se trouvait mêlé avec lui, jusques aux moellons et aux pierres de taille; en un mot, qu'on en ôtât tout et qu'on n'y laissât rien. Et il prenait plaisir d'appuyer principalement sur ces mots : rien, tout jusques aux moellons et aux pierres de taille; et en même temps faisait semblant de vouloir apprendre de lui l'art de bien bâtir et de vouloir descendre avec lui dans ces fosses. *Servez-moi de guide*, lui disait-il, *commandez, parlez, je suis tout prêt à vous suivre, ou comme compagnon, ou comme disciple. Que vous plaît-il que je fasse? Je veux bien m'exposer dans ce chemin quoiqu'il soit nouveau et qu'il me fasse peur à cause de son obscurité. Je vous entends, vous voulez que je fasse ce que je vous verrai faire, que je mette le pied où vous mettrez le vôtre. Voilà sans doute une façon de commander et de conduire tout à fait admirable, et comme vous me plaisez en cela, je vous obéis.*

Puis après, faisant semblant d'avoir peur des lutins dans cette fosse, il tâchait de faire rire ses spectateurs en leur disant ces paroles : *Et de vrai, pourrez-vous bien faire en sorte que je sois sans crainte et sans frayeur à présent, et que je n'aie point de peur de ce mauvais génie? En vérité, quoique vous fassiez votre possible pour m'assurer, soit de la main, soit de la voix, ce n'est pourtant pas sans beaucoup de frayeur que je descends dans ces lieux obscurs et remplis de ténèbres.* Et poursuivant son discours, il leur disait : *Mais hélas, que j'oublie aisément la résolution que j'ai prise! Qu'ai-je fait, je m'étais abandonné au commencement tout entier à vous et à votre conduite, je m'étais donné à vous pour compagnon et pour disciple, et voici que j'hésite dès l'entrée, tout effrayé et irrésolu. Pardonnez-moi, je vous conjure; j'ai péché, je l'avoue, et péché largement; et n'ai fait en cela paraître que l'imbécillité de mon esprit. Je devais sans aucune appréhension me jeter hardiment dans l'obscurité de cette fosse, et tout au contraire j'ai hésité et résisté.*

Dans le troisième acte il représentait cet architecte qui lui montrait dans le fond de cette fosse une pierre, ou un gros rocher, sur lequel il voulait appuyer tout son édifice, et lui en se moquant lui disait : *Voilà qui va bien; vous avez trouvé ce point fixe d'Archimède; sans doute que vous déplacerez la*

*machine du monde si vous l'entreprenez. Toutes choses branlent
déjà. Mais je vous prie (car vous voulez, comme je crois, couper toutes choses jusques au vif, afin qu'il n'y ait rien dans
votre art que de propre, de bien suivi, et de nécessaire) pourquoi retenez-vous ici cette pierre ? N'avez-vous pas vous-même
commandé qu'on jetât et qu'on mît dehors et les pierres et le
sable ? Mais peut-être l'avez-vous oublié, tant il est malaisé,
même aux plus expérimentés, de chasser tout à fait de leur
mémoire le souvenir des choses auxquelles ils se sont accoutumés dès leur jeunesse; en sorte qu'il ne faudra pas perdre
espérance s'il arrive que j'y manque, moi qui ne suis pas
encore bien versé dans cet art. Outre cela, ce maître architecte ramassait quelques pierres et quelques moellons qu'on
avait auparavant jetés avec le sable, afin de s'en servir et de
les employer dans son bâtiment, de quoi l'autre se riant lui
disait : oserai-je bien, Monsieur, avant que vous passiez plus
outre, vous demander pourquoi après avoir rejeté solennellement, comme vous avez fait, tous ces gravois et tous ces moellons comme ne les ayant pas jugé assez fermes, vous voulez
encore repasser les yeux dessus et les reprendre, comme s'il y
avait espérance de rien bâtir de ferme de ces lopins de pierre,
etc.? Bien plus, puisque toutes les choses que vous avez rejetées
un peu auparavant n'étaient pas fermes, mais chancelantes
(car autrement pourquoi les auriez-vous rejetées), comment se
pourra-t-il faire que les mêmes choses ne soient plus à présent
faibles et chancelantes, etc. Et un peu après : Souffrez aussi
que j'admire ici votre artifice de vous servir de choses faibles
pour en établir de fermes, et de nous plonger dans les ténèbres
pour nous faire voir la lumière, etc. Après quoi il disait mille
choses impertinentes du nom et de l'office d'architecte et
de maçon, qui ne servaient de rien à l'affaire, sinon que
confondant la signification de ces mots et les devoirs de ces
deux arts, il faisait qu'il était plus difficile de distinguer l'un
d'avec l'autre.*

*Au quatrième acte, on les voyait tous deux dans le fond de
cette fosse : et là cet architecte tâchait de commencer la
construction de sa chapelle; mais en vain, car, premièrement, sitôt qu'il pensait mettre la première pierre à son
bâtiment, tout aussitôt le maçon l'avertissait qu'il avait lui-
même commandé qu'on jetât dehors toutes les pierres, et
ainsi que cela était contre les règles de son art, ce qu'entendant, ce pauvre architecte, vaincu qu'il était par la force de
cette raison, il était contraint de quitter là son ouvrage;
et quand après cela il pensait prendre des moellons, de la
brique, du mortier, ou quelque autre chose pour recommen-
cer, ce maçon ne manquait pas de lui souffler continuellement aux oreilles : Vous avez commandé qu'on rejetât tout;*

vous n'avez rien retenu, et par ces paroles seules *de rien* et *de tout*, comme par quelques enchantements, il détruisait tout son ouvrage. Et enfin tout ce qu'il disait était si conforme à tout ce qui est ici depuis le paragraphe cinquième jusques au neuvième, qu'il n'est pas besoin que je le répète.

Enfin, dans le cinquième acte, voyant un assez grand nombre de peuple autour de soi, il changea tout d'un coup, et d'une façon toute nouvelle la gaieté de sa comédie en une tragique sévérité; et après avoir ôté de dessus son visage les marques de chaux et de plâtre qui le faisaient paraître pour ce qu'il était, d'un ton grave et d'un visage sérieux, il se mit à raconter et à condamner tout ensemble toutes les fautes de cet architecte qu'il disait avoir fait remarquer auparavant dans les actes précédents. Et pour vous faire voir le rapport qu'il y a entre notre auteur et ce maître maçon, je veux vous rapporter ici tout au long le jugement qu'il fit la dernière fois qu'il divertit le peuple par de semblables spectacles. Il feignait avoir été prié par cet architecte de lui dire son avis touchant l'art qu'il a de bâtir, et voici ce qu'il lui répondit:

Premièrement, cet art pèche dans les fondements; car il n'en a point, et en a une infinité. Et de vrai tous les autres arts qui prescrivent des règles pour bâtir se servent de fondements très fermes, comme de pierres de tailles, de briques, de moellons, et de mille autres choses semblables, sur lesquelles ils appuient leurs édifices et les élèvent fort haut. Celui-ci, tout au contraire, pour faire un bâtiment, non de quelque matière, mais de rien, renverse, creuse et rejette tous les anciens fondements, sans en réserver quoi que ce soit; et prenant de propos délibéré une méthode du tout contraire, pour ne pas manquer tout à fait de moyens, il en invente lui-même qui lui servent d'ailes, mais d'ailes de cire, et établit des fondements nouveaux directement opposés à ceux des anciens; et par ce moyen, pensant éviter l'instabilité de ceux-ci, il tombe dans une nouvelle: il renverse ce qui est fermé pour s'appuyer sur ce qui ne l'est pas; il invente lui-même des moyens, mais des moyens ruineux; il prend des ailes, mais des ailes de cire; il élève bien haut son bâtiment, mais c'est pour tomber; enfin de rien il veut faire quelque chose, mais en effet il ne fait rien.

Or qui vit jamais rien de plus faible que tout ce discours, que la seule chapelle bâtie auparavant par cet architecte faisait voir manifestement être faux. Car il était aisé de voir que les fondements en étaient très fermes, qu'il n'avait rien détruit et renversé que ce qui le devait être, qu'il ne s'était écarté en quoi que ce soit de la façon ordinaire que lorsqu'il avait eu quelque chose de meilleur, et que son bâtiment était de telle hauteur qu'il ne menaçait point de chute ni de ruine. Et enfin qu'il s'était servi d'une matière très solide et non pas de rien pour élever et construire en l'honneur de Dieu, non pas un édifice vain et chimérique, mais une grande et forte chapelle où Dieu pourrait être longtemps honoré. Je pourrais répondre les mêmes choses à notre auteur pour renverser tout ce qu'il a dit contre moi, puisque les seules Méditations que j'ai écrites font assez voir la subtilité de ses objections. Et il ne faut pas ici accuser l'historien de n'avoir pas fait un rapport fidèle des paroles du maçon, de ce qu'il l'introduit donnant des ailes à l'architecture, et plusieurs autres choses qui lui conviennent fort peu ; car peut-être l'a-t-il fait tout exprès pour faire voir le trouble où était son esprit ; et je ne vois pas que ces choses-là conviennent mieux à la méthode de rechercher la vérité à laquelle pourtant notre auteur les applique.

2. Il répondait : *Cette manière d'architecture pèche dans les moyens, car elle n'en a point, puisqu'elle retranche les anciens sans en proposer de nouveaux. Les autres manières ont une équerre, une règle, un plomb, par la conduite desquels, ni plus ni moins que par un fil d'Ariane, elles sortent aisément de leurs labyrinthes, et disposent avec justesse et facilité les pierres les plus informes. Mais celle-ci, tout au contraire, corrompt et gâte toute la forme ancienne, lorsqu'elle pâlit de crainte à la seule pensée des lutins et des loups-garous; lorsqu'elle craint que la terre ne lui manque et ne s'affaisse; lorsqu'elle appréhende que le sable ne s'échappe et ne s'emporte. Proposez-lui d'élever une colonne, elle pâlira de crainte à la seule position de la base, de quelque forme qu'elle puisse être: peut-être, dira-t-elle, que les lutins la renverseront. Mais que fera-t-elle quand il faudra dresser son corps ? elle tremblera et dira qu'il est trop faible; qu'il n'est peut-être que de plâtre et non pas de marbre; et que souvent on en a vu qu'on croyait bien durs et bien fermes que l'expérience a fait connaître être très fragiles. Enfin qu'espérez-vous qu'elle fera quand il sera question de poser le chapiteau à cette colonne ? Elle se défiera de tout comme si c'était des fers qu'on lui voulût mettre aux pieds. N'a-t-on pas vu, dira-t-elle, de mauvais architectes qui en ont dressé plusieurs qu'ils pensaient bien fermes et qui n'ont pas laissé de tomber d'eux-mêmes ? Que sais-je s'il n'arrivera point la même chose à celui-ci, et si les lutins n'ébranleront point la terre ? Ils sont mauvais; et je ne sais pas encore si la base est si bien appuyée que ces malins esprits ne puissent rien contre elle. Que direz-vous à cela ? Et que pourriez-vous faire quand son auteur vous dira avec une opiniâtreté invincible que vous ne sauriez répondre de la fermeté du chapiteau si vous ne savez auparavant que le corps*

de la colonne n'est pas d'une matière fragile, qu'il n'est pas appuyé sur le sable, mais sur la pierre, et même sur la pierre si ferme qu'il n'y ait point de malins esprits qui la puissent ébranler? Que faire quand il vous dira que la matière ni la forme de cette colonne ne vaut rien? Ici, par une audace plaisante et bouffonne, il montrait à tout le monde le portrait d'une des colonnes que cet architecte avait employé dans le bâtiment de sa chapelle, et cent autres choses semblables, sur lesquelles si vous pensez le presser, il vous dira tout aussitôt: attendez que je sache si elle est bâtie sur le roc, et s'il n'y a point d'esprits malins en ce lieu-là. Mais au moins, me direz-vous, cette manière d'architecture a-t-elle cela de commode que, ne voulant point du tout de colonnes, elle empêche infailliblement qu'on n'en dresse de mauvaises? La commodité est belle sans doute, et n'est-ce pas comme qui arracherait le nez à un enfant, etc., car cela ne vaut pas la peine d'être redit; et je prie ici les lecteurs de vouloir prendre la peine de comparer chacune de ces réponses à celles de notre auteur.

Or cette réponse, aussi bien que la précédente, était manifestement convaincue de faux par la seule inspection de cette chapelle, puisqu'on y voyait quantité de colonnes très solides, et entre autres celle-là même dont il avait fait voir le portrait comme d'une chose qui avait été rejetée par cet architecte. Et de la même façon mes seuls écrits font assez voir que je n'improuve point les syllogismes, et même que je n'en change ni n'en corromps point les formes, puisque je m'en suis servi moi-même toutes les fois qu'il en a été besoin. Et entre autres celui-là même qu'il rapporte, et dont il dit que je condamne la matière et la forme, est tiré de mes écrits, et on le peut voir sur la fin de la réponse que j'ai faite aux secondes objections dans la proposition première où je démontre l'existence de Dieu. Et je ne puis deviner à quel dessein il feint cela, si ce n'est peut-être pour montrer que toutes les choses que j'ai proposées comme vraies et certaines répugnent entièrement à cette abdication générale de tout ce qui est douteux, laquelle il veut faire passer pour la seule méthode que j'aie de rechercher la vérité; ce qui répugne tout à fait, et qui n'est pas moins puéril et inepte que la pensée impertinente de ce maçon qui faisait consister tout l'art de l'architecture à creuser des fondements, et qui reprenait tout ce que faisait ensuite cet architecte comme contraire à cela.

3. Il répondait : *Cette manière pèche contre la fin, ne pouvant rien construire de ferme et de durable. Mais comment le pourrait-elle, puisqu'elle s'ôte elle-même tous les moyens pour cela? Vous l'avez vu vous-même et expérimenté avec moi dans ces détours ou plutôt ces erreurs, semblables à celles d'Ulysse,*

que vous m'avez fait prendre, et qui nous ont tous deux grandement fatigués. Vous souteniez que vous étiez un architecte, ou que vous en saviez l'art, mais vous ne l'avez jamais su prouver et vous êtes demeuré en chemin, embarrassé de mille difficultés, et cela tant de fois que j'ai de la peine à m'en souvenir. Et néanmoins il sera bon de s'en souvenir à présent, afin que la réponse que j'ai à vous faire ne perde rien de sa force. Voici donc les principaux chefs de cette nouvelle manière d'architecture, par lesquels elle se coupe elle-même les nerfs et s'ôte toute espérance de pouvoir jamais rien avancer dans cet art. Premièrement, vous ne savez si au-dessous de la superficie de la terre vous trouverez le roc : et partant vous ne devez non plus vous fier à cette roche ou à cette pierre (si toutefois vous pouvez jamais vous appuyer sur la roche) qu'à du sable même. De là vient que tout est incertain et chancelant, et que l'on ne peut rien bâtir de ferme. Je ne vous en apporterai point d'exemple, pensez-y vous-même et parcourez tous les magasins de votre mémoire, et voyez si vous y trouverez aucune chose qui ne soit infectée de cette tache, vous me ferez plaisir de m'en montrer quelqu'une : 2. Auparavant que j'aie trouvé la terre ferme, au-dessous de laquelle je sache qu'il n'y a point de sable ni d'esprits malins qui puissent l'ébranler, je dois rejeter toutes choses et avoir pour suspecte toute sorte de matière. Ou pour le moins, selon la commune et ancienne façon de bâtir, je dois avant toutes choses définir s'il peut y avoir quelque matière qu'on ne doive point rejeter, et quelle est cette matière, et avertir en même temps les fossoyeurs de la retenir dans leur fosse. D'où il s'ensuit comme auparavant qu'il n'y a rien de ferme, mais que tout est trop faible, et partant inutile pour la construction d'un édifice. 3. S'il y a aucune chose qui puisse être tant soit peu ébranlée, tenez déjà pour certain et faites état qu'elle est déjà renversée; ne songez qu'à creuser et servez-vous de cette fosse vide comme d'un fondement. De là il s'ensuit que tous les moyens pour bâtir lui sont retranchés. Car que pourrait faire cet architecte ? Il n'a plus ni terre, ni sable, ni pierre, ni aucune autre chose. Et ne me dites point qu'on ne creusera pas toujours, que ce n'est que pour un temps, et jusqu'à une certaine profondeur, selon qu'il y aura plus ou moins de sable. Car je veux que ce ne soit que pour un temps; mais toujours est-ce pour le temps que vous voulez bâtir, et pendant lequel vous usez et abusez de la vacuité de cette fosse, comme si toute l'édification en dépendait, et qu'elle s'appuyât sur elle comme sur son véritable fondement. Mais, me direz-vous, je m'en sers pour établir et assurer la patte et la base de ma colonne, comme font ordinairement les autres architectes. N'est-ce pas leur coutume de fabriquer certaines machines qui ne leur servent que pour un *temps, afin d'élever leurs colonnes et les placer en leur lieu?* etc., comme ci-dessus.

Or, si en tout cela ce maçon vous a semblé ridicule, je trouve que notre auteur ne l'est guère moins. Car, comme cet architecte, pour avoir commencé à creuser et à rejeter de ses fondements tout ce qui n'était appuyé que sur le sable, n'a pas laissé de bâtir et d'élever une belle et grande chapelle, de même on ne trouvera point que l'abdication que j'ai faite au commencement de tout ce qui peut être douteux m'ait fermé les routes qui peuvent conduire à la connaissance de la vérité, comme l'on peut voir par ce que j'ai démontré dans mes Méditations; ou du moins il devrait me faire voir que je me suis trompé, en m'y faisant remarquer quelque chose de faux ou d'incertain; ce que ne faisant point, et même ce que ne pouvant faire, il faut confesser qu'il ne peut s'excuser de s'être grandement mépris. Et je n'ai jamais non plus songé à prouver que moi (c'est-à-dire une chose qui pense) étais un esprit, que l'autre à prouver qu'il était un architecte. Mais, à dire vrai, notre auteur, avec toute la peine qu'il s'est ici donnée, n'a rien prouvé autre chose, sinon que s'il avait de l'esprit, il n'en avait pas beaucoup. Et encore qu'en poussant son doute métaphysique jusques au bout, on en vienne jusqu'à ce point que de supposer qu'on ne sait si l'on dort ou si l'on veille, il ne s'ensuit pas mieux que pour cela on ne puisse rien trouver de certain et d'assuré qu'il s'ensuit de ce qu'un architecte qui commence à creuser ses fondements ne sait pas s'il trouvera sous le sable ou de la pierre, ou de l'argile, ou quelque autre chose, qu'il s'en suit, dis-je, qu'il ne pourra jamais en ce lieu-là rencontrer la terre ferme, ou que, l'ayant trouvée, il ne devra point s'y assurer. Et il s'ensuit aussi peu que toutes choses soient inutiles pour la recherche de la vérité, de ce qu'auparavant que de savoir qu'il y a un Dieu chacun a occasion de douter de toutes choses, à savoir de toutes celles dont on n'a pas la claire perception présente à l'esprit, ainsi que j'ai dit plusieurs fois; que, de ce que cet architecte avait commandé de rejeter toutes choses de la fosse qu'il faisait pour creuser ses fondements, auparavant et jusques à ce qu'il eût trouvé la terre ferme, il s'ensuivait qu'il n'y avait eu ni moellon ni pierre dans cette fosse qu'il pût par après employer à bâtir et élever ses fondements. Et ce maçon n'errait pas moins impertinemment en disant que, selon la commune et ancienne architecture, on ne devait pas rejeter toutes ces pierres et tous ces moellons de la fosse que l'on creuse, et qu'on devait avertir les fossoyeurs de les retenir et conserver, que fait aujourd'hui notre auteur en disant *qu'il faut avant toutes choses définir* s'il peut y avoir des propositions exemptes de doutes, et quelles sont ces propositions; car, comment pourraient-elles être définies par celui que nous supposons n'en connaître encore pas une? soit en proposant cela comme un des préceptes de la commune et ancienne philosophie, en laquelle il ne se trouve rien de semblable. Et ce maçon ne feignait pas moins sottement que cet architecte se voulait servir pour fondement de cette fosse vide, et que tout son art en dépendait, que notre auteur se trompe visiblement en disant *que je prends pour principe le contraire de ce qui est douteux, et que j'abuse des choses que j'ai une fois rejetées, comme si la vérité en était dépendante, et qu'elle y fût appuyée comme sur son véritable fondement :* ne se ressouvenant pas de ce qu'il avait dit un peu auparavant, et qu'il avait rapporté comme venant de moi, c'est à savoir : *vous n'assurerez ni l'un ni l'autre, ni vous ne le nierez aussi; vous ne vous servirez ni de l'un ni de l'autre, et vous tiendrez l'un et l'autre pour faux.* Et enfin ce maçon ne montrait pas mieux son ignorance en comparant la fosse que l'on creuse pour jeter les fondements à une machine que l'on ne fait que pour un temps, pour servir seulement à dresser et mettre sur pied une colonne, que fait notre auteur en comparant à cette machine l'abdication générale de tout ce qui est douteux.

4. Il répondait : *Cette manière pèche par excès, c'est-à-dire qu'elle en fait plus que ne demandent d'elle les lois de la prudence, et que jamais personne n'a désiré. Il est bien vrai qu'il s'en trouve assez qui veulent qu'on leur bâtisse de bons et solides édifices, mais il ne s'est encore trouvé personne jusques ici qui n'ait cru que ç'ait été assez que la maison où il habitait fût aussi ferme que la terre même qui nous soutient, en sorte qu'il est tout à fait inutile et superflu de rechercher en cela une plus grande fermeté. De plus, comme pour se promener il y a certaines bornes de fermeté et de stabilité de la terre qui sont plus que suffisantes pour pouvoir se promener dessus avec assurance, de même, pour la construction des maisons, il y a certaines bornes de fermeté lesquelles, quand on les a atteintes, on est assuré,* etc., comme ci-dessus.

Or, quoique ce maçon eût tort de reprendre ainsi cet architecte, notre auteur me semble avoir eu encore moins de raison de me reprendre comme il a fait en un sujet presque pareil, car il est bien vrai qu'en matière de bâtiment il y a certaines bornes de fermeté au-dessous de la plus grande au delà desquelles il est inutile de passer; et ces bornes sont diverses, selon la diversité et la grandeur des bâtiments qu'on veut élever, car les cabanes et les cases des bergers se peuvent même sûrement appuyer sur le sable, et il n'est pas moins propre et moins ferme pour les soutenir que le roc l'est pour soutenir de grandes tours. Mais il n'en va pas de même quand il est question d'établir les fondements de la philosophie ; car on ne peut pas dire qu'il y ait certaines bornes de douter au-dessous de la plus grande certitude, au delà desquelles il est inutile de passer, et sur qui même nous pouvons avec raison et assurance nous appuyer ; car la vérité consistant dans un indivisible, il peut arriver que ce que nous ne voyons pas être tout à fait certain, pour probable qu'il nous paraisse, soit néanmoins absolument faux ; et sans doute que celui philosopherait fort mal qui n'aurait point d'autres fondements en sa philosophie que des choses qu'il reconnaîtrait pouvoir être fausses. Mais que répondra-t-il aux sceptiques qui vont au delà de toutes les limites de douter ? Comment les réfutera-t-il ? Sans doute qu'il les mettra au nombre des désespérés et des incurables. Cela est fort bien ; mais cependant en quel rang pensez-vous que ces gens-là le mettront ? Et ne me dites point que cette secte est à présent abolie, elle est en vigueur autant qu'elle fut jamais ; et la plupart de ceux qui pensent avoir un peu plus d'esprit que les autres, ne trouvant rien dans la philosophie ordinaire qui les satisfasse, et n'en voyant point de meilleure, se jettent aussitôt dans celle des sceptiques ; et ce sont principalement ceux qui veulent qu'on leur démontre l'existence de Dieu et l'immortalité de leur âme. De sorte que ce qui est dit ici par notre auteur sonne mal et est de fort mauvais exemple, vu principalement qu'il passe pour habile homme ; car cela montre qu'il croit qu'on ne saurait réfuter les erreurs des sceptiques qui sont athées ; et ainsi il les soutient et les confirme autant qu'il est en lui. Car tous ceux qui sont aujourd'hui sceptiques ne doutent point, quant à la pratique, qu'ils n'aient une tête, et que deux joints avec trois ne fassent cinq, et choses semblables ; mais ils disent seulement qu'ils s'en servent comme de choses vraies, pour ce qu'elles leur semblent telles ; mais qu'ils ne les croient pas certainement vraies, pour ce qu'ils n'en sont pas pleinement persuadés et convaincus par des raisons certaines et invincibles. Et d'autant qu'il ne leur semble pas de même que Dieu existe et que leur âme est immortelle, de là vient qu'ils n'estiment pas qu'ils s'en doivent servir comme de choses vraies, même quant à la pratique, si premièrement on ne leur prouve ces deux choses par des raisons plus certaines qu'aucune de celles qui leur font embrasser celles qui leur paraissent. Or, les ayant ainsi prouvées toutes deux dans mes Méditations, ce que personne que je sache avant moi n'avait fait, il me semble qu'on ne saurait rien controuver de plus déraisonnable que de m'imputer, comme fait notre auteur en cent endroits de sa dissertation, une affectation trop grande de douter, qui est l'unique erreur en quoi consiste toute la secte des sceptiques. Et certainement il est tout à fait libéral à faire le dénombrement de mes fautes ; car, bien qu'en ce lieu-là il dise *que ce n'est pas une petite louange d'aller plus loin que les autres, et de traverser un gué qui n'a jamais été tenté de personne*, et qu'il n'ait aucune raison de croire que je ne l'aie pas fait au sujet dont il s'agit, comme je ferai voir tout maintenant, néanmoins il met cela au nombre de mes fautes, parce, dit-il, *que la louange n'est grande que lorsqu'on peut le traverser sans se mettre en danger de périr*, où il semble vouloir persuader aux lecteurs que j'ai fait ici naufrage, et que j'ai commis quelque faute insigne ; et néanmoins, ni il ne le croit pas lui-même, ni il n'a aucune raison de le soupçonner ; car s'il en avait pu trouver quelqu'une, tant légère qu'elle eût été, pour faire voir que je me suis écarté du droit chemin dans tout le cours que j'ai pris pour conduire notre esprit de la connaissance de sa propre existence à celle de l'existence de Dieu, et de la distinction de soi-même d'avec le corps, sans difficulté qu'il ne l'aurait pas omise dans une dissertation si longue, si pleine de paroles et si vide de raisons ; et il aurait sans doute beaucoup mieux aimé la produire que changer toujours de question comme il a fait lorsque le sujet demandait qu'il en parlât, et de m'introduire disputant sottement si la chose qui pense est esprit. Il n'a donc eu aucune raison de croire, ni même de soupçonner que j'aie commis la moindre faute en tout ce que j'ai dit et avancé, et par quoi j'ai renversé tout le premier ce doute énorme des sceptiques ; il confesse que cela est digne d'une grande louange ; et néanmoins il ne feint point de me reprendre comme coupable de cette faute, et de m'attribuer ce doute des sceptiques, qui pourrait à plus juste raison être attribué à tout autre qu'à moi.

5. Ce maçon répondait : *Cette manière de bâtir pèche par défaut, c'est-à-dire que voulant entreprendre plus qu'elle ne peut, elle ne vient à bout de rien. Je ne veux point pour cela d'autre témoin ni d'autre juge que vous. Qu'avez-vous fait jusques ici avec tout ce magnifique appareil ? Que vous a servi de tant creuser ? Et à quoi bon cette fosse si grande et si universelle, que vous n'avez pas même retenu les pierres les plus dures et les plus solides, et qui ne vous a rien appris autre chose que ce que chacun sait déjà, savoir est que la pierre ou le roc qui est au-dessous du sable et de la terre mouvante est ferme et solide ?* etc.

Je pensais que ce maçon dût ici prouver quelque chose, comme aussi notre auteur en pareille occasion ; mais comme celui-là reprochait à cet architecte de n'avoir fait autre chose en creusant que de découvrir le roc, ne faisant pas semblant de savoir que sur ce roc il avait bâti sa chapelle ; ainsi notre auteur semble me reprocher que je n'ai fait autre chose, en rejetant tout ce qui est douteux, que de découvrir la vérité de ce vieux dictum, *je pense, donc je suis* ; à cause peut-être qu'il ne compte comme pour rien que par son moyen j'ai prouvé l'existence de Dieu, et plusieurs autres choses qui sont démontrées dans mes Méditations ; et a bien l'assurance de me prendre seul ici à témoin de la liberté qu'il se donne de dire ce que bon lui semble ; comme en d'autres endroits, sur des sujets aussi peu croyables, il ne laisse pas de dire *que tout le monde le croit comme il le dit ; que les pupitres ne chantent autre chose ; que nous avons tous appris la même chose de nos maîtres, depuis le dernier jusques à Adam*, etc. A quoi l'on ne doit pas ajouter plus de foi qu'aux serments de certaines personnes qui s'emportent d'autant plus à jurer que ce qu'ils tâchent de persuader aux autres est moins croyable et plus éloigné de la vérité.

6. Il répondait : *Cet architecte, par sa manière de bâtir, tombe dans la faute qu'il reprend dans les autres, car il s'étonne de voir que tous les hommes sans exception disent tous unanimement et croient que le sable ou la poussière qui nous soutient est assez ferme, que la terre sur laquelle nous sommes ne branle point*, etc. *Et il ne s'étonne point de voir qu'avec une assurance pareille ou plus grande il dit hardiment qu'il faut rejeter le sable et tout ce qui est mêlé avec lui*, etc.

Ce qui était aussi peu raisonnable que tout ce que dit notre auteur en pareille occasion.

7. Il répondait : *Cet art pèche et nous jette dans une faute qui lui est particulière. Car ce que le reste des hommes tient pour aucunement ferme, à savoir la terre où nous sommes, du sable, des pierres ; cet art, par un dessein qui lui est particulier, prend tout le contraire, savoir est, la fosse d'où l'on a tiré et rejeté le sable, les pierres et tout ce qui s'est rencontré dedans, non seulement pour une chose ferme, mais même pour une chose si ferme que l'on peut y fonder et bâtir une chapelle très solide, et s'y appuie de telle sorte que si vous lui ôtez ce soutien, il donnera du nez en terre.*

Où ce pauvre maçon ne se trompe pas moins que notre auteur, lorsque ne se ressouvenant plus de ces mots qu'il avait dits un peu auparavant, savoir est : *vous ne l'assurerez ni ne le nierez*, etc.

8. Il répondait : *Cet art pèche par imprudence ; car, ne prenant pas garde que l'instabilité de la terre est comme un glaive à deux tranchants, pensant en éviter l'un, il se voit blessé par l'autre. Le sable n'est pas pour lui un sol assez ferme et*

stable, car il le rejette, et se sert de son opposé, savoir, de la fosse d'où on l'a rejeté; et, s'appuyant un peu trop imprudemment sur cette fosse comme sur quelque chose de ferme, il se trouve accablé.

Où derechef il ne faut que se ressouvenir de ces mots : *vous ne l'assurerez ni ne le nierez*. Et ce qui est dit ici d'un glaive à deux tranchants est plus digne de la sagesse de ce maçon que de celle de notre auteur.

9. Il répondait : *Cet art et cet architecte pèchent avec connaissance. Car, le sachant et le voulant, et après en être averti, il s'aveugle lui-même; et, rejetant volontairement toutes les choses qui sont nécessaires pour bâtir, il se laisse tromper soi-même par sa propre règle, en faisant non seulement ce qu'il prétend, mais aussi ce qu'il ne prétend point et qu'il appréhende le plus.*

Or, comme ce qui est dit ici de cet architecte est suffisamment convaincu de faux par la seule inspection de la chapelle qu'il a bâtie, de même les choses que j'ai démontrées prouvent assez que ce que l'on a dit de moi en pareille occasion est aussi peu véritable.

10. Il répondait: *Il pèche par commission, lorsque, contre ce qu'il avait expressément et solennellement défendu, il retourne aux choses anciennes et s'en sert, et que, contre les lois qu'il avait observées en creusant, il reprend ce qu'il avait rejeté. Vous vous en souvenez bien.*

De même notre auteur ne se ressouvient pas de ces paroles : *vous ne l'assurerez ni ne le nierez*, etc. Car autrement comment oserait-il dire ici qu'une chose a été solennellement défendue qu'un peu auparavant il a dit qu'il ne fallait pas nier.

11. Il répondait: *Il pèche par omission; car, après avoir établi pour un de ses principaux fondements qu'il faut très soigneusement prendre garde de ne rien admettre pour vrai que nous ne puissions prouver être tel, il s'en oublie souvent, admettant inconsidérément pour vrai et pour très certain tout ceci sans le prouver; la terre sablonneuse n'est pas assez ferme pour soutenir des édifices, et plusieurs autres semblables maximes.*

En quoi ce maçon ne se trompait pas moins que notre auteur; celui-là appliquant au fossoyement, et celui-ci à l'abdication des doutes, ce qui n'appartient proprement qu'à la construction tant des bâtiments que de la philosophie : car il est très certain qu'il ne faut rien admettre pour vrai que nous ne puissions prouver être tel quand il s'agit d'assurer ou d'établir ce qui est vrai; mais quand il est seulement question de creuser ou de rejeter, le moindre soupçon d'instabilité ou de doute suffit pour cela.

12. Il répondait : *Cet art pèche en ce qu'il n'a rien de bon ou rien de nouveau et qu'il a beaucoup de superflu.* Car, 1° Si par le rebut et le rejet qu'il fait du sable il entend seulement ce fossoyement dont se servent tous les autres architectes qui ne rejettent le sable qu'en tant qu'il n'est pas assez ferme pour soutenir le faix d'un grand édifice, il dira quelque chose de bon, mais il ne dira rien de nouveau ; et cette façon de creuser ne sera pas nouvelle, mais très ancienne et commune à tous les architectes, sans en excepter un seul.

2° Si par cette façon de creuser il veut qu'on rejette tellement le sable qu'on l'enlève tout à fait, qu'on n'en retienne rien et qu'on se serve de son néant, c'est-à-dire de la vacuité du lieu qu'il remplissait auparavant, comme d'une chose ferme et solide, il dira quelque chose de nouveau, mais il ne dira rien de bon ; et cette façon de creuser sera à la vérité nouvelle, mais elle ne sera pas légitime.

3° S'il dit que par la force et le poids de ses raisons il prouve certainement et évidemment qu'il est expérimenté dans l'architecture, et qu'il l'exerce, et que néanmoins en tant que tel, il n'est ni architecte, ni maçon, ni manœuvre, mais qu'il est d'une condition tellement différente ou séparée de la leur qu'on peut concevoir quel il est sans qu'on ait connaissance des autres, de même que l'on peut concevoir l'animal ou une chose qui sent sans que l'on conçoive encore celle qui hennit ou qui rugit, etc. ; il dira quelque chose de bon, mais il ne dira rien de nouveau, puisque l'on ne chante autre chose partout dans les carrefours, et que cela est enseigné par autant d'hommes qu'il y en a qui sont tant soit peu versés dans l'architecture, ou même (posé que l'architecture embrasse aussi la construction des murs, en sorte que ceux-là soient dits être versés dans l'architecture qui mêlent le sable avec la chaux, qui taillent les pierres, ou qui portent le mortier) par autant d'hommes qu'il y en a qui croient que ce que je viens de dire est le métier des artisans et des manœuvres, c'est-à-dire, en un mot, par tous les hommes.

4° S'il dit avoir prouvé par de bonnes raisons et mûrement considérées, qu'il existe véritablement, et qu'il est versé dans l'art de l'architecture, et que pendant qu'il existe il ne s'ensuit pas pour cela qu'il y ait ni architecte, ni maçon, ni manœuvre qui existe véritablement, il dira quelque chose de nouveau, mais il ne dira rien de bon ; ni plus ni moins que s'il disait qu'un animal existe, et qu'il n'y a pourtant ni lion, ni renard, ni aucun autre animal qui existe.

5° S'il dit qu'il bâtit, c'est-à-dire qu'il se sert de l'art d'architecture dans la construction de ses bâtiments, et qu'il bâtit de telle sorte que par une action réfléchie il envisage et considère ce qu'il fait, et qu'ainsi il sache et voie qu'il bâtit (ce qui *proprement s'appelle avoir connaissance et s'apercevoir de ce que l'on fait), et s'il dit que cela est le propre de l'architecture, ou de cet art de bâtir qui est au-dessus de l'expérience des maçons et des manœuvres, et partant qu'il est véritablement architecte, il dira ce qu'il n'a point encore dit, ce qu'il devait dire, ce que je m'attendais qu'il dirait, et ce que je lui ai même voulu souvent suggérer lorsque je l'ai vu s'efforçant en vain pour nous dire ce qu'il était; il dira, dis-je, quelque chose de bon, mais il ne dira rien de nouveau, n'y ayant personne qui ne l'ait autrefois appris de ses précepteurs, et ceux-ci de leurs maîtres, jusques à Adam.*

Certainement s'il dit cela, combien y aura-t-il de choses superflues dans cet art! Combien d'exhorbitantes! Quelle battologie! Combien de machines qui ne servent qu'à la pompe, ou qu'à nous décevoir? À quoi bon nous faire peur de l'instabilité de la terre, des tremblements, des lutins, et d'autres vaines frayeurs? Quelle est la fin d'une fosse si profonde qu'elle ne nous laisse, ce semble, que le néant de reste? Pourquoi des pérégrinations si longues, et de tant de durée, dans les pays étrangers, où les sens n'approchent point, parmi des ombres et des spectres? Que servent toutes ces choses pour la construction d'une chapelle, comme si l'on ne pouvait en bâtir une sans renverser tout sens dessus dessous? Mais à quoi bon ce mélange et ce changement de tant de diverses matières; pourquoi tantôt rejeter les anciennes et en employer de nouvelles, et tantôt rejeter les nouvelles pour reprendre les anciennes? Ne serait-ce point peut-être que comme nous devons nous comporter autrement dans le temple, ou en la présence de personnes de mérite, que dans une hôtellerie, ou une taverne, de même à ces nouveaux mystères il faut de nouvelles cérémonies? mais pourquoi, sans s'amuser à tant d'embarras, n'a-t-il point plutôt ainsi clairement, nettement et brièvement exposé la vérité: je bâtis, j'ai connaissance du bâtiment que je fais, donc je suis un architecte.

6° Enfin, s'il dit que de bâtir des maisons, de disposer et d'ordonner de leurs chambres, cabinets, portiques, portes, fenêtres, colonnes et autres ornements, et de commander à tous les ouvriers qui y mettent la main, comme charpentiers, tailleurs de pierres, maçons, couvreurs, manœuvres et autres, et de conduire tous leurs ouvrages, c'est tellement le propre d'un architecte qu'il n'y a pas un autre artisan et ouvrier qui le puisse faire, il dira quelque chose de nouveau, mais il ne dira rien de bon, et encore le dira-t-il sans preuve et sans aveu, si ce n'est peut-être qu'il nous garde et nous cache quelque chose (qui est le seul refuge qui lui reste) pour nous la montrer avec étonnement et admiration en son temps;

mais il y a si longtemps qu'on attend cela de lui, qu'il n'y a plus du tout lieu de l'espérer.

En dernier lieu il répondait : *Vous craignez ici sans doute (et je vous pardonne) pour votre art et manière de bâtir, laquelle vous chérissez, et que vous caressez et embrassez comme votre propre production. Vous avez peur que l'ayant rendue coupable de tant de péchés, et la voyant maintenant qui fait eau partout, je ne la condamne au rebut. Ne craignez pourtant point, je suis votre ami plus que vous ne pensez. Je vaincrai votre attente, ou du moins je la tromperai, je me tairai et aurai patience. Je sais qui vous êtes, et je connais la force et vivacité de votre esprit. Quand vous aurez pris du temps suffisamment pour méditer, mais principalement quand vous aurez consulté en secret votre règle, qui ne vous abandonne jamais, vous secouerez toute la poussière, vous laverez toutes les taches, et vous nous ferez voir pour lors une architecture bien propre et bien nette, et exempte de tout défaut. Cependant contentez-vous de ceci, et continuez de me prêter votre attention, pendant que je continuerai de satisfaire à vos demandes. J'ai compris beaucoup de choses en peu de paroles, pour n'être pas long, et n'en ai touché la plupart que légèrement, comme sont celles qui concernent les voûtes, l'ouverture des fenêtres, les colonnes, les portiques, et autres semblables. Mais voici le dessein d'une nouvelle comédie.*

Si l'on peut inventer une nouvelle architecture.

Vous demandez, en troisième lieu, si l'on peut inventer, etc.

Comme il demandait cela, quelques-uns de ses amis voyant que son extrême jalousie et la haine dont il était emporté étaient passées en maladie, ne lui permirent pas de déclamer ainsi davantage dans les places publiques, mais le firent aussitôt conduire chez le médecin.

Pour moi, je n'oserais pas, à la vérité, soupçonner rien de pareil de notre auteur; mais je continuerai seulement de faire voir ici avec quel soin il semble qu'il ait tâché de l'imiter en toutes choses. Il se comporte entièrement comme lui en juge très sévère, et qui prend soigneusement et scrupuleusement garde de ne rien prononcer témérairement ; car, après m'avoir onze fois condamné pour cela seul que j'ai rejeté tout ce qui est douteux pour fonder et établir ce qui est certain, de même que si j'avais creusé profondément pour jeter les fondements de quelque grand édifice, enfin, à la douzième fois, il commence à examiner la chose et dit :

1. Que si je l'ai entendue de la manière qu'il sait que je l'ai entendue, ainsi qu'il paraît par ces paroles : *vous ne l'assurerez ni ne le nierez,* et qu'il m'a lui-même attribuées, qu'à

la vérité j'ai dit quelque chose de bon, mais que je n'ai rien dit de nouveau.

2. Que si je l'ai entendue de cette autre façon, d'où il a pris sujet de me rendre coupable de ces onze péchés précédents, et qu'il sait néanmoins être si éloignée du véritable sens que j'y ai donné, qu'un peu auparavant, dans le paragraphe 3 de sa première question, il m'introduit lui-même parlant d'elle avec risée et admiration en cette sorte : *et comment cela pourrait-il venir en l'esprit d'un homme de bon sens?* que pour lors j'ai bien dit quelque chose de nouveau, mais que je n'ai rien dit de bon. Qui a jamais été, je ne dirai pas si insolent en paroles et si peu soucieux de la vérité, ou même de ce qui en a l'apparence, mais si imprudent et si oublieux que de reprocher, comme fait notre auteur, plus de cent fois à un autre, dans une dissertation étudiée, une opinion qu'il a confessée tout au commencement de cette dissertation même être si éloignée de la pensée de celui à qui il en fait le reproche, qu'il ne pense pas qu'elle puisse jamais venir en l'esprit d'un homme de bon sens?

Pour ce qui est des questions qui sont contenues dans les nombres 3, 4, et 5, soit dans les réponses de notre auteur, soit dans celles de ce maçon, elles ne font rien du tout au sujet, et n'ont jamais été mues ni par moi, ni par cet architecte; mais il est vraisemblable qu'elles ont premièrement été inventées par ce maçon, afin que comme il n'osait pas toucher aux choses qui avaient été faites par cet architecte, de peur de découvrir trop manifestement son ignorance, l'on crût néanmoins qu'il reprenait quelque chose de plus que cette seule façon de creuser; en quoi notre auteur l'a aussi parfaitement bien imité.

3. Car quand il dit qu'on peut concevoir une chose qui pense sans concevoir un esprit, ni une âme, ni corps, il ne philosophe pas mieux que fait ce maçon quand il dit qu'un homme qui est expérimenté dans l'architecture n'est pas pour cela plutôt architecte que maçon ou manœuvre, et que l'un se peut fort bien concevoir sans pas un des autres.

4. Comme aussi c'est une chose aussi peu raisonnable de dire qu'une chose qui pense existe sans qu'un esprit existe, que de dire qu'un homme versé dans l'architecture sans qu'un architecte existe (au moins quand on prend le nom d'esprit ainsi que du consentement de tout le monde j'ai dit qu'il le fallait prendre). Et il y a aussi peu de répugnance qu'une chose qui pense existe sans qu'aucun corps existe qu'il y en a qu'un homme versé dans l'architecture existe sans qu'aucun maçon ou manœuvre existe.

5. De même, quand notre auteur dit qu'il ne suffit pas

qu'une chose soit une substance qui pense pour être tout à fait spirituelle et au-dessus de la matière (laquelle seule il veut pouvoir être proprement appelée du nom d'esprit) mais qu'outre cela il est requis que par un acte réfléchi sur sa pensée, elle pense qu'elle pense, ou qu'elle ait une connaissance intérieure de sa pensée ; il se trompe en cela comme fait ce maçon quand il dit qu'un homme expérimenté dans l'architecture doit par un acte réfléchi considérer qu'il en a l'expérience avant que de pouvoir être architecte ; car bien qu'il n'y ait point d'architecte qui n'ait souvent considéré, ou du moins qui n'ait pu souvent considérer qu'il savait l'art de bâtir, c'est pourtant une chose manifeste que cette considération n'est point nécessaire pour être véritablement architecte ; et une pareille considération ou réflexion est aussi peu requise, afin qu'une substance qui pense soit au-dessus de la matière. Car la première pensée, quelle qu'elle soit, par laquelle nous apercevons quelque chose ne diffère pas davantage de la seconde, par laquelle nous apercevons que nous l'avons déjà auparavant aperçue, que celle-ci diffère de la troisième, par laquelle nous apercevons que nous avons déjà aperçu avoir aperçu auparavant cette chose ; et l'on ne saurait apporter la moindre raison pourquoi la seconde de ces pensées ne viendra pas d'un sujet corporel, si l'on accorde que la première en peut venir. C'est pourquoi notre auteur pèche en ceci bien plus dangereusement que ce maçon : car en ôtant la véritable et très intelligible différence qui est entre les choses corporelles et les incorporelles, c'est à savoir, que celles-ci pensent et que les autres ne pensent pas ; et en substituant une autre en sa place, qui ne peut avoir le caractère d'une différence essentielle, c'est à savoir que celles-ci considèrent qu'elles pensent et que les autres ne le considèrent point, il empêche autant qu'il peut qu'on ne puisse entendre la réelle distinction qui est entre l'âme et le corps.

6. Et il est encore moins excusable de favoriser le parti des bêtes brutes, en leur accordant la pensée aussi bien qu'aux hommes, que l'est ce maçon de s'être voulu attribuer à soi et à ses semblables la connaissance de l'architecture aussi bien qu'aux architectes.

Et enfin il paraît bien que l'un et l'autre n'ont point eu égard à ce qui était vrai, ou même vraisemblable, mais seulement à ce qui pouvait être le plus propre pour décrier son adversaire et le faire passer pour un homme de peu de sens auprès de ceux qui ne le connaissaient point, et qui ne se mettraient pas beaucoup en peine de le connaître. Et pour cela celui qui a fait le rapport de toute cette histoire a fort bien remarqué, pour exprimer la furieuse envie et jalousie de ce maçon, qu'il avait vanté comme un magnifique appareil la fosse qu'avait fait creuser cet architecte; mais que, pour le roc que l'on avait découvert par son moyen, et pour la chapelle que l'on avait bâtie dessus, il l'avait négligée et méprisée comme une chose de peu d'importance; et que néanmoins pour satisfaire à l'amitié qu'il lui portait et à la bonne volonté qu'il avait pour lui, il n'avait pas laissé de lui rendre grâce et de le remercier, etc. Comme aussi dans la conclusion il l'introduit avec ces belles acclamations en la bouche : *Enfin, s'il dit cela, combien y aura-t-il de choses superflues, combien d'exorbitantes! Quelle battologie! Combien de machines qui ne servent qu'à la pompe ou à nous décevoir!* Et un peu après : *Vous craignez ici sans doute (et je vous le pardonne) pour votre art et manière de bâtir, laquelle vous chérissez, et que vous caressez et embrassez comme votre propre production,* etc. *Ne craignez pourtant point, je suis votre ami plus que vous ne pensez,* etc. Car tout cela représente si naïvement la maladie de ce maçon, que je doute qu'aucun poëte eût pu la mieux dépeindre. Mais je m'étonne que notre auteur l'ait si bien imité en toutes choses qu'il semble ne prendre pas garde à ce qu'il fait, et avoir oublié de se servir de cet acte réfléchi de la pensée, et qu'il disait tout à l'heure faire la différence de l'homme d'avec la bête. Car certainement il ne dirait pas qu'il y a un trop grand appareil de paroles dans mes écrits s'il considérait que celui dont il s'est servi, je ne dirai pas pour impugner, car il n'apporte aucune raison pour le faire, mais pour aboyer (qu'il me soit ici permis d'user de ce mot un peu rude, car je n'en sais point de plus propre pour exprimer la chose) après ce seul doute métaphysique dont j'ai parlé dans ma première Méditation, est beaucoup plus grand que celui dont je me suis servi pour le proposer. Et il se serait bien empêché d'accuser mon discours de battologie s'il avait pris garde de quelle longue, superflue, et inutile loquacité il s'est servi dans toute sa dissertation, à la fin de laquelle il assure pourtant n'avoir pas voulu être long. Mais parce qu'en cet endroit-là même il dit qu'il est mon ami, pour le traiter aussi le plus amiablement qu'il m'est possible, de même que ce maçon fut conduit par ses amis chez le médecin, de même aussi j'aurai soin de le recommander à son supérieur

FIN.

TABLE DES MATIERES

Notice sur René Descartes	1
Discours de la Méthode	3
Méditations Métaphysiques	51
Epitre	53
Préface	57
Abrégé des six Méditations	61
Première Méditation	65
Seconde Méditation	72
Troisième Méditation	82
Quatrième Méditation	99
Cinquième Méditation	108
Sixième Méditation	115
Premières Objections	133
Réponses aux Premières Objections	141
Secondes Objections	156
Réponses aux Secondes Objections	162
Troisièmes Objections et Réponses	183
Quatrièmes Objections	203
Réponses aux Quatrièmes Objections	220
Cinquièmes Objections	247
Réponses aux Cinquièmes Objections	322
Sixièmes Objections	352
Réponses aux Sixièmes Objections	360
Septièmes Objections et Réponses	379

www.ingramcontent.com/pod-product-compliance
Lightning Source LLC
Chambersburg PA
CBHW050254230426
43664CB00012B/1955